"十四五"职业教育国家规划教材

浙江省"双高计划"航海技术专业群系列教材

船舶操纵与避碰（第2版）

（上册：船舶操纵）

主　编 / 柴旭涛
主　审 / 屠群锋

大连海事大学出版社

图书在版编目(CIP)数据

船舶操纵与避碰：上、下册 / 柴旭涛主编. —2 版. — 大连：大连海事大学出版社,2024. 9
ISBN 978-7-5632-4518-5

Ⅰ. ①船…　Ⅱ. ①柴…　Ⅲ. ①船舶避让操纵②船舶航行—避碰规则　Ⅳ. ①U675. 96②U692. 1

中国国家版本馆 CIP 数据核字(2024)第 024008 号

出 版 人：	刘明凯
责任编辑：	宋彩霞
封面设计：	解瑶瑶
版式设计：	解瑶瑶
责任校对：	任芳芳　杨玮璐
出 版 者：	大连海事大学出版社
地　　址：	大连市黄浦路 523 号
邮　　编：	116026
电　　话：	0411-84729665(营销部)　84729480(总编室)
网　　址：	http://press. dlmu. edu. cn
邮　　箱：	dmupress@ dlmu. edu. cn
印 刷 者：	大连天骄彩色印刷有限公司
发 行 者：	大连海事大学出版社
幅面尺寸：	184 mm×260 mm
印　　张：	39. 75
字　　数：	985 千
印　　数：	1~1200 册
出版时间：	2014 年 3 月第 1 版　2024 年 9 月第 2 版
印刷时间：	2024 年 9 月第 1 次印刷
书　　号：	ISBN 978-7-5632-4518-5
定　　价：	189. 00 元

船舶操纵
课程介绍

上册前言(第2版)

《船舶操纵与避碰》是在党的二十大精神指引下,根据STCW公约、《海船船员考试大纲(2022版)》及《高职高专院校航海技术专业教学指导方案》中关于“船舶操纵与避碰”课程内容要求编写的。本书适用于航海技术专业学生的课堂教学,也可作为各航区、各等级的船长、大副、二/三副适任证书考试培训参考教材。

本教材编写的指导思想是将教学内容项目化,利用航海操纵模拟器进行情境化虚拟仿真教学,使学生通过对本课程的学习,掌握船舶操纵技术,确保航行安全。课程内容覆盖《海船船员考试大纲(2022版)》中“船舶操纵与避碰”科目的全部内容,可帮助学生和学员顺利地通过适任考试,同时可以加强对船舶驾引人员海上实际操纵能力的培养。

本教材分上、下两册,共十九个项目,另附一本实训报告。本册为《船舶操纵与避碰(上册:船舶操纵)》,共分八个项目:项目一是认识船舶操纵性能;项目二是使用船舶操纵设备;项目三是外界因素下的船舶操纵;项目四是港内操船;项目五是特殊水域的船舶操纵;项目六是大风浪中操船;项目七是应急操船;项目八是认识轮机的操作与管理。配套的立体化资源以二维码的形式附在教材相应位置,请读者自行扫码查阅。

本册由浙江交通职业技术学院柴旭涛主编,浙江交通职业技术学院屠群锋主审。其中:项目一、三由浙江交通职业技术学院柴旭涛编写;项目二由浙江交通职业技术学院陈荣国、沈灿良编写;项目四由浙江交通职业技术学院朱广春、李彦朝编写;项目五由天津海运职业学院程文阁、李超编写;项目六由浙江协海集团有限公司王安编写;项目七由浙江省海运集团有限公司何军编写;项目八由浙江交通职业技术学院吴永华编写。屠群锋老师在审阅过程中提出了大量宝贵的修改意见,在此表示衷心感谢!

本教材在编写过程中力求数字资源丰富、概念清楚、理论正确、重点突出、条理清晰、语句通顺、理论结合实际。但由于编者水平有限,时间仓促,不足之处在所难免,竭诚希望前辈、同行和读者批评指正。

编 者

2023年9月

扫码学习《深入学习贯彻党的二十大精神 加快建设交通强国 当好中国式现代化开路先锋》

上册前言(第1版)

《船舶操纵与避碰》是根据《STCW公约马尼拉修正案》和中华人民共和国海事局依此重新制定的履约版《中华人民共和国海船船员适任考试大纲》及《高职高专院校航海技术专业教学指导方案》中"船舶操纵与避碰"课程内容要求编写的。本教材适用于航海技术专业学生的课堂教学,也可作为各航区、各等级船长、大副、二/三副适任证书考试培训参考书。

本教材编写的指导思想是用情境教学法,使学生通过对本课程的学习,掌握船舶操纵技术,确保航行安全。课程内容覆盖《中华人民共和国海船船员适任考试大纲》的全部内容,可帮助学生和学员顺利地通过适任考试,同时可以加强船舶驾引人员海上实际操纵能力的培养。

本教材分上下两册,共十九个情境。本册为《船舶操纵与避碰(上册:船舶操纵)》,共分八个情境:情境一是认识船舶操纵性能;情境二是使用船舶操纵设备;情境三是外界因素对船舶操纵的影响,包括风、流、受限水域等的影响;情境四是港内操船;情境五是特殊水域的船舶操纵;情境六介绍了如何在大风浪中操船;情境七介绍应急操船;情境八介绍了有关轮机方面的知识。

本册由浙江交通职业技术学院柴旭涛主编,上海海事职业技术学院孙琦和浙江交通职业技术学院屠群锋主审。其中情境一、三、六由浙江交通职业技术学院柴旭涛编写,情境二由浙江交通职业技术学院陈荣国编写,情境四由浙江海运集团公司何军编写,情境五由浙江安拓海运有限公司王安编写,情境七由浙江交通职业技术学院陈统销编写,情境八由浙江交通职业技术学院吴永华编写。屠群锋老师在审阅过程中提出了大量宝贵的修改意见,在此表示衷心感谢!

本教材在编写过程中力求概念清楚、理论正确、重点突出、条理清晰、语句通顺、理论结合实际。但由于编者水平有限,时间仓促,不足之处在所难免,竭诚希望前辈、同行和读者批评指正。

编　者

2013年12月

目　录

项目一

认识船舶操纵性能

☞ [**项目描述**]

船舶的操纵性能包括变速运动性能、旋回性能、航向稳定性能与保向性能等，不同船舶的操纵性能不同，同一船舶在不同环境下的操纵性能也会有所不同。本项目要求学生在航海模拟器上进行情境模拟，包括船舶启动、停车、倒车训练，船舶旋回操纵、Z 形操纵，让学生核对变速性能指标，观察旋回运动过程中各阶段特征要点，核对旋回圈及各要素，感受船舶保向性能。尝试进行船舶操纵性能试验，核对各指标是否符合 IMO 船舶操纵性能衡准指标。

任务一 认识船舶变速运动性能

学习目标

知识目标:掌握船舶启动性能、减速性能、倒车制动性能。

能力目标:能运用各类船舶的启动、减速、倒车制动性能;掌握船舶的各种制动方法及其运用。

素质目标:培养独立思考能力。

船舶启动性能教学视频

一、船舶启动性能

船舶在静止状态下开进车,直至达到与主机输出功率相应的稳定船速前的变速运动,称为船舶启动变速运动。

在启动变速过程中,螺旋桨推力 T 大于阻力 R,使船舶加速运动。由于启动后推力增加较快,而船速增加较为缓慢,因此要注意合理用车,即分段逐级加车,待船速达到相应转速所对应的船速时,再提高用车的级别,以避免主机扭矩过大而超机械负荷。

完成启动变速运动所需的时间 t 和航进的路径 s 可用下列关系式估算。

$$t \approx 0.004\frac{\Delta \cdot v_0}{R_0} \tag{1-1-1}$$

$$s \approx 0.101\frac{\Delta \cdot v_0^2}{R_0} \tag{1-1-2}$$

式中:v_0 为最终定常速度(kn);Δ 为船舶实际排水量(t);R_0 为达到最终定常速度 v_0 时的船舶阻力;计算出的 t 的单位为 min;计算出的 s 的单位为 m。

根据经验,从静止状态逐级动车,直至达到海上速度,船舶满载时需航进 20 倍船长(L)左右的距离,轻载时为满载时的 1/2~2/3。

船舶减速性能教学视频

二、船舶减速性能

船舶以某一定常速度(全速或半速)行驶,采取停车措施后,直至降到某一余速(2~3 kn)前的变速运动称为船舶停车减速运动。

主机停车后,推力急剧下降到零。开始时,船速较高,阻力也大,降速很快;但在速度减小后,阻力也随之减小,降速越来越慢,船很难完全停下来,且在水中亦很难判断。所以,通常以船速降至维持舵效的最小速度作为计算所需时间和船舶航进路程的标准。

主机停车后的时间、速度及航进路程存在如下关系:

达到速度 v 时所需的时间(停车冲时)

$$t = 0.001\,05\frac{\Delta \cdot v_0^2}{R_0}\left(\frac{1}{v}-\frac{1}{v_0}\right) \tag{1-1-3}$$

达到速度 v 时所航进的路程(停车冲程)

$$s=0.075\frac{\Delta\cdot v_0^2}{R_0}\ln(\frac{v_0}{v}) \quad (1\text{-}1\text{-}4)$$

式中:R_0 为速度为 v_0 时船舶所受阻力(t);Δ 为船舶实际排水量(t);t 为达到速度 v 时所需时间(min);s 为达到速度 v 时所航进的路程(m)。

计算停车冲程还可采用 Topley 船长提出的经验估算式

$$s=0.024\,C\cdot v_0 \quad (1\text{-}1\text{-}5)$$

式中:C 为船速减半时间常数(min),C 值随船舶排水量的不同而不同(见表 1-1-1);v_0 为船舶停车时的初速度(kn)。

一般船舶在以常速航进中,从主机停车到降至余速 2 kn 时,其停车冲程为 8~20 倍船长(L);而 VLCC 满载时,在以海上常速航进中停车至余速降至 3 kn,则停车冲程约为 23 倍船长(L),冲时近 30 min。当然,正常的进出港或接近泊地仍以逐级降速为妥,以利于主机的养护。

表 1-1-1　船速减半时间常数

排水量(t)	C(min)	排水量(t)	C(min)	排水量(t)	C(min)
1 000	1	28 000~36 000	8	10 500~120 000	15
1 000~3 000	3	36 000~45 000	9	12 000~136 000	16
3 000~6 000	3	45 000~55 000	10	13 600~152 000	17
6 000~10 000	4	55 000~66 000	11	152 000~171 000	18
10 000~15 000	5	66 000~78 000	12	171 000~190 000	19
15 000~21 000	6	78 000~91 000	13	190 000~210 000	20
21 000~28 000	7	91 000~100 500	14		

船舶倒车制动性能教学视频

三、船舶倒车制动性能

船舶在全速前进中开后退三,从发令开始至船舶对水停止移动所航进的路程,以及相应的偏航量和偏航角,统称为倒车制动性能。倒车冲程又称为紧急停船距离(crash stopping distance)或最短停船距离(shortest stopping distance)。

全速前进的船舶在进行紧急制动时,为不致造成主机转动部件出现应力过大的情况,在关闭主机油门后,通常要等航速降至全速的 60%~70%,转速降至额定转速的 25%~35%时,方可将压缩空气持续充入气缸使主机停转,然后进行反向启动。

1. 紧急停船距离和停船时间的估算

(1) Lovett 式估算法

$$t\approx 0.000\,89\frac{W\cdot v_0}{R_0} \quad (1\text{-}1\text{-}6)$$

$$s\approx 0.012\,1\frac{W\cdot v_0^2}{R_0} \quad (1\text{-}1\text{-}7)$$

式中:t——所需时间(min);

s——最短停船距离(m);

W——船舶实际排水量(t);

R_0——船速为 v_0 时的船舶阻力(t);

v_0——倒车前的船舶速度(kn)。

(2)紧急停船距离经验估算法

从主机倒车后的船速随时间变化关系看,船速的下降可近似认为其是一个匀减速过程。紧急停船距离的大小就是速度曲线与时间轴围成的面积,即

$$s = \int_0^{t_s} v\mathrm{d}t = Cv_k \cdot t_s \tag{1-1-8}$$

式中:v_k——倒车时的船速(kn);

t_s——倒车使用时间(s);

C——紧急停船距离系数,一般货船取 0.25~0.27,大型油船取 0.27~0.29;

s——紧急停船距离(m)。

大型油船如时间按分(min)计算,也可按下式求取紧急停船距离

$$s = 16\, v_k \cdot t_m \tag{1-1-9}$$

使用上述式(1-1-8)和式(1-1-9)时,可不考虑船舶的主机种类和吃水状态。

(3)经验数据

根据统计,一般情况下各类船舶的紧急停船距离如表 1-1-2 所示。

表 1-1-2 各类船舶的紧急停船距离

载重量	船种	主机种类	紧急停船距离
1 万吨	普通货船	内燃机	$(6\sim8)L$
1 万吨	高速货船 集装箱船 滚装船	内燃机	$(7\sim8)L$
5 万吨	油船	内燃机	$(8\sim11)L$
5 万吨	货船	内燃机	$(8\sim10)L$
10 万吨	油船	汽轮机	$(10\sim13)L$
15 万吨~20 万吨	油船	汽轮机	$(13\sim16)L$

倒车冲程动画

2. 船舶的停船性能

船舶的停船性能是指在标准状态下以海上船速行驶的船舶,经自力制动操纵后,可在允许偏航范围内(偏航量和偏航角)迅速停船的性能。

由于沉深横向力和排出流横向力的作用,倒车制动时,船舶在减速的同时船首将发生剧烈的偏转运动,其运动轨迹是一条曲线,如图 1-1-1 所示。

在图中曲线的长度即最短停船距离,也称为制动行程 R_T(track reach)。船舶重心沿原航向方向移动的距离称为制动纵距 R_H(head reach),它是用车紧急停船以让开前方物标的最短距离。倒车制动时,船首向偏离原航向的角度,称为偏航角。而船舶重心偏离原航向的横向距离,称为偏航量 D_L。压载时,停船距离短,偏航角和偏航量较小;满载时,停船时间长,偏航角和偏航量大,有时甚至高达 200°。

具有良好停船性能的船舶应满足:在开阔水域具有与其船长相对应的最短停船距离;在水

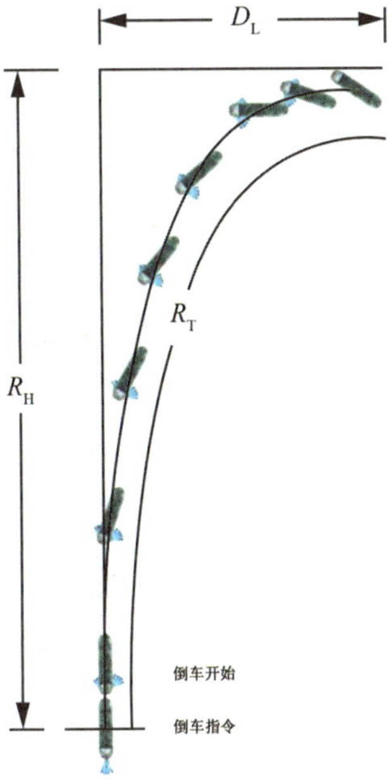

图 1-1-1　倒车紧急制动

深、航道宽度受限制的水域不仅要具有最短停船距离，而且要具有较小的偏航量和偏航角。

3. 影响紧急停船距离的主要因素

(1) 主机倒车功率、换向时间

主机倒车功率越小，紧急停船距离越长。大型船舶倒车功率虽比小型船舶大，但每吨排水量所占主机功率小，所以紧急停船距离一般较长。

主机换向时间越短，紧急停船距离越短。主机换向时间因主机类型的不同而不同，一般从前进三到后退三换向，蒸汽机船所需时间为 60～90 s，内燃机船所需时间为 90～120 s，汽轮机船所需时间为 120～180 s。

(2) 推进器种类

与定距桨相比，调距桨只需改变桨叶方向便可达到换向目的。操作时间短，通过调整螺距角和螺距的大小即可在较短时间内产生最大的倒车拉力，故紧急停船距离较短。若其他条件相同，一般可变螺距螺旋桨船的紧急停船距离为固定螺距螺旋桨船的 60%～80%。

(3) 排水量和船型

在船速和倒车拉力相同时，排水量越大，紧急停船距离越长。通常压载时的停船冲程约为满载时的 80%，而倒车冲程为满载时的 40%～50%。此外，C_b 大的肥大型船舶的附加质量大，故其停船距离较瘦削型船舶长。

(4) 船速

若其他条件相同，船速越大，冲程越大。

(5) 外界条件

顺风流时冲程增大，反之则减小。浅水中船舶阻力增大，冲程略有减小。

(6) 船体污底

船体污底严重，则阻力增大，船舶紧急停船距离将相应缩短。

四、各种制动方法及其运用

1. 倒车制动法

通过螺旋桨倒转或改变螺距，船舶产生强大拉力进行制动的方法称为倒车制动法。该法因其制动拉力大、操纵方便而被各类船舶广泛采用。但因其存在控向困难，不利于船舶保位的缺陷，因而大型船舶在港内应谨慎使用。

2. 蛇航制动法

这是英国造船研究协会（BSRA）提出的紧急停船制动方法。该法通过船舶自身操舵、换车，不仅可利用主机倒车拉力、船舶斜航阻力和舵阻力使船舶快速停住，而且能保证船舶偏航方向明确、偏航距离较短。此外，采用分阶段逐级平稳降速，避免了主机超负荷工作等情况的出现。该法适用于较开阔水域，对于大型船舶、方形系数较大的船舶在深水域中初速度较高时尤为有效。其缺点是在较窄水域或航道内不宜使用，操纵较复杂。操纵方法如下：

（1）左满舵，备车；

（2）当船舶向左改向 20°时，前进二；

（3）当船舶向左改向 40°时，右满舵；

（4）当船舶向左改向达最大时，前进一；

（5）当船舶回到原航向时，左满舵；

（6）当船舶向右改向达最大时，微速进；

（7）当航向再次回到原航向时，右满舵，后退三。

3. 满舵旋回制动法

满舵旋回制动法是利用船舶满舵旋回中船速下降明显的特点来降低船速的方法。满舵旋回制动法适用于大型船舶，方形系数大、船速较高的船舶较为合适，但要求有足够的操船水域。航行中的船舶需紧急避让时，对于选择车让还是舵让，不但应考虑当时有无他船影响和足够的操船水域，还要根据船舶当时的速度来决定避让行动。若当时船速条件下满舵旋回时的最大进距小于倒车制动纵距，应考虑采用舵让；反之，若满舵旋回时的最大进距大于倒车制动纵距，则应考虑采用车让。由于船舶旋回圈的大小随船速提高的影响并不明显，但倒车制动纵距会急剧增大，因此在当时操船水域允许时，通常低速时采用车让，高速时采用舵让。

4. 拖锚制动法

该法仅适用于万吨及万吨以下的船舶，而且抛锚时的船舶对地速度仅限于 2~3 kn。大型船舶由于其锚机的刹车力不足，拖锚制动将会损坏锚设备或使制动失败，故不宜采用此法。

5. 拖船制动法

当本船航速低于 6~7 kn 时，根据当时的吃水情况使用相应数量的拖船，利用拖船的推力作用，有效地控制本船航速。该法多用于大型船舶在港内航道中的制动。

6. 辅助装置制动法

该方法是在船体上增设一些辅助装置，如在水中拖曳类似海锚的物件；在船舷两侧增设可展开的阻力鳍；在船首开设减速通道；等等。船舶在需要时予以启动，以增大船舶运动阻力，消耗船舶动能，使船舶尽快减速。该法在船速较高时制动效果明显。

各种制动方法的适用范围如表 1-1-3 所示。

表 1-1-3　各种制动方法的适用范围

船舶制动方法	有效速度范围	适用的环境
倒车制动法	高、低速均可	全部水域(大型船在港内船速较大时不用)
蛇航制动法	高速	较宽水域
满舵旋回制动法	高速	较宽水域
拖锚制动法	低速	港内水域
拖船制动法	低速	港内水域
辅助装置制动法	高速	较宽水域或港内水域

任务二　认识船舶旋回性能

学习目标

知识目标：掌握旋回圈各要素及其影响因素。

能力目标：理解旋回圈要素，并准确运用旋回圈要素操纵船舶。

素质目标：培养学生探索和实事求是的精神。

船舶操纵就舵的使用而言，大致可分为小舵角的保向操纵、一般舵角的转向操纵及大舵角的旋回操纵三种，船舶旋回性能是船舶操纵中极为重要的一种性能。船舶旋回性能常采用满舵时旋回初径 D_T 与船长 L 之比 D_T/L 即相对旋回初径来衡量。

船舶旋回运动的过程教学视频

一、船舶旋回运动的过程

船舶以一定航速直线航行时，操某一舵角并保持之，船舶将做旋回运动。根据船舶在旋回运动过程中的受力特点及运动状态的不同，可将船舶的旋回运动分为三个阶段。

1. 第一阶段——转舵阶段

船舶从开始转舵起至转至规定舵角止(一般 8~15 s)，称为转舵阶段或初始旋回阶段。

如图 1-2-1 所示，该阶段中，船速开始下降但幅度甚微；漂角也已出现但较小；旋回角速度不大，但旋回角加速度最大。由于船舶运动惯性的原因，船舶重心 G 基本上沿原航向滑进，在舵力转船力矩 M_δ 的作用下，船首有向操舵一侧回转的趋势，重心则有向操舵相反方向的微量横移，与此同时，船舶因舵力位置比重心位置低而出现少量内倾。因此，该阶段也称为横移内倾阶段。

2. 第二阶段——过渡阶段

操舵后，船舶出现向操舵相反一侧横移而使其运动方向发生改变，形成了漂角 β。越来越明显的斜航运动将使船舶进入加速旋回阶段，同时伴有明显的降速。

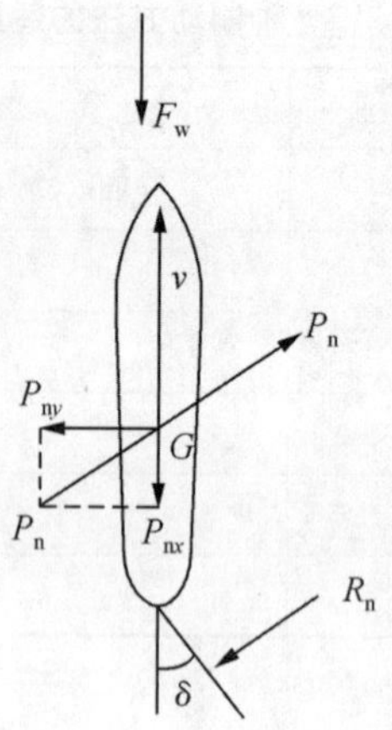

图 1-2-1　旋回转舵阶段受力情况

如图 1-2-2(a)所示,该阶段中,船舶的旋回角速度、横移速度和漂角均逐步增大,水动力 F_w 的作用方向由第一阶段来自正前方,逐渐改变为来自船首外舷方向。由于水动力 F_w 作用点较重心更靠近船首,因而产生水动力转船力矩 M_w,方向与舵力转船力矩 M_δ 一致,使船舶加速旋回;与此同时,随着旋回角速度的不断提高,又会产生不断增大的船舶旋回阻矩,从而使旋回角速度不断降低,角速度的增加受到限制。

该阶段中船舶的运动特点是:

(1)船舶降速明显。其首要原因是船舶斜航时水动力 F_w 的纵向分力 F_{wx} 的增大,其次是舵力 P_n 的纵向分力 P_{nx} 的减小,旋回运动产生的离心力 Q 的纵向分力 Q_x 的增大以及旋回中推进效率的下降。

(2)由反向横移变成向操舵一侧正向横移。原因是船舶在旋回中,随着漂角 β 的增大,水动力 F_w 不断增大,而舵力有所下降,以致 F_w 的横向分力大于 P_n 的横向分力。

(3)船舶出现外倾并逐渐增大。其原因是舵力横向分力 P_{ny}、水动力横向分力 F_{wy} 以及旋回中产生的离心力的横向分力 Q_y 作用于船舶垂直方向的不同位置,构成了力矩,从而使船舶由初始阶段的内倾变为外倾,如图 1-2-2(b)所示。

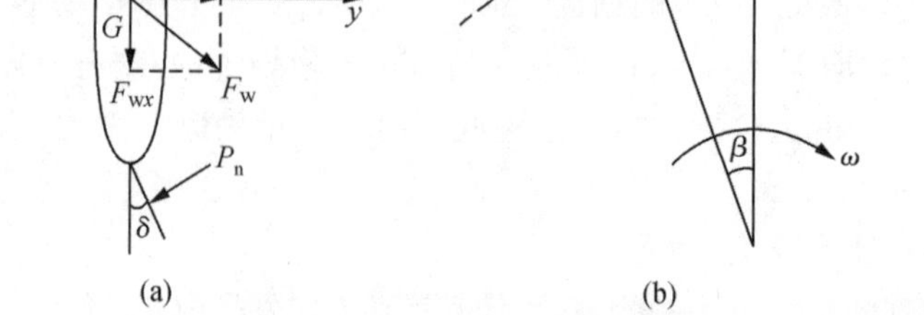

图 1-2-2　旋回过渡阶段受力情况

(4)船舶加速旋回。

3. 第三阶段——定常旋回阶段

随着旋回运动的不断发展,一方面,舵力的下降使舵力转船力矩 M_δ 减小,水动力 F_w 的作用点 W 随着漂角的增大而不断后移,水动力转船力矩 M_w 减小;另一方面,随着船舶旋回角速度的增加,由阻止船舶回转的阻力 R_f、R_a 所构成的水阻力转船力矩 M_f、M_a 也同时增大。如图 1-2-3 所示,当漂角 β 增加到一定值时,作用于船体的诸力及其力矩达到平衡,即船舶进入定常旋回。该阶段中,船体所受合力矩为零,船舶旋回角加速度为零,转头角速度达到最大并稳定于该值,船舶降速达到最大值,外倾角、横移速度也趋于稳定。船舶以稳定的线速度、角速度做旋回运动,故又称第三阶段为稳定旋回运动阶段。不同载况的船舶进入定常旋回状态的时间也各不相同。空载船在转首 60°左右、满载船在转首 100°~120°进入定常旋回阶段。

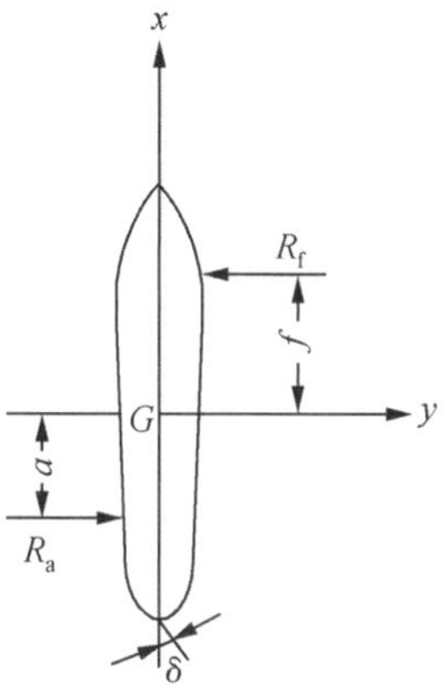

图 1-2-3 定常旋回阶段的受力情况

旋回圈及其要素教学视频

二、旋回圈及其要素

定速直航(一般为全速)的船舶操一定舵角(一般为满舵)后,船舶将做旋回运动,其重心所描绘的轨迹叫作旋回圈。《船舶操纵性标准》[海安会 MSC. 137(76)决议]将旋回圈定义中的试验速度规定为至少达到主机最大输出功率 85%时所对应的速度的 90%。旋回圈及其要素如图 1-2-4 所示。

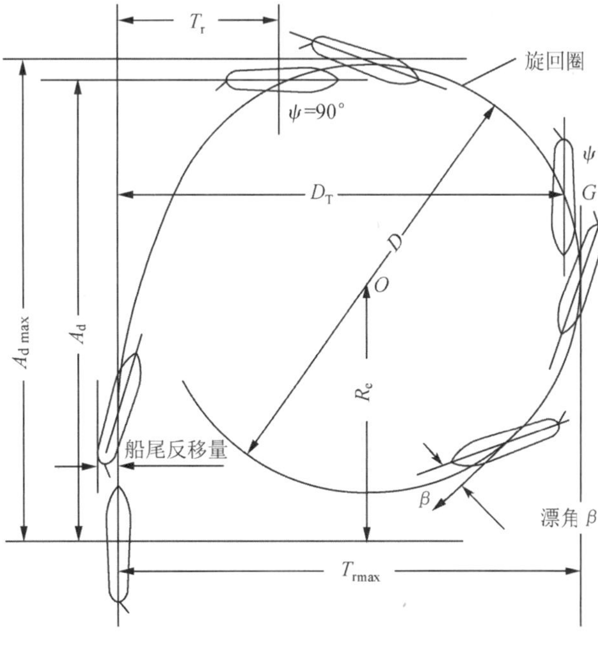

图 1-2-4 旋回圈及其要素

1. 进距 A_d(advance)

进距是指开始操舵到航向转过任一角度时重心所移动的纵向距离。进距又称纵距，通常所说的进距是指航向转过 90°时的进距，为旋回初径的 0.6~1.2 倍。在此基础上，如再转过相当于漂角的度数，则船舶在原航向上将达到最大纵移距离，称为最大进距(max advance)。

2. 横距 T_r(transfer)

横距是指开始操舵到航向转过任一角度时船舶重心向操舵一侧移动的横向距离。通常所说的横距是指当航向转过 90°时的横距，约为旋回初径的 50%。

3. 旋回初径 D_T(tactical diameter)

旋回初径是指开始操舵到航向转过 180°时重心所移动的横向距离。在此基础上，如再转过相当于漂角的度数，则将出现船舶重心偏离原航向线，达到最大的横移距离，称为最大横距(max transfer)。

4. 旋回直径 D(final diameter)

旋回直径是指船舶做定常旋回运动时重心轨迹圆的直径，为旋回初径的 0.9~1.2 倍。

5. 滞距 R_e(reach)

滞距是指从操舵开始时的重心位置至定常旋回曲率中心的纵向距离，又称心距。

上述五个尺度从不同的角度规定了旋回圈的形状和大小，因而被称为船舶旋回圈要素。旋回圈的大小一般用旋回初径 D_T 或旋回初径与其船长之比 D_T/L(即相对旋回初径)表示。

为了更完整地表述旋回运动的特性，通常还应考虑以下几个参数。

旋回圈动画

1. 反移量 L_k(kick)

反移量是指操舵后，船舶重心从原航向向操舵相反一侧横移的距离，又称偏距。

在满舵旋回时，当船舶回转达到一个罗经点时，反移量达到最大值，约为船长的 1%，而船尾反移量的最大值可达船长的 1/10~1/5。

2. 漂角 β(drift angle)

船舶旋回时，船舶首尾线与首尾线上某一点的旋回圈的切线速度方向之间的夹角，称为该点的漂角。一般所说的漂角是指重心处的漂角，如图 1-2-5 所示。

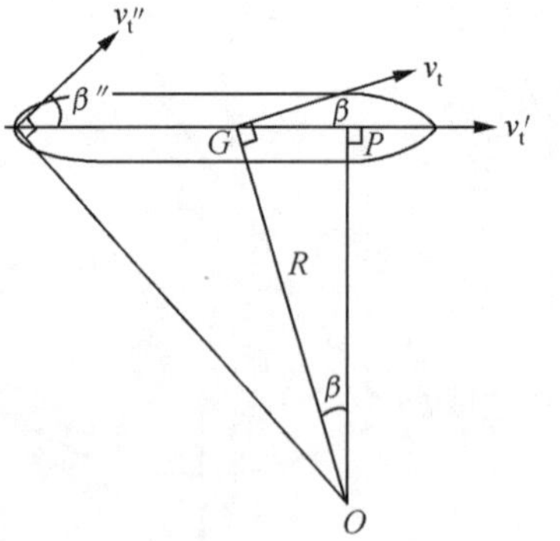

图 1-2-5　船舶首尾线上各点的漂角

船舶首尾线不同点处的漂角值各不相等，船尾处的漂角最大。随着回转的加剧，重心处的漂角由小到大，最后在定常旋回阶段趋于稳定。旋回中船舶所具有的漂角与舵角有关，一般船舶不同舵角时重心处的漂角在定常旋回阶段为 3°~15°。

如果把船体视为一个大面积的舵的话，则漂角越大，流向船体的水对船体产生的升力就越大,即水动力 F_w 越大,水动力转船力矩也越大,使船舶加速旋回。因此,漂角越大,船舶的旋回性越好,旋回直径越小。大型油船较一般货船的旋回性好,因此它在定常旋回中的漂角较大。浅水中船舶的旋回性较深水中差,故漂角也较深水中小。

3. 转心(pivoting point)

由船舶旋回曲率中心 O 点作船舶首尾线的垂线,垂足 P 点即为转心,如图 1-2-5 所示。P 点处的线速度方向与首尾线一致,故该点的漂角为零;同时由于船舶绕该点的竖轴做自转,故该点的横移速度为零。

一般商船在定常旋回时,转心 P 在船首柱后 1/3~1/5 船长处,漂角越大的船,转心距船首柱越近。而后退中旋回的船舶,其转心位于重心之后,与前进旋回时的转心位置几乎对称。

4. 旋回中的速降

船舶旋回中,由于斜航而使阻力增加,此外,舵力的纵向分力、惯性离心力的纵向分力引起的阻力增加以及推进器效率降低等都将引起船速下降。进入定常旋回后,船速稳定在一个定值上。

定常旋回时的船速 v_t 与操舵前的船速 v_0 的比值 v_t/v_0(速降系数)与 D_T/L(相对旋回初径)的关系如图 1-2-6 所示。D_T/L 越小,v_t/v_0 越小,即速降剧烈。也就是说,旋回性越好,速降越明显。肥大型船的 D_T/L 较瘦削型船小得多,故旋回中的速度下降要明显得多。同样,由于船舶在浅水中的旋回性变差,所以浅水中的旋回速降就小一些。

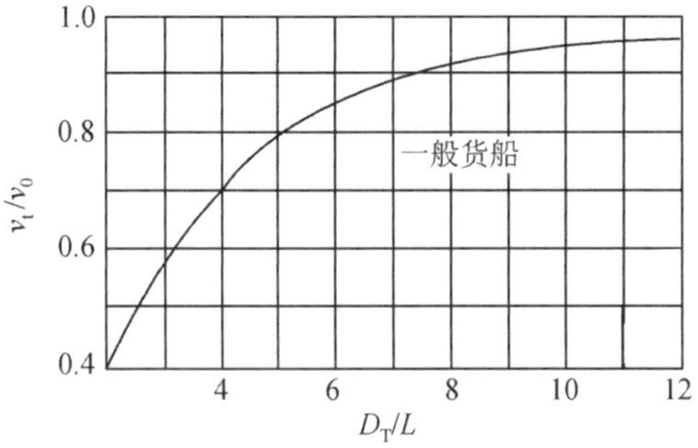

图 1-2-6 船舶旋回中的降速情况

5. 旋回中的横倾

旋回中船舶出现的横倾是一个应予注意的不安全因素。一般货船满舵旋回时的外倾角在静水中可达 3°~5°。超大型油船因恢复力矩很大,所以满载满舵旋回时几乎不发生横倾。然而恢复力矩较小的船舶在高速航进中操大舵角时,将会产生较大横倾,若再加上船内自由液面的影响或出现货物移动以及强横风或横浪的影响,则船舶将有倾覆的危险。

为防止这种危险,可采取如下措施:

(1)在适当增大初稳性高度的同时,采取措施减小自由液面的影响,防止货物移动;

(2)降低船速,缓慢操舵,用较小舵角进行旋回,以增大旋回半径;

(3)选择使风浪作用力矩与回转产生的最大外倾力矩错开的时机操舵;

(4)旋回中若已出现较大外倾角而危及船舶安全,切忌急速回舵或急操反舵,而应逐渐降速,同时逐渐减小所用舵角。

船舶以一定航速旋回中的外倾角大小可用下式估算:

$$\tan\theta_c \approx \frac{v_t^2}{g \cdot R} \cdot \left(\frac{BM}{GM}-1\right) \quad 或 \quad \tan\theta_c \approx \frac{v_t \cdot r \cdot GB}{g \cdot GM} \tag{1-2-1}$$

式中：v_t——定常旋回切线速度(m/s)；

R——定常旋回半径(m)；

g——重力加速度(m/s^2)；

BM——浮心至稳心的高度(m)；

GM——初稳性高度(m)；

GB——重心与浮心的间距(m)。

影响旋回圈大小的因素教学视频

三、影响旋回圈大小的因素

船舶旋回圈的大小主要受水下船型、船舶吃水状态、操船、外界环境（水深、风流）等方面因素的影响。

1. 水下船型因素

(1)方形系数 C_b

方形系数较小的瘦削型高速船($C_b \approx 0.6$)较方形系数较大的肥大型船($C_b \approx 0.8$)旋回性能差得多。即 C_b越大，旋回性能越好，旋回圈越小。

(2)水线下侧面积

船首水线下侧面积分布较多者有利于减小旋回圈；船尾水线下侧面积分布较多者有利于提高航向稳定性，而不利于减小旋回圈。例如，船首有球鼻艏或船尾比较尖的船，旋回时阻矩较小，旋回圈较小，但航向稳定性变差。

(3)舵面积比($A_R/L_{pp} \times d$)

增加舵面积将会使舵的转船力矩增大，使旋回性变好，旋回圈减小，但同时也增加了旋回阻矩。在旋回阻矩超过了一定值后，旋回圈不能再减小，因而一定类型的船舶都有一个最佳的舵面积比值。

各类船舶因其实际使用目的不同，对其应具备的旋回性在要求上也各不相同，同时还需综合考虑舵机功率、船舶阻力、与船尾形状的配合、便于安全操船等多方面因素。比如大型油船由于具有易于旋回的肥大船型，不用很大的舵面积比；而旋回困难但又要求具有较高的机动性的高速货船需要配备较大面积的舵；由于拖船和渔船需要优良的操纵性，所以舵面积比也较大。

2. 船舶吃水状态

(1)吃水

在船舶其他条件（吃水差、主机转速和船速）不变的情况下，一般船舶均有舵面积比随着吃水的增大而减小的趋势，舵力转船力矩减小；而且随着吃水的增大，船舶绕重心 G 的垂直轴的转动惯量也将增加，所以船舶初始旋回缓慢。因此，若其他条件相同，吃水大的满载船的进距将有较大增长。此外，随着吃水的增大，斜航时转船力矩较旋回阻矩增加得明显，从而导致旋回初径和横距有某种程度的减小。

(2)纵倾

船舶的纵倾变化，相当于较大程度地改变了船舶水线下船体侧面积的形状分布，艉倾增大，重心后移，水动力作用点后移，使转船力矩减小，旋回圈增大；相反，艏倾增大时回转加快，旋回圈减小。艏倾量每增加 1%船长，旋回初径便减小 10%左右；艉倾量每增加 1%船长，旋回初径则增大 10%左右。

通常，满载时艉倾不大，但吃水增大了，舵面积比减小了；而空载时艉倾相当大，但吃水减小了，舵面积比增大了。所以总的来看，空载与满载时的旋回圈大小相差不多。

（3）横倾

总的来说，横倾对旋回圈影响不大。船舶在前进时如存在横倾，船首受其影响会发生偏转。低速时，推力-阻力转矩起主要作用，推艏向低舷侧偏转，若向低舷一侧旋回，旋回圈小；高速时，艏波峰压力转矩起主要作用，推艏向高舷侧偏转，若向高舷一侧旋回，旋回圈小。

3. 操船方面的影响

（1）舵角

在极限舵角范围内，随着舵角的减小，旋回初径将会急剧增大，舵角越小，方形系数越小，舵的高宽比越小，旋回圈的增大率就越大，同时旋回时间也将明显延长。一般操 15°舵角旋回时与操满舵相比，旋回初径可能将增大 130%～170%，而掉头时间可能增加 140%左右。

（2）操舵时间

中国船级社《钢质海船入级规范》关于操舵装置部分规定，主操舵装置应具有足够强度，并能在船舶处于最大航海吃水并以最大营运航速前进时进行操纵，将舵自任何一舷的 35°转至另一舷的 30°的时间应不超过 28 s。因此，在实际操船中一般认为从正舵位置操舵至最大舵角 35°需要 15 s。如果操舵时间超过 15 s，则所需时间越长，旋回圈越大，进距将直接受其影响而变大，横距所受影响较小，而旋回直径几乎不受影响。

（3）船速

船速对船舶旋回所需时间的长短具有明显的影响，船速越大，旋回时间越短。在商船速度范围内，船速对旋回初径的影响却很小，这是因为船舶在旋回中所受到的舵力转船力矩、旋回阻矩等均大致与船速的平方成正比。然而，当船速低于某一值（弗劳德数 $Fr<0.18$）时，旋回圈将会逐渐增大，这是由于低速时舵力转船力矩明显减小，旋回性明显变差；反之，当$Fr>0.3$，即船速增大时，由于兴波增加，艉倾加剧，使航向稳定性得以提高；与此同时旋回性将恶化，旋回圈将增大。

值得注意的是，主机的使用方式对船舶旋回圈的大小有明显的影响，如图 1-2-7 所示。船舶在航进中减速旋回时，旋回圈将增大；相反，船舶在静止中或低速中加车进行旋回，旋回圈将减小，同时旋回圈中心也将落在施舵旋回时船舶重心位置的后方。

4. 外界环境的影响

（1）浅水

旋回圈在其他条件相同时随着水深的变小而逐渐增大。当水深与吃水之比小于 2 时，旋回圈将明显增大。

（2）污底和风流

船体污底增厚，摩擦阻力将增大，旋回圈变大，但影响很小。

顶风顶流将使纵距减小，顺风顺流将使纵距增大。

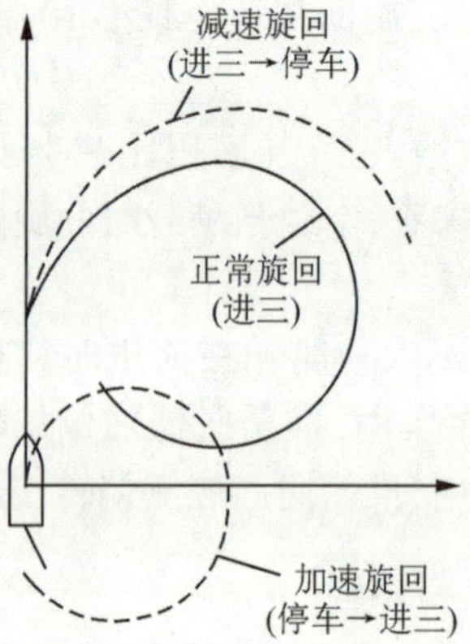

图 1-2-7　减速旋回与加速旋回

四、旋回圈要素在实际操船中的应用

旋回圈要素的应用教学视频

1. 反移量的应用

反移量，尤其是船尾反移量，在操舵后初始阶段出现最大值。现举例说明其利用与防止的有关问题。

(1) 本船在航行中发现有人落水时，应立即向落水者一舷满舵，使船尾迅速摆离落水者，以免使之卷入螺旋桨。

(2) 在距船首较近的前方发现障碍物时，应立即操满舵使船首让开，当估计船首已可避开时，再操相反一舷满舵以便让开船尾。

(3) 当船首已摆出码头，拟进车离泊时，如很快操大舵角进车离泊，则会因为船尾外摆较大而触碰码头。所以应适当减速，用小舵角慢慢驶离。

(4) 船舶过弯道时，如船速快，大舵角转向，则会产生较大的船尾反移量，因此应保持足够的船岸间距。

2. 其他要素的应用

(1) 两船对遇时，两船进距之和可用来估算最晚施舵点，即两船距离大于或等于两船进距之和，若用舵紧急避让，则在理论上不管用右满舵还是左满舵都能让开。然而在实际操纵中，还应考虑操舵延迟、风流漂移、船尾反移量以及安全余量等因素。

(2) 滞距可用来估算两船对遇时用舵无法让开的距离，即两船对遇时的距离小于两船滞距之和，则不论如何操作，用舵都无法让开。如对遇时两船的滞距之和小于进距之和，则理论上可通过两船间的协调行动以避免碰撞，但这在实际操作中极为困难。

(3) 旋回初径和进距可用来估算用舵旋回掉头所需水域的大小。值得注意的是，驾驶人员在估计船舶所需旋回水域大小时，需将船尾偏出旋回圈外的长度考虑进去，这就要在最大纵距、最大横距的基础上再增加约 $L/5$ 的长度，否则会影响船舶的顺利旋回。

任务三 认识船舶操纵运动方程及操纵性指数

学习目标

知识目标：掌握操纵运动方程及操纵性指数的物理意义。

能力目标：能根据船舶操纵性指数判别和预测船舶的操纵性能与运动趋势。

素质目标：提高学生分析问题的能力。

一、船舶操纵运动方程

操纵性指数K、T教学视频

1. 船舶操纵运动方程的由来

如果把船舶近似看成刚体，并假定船舶在旋回时只受到转船力矩和水的阻矩的作用，根据力学有关定律，则可得出

$$I_G\dot{r}=M_\delta-M_W \tag{1-3-1}$$

式中：I_G 为船舶绕重心 G 竖轴的惯性矩；$\dot{r}$ 为回转角加速度。由于 $M_\delta\approx a\delta$，$M_W\approx br$，且式中 a 为转船力矩系数，b 为阻尼力矩系数，则

$$I_G\dot{r}=a\delta-br \tag{1-3-2}$$

将式(1-3-2)稍加整理，可得

$$\frac{I_G}{b}\dot{r}+r=\frac{a}{b}\delta \tag{1-3-3}$$

令 $\frac{I_G}{b}=T,\frac{a}{b}=K$，则式(1-3-3)可转化为

$$T\dot{r}+r=K\delta \tag{1-3-4}$$

式中：T——追随性指数(s)；

$\dot{r}$——旋回角加速度(s^{-2})；

r——旋回角速度(s^{-1})；

K——旋回性指数(s^{-1})；

δ——舵角(°)。

式(1-3-4)就是野本谦作的一阶近似操纵运动方程式。

显然，T 指数是船舶绕其重心竖轴的惯性矩系数与船舶旋回阻矩系数之比所决定的常数；K 指数是操舵后转船力矩系数与船舶旋回阻矩系数之比所决定的常数。船舶 K、T 值的大小将决定船舶在操舵后任意时刻所具有的转头角加速度、角速度、转向角度的值。K、T 指数可用来表示船舶操纵性的优劣，因此，被称为船舶操纵性指数。

2. K、T 指数与船舶操纵性的关系

船舶直航中操舵，设初始条件 $t=0$ 时，$r=0$，则求解一阶近似操纵运动方程可得船舶旋回角速度的表达式

$$r = K\delta_0(1-e^{-t/T}) \tag{1-3-5}$$

r 随时间的变化情况如图 1-3-1 所示,当 $T>0$ 时,$e^{-t/T}$ 将随时间的延长而衰减下去,转头角速度最终逐渐稳定于定值 $K\delta_0$,即定常旋回时,船舶以 $r_0=K\delta_0$ 的角速度做旋回,而船舶定常旋回时的切线速度 v_t 与 r_0 的关系是 $v_t = r_0 R$,故 $R=v_t/r_0= v_t/K\delta_0$。因此,K 值越大,则定常旋回角速度越大,旋回半径越小,船舶的旋回性越好;反之,K 值越小,船舶的旋回性越差,所以称 K 为船舶旋回性指数。

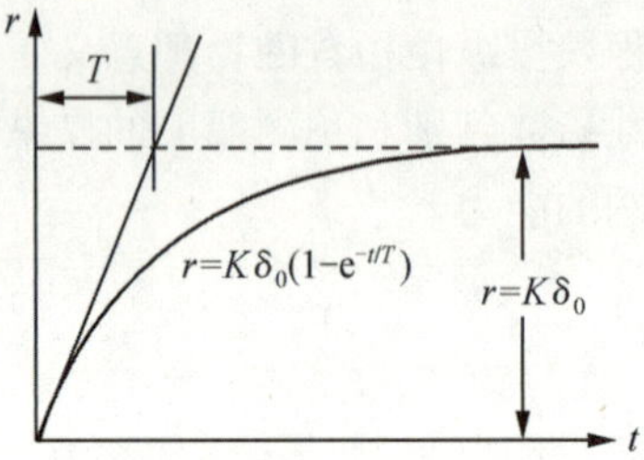

图 1-3-1 旋回角速度随时间的变化情况

在式(1-3-5)中,设 $t=T$,则有

$$r=K\delta_0(1-e^{-t/T})= K\delta_0(1-0.368) \approx 0.63K\delta_0$$

这说明,T 值是表示操舵后,船舶对舵角响应的时间滞后的一种指数。T 在数值上等于操舵后船舶旋回角速度达到 $0.63K\delta_0$(即 63%定常旋回角速度)所需的时间。若 T 为正值,则 T 值越小,$e^{-t/T}$ 趋于零就越快,船舶进入定常旋回也就越快,即船舶追随性越好;反之,T 值越大,船舶追随性越差,所以称 T 为船舶追随性指数。

此外,T 值小,船舶惯性转头角就小,能较快地稳定在新航向上,即航向稳定性较好;T 值大,则惯性转头角较大,航向稳定得较慢,即航向稳定性差。若 $T<0$,则船舶不具备航向稳定性。可见,T 指数还可反映船舶航向稳定性的好坏,所以又称其为航向稳定性指数。

二、K、T 指数的无因次化与数值范围

K、T指数的无因次与数值范围教学视频

一般说来,较大的船舶都具有应舵较慢、旋回直径较大的特点(绝对数值),这给比较大小不同的各类船舶的操纵性带来不便。例如,具有相同 K、T 值的两船,船长 L 大、航速 v_s 低者,操纵性好。为了便于比较不同种类船舶或同一船舶不同状态下的操纵性,通常将 K、T 指数做无因次化处理,即消去其量纲。其处理方式按以下公式进行:

$$K'=K\frac{L}{v_s}; \quad T'=T\frac{v_s}{L} \tag{1-3-6}$$

式中:v_s——旋回时的初速度(m/s);

L——船长(m);

K——旋回性指数(s^{-1});

T——追随性指数(s)。

K、T 值多从 Z 形试验中求得。从一些实船的 K'、T'实测数据可知,同一船的条件不同,K'、T'值均不相同。在其他条件相同的情况下,同一船舶的 K'、T'随 Z 形试验时所用舵角的增大而同时减小;随吃水的增大而同时增大;随水深的减小而同时减小;随艉倾的增大而同时减小。

此外，K'、T'还随船型系数 $C_b/(L/B)$ 的增大而同时增大。也就是说，肥大型船舶，K'、T'值较大，操舵后应舵慢，旋回圈较小，航向稳定性较差；瘦削型船舶，K'、T'值较低，操舵后应舵快，旋回圈较大，航向稳定性较好。

通常认为，实船 Z 形试验（10°/10°）所测得的 K'、T'值处于下列数值范围内，即可认为该船具有一般的操纵性能。

满载货船（$L=100\sim150$ m）：$K'=1.5\sim2.0$，$T'=1.5\sim2.5$；

满载油船（$L=150\sim250$ m）：$K'=1.7\sim3.0$，$T'=3.0\sim6.0$。

三、K、T 指数在实际操船中的应用

K、T指数在实际操船中的应用教学视频

1. 旋回圈部分要素的求算

（1）定常旋回半径

$$R=v_t/r=v_s/K\delta_0=L/K'\delta_0 \quad (1\text{-}3\text{-}7)$$

（2）定常旋回直径

$$D=2R=2v_s/K\delta_0=2L/K'\delta_0 \quad (1\text{-}3\text{-}8)$$

（3）滞距

$$R_e=v_s(T+t_1/2) \quad (1\text{-}3\text{-}9)$$

（4）进距

$$A_d=R_e+R=v_s(T+t_1/2)+v_s/K\delta_0 \quad (1\text{-}3\text{-}10)$$

式中：K——旋回性指数（s^{-1}）；

T——追随性指数（s）；

v_s——旋回时的初速度（m/s）；

δ_0——所操舵角（rad）；

t_1——操舵时舵角由正舵至 δ_0 所需的时间（s）。

计算出 R_e、R 后，即可近似地画出类似图 1-3-2 所示的旋回圈轨迹。

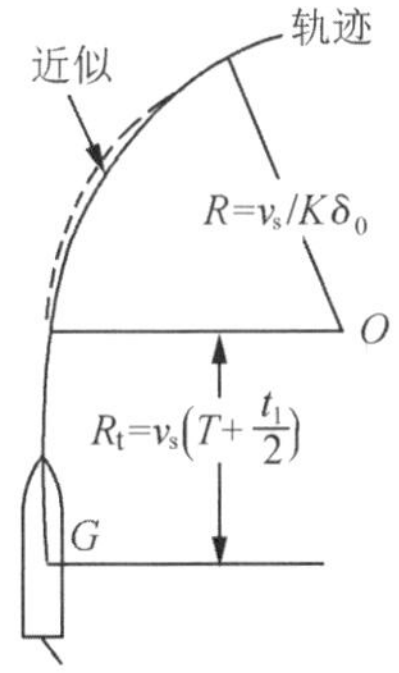

图 1-3-2　近似旋回圈轨迹的画法

2. 推算新航向距离

如图 1-3-3 所示，原航线上应提前操舵的施舵点 A 至转向点 C 的距离，称为新航向距离。

$$D_{NC}=AB+BC=R_e+R\cdot\tan\frac{\psi_0}{2}$$

$$= v_s\left(T + \frac{t_1}{2}\right) + \frac{v_s}{K\delta_0}\tan\frac{\psi_0}{2} \tag{1-3-11}$$

计算时应注意式中各量的单位统一。旋回时的初速度 v_s 的单位为 m/s;K 指数的单位为 s^{-1};T 指数的单位为 s;操舵时间 t_1 的单位为 s;所操舵角 δ_0 的单位为 rad(1°=1/57.3 rad);转向角 ψ_0 单位为(°);新航向距离 D_{NC} 的单位为 m。

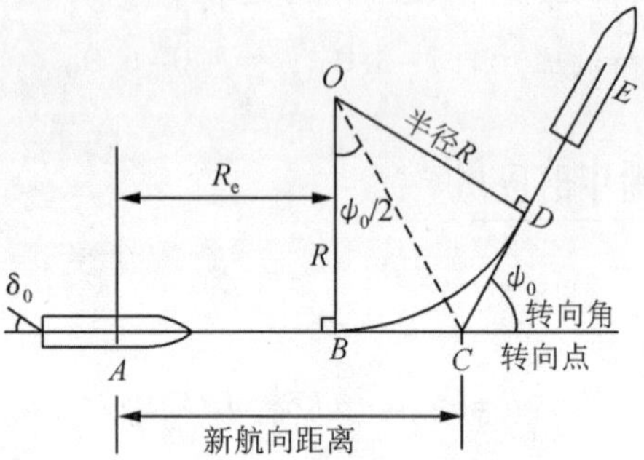

图 1-3-3　新航向距离

3. 利用 K、T 指数对船舶操纵性进行分类

不同种类、结构和大小的船舶,其操纵性会有很大的不同。按照 K、T 指数比较船舶的旋回轨迹,可将船舶操纵性大致分为四类,如图 1-3-4 所示。

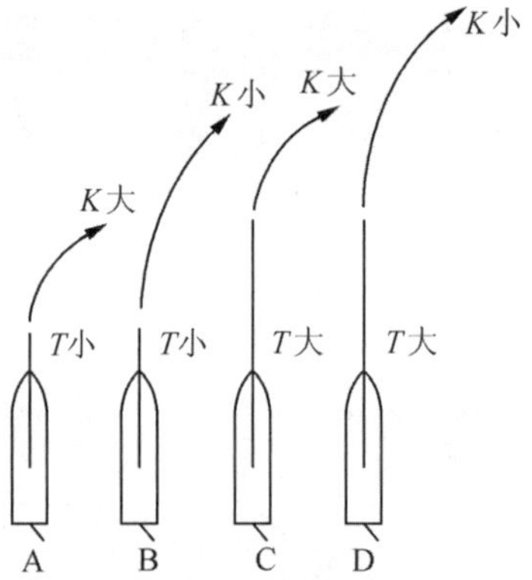

图 1-3-4　船舶操纵性类型

A 型:T 小 K 大,该类船舶旋回性、追随性均好。操舵后,应舵快,旋回圈小。舵面积比较大的船即属此类船舶,其 R_e、A_d 短,T_r、D_T 和 D 也短。

B 型:T 小 K 小,该类船舶旋回性差、追随性好。操舵后,应舵虽快,但旋回圈较大。吃水小或空载状态的船属此类船舶,其 R_e、A_d 短,但 T_r、D_T 和 D 长。

C 型:T 大 K 大,该类船舶旋回性好、追随性差。操舵后,应舵慢,但旋回圈较小。吃水大或满载状态的船舶常具有此种特点。满载的超大型油船,虽然舵面积比很小,但也具有这种特点,其 R_e、A_d 长,但 T_r、D_T 和 D 短。

D 型:T 大 K 小,该类船舶旋回性、追随性均差。操舵后,应舵慢且旋回圈较大。舵面积比较小的船、瘦削型船均属此类船舶,其 R_e、A_d、T_r、D_T 和 D 都长。

任务四 认识船舶的航向稳定性与保向性

学习目标

知识目标：掌握航向稳定性的概念，掌握保向性及其影响因素。

能力目标：能判别船舶航向稳定性的好坏；能识别船舶保向性的各种影响因素。

素质目标：提高学生的逻辑思维能力。

航向稳定性动画　航向稳定性的概念教学视频

一、航向稳定性的概念

航向稳定性研究的对象是船舶受外界干扰时取得的转头速度 r_0，在干扰消除后，在保持正舵的条件下，船舶所受的转头阻矩对船体转头运动有何影响，船舶转头运动将如何变化的性质。

一艘航向稳定性好的船舶，直进航行中即使很少操舵也能较好地保向；而当操舵改向时，又能较快地应舵；转向中回正舵，又能较快地把航向稳定下来。其特点是对舵的响应运动来得快、耗时短，因而舵效较好。

根据外界干扰消除后船舶运动状态的不同，可将航向稳定性分为以下几种情况，如图 1-4-1 所示。

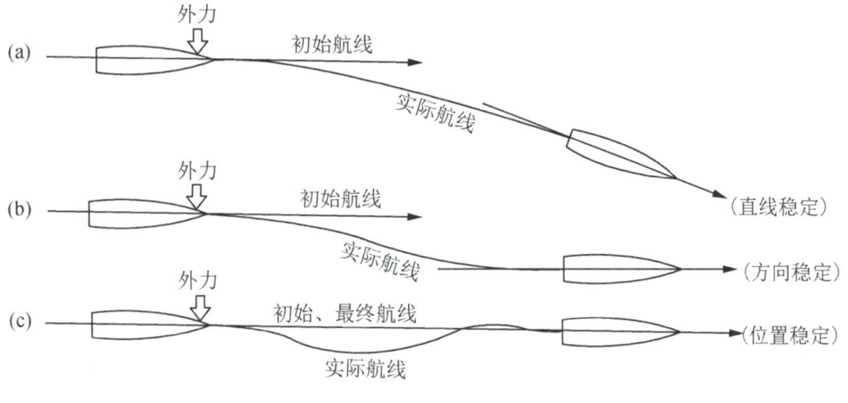

图 1-4-1　船舶航向运动稳定性

正舵直进中的船舶，在受到风、浪、流或其他因素干扰作用后，船舶将偏离原来的运动状态。在干扰消失后，在保持正舵条件下，若船舶能恢复到原来的运动状态，则具有位置稳定性；若能恢复到原来的航向，则具有方向稳定性；若能在偏离原运动状态后，迅速衰减这种偏离，而较快地稳定在新的航向上进行新的直线运动，则具有直线稳定性；当然，也可能在干扰消除后，船舶最终将进入一个回转运动，这类船舶则不具备航向稳定性。

1. 静航向稳定性

静航向稳定性指的是船舶受外力作用稍微偏离原航向，而重心仍沿原航线运动时，船舶斜航漂角将如何变化的性能。也就是说，外力干扰消失后，若船舶不仅最终航向与初始航向相同，而且位置也在原航向延伸线上，则称船舶具有静航向稳定性（位置稳定性）。

一般船舶均不具备静航向稳定性，因为一旦发生斜航，其漂角的出现将产生使漂角继续增大的转头力矩，往往不能自行恢复到原航线上，故船舶常常表现为静航向不稳定。船首艏倾越明显，船体侧面积在船首分布越多，静航向稳定性就越差。

2. 动航向稳定性

动航向稳定性指的是在外界干扰消除后，船舶在不用舵纠正的情况下，能尽快地稳定于新航向的性能，也即船舶直线稳定性。稳定于新航向较慢、惯性转头角较大的船，其动航向稳定性较差；稳定于新航向较快、惯性转头角较小的船，其动航向稳定性较好；一直转头不停而偏转下去的船，则不具备动航向稳定性。一般所说的船舶航向稳定性指的就是动航向稳定性，大多数船舶具有动航向稳定性。当然，航向稳定性差甚至航向不稳定的船舶，为了保持航向，就需频繁操舵，且所用舵角也偏大。

二、船舶航向稳定性的判别

航向稳定性的判别教学视频

在保持正舵条件下，一阶操纵运动方程可写为

$$T\dot{r}+r=0 \tag{1-4-1}$$

求解式（1-4-1），可得外界干扰消失后，初始转头角速度为 r_0 的任意时刻 t 的转头角速度 r 的表达式

$$r=r_0\,e^{-t/T} \tag{1-4-2}$$

由式（1-4-2）可知，当 $T>0$ 时，T 值越小，则 $e^{-t/T}$ 就会越快地衰减趋于零，转头角速度也就衰减得较快，即航向很快稳定。若 T 为大的正值，则转头角速度衰减得慢，航向稳定性就较差。相反，若 $T<0$，船舶不具备航向稳定性。船舶航向稳定性的判别如图 1-4-2 所示。

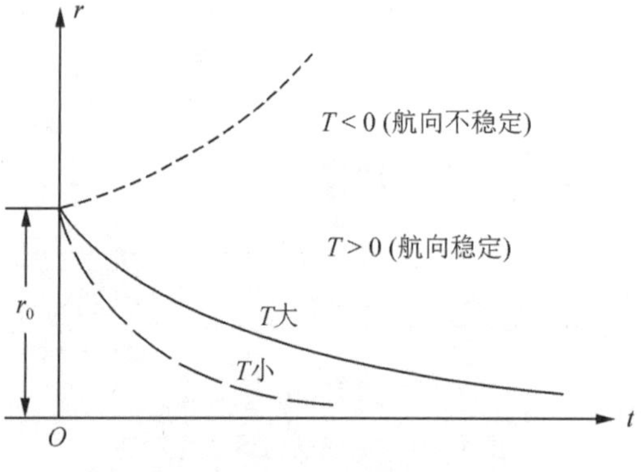

图 1-4-2　船舶航向稳定性的判别

如对式（1-4-2）中的时间 t 积分，则可得到船舶因外界干扰而具有的转头角速度 r_0，在外界干扰消除之后，船舶惯性转头角表达式为

$$\psi=\int_0^{\infty} r\mathrm{d}t=\int_0^{\infty} r_0 e^{-t/T}\,\mathrm{d}t=r_0T \tag{1-4-3}$$

由式（1-4-3）可知，船舶受干扰后偏离原航向的角度大小由干扰造成的初始转头角速度 r_0 和航向稳定性指数 T 来决定。在同样的干扰情况下，T 为小的正值，则偏航角度（惯性转头角）就小；T 为大的正值，则偏航角度就大。若 T 为负值，则船舶将一直偏转下去。由此可见，

船舶的航向稳定性可以用航向稳定性指数 T 来衡量。

三、船舶保向性及其影响因素

船舶保向性及其影响因素教学视频

1. 船舶保向性

船舶保向性与航向稳定性并不是同一概念。航向稳定性是具有一定初始转头角速度的船舶,仅在船体因转头而受到旋回阻矩的作用下逐渐稳定于新航向的能力,是船舶本身固有的性能。保向性则是指船舶在风、浪、流等外力作用下,由操舵水手(或自动舵)通过罗经识别船舶首摇情况,并通过操舵抑制或纠正首摇使船舶驶于预定航向的能力。船舶保向性的好坏不仅与航向稳定性的好坏有关,同时也取决于操舵人员的技能及熟练程度、自动舵的控制能力、舵机的响应能力以及舵的控向能力。显然,航向稳定性越好的船舶,保向性也越好。

2. 影响保向性的因素

(1)船型

方形系数 C_b 较小、长宽比 L/B 较大的瘦削型船舶,回转时阻矩较大,其航向稳定性较好,保向性较好;肥大型船则较差。

(2)水线下船体侧面积形状

水线下船体侧面积在船尾分布较多的船舶,如船首较为削进、船尾有较大钝材的船舶,其航向稳定性较好,保向性也较好;而装有球鼻艏的船则航向稳定性下降。

(3)载态

轻载时较满载时的航向稳定性好,保向性也好;艉倾较艏倾时保向性好。但在受强风影响时,船舶空载或轻载时的受风面积大,故保向性会下降。

(4)船速

对同一艘船而言,船速越高,保向性越好。

(5)舵角

随着舵角的增大,船舶的保向性将得到明显改善,尤其超大型油船常需使用大舵角才能保向。

(6)舵面积比

舵面积比越大,航向稳定性越好,保向性越好。

(7)其他因素

水深变小、污底增加,将使航向稳定性变好,保向性提高;顺风、顺流航行,将使航向稳定性变差,保向性下降。

任务五 实船操纵性试验

学习目标

知识目标:掌握各操纵性试验的目的。

能力目标:明确船舶操纵性试验的各种操作要点,并能进行相关操纵性试验。

素质目标：培养学生求真务实的品质。

操纵性试验的目的是求得船舶操纵性衡准及各运动要素，从而评价船舶操纵性的优劣。实船操纵性试验通常包括旋回试验、Z形试验、螺旋试验和逆螺旋试验、改向试验、停船试验五项。

为了使实船试验尽可能准确可靠，试验时一般应注意做到以下几点：

（1）选择海面平静、海流潮流较小的水域。螺旋试验要求无风和静水，逆螺旋试验和Z形试验要求风力不超过4级。

（2）试验水域要有足够的水深，水深至少应大于船舶5倍吃水。停船试验时水深应不小于$3\sqrt{Bd}$（B为船宽，d为吃水）。

（3）一般应在满载条件下进行试验，油船和散货船还应进行压载条件下的试验。

（4）试验前，主机转速和航速应达到稳定的试验速度。

（5）校准有关仪器设备。

一、旋回试验

旋回试验教学视频

1. 试验目的

测定船舶旋回圈，从而求得船舶的旋回诸要素，包括进距、横距、旋回初径、旋回直径、滞距、旋回时间等，以便评价船舶旋回的迅速程度和所需水域的大小。

2. 试验要求

通常在试验速度条件下，直进中分别向左、右两舷操满舵进行旋回，转头角达到360°（有风流轻微影响时应为540°）时，测定其旋回圈。也可根据实际工作需要，测定不同载况（满载、半载、压载）、不同船速（全速、半速、低速）、不同舵角（10°、15°、20°、35°）情况下向左和向右的旋回资料的准确性。

3. 旋回试验过程

（1）测试人员就位后，在预定的航线上保持船舶直航并稳定航速。

（2）在开始回转前约一个船长的航程范围内，测量船舶的初始参数，如航速v_0、初始航向角ψ、初始舵角δ_0以及螺旋桨的初始转速n_0等。

（3）发出操舵口令，以尽可能快的转舵速度操舵至规定舵角δ_0。

（4）从转舵开始，艏向角变化了1°、5°、15°、30°、60°、90°，以后每隔30°分别记下对应的时间、航速、船位、转头角、横倾角及螺旋桨转速。

（5）在转头角变化达到360°（或540°）以后，正舵并改为直进状态。

（6）根据上述观测数据，对风流引起的漂移进行修正，然后在大比例尺海图上连续绘出各个船位点，并把它们连接为圆滑曲线，便可量出旋回圈各要素。从航速和角速度测量中可求得回转速降v_t/v_0及定常旋回角速度r_0。从横倾角的测量中可得到定常外倾角θ_c和最大突倾角θ_{max}。

4. 测定旋回圈轨迹的方法

（1）使用GPS定位测旋回圈。

（2）使用航向、航速计算求旋回圈。

(3)使用浮标方位测旋回圈。

(4)使用无线电定位测旋回圈。

不论采取何种方法,均应注意将测得的船位换算为重心 G 处的船位,并进行漂移修正,以提高测量数据的准确性。

二、Z 形试验

Z形试验教学视频

1. 试验目的

求船舶的操纵性指数 K、T,借以全面评价船舶的旋回性、追随性和航向稳定性等重要操纵性能。

2. 试验要求

通常在海上速度情况下,采用 10°/10°(分子表示舵角,分母表示操反舵时的船首向改变量)试验。根据需要也可进行 20°/20°、15°/15°、5°/5°等 Z 形试验,它们分别表示较强和较弱机动下的操纵情况。

3. 试验方法

(1)以规定航速保持匀速直航,操右舵 10°并保持之;

(2)当船首向右转头的角度达到 10°时,即与所操舵角相等的瞬间,立即回舵,改操左舵 10°并保持之;

(3)待船首最终左转,越过原航向并向左偏离原航向达 10°时,即再一次出现与所操舵角相等的瞬间,立即回舵,再操右舵 10°。

如此反复,既可按右—左—右,也可按左—右—左的顺序,连续进行三次蛇航制动(最好五次)即可。

对于一些航向稳定性差的船,如船型肥大的大型船,试验中会出现所操相反舵角抑制不住船舶转头运动的情况,往往难以完成 Z 形试验。为此,常采用减小转头角度的办法,即转头角度较所操舵角小 1°~5°(或更多)的变 Z 形试验。

试验中应准确记录各舵角到位时间、特征转头角的时间及转头超越角的大小。将这些数据描绘成曲线 δ-t、ψ-t(如图 1-5-1 所示),并据以计算操纵性指数 K、T。

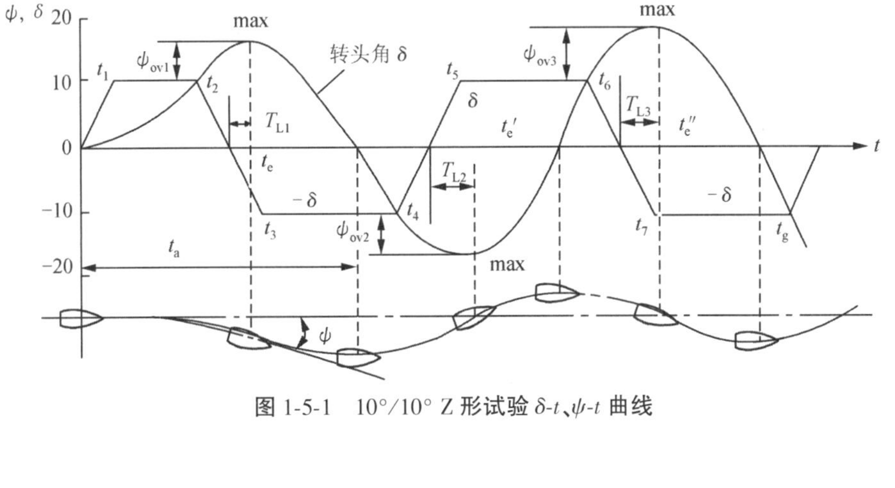

图 1-5-1 10°/10° Z 形试验 δ-t、ψ-t 曲线

三、螺旋试验和逆螺旋试验

螺旋试验和逆螺旋试验教学视频

1. 试验目的

评价船舶航向稳定性的好坏。

2. 螺旋试验

首先从右满舵开始求出其对应的定常旋回角速度，而后逐步少量减小其右舵角再求其对应的定常旋回角速度；然后顺次求出正舵、左舵，直至左满舵旋回时的定常旋回角速度；最后再从左满舵向右满舵一步步过渡，分别求出全部的定常旋回角速度 r 与相应舵角 δ 的对应关系，并顺次绘出 r-δ 曲线，如图 1-5-2 所示。

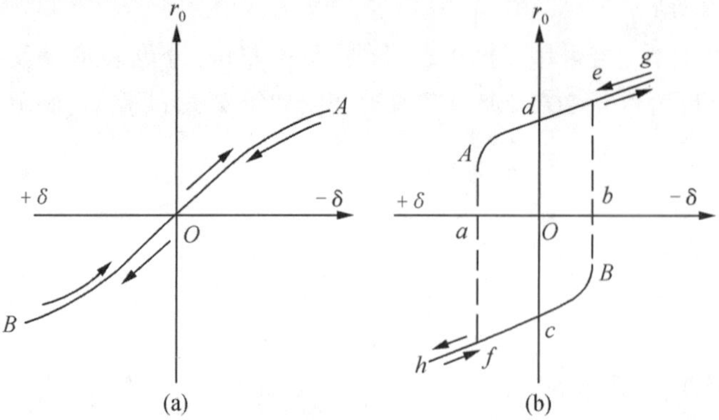

图 1-5-2　螺旋试验的 r-δ 曲线

任何船舶，其 r-δ 曲线不外乎两种基本类型。如果 r-δ 曲线属于 *AOBOA* 类型，因 r-δ 具有单值对应关系，则说明船舶具有航向稳定性；如果 r-δ 曲线属于 *geAfhfBeg* 类型，带有 *eAfB* 环形范围，因 r-δ 在环形范围内具有多值对应关系，则说明该类船舶在环形范围内不具备航向稳定性。该曲线的环形范围越大、面积越大，则船舶的航向稳定性越差。这种船舶在大舵角旋回中即使改操小舵角仍将保持相当高的转头角速度，甚至在操反向小舵角时，只要该舵角处于临界舵角范围之内，则船舶仍将维持原转头方向不变。如果环宽大于 20°，则操纵船舶就会变得很困难了。

此试验的旋回圈逐渐由小到大或由大到小，就其整个旋回过程而言，其运动轨迹极似一条螺旋线，故称螺旋试验。

3. 逆螺旋试验

螺旋试验需进行多次小舵角回转运动，要求试验水域面积大，且进入定常旋回十分缓慢，整个试验费时很长；此外，对海面环境的要求也很苛刻，一般要求选择 2~3 级以下海况。

为弥补上述缺点，Bech 提出了逆螺旋试验的方法。该法与螺旋试验相反，它是预先选定几个不稳定环内的可能有的定常旋回角速度 r，再通过转舵使船舶保持各角速度值定常回转，然后求取对应于各角速度所需操舵的舵角平均值，从而求得如图 1-5-3 所示的 r-δ 曲线。该法采用主动操舵而保持 r 值，故对海面环境要求不高，且大大缩短了试验时间，一般仅需 30 min。

经逆螺旋试验得到的 r-δ 曲线中，呈单值对应关系、航向稳定性好的船舶，其 r-δ 曲线仍近于直线，而航向不稳定性极强的肥大型船，其 r-δ 曲线多呈 S 形，在临界舵角范围内 r 与 δ 呈多值对应关系。中间曲线段的宽度越大,则航向不稳定性越强,这与螺旋试验的不稳定环宽的含义是完全一致的。

四、停船冲程的测定

1. 测定条件

测定应选择在无风流影响的水域进行,水深一般应不小于 $3\sqrt{Bd}$ (B 为船宽,d 为吃水),船舶保持正舵。

2. 测定内容

通常在空载和满载时,分别测定主机处于主机转速为前进一、前进二、前进三时使用停车和倒车的冲程和所需时间,至少应测定船舶前进三至停车、前进二至停车的停车冲程,以及前进三至后退三、前进二至后退三的倒车冲程。

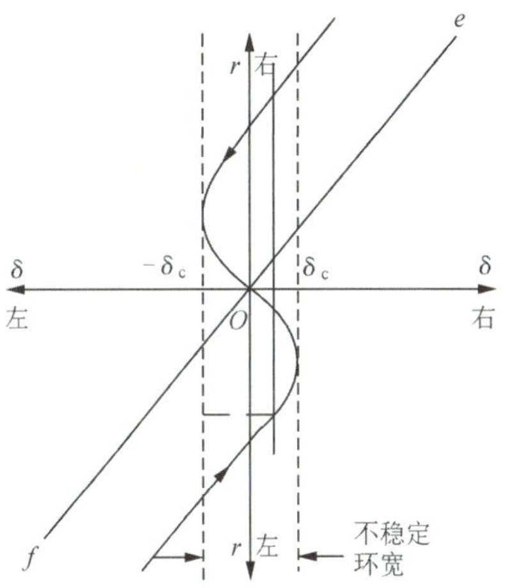

图 1-5-3 逆螺旋试验的 r-δ 曲线

3. 测定方法

(1)抛板法

此方法比较简便且实用,停船距离可由下式求得:

$$停船距离 = (n-1)L + 最后一块木板移动的距离$$

式中:n 为抛出木板总数;L 为船首尾观测组的距离(m)。

(2)定位法

多采用无线电定位法和 GPS 定位法,通过连续测定船位求得冲程。大型船舶多用此法。

任务六 IMO 船舶操纵性衡准的基本内容

学习目标

操纵性衡准的基本内容教学视频

知识目标:掌握各项 IMO 船舶操纵性衡准指标。

能力目标:能运用 IMO 船舶操纵性衡准指标对船舶操纵性能做出判断。

素质目标:培养学生的规范意识。

1987 年 11 月,国际海事组织(IMO)大会通过了 A. 601(15)决议,要求船舶配备引航卡(pilot card)、驾驶台操纵性图(wheelhouse poster)及船舶操纵手册(maneuvering booklet)三种形式的随船资料。引航卡应记入引航员登船后可立即掌握的最低限度的重要性能资料;驾驶台操纵性图也是一种较详尽的性能资料;而船舶操纵手册应详尽地记载本船实船操纵性试验结果等重要资料,使驾驶人员能充分了解本船操纵性能。

IMO 在 2002 年 12 月 4 日通过了《船舶操纵性标准》,该标准适用于 2004 年 1 月 1 日或之后建造的舵桨推进方式、$L \geqslant 100$ m 的船舶,化学品船、油船及液化气船不限长度。试验条件要求在平静深水中,满载平吃水,以试验速度(不小于 85% 主机最大输出功率时船速的 90%)稳定直航。该标准规定的几种操纵性指标及容许界限值如表1-6-1所示。

表1-6-1 操纵性指标及容许界限值

评价指标	容许界限范围
旋回性	进距≤4.5L,旋回直径≤5L
初始旋回性	操左(右)舵10°时,当船首向改变10°时,船舶前进的距离≤2.5L
偏转抑制性和保向性	10°/10° Z形试验 第一惯性超越角≤10°　　$L/v<10$ s ≤20°　　$L/v\geq 30$ s ≤(5+0.5L/v)　　10 s≤$L/v<30$ s 第二惯性超越角≤25°　　$L/v<10$ s ≤40°　　$L/v\geq 30$ s ≤(17.5+0.75L/v)　　10 s≤$L/v<30$ s 20°/20° Z形试验 第一惯性超越角≤25°
停船性	倒车冲程≤15L(然而,如因船舶排水量大而使该衡准值不切实际,主管机关可修改该值,但不得超过20L。)

注:L为船长,v为船速。

对于某一具体船舶,应在试航时或以其他方式尽可能取得详尽的船舶操纵性资料,这对实际操船大有帮助。

项目二

使用船舶操纵设备

☞［项目描述］

船舶的操纵设备包括车、舵、锚、缆以及助操设备侧推器和拖船等。为保证船舶的安全航行以及顺利完成航次任务，必须能合理使用船舶操纵设备。本项目要求学生在航海模拟器上进行情境模拟，针对不同船型、不同环境进行车、舵、锚、缆等操纵设备的使用，感受螺旋桨的致偏作用；观察用舵后船舶的运动态势，熟悉随动舵与自动舵的转换程序；在不同场景下选择合适的锚泊方式；熟悉靠离泊过程中缆绳的使用程序；尝试用拖船协助操船。

任务一 螺旋桨的应用

学习目标

知识目标：掌握螺旋桨的种类和性能，掌握螺旋桨致偏作用的偏转规律。

能力目标：能准确判断螺旋桨的致偏作用，并能根据偏转规律合理操纵船舶。

素质目标：提高学生分析问题、解决问题的能力。

阻力和推力教学视频

一、阻力和推力

1. 船舶阻力

船舶以某一速度在水面上航行时，将受到空气和水的阻碍作用，这种与船体运动方向相反的流体作用力称为船舶阻力，用 R 表示。船舶阻力按其形成的性质可分为空气阻力和水阻力；按其特征又可分为基本阻力 R_0 和附加阻力 ΔR 两部分，即 $R=R_0+\Delta R$。

(1) 基本阻力

基本阻力 R_0 是新出坞的裸体船（不包括附属体）在平静水面行驶时水对船体产生的阻力。基本阻力由摩擦阻力 R_f、涡流阻力（形状阻力）R_e 和兴波阻力 R_w 组成，后两者通常也称为剩余阻力 R_r，也即压差阻力。

摩擦阻力：当船体对水运动时，由于水的黏性，在船体周围水和船体湿表面之间产生的阻力。它的大小与船体湿表面面积成正比，与航速的 1.825 次方成正比。

涡流阻力：船舶以一定航速对水运动时，在船体表面形状急剧变化处产生涡流，这种涡流形成的阻力称为涡流阻力，又称为形状阻力。它的大小与航速的平方成正比。

兴波阻力：船舶在对水运动时产生船行波，船体周围的水的流速和压力将发生变化，在船首出现高波峰、船尾出现低波峰，水位上升，压力增大；在船中出现波谷，水位下降，压力减小，这种沿船体首尾方向由于兴波而构成压力差所产生的阻力称为兴波阻力。兴波阻力与航速的 4~6 次方成正比。

(2) 附加阻力

附加阻力由污底阻力 R_F、附体阻力 R_A、空气阻力 A_x 和汹涛阻力 R_R 组成。

污底阻力：由于水下船体生锈及海洋生物附着其上，使得该部分湿表面变得粗糙，导致阻力增加，这部分增加的阻力称为污底阻力。

附体阻力：由于舵、舭龙骨及轴包架等附体对水运动而增加的一部分阻力。

空气阻力：空气作用于水面上的船体及上层建筑而产生的阻力。

汹涛阻力：船舶在风浪中航行，由于风、浪的作用及船身的剧烈摇摆运动而产生的阻力。

对于给定的船舶，其基本阻力（含 3 级风以下的空气阻力）的大小与吃水和船速有关。当航速 v_s 一定时，基本阻力随船速的提高而增大；在船速较低时，基本阻力与船速的关系近似呈线性变化关系；而船速较高时，基本阻力随船速的变化率明显增大，约与船速的平方成正比。其原因在于，船速较低时，摩擦阻力占基本阻力的比例较高；而船速较高时，剩余阻力，尤其是兴波阻力所占的比例将越来越大，且兴波阻力与航速的4~6次方成正比，虽然摩擦阻力在数值上也有所增大，但其所占的比例大大下降。基本阻力中各阻力占总阻力的比重随航速而变，在一般商船速度范围内，摩擦阻力所占比重最大，占总阻力的70%~80%，低速时所占比重更大；随着船速的提高，兴波阻力所占比重将增大；涡流阻力一般不足10%，船型优良的船可在5%以下，而对于短宽肥大型船，该阻力所占比重较大。

附加阻力的大小取决于风浪大小、船体污底轻重、船型、载况以及航道浅窄情况。

2. 推力

(1) 推进器

推动船舶运动（前进或后退）的工具统称为推进器（propeller）。目前，机动船舶应用最广泛的推进器是螺旋桨（screw propeller），且大多为固定螺距螺旋桨（fixed pitch propeller，FPP），如图2-1-1所示。可变螺距螺旋桨（controllable pitch propeller，CPP）虽然结构较为复杂，维修保养较为困难，但由于它通过调节桨叶的螺距角来进行停车、正车、倒车操纵，无须改变螺旋桨的旋转方向和转速即可达到换向目的，因而具有实施操纵快捷方便、停车性能良好的优点，现已开始用于一些现代化船舶上，如图2-1-2所示。其他种类的推进器还有明轮、平旋式推进器（如图2-1-3所示）、喷水推进器（如图2-1-4所示）和Z形推进器（如图2-1-5所示）等。

图2-1-1 外旋式固定螺距双螺旋桨

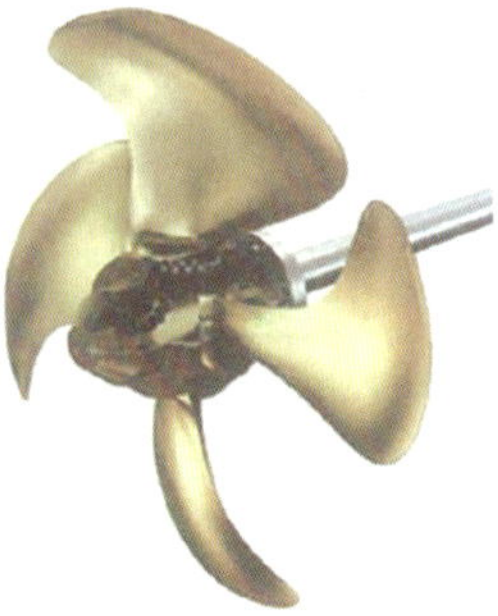

图2-1-2 可变螺距螺旋桨

船舶大多装有一只螺旋桨，称为单桨船。单桨船的螺旋桨按其旋转方向又可分为右旋式和左旋式两种。从船尾往船首看，螺旋桨正车时做顺时针旋转，倒车时做逆时针旋转，这种螺

图 2-1-3　平旋式推进器

图 2-1-4　喷水推进器

图 2-1-5　Z 形推进器

旋桨称为右旋式螺旋桨；反之，称为左旋式螺旋桨。目前，大多数商船均采用右旋式螺旋桨。

有些船舶出于操纵上的特殊需要装有两只螺旋桨，左右各一，称为双桨船。双桨船的螺旋桨按其旋转方向可分为外旋式和内旋式两种。进车时，左舷螺旋桨左转，右舷螺旋桨右转，称为外旋式；反之，则称为内旋式。一般 FPP 双桨船多采用外旋式，而 CPP 双桨船多采用内旋式。

（2）螺旋桨的推力

在主机驱动下，螺旋桨正车旋转时推水向后运动，水对螺旋桨的反作用力在船首方向的分量就是推船前进的推力 T（thrust），倒车时则产生指向船尾的拉力。流向螺旋桨盘面的水流称为吸入流（suction current）；离开螺旋桨盘面的水流称为排出流（discharge current）。吸入流的特点是流速较小，范围较广，流线几乎相互平行；排出流的特点是流速较大，范围较小，水流旋转激烈（如图 2-1-6 所示）。

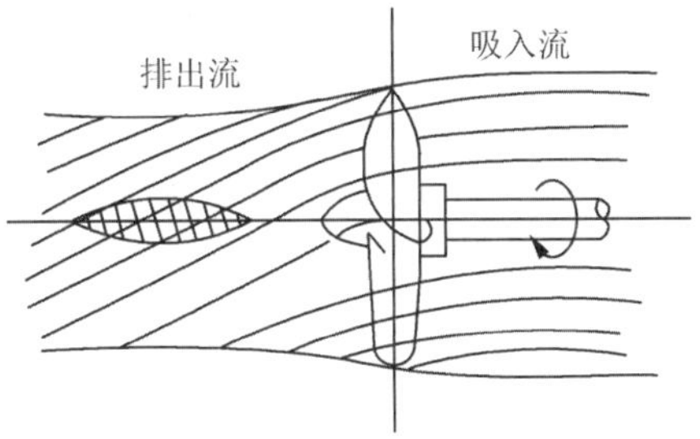

图 2-1-6　吸入流与排出流

对于给定的船舶，其螺旋桨推力 T 的大小与转速 n、船速 v_s 以及螺旋桨桨轴在水中的沉深 h 有关。当船速一定时，转速越高，推力越大，且推力与转速的平方成正比；当转速一定时，船速越低，推力越大，随着船速的提高，推力逐渐下降，当船速为零(相当于系泊状态)时，推力最大。当推力大于阻力时，船舶做加速行驶运动；当推力等于阻力时，船舶做匀速行驶运动；当推力小于阻力时，船舶做减速行驶运动。

值得注意的是，船舶在高速前进中突然高速倒车，后退中突然高速进车，或者静止中突然高速进车或倒车，往往会使主机超负荷工作，容易引起主机损坏，应予避免。

由于螺旋桨及主机结构方面的原因，在相同的转速、航速条件下，一般船舶倒车拉力只有进车推力的 60%~70%，大型船舶仅有 30%~40%。

(3)滑失(slip)与滑失比(slip ratio)

由于螺旋桨是在水中运动而非在刚性介质中运动，所以常会发生滑失现象，即螺旋桨旋转一周后前进的距离 h_p 较螺距 P 小。同样，如螺旋桨转速为每秒 n 转，则其前进速度 v_p 比理论上应能前进的速度 n_p 小。

螺距 P 与进程 h_p 之差，称为真滑失 S，即 $S=P-h_p$。螺旋桨理论上应能前进的速度 n_p 与螺旋桨实际对水速度 v_p 之差，称为滑失速度(如图 2-1-7 所示)，也可称为真滑失 S，即

$$S=n_p-v_p \tag{2-1-1}$$

真滑失与螺距之比，称为真滑失比 S_r，或定义为滑失速度与理论上可以前进的速度 n_p 之比，即

$$S_r=\frac{P-h_p}{P}=1-\frac{h_p}{P} \tag{2-1-2}$$

或

$$S_r=\frac{n_p-v_p}{n_p}=1-\frac{v_p}{n_p} \tag{2-1-3}$$

若不考虑螺旋桨盘面处的伴流速度 ω_p，而以船速 v_s 代替上述各式中的 v_p，则分别称为虚滑失、虚滑失比。

从图 2-1-7 可知，螺旋桨所能给出的推力大小取决于螺旋桨的滑失(比)。当转速一定时，滑失越大，则滑失比越大，冲角 α 便越大，所得到的推力就越大。由此可见，对于给定的船舶，当转速一定时，船速越低，则滑失比越大，推力便越大。当船速不变时，提高转速，滑失比增大，推力也将增大。在受限水域内操纵船舶，为提高舵效，往往采取先降速，即降低螺旋桨进速 v_p，然后加大转速 n 的方法，尽可能地增大滑失比 S_r 的措施，其理由也正在于此。

滑失比的大小与船舶运动状态和螺旋桨的转速有关。对一艘给定的船舶而言，船体污底

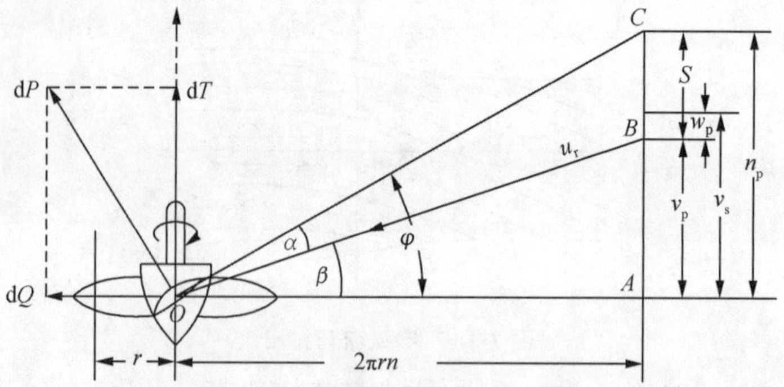

图 2-1-7　进速、伴流速度、船速与滑失速度

越重，海面状况越差，相同转速下船速越低，或相同船速下转速越高，或伴流速度越大时，滑失也就越大。此外，若船舶航行于浅窄航道中，或船舶浮态发生变化（如吃水增加、过大的艏倾），则同样转速下，船速越低，滑失比就越大。在操纵中，我们可借助增大滑失比来增强舵效。但滑失比长期较大，或短时间过大的状态均将导致主机超负荷运转，这对维护主机安全运转是极其不利的，应引起驾驶人员的注意。

二、主机功率

主机功率教学视频

1. 主机输出功率的名称及比例

主机输出功率通常有以下四种：

(1) 最大持续输出功率

主机能安全持续运转的最大输出功率，是主机输出功率。该输出功率的额定值常用 MCR（max continuous rating）表示。

(2) 常用输出功率

为取得海上船速而经常使用的主机输出功率即为常用输出功率。船舶达到设计满载吃水时，在常用输出功率下所得到的船速称为常用船速。从主机的有效使用和有利于维护保养的角度考虑，常用输出功率是较为经济的输出功率。

(3) 过载输出功率

过载输出功率是指可供短时间使用的超过最大持续功率的输出功率。

(4) 倒车输出功率

倒车输出功率是指倒车时的最大输出功率。

上述输出功率的相互比例，将因主机的种类和新旧程度不同而不同。

2. 有关推进的功率名称和推进效率

主机所发出的功率传至螺旋桨之前始终存在着摩擦等各类机械性损耗。因此，主机发出的功率比最终推动船舶运动所需的功率大。实际上船舶航行所需功率仅为主机产生功率的一半左右。

(1) 推进功率名称

①指示功率（IHP）

指示功率是主机在气缸内产生的功率。

②制动功率(BHP)

制动功率是指输出于主机之外可实际加以利用的功率。

③轴功率(SHP)

轴功率是指传递到直接连接推进器的中间轴上的功率。

④收到功率(DHP)

收到功率是指主机传递至主轴尾端,通过艉轴管(stern tube)提供给螺旋桨的功率。

⑤推力功率(THP)

推力功率是指推进器获得收到功率后,产生的推船行进的功率。它等于推进器发出的推力 T 和推进器的进速 v_{p} 的乘积,即

$$THP = T \cdot v_{\mathrm{p}} \tag{2-1-4}$$

⑥有效功率(EHP)

有效功率是指船舶克服阻力 R 而保持一定船速 v_{s} 所必需的功率,它等于船舶阻力与船速的积,即

$$EHP = R \cdot v_{\mathrm{s}} \tag{2-1-5}$$

(2)各功率之间的关系

主机发出的功率称为机器功率(MHP)。根据主机种类的不同,其测定机器功率的部位不同,机器功率在不同类型的主机中就有不同表示。柴油机用 BHP 表示;汽轮机用 SHP 表示;蒸汽机则用 IHP 表示。

①传送效率 η_{C}:收到功率 DHP 与机器功率 MHP 之比 DHP/MHP,称为传送效率。该值通常为0.95~0.98。

②推进器效率(推进系数)η_{P}:有效功率 EHP 与收到功率 DHP 之比 EHP/DHP,称为推进器效率或推进系数(propulsive coefficient)。该值一般为0.60~0.75。

③推进效率:有效功率 EHP 与机器功率 MHP 之比 EHP/MHP,称为推进效率(propulsive efficiency)。该值为0.50~0.70。也就是说,主机发出的功率变为船舶推进有效功率后损失将近一半。

三、船速的分类及测速

船速教学视频

1. 船速的分类

(1)额定船速

在可以忽略水深影响的深水中,在额定功率和额定转速的条件下,船舶所能达到的静水中航速,即为该船的额定船速。它是船舶在深水中可供使用的最高船速。额定船速通常为设计船速,在新船试航时也可以通过实船试验测得。投入营运后由于主机的磨损和船体的陈旧,额定船速将会降低。根据一定标准验收后的主机,其标称输出功率,也就是可供海上长期安全使用的最大功率,即为该主机的额定功率。在可以忽略浅水影响的平静深水域中,在主机功率为额定功率稳定输出的条件下,所得到的主机稳定的转速称为主机的额定转速。

(2)海上船速(sea speed)

为适应海上和船舶本身各种情况的变化,确保长期安全航行,需留有适当的主机功率储备,因而主机的海上常用功率通常为额定功率的90%;相应的海上常用转速则为额定转速的

96%~97%。

主机以海上常用输出功率和海上常用转速运转时,所得到的静水中船速即为海上船速。

(3)港内船速(harbour speed)

港内航行时,船舶密集,水浅弯多,用舵频繁。为保护主机以及便于操纵和避让,港内航行的最高船速应比海上船速低。通常所说的备车船速、操纵船速和港内船速都是将主机输出功率降为常用功率的一半左右所得到的船速,此时的转速最高为海上常用转速的70%~80%。

港内船速除按主机输出功率的比例不同划分为"前进三""前进二""前进一"之外,尚有"微速前进"一挡;"微速前进"时的功率和转速,是主机可以输出的最低功率和最低转速。同样,倒车一般也分为"后退三""后退二""后退一",但多无"微速后退"一挡。通常港内"后退三"时的转速为海上常用转速的60%~70%。

应当指出的是,在港内或某些内海航区或水道内,为保证安全,往往规定有最高限速。对高速船舶而言,如本船所用的港内船速高于该限速,则应遵照相应水域内的限速规定行驶。

(4)经济船速(economic speed)

由于螺旋桨所消耗的功率约与柴油机的转速的立方成正比,故航速的少量降低可节省大量的燃油。但并非航速越小越经济,因为船舶的运输费用除了燃料费用外还有其他费用,而且对于一定航线的船舶,由于航速降低,航行时间延长,运输效率下降,也可能使经济效益降低。营运船舶常用的经济航速有三种:

①最低油耗率航速

柴油机在推进特性下工作,当功率与转速变化时,其燃油消耗量 g_e 由于受到喷油量、换气质量、转速等的影响,不是一个定值,一般在85%负荷时最小。

显然,柴油机在 g_e 最小时运转,其经济性最好,所以燃油消耗量 g_e 最低时的航速是经济航速。若柴油机经常在较高负荷下工作,应尽量使用最低油耗率航速航行。

②最低燃油费用航速

船舶每航行1 n mile,动力装置所消耗的燃料,用每海里燃料消耗量 g_n 表示。动力装置燃料消耗量等于主机、锅炉、发电柴油机燃料消耗量之和。

g_n 是带有综合性质的指标,它既考虑动力装置本身的性能,也考虑船舶航行条件。

当航速降低时,g_e 将会增大,但 g_n 明显地逐渐减小,并出现一个最小值 g_{nmin}。g_{nmin} 所对应的航速即为节油的经济航速,对于一定的船舶,其燃油费用最小。在船舶经常停航待命和降速航行时,应尽量使用最低燃油费用航速航行。

③最高盈利航速

最高盈利航速,即为营运期内盈利最大的航速。上述两种经济航速,因为考虑了动力装置本身的经济性,所以不一定是船舶的最高盈利航速。欲获得船舶的最高盈利航速,尚需考虑船舶的折旧费、客货的周转费、运输成本及利润等因素。不同的航区、不同的船舶种类将各有其相应的最高盈利航速。

2. 测速(speed trial)

船舶新出厂或经修理出厂后都要做测速试验,其目的在于求出转速和船速间的相互关系,也可用于验证船舶在一定主机输出功率下所能开出的船速与燃料消耗量的关系。

(1)测定条件

①测速时的主机输出功率分别定为额定功率的2/4、3/4、4/4、11/10(过载);海面状况良

好时可追加 1/4 额定功率的条件。

②船舶吃水以满载状态最为理想。通常油船应为满载状态,不能以满载状态试验的货船应为压载状态。螺旋桨的桨毂所处的水深应超过 0.45 倍的螺旋桨直径。

③测试水域应足够广阔、平静,风流影响甚小,来往船舶较少。水深以不影响船舶阻力为准,例如 VLCC 应在 $4d$(d 为船舶实际吃水)以上的水深中进行测速,而高速货船应在 $10d$ 以上的水深中进行测速。

(2)测定方法

①叠标法

利用在专用测速水域中设置的具有一定距离 s(1~3 n mile)的两组平行叠标,测定船舶以垂直于叠标方位的航向驶过两组叠标线所用的时间来求出船速的方法,即为叠标法,如图 2-1-8 所示。

在无风流影响时,测两次(一个往返)求其平均值即可;有流水影响时,如属于均匀流,要测三次,并用下式求取其值

$$v_s = \frac{(v_1 + 2v_2 + v_3)}{4} \tag{2-1-6}$$

流速不均匀时,则应测四次,其平均航速为

$$v_s = \frac{(v_1 + 3v_2 + 3v_3 + v_4)}{8} \tag{2-1-7}$$

式中:v_1、v_2、v_3、v_4 分别为各单次观测按次序算出的速度。

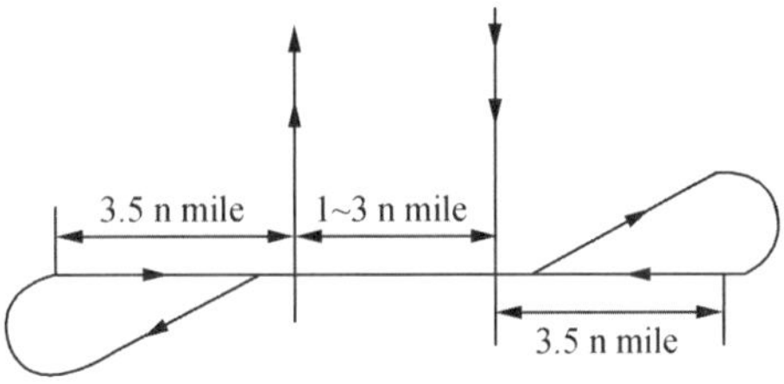

图 2-1-8　叠标法测速示意图

②抛板法

自船首端将预先制作好的十字形小木架尽可能远地沿垂直于艏艉线的方向抛出,当该小木架快要接近船尾端的横向方位时,通知船首迅速抛出下一个小木架。如船首尾抛板位置间的距离为 D,小木架移动所用时间为 t,则可根据抛出的木架数和时间,求出其平均值即为船速 v_s。

该测试方法简单,且不受潮流影响,但当有风时会受到表层流的影响。此时抛板应向下风舷抛出,并尽可能远投以减小航行波的影响。

③定位法

通过无线电波定位或 GPS 定位,利用所得到的精确船位来求取船速。

通常,中型以下船舶可采用叠标法和抛板法测试船速,而超大型船舶多在外海沿岸的深水域中采用定位法来测定。

螺旋桨的致偏效应教学视频

四、螺旋桨的致偏效应

螺旋桨的主要功能是产生前后方向的推力，以控制船舶的前后运动。同时，它对舵速有重大的影响，因而在增强或减弱舵效、改变船舶对舵的响应运动方面起着重大作用。除此之外，螺旋桨转动时，即使操正舵，船首也会出现向左或向右的偏转现象，这就是螺旋桨的致偏作用。该作用在港内操船的低船速、高转速、小沉深比状态下异常明显，驾驶人员在动车时应对该作用有充分的预见，综合考虑与操舵联用时的操纵效果，以便确定合理的操纵方案。

1. 单螺旋桨横向力

(1)沉深横向力

沉深横向力又称侧压力、侧推力或水面效应横向力。螺旋桨盘面中心距水面的垂直距离为螺旋桨的沉深 h，它与螺旋桨直径之比 h/D 称为沉深比。

试验表明，即使桨叶不露出水面，当 $h/D<0.65\sim0.75$ 时，由于螺旋桨在其旋转过程中会出现空气吸入和产生空泡现象，其推力和转矩减小，并出现上部桨叶所受的阻力较下部桨叶为小的现象，如图 2-1-9 所示。上下螺旋桨阻力的差值，构成了沉深横向力。以右旋单车船为例，进车时，该作用推尾向右，使船首向左偏转；倒车时，该作用推尾向左，使船首向右偏转。左旋式单车船的偏转方向相反。

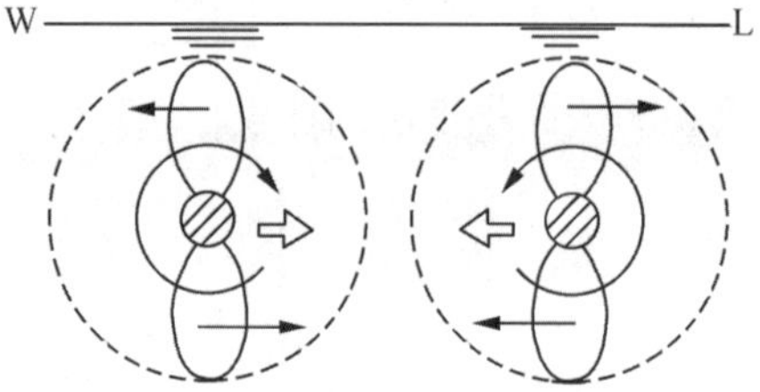

图 2-1-9 螺旋桨沉深横向力

影响沉深横向力的因素有：

①沉深比：当 $h/D>0.65\sim0.75$ 时，该力很小；当 $h/D<0.65\sim0.75$ 时，随着 h/D 逐渐减小，该力将明显增大。

②螺旋桨的进速、转速及滑失：滑失越大，该力越大，即该力随着桨叶进速的降低、转速的提高而增大。螺旋桨启动时，该力显著，随着船速的增大而逐渐减小。

③螺旋桨旋转方向：该力在倒车时比正车时大。

④该力受螺旋桨工况影响（螺旋桨处水面遮蔽程度、桨叶切面形状等）极为明显，而与操舵无关。

(2)伴流横向力

船舶前进时，船尾螺旋桨盘面处的伴流速度分布具有左右对称、上大下小的特点，如图 2-1-10 所示。因此，螺旋桨工作时，上部桨叶进速较低，冲角较大，推力增大，因而旋转阻力也较大。这种因伴流的影响而出现的上下桨叶的旋转阻力之差而构成的横向力称为伴流横向力。

右旋单车船，前进中进车，伴流横向力与沉深横向力相反，推尾向左，使船首向右偏转；倒车时方向相反。船舶静止时，由于不存在伴流，故无该力；船舶后退时，由于舵叶形成的伴流极

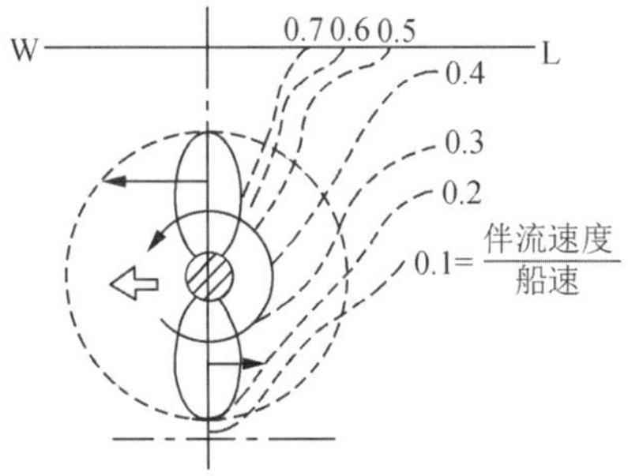

图 2-1-10　桨盘处伴流的垂直分布与影响

小，所以几乎不产生该力。

船速越高，伴流上下的速度差越大，则伴流横向力也就越大。在伴流存在的前提下，该力随着转速的提高而增大。此外，V 形船尾伴流上下相差较大，伴流横向力大；而具有 U 形船尾、导流管的船舶，因桨叶处伴流小，该力也很小。

(3)排出流横向力

船舶前进中操舵时，如图 2-1-11(a)所示，舵叶左上部与右下部分别受到排出流的有力冲击。如无伴流影响，则舵叶左右两侧所受排出流水动力相等，不存在排出流横向力。当存在伴流时，由于伴流上大下小并与排出流反向，致使右下部排出流的冲角明显大于左上部，使右侧的水动力高于左侧。因此，舵叶两侧水动力产生差异，构成排出流横向力。船舶前进中进车，排出流横向力推尾向左，使船首右偏，而且船速越高，伴流越大，该力越大。此外，V 形船尾、转速高、伴流上下分布差异较大，则该力较大。船舶后退中进车，舵叶处伴流极小，故该力很小，可忽略不计。

船舶进速较低，或静止中，或后退中倒车，如图 2-1-11(b)所示，排出流将冲向尾部船体两侧。因为船尾线型上肥下瘦，所以打在船尾右上方的排出流对船体的冲角和作用面积均大于船尾左下部位，因此使船首向右偏转。

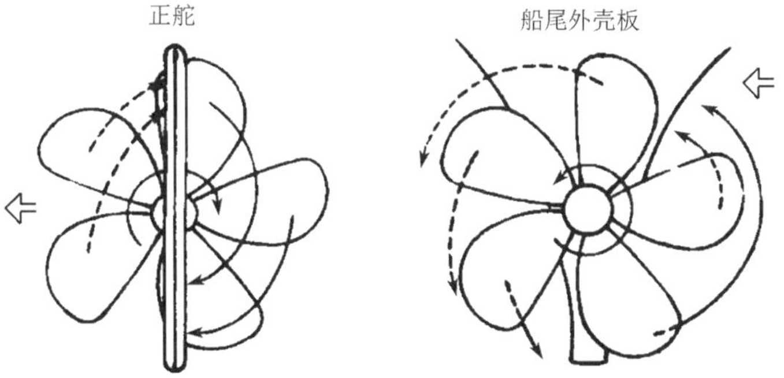

(a) 进车排出流横向力　　(b) 倒车排出流横向力

图 2-1-11　排出流的致偏作用

(4)推力中心偏位

船舶前进中，由于上升斜流效应(吸入流沿水下船尾型线由船底向上呈斜上方向汇集于螺旋桨盘面)，进车时右半圆桨叶呈顶流状态、左半圆桨叶呈顺流状态，使右侧桨叶的推力大于左侧桨叶的推力，致使螺旋桨的推力中心不在桨轴中心线上，而是偏向右方，这种现象称为推力中心偏位。其规律是偏位的方向与螺旋桨的旋转方向一致。船速越高、转速越高，推力中心偏位越明显。前进中倒车时，推力中心偏左，使船首右偏，但该力不大且随船速的急剧下降而迅速减小到零，故可忽略不计。船舶静止或后退时，因船尾螺旋桨盘面无上升斜流作用，故不存在推力中心偏位现象。

2. *右旋单桨船(FPP)的偏转趋势*

(1)静止中进车

船舶静止中进车，开始时船速较低，伴流、排出流、上升斜流的影响均较小。此时，若螺旋桨沉深比较小，则沉深横向力起主要作用，它使船首左偏，且艉吃水越小(h/D 越小)，左偏越明显；若艉吃水较深，则沉深横向力很小，船首偏转极小或几乎不发生偏转。

随着船速的提高，伴流、排出流、上升斜流的影响增强，这时船舶受沉深横向力、伴流横向力、排出流横向力和推力中心偏位四力的影响而发生微量偏转。对艉吃水较大的船而言，由于上升斜流增加明显，推力中心偏位起主要作用，因而船首出现左偏；而对艉吃水较小的船而言，因伴流横向力和排出流横向力占优，船首出现右偏。但不论出现何种偏转，均可用小舵角加以克服。

(2)前进中倒车

开始倒车时，船速仍较高，伴流仍很强，而倒车排出流的影响不明显，此时伴流横向力使船首左偏，尽管对于艉吃水较小的船，沉深横向力使船首右偏，但综合影响结果，通常船舶偏转方向不定。

随着船速的降低，伴流减弱，倒车排出流的影响逐渐增强，船首将明显右偏。此时，船虽仍在前进，但倒车排出流使舵速大大降低，阻碍了舵效的发挥，因此即使用舵也无法克服偏转。为控制船首右转，只有在倒车开出之前先操左舵，使船先有左转趋势，上述右偏现象才能有所缓解。

(3)静止中倒车

船舶静止中倒车时没有伴流和上升斜流，只有排出流横向力和艉吃水较小时的沉深横向力的影响使船首向右偏转。由于此时吸入流产生的舵力很弱，故用舵无法克服这种偏转。

随着船舶退速的提高，沉深横向力减小，排出流横向力也将因船体左侧所受水动力的影响而减弱。此时船首右转减缓，偏转速度将趋于稳定，进行船尾向左后方的大直径旋回。

3. *右旋单桨船致偏作用的运用实例*

右旋单桨船的横向力效应中最显著的是，船舶在静止中、低速前进中或后退中倒车时均出现船首右偏现象。若运用得当，可给操船带来方便。

(1)使船近乎正直后退

在狭窄水域或港内航道中，常常需要用倒车减速，同时又要避免产生过大的船首右偏，因此可采取如下操纵方法：前进中倒车，可在倒车前先用左舵，使船产生左转趋势，再倒车；静止中倒车，则操右满舵，利用后退时的反舵效以减弱船首右偏，但这在船舶退速较低时很难实现。

(2)缩小向右掉头水域

为了在狭窄水域完成掉头操纵，右旋单桨船(FPP)多采取向右掉的方法，以缩小掉头水域，如图2-1-12所示。这种方法可使船舶在$2L$左右或更小的水域内完成掉头。对于中小型船舶，由于每排水吨分摊的主机功率较高，故极易进行这种操作。万吨船在无风微流条件下亦可进行。

(3)自力靠码头操纵

左舷靠码头时，如图2-1-13(a)所示，应以适当的靠拢角和余速缓慢接近泊位，以便在适当

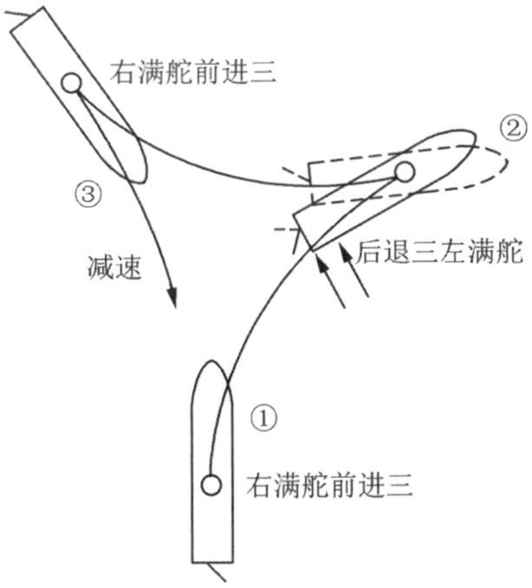

图 2-1-12 **右旋单桨船向右掉头**

时间倒车,既能刹减余速,又能使船外转,从而使船舶近乎平行地靠上泊位。

若右舷靠码头,则应尽量减小靠拢角并略微加大船岸间的横距,以便倒车时,船首能平安地接近码头,然后设法解决船尾入泊的问题,如图 2-1-13(b)所示。

(4)系靠单浮筒时的自力操纵

风流较弱时,船舶通常将浮筒置于船首右侧[(1~1.5)B]入泊,在接近浮筒前倒车,既可刹减余速,又能使船首右转,从而使船首缓缓接近浮筒。

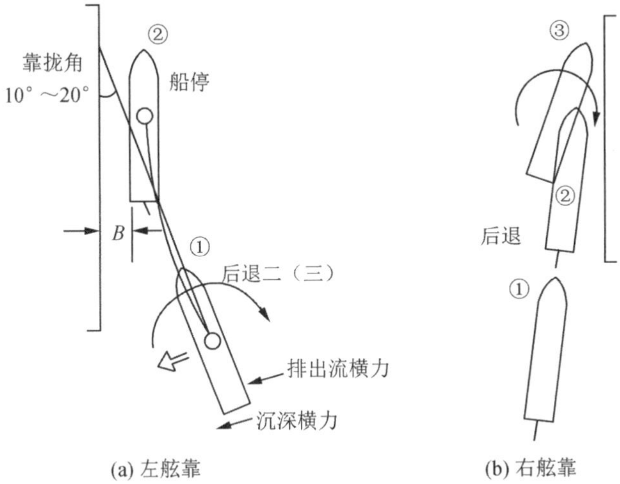

(a) 左舷靠　　(b) 右舷靠

图 2-1-13 **自力靠码头操纵**

4. 双螺旋桨横向力

双螺旋桨船俗称双车船,有 FPP 和 CPP 两种。为了充分发挥螺旋桨横向力在操纵中的效用,有助于船舶旋回,FPP 双车船通常安装成外旋式,CPP 双车船则多安装成内旋式。

当双车船的两车以同样转速同时进车或倒车时,它们所产生的横向力互相抵消,船舶基本不发生偏转。

当双车船两车的转速或旋转方向不同时,一方面,因两车推力大小、方向不同,自然形成转船力矩;另一方面,螺旋桨的各偏转横向力与上述转船力矩方向一致,因此,只要双车配合得当,再加上舵的转船作用,几乎可使船在原地掉头。

为有助于船舶回转，操纵时往往采取一车进另一车倒，这时，如果两舷排出流没有进行良好的分割，则可能产生互使他舷螺旋桨流被部分吸入的现象，使附近水流复杂化，舵效变差，影响转船效果，尤其在驶于浅水域时此类现象将更明显。因此，往往先利用一舷螺旋桨工作，当产生转头力矩时，再开出另一车，协助转头，实际效果较好。

(1) FPP 双车船的致偏效应

FPP 双车船多做成外旋式，如图 2-1-14(a)所示，当船舶右转时，采用左进右退，一方面，进车与倒车产生的推力和拉力构成转船力矩使船首右转；另一方面，两螺旋桨的沉深横向力、左车吸入流的减压作用、右车排出流的增压作用等使船首向右偏转。显然，FPP 双车船做成外旋式，其螺旋桨的致偏作用方向与船舶的回转方向一致，有利于操纵。FPP 内旋式则完全相反，如图 2-1-14(b)所示。

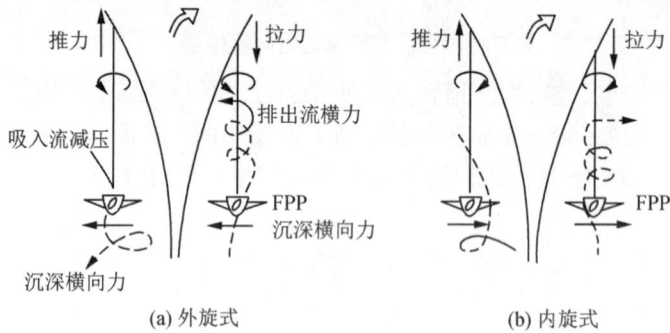

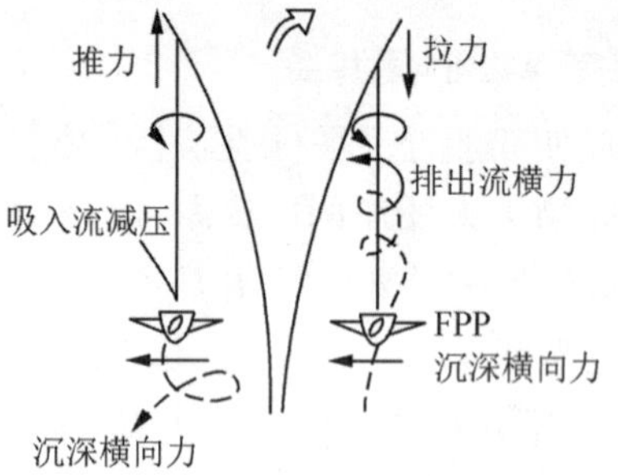

图 2-1-14　FPP 双车船螺旋桨的致偏作用

(2) CPP 双车船的致偏效应

可变螺距螺旋桨（CPP）是仅通过改变螺距角即可达到换车目的的螺旋桨，即主机工作时始终以一定转速向一个方向转动。CPP 双车船多采用内旋式，当两车以反方向同转速动车时，能保证船舶直线进退，因而也具有一般双车船的优点。如图 2-1-15(a)所示，当船舶右转时，采用左进右退，不难分析，不论是内旋式还是外旋式，其双车的沉深横向力均相互抵消，但内旋式双车船的左车吸入流造成的减压作用和右车排出流的增压作用有利于船舶右转；相比之下，CPP 外旋式双车则不具备上述优点，如图 2-1-15(b)所示。

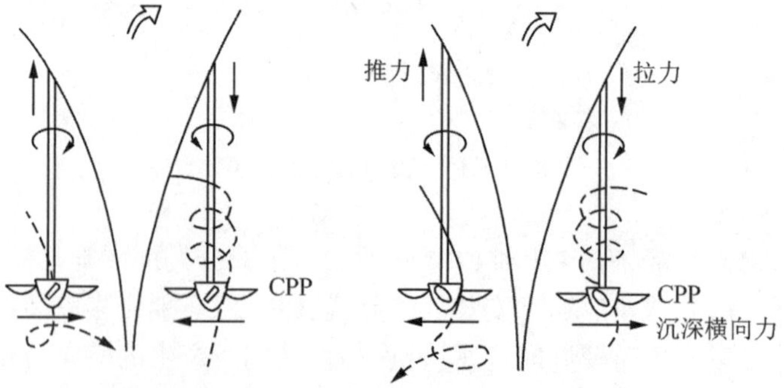

图 2-1-15　CPP 双车船螺旋桨的致偏作用

5. 侧推器

侧推器(thruster)是装在轻载水线以下,与船舶首尾面垂直的隧道推进器,均为电力拖动。其功率约为主机额定功率的1/10,视实际需要而定。侧推器因其安装部位不同,又有艏侧推器和艉侧推器之分。

安装侧推器的目的在于提高自力操纵的机动性和控制性能,一般均可直接在驾驶台遥控,通过操纵杆控制左右方向和转速。转速一般分为2~3挡,在控制台边上都附有“航速超过×节不可使用”的警告牌。

侧推器只有在船舶处于低速时才能产生较大的功率,随着船速的增大,船舶斜航时阻碍回转与横移的水阻力明显增大,侧推器的效用将相应降低。经验表明,有效发挥侧推器作用的速度范围在4 kn以下,对于大型集装箱船,一般艏侧推器失效船速基本为4~6 kn。例如:载重量为6万吨的某船,当船速为3 kn时,侧推器与舵联用,转船力矩比单独用舵要大2.5倍;但当船速为8 kn时,侧推器与舵联用,转船力矩仅比单独用舵大0.28倍。

图2-1-16所示为某大型船舶的4只巨大的艏侧推器,每只推力为5 500 kW。

图2-1-16　某大型船舶的4只巨大的艏侧推器

任务二　舵设备及其应用

学习目标

舵设备认识及应用教学视频

知识目标:掌握舵设备的构成、种类及应用。

能力目标:能运用舵的性能操纵船舶。

素质目标:提高学生理论联系实际的能力。

一、舵设备的作用及组成

舵设备是船舶操纵装置的一个重要设备,其作用是使在航船舶保持所需航向、改变原来航向和进行旋回运动。

1. 舵设备的组成

舵设备主要由以下几个部分组成。

舵:通常安置在船尾,承受水流的作用,以产生较大的转船力矩使船回转。

舵机及其转舵装置:安置在艉尖舱甲板平台上的舵机舱内。舵机为转舵的动力源,通过转舵装置(也称传动机构)将力矩传给舵杆,以带动舵叶转动。舵机和转舵装置统称为操舵装置。

操舵装置控制系统:主要部件设于驾驶室内,将舵令通过电力或液压控制系统由驾驶室传递给舵机,以控制其动作。

日常操作中,舵工转动舵轮或扳动操舵手柄(或应急装置),启动机械(液压或电力操舵装置)即可控制舵机正转、反转及停止。

目前,绝大多数船舶装有自动操舵仪(简称自动舵),当船舶在开敞、安全的水域中航行时能取代人工操舵。另外,目前最先进的自动航迹舵操舵仪,不但具备一般自动舵的航向保持功能,还能设置使船舶位置保持在预定航迹上的自动功能。

2. 转船的基本原理

舵是舵设备中承受水动力以产生转船力矩的构件,舵面的形状,除老式或小型船还设有平板舵外,大部分海船均设流线型舵。根据流体力学中的机翼理论可知,船在正舵航行情况下,如果不考虑外界的干扰和自身的偏转效应,应该做直线运动。船相对水运动时,水流对称地流过舵叶两侧,两侧面所受的水动力相等,不产生舵力,也就没有转船力矩,船不产生偏转。当舵向任一侧转出一舵角 δ 时,水流的对称性被破坏,舵叶两侧的流场随之发生改变,相对水流速度产生差异,迎水流一面的流速比背水流一面的流速慢,从而使舵叶两侧产生垂直于舵叶的压力差 P_δ(或称舵压力),此时水流对舵叶产生的摩擦阻力为 r, P_δ 与 r 的合力即构成舵力 R_δ。舵力 R_δ 作用在迎流舵叶面上,产生了一个绕船舶重心的旋回力矩,使船舶开始偏转,如图 2-2-1 所示。

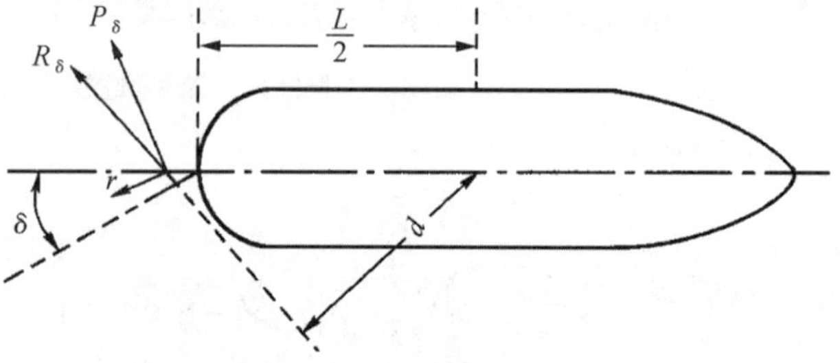

图 2-2-1 舵力转船力矩

舵力 R_δ 的大小与舵角、舵叶面积、舵速和舵叶截面积形状等因素有关。在初始舵角范围内,舵角越大,舵力越大。乔塞尔普通舵试验证明,当海船舵角 δ 约等于 35°时舵力可达到最大值;若再增大 δ,舵力反而下降,故把 δ 等于 35°称为使用极限舵角。船上对此使用了制舵器或限位器,使舵角不超过 35°。

二、舵的类型和结构

1. 舵的类型

舵是船舶的一种十分重要和不可缺少的专用舾装设备。舵的种类较多，一般按下列几种方法分类。

(1)按舵叶的剖面形状分

①平板舵(single-plate rudder)：又称单板舵，舵叶由一块钢板或在钢板上两面交替安装的横向加强筋(舵臂)等构成。这种舵阻力较大，其舵效随着舵角的增大而变差，失速现象发生得早，所以仅用于非自航船、帆船或小艇上，如图 2-2-2 所示。

②流线型舵(steamline rudder)：又称复板舵，这种舵是在骨架的外围用复板覆盖而成的，强度高，舵叶剖面呈流线型；因内部空心和水密，从而产生一定浮力，减小了舵承上的压力。而且，其水动力性能好，舵的升力系数大，阻力系数小，舵效高，所需转舵力矩小。虽然这种舵的构造比较复杂，但由于其具有较多的优点而被广泛采用，如图 2-2-3 所示。

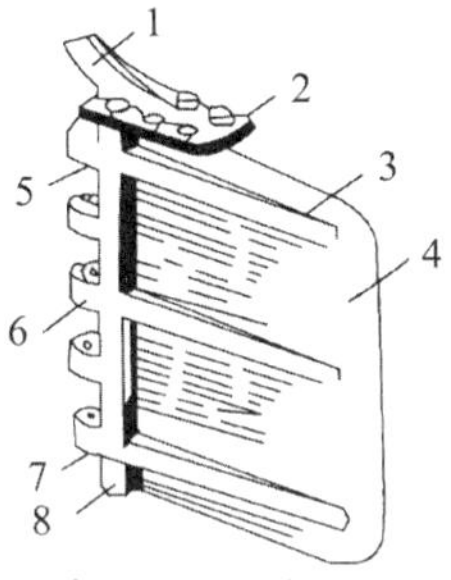

图 2-2-2 平板舵

1—上舵杆；2—连接法兰；3—舵臂；4—舵板；5—上舵销；6—中间舵销；7—下舵销；8—下舵杆

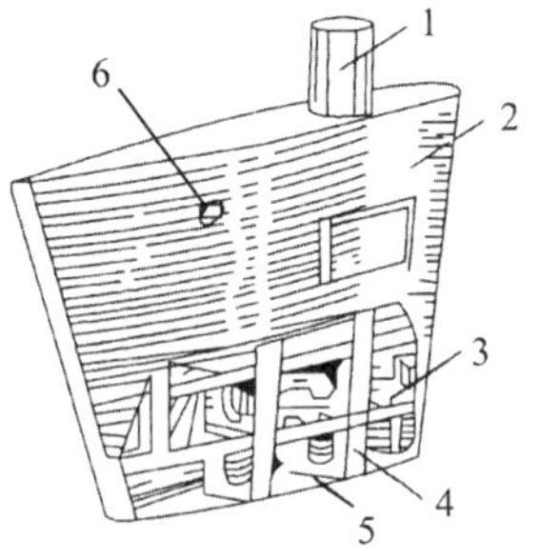

图 2-2-3 流线型舵

1—舵杆；2—舵板；3—水平加强筋；4—焊接衬板；5—垂直加强筋；6—吊舵孔

(2)按舵杆轴线位置分

①不平衡舵(unbalanced rudder)：又称普通舵，如图 2-2-4(a)所示。其舵叶全部位于舵杆轴线之后，舵钮支点较多，舵杆强度容易得到保证。但这种舵的水压力中心离转动轴较远，转舵时需要较大的转舵力矩，只适用于小船。

②平衡舵(balanced rudder)：舵叶部分面积在舵杆轴线的前方，用舵时起到平衡作用，如图 2-2-4(b)、(e)所示。这部分面积与舵叶的全部面积之比称为平衡比度，其一般在 0.2～0.3。这种舵的特点是：舵叶的水压力中心靠近舵轴，使舵绕舵轴的回转力矩小，易于操舵，减少了舵机所需的功率，因此，在海船上得以广泛使用。

③半平衡舵(semi-balanced rudder)：这种舵的下半部为平衡舵，上半部为不平衡舵，使平衡比度介于平衡舵和不平衡舵之间，即 0.2 以下，如图 2-2-4(c)所示。它适用于艉柱形状比较复杂的船舶。

(3)按舵的支承方式分

①双支承舵(double bearing rudder)：上支承点一般在船体上；对于双支承的平衡舵，其下支承点在舵叶下端的舵托处，如图2-2-4(e)所示；对于双支承的半悬挂舵，其下支承点在舵叶的半高处，如图2-2-4(c)所示。

②多支承舵(multi-pintle rudder)：这种舵具有两个以上支承点，支承点可为舵承、舵钮和舵托，如图2-2-4(a)所示。除船体内的支承外，舵的重量主要由舵托支承。

③悬挂舵(under-hung rudder)：这种舵仅在船舶内部设支承点，其舵叶全部悬挂在船体外的舵杆上，如图2-2-4(d)所示。

④半悬挂舵(partially under-hung rudder)：下支承的位置设在舵叶中间的舵，如图2-2-4(c)所示。

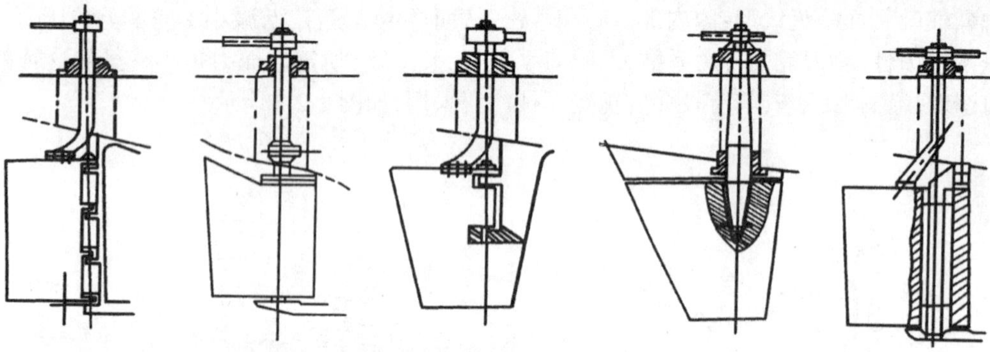

(a) 不平衡舵　(b) 平衡舵　(c) 半悬挂舵　(d) 悬挂舵　(e) 穿心轴平衡舵

图2-2-4　舵的主要种类

(4)特种舵

某些船舶为了满足其操纵上的特殊要求，如增强舵效，提高推进效率，减小旋回圈直径和改善大型船舶在低速时的操纵性能等，常采用一些特种舵。目前，常见的特种舵有反应舵、主动舵、整流帽舵、科特导流管舵、襟翼舵、组合舵等。

①反应舵(reaction rudder)：又称迎流舵，这种舵以螺旋桨轴线为界，在舵叶前缘的上下分别向左右舷相反方向扭曲一个角度，使其迎着螺旋桨排出的两股螺旋状水流，如图2-2-5所示。其作用是相当于一个导流叶，使艉流中的轴向诱导速度增大，以减少阻力，增大推力。

②主动舵(active rudder)：在舵叶的后端装有一个导管，导管内装设一个由设置在舵叶内的电动机驱动的小螺旋桨，如图2-2-6所示。转舵时，螺旋桨随之转动并发出推力，也增加了转船力矩。因此，即使在船舶低速甚至主机停车的情况下，操作这种舵也能获得转船力矩，从而大大提高了船舶的操纵性。特别是对回转性要求高和靠离码头频繁的小船(例如巡逻艇、引航船、渡船等)，多采用主动舵。由于舵上的螺旋桨也可以用作微速推进器，主动舵在有些科学考察船上也有应用。

图 2-2-5　反应舵

图 2-2-6　主动舵

③整流帽舵(bulb rudder):在流线型舵的正对螺旋桨轴线部位,装设一个圆锥形的流线型体,俗称整流帽。其作用是有利于改善螺旋桨排出流的乱流状态,从而增大螺旋桨的推力,改善船尾的振动情况,如图 2-2-7 所示。

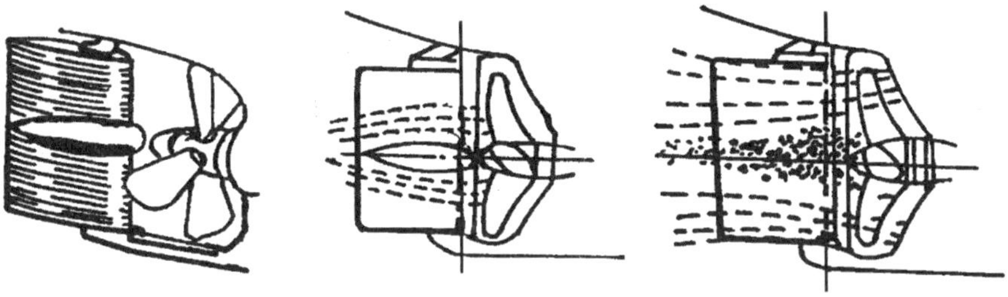

(a) 整流帽舵　　(b) 带整流帽舵的排出流情况　　(c) 不带整流帽舵的排出流情况

图 2-2-7　整流帽舵

④科特导流管舵(Kort nozzle rudder):拖船等船舶为了提高推进效率,在其螺旋桨外围套装导流管并在其后端处装一舵叶即为科特导流管舵。这类舵有两种形式,一种是用焊接法将导流管固定在船尾骨架上,导流管不动而舵叶可以转动,如图 2-2-8 所示;另一种是导流管与舵叶可在允许角度内一起转动,如图 2-2-9 所示。这种舵除了可以提高推进效率外,还可以起到保护螺旋桨、防止绳索缠入等作用。

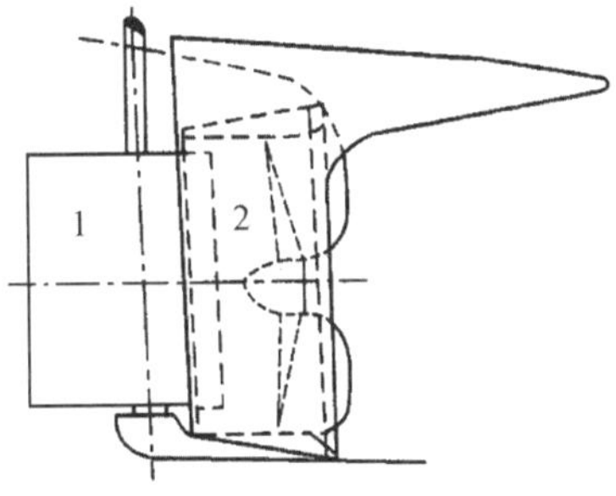

图 2-2-8　固定式导流管舵

1—舵叶;2—固定导流管

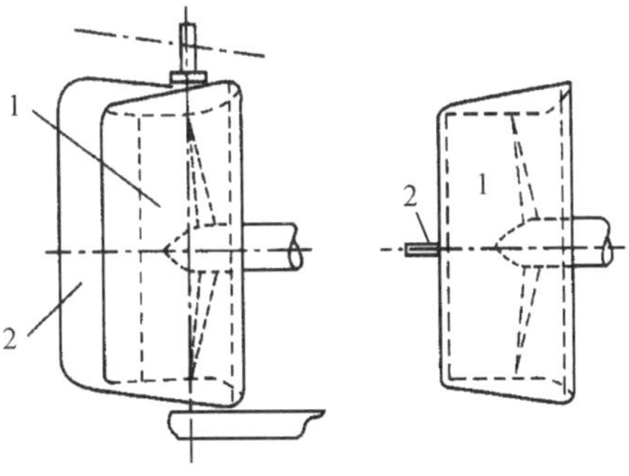

图 2-2-9　转动式导流管舵

1—可转动导流管;2—翼片

⑤襟翼舵(flap type rudder):这种舵由主舵叶和副舵叶组成,即在普通主舵叶后缘装上一个称为襟翼的副舵叶。当主舵叶转动一个 δ 角度时,副舵叶绕主舵叶的后缘转出一个 β 角度,二者转动的方向是一致的,但副舵的转动角度比主舵的转动角度大,如图 2-2-10 所示。这样

就相当于增加了舵剖面的拱度，从而产生更大的流体动力，增大了转舵力矩，提高了舵效。由于其流体动力特性在小舵角时最佳，与飞机上的襟翼作用一样，故称为襟翼舵。这种舵转舵力矩较小，因而所需的舵机功率也较小，但其结构比较复杂。

⑥组合舵(unit rudder)：为了减少舵叶上下两端的绕流损失，进一步改善舵的流体性能，在流线型舵叶的上下两端各安装一块制流板。这种舵也称西林舵(Schilling rudder)或工字形舵。这种舵的剖面设计成像鱼的形状，肥大的部分占了 20%弦长，再逐渐过渡到窄小的腰部和较宽的尾部，上下有控制两侧水流的制流板。通常舵杆中心线在距导边 40%的弦长的位置，目的是控制更多的尾流。1975 年首次将这种舵应用在船上，在低速时即显示出优秀的操纵性能，浅水中舵效也无显著的降低，特别适用于内河、运河和限制航道水域船舶的小展弦比的舵型(舵高 h 与舵宽 b 的比值称为展弦比)。其舵角可在±75°范围内使用。现在已进一步明确：任何小展弦比舵只要上下加装制流板对提高舵压力都是有效的，如图 2-2-11 所示。

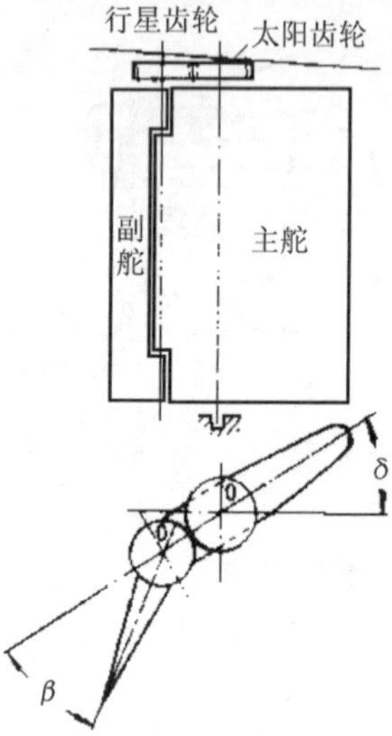

图 2-2-10　襟翼舵

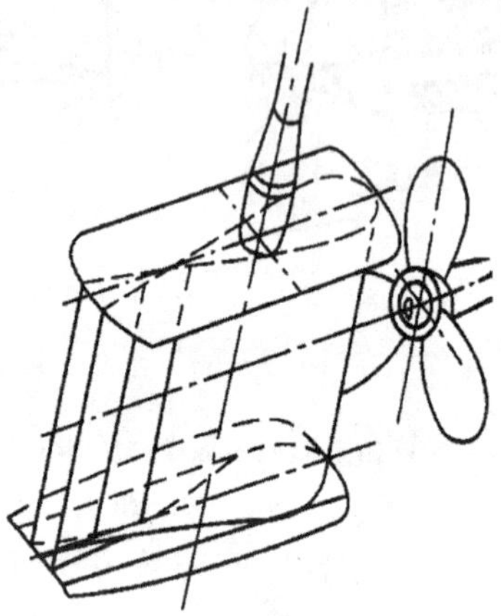

图 2-2-11　组合舵

2. 舵的结构

舵的类型不同，其结构也有所不同。目前，海船上广泛使用的流线型平衡舵的结构由舵叶、舵杆和舵承组成。

(1)舵叶(rudder blade)

为了保证舵叶的强度和线型，用水平隔板和垂直隔板按线型组成骨架，再将两块流线型的外壳板直接焊接在骨架外面。流线型舵叶的结构如图 2-2-12 所示。

根据《钢质海船入级规范》的要求，舵叶焊成或修复后，每个密封部分都应进行密性试验。在密性试验前应将舵叶表面清洁干净，清除焊缝的氧化皮和焊渣。试验前，不得对水密焊缝涂刷油漆或填充隔热材料及水泥等。常用的密性试验方法有灌水试验和充气试验两种。

①灌水试验

试验水压要求在下列所得的水柱高度 H 条件下，保持 15 min 以上，不得变形和渗漏。

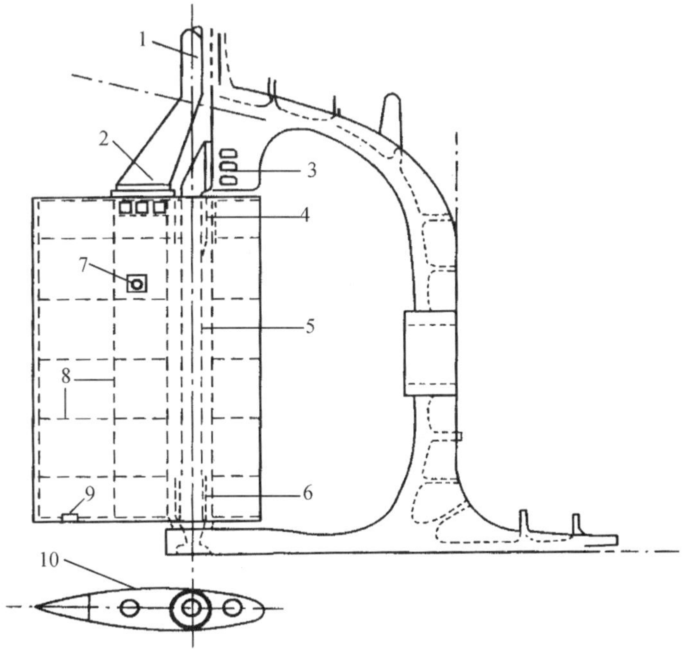

图 2-2-12 流线型舵叶结构图

1—舵杆;2—水平法兰连接;3—垂直法兰连接;4—上舵承;5—舵承;6—下舵承;7—吊舵孔;8—骨架肋板;9—舵底塞;10—舵板

$$H=1.2d+\frac{v^2}{60}\ (\mathrm{m}) \qquad (2\text{-}2\text{-}1)$$

式中:d——满载吃水(m);

v——船速(kn)。

②充气试验

舵的充气试验在满足下式压力 p 的条件下,保持 15 min,并另涂肥皂水进行渗漏检查。

$$p=0.005d+0.025\ (\mathrm{N/mm^2}) \qquad (2\text{-}2\text{-}2)$$

式中:d——满载吃水(m)。

密性试验合格之后,通常在舵叶内灌涂防腐沥青,以防舵叶内部锈蚀。为了进行密性试验和填充沥青等防腐材料,在舵叶上部和下部开有小孔,并配有不锈金属(通常为黄铜)制成的栓塞,该栓塞称为舵底塞。

为了便于舵叶的安装拆卸,在舵叶上开有由钢管构成的吊舵孔(见图 2-2-12),或在舵叶尾端上开有凹槽。

(2)舵杆(rudder stock)

舵杆是舵叶转动的轴,并用以承受和传递作用在舵叶上的力及舵给予转舵装置的力,其下部与舵叶相连,上部与转舵装置相连。舵装置的布置如图 2-2-13 所示。

为便于舵的拆装,上舵杆顶端(亦称舵头)装有一只吊环,其下端装有法兰接头与舵叶上的法兰连接。目前,普遍采用水平法兰连接。此外,还有垂直法兰连接、垂直嵌接等连接形式。当舵杆和舵叶各转到相反舷的最大舵角时,上下法兰边缘有 30 mm 的间隙,可以不必拆卸舵杆而将舵卸下。一般用 6 只螺栓连接法兰。为使法兰螺母脱落时螺栓不致滑落,安装时螺母

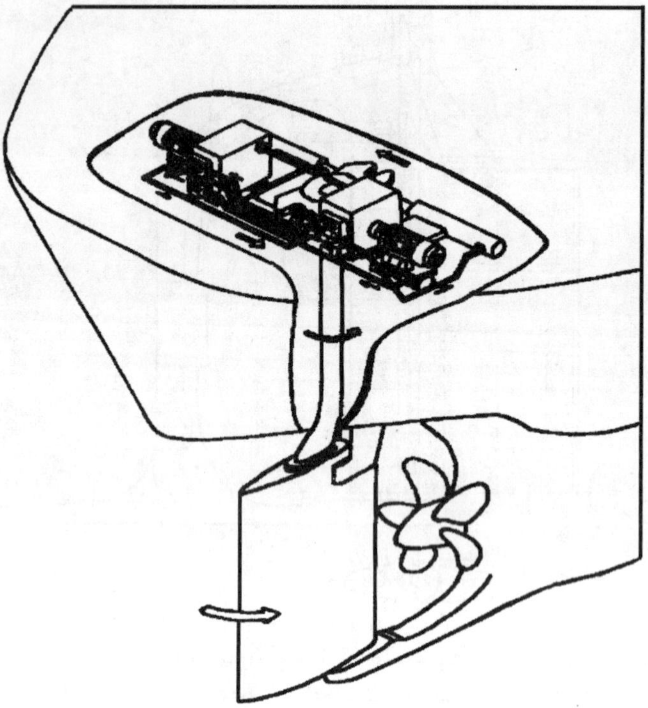

图 2-2-13　舵装置布置示意图

应朝下,并加有防止螺母松动的保护装置,而且用水泥封搪。作为一种备用手段,在法兰间还需装设前后方向的键块。

舵杆摩擦处应装上衬套(一般为青铜或其他铜质材料),以防磨损。

(3)舵承(rudder bearing)

舵承用来支持舵杆、支承舵的重量及保证船体水密,按其装设的位置可分为上舵承及下舵承两种。

上舵承装在舵机间甲板上,其构造如图 2-2-14 所示。它由止推滚珠轴承和垂直滑动轴承组成。止推滚珠轴承承受舵的重量,垂直滑动轴承则承受侧向力。

下舵承一般安装在舵杆筒口或舵杆筒内,其结构如图 2-2-15 所示。它是一个垂直滑动轴承,承受侧向力,并设有水密填料以保证水密。

目前,大型船舶普遍只设上舵承,全部重量和力由其承担,其结构如图 2-2-16 所示。这种舵叶中往往装有可拆舵轴(穿心舵轴)。可拆舵轴的上端用法兰固定在船尾;下端穿过艉柱承座,用螺母固定。可拆舵轴所通过的焊接管的上下端装有铁梨木或青铜轴承。可拆舵轴轴承接触处有铜衬套,以防舵轴磨损。转舵时,舵叶绕可拆舵轴转动,小型船舶的舵除设上舵承外,还在舵叶的下部装一个舵针(舵销)。安装舵针的舵叶处有一个可拆小门,以便于舵针的拆装。舵针的另一端插入艉柱承座的垂直滑动轴承中,可以自由转动。

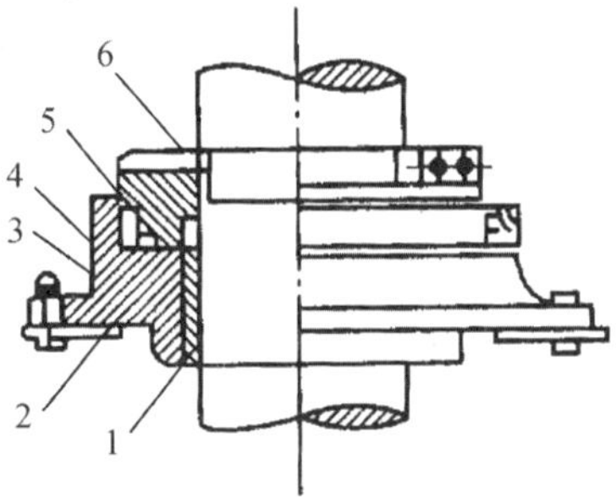

图 2-2-14 上舵承

1—衬套；2—止推滚珠轴承；3—舵承体；4—螺栓；5—填料；6—舵承盖

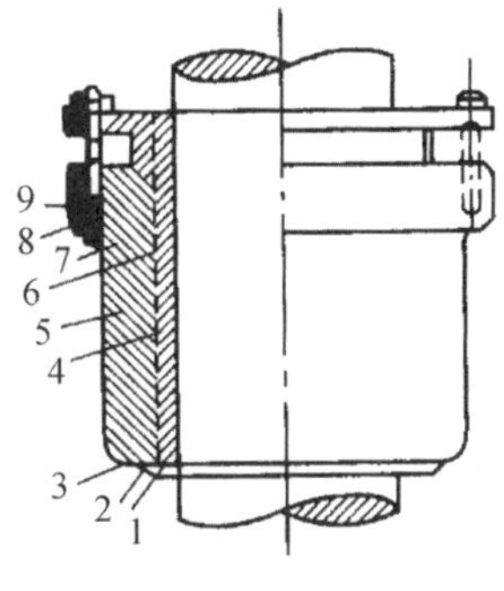

图 2-2-15 下舵承

1—挡板；2—水密填料；3—螺钉；4—舵杆衬套；5—衬套；6—填料；7—本体；8—压盖；9—螺栓

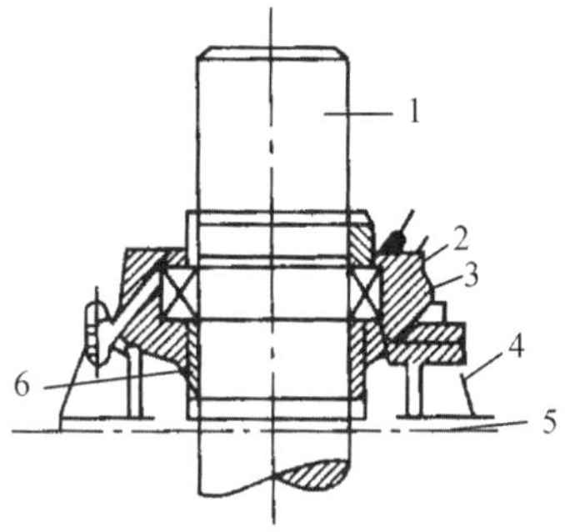

图 2-2-16 只设上舵承

1—舵杆；2—滚珠轴承；3—水密填料；4—底座；5—甲板；6—衬套

三、操舵装置

操舵装置(steering gear)是指能够使舵转动的装置，通常由安装在舵机舱内的舵机和传动机构组成。根据有关公约和《钢质海船入级规范》的规定，操舵装置通常分为主操舵装置和辅助操舵装置。根据动力源的不同，操舵装置又可分为电动操舵装置和液压操舵装置等。

IMO 制定的 SOLAS 公约和我国《钢质海船入级规范》对船舶的主、辅操舵装置做了明确的定义。

主操舵装置：在正常情况下为驾驶船舶而使舵产生动作所必需的机械、转舵机构、舵机装置动力设备(如设有)及其附属设备和向舵杆施加转矩的设施(如舵柄及舵扇)。

辅助操舵装置：在主操舵装置失效时，为驾驶船舶所必需的设备。这些设备不应属于主操舵装置的任何部分，但可共用其中的舵柄、舵扇或作同样用途的部件。

船舶要求设有两套操舵装置，一套是主操舵装置，另一套是辅助操舵装置。小船的辅助操舵装置可以是用人力操纵的，大船必须是用动力操纵的。现在较大船舶上的主操舵装置，一般有两套相同的动力，并且使用其中一套动力就能满足操舵要求，所以它可不设辅助操舵装置。

操舵装置的种类和形式较多，规范要求又比较严格。现仅就海船常用的操舵装置及其规定，对操舵装置的基本要求介绍如下。

1. 电动操舵装置

电动操舵装置主要是指电动舵机。它由电动机、传动齿轮、舵扇和舵柄等组成，如图 2-2-17 所示。其工作原理是：由操舵装置控制系统控制电动机 1 带动蜗杆 2 和蜗轮 3。而小齿轮 4 和蜗轮 3 是同轴的，所以就带动舵扇 5 转动。因为舵扇 5 是松套在舵杆 8 上的，它的转动通过缓冲弹簧 6 推动舵柄 7，而舵柄 7 用键套套在舵杆 8 上，所以舵柄转动就使舵偏转。缓冲弹簧用以吸收波浪对舵的冲击力和水体对舵叶的阻力。舵扇下面装有楔形块，停泊时装上楔形块可刹住舵扇，防止舵受波浪冲击而损坏舵机。电动操舵装置结构简单，操作方便，工作可靠，适用于中小型船舶。

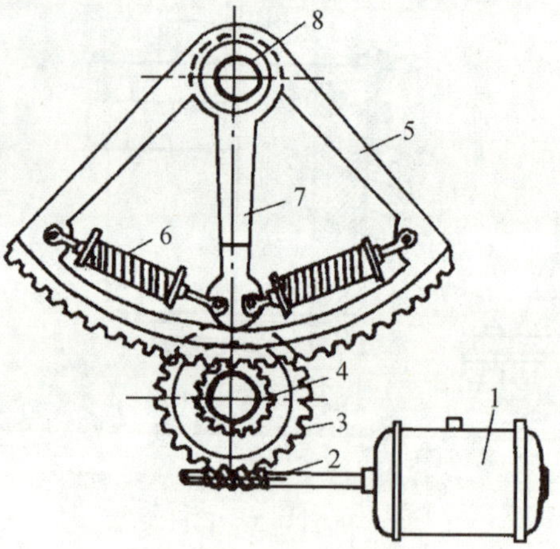

图 2-2-17　电动舵机

1—电动机；2—蜗杆；3—蜗轮；4—小齿轮；5—舵扇；6—缓冲弹簧；7—舵柄；8—舵杆

2. 液压操舵装置

液压操舵装置主要是指液压舵机。它主要由电动机、油泵、管路、转舵机构等组成。液压操舵装置利用电动机带动主油泵运转，当有操舵信号时，主油泵开始排吸油，产生的高压油通过管路系统进入转舵油缸，推动油缸中的柱塞或叶片运动，从而带动舵杆、舵叶转动；在舵转至要求的角度后，通过反馈系统使油泵停止排吸油，舵就停止在所需的舵角上。

液压操舵装置具有噪声小、体积小、重量轻、转矩大、传动平稳、能实现无级调速、易于遥控和管理、操作方便、在操舵频繁时仍有较高可靠性等优点，为现代船舶广泛采用。

液压舵机也称电动液压舵机或电液舵机，根据其推舵时油缸运动形式的不同，有柱塞式和转叶式两大类。

（1）柱塞式液压舵机

柱塞式液压舵机也称往复式液压舵机，一般由动力源、转舵机构和操纵追随机构三大部分组成。目前，船上常用的有二缸柱塞式液压舵机和四缸柱塞式液压舵机。图 2-2-18 为二缸柱塞式液压舵机图。

图 2-2-18　二缸柱塞式液压舵机图

动力源由电动机、主油泵、辅油泵和控制阀箱等组成。电动机带动主、辅油泵供给工作需要的各种压力油，安全控制阀起保护作用并实现对压力油的分配。

转舵机构由油缸、柱塞和舵柄等组成。其常见的有滑式、滚轮式和摇缸式。图 2-2-19 为柱塞式四缸液压舵机转舵机构工作示意图。其工作原理是:由操舵装置控制系统启动电动机带动变量泵,变量泵从一对油缸中抽油,同时向另一对油缸输油,使活塞在油压作用下移动,通过球窝关节带动舵柄,从而转动舵叶。当油泵改变输油方向时,舵就反向转动。

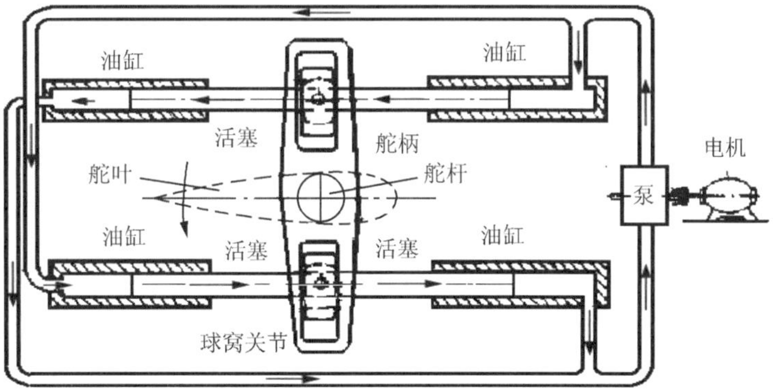

图 2-2-19 柱塞式四缸液压舵机转舵机构工作示意图

操纵追随机构由减速器、螺杆、滑块、操纵杆、连杆(也称浮动杆)、反馈杆(也称追随杆)等一系列拉杆组成,其主要作用是控制主油泵的工作状态。在通常使用的液压三点式追随机构中,在转动舵柄使舵叶转出舵角的过程中,同时经反馈追随杆拉动操纵杆复位,使油泵停止排吸油,控制舵叶停止在所需要的舵角上。

(2)转叶式液压舵机

转叶式液压舵机由转舵机构和动力源两大部分组成。

转舵机构由油缸、回转体组成。动力源由电动机、主油泵、辅油泵和安全控制阀箱等组成。图 2-2-20 为转叶式电动液压舵机示意图。

在油缸内有三片互成 120°的定叶,形成三个腔室。中间为一回转体并通过销键与舵杆相连接,回转体上有三片互成 120°的动叶。这样,三个腔室被分成六个小腔室,相互间隔的三个小腔室连通在一起,分别与两条油路相连并通至油泵。当一条油路进油而另一条油路出油时,回转体就会由动叶带动而转舵。改变两条油路进出油的方向,就会改变舵叶转动的方向;控制进油量的大小,就可控制转舵角度的大小。

为了防止操舵时实际舵角超过最大有效舵角,无论是电动舵机还是液压舵机均在操舵装置的有关部位设置舵角限位器。舵角限位器的种类有机械式、电动式和角铁架式等。机械舵角限位器一般设在舵叶上侧、下舵杆与舵柱的上部、舵柄两侧极限舵角位置处。舵角限位器的限制角为:一般流线型舵为 32°,平板舵为 35°。

3. 辅助操舵装置

辅助操舵装置(supplement steering gear)是在主操舵装置(如前述电动操舵装置、液压操舵装置)失效时,为应急操舵而补设的一种操舵装置,有时也称应急操舵装置。在舵机室里的这些装置不应属于主操舵装置的任何部分,但可共用其中的舵柄、舵扇或其他等效用途的部件。小船的辅助操舵装置以人力操纵轴传动、链索传动和液压传动等去驱动舵柄或舵扇,而大船的辅助操舵装置必须以独立的动力操纵去驱动舵柄或舵扇。较大船舶可不设辅助操舵装置,一般至少设两套相同的动力供主操舵装置使用,其中一台作为备用。

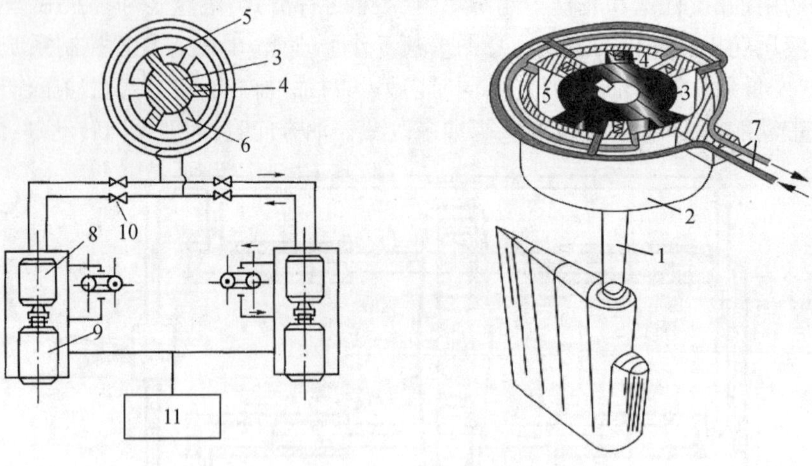

图 2-2-20 转叶式电动液压舵机示意图

1—舵杆;2—固定体;3—回转体;4—动叶;5—压力腔室;6—定叶;7—油路管;8—油泵;9—电动机;10—截止阀;11—储油箱

4. 舵角限位器

一般流线型船在航行中所使用的最大有效舵角为 32°~35°。为了防止在操舵时实际舵角太大而超过有效舵角,在操舵装置的有关部位设置舵角限位器(rudder angle stopper),其极限值为 35°~38°。机械舵角限位器可以设在舵叶上或下舵杆与舵柱的上部。

另外,还在舵柄两侧极限舵角位置处装设角铁架。当舵转到满舵时,舵柄被角铁架挡住,不能继续转动。电动舵角限位器为装于舵柄两侧极限位置的开关。当舵转到满舵时,舵柄与其相连的装置使开关处于断路位置,与开关串联的舵用电机即停止继续转动。当舵机电机反转时,舵柄或与其相连的装置和开关脱离接触,开关即在弹簧的作用下回到通路位置。

5. 操舵装置的基本性能和要求

SOLAS 公约与我国《钢质海船入级规范》对操舵装置的基本要求都做了如下的规定。本书选取的是中国船级社公布的《钢质海船入级规范(2023)》第 13 章“操舵装置与锚机装置”第 1 节“操舵装置”的部分条文。

13. 1. 5 基本性能

13. 1. 5. 1 除非主操舵装置符合本节 13. 1. 5. 6 或 13. 1. 10. 1 的规定,否则每艘船舶均应设置 1 套主操舵装置和 1 套辅助操舵装置。主操舵装置和辅助操舵装置的布置,应满足当其中一套发生故障时不致引起另一套也失效。

13. 1. 5. 2 主操舵装置和舵杆应:

(1)具有足够的强度并能在船舶最大航海吃水和最大营运前进航速时进行操舵,使舵自任一舷的 35°,转至另一舷的 35°,并且于相同条件下自一舷的 35°转至另一舷的 30°所需时间不超过 28 s;对于非传统的船舶推进和转向系统,主转向装置(等效于主操舵装置)应能在船舶以最大营运航速前进时,将船舶方向控制系统的方向从一舷的极限转向角转至另一舷极限转向角的平均转速不小于 2. 3°/s。

(2)当人力操作无法满足上款的要求时,或当舵柄处的舵杆直径(不包括航行冰区的加强)大于 120 mm 时,该操舵装置应为动力操作。对于非传统的船舶推进和转向系统,主转向装置应为动力操作。

(3)设计成船舶最大后退速度时不致损坏。但这一设计要求不需要在试航中的最大后退速度和最大舵角进行验证。

13.1.5.3 辅助操舵装置:

(1)具有足够的强度和足以在可驾驶的航速下操纵船舶,并能在应急情况下迅速投入工作。

(2)应能在船舶最大航海吃水和以最大营运前进航速的一半但不小于7 kn时进行操舵,使舵自一舷的15°转至另一舷的15°,且所需时间不超过60 s;对于非传统的船舶推进和转向系统,辅助转向装置(等效于辅助操舵装置)应能在船舶以最大营运航速的一半或7 kn(取大者)前进时,将船舶方向控制系统的方向从一舷的极限转向角转至另一舷极限转向角的平均转速不小于0.5°/s。

(3)当人力操作无法满足上款的要求时,或当舵柄处的舵杆直径(不包括航行冰区的加强)大于230 mm时,该操舵装置应为动力操作。对于非传统的船舶推进和转向系统,单台推进器功率大于2 500 kW时,其辅助转向装置应为动力操作。

13.1.5.4 人力操舵装置只有当其操作力不超过160 N,且确保其结构不致对操舵手轮产生破坏性的反冲作用时,方可装船使用。

13.1.5.5 主、辅操舵装置动力设备的布置应:

(1)当动力源发生故障失效后又恢复输送时,能自动再起动;

(2)能从驾驶室控制使其投入工作;

(3)任一台操舵装置动力设备的动力源发生故障时,应在驾驶室发出视觉和听觉报警。

13.1.5.6 如主操舵装置具有2台或2台以上相同的动力设备,则在下列条件下可不设置辅助操舵装置:

(1)对于客船,当任一台动力设备不工作时,主操舵装置仍能按本节13.1.5.2(1)的规定进行操舵;

(2)对于货船,当所有动力设备都工作时,主操舵装置能按本节13.1.5.2(1)的规定进行操舵;

(3)主操舵装置应布置成当其管系或一台动力设备发生单项故障时,此缺陷能被隔离,使操舵能力能够保持或迅速恢复。

13.1.5.7 非液压型式的操舵装置,应达到等效的标准。

13.1.5.8 操舵装置应设有有效的舵角限位器。以动力转舵的操舵装置,应装设限位开关或类似设备,使舵在到达舵角限位器前停住。装设的限位开关或类似设备应该与转舵机构本身同步,而不应与舵机的控制相同步。

13.1.5.9 操舵装置应有保持舵位稳定的有效措施。

13.1.10 附加要求

13.1.10.1 10 000总吨及以上的每艘油船、化学品船、液化气体运输船和70 000总吨及以上的其他每艘船舶,其主操舵装置应设有2台或2台以上符合本节13.1.5.6规定的相同的动力设备。

13.1.10.2 10 000总吨及以上的每艘油船、化学品船、液化气体运输船,除本节13.1.10.3的规定外,其操舵装置应符合下列规定:

(1)主操舵装置应这样设置,即由于主操舵装置的一套动力转舵系统的任何部分(但除舵柄、舵扇或为同样目的服务的部件或因转舵机构卡住以外)发生单项故障以致丧失操舵能力时,应能够在 45 s 内重新获得操舵能力。

(2)主操舵装置应包括下列两者之一:

①两个独立和分开的动力转舵系统,每个系统均能满足本节 13.1.5.2(1)的要求;

②至少有两套相同的动力转舵系统,在正常运行中同时工作能满足本节 13.1.5.2(1) 的要求。当需要符合此要求时,各个液压动力转舵系统应相互连接,任一系统中液压流体丧失时应能被发现,以及有缺陷的系统应能自动隔离,以使其他动力转舵系统保持安全运行。

(3)非液压型式的操舵装置应能达到同等的标准。

13.1.10.3 对 10 000 总吨及以上但小于 100 000 载重吨的油船、化学品船、液化气体运输船的操舵装置,如能达到同等的安全衡准和符合下列规定时,可采用不同于本节 13.1.10.2 所述的办法,即对一个或几个转舵机构不必应用单项故障标准:

(1)由于管路或一台动力设备的任何部分发生单项故障而丧失操舵能力时,应能在 45 s 内恢复操舵能力;

(2)如操舵装置只具有单一的转舵机构,则应提交设计时的应力分析,包括疲劳分析和断裂力学分析(如适合时)和对所使用的材料、密封装置的安装、试验、检查以及有效的维护规定等,具体要求见本章附录 1。

13.1.10.4 如舵机制造厂欲使其产品满足本章附录 1 的要求,则应提供相应的资料经 CCS 批准。

四、操舵装置控制系统

操舵装置控制系统是指将舵令由驾驶室传至舵机动力装置的一系列设备。它通常由发送器、接收器、液压控制泵及其电动机、电动机控制器、管路和电缆等组成。

目前,海上采用的主要有电力和液压两种操舵装置的控制系统。

1. 电力控制系统

现代船舶广泛使用的是电力控制系统,其主要优点为:轻便灵敏,线路易于布置,对船体变形和温度变化不受影响,工作可靠,维修方便,并有利于操舵自动化。

采用电力控制装置的船舶,都有两套线路独立布置的操舵系统。当一套操舵系统发生故障时,立即可以转换到另一套操舵系统。这两套系统分别称为随动操舵系统和手柄操舵系统。

(1)随动操舵系统

设有舵角反馈装置,并能进行追随控制的操舵系统称为随动操舵系统。

该系统是由电阻 R_1 和 R_2 组成的电桥、放大器、继电器和舵角反馈发送器等组成的。电动舵机的随动控制工作原理如图 2-2-21 所示。

由舵轮控制的电阻滑动触臂 L_1 可在电阻电桥 R_1 上移动,而舵角反馈发送器控制的电阻滑动触臂 L_2 可在电桥电阻 R_2 上移动。当驾驶台的舵轮位于正舵(零度)及船尾的舵轮也位于正舵(在船首尾线上),即电阻滑动触臂 L_1 和 L_2 分别处于各自电阻的中点时,因位于相等的电位点,电桥的电位平衡,L_1 与 L_2 送入放大器接线端 a 与 b 两点的电位差为零。这时舵机不工作,如果转动舵轮,滑动触臂 L_1 在电阻 R_1 上移动后使电桥失去平衡,L_1 与 L_2 的电位点不一

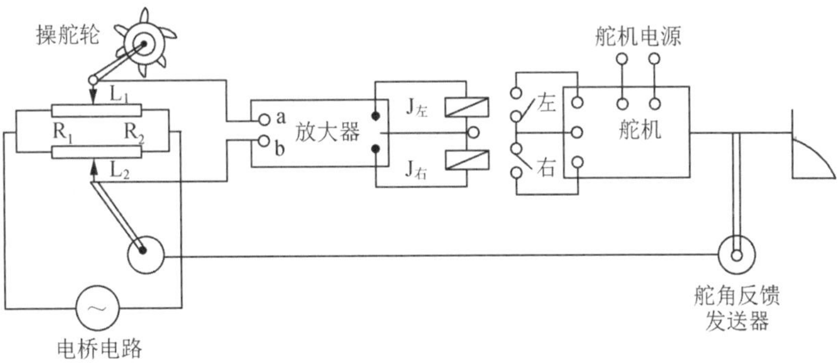

图 2-2-21　电动舵机的随动控制工作原理图

样而出现电位差，放大器接线端 a、b 两点便输入操舵信号电压，经放大整流后输出直流控制电压至继电器 J。操左舵时，继电器 $J_{左}$（触点闭合）接通，舵机直流电源经 $J_{左}$ 启动舵机工作，带动舵叶转出左舵角。同时，通过机械连接使舵角反馈发送器转动，并通过电路使舵角反馈接收器也同步转动，带动电阻滑动触臂 L_2 在 R_2 上移动，直至 L_2 与 L_1 同位，电桥恢复平衡状态，输入放大器信号电压差为零，舵机停止工作。这时舵叶便处在舵轮所给出的指令舵角上。回舵时，反向将舵轮转回零位，舵机也反向转动，使舵回到正中位置。由此可见，改变操舵手轮的转动方向，便可改变舵叶的偏转方向。这种操舵方式的舵轮转动角和舵叶的偏转角是相当的，操舵时比较直观。

（2）手柄控制系统

手柄控制系统也称直接控制系统，它是直接控制继电器使舵机转动的系统。它没有舵角反馈装置，手柄或揿钮相当于继电器的开关。操舵时，当舵角指示器上数字到达所需的舵角时，要立即将手柄回复到中间位置或松开揿钮。该线路布置简单，一般作为随动控制系统失灵时的备用控制系统，如图 2-2-22 所示。该系统由直流船电供电。操纵手柄位于中间断电位置时，舵机不工作。手柄向左，继电器 J_1 接通，左舵触点闭合，舵机电源经左舵触点启动舵机转出左舵角。当左舵角将转至所需角度时，应将手柄立即放回中间断电位置。这样，舵机停止工作，舵叶保持在已转出的舵角上。如果需加大舵角，可将手柄再向左偏转。回舵时，应将手柄向右偏转，使继电器 J_2 接通，右舵触点闭合，舵机电源经右舵触点启动舵机，使舵向右回转。当舵角指示器的指针接近零度时，应将手柄提前放在中间位置。

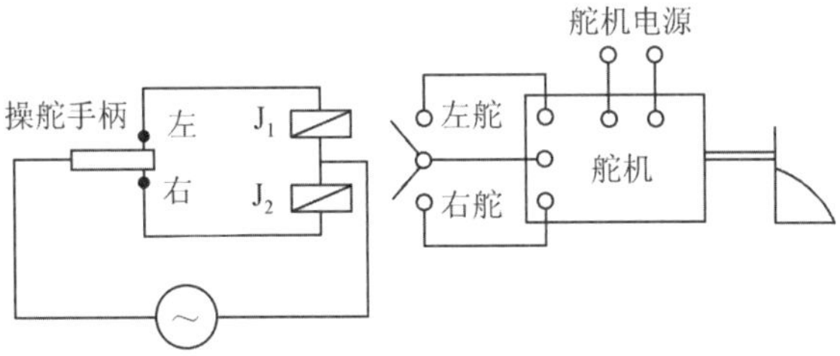

图 2-2-22　手柄控制系统工作原理图

使用直接控制系统操舵时，应注意掌握船的回转惯性的作用，要及时断电才能使舵叶准确到达所需的舵角。

2. 液压控制系统

液压控制系统主要在港内作业船等小型船舶上使用。该系统主要由发送器和受动器组成。发送器装在驾驶室,受动器装在舵机舱,两者之间由充满液体的管路连接。

图2-2-23为液压控制系统工作原理示意图。转动舵轮,通过传动齿轮,带动齿条移动,使发送器液缸内的活塞向上移动(或向下移动);活塞上方的工作液被挤压,通过管路进入受动器液缸的左方(或右方),推动缸内活塞向右(或向左),同时活塞右方(或左方)的工作液通过管路进入发送器液缸活塞的下方(或上方)。

当受动器液缸的活塞受压向右移动时,通过活塞杆拉动曲拐杠杆转动,从而操纵舵机的控制机构使其转动,舵机油泵开始排吸油,使舵转动。当舵轮停止转动时,在舵机的反馈装置作用下,油泵停止排吸油,使舵叶停在所要求的角度上。

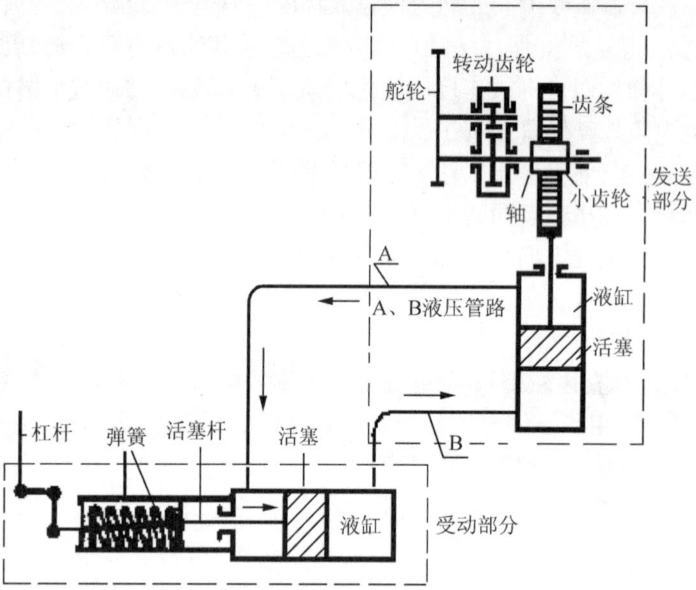

图2-2-23 液压控制系统工作原理

3. 应急操舵

当操舵装置控制系统或主操舵装置发生故障而又不能在驾驶室进行辅助操舵装置的控制时,应脱开驾驶室的控制系统,改由在舵机室控制操舵。这时应利用驾驶室与舵机室的通信设施来进行应急操舵。

按规定至少每三个月应进行一次应急操舵演习,以练习应急操舵程序。操舵演习应包括在操舵装置室内的直接控制、与驾驶室的通信程序及交替动力供应的操作。应急操舵装置演习的日期和详细内容应记入主管机关规定的航海日志内。

4. 操舵装置控制系统的布置要求

(1)应在驾驶室和舵机室两处都设有主操舵装置控制器。

(2)主操舵装置由两台或几台相同的动力设备组成而不设辅助操舵装置时,应设置两套独立的控制系统,且每套系统均应能在驾驶室控制,但并不要求设双套操舵手轮或手柄。当控制系统由液压遥控传动装置组成时,除10 000总吨及以上的油船、化学品船、液化气体运输船外,不必设置第二套独立的控制系统。

(3)应在舵机室控制辅助操舵装置。若辅助操舵装置是用动力操纵的，则也应能在驾驶室进行控制，并应独立于主操舵装置的控制系统。

(4)能从驾驶室操作的主、辅操舵装置的控制系统应符合下列要求：

①在舵机室应设有能将驾驶室操作的控制系统与其所服务的操舵装置脱开的设施。

②此控制系统应能在驾驶室某一位置被投入使用。

(5)能够从驾驶室进行操纵的主操舵装置和辅助操舵装置，当其控制系统的电源供应发生故障，或者当这些操舵装置中任何一台操舵装置的动力设备发生动力故障时，均应在驾驶室内发出视觉和听觉报警。

(6)驾驶室与舵机舱之间应设有通信设施。

(7)如主操舵装置为动力操舵，则应在驾驶室进行显示。舵角的显示装置应独立于操舵装置的控制系统，在舵机舱内能看到舵角的指示。

(8)在驾驶室和舵机舱内应设有永久性框图显示牌，以指明操舵装置控制系统和转舵系统转换过程的正确操作程序。

五、自动舵

自动舵是在随动舵基础上发展起来的一种自动操舵装置控制系统。自动舵能模拟并代替人力操舵，大大降低舵工的劳动强度，能及时地纠正偏航角，使船舶长时间保持在指定的航向上，还可以和其他导航设备结合组成自动导航系统，使船舶全程无人驾驶成为可能，大大提高了自动化水平。

1. 自动舵的工作原理

如图 2-2-24 所示，自动操舵中船与舵的关系如下：

(1)船在给定航向上，偏航角 $\varphi=0°$，偏舵角 $\alpha=0°$。

(2)船先向右偏航，接着向左偏舵。这时由于 P 信号电压大于 α 信号电压，继续偏航。

(3)若 φ、α 都达到最大值，偏航、偏舵停止。

(4)船向原航向回转，回舵。这时 φ 信号电压小于 α 信号电压。

(5)船接近回到给定航向时，舵已向右偏一舵角 Δd(稳舵角)，以克服向左回转的惯性。

(6)船回转到给定航向($\varphi=0°$)，舵也回到零位($\alpha=0°$)。

由此可见，自动舵实际上是一个航向、舵角的自动调节系统。它除了和随动操舵同样有一个内部的舵角闭环调节系统外，还增设了一个外部的航向闭环调节系统。

2. 自动舵的种类

船上实际使用的自动舵的种类较多，但按其调节规律来分，基本上有以下三种。

(1)比例舵，即按船舶偏航角 φ 来操舵的自动舵。

这种自动舵采用比例控制系统，偏舵角 α 和偏航角 φ 呈正比关系，即

$$\alpha = -k_1\varphi \tag{2-2-3}$$

式中：k_1——比例系数，可以根据船舶类型、海况、装载情况加以选择和调整；

"-"——偏舵的方向与偏航方向相反。

这种类型的自动舵结构简单，自动操舵时主要根据偏航角 φ 的大小来给出偏舵角 α，比较直观。但它不能克服偏航角速度的影响，航向稳定的过程较慢，航迹易呈 S 形曲线，精度较差，故新

建船舶已不再采用。

(2)比例-微分舵,即按船舶偏航角 φ 和偏航角速度 $\frac{d\varphi}{dt}$ 来操舵的自动舵。

这种自动舵采用比例-微分控制系统,其偏舵角 α 和偏航角 φ 之间的关系为

$$\alpha = -\left(k_1\varphi + k_2\frac{d\varphi}{dt}\right) \quad (2\text{-}2\text{-}4)$$

式中:k_1——比例系数;

k_2——微分系数。

这种自动舵除了有与偏航角成比例的舵角成分外,还有与偏航速度成比例的舵角成分。偏航速度越大,舵角给出得越大,因此可以及时克服船舶惯性。它减少偏摆、稳定航向的过程比较快,提高了灵敏度和精度,也减轻了舵机频繁工作的负担。现在船上使用的自动舵,大多属于这一类型。

比例系数 k_1 和微分系数 k_2 则根据船舶种类、装载和偏航惯性等加以选择和调整。

(3)比例-微分-积分舵,即按偏航角 φ、偏航角速度 $\frac{d\varphi}{dt}$ 及偏航角积分 $\int\varphi dt$ 来操舵的自动舵。

这种自动舵采用比例-微分-积分控制系统,实际上是在比例-微分舵的基础上增加一个积分环节项,其目的是克服由于风流或螺旋桨不对称等原因而产生的恒值干扰的作用。船舶在一舷受到恒值干扰的情况下产生单侧偏航时,它自动累计偏航角 $\int\varphi dt$ 使舵机转出一个压舵舵角,以消除单侧偏航的影响。因此,它的偏舵角和偏航角的关系是

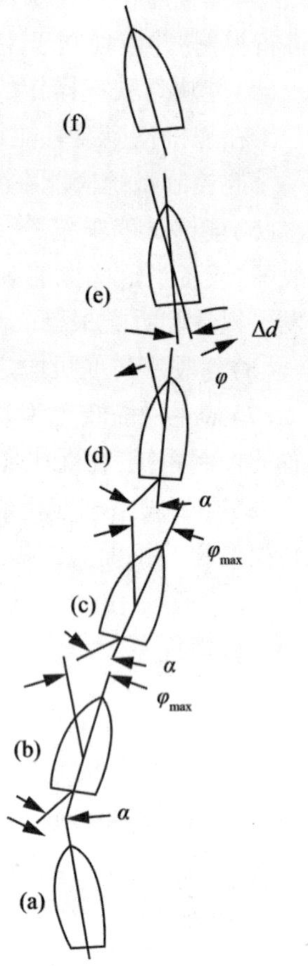

图 2-2-24 自动操舵中船与舵的关系

$$\alpha = -\left(k_1\varphi + k_2\frac{d\varphi}{dt} + k_3\int\varphi dt\right) \quad (2\text{-}2\text{-}5)$$

式中:k_1——比例系数;

k_2——微分系数;

k_3——积分系数。

这种自动舵,既能加快给舵速度,又能自动压舵消除偏航角,是比较完善的新型的自动舵。但其结构复杂、造价高,因此一般只在新型的要求较高的船舶上使用。

3. 自动舵的操作使用

(1)自动舵的操舵传动方式

每一台自动舵一般均有三种不同的操舵传动方式,即随动操舵、自动操舵和应急操舵。

①随动操舵

随动操舵通常称为人工操舵,由舵工根据舵令操舵,转动舵轮,使舵叶随之转动,当舵叶转

至所操舵角时停止。这种操舵方式用于进出港、靠离码头、航行于狭水道等航区复杂水域、雾航和避让等时机。

②自动操舵

自动操舵是指自动仿效人工操舵，用于船舶航行在较长时间的直航向上时，可降低舵工劳动强度、提高操舵精度和船舶航速、缩短航程、节约燃料。

③应急操舵

在自动操舵和随动操舵系统发生故障时，应立即使用应急操舵：先将操舵仪上的操舵方式开关转入“手柄(non-follow-up)”位置，然后操作手柄开关。

(2)自动舵调节旋钮的使用

自动舵面板上的主要调节旋钮有以下几种：

①转入自动开关：自动操舵一般是由随动操舵转换过来的。从随动转换为自动时，应注意先把压舵旋钮和自动改向调节旋钮归零位，同时把船舶稳定在指定的航向上。当处于正舵时，将选择开关从随动转至自动位置上，船舶就进入自动操舵状态；然后，根据船舶载重情况和海况，调节主操舵台面板上的有关旋钮。

②比例旋钮：比例旋钮也称舵角调节旋钮，用以调节、纠正偏航的舵角大小。刻度的档次越高、比例系数越大，则比例越大，偏舵角也越大，即可获得的转船力矩也越大。所以，船舶重载或空载，舵叶露出水面或海况恶劣时一般应调大些。

③微分旋钮：微分旋钮也称反舵角调节旋钮或速率调节。在船舶偏航用舵克服使其向原航向回转时，还必须再操一个反舵角来克服船舶回转时的惯性。因此，使用反舵角调节旋钮可给出反舵角的大小，以阻止船舶向另一侧的偏摆。大船、重载、旋回惯性大时微分要调大；反之，要调小。海况恶劣，微分要调小或调至0。

④天气调节：天气调节也称灵敏度调节或航摆角调节，是调节放大器的放大倍数。在天气好时，为了船舶走得更直一些，即当出现较小偏航角时，为使舵机工作产生舵角，纠正偏航，可将灵敏度调高一些；风浪大时，航向偏摆频繁，为了防止舵机频繁启动，应将灵敏度调低一些，这样在偏航较小时，舵机不启动工作，从而避免舵机因工作过于频繁而受损。

⑤压舵旋钮：用以调节压舵的舵角大小。当船舶受到风流等恒值外力干扰而向单侧方向偏转时，可用此旋钮向相反方向压一舵角，以抵消单侧偏航作用。压舵的舵角大小可以根据船舶偏转情况来选定。

⑥自动改向旋钮：使用该旋钮改向时，应把比例旋钮放在最小位置，而且每次只能进行小度数改向。若需进行大角度改向，则应分几次进行，一般每次不超过10°。操作方法通常为：先按下旋钮，然后转动指针至改向的度数，待船舶转到给定航向时指针自动回零，不必人工复位。

此外，还有用于修正自动舵分罗经与主罗经同步误差的零位修正调节旋钮等。

(3)使用自动操舵仪(自动舵)的注意事项

①在大风浪中航行时，为保护自动舵，应改用人工操舵。

②在运输繁忙的区域，当船舶避让、改向、过转向点，航行于狭水道、渔区、礁区、航道复杂水域，进出港和靠离泊位时，在能见度受限制的情况下，以及在所有其他航行危险的情况下，如使用自动操舵仪，应尽可能立即改为人工操舵。

③在上述情况下，应尽可能毫不迟延地为值班驾驶员提供一位合格的舵工，该舵工应随时

准备接过操舵工作。

④从自动操舵转换为人工操舵，以及相反地从人工操舵转换为自动操舵，应由一位负责的驾驶员操作或在其监督下进行操作。

⑤在长期使用自动操舵仪以后，以及在进入需要特别谨慎驾驶的区域以前，均应试验人工操舵。通常在使用自动舵航行时，每一航行班次（即每 4 h）至少应检查一次随动操舵装置是否正常。

⑥在随动操舵状态下，自动操舵的有关各调节旋钮不起作用，但当从随动操舵转入自动操舵时，应先将压舵旋钮和自动改向旋钮调至零位。

六、自适应自动舵与航迹舵

1. 自适应自动舵

如前所述，由于外力干扰和船舶运动的特性，在航行中船舶常发生偏航，此时，使用一般自动舵即可自动予以纠正，使船舶恢复到原航向上。然而，自动操舵仪上各调节旋钮是根据船舶载重量、吃水及当时风浪等海况凭船员的经验用手动方式进行修正的。显而易见，从节能角度来看，在自动舵的操纵中尚存在不足之处。首先，自动舵采用比例、微分及积分的调节方式，所给出的舵角 α 如式（2-2-5）所示，其中比例系数和微分系数必须用经验来确定其调节量，因而也就直接影响舵角的精确度；同时，往往使得操舵次数较多，增大了阻力。其次，转舵后船舶阻力增大，因而加大了主机负荷，导致主机转速下降，为防止转速下降，调速器将开始工作，即增大了燃油消耗量。

为了减小转舵次数和所受阻力，保持船舶沿原航向行驶，以节省油耗，近些年出现了一种具有自适应控制功能的自适应自动舵。

自适应自动舵能适应船舶运动特性和海况的变化，自动地确定各项系数，从而可以进行最佳控制，减少操舵次数、减小舵角等，弥补了一般自动舵存在的不足。

常用的自适应自动舵有 Racal Decca 公司的 DP-780 自适应自动舵，日本横河北辰的 PT21 自适应自动舵，安许茨、斯伯利自适应自动舵等。虽然它们的模式有所差异，但是均由以下主要部分组成，如图 2-2-25 所示。

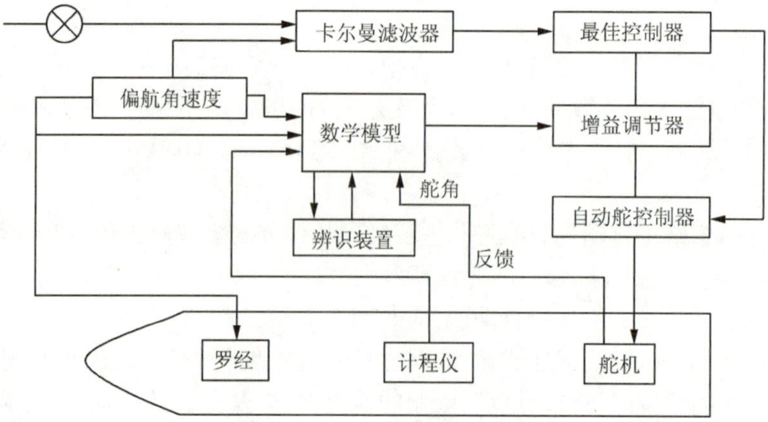

图 2-2-25　自适应自动舵基本原理

(1)一般自动舵

自适应自动舵包含了一般自动舵,即自动舵控制器、舵机和反馈等部分,其具体内容已在前面介绍过。

(2)数学模型

自适应自动舵实际上是一般自动舵加上微机控制。微机内贮存着船舶运动特性的模型,供计算、比较、鉴别之用。

(3)辨识装置

由于船舶运动特性的模型是随着载重量、吃水差、船速和海况等而变化的,因此,当上述因素有变化时必须建立最新的数学模型。这种检出模型的变化并形成新模型的过程称为“辨识”。当船舶离港用手动操舵和自动舵时就开始辨识,并在操作过程中不断更新模型,这些工作由辨识装置完成。

(4)卡尔曼滤波器

为了从含有不规则噪声成分的输入信号中更正确地提取所需信息,广泛应用了统计的概念。目前,多采用卡尔曼滤波器,其功能是有效地滤除罗经输出信号中所包含的噪声成分,并估算出船在哪一舵角下开始转向。由新模型输出的船舶偏航与由罗经所观测的偏航角有所不同,用统计方法处理差值,从而计算出转舵时舵的偏航角。

(5)最佳控制器

将卡尔曼滤波器检出的偏航角加到最佳控制器中,经最佳控制器处理后,发出使船舶回到原航向的舵角指令。目前,有些自适应自动舵采用以偏航角、偏航角速度和上述性能指标自动确定的模式,因而不需要像自动舵那样进行手动设定操作。

(6)增益调节器

以上所述的最佳控制器以节能为主要指标。当海况良好时,自适应自动舵的操纵性能不受影响,能保持既定航向。但是,当海况恶劣、波浪等噪声增大时,噪声对船舶转向的影响也随之增大,因此,会导致卡尔曼滤波器检测的精度下降。在此情况下,如果最佳控制器仍以小舵角、较少的转舵次数进行控制,势必造成偏航角增大。为改善操纵性能,需设置增益调节器来调整增益参数。由于船舶运动特性模型和噪声模型事先已存入微型计算机,故检测出海况的变化后,通过软件安排可自动选择节能方式和保向方式。当海况恶劣到一定程度、操纵性能变坏时,可自动转到保向方式上运行。

除上述主要组成部分之外,还有报警、电源、舵轮等其他部分。

2. 航迹舵(自动驾驶仪)

航迹舵也称自动驾驶仪(automatic navigation 或 nav-pilot),是以自动舵为基础,以计算机为核心,连接综合导航仪或船位接收机的一个自动航行控制系统。其主要作用为,在初始人工输入相关航路数据后,能使船舶自动沿着计划航线航行,并能在预定的转向点上自动转向,从而实现船舶驾驶的高度自动化。

(1)基本原理

航迹舵是在原自动舵的控制系统上配置一套航迹舵组件(装置)。此组件以微机为核心,通过人工输入初始航路数据、位置偏移量及硬件部分连接计程仪、陀螺罗经、定位仪,将上述输入的信号及数据通过微机软件进行计算、分析与处理,然后给出一个指标航向到自动舵组件中去执行。在执行过程中,因为受风流压的影响,船位就要偏离计划航线,船位一旦偏离航线,航迹舵组件就立即给出一个新的指标航向,所以指标航向是不断变化的,而船舶也只能自动航行在所规定的航迹带内,并按指标航向自动转向,从而达到无人驾驶。由于航迹舵还处在研究和开发、试用、发展阶段,现仅给出原理方框图,如图2-2-26所示。

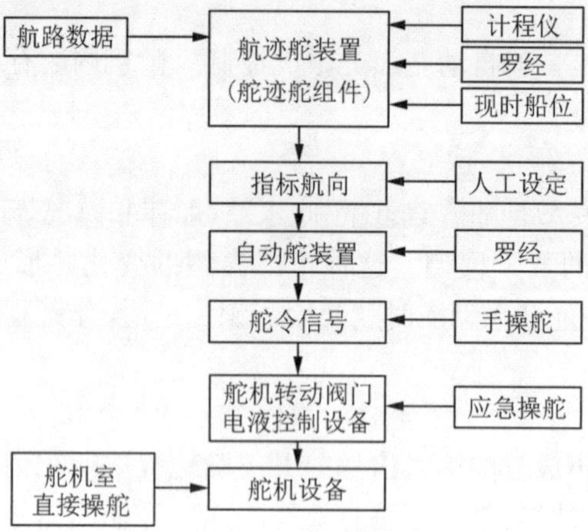

图2-2-26 航迹舵原理方框图

①船位数据的获得与处理

获得连续精确的船位是航迹舵正常工作的关键,而船位数据是通过定位传感器输入航迹舵组件中去的,目前常用的定位传感器是LORAN-C、DECCA、NNSS与GPS。从连续定位和精确程度来考虑,前三种有较大的局限性。GPS是最理想的定位传感器,它能满足连续性的要求,精确度又比较高(误差在±100 m)。根据GPS的船位特点及航迹舵对船位的要求,还应对GPS船位进行三种处理:坐标系误差的修正;船位数据的滤波处理;粗大误差的剔除。这三种处理原理就不做详细介绍了。

②航迹保持原理

向航迹舵组件中输入两个转向点,船舶就能在两个转向点之间航行。两个转向点之间的航线航法有两种选择:一是*RL*(恒向线);二是*GC*(大圆)。在确定是*RL*还是*GC*后,计划航线与计划航向C就可以计算出来。对于*GC*航法,在一段时间内(如4 h)可以认为计划航向是不变的。但是,船舶若以此计划航向C作为指标航向C_s,指令自动舵方式去航行的话,由于有风流的影响,船舶是不能保持航行在计划航线上的。

可采用不断地用现时船位去计算到下一个转向点应驶的航向来修正指标航向C_s,从而去保持航行在计划航线上。由于陀螺罗经的精度与自动舵能保持航向精度的限制,这种方法是行不通的。若到转向点航程为1 000 n mile,则位置偏移量*XTE*为2 n mile,航向的偏差仅为0.1°。显然,用这样小的偏差去修正C_s,让自动舵去保持航行在计划航线上是不可能的。

驾驶员应根据海况设定一个允许的位置偏移量$XTE(d_0)$与一个位置偏移量限制值XTE_{max}(d_{max})。若船舶航行在计划航线的$\pm d_0$带内,就认为船舶基本航行在计划航线上。若船舶航行在计划航线的$\pm d_{max}$带以外,就认为此时航迹舵不能自动保持航迹,需驾驶员进行处理(这主要从安全角度考虑)。若船舶航行在计划航线的$\pm(d_{max}-d_0)$带内,航迹舵组件就根据计算的风流压差,去修正C_s,消除风流的影响,使船舶回到$\pm d_0$带内。每当修正C_s后,应过15~30 min再进行风流压修正计算。C_s修正量的小数点位处理规定如下:0.1~0.5取0.5;0.6~0.9取1.0。*XTE*的计算是以计划航线为基准的。

③自动转向原理

航迹舵组件在自动转向中主要的功能是确定转向时刻与均匀地改变指标航向 C_s。假定实现转向所需的提前量为 m min(也可以根据航向改变量与转向允许速率计算),则自动转向原理如图 2-2-27 所示。

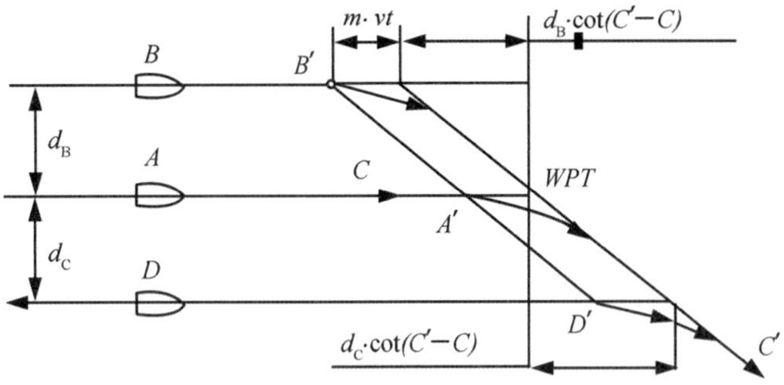

图 2-2-27 自动转向原理图

图中,当船舶航行到 A'、B'或 D'时,航迹舵组件就均匀地指令新的指标航向 C_s 到自动舵装置中,从而实现自动转向。

(2)使用航迹舵应注意的事项

①航迹舵是自动舵中的一种,因此,在规定不能使用自动舵的场合,同样不要使用航迹舵。

②在进行避让操船时,应终止使用航迹舵。待驶过让清以后,需重新启动航迹舵时,必须提醒驾驶员确认下一个转向点的正确性;同时,还应指示下一个计划航向的数值,要求驾驶员调整船舶的航向使其基本对准下一个转向点。在驾驶员对这两点都认可后,方可重新启动航迹舵。在组件的设计中应使这种确认方法是可靠的,而且不易被误操作。

③当定位传感器长期无船位时,航迹舵应指示提醒驾驶员转到其他的操舵方式。对定位仪所给出的船位,要与其他定位方式予以比较,确认其可靠性。当发现船位不可靠时,应立即转到其他的操舵方式。

④在利用航迹舵启动转向时,驾驶员必须对周围的海域、船位与所采用的航迹带宽度、转向前后的海面状况均了解清楚(包括对转向后的转向点的确认)。只有在确认安全的情况下,才指令航迹舵自动转向。若在转向点附近有岛屿或浅滩,一定要借助于雷达、陆标定位来确认,保持安全的正横距离,才可自动转向,否则不要用自动转向。

⑤航迹带宽度应根据航行区域与海况确定。

⑥当自动校正风流压影响及航向修正量过大(例如大于 10°)时,应同时发出报警指示。

七、舵设备的检查、保养和试验

在开航前要仔细检查舵设备,平时要注意检查保养,使其随时处于良好的工作状态。每当安装或修理后,也应按规定的要求进行试验。

1. 检查与保养

(1)日常检查保养

船舶开航前 12 h 之内,应由船员对操舵装置进行核查和试验。试验装置(如适用)应包括:

①主操舵装置；

②辅助操舵装置；

③操舵装置遥控系统；

④驾驶室内的操舵位置；

⑤应急动力供应；

⑥相对于舵的实际位置的舵角指示器；

⑦操舵装置遥控系统动力故障报警器；

⑧操舵装置动力设备故障报警器；

⑨自动隔断装置及其他自动设备。

核查和试验内容应包括：

①按照所要求的操舵装置能力操满舵；

②操舵装置及其连接部件的外观检查；

③驾驶室及舵机室通信手段的工作试验。

对于定期从事短期航行的船舶，主管机关可免除上述规定的核查和试验要求，但这些船舶每周至少应进行一次这样的核查和试验。

通常，每次开航前驾驶员应会同轮机员试验舵机，查看转舵装置是否运转正常。

此外，试舵前应派人察看船尾舵叶周围是否有障碍物；核对各种舵角与舵角指示器和主罗经与分罗经的误差情况；舵机间不准放置杂物，应保持清洁、干燥。应绑扎好舵机间内的备件等，防止其在船舶摇摆时移动。

对舵的步骤为：

①操舵人员在驾驶室转动舵轮或扳动手柄，使舵角指示器的指针指向“0”刻度，观察舵机室的实际舵角是否在正舵位置。

②慢速将舵轮向左（右）转至满舵，检查舵轮座上的舵角指示器与船尾杆上的指示刻度是否一致。

③用同样的方法向右（左）操满舵快速活舵一次，回至正舵。

④分别连续操左（右）5°、15°、25°、满舵和回舵，其间观察遥控机构、追随机构、舵角指示器和其他工作系统的运作情况是否正常。其中电动舵角指示器在正舵位置应无误差，在其他舵角位置不应超过±1°。

对装有两台主操舵装置或手柄操舵装置的，应分别进行试舵。航行中，值班驾驶员应经常检查油压、电源和操舵情况是否正常。当遇大风浪时，应检查舵机室内可移动物体是否绑扎好。船舶停靠后，应切断电源或打开油压操舵器的旁通阀，有舵轮掣的上好舵轮掣，关闭驾驶室和舵机室。

应将上述核查和试验日期以及进行应急操舵演习的日期和详细内容记入主管机关所规定的航海日志内。

驾驶室及舵机室内，应永久展示操舵装置遥控系统和操舵装置动力装置转换程序的简单操作说明，并附有方框图。

所有与操舵装置的操作和维修有关的船舶驾驶员，应熟悉船上操舵系统的操作以及从一个系统转换到另一系统的程序。

（2）定期检查保养

每3个月应对舵设备进行一次全面的检查和保养，主要内容有：

①查看舵杆、舵叶各部分磨损及损坏情况，做好记录。舵杆一般在下舵承处或舵杆处的轴颈应大于非工作部分的轴颈，否则应进行修理或换新。工作轴颈表面允许存在少量分散的锈蚀斑点，但深度不超过舵杆直径的1%，舵杆非工作轴颈允许减少量为原设计直径的7%。舵钮与舵钮，或舵叶与舵托平面极限间隙一般为安装间隙的50%。

②检查电操舵装置的绝缘和触点情况，用不带毛头的细布擦拭清洁。对自动部分检查其灵敏度；对液压舵机检查管路是否有泄漏及液油质量。

③检查转舵装置电动机的运转及损耗情况，对其加以清洁并做好记录；对液压式舵机要检查泄漏情况及油的质量，以及时修复并充液。

除上述的常规检查和试验外，至少每3个月应进行一次应急操舵演习，以练习应急舵操作程序和检查应急舵设备情况。操演应包括在舵机室内的直接控制，与驾驶室的通信程序，以及转换动力供应的操作（如适用）。

每6个月检查备用操舵装置的活络部分，对其加以润滑，除锈涂油，并做转换操作试验，保证其性能良好。每年或检修后应将液压操舵系统彻底清洗一次，清除锈垢等，以免影响效用。

结合坞内检验，将舵轴或舵销原地顶高或将舵杆拆下，检查舵轴、舵销及舵承的磨损及腐蚀情况；测量舵承间隙及舵的下沉量；检查舵杆、舵轴法兰盘及其连接螺栓与螺母；检查舵销螺母的止动装置。

对舵叶进行外部检验，检查舵叶腐蚀程度和有无裂缝，必要时对舵叶进行测厚检查。当对舵叶的水密性有任何怀疑时或在修理后，应进行水密性试验。

2. 舵设备的试验

安装或修理舵设备后，一般要对其进行系泊试验和航行试验。

（1）系泊试验

试验前应检查舵叶水密性试验报告、各零部件材料检查报告、舵机整体装配验收报告、操舵设备及传动装置的安装质量及完整性检查验收报告等，然后进行下列各项试验：

①对于电动或电动液压舵机，舵机的每套电动机组至少连续进行30 min的操舵试验，以检查舵设备的可靠性。

②检查主操舵装置和辅助操舵装置转换是否迅速、简便，在任何舵位转换时间应不超过2 min。

③舵角指示器指示舵叶位置误差不应大于±1°，而且在正舵时，应无误差。

④舵角限位器位置应安装正确，舵机上限位器应能转舵至满舵时自动停止，舵扇上的舵角限位器应比舵机的限位器大1.5°，舵叶或下舵杆与船尾柱上部设置的机械舵角限位器比舵机上的限位器大3°。

⑤检查舵制动装置的工作可靠性。

（2）航行试验

系泊试验合格后可进行下列试验内容：

①转舵周期。主操舵在最大航海吃水、以最大营运航速前进时，自一舷的35°转至另一舷的30°的时间应不超过28 s；辅助操舵装置在最大前进营运航速的一半或7 kn（取其大者）前进时，从一舷的15°转至另一舷的15°的时间应不超过60 s。

②记录在满载全速前进和后退时，向两舷转舵的速度和工作的可靠性。

③主操舵装置与辅助操舵装置之间的转换是否符合要求。

④检查保持舵位不动的制动装置是否有效。

⑤试验自动舵的性能。

⑥记录自动操舵装置的灵敏度和航向超出允许偏差时自动报警的可靠性。

⑦记录Z形试验中舵角、旋回角速度、航向变化等曲线。

⑧主驾驶室和应急驾驶室间通信联系的可靠性。

八、操舵基本方法与标准舵令

1. 操舵要领和基本方法

船舶在航行中,驾驶人员根据航行的需要,对舵工下达舵令,舵工根据口令进行操舵,以控制船舶的航行方向。

驾驶人员在下达口令时,应考虑到船舶在各种不同情况下的应舵性能和舵工的操舵水平。所下达的口令应确切、明了和清楚。舵工在操舵时应有高度的责任感,思想集中、动作准确。舵工在听到驾驶人员下达舵令后,应立即复诵并执行以防听错。如遇舵工复诵口令错误或操作不当,驾驶人员应立即加以纠正。舵工在未听清口令或不理解驾驶人员下达的口令时,可要求其重复一遍。操舵的基本方法为:

(1)按舵角操舵

舵工在听到驾驶人员下达舵角口令后,应立即复诵并迅速、准确地把舵轮转到所命令的位置上,注意查看舵角指示器所指示的舵叶实际偏转情况和角度,当舵叶到达所要求的角度时,应及时报告。在驾驶人员下达新的舵令前,不得任意更改舵的位置。

船舶在进出港和靠离泊时通常按舵角操舵。

(2)按罗经操舵

船舶在海上航行时,大都按罗经操舵,使其保持在所需的航向上。

当船舶需要改变航向时,驾驶人员可直接下达新航向的口令,舵工复诵并将新航向与原航向做比较,从罗经刻度上可清楚地判断出新航向在原航向的哪一边,从而决定采取左舵或右舵。舵工应根据转向角的大小、本船的旋回性能和海况等情况,决定所用舵角大小。在一般情况下,如转向角超过30°,可用10°~15°舵角;如转向角不超过30°,则宜用5°~10°舵角。操舵后船舶开始转向,此时可根据罗经基线和刻度盘的相对转动情况,掌握船舶回转时的角速度。当船舶逐渐接近新航向时,应根据船舶惯性和回转角速度的大小,按经验提前回舵并可向反方向压一舵角,以防止船舶回转过头,这样船舶就能较快地进入并稳定在新航向上。

在船舶按预定航向航行时,由于受到各种因素的影响,经常会发生偏离预定航向的现象。为此,舵工应注意观察罗经刻度盘的动向,发现偏离或有偏离的倾向时,应及时采用小舵角(一般为3°~5°)进行纠偏,以保持航向。例如,当罗经基线偏在原定航向刻度的左边时,表示船首已偏到原航向的左边,应操相反方向的小舵角(右舵,3°~5°即可),使船首(罗经基线)返回原航向。纠偏时要求反应快、用舵快和回舵快。

当发现船首总是固定一侧偏转时(通常是船舶受单侧风浪、潮流,积载不当,或船型、推进器不对称等恒值干扰力矩的影响所引起),应采用一适当的反向舵角,来消除这种偏转,习惯称为压舵。所用舵角大小,可通过实践的方法来确定,通常先操正舵,查看船首向哪一边偏转,然后操一反向舵角,如所用舵角太小,船首仍将偏向原来的一侧;舵角太大,则反之。反复调试所用的舵角,直至能将船首较稳定地保持在预定航向上。

(3)按导标操舵

在近岸航行时,特别在狭水道或进出港时,经常利用船首对准某个导标航行。舵工根据驾驶人员所指定的导标操舵,使船首对准该目标,并记下航向度数,报告给驾驶人员。如发现偏离,应立即进行纠正,并注意检查航向有无变化,如有变化,舵工应及时提醒驾驶人员是否存在风流压。

(4)大风浪中操舵

由于船舶在大风浪天气下左右前后摇摆颠簸剧烈,航向很难稳定。此时,应由有经验的人员操舵,应细心观察风流影响的综合结果,要提前回舵或压舵。

为便于指挥或操舵,无论采用哪种操舵方法,驾驶人员或舵工都应掌握船舶在不同受载、不同风浪水流和水深、不同车速等情况下的舵性,熟悉舵设备各开关和旋钮的作用。

2. 标准舵令

常用的标准舵令见表 2-2-1。

表 2-2-1 常用的标准舵令

ORDER	舵 令	意 义
1. Midship	正舵	舵保持在船首尾线位置上
2. Port five/ten/fifteen/twenty/twenty-five	左舵五/十/十五/二十/二十五	操左舵 5°/10°/15°/20°/25°
3. Hard-a-port	左满舵	操舵至最左位置
4. Starboard five/ten/fifteen/twenty/twenty-five	右舵五/十/十五/二十/二十五	操右舵 5°/10°/15°/20°/25°
5. Hard-a-starboard	右满舵	操舵至最右位置
6. Ease to five/ten/fifteen/twenty	回到五/十/十五/二十	将舵角回到 5°/10°/15°/20°
7. Steady	把定	尽快减少船舶偏转
8. Keep buoy/mark/beacon on port/starboard side	将浮标/物标/立标放在左/右舷	将浮标/物标/立标放在左/右舷
9. Steady as she goes	照直走	将舵把定在叫舵令时罗经所指的船首向,舵工须复诵口令并报告受令时的罗经航向。当船舶把定在该船首向时,舵工须报告"Steady on...(把定在……)"
10. Report if she does not answer wheel	如舵不灵,立即报告	如舵不灵,立即报告
11. Finish with wheel	完舵	

所有发出的舵令应由舵工复诵,并且值班驾驶员应保持这些舵令被正确地立即执行。所

有舵令应一直保持到被撤销。如果舵不灵，舵工应立即报告。当发现舵工有疏忽时，应向其提出询问：

“What is your course?”“航向多少？”

舵工应该答复：

“My course …degrees.”“我的航向……度。”

当值班驾驶员要求按罗经航向来操舵时，舵工应该说出转舵的方向，随后分别说出每个数字，包括零。例如：

口令	操驶航向
“Port, steer one eight five.”	“左舵，操185°。”
“Starboard, steer zero eight two.”	“右舵，操082°。”
“Port, steer three zero five.”	“左舵，操305°。”

接到操舵令后，例如182°，舵工应复诵该舵令并使船舶平稳地转到所命令的航向上，而后，舵工应报告：

“Steady on one eight two.”　　“把定在182°。”

发令人应对舵工的报告给予确认。如果要求对着选定的物标操舵，应该命令舵工：

“Steer on. . . buoy/. . . mark/. . . beacon.”　“对着……浮标/……物标/……立标行驶。”

发令人应对舵工的报告予以确认。

九、舵力及舵效

舵力及舵效教学视频

1. 舵力

舵是船舶操纵的重要设备之一，操舵是船舶控制方向的主要手段。舵的作用是利用水流对舵的作用力使船舶保持或改变航向。

若将舵单独置于水中并使之前进，或将舵放在有均匀流的水中使之与水流成某一角度，即保持某一舵角，如图2-2-28所示，舵叶将受到水动力作用，通常将作用于舵的水动力称为舵力 P_R（rudder force）。

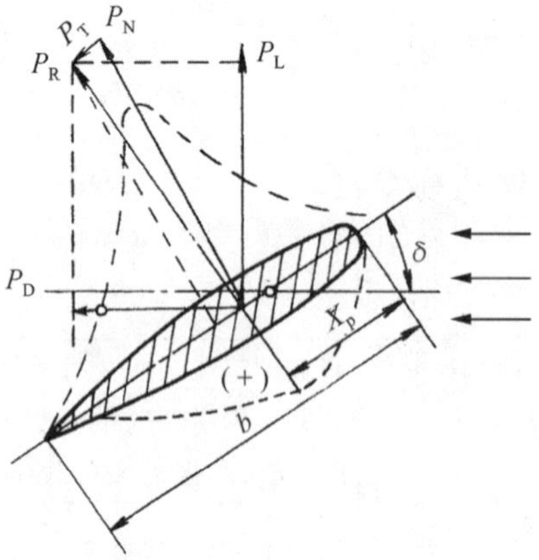

图2-2-28　舵力及其分解

对水运动的舵叶相当于一个机翼，正舵时，流经舵叶两侧的水流是对称的，不会产生横向作用力，此时，船舶在理论上应做直线运动。而操某一舵角 δ 之后，在舵的迎流面，流速减小，流压升高；在舵的背流面，流速增大，流压下降。而且背流面的水动压力下降比迎流面的水动压力升高的绝对值大。这样，在舵叶的两侧出现了压力差，形成了一个垂直于流体方向的升力 P_L 与一个平行于流体方向的阻力 P_D，这两个力的合力称为舵力 P_R。舵的性能最好是升力大、阻力小。升力与阻力之比称为升阻比。升力 P_L 的作用是使舵产生舵力转船力矩；阻力 P_D 的作用是降低运动速度。

舵力 P_R 又可分解为垂直于舵叶纵剖面的正压力 P_N 和平行于舵叶纵剖面的切向分力 P_T（摩擦力）。由于摩擦力 P_T 极小，所以舵力与舵的正压力几乎相等，并与舵的纵剖面近似垂直。因此在实际估算时，可用舵的正压力 P_N 代替舵力 P_R 的大小和方向。

表示平板舵上所受的正压力和压力中心位置 X_P 的估算式常采用下述公式：

$$P_N = 576.2\,A_R \cdot v_R^2 \cdot \sin\delta \tag{2-2-6}$$

$$X_P = (0.195 + 0.305\sin\delta) \cdot b \tag{2-2-7}$$

式中：P_N——平板舵正压力（N）；

A_R——舵叶浸水面积（m^2）；

v_R——舵叶对水速度（m/s）；

δ——水对舵的冲角或舵角（°）；

b——平板舵的宽度（m）；

X_P——从平板舵的前缘至舵的正压力中心的距离（m）。

实际上由于现代船舶大多采用流线型舵，形状和截面多种多样，而且安装于船尾螺旋桨之后，受到船体以及螺旋桨流的影响，所以要准确地估算船尾的舵力并非易事。但舵力中心位置的表达式给出的值是较为可信的。

2. 影响舵力大小的因素

（1）船尾舵的舵力

安装在船尾的舵由于受到船体和螺旋桨的影响，其所受水动力与单独舵有许多不同，主要表现为以下几个方面。

①舵与船体间的相互干扰

船舶操一舵角后，舵叶左右两侧的压力差将波及尾部船体两侧，相当于增加了舵叶面积，从而使舵力增大。此外，船体对舵周围的压力也会产生影响。据 Gawn 的研究可知，这种舵与船体之间的相互干扰，将使舵力比单独舵的舵力增大 20%～30%。舵与船尾越近，间隙越小，舵力增大越明显。

②伴流的影响

船舶在水中运动时，船体周围的水部分地追随船舶运动而形成的水流称为伴流（wake current）。伴流方向与船舶运动方向一致者称为正伴流；反之，则称为负伴流。

伴流按其产生原因可分成三种：摩擦伴流、势伴流和兴波伴流。摩擦伴流因其方向与船舶运动一致，属于正伴流。船舶首尾处的势伴流为正伴流，而中部舷侧处为负伴流。兴波伴流的正负取决于水质点的轨圆运动方向，当处于波峰时与波的传播方向相同，为正伴流；而处于波谷时则与波的传播方向相反，为负伴流。

在船体各处，伴流的大小和方向不尽相同。其在首尾方向的分布特点是：船舶前进时，船首处为零，自首至尾逐渐扩大，最大处位于船尾附近；倒航时，则尾部伴流为零。此外，伴流分布还呈现近大远小、上大下小、左右对称的特点。

前进中的船舶,其船尾伴流为正伴流,即与船舶前进方向一致,使流经舵叶的水流速度较船速低,因而减小了舵力。单车单舵船因伴流影响,其舵力将降至单独舵舵力的一半以下,即伴流可使舵力下降60%。对于双车单舵船,舵力也将下降50%左右。因此,尤其是肥大型($B/d \geqslant 3$)单车单舵船航进中突然停车时,因船速较高,伴流过强,可能会造成舵力极度减小,甚至出现无舵效的情况。

③螺旋桨排出流的影响

螺旋桨排出流的影响与伴流相反,螺旋桨正车时,船舶操一舵角,则螺旋桨排出流以比船速高得多的速度冲击在舵叶上,大大提高了舵叶与水的相对速度,极大地增大了舵力。对于单车单舵船而言,这种有利影响几乎可以抵消伴流的不利影响。而双车单舵船由于舵设置在双车的居中位置,排出流不作用在舵叶上,故对舵力几乎不产生作用;其所受伴流的影响与单车单舵船相差不多,因此双车单舵船的船后舵舵力所受到的综合影响就要下降很多,只有单独舵时的40%~60%,这时操船是不利的。在靠离泊作业中,当船速很低时,双车单舵船几乎没有舵效,不得不借助双车采取不同的转速和改变旋转方向来达到回转的目的。

综合船尾舵受伴流、排出流的影响,日本的冈田、藤井等人给出了试验表达式:

$$P_N = \frac{1}{2}\rho_w A_R v_s^2 (1-\omega)^2 (1+3.6S_r^{1.5}) \frac{6.13\lambda}{\lambda+2.25}\sin\delta \tag{2-2-8}$$

式中:ρ_w——水的密度;

A_R——舵叶浸水面积(m^2);

v_s——船速(m/s);

ω——伴流系数(wake factor,为伴流速度与船速之比,一般取$\omega=0.4$);

λ——舵的高宽比(纵横比);

S_r——滑失比;

P_N——舵的正压力(9.8 N)。

④船舶旋回中的舵力减小

船舶旋回中,舵附近的水流由于两方面的原因对船舶首尾面产生偏离,减小了水流对舵的冲角,使有效舵角δ_e小于操舵舵角δ_o,因而舵力较转舵时有一定程度的减小。一方面是由船舶绕旋回圈中心进行回转,在舵叶处存在一个漂角β而使水流的有效流入角减小造成的,如图2-2-29(a)所示;另一方面是由旋回中的船舶同步地绕自身转心P的自转运动造成的,如图2-2-29(b)所示,使舵叶附近的水流对舵的冲角又减少了一个角度γ,即$\delta_e=\delta_o-\beta-\gamma$。

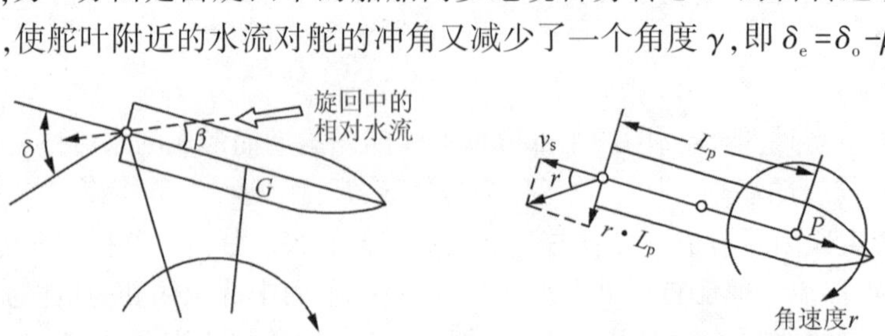

图2-2-29 旋回中舵附近的水流对船首尾面的偏离

通常,所操舵角为35°时,其有效舵角将会减小10°~13°。因此,在渴望具有良好舵效的超大型船上，常以 40°作为满舵旋回的最大舵角。

(2)使舵力减小的流体现象

①失速(stall)现象

舵因其迎流面和背流面压力之差而产生舵力。产生舵力的同时，在舵面的上下两缘和随边处将产生涡流，如图 2-2-30 所示。该涡流具有减小舵的升力、增大舵的阻力的作用。通常，随着舵角 δ 的增大，舵的升力系数 C_L 和阻力系数 C_b 均具有增大的趋势；当舵角达到临界舵角时，由于流经舵背面的水流从舵的后缘之前严重地与舵的背面剥离，从而出现强涡时，舵升力系数 C_L 将骤然减小，这种现象称作失速现象，如图 2-2-31 所示。出现失速现象时的舵角 δ_S 称为失速舵角或临界舵角。在敞水单独舵的情况下，失速舵角一般为 20°左右。

②空泡(cavitation)现象

当使用大舵角或舵的前进速度相当大时，特别是舵的剖面前端的曲率大时，在舵的背流面压力减小至或接近于该温度下的汽化压力时，在舵的背流面将产生空泡现象，使升力减小。但空泡现象不像失速现象那样显著。

③空气吸入(aeration)现象

舵叶表面吸入空气而产生涡流，使舵力减小的现象，称为空气吸入现象。在舵接近水面或一部分露出水面且航速较高的情况下，容易发生此现象。

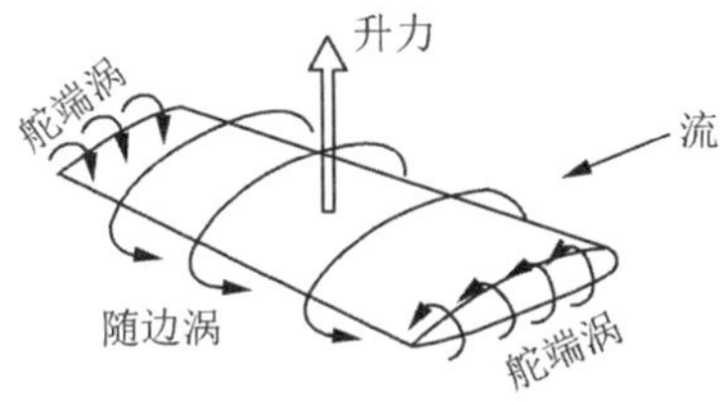

图 2-2-30 舵边缘的涡流

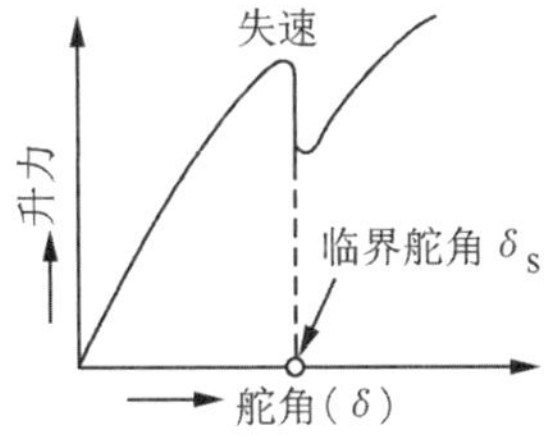

图 2-2-31 升力与舵角的关系

(3)舵的尺度、形状等因素对舵力的影响

临界舵角的大小与舵的高宽比 h/b 即纵横比 λ(又称展舷比)密切相关。如图 2-2-32 所示，舵的高宽比越大，舵力曲线斜率越陡，这就可以保证操小的舵角就能得到较大的升力，从而提高了小舵角的保向性。然而，高宽比过大，升力增大过快，将同时导致临界舵角变小，从而引起过早的失速，这给大舵角旋回操纵带来不利。

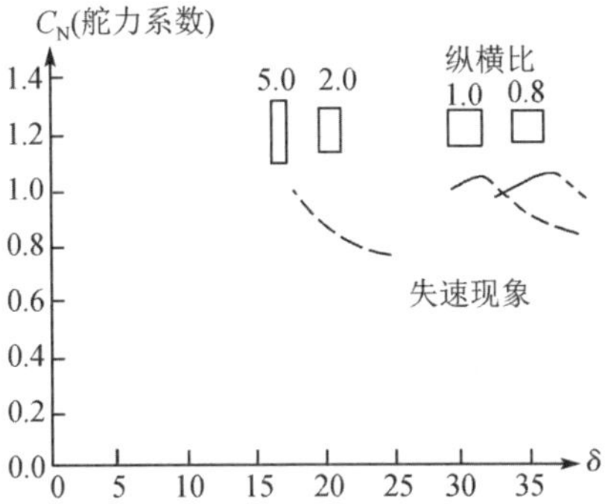

图 2-2-32 舵力系数临界舵角与高宽比的关系

此外,舵安装在船尾,提高其高宽比不得不受到船舶结构上的限制,即船舶实际吃水的限制,以及船尾线形的限制。当然,也会受到舵机功率方面的限制。因此,在实船上安装的舵,其高宽比一般多选择在1.4~1.9。舵剖面的形状以流线型为佳,并为多数船舶所采用。其厚宽比e/b在0.12~0.18,在这个范围内舵升力最大且阻力小。流线型舵的最大厚度位于距前缘30%舵宽处。

3. 舵效的概念

广义的舵效泛指运动中的船舶因操舵而造成的动态变化效应。它包括控向效应、横移效应、横倾效应以及减速效应,综合起来称为舵效(rudder effect)。狭义的舵效(steerage)仅指舵的控向效应。

(1)定义

习惯上认为,操船中的舵效是指"运动中的船舶操一定舵角后,使船舶在一定时间、一定水域内所获得的转头角的大小"。若能在较短时间、较小水域内,取得较大的转头角,则称为舵效好,否则称为舵效差。其实这个定义很不全面,其含义仅仅指狭义的舵效,即控向效应中的旋回性能。

全面的舵的控向效应,则应包括正舵时的稳向性、小舵角的保向性、一般舵角的改向性以及大舵角的旋回性等几个方面。因此,狭义的舵效,即舵的控向效应,指的是舵对船舶航向(船首向)的控制能力,它包括保持和稳定航向的能力及改向和旋回的能力。

(2)舵效指数K/T

舵对船舶运动的控向能力的大小充分体现在所能给出的角加速度上。解船舶操纵运动一阶近似方程,可得操舵角为δ_0时的角加速度$\dot{r}$的表达式

$$\dot{r}=\frac{K}{T}\delta_0 e^{-t/T} \tag{2-2-9}$$

式中,K/T是角加速度系数,在数量上表示舵角每改变1°所能给出的角加速度量,反映了舵的控向能力的大小,因此又称为舵效指数或应舵指数。

舵效指数K/T大,则舵效好;反之,则舵效差。

(3)诺宾指数P

舵对船舶运动的控向能力的大小,也可以体现在操舵后的转向效果上。

$$P=\frac{1}{2}\cdot\frac{K'}{T'} \tag{2-2-10}$$

诺宾指数表示操舵后船舶移动1倍船长时,单位舵角引起的转头角大小,也称转向角度系数。它与K'/T'有着良好的一致性和可比性。

(4)影响舵效的因素

①舵角

舵角的大小直接影响转船力矩和转头角的大小,因此增大舵角可有效地提高舵效。

②舵面积比

舵叶浸水的舵面积比增大,则K'增大,T'减小,K'/T'增大,舵效变好。

③舵速

舵速越大,舵效越好;舵速越小,舵效越差。但降低船速、加大转速,同样可以达到增大舵速的目的,从而提高舵效。经验表明,人力操舵能保持舵效的最低船速为2 kn,使用自动舵能

有效保向的最低船速为 8 kn。

④舵机性能

操舵所需时间越短，舵效越好。一般电动液压舵机性能较好，舵来得快，回得也快，易把定；蒸汽舵机来得慢，回得快，容易把定；电动舵机来得快，回得慢，不易把定。

⑤排水量

排水量增大，舵效变差。满载大船在港内操纵起转迟钝、停转不易，因此宜早用舵，早回舵，用较大舵角。

⑥纵倾和横倾

艏倾时，航向稳定性下降，舵效变差；适量艉倾时舵效较好。船舶存在横倾时，向有横倾侧转向时舵效较差。

⑦其他因素

舵效还受风流、浅水等外界因素影响。如船首一舷来风时，迎风转向较顺风转向舵效差，空船、低速时尤甚；顺风、顺流时舵效比顶风、顶流时差；浅水中舵效较深水中差。

任务三 锚设备及其运用

锚设备认识及应用教学视频

学习目标

知识目标：掌握锚的种类及应用，掌握锚设备的构成及保养，掌握锚泊方法。

能力目标：能准确把握各种抛锚方法及其用途，掌握锚泊操纵要点。

素质目标：培养学生的团队合作意识。

船舶在装卸货物、避风、等泊位、检疫及候潮等情况下都需要在锚地抛锚停泊，锚设备的配置就是为了使船舶锚泊时产生足够的锚泊力。此外，锚也是船舶操纵的辅助设备，如靠离码头、系离浮筒、狭水道掉头以及紧急情况下降低船速等往往都要用到锚。锚设备由锚、锚链、锚链筒、制链器、锚机、锚链舱、锚链管和弃链器等几部分组成，其布置如图 2-3-1 所示。

一、锚设备的组成

锚设备的组成部分如下。

1. 锚

锚是锚设备中产生抓驻力的主要部分之一，按其结构可分为有杆锚、无杆锚两种，按其用途可分为普通锚、大抓力锚、特种锚等。

2. 锚链

锚链主要用来连接锚和船体，传递锚抓力。锚泊时，在出链长度适当时，卧躺海底部分的锚链也能因与接触底质的摩擦而产生部分抓驻力。

3. 锚链筒

锚链筒是锚链进出以及收藏锚干的孔道，其直径约为链径的 10 倍。锚链筒由甲板链孔、

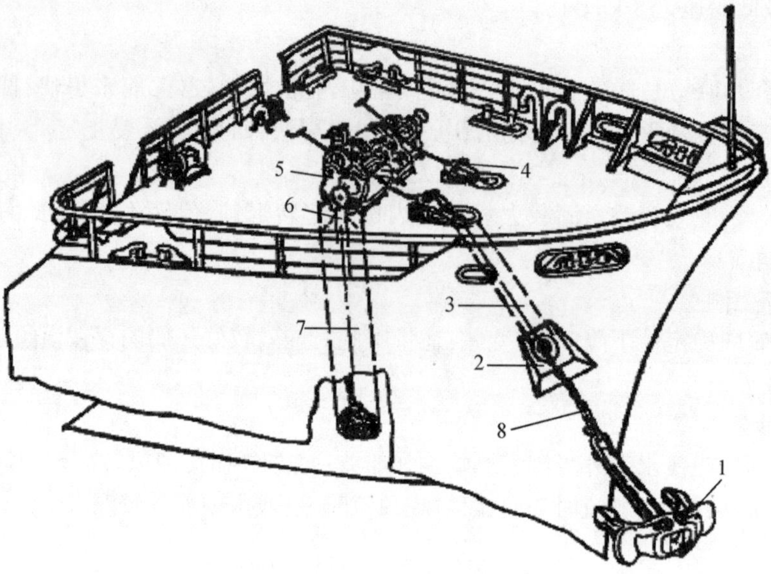

图 2-3-1 锚设备布置图

1—锚;2—锚穴;3—锚链筒;4—制链器;5—锚机;6—锚链管;7—锚链舱;8—锚链

舷边链孔和筒体三部分组成。锚链筒的上下口一般均设有锚唇,分别称为上锚唇、下锚唇(用钢板或铸钢制成的锚唇外缘的圆弧半径一般应不小于锚链直径的12倍),其作用是减少锚链与上下口的磨损。筒体内设有冲水装置,用于在起锚时冲洗锚和锚链。在甲板链孔处设有防浪盖,以防止海水从锚链筒涌上甲板,还可以保证工作人员的安全。有的船在甲板链孔处设有导链滚轮,以减小锚链与甲板链孔的摩擦。

有些低干舷船与快速船为了减小由锚引起的水与空气的阻力,以及减少锚体击水引起水花飞溅,在舷边链孔处做成能收藏锚冠及锚爪的锚穴,其形状有方形、圆形、伞形等。

锚链筒的位置和尺寸应能满足:收锚时使锚爪紧贴船壳,锚干连同转环一起留在锚链筒内,抛锚时使锚干易于脱出锚链筒。此外,锚链筒的下口应离满载水线有一定距离,以减少航行时首波冲击锚体。锚链筒的位置距船舶中线面有适当距离,以免起锚时锚爪卡在艏柱上。一般商船锚链筒轴中心线和铅垂线成30°~40°,和中线面成5°~15°。

4. 制链器

制链器设置在锚机和锚链筒之间,用于固定锚链,防止锚链滑出。在锚泊时,制链器将锚和锚链产生的拉力传递至船体,减轻锚机的负荷以保护锚机;航行时承受锚的重力和惯性力。常用的制链器有以下几种:

(1)螺旋式制链器

螺旋式制链器如图2-3-2(a)所示,由两块夹板和一个带摇柄的有正倒螺纹的螺杆组成。当转动摇柄使两夹板夹紧时,即夹住锚链;反之松开夹板,锚链即可自由进出。虽然其松紧动作较慢,但操作方便、工作可靠,故广泛用于大中型船舶。

(2)闸刀式制链器

闸刀式制链器如图2-3-2(b)所示,结构简单,操作迅速,但当其尺寸较大时显得笨重,一般只用于小型船舶。

(3)链式制链器

链式制链器如图2-3-2(c)所示,由一个链钩、一个松紧螺旋扣和一段短链组成。它的一端用卸扣固定在甲板上,使用时将链钩钩在一水平的锚链链环上,然后收紧松紧螺旋扣,即可拉紧锚链。它常与螺旋式制链器配套使用,作为螺旋式制链器的辅助装置。

5. 锚机

锚机为抛锚、起锚的机械,其上的滚筒可作绞缆用。

6. 锚链管

锚链管是锚链进出锚链舱的孔道,位于锚机链轮下方,正对锚链舱中央,其直径为锚链直径的7~8倍。它的上口设有防水盖,该防水盖开航后应关闭,以防海水由此进入锚链舱。

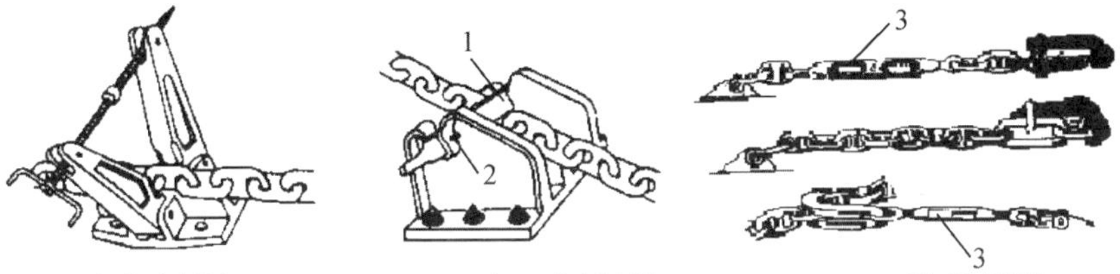

(a) 螺旋式制链器　(b) 闸刀式制链器　(c) 链式制链器

图 2-3-2　制链器

1—闸刀;2—制动销;3—松紧螺旋扣

7. 锚链舱

锚链舱是存放锚链的舱室。它一般设在防撞舱壁之前,锚机下面,艏尖舱的后上部。其形状为圆形或方形。圆形锚链舱直径约为链径的30倍时,可不必排链。左右锚链舱是分开的,内部设木衬板和舱底花钢板,并设有污水井和排水管系,用泵排出积水,以防止锚链过度锈蚀。舱壁上开有人孔及壁梯供人员进出锚链舱。舱的容积可用下式近似计算:

$$V=(0.000\ 85\sim0.001)d^2 \qquad (2\text{-}3\text{-}1)$$

式中:V——每100 m锚链所需的容积(m^3);

d——锚链的直径(mm)。

8. 弃链器

末端链节的末端链环套在弃链器上,弃链器是在紧急情况下使锚链末端迅速与船体脱开的装置。其控制装置一般装设在锚链舱外部人员易于到达的地方,应保证在紧急情况下能迅速、可靠地脱开锚链。常见的弃链器有横闩式弃链器和螺旋式弃链器等。

(1)横闩式弃链器

其结构简单,使用方便。在需要弃链的紧急情况下,只要敲出横闩,即能松脱末端链环。它有装在甲板上和装在锚链舱壁上两种。装在甲板上的横闩式弃链器通常外罩一个水密盖,既可达到水密,又能防止因不慎触碰而松脱,如图2-3-3所示。

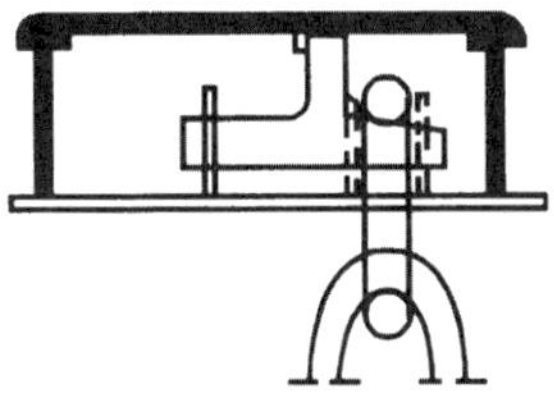

图 2-3-3　装在甲板上的横闩式弃链器

(2)螺旋式弃链器

该弃链器利用控制螺杆的伸缩使脱钩松开或夹住。其结构较复杂,但使用安全可靠,即使在锚链绷紧时也容易松脱,缺点是开启动作较缓慢。螺旋式弃链器一般装设于锚链舱舱壁上,如图 2-3-4 所示。链环与滑钩的夹角不大于 30°。

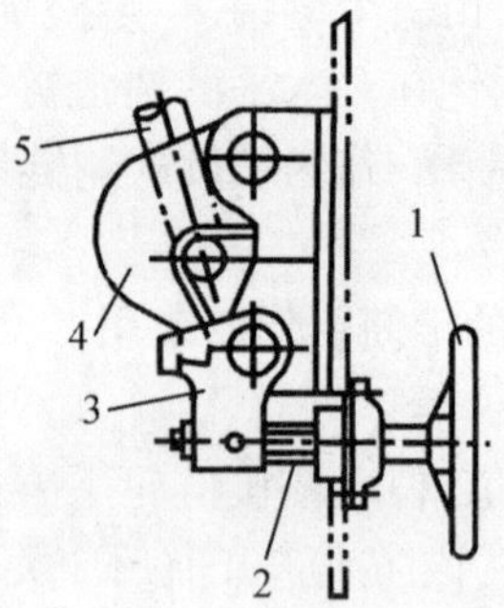

图 2-3-4　螺旋式弃链器

1—手轮;2—螺杆;3—制动器;4—脱钩;5—末端链环

二、锚的种类与结构

1. 锚的种类与特点

锚的种类较多,按结构和用途可分为有杆锚、无杆锚、大抓力锚和特种锚等。在商船上普遍采用的艏锚(bow anchor)均为无杆锚,而艉锚(stern anchor)有时采用有杆锚或燕尾锚。

(1)有杆锚

有杆锚也称海军锚(admiralty anchor),如图 2-3-5 所示。在结构上其锚干和锚爪为一浇铸整体,锚爪固定不会转动,锚爪折角约为 35°,在锚干上有一固定或可折的横杆。抛锚时,一爪入土,另一爪向上翘出,横杆促使锚爪顺利入土,锚爪入土后横杆起稳定锚的姿态的作用,抓底过程如图 2-3-6 所示。该类锚的特点是结构简单,抓重比(抓力系数)大,一般为 4~8,最大可达 12,抓底稳定性较好。但它操作不便,上翘的一爪在船舶旋回时容易缠住锚链,在浅水锚地该爪易刮坏船底;抛起锚作业和收藏不太方便。故该种锚不宜用作商船艏锚,仅可用作艉锚或备锚,一般多用于小船与帆船。

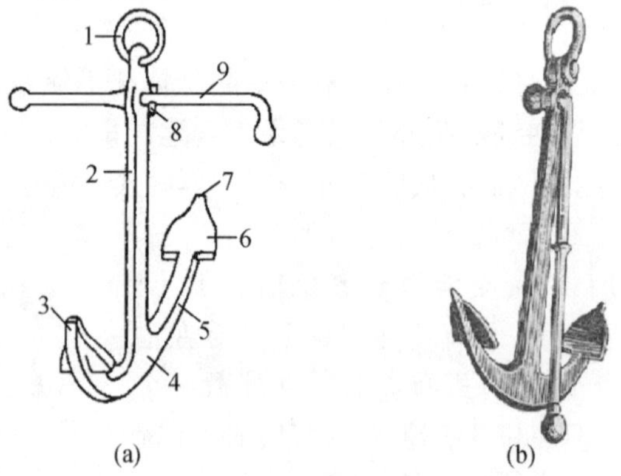

图 2-3-5　有杆锚

1—锚环;2—锚干;3—锚爪;4—锚冠;5—锚爪臂;6—锚爪掌;7—锚爪尖;8—横杆销;9—横杆

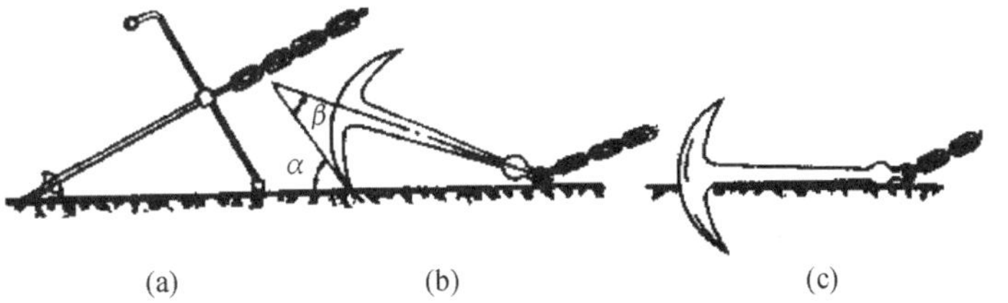

图 2-3-6 有杆锚的抓底过程

(2)无杆锚

无杆锚又称山字锚,如图 2-3-7 所示,包括销子和转轴在内的普通无杆锚的锚头总重量应不小于该锚总重量的 60%。目前商船上普遍使用的无杆锚多为图 2-3-7(a)所示的霍尔锚(Hall's anchor)与图 2-3-7(b)所示的斯贝克锚(Speke anchor)。这种锚的锚干与锚爪分别铸造,没有横杆。锚爪和锚冠可以绕穿过锚干下端孔的销轴转动,锚爪的转动角约为 45°,锚冠两侧的突出部分称为助抓突角,用于在锚链拉力作用下使锚爪转动而啮入土中,抓底过程如图 2-3-8 所示。抓土时两爪同时入土,抓重比为 2.5~4,最大不超过 8。由于无杆锚结构简单,抛起锚作业和收藏方便,故适宜用作艏锚,但其抓力较小,而且在转流时容易耙松泥土而引起走锚。

霍尔锚是无杆锚的一种。斯贝克锚是霍尔锚的改良型,锚头的重心下移,收锚时其锚爪自然向上,并且一接触船壳即翻转,不会损伤船壳板。

图 2-3-7(c)所示的尾翼式锚(tail fin type anchor)是我国研制的新型无杆锚。其结构特点是助抓突角宽厚,锚头重心低;其操作特点是入土阻力小,入土性能和稳定性好,抗浪击,容易冲洗干净。其抓力、稳定性等各方面性能均优于霍尔锚和斯贝克锚,更符合商船对船用锚的多方面性能要求,已在船上广泛应用。

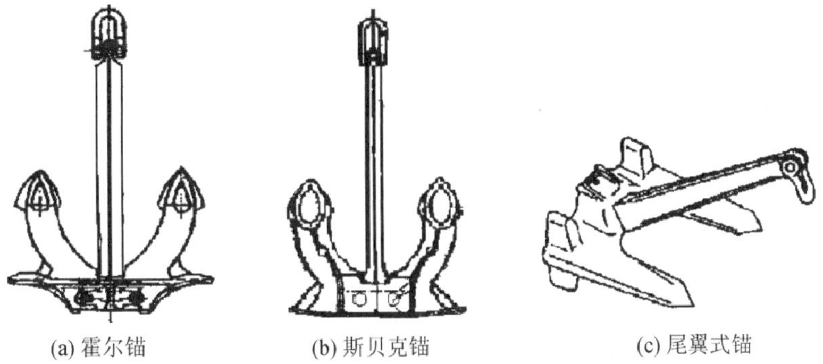

图 2-3-7 无杆锚

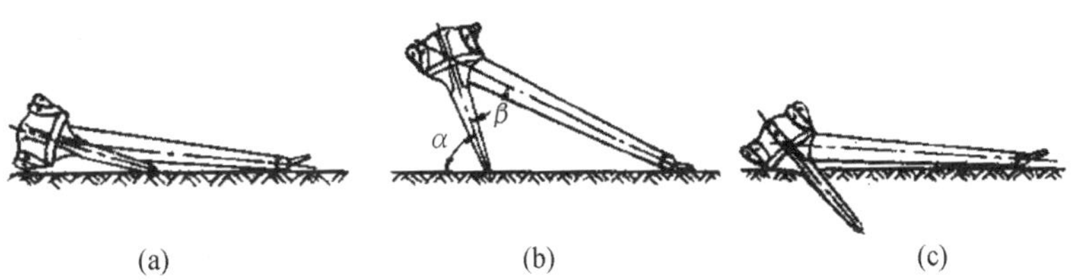

图 2-3-8 霍尔锚的抓底过程

(3)大抓力锚

大抓力锚分有杆大抓力锚与无杆大抓力锚两种。其特点是锚爪宽且长、啮土深、稳定性好、抓重比大。

有杆大抓力锚结合了有杆锚和无杆锚的优点，为有杆转爪锚，在其锚头处设有稳定杆，以保证锚抓底的稳定性，这种锚一般用于较松软底质，但收藏不便，所以较适宜于工程作业船和小船。图 2-3-9(a)所示为丹福氏锚(Danforth anchor)，也称燕尾锚，其锚爪可前后转动各约 30°，抓重比一般大于 10，可高达 11~17，多用于工程船舶或用作船尾锚；图 2-3-9(b)所示的史蒂文锚(Stevin anchor)的锚爪短而面积大，而且其锚爪的最大转角可由装在锚杆上的可移动楔块调节，以适应多种底质，其抓重比可达 17~34，现多用作石油平台的定位锚。

无杆大抓力锚由无杆锚发展而来，它改良了无杆锚的助抓突角和锚爪。图 2-3-9(c)所示为英国研制的 AC-14 型锚，它设有极厚实并且宽大的稳定鳍，有很好的稳定性，啮土迅速，对各种底质的适应性强，抓重比高达 12~14，常在超大型船或水线以上面积较大的滚装船上用作艏锚。图 2-3-9(d)所示为由荷兰研制的波尔锚，其锚爪平滑而锋利，能适应各种底质，稳定性好，抛起锚以及收藏方便，抓重比为 6 左右，可用作大型船的艏锚或工程船的定位锚，锚爪转动角约为 42°。

用大抓力锚作艏锚时，锚重量大多可以取相应普通锚重的 75%。

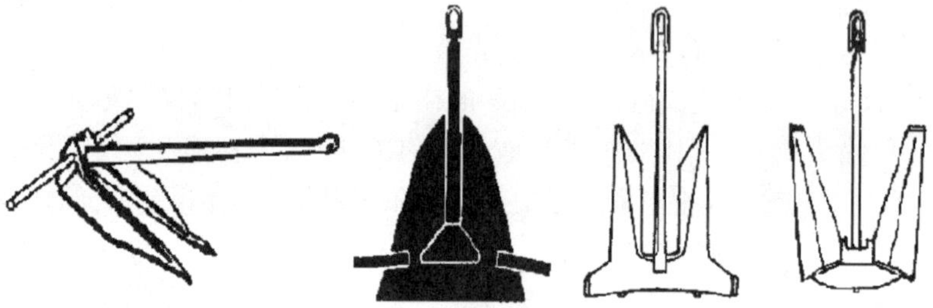

(a) 丹福氏锚　(b) 史蒂文锚　(c) AC-14型锚　(d) 波尔锚

图 2-3-9　**大抓力锚**

(4)特种锚

特种锚是专供永久系泊用的锚，其形状与普通锚不同，以适应特殊用途。如浮筒、浮标、灯船和浮船坞等永久性系泊用锚，有伞形锚、螺旋锚、单爪锚以及供破冰船用的冰锚等，如图 2-3-10 所示。

(a) 伞形锚　(b) 螺旋锚　(c) 单爪锚

图 2-3-10　**特种锚**

2. 锚的结构

(1)结构

以常用的霍尔锚为例,如图 2-3-11 所示,锚由锚干、锚体和销轴组成。锚干上下均有孔,锚干上部的孔连接锚卸扣,锚干下部的孔由销轴与锚体相连。锚体由铸成整体的两个锚爪与锚冠组成,锚冠中有孔可使锚干穿过,孔内有两个半圆形凹槽,销轴可以在槽内转动。为防止锚干及销轴从锚冠脱出,用两个横销销住,并用电焊将横销与锚冠焊死。锚冠两侧的突出部分称为助抓突角,使锚爪容易啮入土中。

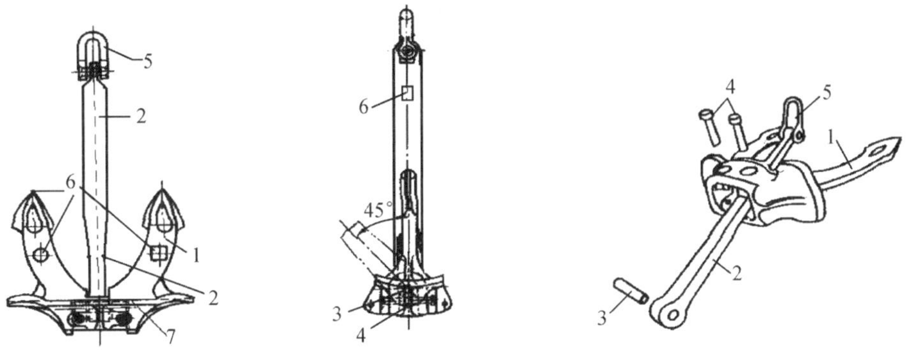

图 2-3-11　霍尔锚结构

1—锚爪;2—锚干;3—销轴;4—横销;5—锚卸扣;6—锚标记;7—助抓突角

(2)船舶用锚应满足的要求

锚的结构形式应保证在一定锚重下,使锚尽可能具有最大的抓力,抛锚时其能迅速啮入各种底质中,起锚易出土,操作简便,收藏方便,结构坚固和成本低等优点。

三、锚链的组成与标记

1. 锚链的组成

锚链是连接锚和船体的链条,用于传递锚泊力和缓冲船舶所受的外力。

一根完整的锚链由若干节锚链通过连接链环或连接卸扣连接而成,每节锚链由许多链环组成。

(1)按链环结构分:锚链分为有挡链和无挡链两种。尺寸、材质相同时,有挡链的抗拉强度比无挡链的大,约大 20%,变形小,且堆放时不易扭缠,故海船上广泛采用。无挡链一般只用于小船。

(2)按制造方法分:锚链分为铸钢锚链(cast steel chain cable)、焊接锚链(welded chain cable)和锻造锚链(forged chain cable)等。焊接锚链工艺先进、简单,制造成本低,其质量超过其他种类的锚链,目前为海船广泛使用。铸钢锚链强度较高,刚性好,撑档不会松动,使用寿命较长;其缺点是制造成本较高,耐冲击负荷差。锻造锚链有较好的韧性,但制造工艺复杂,成本高,质量不稳定,目前商船上已不再采用。

(3)按钢材级别分:我国生产的有挡锚链分为 A1、A2、A3 三级,级别越高,强度越大。用于生产有挡锚链的钢材等级分为 AM1、AM2、AM3 三级, AM1 级锚链钢为镇静钢,AM2、AM3 级锚链钢为镇静细晶处理钢。对同一船舶,若选用强度大的钢材,链环尺寸可以适当减小。

(4)锚链链环按其作用分为:链环的大小以链环的直径 d 表示,普通链环(1. 0d)、加大链环(1. 1d)、末端链环(无挡链环)(1. 2d)、转环(1. 2d)、连接卸扣(1. 3d)或连接链环(散合式或双半式)(1. 0d)、锚卸扣(1. 4d)等,各链环如图 2-3-12 所示。普通链环的直径是衡量锚链强度的标准。

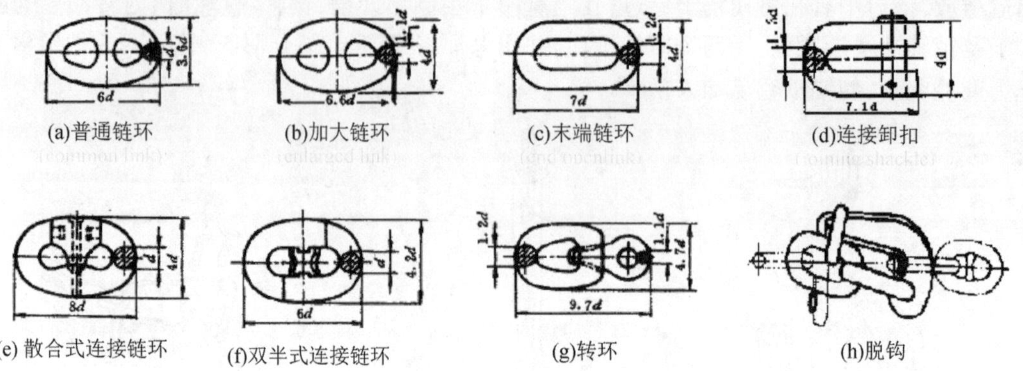

图 2-3-12 **链环**

当锚链需要换一头使用或调换链节,以及锚链系带浮筒等,都要进行拆装工作。拆装锚链就是将锚链的连接链环或连接卸扣拆开,使两节锚链分离,或者将两节锚链连接起来。连接链节的双半式连接链环、散合式连接链环和连接卸扣的结构如图 2-3-13 所示。

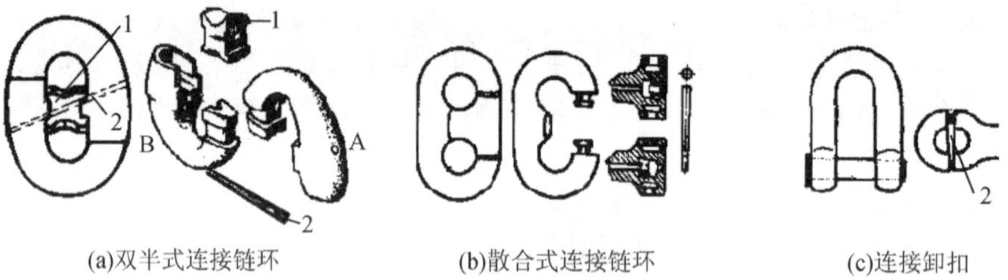

图 2-3-13 **连接链环与连接卸扣的结构**

1—横档;2—销子

锚链的长度以"节"(shackle)为单位,我国规定每节锚链的标准长度为 27. 5 m,且每节锚链的链环数应为奇数;在用英制单位的国家也有用 15 拓(fathom)为一节链长的,即 90 英尺(feet),折合米制约 27 m。

链节之间多以连接链环或连接卸扣连接。如用连接链环连接各节锚链,则连接链环的两端为普通链环。如用连接卸扣连接各节锚链,则连接卸扣两端均依次连接末端链环、加大链环,然后连接普通链环以保证平顺过渡。

有挡锚链主要是由有挡链环组成,每根锚链由锚端链节、中间链节和末端链节组成。一根完整的锚链由普通链环、加大链环、末端链环、连接链环或连接卸扣、转环、链端卸扣和末端卸扣等组成。

锚端链节(swivel shot)是锚链的第一链节,与锚相连。它从锚卸扣开始,依次为链端卸扣、末端链环、加大链环、转环、加大链环和若干普通链环。该链节中的链端卸扣和锚卸扣的横销均应朝向锚(圆弧部分朝向中间链节),以减少起锚时的磨损或卡在锚链筒的唇缘处。转环的环栓应朝向中间链节。设置转环的目的是防止锚链过分扭绞。

中间链节(middle shot)如用连接卸扣连接,则连接卸扣的圆弧部分应朝向锚,以避免抛起锚时其通过持链轮时产生跳动、冲击和卡阻。

末端链节(end shot)是锚链的最后一节链节,与弃链器相连;它由末端链环、加大链环、转环和普通链环等组成。其转环的环栓也应朝向中间链节。

2. 锚链的标记

为了在抛起锚时能迅速识别锚链松出的长度,在起锚时能掌握锚链在水中的长度,应在各连接链环及其附近的有挡链环上做出标记。其方法是:在第一节与第二节之间的连接链环(或卸扣)前后第一个有挡链环的撑档上绕金属丝(或白钢环),并在两链环之间的所有有挡链环上涂白漆,连接链环涂红漆,以此表示第一节。在第二节与第三节之间的连接链环前后第二个有挡链环撑档上绕金属丝(或白钢环),并在该两链环之间的所有有挡链环上涂白漆,连接链环涂红漆,以此表示第二节。以此类推至第五节与第六节之间,如图 2-3-14 所示。

从第六节与第七节之间的连接链环开始,重复第一节至第五节同样的方法进行标记。最后一至两节可涂红或黄漆等醒目标记以作为锚链将至末端的危险警告,以警惕发生丢锚事故。

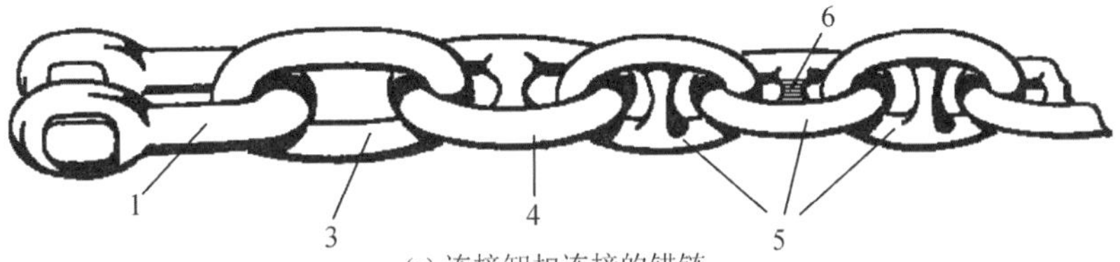

(a) 连接卸扣连接的锚链

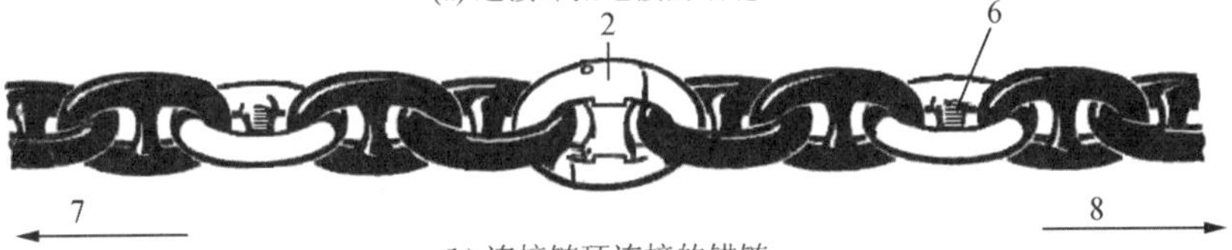

(b) 连接链环连接的锚链

图 2-3-14　锚链标记(第三节)

1—连接卸扣;2—连接链环;3—无挡链环;4—加大链环;5—普通链环;6—金属丝;7—锚的方向;8—弃链器方向

3. 锚链的强度与重量估算

锚链的强度估算:

$$Q = 548.8d^2 \tag{2-3-2}$$

式中:Q——有挡锚链的破断强度(kN);

d——链环直径(mm)。

单位长度锚链的重量估算:

$$W_c = 0.0219d^2 \tag{2-3-3}$$

式中:W_c——单位长度锚链的重量(kg/m);

d——链环直径(mm)。

锚重与链重的关系:

$$W_a \approx 60W_c \tag{2-3-4}$$

式中:W_c——单位长度锚链的重量(kg/m);

W_a——每只锚的重量(kg)。

即每只锚的重量约等于 60 m 锚链的重量。

四、锚机的种类、结构与要求

1. 锚机的种类与结构

锚机是抛起锚的机械装置,设在船首部,其链轮两侧的滚筒可作收放缆绳之用。

(1)锚机按动力不同可分为电动、电动液压和蒸汽锚机

目前,海船上锚机以电动锚机和电动液压锚机为主,二者主要结构基本相同。在一些早期建造的油船上,为防火防爆,也有使用蒸汽锚机的。

①电动锚机(electric windlass)的动力源是电动机。经过减速箱的变速小齿轮传动,小齿轮带动大齿轮使载荷轴转动,载荷轴上有链轮,大齿轮与小齿轮的啮合和脱开由离合器控制,以控制链轮的转动与否。在抛起锚作业中,当离合器脱开时,主轴和卷筒转动而链轮不转,可作为抛锚或绞缆之用;当离合器合上时,卷筒与链轮同时转动,可作为起锚或深水抛锚时送锚之用。在链轮上设有带式刹车,用以刹住链轮,以控制松链速度,如图 2-3-15 所示。

②电动液压锚机(hydraulic windlass),也称液压锚机,由电动机带动液压泵,驱动油马达,然后经过减速器(或无须减速器)使锚机运转。其结构紧凑,体积小,操作平稳,变速性能好,但制造技术和维护保养要求较高。

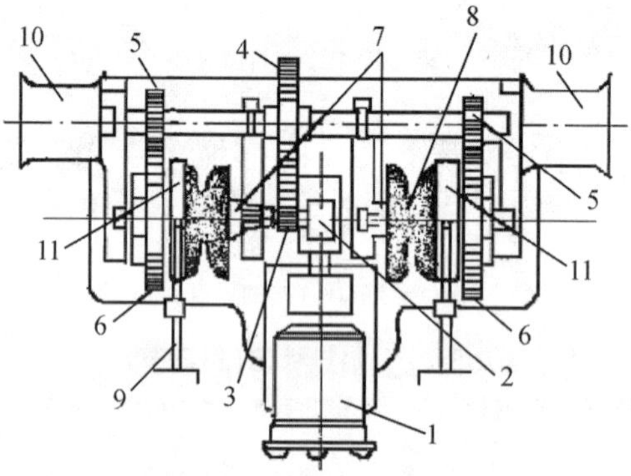

图 2-3-15　锚机

1—电动机;2—减速器;3、4、5、6—传动齿轮;7—离合器;8—链轮;9—刹车操纵杆;10—带缆卷筒;11—带式刹车

③蒸汽锚机(steam windlass)由蒸汽机带动,经过曲拐轴由齿轮带动滚筒轴运转,由滚筒轴借由离合器带动链轮运转,链轮上设有刹车装置。其特点是动力大,结构简单。使用蒸汽锚机时应预先暖缸,用毕要排水放汽,以放尽气缸中残余水汽。天冷时,为防冻要进行跑车(使蒸汽锚机空转)。

④自动锚机与遥控操作锚机:自动锚机在自动液压锚机系统中设有锚链长度传感器,在抛锚时在所需锚链全部抛出后,锚机会自动停止;在起锚时,当锚接近锚链筒时,能自动减速,锚干进入锚链筒收妥后会自动停车。遥控操作锚机是指可在驾驶室遥控操作的锚机,其抛起锚作业可在驾驶台进行遥控操作完成。

(2)锚机按布置方式分为卧式和立式锚机

卧式锚机的链轮轴与水平面平行。一般商船多采用卧式锚机;立式锚机的链轮轴垂直于水平面,这样布置可减小锚机所占甲板面积,多见于军舰上。

一些大型船舶或有大型球鼻艏的船,因其左右锚链筒间距较大,常在左右舷各设一台锚机。

2. 锚机的主要技术要求

(1)主要技术要求

①由独立的原动机驱动。原动机和传动装置应设有防止超力矩和冲击的保护。对于液压起锚机,其液压管路如果和其他甲板机械管路相连接,应保证起锚机的正常工作不受影响。锚重量不超过 250 kg 的船舶,如手动起锚机能适合其使用,可以配置手动起锚机,手动起锚机应有防止手柄打伤人的设施。

②起锚机应具有足够的功率,且应能连续工作。其工作负载为:

A1 级有挡链　$37.5d^2$(N)

A2 级有挡链　$42.5d^2$(N)

A3 级有挡链　$47.5d^2$(N)

式中:d——锚链直径(mm)。

在船上试验时,起锚机应有能力以平均速度不小于 9 m/min(0.15 m/s),将一只锚从水深 82.5 m 处拉起至深度 27.5 m 处。

③在额定拉力的额定速度下,应能连续工作 30 min,并应能在不小于 1.5 倍额定拉力的过载拉力作用下(不要求速度)连续工作 2 min。锚机还应设有过载保护装置,过载时能转到中速运转。

④锚机的链轮或卷筒应装有可靠的制动器。制动器刹紧后,应能承受锚链或钢索断裂负荷 45%的静拉力(当自由抛锚速度达 5~7.5 m/s 时,仍能有效刹住正在下滑的锚链),或承受锚链上的最大静负荷。其受力零件或刹车片应无永久变形,其制动装置也不应有打滑现象。锚机的链轮与驱动轴之间应装有离合器,离合器应有可靠的锁紧装置。刹车与离合器应操纵方便可靠。锚机装置应装有有效的制链器,且应能承受锚链破断负荷 80%的拉力。锚机运转时应能顺倒转动,且平稳和迅速。

⑤锚机的安装一般应保证锚链引出的三点(锚链筒、制链器和链轮)成一线。

(2)相关概念

①工作负载:在锚链轮出链处测得的拉力。

②过载拉力:锚机必需的短时过载能力。

③平均速度:在 3 节锚链进入水中并且是自由悬挂的状态下,回收 2 节锚链时的速度。

④支持负载:锚链轮制动器应能承受的锚链上的最大静负载。

五、锚设备的配备、试验、检查和保养

1. 锚设备的配备依据

海船的锚与锚链的配备应根据船舶的类型、航行的水域并根据船舶舾装数的大小按《钢质海船入级规范》所列数据来选取。

舾装数 N (equipment number)或称船具数，是反映船体所能受到的风、流作用力大小的一个参数。除拖船外的船舶的舾装数计算公式为

$$N=\Delta^{2/3}+2Bh+\frac{A}{10} \tag{2-3-5}$$

式中：Δ——夏季载重线下的型排水量(t)；

B——船宽(m)；

h——船中夏季载重水线到上甲板的距离 a 与各层宽度大于 $B/4$ 的舱室在其中心线处量计的高度总和 $\sum h_i$(m)；

A——船长 L 范围内夏季载重水线以上的船体部分和上层建筑及各层宽度大于 $B/4$ 的甲板室的侧投影面积的总和(m^2)。

货船、散装货船、油船、耙吸式挖泥船、渡船等的设备配备按 N 选取。由舾装数查表得出船舶应配锚的数量，每只锚的重量，锚链的级别、总长和直径等，参见表 2-3-1。

表 2-3-1　海船的锚泊和系泊设备

序号	舾装数 N		艏锚		有挡艏锚锚链				拖索		系船索		
						直径(mm)							
	超过	不超过	数量(只)	每只重量(kg)	总长度(m)	AM1	AM2	AM3	长度(m)	破断负荷(kN)	数量(根)	每根长度(m)	破断负荷(kN)
1	50	70	2	180	220	14	12. 5		180	98. 1	3	80	34
⋮	⋮	⋮	⋮	⋮	⋮	⋮	⋮		⋮	⋮		⋮	⋮
28	1 390	1 480	3	4 320	550	66	58	50	200	835. 5	4	180	323. 6
29	1 480	1 570	3	4 590	550	68	60	52	220	888. 5	5	190	323. 6
30	1 570	1 670	3	4 890	550	70	62	54	220	941. 5	5	190	333. 4

通常万吨级以上的海船均配有 3 只主锚，其中 2 只用作艏锚(bow anchor)，1 只作为备锚(spare anchor)。经常航行在狭窄、弯曲及水势复杂航道的船舶，还配有艉锚(stern anchor)，以在必要时控制船尾的摆荡。

如果船舶应配锚链总节数为单数，则右锚多配一节。万吨级货船一般每只艏锚至少配 10 节锚链。一般无限航区的船舶，每一艏锚应配备 12 节锚链。此外，船上应至少储备 1 个锚卸扣和 4 个连接卸扣或连接链环，另备 1 个锚链系浮筒用的大卸扣。拉伸应力小于 400 N/mm^2 的 AM1 级链不能用于大抓力锚和超大抓力锚。AM3 级链仅适用于链径为 20. 5 mm 或以上的锚链。锚链直径小于等于 17 mm 时，可用试验负荷相等的无挡锚链或破断负荷相等的钢丝绳或纤维绳代替。

2. 锚设备的试验

(1)锚的试验

所有锚及主要配件均应由船级社认可的工厂按有关规定制造。锚的组装焊接应采用船级社认可的焊接材料,按认可的焊接工艺由持有合格证书的焊工施焊。成品锚均应在未经涂油漆的情况下进行外观检查、称重和试验。

①外观检查

锚的外观检查应在涂漆前进行,锚和其零件表面不应有裂纹、气孔、砂眼及其他足以影响强度的缺陷,对不影响强度的表面缺陷允许焊补修整。

锚爪的转动角误差限度为-0. 5°~+2°;锚的外形尺寸的误差限度为±3%;锚干的弯曲度在1 m长度上应不超过3 mm;每个新艏锚在配备时的重量偏差允许范围为-3%~+7%(锚的实际重量与名义重量的偏差应在-3%~+7%),但艏锚的总重量不得小于表列锚重量的总和。普通无杆锚的锚头重量,包括销子与转轴在内,应不小于该锚总重量的60%。如采用有杆的艏锚,其重量(不包括横杆)应不小于相关表列无杆锚重量的80%,锚杆重量应不小于锚重量(不计锚杆,但计入连接卸扣)的25%。当采用大抓力锚(HHP)和超大抓力锚(SHHP)作为艏锚时,每只锚的重量可为表列的普通无杆艏锚重量的75%和50%。超大抓力锚应经海上试验,证明其抓力不低于相同重量普通无杆锚抓力的4倍。超大抓力锚的重量一般不超过1 500 kg。

②拉力试验

规范规定名义重量大于或等于75 kg的锚(包括锚杆在内)、56 kg的大抓力锚或38 kg的超大抓力锚均应进行拉力试验。在进行锚拉力试验前应确认锚无有害的缺陷。

拉力试验的拉力作用点一端在锚卸扣处,另一端在锚冠中心与锚爪尖之间距锚爪尖的1/3处,如图2-3-16所示。无杆锚应同时拉两个爪,先在一面拉试后,再将锚爪转至另一面拉试。有杆锚的两个锚爪,应分别进行拉力试验。锚的拉力试验负荷在规范中有详细的规定,表2-3-2所列为部分锚的拉力试验载荷。

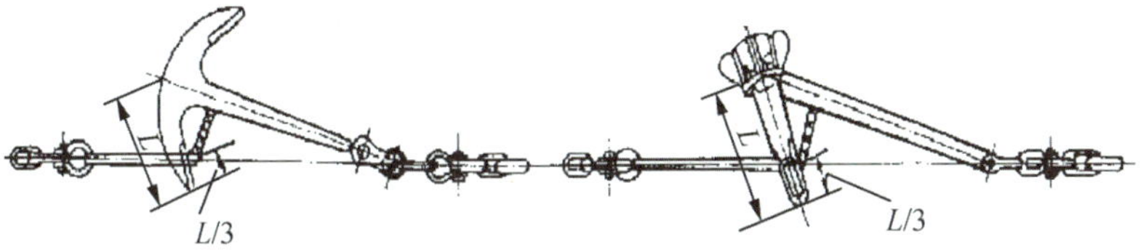

图2-3-16 锚的拉力试验作用点

表2-3-2 部分锚的拉力试验载荷

锚的重量(kg)	拉力试验载荷(kN)	锚的重量(kg)	拉力试验载荷(kN)
1 000	199. 0	6 000	735. 0
3 000	474. 0	12 000	1 110. 0
5 000	661. 0	18 000	1 410. 0

拉力试验前,先在锚卸扣处的锚干上及锚爪每一尖端处各做一标志以便于测量间距,然后施加拉力。应先受试验负荷10%的拉力,保持5 min后,测量两标记间的距离。然后逐渐加大拉力至试验负荷并保持5 min;再将拉力降至试验负荷的10%,测量两标志间的距离。

经拉力试验后，应对锚进行外观检查、无损检测、残余变形测量和锚的转动灵活性检查。无杆锚的残余变形（即两标记间的距离差）应不超过标距长度的 1%，且锚爪仍应转动灵活并能转至最大角度。如锚爪不灵活或不能转至最大角度，则应消除缺陷，并重做拉力试验；如仍不合格，则该锚不能验收。对于有杆锚，在拉力试验后应无永久变形。

③证书与标记

经检验合格后的锚应具有包含下列内容的检验证书：订货号（如有）；能追溯锚整个制造过程的编号；锚的形式、主尺度和重量；锚的化学成分；热处理情况；锚材料的力学试验结果（或原材料证书）；锚拉力试验负荷等。

经试验合格的锚，应将锚爪和锚干打上船级社认可的标记，主要有制造厂的标记、产品证书号码、锚的总重量、锚干的重量以及经认可的大抓力锚或超大抓力锚钢印标记 HHP 或 SHHP。

（2）锚链的试验

锚链根据其公称抗拉强度分成 AM1、AM2、AM3 三级。

根据规范的要求，焊接锚链和铸钢锚链的检查和试验在外观检查和材料的试验上有所不同。下列规定适用于有挡锚链及其附件的试验，无挡短环链的试验参见有关标准。

①焊接锚链

有挡锚链应尽量采用闪光对接焊制造，链环允许用落锻或浇铸的方法制造。横档的焊接应只在与闪光焊缝相对一侧的链环上进行，横档的两端与链环内侧之间应无肉眼可见的缝隙；焊接由合格的焊工用合适的材料进行；所有的焊接作业应在锚链最终热处理前进行；焊后应无影响锚链使用性能的缺陷。

对焊接锚链的检查和试验包括外观检查、材料试验、破断试验、拉力试验。

一般用于焊接锚链和附件的轧制圆钢的制造应符合有关规定。轧制圆钢的脱氧方法和化学成分应符合表 2-3-3 的相关规定。

表 2-3-3　轧制圆钢的脱氧方法和化学成分

锚链钢等级	脱氧方法	化学成分					
		C	Si	Mn	P	S	Al②
AM1	镇静	≤0. 20	0. 15~0. 35	≥0. 40	≤0. 040	≤0. 040	—
AM2①	镇静细晶处理	≤0. 24	0. 15~0. 55	≤1. 60	≤0. 035	≤0. 035	≥0. 020
AM3	镇静细晶处理	应符合 CCS 接受的标准③					

注：①经 CCS 同意，可添加合金元素。

②系指铝的总含量，Al 可部分由其他细晶元素代替。

③对 AM3 级锚链钢，钢厂应提供相关的技术条件。技术条件应包括所有的细节，如化学成分、脱氧措施、制造工艺、热处理要求和力学性能等。

a. 外观检查：制造焊接锚链的圆钢必须进行外观检验，其外表不应有裂纹、节疤、沟槽、分层和降低产品性能的其他缺陷。其焊接工艺和质量应符合规范的要求。制成链环后，应检查链环的焊缝质量、两截面错位和纵向平面挠度均应符合规范的要求。然后再进行拉断试验、拉力试验和机械试验。所有锚链及其附件应具有与其制造方法相适应的光洁表面，且应无裂纹、缺口和夹杂等降低产品性能的缺陷。如需对缺陷进行焊补，则有关焊补工艺规程应得到相关船级社认可。链冠处不允许焊补。

b. 材料试验:对制造焊接锚链的圆钢必须符合规范的要求,采用的脱氧方法和抽样化学成分应符合规定。圆钢应以同一炉号、同一直径、质量不超过 50 t 为一批,按批提交试验。每批任意截取一段长度适当的试件,按成品锚链的要求进行相应的热处理。

经上述两项试验合格,制成尺寸符合有关要求的锚链,再对成品锚链进行破断试验和拉力试验,参见本节成品锚链的试验部分。

②铸钢锚链

对铸钢锚链的检查和试验包括外观检查、材料性能试验、破断试验、拉力试验。

a. 外观检查:对铸造的链环应检查外形及尺寸,其偏差应在规定范围内。

b. 材料性能试验:在浇铸链环的同时浇铸机械性能试样,对其进行化学成分分析和材料机械性能试验,其结果应符合规范的要求。

③锻造锚链

锻造锚链在商船上已基本不用,故不做介绍。

④成品锚链的试验

锚链或附件应根据其等级和交货状态,在进行拉力试验、破断试验和成品锚链材料力学性能试验之前进行必要的热处理。

所有成品锚链的试验应按照规范的有关要求和标准进行拉力和破断试验,参见表 2-3-4。为此,不可在锚链上涂油漆或防腐涂料。

表 2-3-4　成品锚链的拉力和破断试验载荷

试验载荷	AM1	AM2	AM3
拉力试验(kN)	$0.006\,86d^2(44-0.08d)$	$0.009\,81d^2(44-0.08d)$	$0.013\,73d^2(44-0.08d)$
破断试验(kN)	$0.009\,81d^2(44-0.08d)$	$0.013\,73d^2(44-0.08d)$	$0.019\,61d^2(44-0.08d)$

a. 拉力试验:对整节锚链进行拉力试验。每节锚链均应在认可的试验机上按相应等级的锚链所规定的拉力载荷进行试验。试验时每个链环相对位置应正确,整节锚链不得有搓扭。卸除负荷后,应对每节锚链包括其尺寸进行检查,不应有明显的缺陷。应仔细检查链环和零件的外观、尺寸和相对转动的灵活性。每节锚链在拉力试验的负荷卸除后,应对每节锚链包括其尺寸进行检验,不应有明显的缺陷,且永久伸长应不超过原始长度的 5%。

b. 破断试验:应按规定的试样数量由验船师从每批不超过 4 节的锚链中选取一节锚链,割取不少于 3 个链环的试样,并按规范有关规定的拉断载荷进行试验。试验链环应与锚链在同一制造过程中制成,并与锚链一起进行焊接和热处理。试验链环应在验船师在场的情况下从锚链上取下。如果施加所规定的载荷之后,试样未出现破断现象,则认为试样已通过该项试验。

c. 复试:如果破断试验不符合要求,则可以在同一节锚链上再取一个试样进行试验,如能符合要求,则认为试验合格。如果复试仍不合格,则该节锚链应判为不合格。但可根据制造厂的要求,将其余 3 节锚链分别做破断试验,如果其中 1 个试验结果不符合要求,则 3 节锚链全部不合格。

对锚链附件一般也应按相关规定进行拉力试验和破断试验(船级社同意免试验者除外),凡做过破断试验的附件一般不可再使用。

锚链试验合格后,应在每节锚链的两端均打上锚链等级、证书编号、试验日期以及船级社标志等钢印标记。

(3)锚机的试验

首先要检查锚机的安装位置是否正确,并按锚机的要求进行各项试验;然后在码头边进行抛起锚试验;最后在海上进行抛起锚试验。规范要求深水抛起锚试验的水深大于82.5 m,起单锚的平均速度在82.5 m深度和27.5 m深度之间应不小于9 m/min。在锚链快速放出时试验刹车2~3次,锚链在链轮上应无滑出、跳链和不能止住等现象。将锚抛妥后上好制链器,船开慢倒车片刻以检查制链器的效能。检查锚爪与船壳的贴合情况。锚机的安装一般应保证锚链引出的三点(锚链筒、制链器和持链轮)成一线。

3. 锚设备的检查和保养

(1)日常的检查保养

①平时应轮流使用左右锚,使锚和锚链平均磨损。每次起锚时应冲洗锚和锚链。

②对锚的检查保养:

a. 对锚卸扣及其横栓的磨损以及变形松动进行检查保养。

b. 对锚头横销是否松动进行检查保养。

c. 对锚爪是否弯曲变形进行检查保养,每次起锚后应检查锚爪是否钩挂杂物。

③对锚链的检查保养:

a. 白天起锚时应检查锚链及其标志,标志应保持清晰。

b. 检查连接卸扣有无裂纹、变形及磨损程度。

c. 检查转环是否转动灵活。

④对锚机的检查保养:每次使用前应先空转片刻,并先试车。检查刹车、离合器的可靠性,检查其运转情况并对其润滑。应定期检查更换减速箱内的机油,保证清洁。

⑤制链器、持链轮等部分加油润滑。

⑥起锚时不要硬绞,必要时用车舵配合。

⑦深水抛锚时应用锚机松出锚链,以免撞坏锚或崩断锚链。

⑧抛完锚和收妥锚后应上妥制链器。

(2)定期检查保养

定期检查保养是发现锚设备有无损坏的关键,应至少半年进行一次,并做好记录。检查的主要内容包括裂纹、结构松动、变形、磨损等。

①锚的检查:锚最容易受损的部位是锚爪、锚冠、横销和锚卸扣等。锚爪可能发生弯曲和裂纹,助抓突角易磨损,横销易松动,锚卸扣易受磨损和产生裂纹。按要求,锚销允许磨损在原直径的10%以内,锚的失重应在原重的20%以内。当发生严重损坏或不符合要求时,应换备锚,并将损坏的锚送厂修理。

②锚链的检查:链环和卸扣长期使用后会产生磨损、裂纹、变形和结构松动等现象,因此必须进行磨损检查、变形检查、结构松动检查、裂纹检查。

a. 磨损检查:检查环与环的接触处和锚链与锚链筒的摩擦处,可用卡尺量其同一截面的最大、最小直径,取其平均值。锚链磨损的极限为:远洋航区(Ⅰ类航区)船舶的锚链,磨损后的平均直径不得小于原直径的88%;近海航区(Ⅱ类航区)和沿海航区(Ⅲ类航区)船舶的锚链,磨损后的平均直径不得小于原直径的85%。

b. 变形检查:目视或测量检查链环是否弯扭变形,检查链环和卸扣的长度,对不符合规范要求的要换新。有挡链环的长度超过原长度的 7%,则不能再使用;无挡链环或卸扣的长度超过原长度的 8%,则不能再使用。

c. 结构松动检查:连接链环(拆开检查后应先在内吻合处涂上黄油再装复)和卸扣的销子会因铅封脱落而松动,应逐个仔细检查。

d. 裂纹检查:用手锤敲击每个链环以及卸扣,听其声音是否清脆。

锚和锚链应定期除锈油漆。在每次修理检查后,应涂煤焦沥青漆两度,然后做锚链标记。

③锚机的检查保养:应经常检查刹车是否良好,离合器是否轻便灵活,经常加油以保证其在良好的润滑环境条件下运转。应特别注意零件各摩擦面的润滑。减速箱内的机油应定期检查更换,以保证其清洁。链轮的轮齿容易磨损,其限度规定为不超过原厚度的 10%。若发现有滑链、跳链现象,应及时焊补。应检查固定锚机的紧固螺栓与底座是否有松动、锈蚀,如有缺陷,应及时修复。锚机底座的蚀耗一般应小于原厚度的 25%。除底座外,一般应三个月检查一次。

④附属装置的检查:制链器平时要注意保持活络,经常除锈油漆。锚链筒上下口的口唇易磨损,应经常检查其磨损情况,修船时进行堆焊并磨光。在定期检查锚链舱时,应将锚链全部倒出,进行清洁工作;检查锚链舱排水设备是否正常;对已损坏的木衬垫应进行调换;对锚链舱进行除锈油漆;检查弃链器是否正常。

⑤厂修时,将全部的连接链环(连接卸扣)拆开,更换销钉和铅封,将第一节锚链与倒数一节锚链对调;下一次修船时再将现有的第一节锚链与倒数第二节锚链对调,以免集中磨损部分锚链,并做好记录。

六、锚抓力及其影响因素

锚泊船的锚抓力指的是正常锚泊情况下锚的系留力。单锚泊方式的锚抓力在数值上等于锚的抓力和链的抓力之和,其中链的抓力为卧底锚链与海底之间的摩擦力。双锚泊方式的锚抓力则为双锚、双链抓力的几何和。单锚泊时锚抓力可用下式表达:

$$P = P_a + P_c = \lambda_a W_a + \lambda_c W_c l \tag{2-3-6}$$

式中:P ——总抓力(9.8 kN);

P_a——锚的抓力(9.8 kN);

P_c——链的抓力(9.8 kN);

λ_a——锚的抓力系数;

λ_c——链的抓力系数;

W_a——锚在空气中的重量(t);

W_c——每米链长在空气中的重量(t/m);

l——平卧海底链长(m)。

影响锚抓力大小的因素有很多,除了锚的重量和外形外,还有底质、水深、链长、海底地形及抛锚方法等。

1. 锚重和每米链重

锚重和每米链重与锚抓力成正比。锚和链在海水中的重量仅为其空气中重量的 87%。

2. 水深和出链长度

根据试验，当底质为泥沙时，锚的抓力与链长、水深的关系如表2-3-5所示。

表2-3-5　锚的抓力与链长、水深的关系

出链长度／水深	1.5	2.0	2.5	3.0	3.5
抓力／锚在空气中的重量	0.66	1.01	1.39	1.74	2.09

由上表可知，出链长度大而水深小，则卧底链长大，抓力就大；反之，则卧底链长小，抓力就小。

3. 锚型、底质、抓底姿态

由式(2-3-6)可知，锚、链的抓力系数λ_a、λ_c越大，锚抓力越大。锚、链的抓力系数大小除与锚和锚链的形状及结构有关外，还与海底底质条件、锚的抓底姿态密切相关。

(1)锚型与抓力系数

锚的种类很多，形状各异，对抓力影响很大。根据中国船舶工业集团公司第708研究所在中华船厂用铁板细砂进行的拖曳试验，其结果如表2-3-6所示。

表2-3-6　锚的种类及抓力系数

锚的种类	霍尔锚	斯贝克锚	波尔锚	AC-14型锚
通常锚泊时抓力系数	4	4~6	7~11	7~11

锚链的抓力系数：沙底，λ_c取0.75；泥底，λ_c取0.6。

(2)底质与抓力系数

海底的底质多为沙与黏土混合底质。沙质土(沙中含黏土量在20%及以下)中锚抓力大，普通锚在沙底中λ_a为3~5；大抓力锚的λ_a为8左右。在黏性土(沙中含黏土量在40%以上)中，黏着力越大，抓力越大。而在泥底(沙中含黏土量在20%~40%)中，λ_a随泥底软硬程度的不同而变化较大。普通锚在泥底中λ_a为2~6，在软泥中λ_a多为2，在软硬适中的泥底中λ_a多为6，在硬泥中λ_a也较小；大抓力锚则无论泥底软硬，λ_a均较大。

综上所述，λ_a、λ_c因底质及其软硬程度的不同而差异较大。为使用方便，当情况不明时，估算可取λ_a为4，λ_c为0.7。

(3)锚抓底姿态与抓力系数

锚抛下后，抓底姿态正常且有部分锚链平卧海底时，抓力达到最大，此时锚杆仰角为零。若出链长度不足，即相对于水深不够充分，随着船舶的运动或外力的增加，不得不使其锚杆仰起一个角度，锚链几乎没有卧底链长。试验表明，抓底的锚，其锚杆仰角越大，则抓力系数越小，如图2-3-17所示。由图可知，不管是何种类型的锚，当锚杆仰角为5°时，抓力系数约减小1/4；当锚杆仰角达15°时，抓力系数约减小1/2。此外，普通锚走锚中的抓力系数λ_a在沙底中为1.5左右。

4. 卧底链长和悬垂链长

由式(2-3-6)可知，卧底链长越大，锚抓力越大。对某一船舶而言，锚泊水域确定后，唯一可变的因素就是出链长度，如欲增大锚抓力，可增大出链长度。悬垂链长虽不直接产生抓力，但由于它的重量下坠使锚杆的仰角为零，使拉力沿水平方向，从而保证锚能发挥稳定的最大抓力。同时，它像弹簧一般，对阵发性作用于船体的外力起一定的缓冲作用。

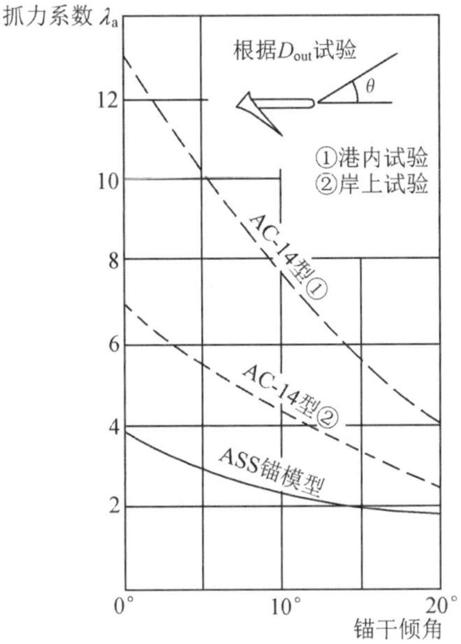

图 2-3-17 锚干倾角对抓力系数的影响

七、锚泊时的出链长度

1. 助操用锚时的出链长度

用锚协助操船的情况很常见,如为减小冲程而出短链拖锚制动,或为在窄小水域内顺风或顺流拖锚而掉头等都属此类情况。由表 2-3-7 可知,当出链长度为水深的 2 倍时,锚的抓力相当于 1 倍的锚重,随着出链长度的增大,抓力将逐渐增大。此外,有关试验结果还表明,当出链长度超过 3 倍水深时,锚抓底的概率就很大。显然,抓力增大,但锚不能被船拖动,此时若船速过高,极有可能导致断链丢锚等事故。为此,一般出链长度常控制在水深的 2. 5 倍以内。当然,由于各船所处具体条件如排水量、余速、底质及顺风流速度等的不同,拖锚所用出链长度也不能千篇一律。为安全起见,载重量 1 万吨的船舶采用拖锚制速时,余速应控在 2 kn 以下。拖锚掉头则仅适用于万吨以下的船舶,超大型船舶由于锚机刹车制动力不足以抵御拖锚制动力的作用,故应避免采用上述操纵方法。

2. 单锚泊出链长度

(1)根据外力大小估算

单锚泊时,保证安全锚泊的必要条件是,必须使锚泊力(锚和链的总抓力)大于或至少等于作用于锚泊船的水平外力 T_0,同时还应具有适当长度的悬垂链长,如图 2-3-18 所示。即

$$\lambda_a W_a + \lambda_c W_c l \geqslant T_0$$

$$l \geqslant \frac{T_0 - \lambda_a W_a}{\lambda_c W_c} \tag{2-3-7}$$

而悬垂链长根据理论推导,可得其计算公式如下:

$$s = \sqrt{Y\left(Y + \frac{2T_0}{W'_c}\right)} \tag{2-3-8}$$

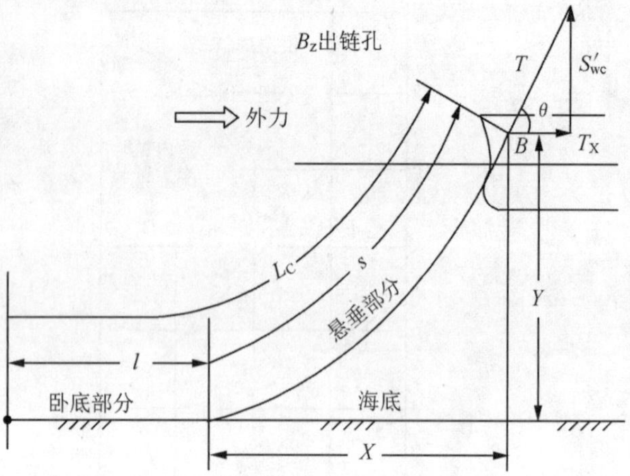

图 2-3-18　单锚的出链长度的构成

式中：Y——锚链孔至海底的垂直距离，即水深与锚链孔距水面高度之和（m）；

T_0——作用于船体的水平外力（t）；

W'_c——每米锚链在水中的重量（t），$W_c'=0.87W_c$；

s——悬垂链长（m）。

则出链长度 L_c 应为

$$L_c=l+s\geqslant\frac{T_0-\lambda_a W_a}{\lambda_c W_c}+\sqrt{Y\left(Y+\frac{2T_0}{W_c'}\right)} \tag{2-3-9}$$

式中：作用于锚泊船的外力 T_0 主要是指风和流等作用于船体上的大致稳定不变的外力，至于由风流等造成锚泊船偏荡所产生的惯性力等则需要另做处理。在实际锚泊中，若风力增大，并伴有浪涌冲击，船舶偏荡冲击力等作用于锚链，则为了锚泊安全，在估算实际出链长度时，也应对其外力予以必要的考虑。

（2）经验估算

出链长度可根据外力进行计算，也可按照经验简单估算予以确定，最常用的是下述经验公式。

当风速为 20 m/s 时，出链长度为

$$L_c=3H+90(\mathrm{m}) \tag{2-3-10}$$

当风速为 30 m/s 时，出链长度为

$$L_c=4H+145(\mathrm{m}) \tag{2-3-11}$$

式中：H——水深（m）。

利用上述经验公式确定出链长度时，如遇有风力增大、浪击、偏荡，则应增大出链长度；反之，则可酌情减小，但不得小于正常天气情况下的出链长度，如表 2-3-7 所列。

表 2-3-7　正常天气情况下的出链长度

水深 H	出链长度/水深（L_c/H）
20 m 以下	4~6
20~30 m	3~4
30 m 以上	2~2.5

八、拖锚淌航距离的估算

拖锚操纵方法在港内操纵中有着广泛的应用。锚被抛出后，船将拖锚滑行一段距离才能停住，为能将锚准确地按计划抛至预定锚位，驾驶人员应掌握本船的拖锚淌航距离，以便确定抛锚的时机。

拖锚淌航距离是指船舶在大致保向的前提下，从抛锚点开始凭借拖锚阻力刹减余速使船舶制动，直至停船点的距离。它与船舶排水量、余速、拖锚时的锚抓力以及流速、船体阻力等因素有关。

静水中，若不考虑船体阻力，同时忽略附加水质量的影响和拖锚抓力随余速的降低而减小的变化，则余速在 3 kn 以下时可用下式估算拖锚淌航距离：

$$s_t = 0.0135\frac{W{v_s}^2}{P_a} \tag{2-3-12}$$

式中：s_t——拖锚淌航距离（m）；

W——船舶排水量（t）；

v_s——拖锚开始时的船舶余速（kn）；

P_a——拖锚时的锚抓力，即拖锚阻力，可根据出链长度与水深之比由表 2-3-5 查得。

根据经验：万吨级的重载船出链一节入水，在水深 10 m 左右的水域中以 2 kn 余速拖单锚或以 3 kn 余速拖双锚，其淌航距离约为 1 倍船长；以 1.5 kn 余速拖单锚或以 2 kn 余速拖双锚，则淌航距离大致为船长的一半。

因此，在通常情况下进入泊位，余速控制在 1.5～2 kn，采用拖单锚制动是合适的；若余速过高，则拖双锚较稳妥。

九、锚设备操作

（一）锚地的选择

锚地选择的正确与否，直接关系到锚泊的安全，操船者对此必须高度重视，应根据海图、航路指南等航行资料，以及水文气象预报做出合理的选择，并注意以下基本要求。

1. 适当的水深

在无涌浪入侵、遮蔽良好的锚地，应保证低潮时的水深大于 1.2 倍吃水，即具备相当于吃水 20%的富余水深，即使有拖船协助操纵也应大于 1.1 倍吃水；在有风浪或涌浪入侵的开敞锚地，为了预防船舶在摇摆、垂荡时可能出现的墩底现象，应保证低潮时锚地水深大于 1.5d 与 $2/3H_{max}$（最大波高）之和。对于普通万吨级货船，合适的锚地水深为 15～20 m。

深水区域选择锚地还需考虑船舶所配锚机的额定负荷能力及性能，为安全起见，最大水深一般不得超过一舷锚链总长的 1/4，否则将会影响锚的抓力，老旧船甚至可能出现起锚困难。

2. 良好的底质和海底地形

锚抓底之后能否发挥出较大的抓力与底质的关系极为密切：软硬适度的沙底、泥底、黏土质海底抓力均好；泥沙混合底次之；软泥底、硬泥底较差；石底则不宜抛锚。

海底地势以平坦为好,应避免在海底陡坡处抛锚,以免影响抓力,出现走锚。

3. 具备符合水深要求的足够旋回余地

旋回余地应根据锚地底质、锚泊时间长短、附近有无障碍物、气象、海况等条件综合考虑之后加以确定。通常可按以下几种情况考虑:

(1)对浅滩、陆岸等固定障碍物的距离可定为:一舷全部链长+2 倍船长。

(2)对其他锚泊船或浮标的距离可定为:一舷全部链长+1 倍船长。

(3)大风浪中单锚泊时,旋回半径应为:船长+实际出链长度+$2r$ ($r=0.02D$)。

r 为锚位、船位误差,如图 2-3-19 所示,D 为雷达定位时船位至物标的距离。

(4)大风浪中锚泊船之间的距离 D_{ss} 如按各船舶的船首向同向计,如图 2-3-20 所示应为:

$$D_{ss}=\text{船长}+2\times(\text{实际出链长度}+2r)$$

此外,根据实际经验,大风浪中锚泊,至少应距下风侧 10 m 等深线 2 n mile,条件许可时,最好有 3~5 n mile 的富余距离。

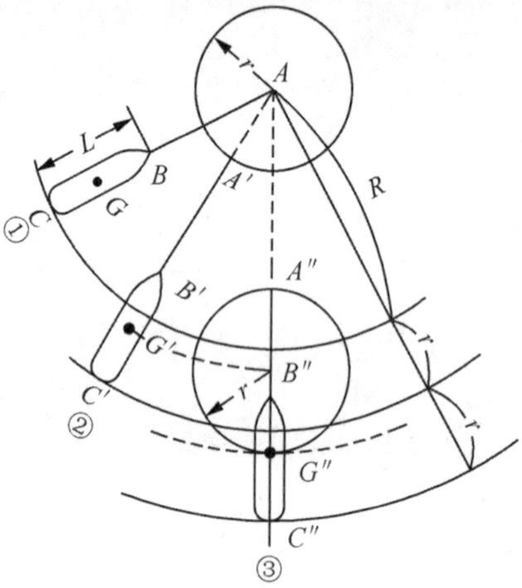

图 2-3-19 大风浪中单锚的所需水域

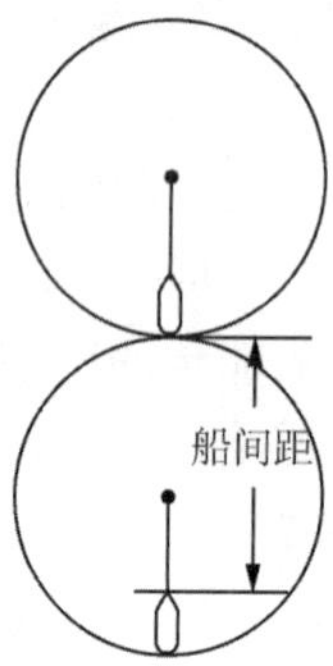

图 2-3-20 大风浪中锚泊船间距

(5)在港区锚地内,由于锚泊船密度较高,水域有限,难以满足上述条件,其锚泊所需水域可按如下方式估算:

单锚泊时取旋回半径为:船长+实际允许出链长度或船长+60~90 m;

双锚泊时取旋回半径为:船长+0.6×实际出链长度或船长+45 m。

4. 良好的避风浪条件

所选锚地水域周围的地形应能成为船舶躲避风浪的屏障,以保证锚泊水域海面的相对平静,尤以可防浪涌袭击的为最好。应避免在其出口常为迎风的水域锚泊,在根据当地气象预报、海浪预报和所处海区盛行的季风选择锚地时,应以免受强风袭扰、靠上风水域一侧为原则。

5. 其他方面

应避开航道或船舶较密集的地区,锚地附近最好无暗礁、沉船、海底电缆等障碍物,水流平缓,流向稳定。此外,还应具有良好的定位条件。

(二)抛锚作业

1. 备锚

(1)通知机舱供电。备好锚球或锚灯,并观察舷外锚的下方是否有小船接近。

(2)试验锚机:将刹车带刹牢,脱开离合器,加油润滑锚机并空车运转,逐级变速查看正反转是否正常。

(3)将锚送出:移开防浪盖,合上离合器,松开刹车带,打开制链器,开动锚机将锚送出锚链筒,直到接近水面;再刹紧刹车带,脱开离合器,使锚处于随时可以用刹车直接抛下的自由抛落状态。

(4)上述准备工作做好后,立即报告驾驶室:"锚备妥"。

锚抓底过程动画

2. 抛锚

(1)在得到驾驶室抛锚命令后,大副立即指示木匠松开刹车带,让锚凭自重落下。水深不太大时,第一次松出锚链一般为一节入水,至多二节甲板,锚着底后应将锚链刹住,同时显示锚泊信号(锚球或锚灯),并关闭航行灯,在每节锚链通过甲板时应敲钟报告锚链节数。

(2)抛锚时应保持有缓慢的船速(一般为退速),锚链才能送出去;速度太快就会因刹不住锚链而发生断链与丢锚的事故,对于一般万吨级商船应控制在 2 kn 以内,对于 VLCC 则应控制在 0.5 kn(0.26 m/s)以内;余速太慢则锚链堆积,此时应报告驾驶室以便用车舵给予配合。当松链长度约为 2 倍水深时,应将锚链刹住,利用船舶惯性使锚爪啮入土中。为防止将锚拉走而破坏抓土,必须在锚链尚未完全被拉直时再送出一段锚链,如此反复进行,每次半节左右,一直松至所需链长。

(3)深水抛锚操作:水深超过 25 m 时,为防止锚对海底的冲击力过大以及锚链松出太快,抛锚时须用锚机将锚送至距海底 10 m 左右处,再自由抛下。如水深大于 40 m,应用锚机将锚送至海底,然后用刹车慢慢松出锚链。

(4)判断锚抓底状态:按计划松出锚链后,将锚链刹住,观察锚链的状态。如果锚链向前拉紧,并平稳而有节奏地在水面上下抬动,然后略有松弛,说明锚已抓牢。如果锚链拉直后,不在水面上抬动而是不断抖动,且无松弛现象,说明锚正在水底拖动,应立即报告船长,采取措施。

(5)抛锚过程中,大副应随时用高频或手势(夜间用手电筒)向船长报告锚链方向及受力情况。木匠用钟声报告锚链松出的节数。锚抛妥后应上好制链器,切断电源,罩好锚机操纵台的帆布罩。

(三)起锚作业

1. 准备工作

(1)通知机舱送电,供锚链水,活络锚机。

(2)确认一切正常后再合上离合器,打开制链器和刹车带,让锚机受力。

(3)准备工作完毕,向驾驶室报告。

2. 绞锚操作

(1)接到驾驶室起锚口令后,大副根据锚链受力情况指示木匠以适当速度绞锚。

(2)开启锚链水冲洗锚链上的污泥。

(3)绞锚过程中,大副应随时将锚链的方向报告给船长,以便驾驶室利用车、舵配合绞锚。

木匠用钟声报告锚链在水中的节数。

(4)绞锚时若风大流急,锚链绷得很紧,此时不能硬绞,而要报告驾驶室,进车配合,等船身向前移动,锚链松弛后再绞,以防损伤锚链和锚机。若锚链横越船首,应利用车、舵将船逐渐领直后再绞。

(5)锚离底判断:锚爪离底瞬间锚机负荷最大,锚离底后锚机负荷突然下降,锚机转速由小变大,声音变得轻快;锚离底瞬间锚链将向船边荡来,锚链随即处于垂直状态。

(6)锚离底:锚一离底,应敲乱钟报告,同时降下锚球或关闭锚灯。锚出水后,要观察锚爪上是否挂有杂物,若有,应及时清理,然后根据需要将锚悬于舷外待用或收妥。

(7)当锚不再使用需收进锚链筒时,应将其慢慢绞进直到锚爪与船舷紧贴为止。合上制链器,用锚机倒出一点锚链,使制链器吃力,然后上紧刹车,脱开离合器。关闭锚链水,盖上锚链筒防浪盖,罩好锚机,用链式制链器加固锚链,封好锚链管口,通知机舱关闭锚机电源。

(四)抛起锚口令

抛起锚口令(见表2-3-8)由驾驶室发出,大副在听到口令后,应复述一遍,表示已听到船长的命令,并应立即执行。大副执行完毕后再向驾驶室报告。

表2-3-8　抛起锚口令

抛起锚口令 anchor order	报告或回答 report or reply
准备左右锚 stand by port(starboard, both) anchor(s)	左右锚备好 port(starboard, both) anchor(s) is(are) ready
抛左右锚 let go port(starboard, both) anchor(s)	抛左右锚 let go port(starboard, both) anchor(s)
×节落水 × shackles in water	×节落水 × shackles in water
×节甲板 × shackles on deck	×节甲板 × shackles on deck
×节锚链筒 × shackles hawse pipe	×节锚链筒 × shackles hawse pipe
松链 slack away or pay out	松链 slack away or pay out
刹住 hold on	刹住 hold on
	＊链吃力 chain tight
	＊锚已抓牢 brought up
	＊锚未抓牢 dragging
固定好 make fast	已固定好 already make fast
准备起锚 stand by(to) heavy/in anchor	锚备好 all ready(to) heavy away/in
绞锚 heavy in/away	绞锚 heavy in/away
停止绞 hold on, avast heaving	停止绞 hold on, avast heaving

（续表）

抛起锚口令 anchor order	报告或回答 report or reply
锚链方向 how is chain leading?	链垂直 up and down
	锚链向前 leading ahead
	锚链向后 leading after
	锚链正横 leading abeam
	锚链过船头 across bow
	* 锚离底 anchor aweigh
	* 锚绞缠 foul anchor/anchor fouling
	* 锚清爽 clear anchor/anchor clear
收好锚 stow the anchor	

注：(*)为大副向驾驶室报告锚与锚链情况用语。

(五)锚泊方式的选择

不同的锚泊方式适用于不同的水域和条件，有其自身的优点和缺点。锚泊方式一般可分为以下几种，如图 2-3-21 所示。

1. 单锚泊

船舶抛一只锚进行锚泊的方式称为单锚泊，是应用最广泛的锚泊方式。这种方式作业容易，抛起锚方便，适用水域较广；不足之处是风浪增大时偏荡严重，旋回所需水域较大，锚抓力较弱。因此，在大风浪中为了抑制单锚泊偏荡，常将另一锚抛出呈短链状，起止荡锚作用。

为操作方便，通常单桨船可抛与螺旋桨旋转方向相反一舷的锚；如风流来自某一舷，则抛上风舷或迎流一舷的锚；如为掉头而抛锚，则应抛掉头一舷的锚。

2. 八字锚泊

船舶先后抛出左右两锚，使双链保持一定夹角（一般为 60°左右）呈倒“八”字形的锚泊方式称为八字锚泊。这种锚泊方式与单锚泊相比具有增大锚泊力和抑制偏荡两方面的作用，且作用的大小随两链交角的不同而不同，若夹角为 60°，则上述两方面的作用均有明显增强。在锚地底质差或风大流急情况下，单锚泊抓力不足时均可采用此种锚泊方式。其不足之处是作业较为复杂，在风流方向多次改变后锚链常出现绞缠。

3. 一字锚泊

在狭水域内，船舶沿水域纵向（一般沿流向）先后抛出两锚，使双链交角保持在近于 180°的锚泊方式称为一字锚泊。在风流影响下，受外力作用较大的锚和锚链称为力锚和力链；反之，则称为惰锚和惰链。

一字锚泊方式旋回水域最小，适用于狭水域或内陆江河，但作业也较为复杂、费时，在风流方向变化后缠链也较频繁。

4. 平行锚泊

船舶同时抛下左右两锚，使双链保持平行，夹角为零的锚泊方式称为平行锚泊，又称一点锚。该锚泊方式可抵御强烈的风浪和湍急的水流，是可以最大限度发挥双锚锚泊力的一种锚泊方式。其不足之处是两锚距离较近，偏荡虽较单锚泊小，但总体上仍较大。平行锚因其抓力最大、操作简单、左右受力均衡，最适合抗台使用。

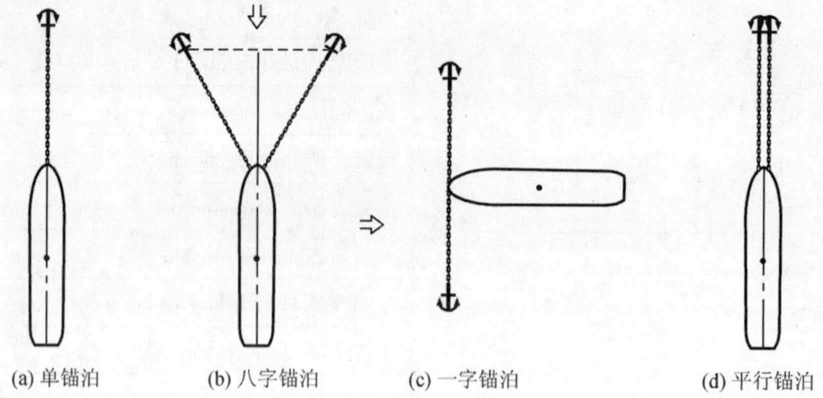

图 2-3-21　锚泊方式

5. 其他锚泊方式

除上述几种锚泊方式外，结合船舶设备及地域特点，尚有一些演化的锚泊方式，如图 2-3-22 所示。

(1) 艏艉一字锚泊

有艉锚的中小型船舶宜采用此法锚泊，相当于船舶系在前后浮筒上，较左右一字锚具有更高的系泊稳定性，是唯一的一种可保持船舶近乎不动的锚泊方式。

(2) X 形锚泊法(Hammerlock moor)

这种锚泊法是在八字锚泊的基础上，将八字锚泊的 V 形锚链布置改进和演化成两链交叉相搭的 X 形锚链布置，是在大风浪中抑制船舶偏荡较为有效的一种锚泊方式。

(3) 倒八字锚泊(又称金牛拖锚)

这种锚泊法的最大优点是能抑制偏荡，但需进车以抵御风浪的影响。

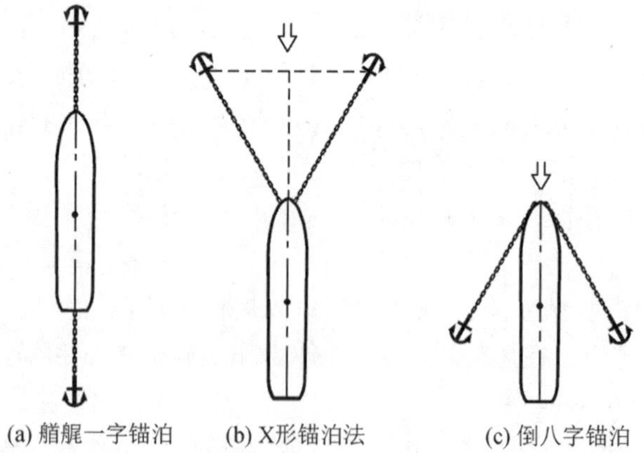

图 2-3-22　其他锚泊方式

(六)单锚泊操纵

1. 单锚泊操纵方法

单锚泊是锚泊方式中最常用的方式,其抛法有退抛法和进抛法两种。

(1)退抛法

船舶到达预定的抛锚点,在船舶略有退势时抛下艏锚,利用船舶极慢的退势,分多次少量出链至预定长度,这种抛锚方法称为退抛法。该方法抛出的锚链向前方伸展,不至于擦损船首抛锚一舷外板的漆膜或外板,而且锚正常抓底的概率较高。所以,商船抛单锚多采用退抛法。

(2)进抛法

当船舶具有微小进速时抛出艏锚,这种抛锚方法称为进抛法。军舰使用进抛法较商船多,但商船在靠泊操作、顺流抛锚掉头、海底倾斜的深水区抛锚、一字锚操作以及不得已横风进入锚地时,也采用进抛法。该法由于是在船舶尚有较低余速时抛锚的,故容易控向,并能较准确地将锚抛至指定位置。但也正因为此,锚链指向后方,易擦损船首漆膜或外板。

采用进抛法抛锚时,应严格控制船舶余速,余速稍高即可能出现锚链在锚机上跳动的现象,甚至出现损坏锚机刹车、拉断锚链的危险。通常在锚抛下时即可下令倒车,倒车及而后的停车应能保证抛出的锚链至预定长度时,船舶恰好停下。

2. 单锚泊操纵要领

一般商船多采用退抛法抛单锚,其操纵要领如下。

(1)船身与风向、流向的交角宜小

为使锚得以稳定入土,锚泊时船身应顶风、顶流或逆风流合力方向。在空载、风强流缓时,船首应取迎风方向;在重载、流急时,应以船首迎流抛锚。尤其当重载急流时,船首尾线与流向的夹角越小越好,一般不大于15°,否则易断链。

(2)落锚时的余速宜小

不论是采用退抛法还是采用进抛法抛锚,都应严格控制落锚时的船舶余速,余速太快容易造成断链丢锚事故。理想中的余速为0.5 kn左右。万吨级商船落锚时的对地余速应控制在2 kn以下,满载时应控制在1.5 kn以下。超大型船舶因锚机刹车力有限,故落锚时的对地余速应控制在0.5 kn以下。

余速可根据正横附近灵敏度较高的串视目标或其他锚泊船及其背景的相对运动来判断,也可根据倒车水花来判断,通常,当倒车水花至本船中部时,即可判断为船舶对水停止前冲。夜间,如对流向、流速情况不太了解,可先抛短链锚(出链2倍水深),待船首顶风、顶流,船身略有退势时,再继续松链至预定长度。

(3)出链控制

开始时出链不可过多,一般在最初出链2倍水深时,即应刹住使链受力;待拖锚结束,肯定锚已深抓海底后,方可继续松链。松链时要保持船有微弱的后退速度,在锚链受力拉直时再适当松出一段,一次不宜松出太多,一般每松半节或一节左右宜刹紧刹车一次,以防在风流作用下产生较高的漂移速度而不易刹住。如船舶后退速度过大,以致锚链绷得太紧,应通知驾驶室用车舵配合,以防断链,此时松链只能是稍松一下刹车带,让锚链在受到很大拉力时缓缓松出。船舶停住不动时,不宜松链,以防形成"堆链",甚至缠住锚杆或锚链绞缠。

风强流急时,若发现松链至预定长度的最后一节时退速仍稍高,可用短暂进车予以缓解,以稳定锚的抓底姿态,避免锚被拖动。

当锚链松至预定链长时,要注意观察锚链动态,待锚链紧张受力进而又自行松弛时,即可判定锚已抓牢。

出于紧急情况中需要弃锚的考虑,抛妥后如有可能,应将锚链连接卸扣置于制链器的后面。

3. 深水抛锚(deep anchoring)要领

大型船舶有时需在较深水域锚泊,这些船的锚、链均较重,如按普通抛锚法使之自由下落,将导致出链速度过快,锚的触底速度过高,使锚机刹车受损或锚体变形。因此,为保证操纵安全,当水深大于 25 m 时,应采用深水抛锚法,其基本要领如下:

(1)可用锚机将锚送出至距海底 5~10 m 处,然后在确保船舶极小的退势下,用刹车按普通抛锚法抛出。

(2)水深大于 50 m 时,可用锚机将锚松至海底后,以小于 0.5 kn 的微小退势用刹车按普通抛锚法抛锚;或者利用锚机将预定需抛出的锚链送出去,并使之躺卧于海底。

(七)双锚泊操纵

1. 一字锚泊操纵要领

抛一字锚的操纵方法有两种。

(1)顶流前进抛法

如图 2-3-23(a)所示,船舶及早停车减速,保持缓速接近位①,先抛下惰锚(或上风锚)。根据需要,可使用车舵保向和调整惯性,使船仍沿锚位线顶流前进;松链至预定出链长度的 2 倍时,刹住锚链;当惰链拉紧时(位②)抛下力锚,松力链,同时绞进惰链至两锚均等(位③)为止。

(2)顶流后退抛法

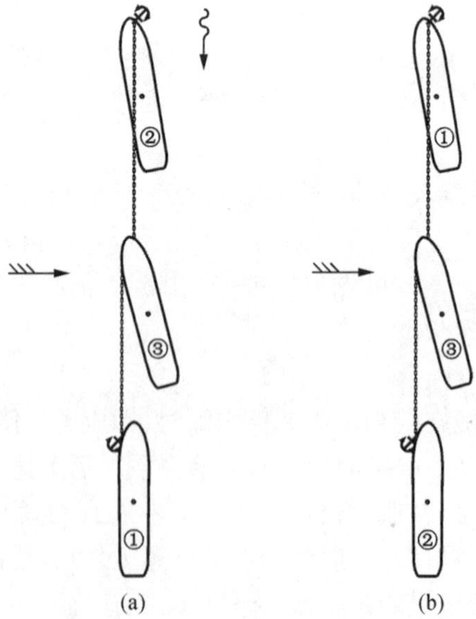

图 2-3-23 顶流前进、后退抛一字锚

如图 2-3-23(b)所示,船舶及早停车淌航,并适时倒车,当到达预定力锚位置(位①)略有退势时,即抛下力锚(或下风锚);借退势边退边松力链,至预定出链长度的 2 倍时(位②)抛下惰锚;然后慢慢松惰链,同时绞进力链至两锚出链均等(位③)为止。

一字锚泊操纵时,为防止双链绞缠,当转流时应保持惰链绞紧,并向惰链一舷操一舵角,这对防止船首跨过锚链而发生绞缠有较好的效果。一旦双链绞缠,可于平流时请拖船顶艉进行清解;若无拖船,则只好自力清解。为便于清解,在抛锚松链时应注意将锚链的连接卸扣留在甲板上。

一字锚的出链长度一般为两链各 3 节,某些港口落流流速较涨流大,则两锚出链长度应相应改变,如落水锚出链 4 节,涨水锚出链 3 节。此外,在水流急的港口,要相应增大两链长度。

2. 八字锚泊操纵要领

(1)八字锚泊的锚泊力

如图 2-3-24 所示,设 P_{h1} 为任一锚泊的锚泊力,P_{h2} 为八字锚泊的锚泊力,两链的夹角为 θ,若双锚出链长度相等,则总锚泊力为

$$P_{h2}=2P_{h1}\cdot\cos\frac{\theta}{2} \tag{2-3-13}$$

由此可见,两链夹角 θ 越大,P_{h2} 越小;θ 越小,P_{h2} 越大,但偏荡趋于激烈。

$\theta\geqslant120°$时,$P_{h2}\leqslant P_{h1}$,不适用八字锚泊;

$\theta=90°$时,$P_{h2}=1.41P_{h1}$,抑制偏荡作用明显;

$\theta=60°$时,$P_{h2}=1.73P_{h1}$,增加总锚泊力并抑制偏荡;

$\theta=30°$时,$P_{h2}=1.93P_{h1}$,主要用于增加锚泊力。

一般均将八字锚双链交角控制在 30°~60°,$\theta\approx60°$时,锚泊力较大,抑制偏荡效果也较好,适用于一般船舶八字锚泊;超大型船舶则控制在 90°左右。

在八字锚泊中,实际上很少出现两舷锚链同步松弛或拉紧的状态,而往往是随着船舶偏荡,两链呈交互拉紧的状态,如图 2-3-25 所示。

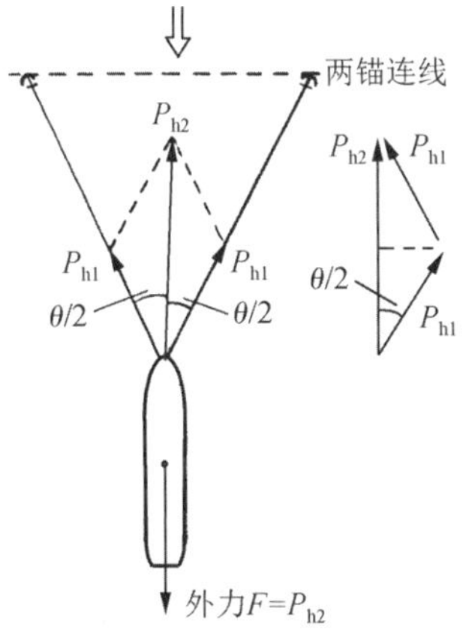

图 2-3-24　八字锚泊的锚泊力

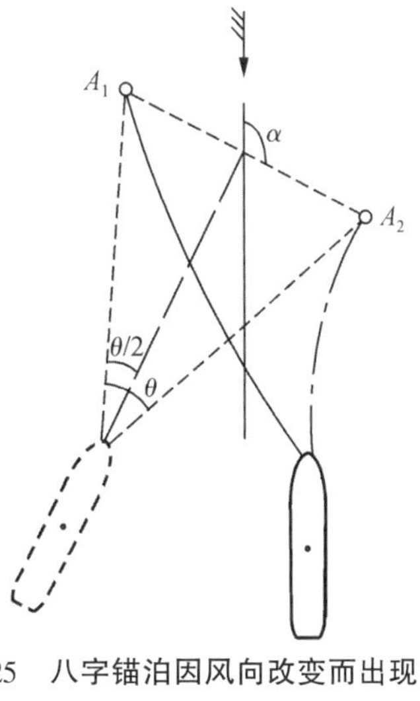

图 2-3-25　八字锚泊因风向改变而出现的动势

驾驶人员应充分注意到,当风向与两锚连线的交角 α 为 120°或 240°时,力链所受的张力均较单锚泊时高,空载船走锚的可能性更大。所以不可简单地认为八字锚泊必定比单锚泊的

稳定度高,更不能认为公式 $P_{h2}=2P_{h1}\cdot\cos\frac{\theta}{2}$ 是适用于任何风向的八字锚泊的锚泊力通式。

(2)八字锚泊的操纵要领

①准确选择两锚锚位

a.两锚锚位连线应尽量与强风或强风急流的合力方向垂直,以保证两锚受力均匀。

b.两锚间距应依出链长度和两链交角而定。如 $\theta=60°$,则取两锚间距与拟出链长度等长或接近等长。

c.两锚锚位的选定,应能保证与其他锚泊船之间有安全合理的船间距离。

②八字锚泊的抛锚方法

八字锚泊的抛锚方法有顶风流退抛法、横风流进抛法等,此外还有单锚泊改抛八字锚、抗台风抛八字锚等改良方法。

a.顶风流退抛法

如果锚地比较开阔且有较大机动范围,则一般均采用顶风流退抛法。如图2-3-26所示,使船迎风、迎流或迎风流合力方向缓速航进至位①,并抛下左舷锚(有侧风时抛上风舷锚);微倒车松链约2节,船退至位②;再进车施舵驶向另一锚位③处,抛下另一锚,同时松链,船在风流作用下后退,同时松链并调整两链至预定出链长度(位④),并使之受力均衡。

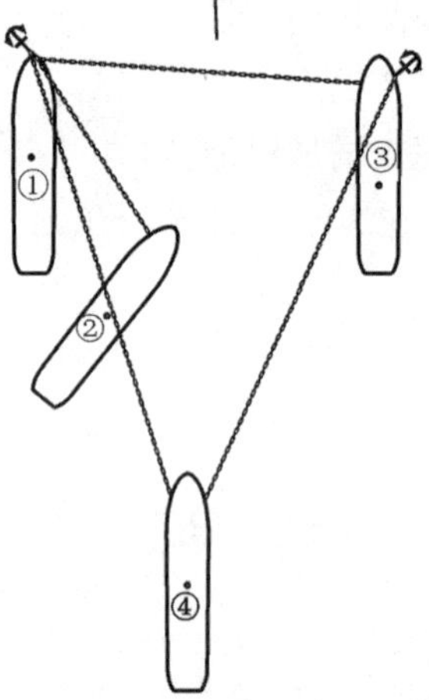

图2-3-26 八字锚泊的顶风流退抛法

b.横风流进抛法

如果锚地水域有限,不得已需要在横风条件下抛八字锚,可根据情况采用横风流进抛法或退抛法。其中横风流进抛法易于保向,操纵连贯,两锚锚位较准确,操作时间短,故在实用中多采用此法。一般先抛上风(流)锚。

c.单锚泊改抛八字锚

如已抛单锚泊的船舶要改抛八字锚,则应在强风袭来之前先将已抛锚链绞至2~3节,然后依照上述顶风流抛八字锚的方法进行。

d.抗台风抛八字锚

抗台风抛八字锚,应根据风向、风力的变化规律,确定抛锚的顺序和松链时机,以防锚链绞缠进而导致走锚等事故的发生。

在北半球,当判断本船处于台风右半圆时,由于风向顺时针变化,所以应先抛左锚,后抛右锚,出链长度则左长右短;左半圆风向逆时针变化,则应先抛右锚,后抛左锚,锚链右长左短。若在南半球,则相反。如先后顺序抛反,当风向转变时,双链必将发生绞缠。

3. 平行锚(一点锚)操纵要领

平行锚的抛法类似单锚泊的退抛法,即船顶风流略有退势时,将两锚同时抛出,然后松链至两锚出链长度相等。

平行锚最适合于抗台使用。实际锚泊抗台可供参考的做法是,在台风来临前,以顶风方向同时抛出双锚,出链 9 节左右并取等长;抗风中为缓解锚链张力,可根据实际需要使用微进或断续的进一车速;等台风过后,风速降至 6~7 级时即改为单锚泊,以免锚链绞缠。

(八)偏荡及其防止

单锚泊的船舶、抛平行锚的船舶,甚至抛八字锚的船舶在风向明显改变而未及时调整两锚链出链长度时,都会因风、流、浪等外力的作用而产生偏荡现象,其中又以单锚泊中的船舶偏荡最大。锚泊中的船舶偏荡,将使锚链张力增大,影响锚抓力的大小,甚至导致走锚。

1. 单锚泊船的偏荡

单锚泊船由于作用于水线以上船体的风动压力的变化,船左右两侧受力失去平衡。在新的状态下,风动压力、水动压力和锚链拉力周期性地作用于船舶,使船舶产生艏摇、纵荡和横荡相复合的周期性运动,称为偏荡运动,如图 2-3-27 所示。偏荡中,船舶的重心将描绘出一个与风向横交的"∞"字形轨迹,并且通常抛锚侧的半个"∞"字形相应短些。

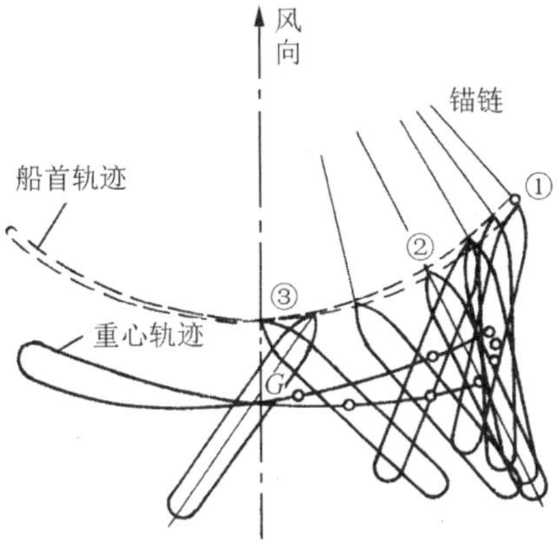

图 2-3-27　单锚泊船的偏荡运动轨迹

单锚泊船的偏荡大致在风速大于等于 10 m/s 时就变得明显起来。风速越大,水线以上船体受风面积越大,风动力中心越接近船首,则偏荡运动的振幅越大,周期越短,速度越大,锚链所受的张力也就越大。当风动力中心位于船中后 10%以上船长时,即使风速较大也几乎不产生明显的偏荡。因此,艉机型船较中机型船或驾驶台在船首的船偏荡小,满载时较空载时偏荡小。

值得注意的是,过去在台风中发生走锚的船,绝大多数为吃水较小的,而达到满载吃水 75%以上者则很少发生走锚。

偏荡中锚链张力的变化情况如图 2-3-28 所示。它可分为两个部分,一是定常张力,二是在定常张力基础上呈周期性变化的冲击张力。在一个偏荡周期内,最大冲击张力均出现在风

链角 θ 与风舷角 φ 相等的略后时刻，每个周期内出现两次。当外力及其所引起的偏荡运动剧烈时，冲击张力甚至定常张力均有可能超过船舶的锚泊力，从而导致拖锚甚至走锚。

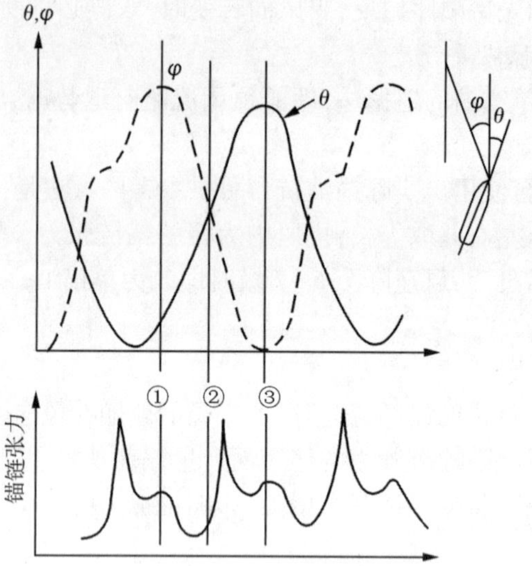

图 2-3-28　偏荡中锚链张力的变化情况

2. 缓解偏荡运动的方法

(1)打入压载水，增加吃水。这样不仅可减少水线以上船体受风面积，同时还增大了水线以下船体水阻力，从而使偏荡得以缓解。如能使吃水达到满载吃水的 75%，则可使一般油船和货船的剧烈偏荡得到显著的缓解。

(2)增大艏倾，尽可能使水线以上船体所受风动压力中心后移，水动压力中心前移。这样可有效地增大偏荡时的阻尼力，起到使船首迎风的作用，但小型船慎用。

(3)加抛止荡锚(即立锚)。这是单锚泊船抑制剧烈偏荡简单而有效的方法之一，但应注意：

①最好在船舶偏荡至未抛锚一舷的极限位置向平衡位置开始回荡时抛下止荡锚。

②根据经验，止荡锚的出链长度在水深的 1.5～2.0 倍较为妥当，这样可使止荡锚既被拖得动，又具有足够的拖锚力，从而起到减荡作用。实用中单锚泊加止荡锚的可抗风程度常以 25 m/s 为限。

(4)改抛八字锚。操作时应注意两锚连线与风向垂直，两链交角控制在 60°左右，超大型船舶则以 90°左右为宜。这样既可增大锚泊力，又可充分抑制偏荡。

(5)恰当地使用主机减荡。模型试验表明，倒车比进车抑制偏荡的效果好，但由于倒车增加了锚链张力从而提高了锚的负荷，所以存在走锚的可能。因此，使用主机减荡时应采用最低转速，并应派专人在船首观察锚链方向和受力状况。

(6)灵活使用侧推器减荡。使用侧推器时应注意控制使用时机和用力方向，否则将适得其反。

(九)走锚及其防止

锚泊船因外力的变化而造成锚链张力大于锚泊力，致锚被拖动、自转乃至翻转出土，从而失去正常锚泊力的现象，称为走锚(dragging)。它与操纵用锚中的短链拖锚(dredging)完全不同,是安全锚泊的大敌。

船舶发生走锚的主要原因是锚的抓力不足,例如,底质不佳、锚重不够、出链过短、锚链绞缠、风大流急、偏荡严重、他船傍靠使所需锚泊力激增以及洪水陡涨等。如不及早发现走锚,采取有效措施,则会酿成碰撞他船、搁浅、触礁等严重事故。

1. 发现走锚的方法

(1)利用各种定位方法勤测船位。利用雷达、GPS 等精度较高的定位手段,经常查核船位以便及时发现走锚。可能的话,还可启用雷达和 GPS 的锚位检测报警功能。

(2)观察偏荡情况。若船舶的偏荡仍在有规律地维持,且总体仍处于顶风状态,则说明锚泊力仍能抵御外力对船舶的作用及其造成的偏荡影响,船舶没有走锚;若船舶周期性的偏荡运动消失,船舶呈单舷受风状态且锚链仅处于上风舷,则可判定船已走锚(空船时尤为明显),这是大风浪中判断走锚的最有效的方法。

(3)观察锚链情况。若锚链失去偏荡中常有的周期性弛张、升降现象,而表现为持续保持拉紧,且不出现下降或未得到缓解;或锚链紧后突松,感到间歇性的急剧抖动,都有可能是在走锚。

(4)根据本船与他船的相对位置变化判断是否走锚。强风中应重点留意观测艏、艉附近的他船或物标串视线的方位变化,这是因为大风浪中锚泊船走锚多呈接近横风的态势;而急流中则应重点观测正横附近的他船或物标串视线的方位变化。

(5)放置测深锤。在船首下风舷将测深锤放至海底,如发现测绳一直向前拉伸,则可能走锚。

2. 走锚的防止

(1)切实加强、高度重视锚设备的检查及养护工作。坚持对锚设备,特别是易受损部位的定期检查和经常性的养护,使锚设备始终处于良好的技术状态。

(2)坚持按锚泊操作规程的要求,正确选择锚地、锚泊方式和抛锚方法,保证足够的出链长度,以确保有足够的锚泊力。

(3)加强锚泊值班,严守岗位,忠于职守,尽可能及早发现走锚。

(4)一旦发现走锚,值班驾驶员应采取的措施是:

①不失时机,立即加抛另一锚并使之受力,这是首要的措施。同时下令备车,并报告船长。开车顶风流以减小锚链受力。

②谨慎松长锚链。只有在确认锚尚未翻转且松链后不致触碰他船或触礁时,方可适当松长锚链,否则反而会招致不良后果。

③悬挂并鸣放"Y"信号,或用 VHF、灯光等手段及时警告他船。

④若开车后仍无法制止走锚,则应转移锚地或出海滞航。

(十)清解锚链作业

船舶抛双锚时,因风、流方向的变化,船舶围绕锚泊点回旋,导致左右两根锚链相互绞缠(绞花)。绕一道称为"单花";绕两道称为"双花"。一旦锚链绞缠,必须及时清解才能开航。清解方法为:用拖船协助本船向绞花的相反方向顶推回旋,逐个解开绞花。如无拖船协助,则必须靠船员自行清解。清解时必须一花一花地分别清解。清解锚链宜在平流或缓流时进行,以便于操作,参见图 2-3-29。

(1)备好挂缆、保险缆、引缆、送出缆各一根和若干卸扣,备好升降坐板。如果有可能,放下一艘救生艇协助。

(2)绞紧"力链"(riding cable)使绞花露出水面,必要时用白棕绳在绞花下面系结,以防绞花下滑。

(3)从"惰链"(sleeping cable)一侧船舷送出挂缆和保险缆,用卸扣与惰链相连。挂缆和保险缆的另一端则收紧挽在船首部的缆桩上。

(4)用制链器夹住惰链,再用锚机将惰链倒出排列在甲板上,直到下一个连接链环松到甲板上。

(5)解开连接链环,在其末端链环上系好送出缆,将送出缆的另一端挽牢在缆桩上。

(6)将引缆的一端接在卸下的惰链末端链环上;另一端从惰链筒送出,在力链上按惰链缠绕的反方向绕一道,再从惰链筒收回,绕在卷筒上。

(7)松开制链器,绞收引缆,松送出缆,使惰链绕过力链解一花后,仍经惰链筒由引缆绞回到甲板上。

(8)如果为单花,则可装上连接链环,解掉引缆和送出缆,绞紧惰链后解掉挂缆和保险缆。如果解第二花,则重复上述引缆、送出缆的操作。

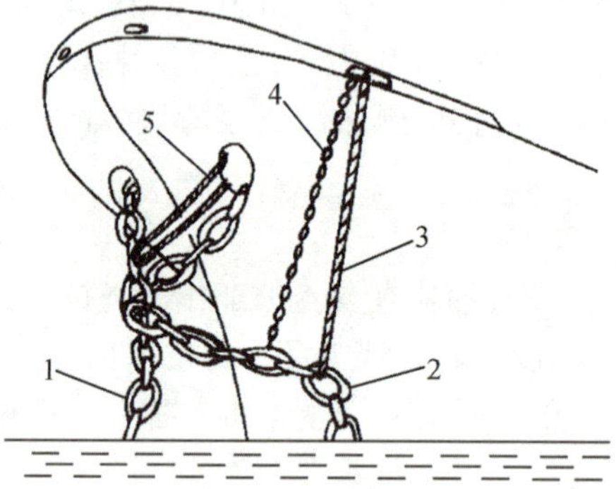

图 2-3-29 清解锚链

1—力链;2—惰链;3—保险缆;4—挂缆;5—送出缆

任务四 系泊设备及其应用

系泊设备及其应用教学视频

学习目标

知识目标:掌握各系缆的名称及作用,掌握出缆顺序。

能力目标:能准确把握系离泊缆绳的用途和使用程序,掌握操作要领。

素质目标:培养学生的团队意识。

一、缆绳的种类及特点

在船舶系泊设备中,所使用的绳索种类和规格繁多。一名合格的船舶驾驶员,必须掌握各类绳索的特性及使用特点，正确使用船上的各种绳索，以保证船舶的安全营运和工作人员的人身安全。

船舶缆绳又称系船缆，简称系缆（mooring line），是将船舶系固于码头、浮筒、他船或拖带时用的绳索。船舶缆绳是船舶系泊设备的主要组成部分。理想的系船缆应具有强度大、耐腐蚀、耐磨损、比重小、弹性适中、质地柔软、使用方便等特点。目前，船舶常用的系船缆有纤维绳和钢丝绳两种。

（一）纤维绳

1. 纤维绳的种类

纤维绳有植物纤维绳和化纤绳两种，应由船级社认可的工厂制造，并应符合船级社接受的有关船用纤维绳结构形式及材料的标准。现代船上已不再使用植物纤维绳，广泛使用的是化纤缆，可做船用化纤缆的化纤绳主要有如下几种。

（1）尼龙绳（nylon rope）：又称锦纶绳，种类较多，使用较广。其特点是强度大、重量小、柔软、耐磨、对酸碱和油类等有一定的抵抗能力、长期使用不容易疲劳，但伸长率较大、弹性大、有一定的吸水性、耐气候能力较差、曝晒过久强度会下降。

（2）涤纶绳（polyester rope）：其强度仅次于尼龙绳，是化纤绳中最耐高温和耐气候的一种绳索，适应于高负荷连续摩擦，抗酸碱和油类能力强，吸水率仅为 0.4%，性能优越，但价格较高。

（3）乙纶绳（polyethylene rope）和丙纶绳（polypropylene rope）：这两者的特性比较相似，即密度较小，能浮于水面，吸水性不大，低温时仍具有足够强度，且柔软便于操作。乙纶绳对化学物品抗腐蚀性最强；丙纶绳耐磨，其破断力为尼龙绳破断力的 51%～66%，是目前船上配备较多的一种缆绳。但上述两种缆绳都不耐热。目前，日本等发达国家改进了制造工艺和原料的选择，已将丙纶绳的破断力提高至尼龙绳的 90%。

（4）维尼龙绳（vinylon rope）：其强度在化纤绳中最小，外表很像棉纱绳，弹性差，吸水性最大，能耐油类和盐类物质，耐气候，价格比较低。

2. 对纤维绳的相关规定

（1）化纤缆主要由聚酰胺、聚酯和聚丙烯制成；

（2）缆绳内不应加入任何填料和增加其质量的物质；

（3）经验收合格的每卷（捆）成品纤维绳，均应在明显易见处贴上纤维绳号、材料、结构、规格和厂名的标签，并应打上 CCS 标志。

3. 纤维绳的规格

纤维绳的粗细一般以其直径 D（mm）或周长 C（in）来衡量，其换算关系为

$$C \approx \frac{1}{8}D \qquad (1\ \text{in} = 25.4\ \text{mm})$$

4. 纤维绳的长度

每捆纤维绳的长度一般为 220 m 左右。

5. 纤维绳的强度

（1）缆绳的破断强度（breaking load，BL）

将缆绳逐渐均匀拉伸，直至将其拉断时所需的拉力为该缆绳的破断强度，也称该缆绳的破

断力，一般用 B 表示。

化纤缆的破断力可用如下公式估算：

$$T=98kD^2 \tag{2-4-1}$$

式中：T——化纤缆的破断力(N)；

D——缆绳的直径(mm)；

k——系数，丙纶绳取 0.74~0.85，尼龙绳取 1.19~1.33，改良丙纶绳取 1.10~1.21，复合缆取 2.0。

(2)缆绳的安全强度(safety load)

为保证安全，不使缆绳因受力过大断裂而发生事故，一般都规定一根缆绳允许使用的最大负荷，即安全工作负荷(safety working load, SWL)。需要注意的是，在船用缆绳的产品证书上均有明确规定的 SWL，使用时应以此为准。如无相应产品证书，则可根据缆绳的破断强度及工况等情况确定一个安全系数，据此即可求出该缆绳的安全工作负荷，即

$$安全工作负荷=\frac{破断强度}{安全系数}$$

实际工作中，在无特别说明的情况下，该安全系数一般取 6。在不同情况下，对安全系数有不同的要求，如缆绳用作带缆时安全系数取 6~8，用作拖缆时安全系数取 8~10。具体使用时，还要根据缆绳的新旧程度、干湿情况和是否打结或插接以及不同的工作需要，确定合适的安全工作负荷。如：

①受潮后，白棕绳强度下降约 45%，化纤绳强度下降 5%~10%；

②库存 2~3 年的新绳，强度下降 20%~30%；

③缆绳打结后，强度大约下降如下：缩短结 20%，圆材结 35%，丁香结 40%，单套结 40%，平结 50%等。

(3)缆绳的试验强度(test strength，TS)

缆绳的试验强度，亦即验证负荷(proof load，PL)，是缆绳制造厂在 CCS 授权的验船师主持下对其产品进行拉力试验时所采用的强度标准，一般取破断强度的 3/4。

(二)钢丝绳

1. 钢丝绳的种类

钢丝绳由若干统长钢丝编绞而成，具有强度大、重量小、使用寿命长的特性。目前，船上使用的钢丝绳绳有硬钢丝绳、半硬钢丝绳及软钢丝绳三种。

(1)硬钢丝绳(stiff wire rope)：这种钢丝绳由 6 股钢丝股绕着中间一股钢丝股芯搓制而成。如 7×7 的钢丝绳，表示由 7 股钢丝搓成，每股内有 7 根钢丝；又如 6×31+(7×7)，表示钢丝绳的规格为钢丝股数为 6 股，每股有 31 根钢丝，股芯为 7×7 的钢丝股。这种钢丝绳内无油麻芯，因而是硬度最硬的钢丝绳，其强度在三种钢丝绳中最大，但操作不便，在船上除用于大桅和烟囱等支索(静索)外，还可与绞车配合用作拖索和系船索。

(2)半硬钢丝绳(semi-flexible wire rope)：这种钢丝绳由 6 股钢丝股绕着一股油麻芯搓制而成。如一根规格为 6×37+1 的钢丝绳，表示有 6 股钢丝股，每股有 37 根钢丝，另外中间有 1 股油麻芯。这种钢丝绳的强度较大，比硬钢丝绳柔软，操作使用比较方便，在船上一般用作拖缆、保险缆和系船缆，也可用作起重设备的吊货索。

(3)软钢丝绳(flexible wire rope):这种钢丝绳的制作方法与半硬钢丝绳基本相同,但在每股钢丝股内还有1股油麻芯,因此软钢丝绳中共有7股油麻芯,如图2-4-1所示。例如一根规格为6×24+7的钢丝绳,表示有6股钢丝股,每股有24根钢丝,中间有1股油麻芯,并且每股钢丝股内还有1股油麻芯。这种钢丝绳最为柔软,且便于操作使用,但其强度在上述三种钢丝绳中最小,一般用作系船缆、吊货索、吊艇索及用于船上货物的绑扎系固等。

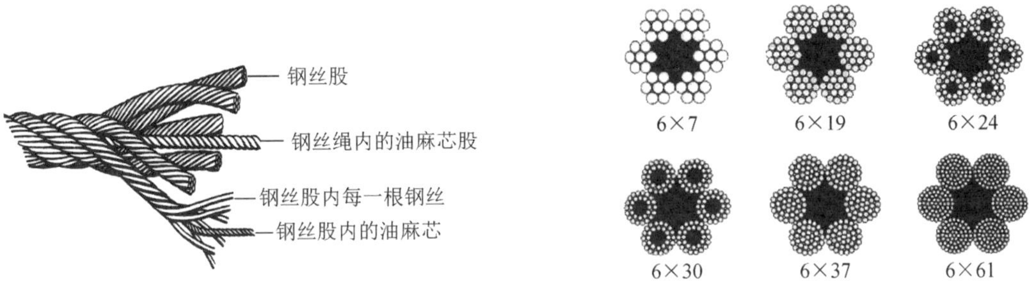

(a) 软钢丝绳结构　(b) 钢丝绳横截面图

图 2-4-1　钢丝绳结构

船舶的系缆多采用6×24、6×30和6×37等质地较软的钢丝绳,而流行选用6×24+7的软钢丝绳。软钢丝绳使用方便,但其耐磨性比其他类型的钢丝绳差。

钢丝绳中油麻芯的作用较大:首先,它在钢丝绳受力拉紧时可以起衬垫作用,以减小钢丝绳内部的摩擦;其次,它可以提高钢丝绳的柔软度,便于操作使用;再次,因油麻芯含油,可以防止钢丝绳内部锈蚀;最后,油麻芯中的油可以起到润滑的作用。

需要注意的是,钢丝绳的软硬程度不仅与油麻芯的多少有关,还与钢丝的韧性及结构形式有关系,所以同结构类型同直径的钢丝绳钢丝数越多,则钢丝绳越软。

2. 对钢丝绳绳的相关规定

根据中国船级社(CCS)颁布的《材料与焊接规范》规定,用作系船索、拖索和艉锚索的钢丝绳应符合以下要求:

(1)制造钢丝绳用的钢丝,应采用优质碳素结构钢,其硫、磷含量应不大于0.035%,其他元素的含量应符合CCS接受的有关标准。由钢材冷拔拉制成的钢丝截面应呈圆形,且材质应均匀,强度一致,表面应无裂纹、竹节、起刺、锈蚀及伤痕等影响钢丝性能的缺陷。

(2)钢丝的等级根据其规定最小抗拉强度一般分为1 420 N/mm^2、1 570 N/mm^2、1 670 N/mm^2、1 770 N/mm^2、1 870 N/mm^2和1 960 N/mm^2六级。除另有规定外,钢丝的实际抗拉强度应不超过规定最小抗拉强度的1.2倍。

(3)钢丝绳应采用全镀锌的钢丝绞制而成。钢丝应采用热浸法或电解法镀锌,其镀锌层应平滑、完整和牢固。镀层可分为下列三级:

1级:厚镀层,在镀锌后拔丝;

2级:厚镀层,在拔丝后镀锌;

3级:薄镀层,在镀锌后拔丝。

钢丝绳的结构形式如表2-4-1所示。

表 2-4-1　钢丝绳的结构形式

用途	钢丝绳规格			钢丝绳股结构					
	股数	钢丝数	股芯	股芯	内芯丝	内层	中层	外层	分层记号
艉锚索、拖索和系船索	6	24	纤维	纤维	0	—	9	15	6(0+9+15)
	6	37	纤维	钢丝	1	6	12	18	6(1+6+12+18)
	6	26	纤维	钢丝	1	5	(5+5)	10	6(1+5+5/5+10)
	6	31	纤维	钢丝	1	6	(6+6)	12	6(1+6+6/6+12)
	6	36	纤维	钢丝	1	7	(7+7)	14	6(1+7+7/7+14)
	6	41	纤维	钢丝	1	8	(8+8)	16	6(1+8+8/8+16)
	6	30	纤维	纤维	0	—	12	18	6(0+12+18)
与绞车配合的拖索和系船索	6	31	7×7钢丝	钢丝	1	6	(6+6)	12	6(1+6+6/6+12)
	6	36	7×7钢丝	钢丝	1	7	(7+7)	14	6(1+7+7/7+14)
	6	41	7×7钢丝	钢丝	1	8	(8+8)	16	6(1+8+8/8+16)

3. 钢丝绳的规格

钢丝绳的规格除用股数和丝数表达外,还需用绳索的最大直径,即其截面外接圆直径来表示,单位为毫米(mm),直径的正确测量方法如图 2-4-2 所示。

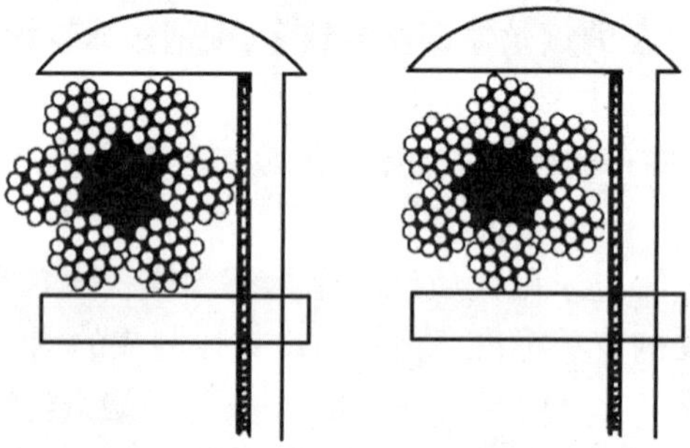

(a) 错误量法　　(b) 正确量法

图 2-4-2　钢丝绳直径的测量方法

4. 钢丝绳的长度

每捆钢丝绳的长度一般为 220 m,也有 500 m 一捆的。

5. 钢丝绳的重量

钢丝绳的重量可以用下列公式进行估算:

$$W \approx kD^2 \tag{2-4-2}$$

式中:W——每 100 m 钢丝绳的重量(kg);

D——钢丝绳直径(mm);

k——系数,硬钢丝绳、半硬钢丝绳取 0. 35,软钢丝绳缆为 0. 30。

6. 钢丝绳的破断强度

钢丝绳的破断强度是钢丝绳逐渐受拉直至破断时所承受的负荷。一般用 T 表示缆绳的破断强度(证书中有此值),如果没有资料可查,破断强度可由下式估算:

$$T=9.8\times42D^2$$

式中:T——钢丝绳(6×24)的破断强度(N);

D——钢丝绳直径(mm)。

注意:钢丝绳的质量证书或国家标准中的破断强度为单根钢丝破断强度的总和,搓成绳后,缆绳的破断强度有所降低,仅为上述破断强度的 87%。

7. 安全工作负荷

在实际使用中,钢丝绳的安全系数一般取 6,在具体使用场合中,安全系数还会发生变化,如用作带缆时安全系数取 6~8,用作拖缆时取 8~10;同时,还应考虑到在某些情况下要降低强度使用,如插接后降低约 10%,已生锈的降低约 30%,过度拉伸受伤的降低约 50%。

(三)复合缆

除钢丝绳和化纤缆外,我国和其他一些发达国家已生产出一种用金属与纤维复合而成的缆绳,称为复合缆(compound rope)。这种复合缆每股均有金属丝核心,外覆纤维护套,有 3、4 或 6 股,可用作系船缆或拖缆。这种缆绳强度较大,一根周长为 8.5 in 的复合缆的强度相当于同样粗细的 2.5 根丙纶缆的强度。

(四)迪尼玛缆绳

迪尼玛缆绳(Dyneema rope)是由荷兰帝斯曼迪尼玛公司发明生产的,采用超高强度聚乙烯纤维材料加工而成,是目前强度最大的缆绳。该缆绳的成功研制,在各种应用场合替代了传统的钢丝绳。目前,它在美国、西欧、日本等许多国家广泛应用于船舶系泊、海洋救助、运输吊装等,其优越性能已经得到了充分体现。

迪尼玛缆绳的主要特点有:破断强度大,破断强度是同等直径钢丝绳强度的 1.5 倍;重量小,能漂浮于水面,其重量仅为同等直径钢丝绳的 12.5%左右;伸长率较低,适合于作船用缆绳,其伸长率约为 3.5%,而钢丝绳伸长率约为 1%,普通化纤绳伸长率约为 21%;优异的耐用性,耐海水、耐化学药品、耐紫外线辐射及温差变化;操作方便、快速,使用安全;另外,迪尼玛缆绳有保护树脂覆盖于其表面,保护树脂专用于对纤维的维护,能有效延长缆绳的使用寿命,维持其高强度。

因迪尼玛缆绳具有极为优异的使用特性,所以用途比较广泛,在船上一般用作救助拖缆及其引缆。其性能与钢丝绳和化纤缆的对比分析如表 2-4-2 所列。

表 2-4-2 迪尼玛缆绳、普通钢丝绳和普通化纤绳的性能比较

项目 名称	强度	重量	漂浮性	硬度	耐海水和化学腐蚀性	伸长率
迪尼玛缆绳	大	小	漂浮	小	好	较小
普通钢丝绳	较大	大	不漂浮	大	差	小
普通化纤绳	小	小	漂浮	小	较好	大

二、系缆的名称、作用与配备

缆的布置动画

（一）系缆的名称与作用

系缆的主要作用是：靠泊时绑牢船舶；拖带中传递拖力；靠离码头时协助操纵船舶；也可在船舶沿码头前后移动时使用。

1. 系靠码头时缆绳的名称与作用

船舶系靠码头时，系缆按其位置、出缆的方向和作用，可分为头缆、艉缆、艏横缆、艉横缆、前倒缆、后倒缆等，如图 2-4-3 所示。

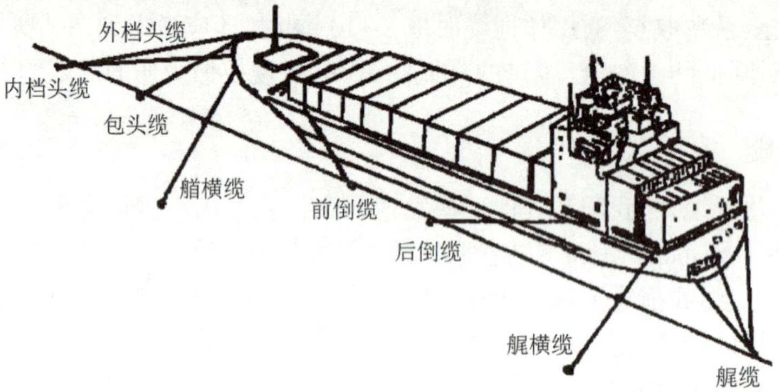

图 2-4-3　系船缆名

（1）头缆

头缆也称艏缆。其中，从内舷引出的头缆可称为内档头缆；从外舷引出的头缆可称为外档头缆，当外档头缆与码头靠线的交角较大时，可称其为包头缆。头缆的主要作用是承受来自前方的风、流等外力的推压，防止船位后移和外张。

（2）艉缆

艉缆也有内档和外档之分，其主要作用是承受从后方来的风、流等外力的推压，防止船位前移和外张。

（3）前倒缆

前倒缆也称艏倒缆，其主要作用是承受来自船尾方向的风、流推力或动车的影响，防止船位向前移动及船首外张。在离泊作业中，常用前倒缆带住船首，利用车舵或风流将船尾甩出，再用倒车使船驶离泊位。为此，常用钢丝绳与尼龙绳混编而成的复合缆作为前倒缆。

（4）后倒缆

后倒缆也称艉倒缆，其主要作用是承受来自船首方向的风、流推力和倒车的拉力，防止船位向后移动及外张。

（5）横缆

横缆有艏横缆和艉横缆之分，其主要作用是防止吹开风和回转流的作用力，以防止船舶外移。

船舶系靠码头时，以上各缆并不一定同时采用，而是根据码头的情况、船舶的长度、缆绳强度、停泊时间的长短、天气和潮汐及港口涌浪等因素的影响程度而定。当没有吹开风时，可不带横缆。内外档至少各一根头缆与艉缆,天气转差时应增加缆绳的数量。抗台时或在涌浪大的港口,还应使用保险缆,以保证系泊的安全。

2. 浮筒系缆的名称与作用

系浮筒所带的缆绳主要有单头缆与回头缆两种,如图 2-4-4 所示。

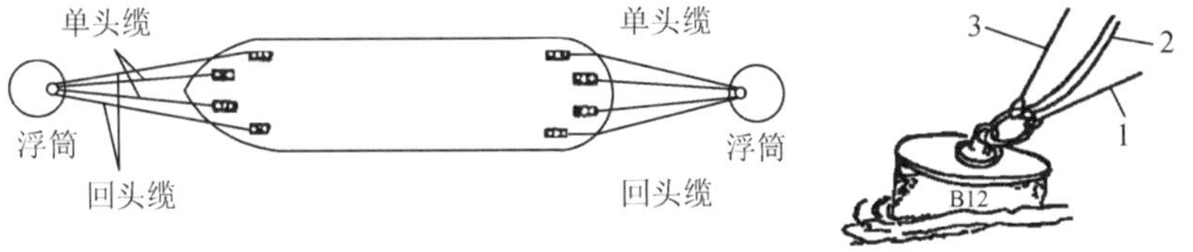

图 2-4-4 浮筒系缆名称

1、3—单头缆;2—回头缆

(1)单头缆:单头缆从艏艉方向送至浮筒,艏艉至少各两根。如果是钢丝绳,则用卸扣系在浮筒环上;如果是纤维绳,则用司令扣系在浮筒环上。在强风急流情况下,必须增加单头缆的数量。

(2)回头缆:该缆的作用是在船舶离浮筒时,可自行从船上迅速解脱。在系浮筒时,艏艉各带一根回头缆,即用一根较长的钢丝绳从艏艉的左边或右边送出穿过浮筒环,再从另一舷拉回船上挂在脱钩上。回头缆主要在离浮筒时用,平时不受力,带好浮筒后应比单头缆松弛些。

(二)系缆的配备

系缆的配备是根据船舶舾装数 N,在《钢质海船入级规范》所列表格中查得应配置的系缆和拖缆的长度、规格、数量和破断力。系缆的长度应考虑在任何可能情况下所需要的最大长度,还应考虑到琵琶头处最容易磨损,每隔一个时期可能需要截去重插,因此一般多采用整捆缆绳。

一般万吨级船舶的系船缆应至少配备:艏缆和艉缆各 3~4 根;前、后倒缆左右舷各 1 根;保险缆(兼作拖缆用)前后各 1 根;备用缆前后各 1~2 根。

如果船舶的 $A/N>0.9$,规范建议系缆的数量应按表 2-4-3 的要求增加。

表 2-4-3 规范建议系缆的增加数量

A/N	$0.9<A/N\leqslant1.1$	$1.1<A/N\leqslant1.2$	$1.2<A/N$
增加数量(根)	1	2	3

通常,用作带缆的化纤缆的周长应不小于 63 mm(直径 20 mm),直径大于 65 mm 的可作保险缆。一般钢丝绳绳的直径在 20~36 mm 的可用作带缆,直径在 36 mm 以上的钢丝绳可用作拖缆和保险缆。用作系船缆或拖缆的钢丝绳一般采用 6×24+7 的软钢丝绳,直径大于 56 mm 时应采用 6×37+1 的钢丝绳。

三、系泊设备的组成

除系船缆外,系泊设备还由挽缆装置、导缆装置、系泊机械、缆车及附属用具等组成。图 2-4-5 为大型船舶船首系泊设备布置图。

(一)挽缆装置

为在靠泊和拖带作业时固定缆绳的一端,在艏艉楼甲板和船中部甲板等部位左右舷各设

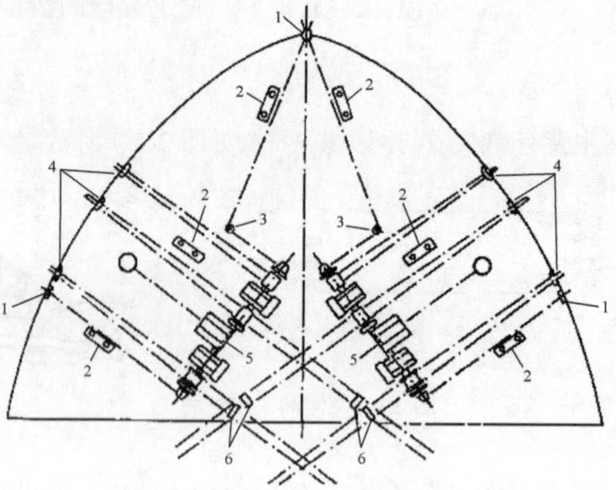

图 2-4-5　大型船舶船首系泊设备布置图

1—导缆孔；2—系缆桩；3—导向滚轮；4—万向导缆孔；5—锚机；6—导向滚轮

有挽缆用的缆桩（bitt）。缆桩的受力很大，因此要求基座必须十分牢固，缆桩附近的甲板均需加强。

缆桩有铸造的，也有用钢板围焊而成的。其类型较多，有双柱系缆桩、斜式双柱系缆桩、单十字系缆桩、双十字系缆桩、羊角桩及单柱系缆桩等，如图 2-4-6 所示。大中型船舶多采用双柱系缆桩。如船舶使用钢丝绳，则缆桩易被钢丝磨出沟，此时应及时补焊加固，防止受力过大发生事故。

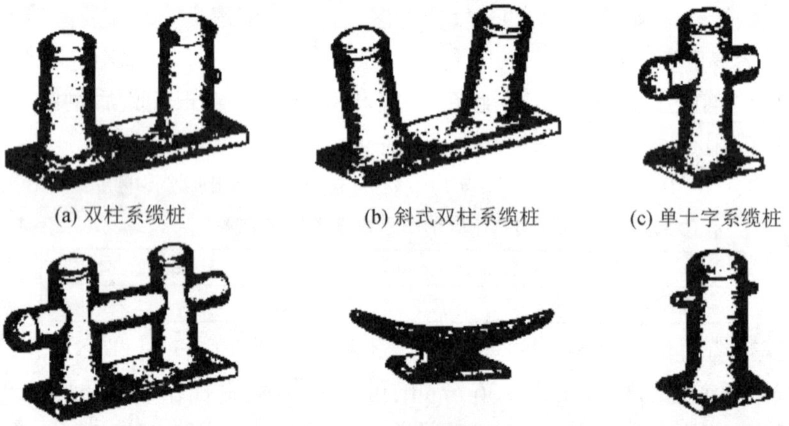

(a) 双柱系缆桩　(b) 斜式双柱系缆桩　(c) 单十字系缆桩

(d) 双十字系缆桩　(e) 羊角桩　(f) 单柱系缆桩

图 2-4-6　缆桩

（二）导缆装置

为了使缆绳按一定方向，从舷内通向舷外引至码头或其他系缆地点，限制其位置，并尽量减少缆绳与舷边的磨损，避免因急剧弯折而增大所受应力，在船首尾及两舷都设有导缆装置。

1. 导缆孔（mooring pipe）

导缆孔又称巴拿马孔（Panama lead，Panama towing pipe），为圆形或椭圆形的铸钢件，如图 2-4-7 所示。导缆孔一般设置在主甲板的舷墙处，系缆经过它时，接触面呈圆弧形，可避免舷墙对系缆的切割作用,也便于系缆的琵琶头顺利通过。但相比其他导缆装置,导缆孔对系缆的磨损比较严重。

2. 滚柱导缆器(fairlead with horizontal roller)

滚柱导缆器是装在甲板端部及上下两层甲板间的导缆装置,由四个柱形滚筒围成。图 2-4-8 为滚柱导缆器实物图。

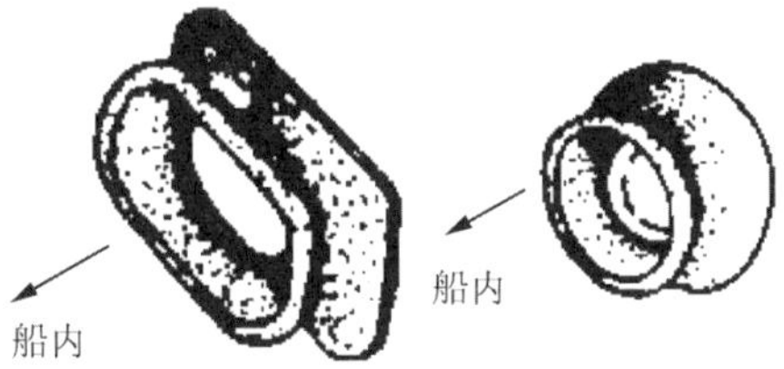

图 2-4-7　**导缆孔**

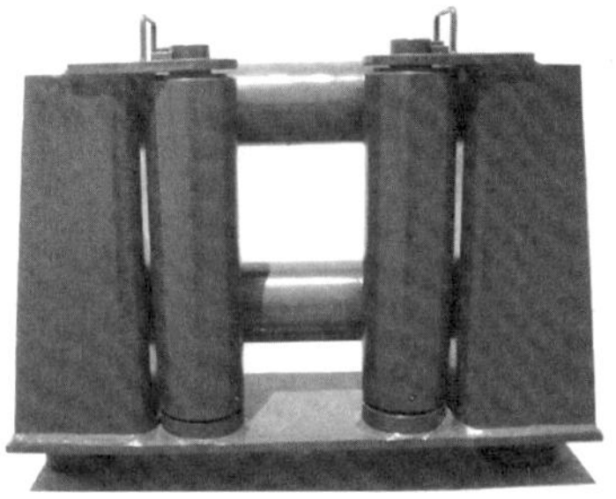

图 2-4-8　**滚柱导缆器实物图**

3. 滚轮导缆器(roller fairlead)

滚轮导缆器一般设于船首尾的舷墙位置,由数个滚轮并立组成,如图 2-4-9 所示。

4. 导缆钳(chock)

导缆钳都是铸钢的,一般设置在艏艉楼的舷墙或甲板上。其形式较多,有闭式、开式、无滚轮和带滚轮等种类。为减小对系缆的摩擦,大中型船舶都采用带滚轮的导缆钳,通常有单滚轮、双滚轮和三滚轮等,如图 2-4-10 所示。

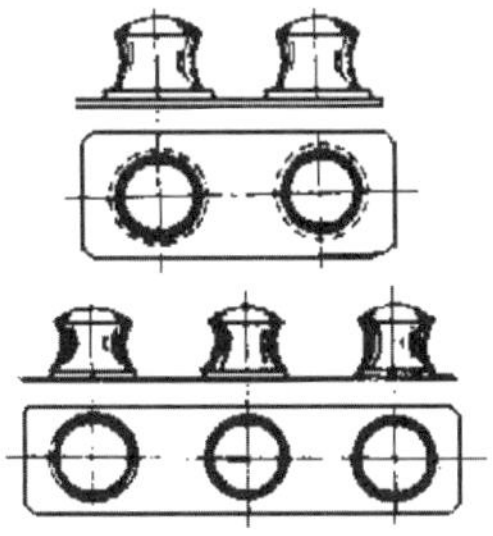

图 2-4-9　**滚轮导缆器**

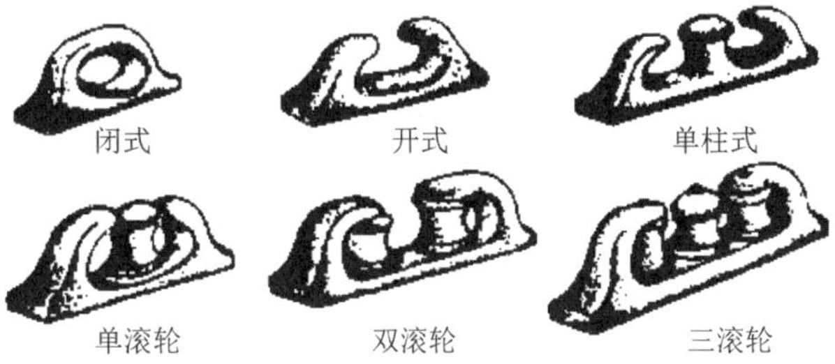

图 2-4-10　**导缆钳**

5. 导向滚轮(pedestal fairlead)

导向滚轮有直立式和水平式两类,一般设置在大中型船舶首尾部导缆装置与绞缆机械之间的甲板基座上,用以改变缆绳方向,以便将其引至卷筒或避免缆绳与舷边直接摩擦。滚轮旁的羊角可以防止系缆松弛时滚落到甲板上。导向滚轮通常与锚机、绞缆机配合使用,使缆绳与卷筒轴线垂直,以便于缆绳的绞进,如图 2-4-11 所示。

6. 转动导缆器(universal fairlead)

转动导缆器也称万向导缆器(孔),如图 2-4-12 所示。这种转动导缆器在孔的左右及上下均装设滚轮或滚柱,可大大改善工作条件。

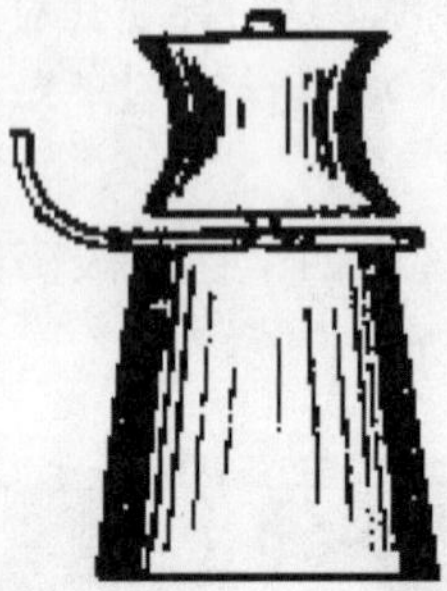

图 2-4-11　导向滚轮

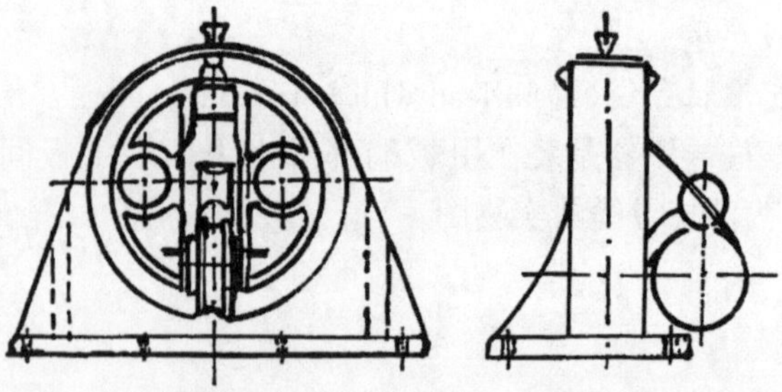

图 2-4-12　转动导缆器

(三)绞缆机

绞缆机也称系缆绞车(mooring winch),主要用于船舶靠离码头、与他船并靠及移泊时收绞缆绳。一般船舶的船首不单独设置绞缆机械,由锚机兼用,但现在一些大型船舶在船首亦专设系缆绞车;船中部的缆绳一般由起货机副卷筒收绞,一些大型船舶在船中也设置系缆绞车;船尾甲板一般单独设置系缆绞车或系缆绞盘。

绞缆机根据不同标准,有不同的分类。按动力源,绞缆机可分为电动绞缆机、液压绞缆机和一部分油船上还在使用的蒸汽绞缆机;按卷筒的轴线方向,绞缆机可分成卧式绞缆机和立式绞缆机两种。随着船舶自动化的发展,部分船舶还装备了自动张力绞缆机。

1. 卧式绞缆机

图 2-4-13 所示为普通的卧式绞缆机,其卷筒是由电机经过减速后驱动运转的,占用甲板面积较大。

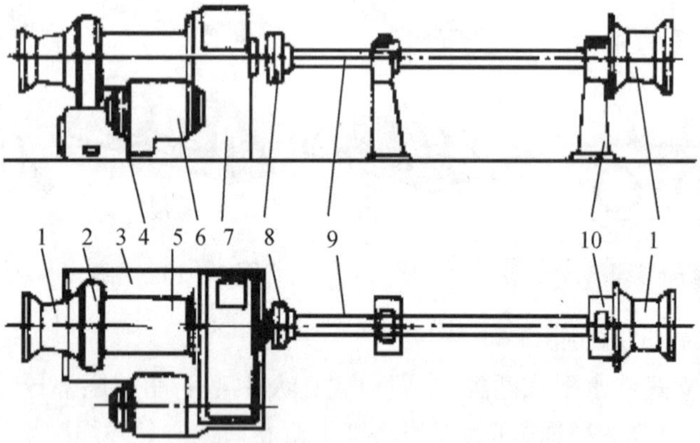

图 2-4-13　卧式绞缆机

1—卷筒;2—墙架;3—底座;4—圆盘刹车;5—主滚筒;6—电动机;7—减速箱;8—联轴节;9—主轴;10—轴承座

2. 立式绞缆机

立式绞缆机又称系缆绞盘(capstan),其动力装置一般设在甲板下面,故占用的甲板面积较小,并有利于保护电机,如图 2-4-14 所示。

3. 自动张力绞缆机

自动张力绞缆机(automatic tension mooring winch)的全称为自动张力调整绞车。目前,有

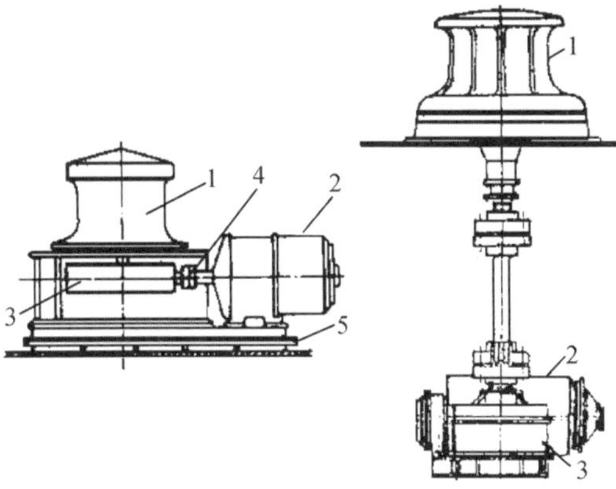

(a) 立式绞缆机示意图

(b) 立式绞缆机实物图

图 2-4-14　立式绞缆机

1—卷筒;2—电动机;3—减速箱;4—联轴节;5—底座

不少大型船舶已装配了自动张力绞缆机。自动张力绞缆机按动力源分为电动的和液压的。其基本原理是在绞缆卷筒上施加一个可调的动力矩,以便与系船缆上的张力所引起的拉力矩保持平衡。当船舶因吃水变化或受潮汐、风力影响,导致系船缆绳的张力有所增减,从而偏离规定值时,自动张力绞缆机能够相应地自动收放缆绳,使其张力稳定在规定值。这样,就可以防止缆绳因受力过大而被拉断,保证系泊安全,并可减少值班人员随缆绳受力反复收放缆绳的操作和降低劳动强度。图 2-4-15 是电动液压自动张力绞缆机的工作原理图。

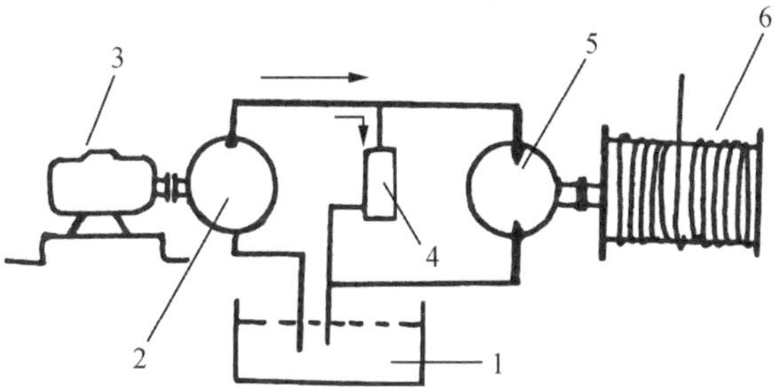

图 2-4-15　自动张力绞缆机工作原理图

1—油箱;2—高压油泵;3—电动机;4—自动控制压力调节阀;5—液压马达;6—卷筒

当缆绳松弛、张力减小时,自动控制压力调节阀 4 动作使压力阀关闭,高压油泵 2 排出高压油进入液压马达 5,驱动转轴和卷筒顺时针方向旋转,将松弛的缆绳绞紧。当张力达到原规定值时,压力阀又自动开启,压力油大部分经压力调节阀流向油箱 1,少量油液进入液压马达补充泄漏的油液量,使卷筒停止转动。当系船缆的张力大于液压马达内的液压制动力时,系船缆会拉动马达反转将缆绳松出。例如,系船缆的使用力为 9. 8 kN,则可调至 9. 8 kN 一挡。当系船缆受力超过 9. 8 kN 时,卷筒即自动松出缆绳而不会引起断缆;当系船缆受力小于 9. 8 kN 时,卷筒即自动回卷张紧缆绳,使系统保持受力平衡,从而保持船身始终贴靠码头。

通常,自动张力绞缆机必须与转动导缆装置(即万向导缆器)配合使用。由于自动系缆机的缆绳必须卷在绞缆卷筒上,数量有限,一般万吨级货船通常只有头缆两根和尾缆两根可以自动收放,只能满足一般情况。而当船舶吃水变化很大或潮汐、风力使缆绳的张力变化很大时,仍需人工及时调整所有缆绳。根据IMO的要求,停泊中的油船,其自动张力绞缆机应处于“不自动”的工作状态。

(四)缆车及附属用具

1. 系缆卷车

用来卷存缆绳的装置称为系缆卷车,简称缆车(reel)。凡是用钢丝绳作为系船缆的船舶都配有专用的缆车,用来卷存钢丝绳,如图2-4-16所示。化纤缆不用时一般收藏在舱内或专用箱子内,或盘好在木格板上并绑扎好,有的船舶也使用缆车来存放化纤缆,带缆前将缆绳松出并有序地平铺在甲板上以便立即投入使用。现在,大部分船舶的系缆卷车直接与绞缆机的载荷轴相连,使之既能储存系船缆,也能随时直接收绞和调节缆绳,而不必用制缆索将系船缆由卷筒移至缆桩上,大大方便了带缆工作。

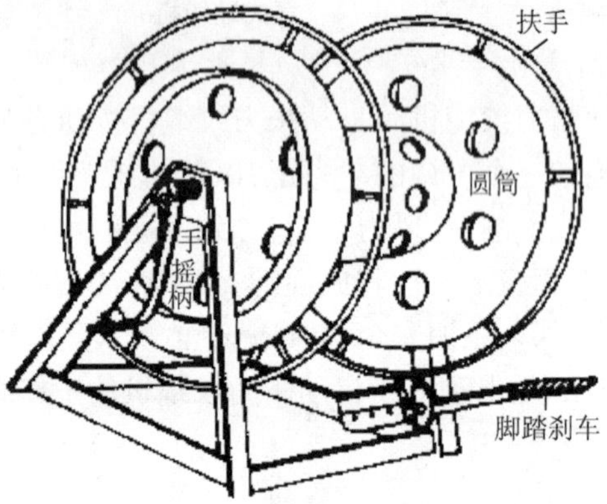

图2-4-16 系缆卷车

2. 制缆索

制缆索(stopper)主要用于船舶系泊时临时在系船缆上打结,以承受缆绳拉力,从而将缆绳从卷筒上取下挽在缆桩上,或将其从缆桩上取下,挽在卷筒上继续收绞。制缆索有制索绳和制索链两种。制索链用于钢丝绳,而制索绳用于纤维绳,其使用方法如图2-4-17所示。

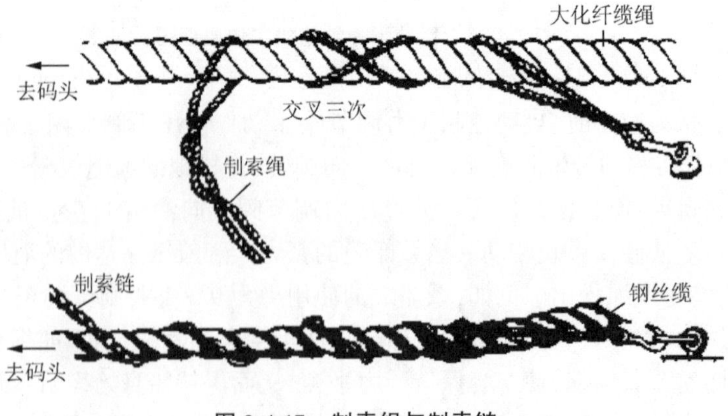

图2-4-17 制索绳与制索链

3. 撇缆绳

靠泊时从船上抛给码头带缆人员，将缆绳引送至码头的牵引绳称为撇缆绳(heaving line)。其长度约为 40 m，直径约为 6 mm，绳的前端带有一定重量的撇缆头(heaving line ball)。它是一个纺锤形的硬橡胶块，既方便抛掷，又可防止对相关人员造成伤害。

4. 撇缆器

用火药或高压气体等作为推力，能将撇缆绳抛出 230 m 以上距离的装置称为撇缆器(throwing line apparatus)，也称抛绳器。其作用主要是在船舶遭遇紧急情况，两船不能接近的情形下，利用它进行远距离撇缆，从而引出缆绳。撇缆器一般在救助船上用得比较多。

5. 碰垫

碰垫俗称靠把(fender)，其外部用绳编织成细网状，内填软木或棕丝等软性物质的软球体。它在船舶靠离码头或靠离其他船只时放于舷外，用于缓冲船体与码头等物体的冲击和摩擦，从而保护船舷。

6. 防鼠板

防鼠板(rat guard)亦称挡鼠板，一般由薄钢板或塑料板制成。船靠码头带缆完毕后，必须在每根系缆绳上系妥防鼠板，以防止鼠类动物沿缆绳爬进或爬出船舶，如图 2-4-18 所示。

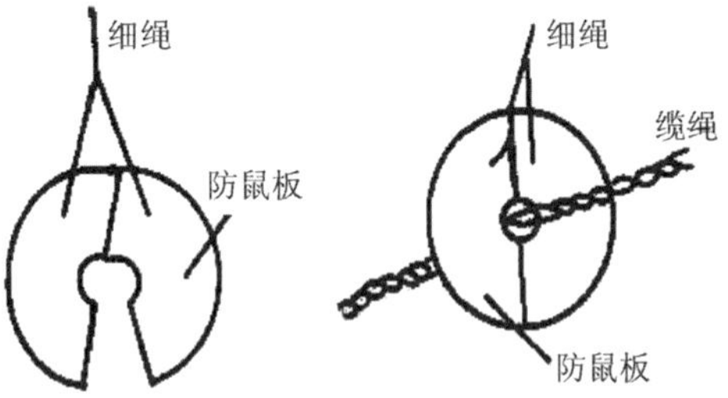

图 2-4-18 防鼠板

四、系泊设备的安全使用及检查养护

(一)安全使用注意事项

1. 化纤缆使用注意事项

(1)化纤缆伸缩性较大，受力拉长后有很大的弹力，所以上卷筒受力时易突然跳动，操作时应离卷筒远一些，以防弹出伤人。

(2)用绞缆机收绞化纤缆时，尽量避免绞缆机空转或打滑(卷筒上钢丝绳要绕 5 圈，化纤缆通常要绕 4 圈)，以免摩擦产生高温使化纤缆变质或黏合；存放时应避开蒸汽管路等高温处；为延长使用寿命，化纤缆头部等易磨损处特别是琵琶头可用帆布包扎好。

(3)不可与钢丝绳交错使用同一导缆孔或缆桩。

(4)避免接触酸、碱等化学品，以免变质；经常用淡水冲洗，存放时应保持干燥。

2. 钢丝绳使用注意事项

(1)在钢丝绳 10 倍直径长度内发现断丝超过 5%或有显著变形、磨损和锈蚀时应换新。

(2)钢丝绳不应有扭结、急折;系缆时弯曲处应至少有6倍钢丝绳直径的弯曲半径。

(3)在使用钢丝绳时,若发现有锈蚀,其使用强度应降低30%。

(4)一根钢丝绳不能同时出两个头使用。

(5)用完后,应整理卷好钢丝绳,在缆车上罩好帆布罩,临时在甲板上盘放钢丝绳,应按顺时针方向盘放。

(6)平时应对系缆卷车的转动部分定期检查和涂油防锈。使用时,应特别注意缆车的转速。松缆时应使用缆车的脚踏刹来控制速度,不能用手来制止缆车的转动,以免发生危险。

3. 其他应注意事项

(1)绞缆时的速度大小要听从指挥,不要硬绞或突然加大系缆绞车的功率,以防拉断缆绳或损坏绞缆机械。

(2)缆绳由卷筒上桩时,应使用与缆绳同质的制缆索。

(3)带缆时,人员站位要适当,严禁站在缆绳圈中或两脚跨缆绳。操作时注意力要集中,不要靠近张紧的缆绳。

(4)带缆前,缆绳和属具要预先准备好,以免造成不必要的延误。

(5)操作人员应戴好手套、安全帽,穿好工作鞋等安全防护用品。

(6)溜缆时,人员应站在距缆桩1 m以上处手持缆绳活端。

(7)挽桩时,对于双柱缆桩,应先绕过前面一根,从两桩中间穿过,绕在后面桩上,再按"8"字形挽牢(大挽);纤维绳有时也可挽单桩(小挽)。

(8)一个缆桩最好挽一根缆绳,若必须挽两根,则钢丝绳与化纤缆不能同挽一桩。

(9)对于挽桩道数,一般钢丝绳至少挽5道,化纤缆至少挽4道,植物纤维绳至少挽3道,挽单桩时应至少挽6~7道。

(10)钢丝绳弹力大,为防止弹出松弛,挽牢后应在"8"字当腰处的最上面3道用小绳打上系缆活结并系牢。

(11)注意两根或两根以上缆绳在同一船上缆桩或岸上缆桩的正确套桩方法,如图2-4-19所示。

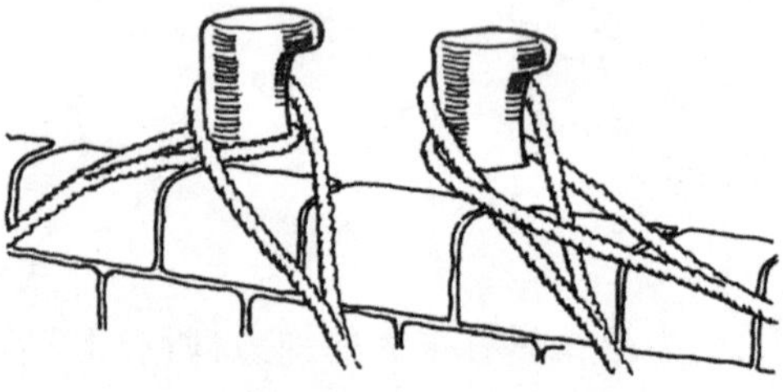

(a) 错误方法　　(b) 正确方法

图2-4-19　两根或两根以上缆绳在同一缆桩上的套桩方法

(二)检查与养护

系泊设备的检查与养护要点如表 2-4-4 所列。

表 2-4-4 系泊设备的检查与养护要点

序号	名称	养护周期	检查要点	养护要点
1	钢丝绳	3 个月	锈蚀和断丝情况,绳内油麻芯含油量	除锈上油,断丝超过规定的应换新或插接
2	植物纤维绳	3 个月	外表磨损情况,股内是否有霉点	洗净晾干后收藏,股内发黑者不能用
3	化纤缆	3 个月	外表磨损情况(测量粗细)	洗净晾干后收藏
4	绞缆机	3 个月	刹车是否可靠,离合器是否灵活,自动带缆绞车是否有效,卷筒损坏、磨耗、腐蚀情况,操纵器的水密情况	失灵的应换新或修理,活络处加油,自动装置失效应及时修复。要对修理后的绞缆机进行试验,运转试验应进行 1~2 h,并测定转速、拉力负荷。绞缆速度应能达到 15 m/min,绞缆拉力应能达到所配置的系船缆破断力的 75%左右,试验过程中还应进行制动和过载保护装置的试验
5	系缆卷车	6 个月	外壳、底脚螺栓锈蚀情况,卷筒轴是否活络	除锈涂漆,加油润滑
6	导缆钳、导向滚轮	6 个月	本体锈蚀、磨损情况,滚筒是否活络,不活络的可能是销轴弯曲	除锈油漆,做好磨损记录,加油润滑,销轴弯曲的应修理
7	系缆桩、导缆孔	6 个月	锈蚀、磨损情况	除锈油漆,做好磨损记录
8	制缆索	每航次	甲板眼环是否锈蚀、磨损,链(索)是否变形、腐蚀和磨损	除锈油漆,磨损变形严重的应换新
9	撇缆、靠把、挡鼠板	每航次	是否齐全和损坏	丢失补充,损坏换新

五、系泊标准用语

系泊标准用语如表 2-4-5 至表 2-4-7 所列。

表 2-4-5 靠泊(berthing)标准用语

英文	中文
We will berth port/starboard side alongside.	我船将左舷/右舷系泊。
We will moor to buoy(s) ahead and astern.	我船将前后系浮筒。
We will moor alongside.	我船将系泊。
We will moor to dolphins.	我船将系缆桩。
Send out head/stern/breast lines.	送出艏/艉/横缆。
Send out spring(s) fore/after.	送出艏倒缆/艉倒缆。
Do you have tension winches?	你船有自动绞缆机吗?
Have heaving lines ready forward and after.	备妥前后撇缆。
Send heaving/head/stern/breast line ashore.	送出撇缆/头缆/艉缆/横缆到岸上。
The linesmen will use shackles/lashings for securing mooring.	带缆工人将用卸扣/绑绳加固系泊。
Use center/Panama lead.	使用中央/巴拿马导缆孔。
Use bow lead.	使用艏导缆孔。
Use port quarter/starboard quarter lead.	使用左后舷/右后舷导缆孔。
Heave on... line(s)/... spring(s).	绞……缆/……倒缆。
Pick up slack on... line(s)/... spring(s).	收紧……缆/……倒缆。
Heave away.	绞缆。
Stop heaving.	停止绞缆。
Slack away... line(s)/... spring(s).	放松……缆/……倒缆。
Stop slacking... line(s)/... spring(s).	停止松……缆/……倒缆。
Hold on ... line(s)/... spring(s).	刹住……缆/……倒缆。
Heave in easy.	慢慢绞缆。
Heave alongside.	绞拢至码头。
Keep lines tight.	保持缆绳拉紧。
Report forward/after distance to...	报告前/后到……的距离。
Forward/after distance to ... meters.	前/后到……的距离为……米。
We have to move ... meters ahead/astern.	我船必须向前/后移动……米。
We are in position.	我船就位。
Make fast fore and after.	前后挽牢。
Fast forward.	船首部挽牢。
Fast after.	船尾部挽牢。

表 2-4-6 离泊(unberthing)标准用语

英文	中文
Stand by engine(s).	备车。
Engine(s) standing by.	车备妥。
Are you ready to get underway?	你船做好开航准备了吗?
Ready to get underway in... minutes.	……分钟后可做好开航准备。
Stand by for letting go.	准备接缆。
Standing by for letting go.	正准备接缆。
Single up... lines and... springs fore and after.	船首尾……缆和……倒缆单绑。
Slack away head/stern/breast line.	放松艏缆/艉缆/横缆。
Hold on head/stern/breast line.	刹住艏缆/艉缆/横缆。
Hold on fore/after spring.	刹住前/后倒缆。
Heavy on head/stern/breast line.	绞艏缆/艉缆/横缆。
Heavy on fore/after spring.	绞前/后倒缆。
Let go everything forward/after.	前/后所有缆绳全部解掉。
Let go head/stern/breast line.	解艏缆/艉缆/横缆。
Let go fore/after spring.	解前/后倒缆。
Let go tug line.	解拖缆。
…is/are let go.	……已解掉。
Stand by bow anchor(s).	备艏锚。
Bow anchor(s) standing by.	正在备艏锚。

表 2-4-7 其他 QD 标准用语

英文	中文
Is propeller clear?	螺旋桨清爽吗?
Yes, propeller clear.	是的,螺旋桨清爽。
No, propeller not clear.	不,螺旋桨不清爽。
Keep propeller clear.	保持螺旋桨清爽。
Stop propeller.	停止螺旋桨转动。
Propeller stopped.	螺旋桨已停止转动。
Are fenders on berth?	泊位上有碰垫吗?
Yes, fenders on berth.	是的,泊位上有碰垫。
No, no fenders on berth.	不,泊位上没有碰垫。
Have fenders ready fore and after.	准备好前后碰垫。

六、靠离泊中系缆的运用

靠离泊中系缆的运用教学视频

(一)靠泊用缆

靠码头先带什么缆,以及带缆的快慢关系到整个操纵方案能否顺利完成。带缆的先后顺序与当时的风流情况密切相关。

1. 一般情况下的带缆顺序

能否及时带上第一根缆对安全靠泊至关重要。在有流港口,船舶多取顶流靠;在静水港口,船舶多取顶风靠。靠泊时一般应先船首带缆,后船尾带缆;而船首应先带艏缆,后带倒缆、横缆。若码头较短,缆桩较远,则可从里档稍后处的带缆孔出一根领水缆,暂起艏缆作用,待靠妥后再带艏缆。

2. 吹开风或吹拢风较强时的带缆顺序

吹开风或吹拢风较强时,一般先带艏横缆,无条件时亦可将艏缆与艏倒缆同时带上,并尽快收紧。这样,吹开风时可防止船首被吹开而陷入被动;吹拢风时则可防止船尾被风压拢过快而触碰码头。

3. 艉部出缆顺序

艉部出缆通常在船首已带上艏缆及艏倒缆并已稳住船身后,在驾驶台示意下开始进行,以免影响动车。其带缆先后顺序视具体条件而定:

(1)船舶重载,顶流较强时,应先带艉倒缆,后带艉缆、横缆,以防止船身后移。

(2)如流较弱,而风从船尾来,且风力较大,则应先带艉缆,后带艉倒缆、横缆。

(3)船舶空载,吹开风较强时,应先带艉横缆,以便尽快将船尾绞拢。

总之,带缆的先后顺序应从操纵全局出发,以有利于稳定船身、保护车舵、平稳贴靠码头为原则。所以艏艉应协调配合,相互呼应,使船身能与码头平行或近乎平行地缓缓靠拢,接触力量越小越好。

(二)离泊用缆

1. 离泊前,主机备车过程中要试车

离泊前,务必收紧前后各缆,使之均匀受力,以防冲车时造成断缆。

2. 备车完毕后的离泊单绑(single up)

单绑即先行解掉操纵中用不着的各缆,并非只留一根缆之意。对于一般情况下的离泊单绑,船首应留外档艏缆及艏倒缆各一根;艉部在顶流时留一根倒缆,顺流时留一根艉缆,如风流方向相反,则留受力大的一根。静水港则根据风向而定。

离浮筒单绑时,应根据实际情况,适时解掉单头缆,艏艉只留回头缆,待拖船就位后方可解去。

3. 离泊时倒缆的运用

主机功率不大的中小型船离码头时,为保护车、舵,通常采用先将船尾摆出一个角度,然后绞锚或拖艏或倒车退离码头的方法,俗称开艉,如图 2-4-20(a)所示。

艉离前,艏倒缆应选强度大、质量好的缆绳,尽可能带在贴靠码头边而又接近船中部的缆桩上,并将其收紧挽牢,使它有足够的长度,以适于承受带力后慢进车之力。

在操作时,先操里舷满舵,微速进,见倒缆开始受力即停车。当缆逐渐拉紧,船首开始向码头贴拢时,再用微进或慢进车,使艏倒缆缓缓地受力并一次吃紧,应避免使倒缆受顿力。

重载大船应争取拖船协助,不得已以自力艉离时,必须十分谨慎,必要时用两根艏倒缆。

与艉离法相对应的是使用艉倒缆的艏离法,俗称开头。如图 2-4-20(b)所示,在顶流较强或吹开风有力时,可不用拖船而以自力艏离。留艉倒缆并使之带力后,用外舷舵松艏缆使船首外摆达一定角度后解艏缆,慢进车以稳定船身,艉倒缆松弛后即时解掉并迅速收进,待艉部清爽后驶向航道。此法仅限于小吨位船舶在艏离开码头约 15°,确保车、舵不会触碰码头的情况下才能使用。

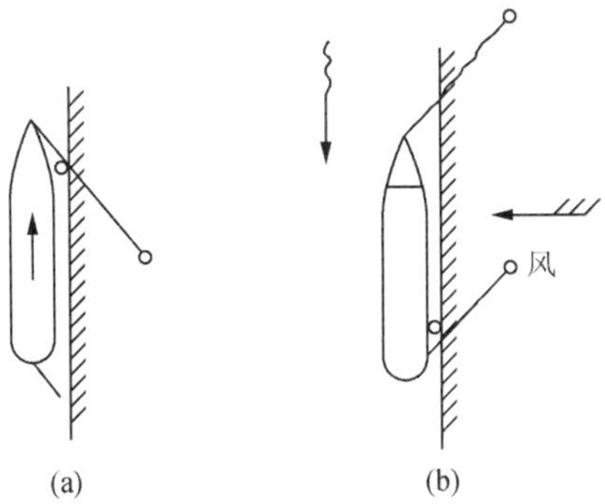

图 2-4-20 离泊时倒缆的运用

(三)用缆注意事项

(1)停泊中因潮汐、装卸、风流等的影响,原受力均匀的各缆可能会处于受力不均匀状态,因此应注意查看并及时调整,使各缆受力均匀,严防个别缆受力过大。

(2)操纵中应防止出现缆绳突然受顿力的现象,以免缆绳绷断伤人或损坏船舶。

(3)缆绳与之摩擦的部位应及时衬垫,尽量减少磨损。

(4)各缆与船首尾线的交角要适当。交角过大,横向分力大,纵向分力小,船易前后移动;交角过小,纵向分力大,横向分力小,吹开风时船易被吹离码头。为此,应根据用缆的目的正确选择和调整缆绳的使用角度,以适应具体条件。

(5)缆绳挽桩要牢固。挽的道数要足够,防止跳出。

(6)码头上桩时,应将琵琶头由桩上缆绳的琵琶头圈中穿出后上桩。

(7)系浮筒的各单头缆应受力均匀,回头缆不宜吃力;前后有船系、离时,应及时检查、调整本船的系缆。

任务五 拖船的运用

拖船的认识及应用教学视频

学习目标

知识目标：掌握拖船的种类及各种使用方法。
能力目标：能准确把握拖船协助操船的不同方法。
素质目标：培养学生良好的沟通能力。

船舶在风大流急或自力操纵发生困难时，往往需要拖船协助。有拖船助操时，大船与拖船双方驾驶人员在操作前应商定操纵方案，操纵中必须密切配合、协调动作，大船要随时注意拖船动向并体谅其操纵上的困难，才能确保安全。

一、港作拖船的种类及特性

1. 港作拖船的种类

现有的港作拖船有可变螺距推进器（简称 CPP 型）拖船、平旋推进器（简称 VSP 型）拖船以及 Z 型拖船三种。老式的带普通舵的固定螺距推进器拖船（FPP 型）在国内仍被使用，但目前国内使用最多的是 Z 型拖船。

2. 港作拖船的性能比较

港作拖船普遍具有主机功率高而船舶尺度小的特点，通常其 L_{PP} 最长为 30 m 左右，长宽比在 3.2~4.2，GM 至少应保持在 0.75 左右。

各类拖船的主要性能比较：

（1）CPP 型拖船前进推力大，但倒车推力和运动性能不够好，耐波性也很差。

（2）Z 型拖船的操纵性能最佳，VSP 型拖船次之，这两种类型的拖船在操纵中无须改变主机的转动方向即可换车，变速灵敏，旋回性能好，且可横向移动。尤其是 Z 型拖船，能给出远较 VSP 型拖船更高的拖力，且进车和倒车推力相差无几，可向任意方向提供强有力的推力，受到操船者的普遍欢迎。

（3）VSP 型拖船的拖力低于 CPP 型拖船，但其机动性能良好，可正横方向进车，横向牵引力可达到直向的 45%左右。

二、运用拖船的方式与带缆

按照不同的操纵环境与要求，根据拖船的性能和特点，运用拖船的方式大致分为五种。

1. 吊拖（leading ahead）

吊拖又称直拖或拎拖。吊拖由本船出拖缆于拖船拖钩上，也可由拖船出缆系于本船上。拖缆长度视港内操纵水域而定。为了充分发挥拖船的有效拖力，保证操纵的灵活性，以及免使拖缆承受更大的张力，应使拖缆有最小的俯角，一般情况下应小于 15°，即拖缆长度应大于被拖船拖缆出口至水面高度的 4 倍;即使被拖船拖缆出口至水面高度很低,拖缆也不应少于 45 m,实际上一般为拖船船长的 2 倍左右。

单拖船吊拖是一种只可进而不能退的牵引方式。被拖船吨位很大,在极狭小深水域内操纵时,也可布置成为既可进可退,又可原地掉转的四角牵引的吊拖方式,操纵性能将会大大改善,如图 2-5-1 所示。

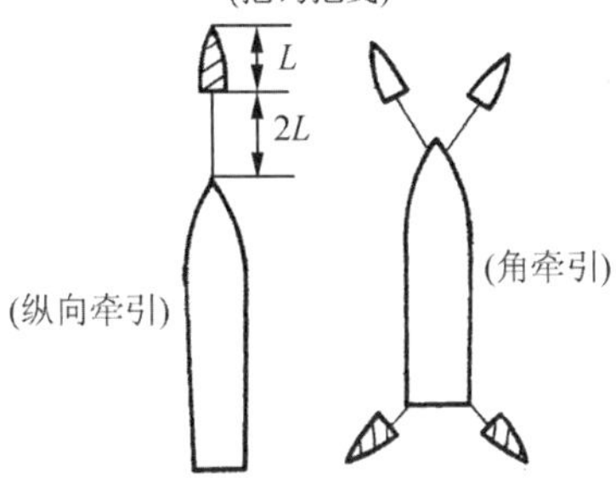

图 2-5-1 吊拖方式

2. 顶推

拖带中,如拖力作用点的位置及方向处于经常变换的情况宜采用顶推(pushing)方式。图 2-5-2 所示为用顶推方式协助本船转向的实例。若用单拖船顶推船中,或用双拖船分别顶同舷的艏艉可助船横移。

顶推的带缆方式有单艏缆、双艏缆和紧绑(除双艏缆外,另加一根从拖船船尾带到大船的稳定缆)三种。其中,紧绑可较好地保持拖船的顶推方向;双艏缆次之;单艏缆则在倒车时难以保持拖船方向。

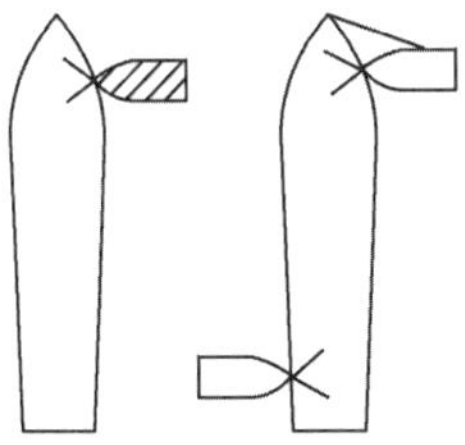

图 2-5-2 顶推方式

3. 傍拖

傍拖(towing alongside)是拖船船首向偏于内侧傍靠在本船舷边的拖带方式,如图 2-5-3(a)所示,拖船常作为动力船使用。如图 2-5-3(b)所示,傍拖时各缆的名称及作用如下。

(1)拖船艏缆:习惯上由拖船提供,一般为钢丝绳。该缆的作用:一是拖船倒车时,对大船起制动作用;二是拖船向傍靠一舷用舵时,起牵动大船同时转向的作用。

(2)拖船捎缆:习惯上由大船提供钢丝绳,并作为主拖缆。该缆在拖带过程中受力最大。

(3)拖船艉缆:习惯上由拖船提供,要求是钢丝绳。其作用主要在于拖船用舵时牵动大船转向,其次是与捎缆一起受力拖动大船前进。

以上三根缆须均匀受力,不能松动,如有需要,还可加带横缆、艉倒缆等,以使拖船和大船在拖带过程中形成一个整体,避免拖船前冲后缩而断缆或无法控制。

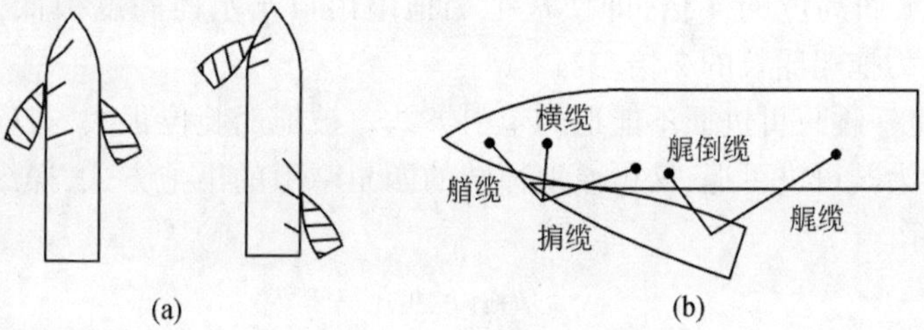

图 2-5-3　傍拖方式

4. 作舵船用

用作舵船的拖船应采用 Z 型或 VSP 型拖船，均系于被拖船船尾，如图 2-5-4 所示。根据舵船与大船之间系缆方式的不同，可以使舵船在起到控制本船航向的主要作用之外，还可以起到推进或制速的作用。

5. 组合拖曳

拖无动力船或超大型船在港内由拖船进行操纵时，为同时解决推进、制速、保向、变向以及掉头等问题，将多艘拖船按所需拖带方式予以组合的拖带方式为组合拖曳，如图 2-5-5 所示。

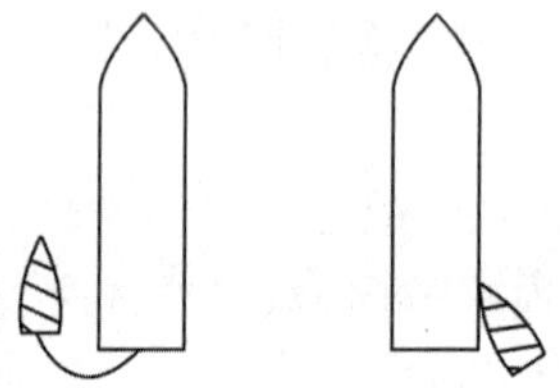

图 2-5-4　拖船作舵船用

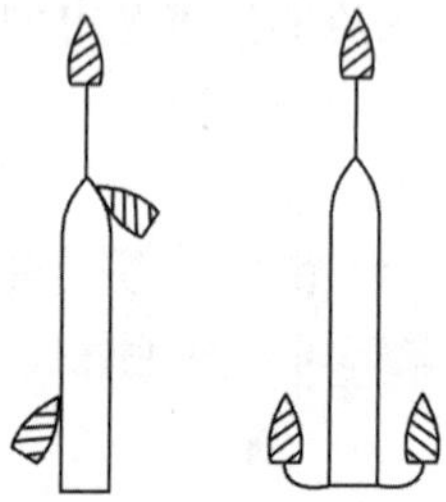

图 2-5-5　组合拖曳

三、拖船的配置

1. 根据助操任务确定拖带方式和拖船种类

在实际操纵中，应根据操纵本船的基本要求和外力的影响，确定拖船的种类及合适的拖带方式。

2. 选择吊拖或顶推方式的条件

适于吊拖的条件为：

(1) 大船在较长时间内向同一方向移动；

(2) 水域较宽裕；

(3) 拖船的拖钩在转心附近。

适于顶推的条件为：

(1) 使用时间和使用方式多变；

(2) 水域受到限制；

(3) 拖船的拖钩设置在船体较后部。

最适合吊拖的拖船是 CPP 型拖船；Z 型拖船也适用，因它可 360°回转，故用于顶推、傍拖时比吊拖更有效。

四、拖船作用下的船舶(被拖船)运动

使用拖船时,被拖船的运动状态取决于拖船的就位位置、拖力的大小和方向,并与拖带方式密切相关。

1. 单拖船顶推或吊拖时被拖船的运动

如图 2-5-6 所示,假设被拖船静浮于水面,有一艘拖船以垂直于被拖船的艏艉线方向顶推或吊拖。根据力的平移原理,图 2-5-6(a)中作用于船头的推(拖)力 T 被简化为图 2-5-6(c)中的横向推力 T' 和转船力矩 $\boldsymbol{M}(T)$。因此,这时被拖船的运动是边横移边回转。顶(拖)船首时,其转心 P 约在距船尾 1/3 船长处;顶(拖)船尾时,其转心 P 约在距船首 1/3 船长处,如图 2-5-7 所示。转心距重心的距离 GP 可由下式估算:

$$GP=(0.35L)^2/GC \qquad (2\text{-}5\text{-}1)$$

式中:L——船长;

GC——拖力作用点到重心的距离。

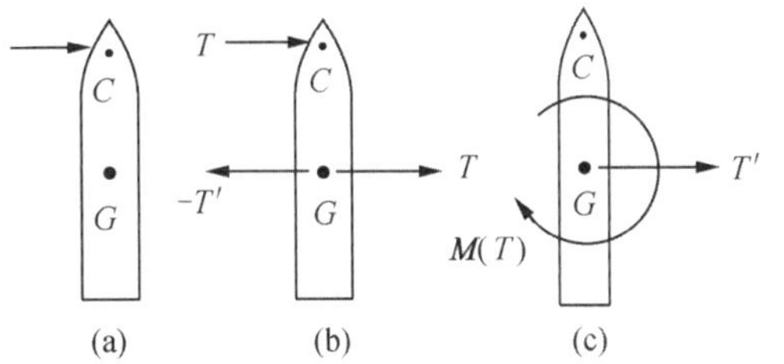

图 2-5-6　单拖船顶推(吊拖)时的转动与横移

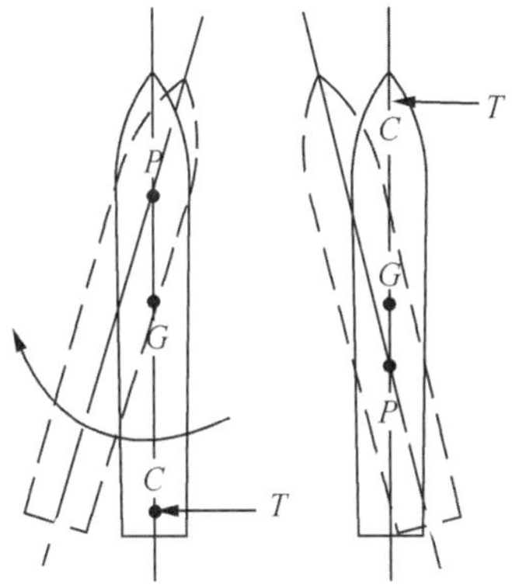

图 2-5-7　单拖船横推(拖)时本船转心位置

2. 本船低速直进时拖船顶艉与拖艏时的运动比较

如图 2-5-8(a)所示,当拖船顶尾时,大船边前进,边向左横移,即船舶做斜航运动。此时水从左前方流向船体,水动压力的横向分力 Y_w 所产生的转船力矩与拖船推力的转船力矩方向一致,因而加速了大船的回转,但大船船尾反移量较大;而在图 2-5-8(b)中,拖船拖艏,水将从右前方流向船体,Y_w 所产生的转船力矩与拖力的转船力矩方向相反,起阻碍回转的作用,与图 2-5-8(a)相比较,转过同样的角度所需时间更长,但船尾偏移量要小得多。因此,当水域足够,需加速回转时,应采用顶艉方式;而当水道较窄,不允许向外侧过多摆出时,则采用拖艏方式较为有利。

3. 顶流中协助船舶回转

若使拖力迎着水流方向作用,则大船漂移小且回转速度也较快;若使拖力顺着水流方向作用,则大船漂移大。

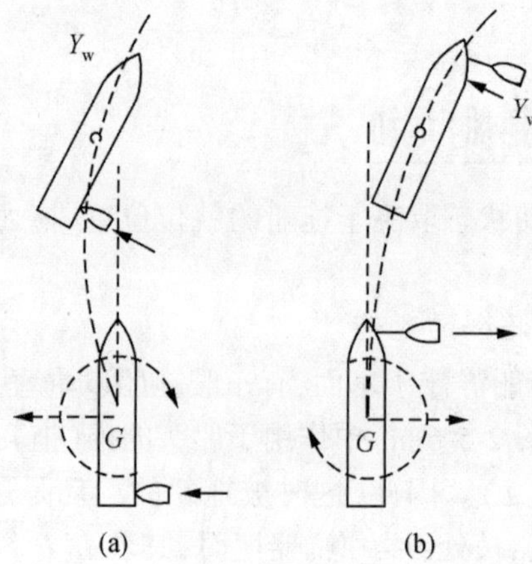

图 2-5-8 本船低速直进时推艉与拖艏的比较

4. 拖船斜向拖曳大船的艏与艉

(1)单拖船斜向拖曳船舶一端时本船斜航运动

如图 2-5-9(a)所示,将拖船拖力 T 分解成前进力 T_1 和横向力 T_2。T_1 使船前进并形成转船力矩;T_2 使船横移并形成转船力矩。由于船舶横向虚质量较大,横移阻力较大,所以单拖船斜拖静止中的本船一端时,本船该端在缓慢转向拖船的同时,将沿较拖力方向更靠近艏艉线的某一方向斜航。

本船向拖船所在一舷转头的回转力矩为

$$M = Tb\sin\theta - Ta\cos\theta \tag{2-5-2}$$

(2)双拖船同时以相等的拖力、角度同向拖本船首尾

如图 2-5-9(b)所示,这种情况大致相当于单拖船拖艏与单拖船拖艉的叠加。其结论是拖力角 θ 大于斜航漂角 β。

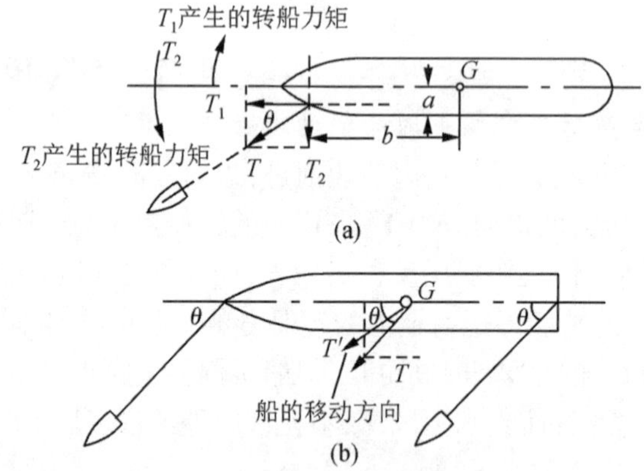

图 2-5-9 拖船斜向拖曳大船的首与尾

五、拖船助操的极限条件

1. 本船航行中拖船协助转头的极限航速

一般情况下,拖船对本船能给出的拖力和推力随其航速的增加而递减明显。当协助本船

直航时,除克服拖船自身阻力外仅能提供剩余拖力或推力;航进中,若用拖船协助本船转头,也只有上述剩余拖力和推力可提供。如将拖船配置在本船船尾,将这一剩余拖力与本船的舵力并用还有些效果的话,那么若将拖船配置于船首,就可能毫无用处。

如图 2-5-10 所示,航进中的本船操左舵时同时令拖船顶推船首右舷,则作用于本船的横向力 Y 和转头力矩 N 可表达为:

$$Y=Y(\beta)+Y(T)+Y(\delta) \tag{2-5-3}$$

$$N=N(\beta)+N(T)+N(\delta) \tag{2-5-4}$$

式中:$Y(\beta)$、$N(\beta)$——船舶斜航产生的横向力及其转船力矩;

$Y(T)$、$N(T)$——拖船剩余拖力产生的横向力及其转船力矩;

$Y(\delta)$、$N(\delta)$——舵力的横向力及其转船力矩。

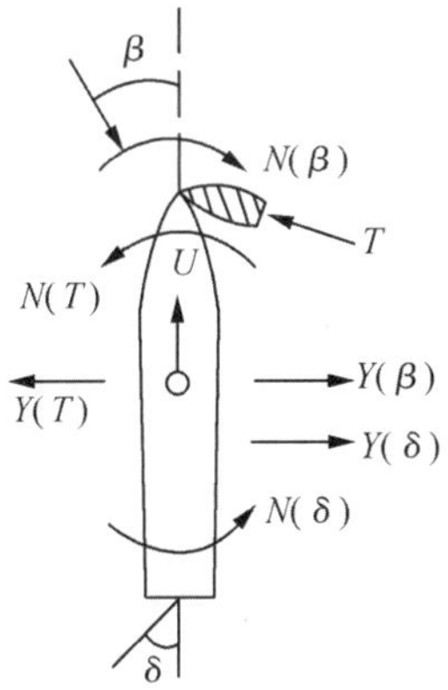

图 2-5-10 本船航进中拖船顶艏协助转向

当 $Y=0$ 时,由式(2-5-3)求得 β 后将 β 代入式(2-5-4),最后由力矩 N 的方向决定本船的转头方向。

显然,当 N 与 $N(T)$ 同向时,拖船顶艏便是有效的;当本船航速达到某值以上,且斜航转船力矩 $N(\beta)$ 大于舵力转船力矩与拖船剩余拖力转船力矩之和时,本船将向拖船顶推的相反一侧转向。这时本船的航速即为拖船效果的极限航速,常出现在拖船顶推或吊拖本船前端的情况下。

经验表明:前进中本船的拖船效果的极限速度一般为 5~6 kn;当本船后退中拖船顶艉时,不仅类似情况会出现,航速还会变得更低。

2. 拖船全速倒车使本船制动的极限速度

大型船,尤其是超大型船,其制动往往要依靠拖船进行,且制动时间和制动行程均较长。

经验表明,本船航速达到 6 kn 或 6 kn 以上时,拖船采用全速倒车使本船制动将会造成危险的后果。因为拖船不允许长时间超负荷工作,所以当本船航速接近 6 kn 时,拖船只能采用低速倒车,并随着本船船速的逐步降低而逐步提高倒车挡位,以增加制动力。这就要求本船的操纵者对本船的船速要有清醒的估计。

3. 拖船协助本船转向时的保位极限速度

经验表明,为使拖船在协助本船转向中保位,即拖船与本船之间较好地保持其相对位置,本船在船速控制上应注意以下两点:

(1)拖船顶推运动船舶的前端时,本船船速需控制在 3 kn 以下;

(2)拖船经拖钩拖带运动船舶的后端时,本船船速需控制在 5 kn 以下。

若不能满足上述条件,便会出现拖船难于保位的问题。尤其在第二种情况下,还会产生横拖拖船的危险局面。操船者必须明确,拖船仅仅是船舶处于静浮或低速运动状态下的强有力的助操设备,拖船的助操作用将因船速的提高而减小,进而丧失殆尽。

六、使用拖船的几种常见情况

(1)协助大船港内掉头。

(2)吹开风较大时协助大船靠拢码头。

(3)吹拢风较大时协助大船离泊。

(4)吹拢风较大时提艉协助大船靠泊。

(5)协助大船过急弯。

(6)拖无动力船。

七、协助操船所需拖船功率及艘数的估算

所需拖船的总功率及艘数应根据本船排水量、水域条件、泊位特点和系泊方法来确定,并按船舶被横推靠泊(阻力最大的运动状态)时的所需拖力计算,必要时还应留有适当的安全余地。日本岩井氏提出所需最大拖力条件应包括:克服推船入泊时的水阻力,以及克服推船入泊时横风流的影响。即拖船应发出的总推力 P 可用下式计算:

$$P=\frac{1}{2}\rho_{\mathrm{W}}\cdot C_{\mathrm{YW}}\cdot L\cdot d(v_{\mathrm{Y}}+v_{\mathrm{C}})^2+\frac{1}{2}\rho_{\mathrm{a}}\cdot C_{\mathrm{Ya}}\cdot Bv_{\mathrm{a}}^2 \qquad (2\text{-}5\text{-}5)$$

在将拖力换算成功率时,为简便起见,通常采用 100 hp 为 1 t(9.8 kN)的换算率。根据所换算的拖船总功率,再按实际的助操条件,即可求出所需拖船的种类和艘数。

普通万吨级船舶所需拖船总功率的经验估算式为

$$DWT\times 10\%(\mathrm{hp}) \quad 或 \quad DWT\times 7.4\%(\mathrm{kW})$$
$$或\ GT\times 15\%(\mathrm{hp}) \quad 或 \quad GT\times 11\%(\mathrm{kW})$$

对于 VLCC,满载时为

$$DWT\times 5\%(\mathrm{hp})\ 或\ DWT\times 3.68\%(\mathrm{kW})$$

空载时为

$$DWT\times 7\%(\mathrm{hp})\ 或\ DWT\times 5.15\%(\mathrm{kW})$$

八、使用拖船协助操纵时的注意事项

(1)严防横拖、倒拖。当拖船吊拖船首而大船冲势过大,或吊拖船尾而大船退势过大时,若拖缆张力与拖船拖力的合力方向与拖船的艏艉线垂直或接近垂直,致使拖船被横拖的现象称为横拖。严重的横拖可能导致拖船倾覆。

倒拖则是在拖船拖带大船时,由于大船前冲或后缩的势头过大,反而拖动拖船倒行,致使拖船舵效失灵,失去控制而很快接近大船的现象。严重的倒拖可能导致拖船与大船碰撞。

横拖和倒拖时的受力分析如图 2-5-11 所示。它们均为运用拖船不当而出现的极有害现象,应严格防止。因此,在拖船助操时,被拖船必须严格控制用车,注意消除因本船动车而出现过大的前冲后缩。一旦发生横拖或倒拖,若不能立即缓解拖缆受力,则应立即解掉拖缆。

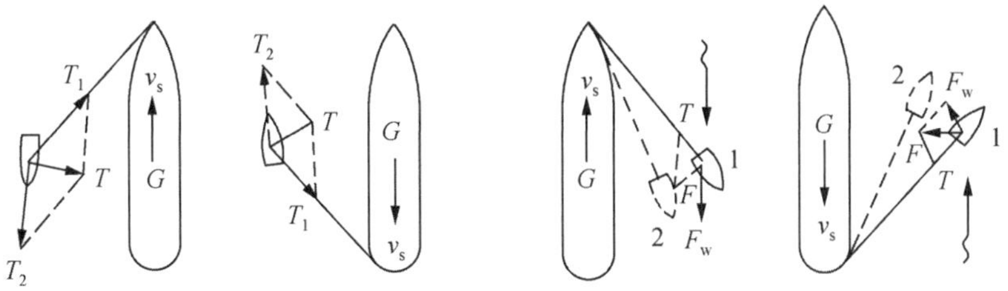

图 2-5-11 横拖与倒拖时的受力分析

(2)合理选择拖船作用点位置。无论是推还是拖,如欲使被拖船获得最大转头力矩,应使拖力作用点尽可能远离大船重心;若要推船平稳横移,则应尽可能选在重心附近。

(3)拖缆必须有足够的强度,采用"∞"字挽桩,而不宜将琵琶头直接套在缆桩上,以便随时解缆。

(4)按照拖带常规,协调好拖缆系带、挽桩、起拖、加速、减速等环节,并保持本船与拖船的有效通信联系。

项目三

外界因素影响下的船舶操纵

[项目描述]

船舶航行并不都在理想水域中，风、流、浅窄水域等外界因素都对船舶的操纵性能产生一定的影响。本项目要求学生在航海模拟器上进行情境模拟，模拟在不同风向、风速中操纵船舶，感受风对操船的影响，尤其是观察船在风中的偏转趋势，并操舵保向；模拟在不同流场中操纵船舶，体验流对操船的影响；模拟在浅窄水域中操船，观察船舶在受限水域中受到的影响；模拟两船平行接近，观察船间效应对操船的影响。

任务一 认识风对操船的影响

学习目标

知识目标：掌握船在风中的偏转规律。

能力目标：能准确把握风对操船的影响，并在风中正确操纵船舶，保证安全。

素质目标：提高学生在困难环境中的应变能力。

风动力及风动力转船力矩教学视频

一、风动力及风动力转船力矩

从船舶操纵角度来讲，风动力是指处于一定运动状态下的船舶，其水上部分所受的空气动压力。船舶在风的影响下，顶风减速，顺风增速；当风向与艏艉面斜交或垂直时，船舶将向下风漂移，同时其船首将向上风或下风偏转；尤其在低速航行时，遇到强风甚至还会出现舵力转船力矩不足以抵御的偏转力矩，因而使船舶陷于难以操纵的境地。

1. 风动力（wind resistance）

设船舶受风情况如图 3-1-1 所示。

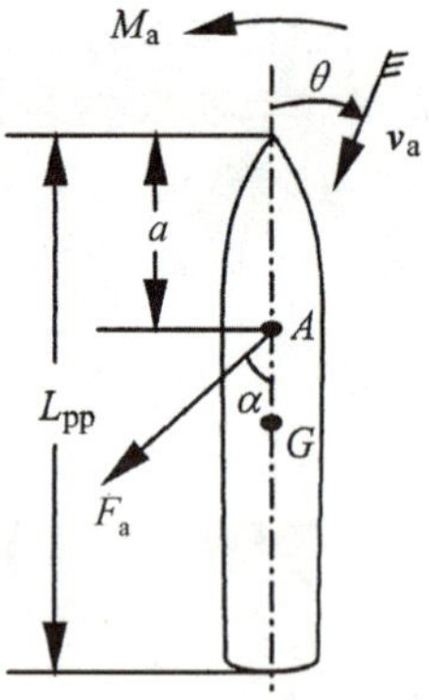

图 3-1-1 船舶受风情况示意图

图中：

θ——风舷角，即相对风舷角（°）；

F_a——风动力（N）；

A——风动力中心；

v_a——相对风速（m/s）；

α——风动力角（°）；

a——风动力中心至船首的距离（m）；

L_{pp}——船长（m）；

M_a——风动力力矩（N · m）。

(1)大小

风动力大小与风速 v_a、风舷角 θ、受风面积大小和形状(包括空满载、吃水差、上层建筑布置情况等)有关。其值可用 Hughes 公式估算:

$$F_a=\frac{1}{2}\rho_a C_a v_a{}^2(A_a\cos^2\theta+B_a\sin^2\theta) \tag{3-1-1}$$

式中:ρ_a——空气密度(1.226 kg/m³);

C_a——风动力系数;

v_a——相对风速(m/s);

A_a——水线上船体正面积(m²);

B_a——水线上船体侧面积(m²)。

在决定风动力 F_a 大小的各因素中,v_a 与 θ 均可用船上的风速仪、风向仪测出;水线上船体正、侧面积 A_a、B_a 可从船舶相应资料中根据船舶实际吃水查得;风动力系数 C_a 主要随风舷角 θ 变化,表 3-1-1 所列数据可供估算时使用。

表 3-1-1 风动力系数

θ(°)	0	20	40	60	80	90	100	120	140	160	180
C_a	0.50 ~ 0.95	1.10 ~ 1.40	1.35 ~ 1.90	1.30 ~ 1.75	1.05 ~ 1.30	1.00 ~ 1.25	1.05 ~ 1.25	1.30 ~ 1.80	1.35 ~ 2.00	1.20 ~ 1.70	0.60 ~ 1.20
a/L_{pp}		0.25 ~ 0.40	0.30 ~ 0.45	0.35 ~ 0.45	0.40 ~ 0.50	0.45 ~ 0.55	0.50 ~ 0.60	0.55 ~ 0.70	0.58 ~ 0.80	0.60 ~ 0.85	
α(°)		45 ~ 70	70 ~ 82	78 ~ 85	85 ~ 87	87 ~ 95	87 ~ 97	92 ~ 105	100 ~ 115	105 ~ 130	

注:①a 为风动力中心至船首的距离,L_{pp} 为船长;

②α 为风动力方向与船尾方向的夹角。

由表列数据可知:风动力系数 C_a,当 θ=0°或 180°时最小;当 θ=30°~40°或 140°~160°时达最大值,是一个近于马鞍形的曲线。对于同一艘船,随着吃水的减小,该值一般略有增大趋势,这一点在表中没有列出,在估算时应予注意。

(2)方向

风动力方向与船尾方向的夹角 α,称为风动力角。它与风舷角 θ、A_a 与 B_a 之比及吃水和船型的变化有关。α 值亦可查表 3-1-1 求得。

通常船舶的 B_a 总是大于 A_a,故风动力方向与船舶首尾线的夹角总大于风向与船舶首尾线的夹角。此外,α 随 θ 的增大而增大 ,但当 θ=40 °~140°时,α 为 80 °~100°,因而变化不明显。

若船舶正横受风(θ=90°),并取风动力系数 C_a=1.13 作为一般估算平均值,那么依式(3-1-1),可简化出正横受风的风动力估算式为

$$F'_a=0.69A_L v_a^2 \tag{3-1-2}$$

(3)中心

风动力中心至船首的距离 a 受风舷角 θ、船舶上层建筑形状以及面积分布情况的影响。

岩井聪教授(日)根据试验求得 a 的估算公式：

$$a/L_{pp}=0.291+0.0023\theta \qquad (3\text{-}1\text{-}3)$$

由表3-1-1亦可知，a/L_{pp} 值随 θ 的增大而增大，θ 以 $0°\sim180°$ 变化，其值为 $0.25\sim0.85$。这说明随着风舷角的增大，风动力中心将由船的前部移向船的后部。当 $\theta<90°$ 时，A 在 G 之前；当 $\theta=90°$ 时，A 在 G 附近；当 $\theta>90°$ 时，A 在 G 之后。油船和客船的上层建筑较多地集中在船中后部，所以在同样风舷角时，风动力中心比三岛型货船要靠后，即 a/L_{pp} 值较大。而同一艘船空载或压载时，吃水差较大，尤其是艉机型船，其风动力中心位置比满载时要靠前得多。

2. 风动力转船力矩(moment of wind resistance)

在已知风动力(包括该力的大小、方向及作用点)之后，欲求该风动力在具体操纵中的转船力矩大小，应根据操纵中的支点，即旋转中心位置才能正确求出。

当艉离泊时，以船首为支点，则风动力转船力矩 M_a 为

$$M_a=F_a\cdot\sin\alpha\cdot a \qquad (3\text{-}1\text{-}4)$$

当处于水上漂浮状态时，以重心为支点，则风动力转船力矩 M_a 为

$$M_a=F_a\cdot\sin\alpha\cdot(L_G-a) \qquad (3\text{-}1\text{-}5)$$

上两式中：M_a——风动力转船力矩(N·m)；

F_a——风动力(N)；

α——风动力角(°)；

a——风动力中心至船首的距离(m)；

L_G——重心至船首的距离(m)，一般近似为 $L_{pp}/2$。

二、水动力及水动力转船力矩

水动力及水动力转船力矩教学视频

船舶由于种种原因，与其周围的水有相对运动时，船舶所受水的作用力称为水动力(hydrodynamic force)。这种船水之间的相对运动，有的是由船本身自力(凭借车、舵、缆作用)所造成的，也有的是由外界条件(凭借拖船、风动力、水流作用)所造成的。

1. 水动力

设船舶受水流作用情况如图3-1-2所示。

水动力的大小、方向、作用点与水和船的相对运动方向(即漂角)密切相关。

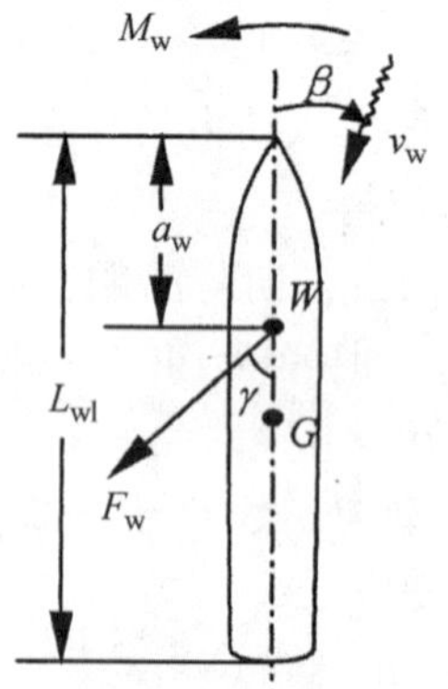

图3-1-2　船舶受水流作用情况示意图

图中：

β——漂角，即水的来向与船首方向的夹角（°）；

F_w——水动力（N）；

v_w——水对船的相对流速（m/s）；

W——水动力中心；

γ——水动力角（°）；

a_w——船首至水动力中心的距离（m）；

L_{wl}——船舶水线长（m）；

M_w——水动力转船力矩（N·m）。

（1）大小

由于水下船体连续性较水上更佳，与风力估算式形式类似而且更为简单，水动力 F_w 估算式为

$$F_w = \frac{1}{2}\rho_w C_w v_w^2 L_{wl} d \tag{3-1-6}$$

式中：ρ_w——所在水域中水的密度（海水标准值为 1 025 kg/m³，淡水标准值为 1 000 kg/m³）；

C_w——水动力系数，可依漂角 β 及水深与吃水之比查表 3-1-2 求得；

v_w——水对船的相对流速（m/s）；

L_{wl}——船舶水线长（m）；

d——吃水（m）。

查表 3-1-2 时应注意，在 C_w 后所注小数即实际水深 h 与实际吃水 d 之比。

表 3-1-2　水动力系数

β(°)	20	40	60	80	90	100	120	140	160
$C_{w7.0}$	0. 20	0. 50	0. 80	0. 90	0. 95	0. 90	0. 80	0. 60	0. 30
$C_{w1.5}$	0. 50	1. 30	2. 0	2. 30	2. 25	2. 20	1. 70	1. 30	0. 50
$C_{w1.1}$	1. 20	3. 20	4. 20	4. 60	4. 70	4. 60	4. 00	2. 70	1. 10
a_w/L_{wl}	0. 30	0. 36	0. 41	0. 46	0. 50	0. 55	0. 63	0. 67	0. 65
γ(°)	75~105	80~105	90	90	90	87~90	90~96	90~97	97~102

注：①上表所列数据系根据方形系数 C_b=0. 815 的某超大型船模试验测得的数据。

②水动力系数仅列出实际水深 h 与实际吃水比值为 7. 0、1. 5、1. 1 三种，当比数为中间值时可用内插法。

由表 3-1-2 所列数据可知：水动力系数 C_w 随漂角 β 的增大而变化，当 $\beta \approx 90°$ 时达到极大值，此时水动力 F_w 也达最大值，约为 $\beta = 20°$、$160°$ 时水动力的 4 倍。此外，水动力还随水深与吃水之比的减小而增大。

（2）方向

水动力 F_w 的作用方向与船舶首尾线的夹角，称为水动力角 γ。由力的平行四边形法可知：

$$\tan\gamma = \frac{\text{水动力横向分力 } Y_w}{\text{水动力纵向分力 } X_w} \tag{3-1-7}$$

由于船体水下正面积很小，导致 X_w 很小，故水动力角 γ 在90°左右（如表3-1-2所列）。

（3）作用点

水动力作用点的位置受漂角、船体水下侧面形状及面积分布情况的影响。由表3-1-2可知：a_w/L_{wl} 随漂角 β 的增大而增大，当 $\beta<90°$ 时，W 在 G 之前；当 $\beta=90°$ 时，W 在 G 附近；当 $\beta>90°$ 时，W 在 G 之后。同一船舶，空载或压载时艉倾较大，水动力中心位置比满载时明显后移，艉机型船更甚。

2. 水动力转船力矩

在已知水动力三要素之后，欲求水动力转船力矩，如同求风动力转船力矩一样，也需视支点而定。

当以船首为支点艉离泊时，水动力转船力矩为

$$M_w = F_w \cdot \sin\gamma \cdot a_w \qquad (3\text{-}1\text{-}8)$$

当以重心为支点，相当于船舶在航行中时，该力矩为

$$M'_w = F_w \cdot \sin\gamma \cdot (L_G - a_w) \qquad (3\text{-}1\text{-}9)$$

上两式中：M'_w——水动力转船力矩（N·m）；

L_G——重心至船首的距离（m），一般近似为 $L_{wl}/2$；

F_w、γ、a_w 的含义同图3-1-2。

风致偏转教学视频

三、风致偏转

船舶在受风作用下的偏转方向，取决于风动力转船力矩 M_a 和水动力转船力矩 M_w 的合力矩方向。在讲风致偏转时，水动力转船力矩是指因船舶移动而引起的相对水流的水动力转船力矩，而不考虑自然流的影响，即船舶在静水中分析风致偏转。在定性分析风致偏转时，关键要弄清风动力和水动力的大小、方向和作用点位置。下面按船舶运动状态来分析风致偏转的规律。

船在静止中受风偏转动画

1. 船舶静止中受风

风从正横前吹来，如图3-1-3（a）所示。$\theta<90°$，A 在 G 之前，风动力 F_a 产生的转船力矩 M_a 使船首转向下风；同时 F_a 使船舶向下风方向漂移，即相对流向来自船尾方向（即 $\beta>90°$），W 在 G 之后，M_w 使船尾转向上风。总之，风从正横前吹来时，M_a 和 M_w 均使船首向下风偏转，直至接近正横受风，使 A、W 点都在 G 点附近，M_a、M_w 均趋向于零，船舶才停止偏转，仅做向下风方向的漂移。

风从正横后吹来，如图3-1-3（b）所示。$\theta>90°$，A 在 G 之后，M_a 使船尾转向下风；同时 F_a 使船舶向下风方向漂移，即相对流向来自船首方向（即 $\beta<90°$），W 在 G 之前，M_w 使船首向上风偏转。总之，风从正横后吹来时，M_a 和 M_w 均使船首向上风偏转，直至变成正横附近受风，M_a、M_w 趋于零，船舶偏转停止，仅做向下风方向的漂移。

因此，静止中的船舶受风，最终将转至接近正横受风状态，并向下风方向漂移。但因船舶类型、上层建筑布置的不同，静止中受风最终的风舷角也就略有差异。油船和艉机型船多保持正横稍前受风；客船多保持正横受风；而一般货船往往艉吃水较大，船首受风面积较大，故多保持在风来自正横略后的位置上，即 $\theta\approx100°$。

船在前进中受风偏转动画

2. 船舶前进中受风

当正横前来风时，$\theta<90°$，A 和 W 均在 G 之前，如图3-1-4（a）所示。船首偏转方向

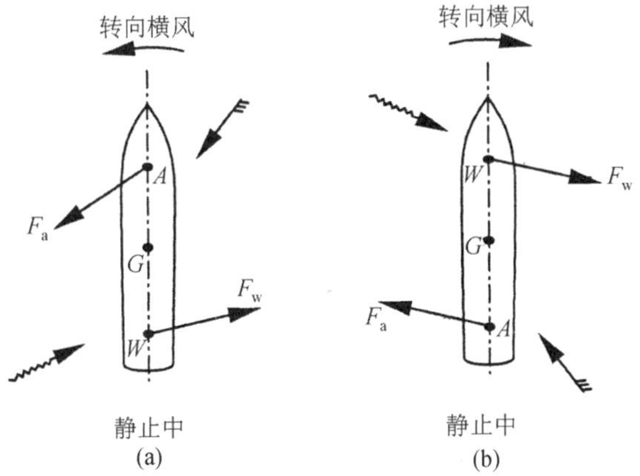

图 3-1-3　船舶静止中受风及偏转规律

将依 M_a 与 M_w 之矢量和方向而定。当 $M_a > M_w$ 时，将出现顺风偏；当 $M_a < M_w$ 时，将出现逆风偏。根据经验：空船、慢速、艉倾、艏受风面积大时，多为顺风偏；反之，满载或半载、快速、艉受风面积大时，多为逆风偏。风速越低、航速越快、越近正横受风，这种倾向就越大。

当正横后来风时，$\theta>90°$，A 在 G 之后，W 在 G 之前，M_a 与 M_w 共同使船首逆风偏转，如图 3-1-4(b)所示。由此可见，船舶在前进中，斜顶风航行时比斜顺风易于保向。

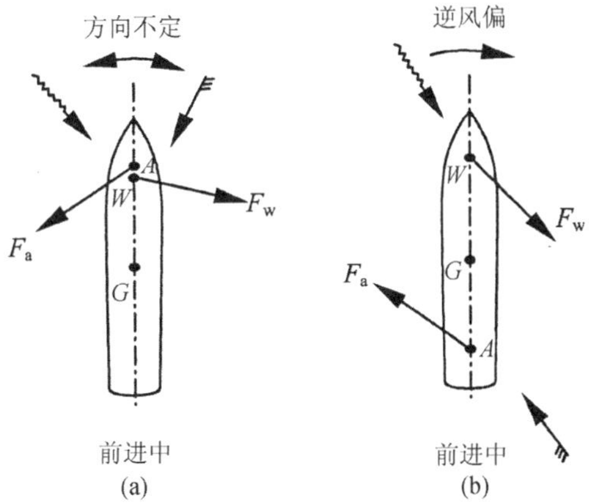

图 3-1-4　船舶前进中受风及偏转规律

船舶在后退中受风偏转动画

3. 船舶在后退中受风

当正横前来风时，$\theta<90°$，A 在 G 之前，W 在 G 之后，M_a 与 M_w 共同使船尾逆风偏转，如图 3-1-5(a)所示。

当正横后来风时，$\theta>90°$，A、W 均处于 G 之后，此时船舶偏转方向由 M_a 与 M_w 之矢量和方向来决定，如图 3-1-5(b)所示。

由于船尾要比船首肥大，且船尾还有舵及车叶等设备，所以当倒航中船有一定退速时，作用于船尾部下风侧的水动力 F_w 非常大，而且 W 比 A 更靠近船尾，因此不论风舷角是多少，M_w 往往大于 M_a，使船尾迎向上风。但若退速较低，F_w 较小，则受 M_a 作用。

综上所述，船在风中的偏转可归纳为：

(1)船舶静止中或航速接近于零时，船身将趋向于和风向垂直。

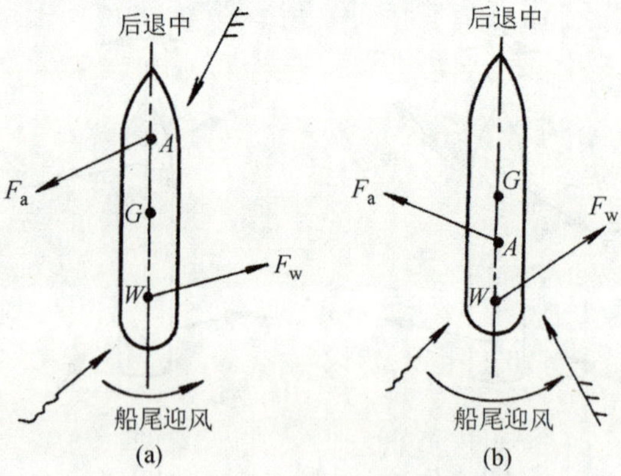

图 3-1-5 船舶后退中受风及偏转规律

(2)船舶前进中，正横前来风，空载、慢速、艉倾、船首受风面积大的船，顺风偏；满载或半载、艏倾、船尾受风面积大的船或高速船，逆风偏；正横后来风，逆风偏显著。

(3)船舶后退中，在一定风速下当船有一定退速时，船尾迎风，正横前来风比正横后来风显著，左舷来风比右舷来风显著。退速较低时，船的偏转基本上与静止时情况相同，并受到倒车横向力的影响，船尾不一定迎风。

四、风致漂移

风致漂移教学视频

船舶受风作用而向下风漂移，其漂移速度随船速的降低而增大，当停船时，漂移速度最大。

1. 船舶停于水上的漂移速度

停于水上的船舶受风作用时最终将保持正横附近受风，并匀速向下风横向漂移。其漂移速度可由下式估算：

$$v_y \approx 0.038 \cdot v_a \cdot \sqrt{\frac{B_a}{L_{wl}d}} \qquad (3\text{-}1\text{-}10)$$

式中：v_y——深水中停船时受风横向漂移速度（m/s）；

v_a——真风速（m/s）；

B_a——水面上船体的侧面积（m^2）；

L_{wl}——船舶水线长（m）；

d——吃水（m）。

上式中系数一般取 0.038，实际上因船型、排水状态及水深与吃水之比的不同而不同。但由于停船时的漂移速度与风速和船体水上、水下面积比的平方根成正比，因此适合各船在不同状态下的系数亦可在总结经验中准确地得到。一般大型船舶空载时：

$$\frac{B_a}{L_{wl} \cdot d} \approx 1.8，则\ v_y \approx \frac{1}{20} v_a$$

满载时：

$$\frac{B_a}{L_{wl} \cdot d} \approx 0.8，则\ v_y \approx \frac{1}{39} v_a$$

2. 船舶航行中的漂移速度

船舶航行中的漂移速度，可采用日本学者平岩通过实船试验提出的下列公式来求取：

$$v'_y = v_y e^{-1.4} v_s \tag{3-1-11}$$

式中：v'_y——航行中的风致漂移速度（m/s）；

v_y——停船时的漂移速度（m/s）；

v_s——船舶航速（kn）。

由此可见，船舶航行中的漂移速度除与影响停船时的漂移速度的因素相同之外，还与本船航速密切相关。船速越低，横漂速度越大。因此在港内靠离泊或掉头操纵过程中，应根据船舶当时漂移速度及下风侧可供使用的水域大小，确定可供操纵使用的时间。将它与完成整个操纵过程所需的时间相比较，判断是否安全可行，从而做到心中有数。

强风中操船的保向界限教学视频

五、强风中操船的保向界限

船在航行时，除艏艉向来风不发生偏转外，其他方向来风都将使船在向下风漂移的同时还产生偏转运动。为了保证船能航行在预定的航线上，必须使用风压差和压舵（checking the helm）来抵消船的漂移和船首的偏转。风速越大，航速越小，则风压差越大，为了保向所需的压舵量也势必越大。当风速大到某一界限以上时，即使用满舵，也无法保持航向。能够用舵保持航向的风速界限，称为保向界限。它和风速与航速之比及相对风向角有关，如图 3-1-6 所示。图 3-1-7 所示为某大型油船在低速航进中保向的极限风速。

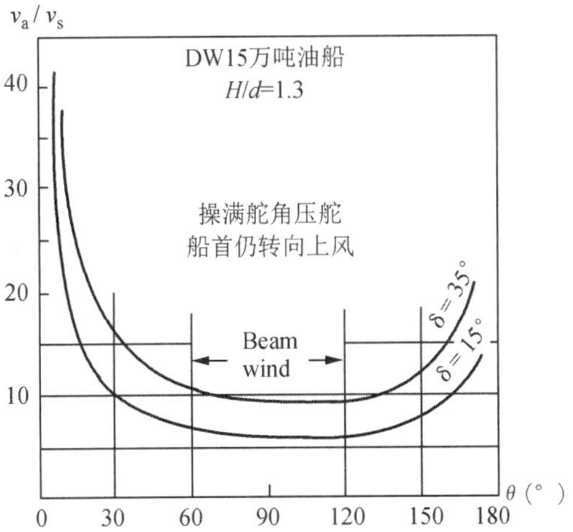

图 3-1-6　强风中船舶航行的保向界限

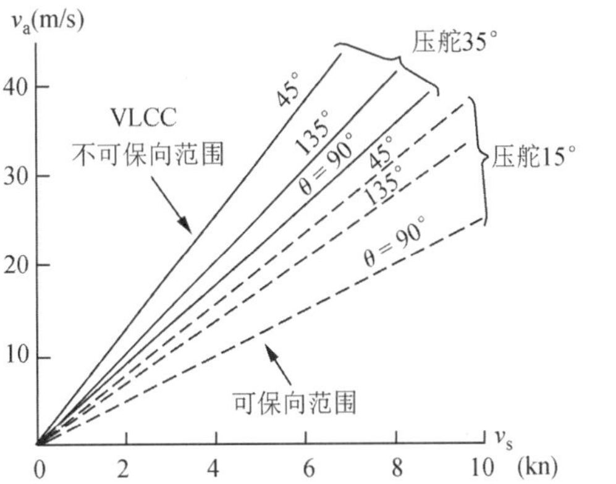

图 3-1-7　某大型油船在低速航进中保向的极限风速

由图可知：

（1）同一艘船的不同舵角的保向界限曲线中，舵角大时曲线位置更高一些，这说明压舵角大，保向范围扩大。

（2）相对风向角对保向界限的影响尽管因船不同而有所差异，但在 $\theta=80°\sim120°$ 曲线上出现最低值，这说明船舶正横附近或稍后受风时，保向最为困难。风速只要达到船速数倍时，就将出现即使满舵也无法操纵的情况。

（3）$\theta<90°$ 即斜顶风时曲线较高，$\theta>90°$ 即斜顺风时曲线较低，这说明船舶斜顶风时的保向性较斜顺风时好。

(4)保向范围总的来说随风速的降低而扩大，随船速的降低而减小，增大压舵角可扩大保向范围。由此可知，提高航速、增加压舵角、采取斜顶风是提高船舶保向性的有效措施。但提高船速是有限度的，对于任何船舶，随着风速的提高，均存在受风不能保向的范围，操船时应予注意。

任务二 认识流对操船的影响

学习目标

知识目标：掌握流对操船的影响。

能力目标：准确把握流对操船的影响，能消除或利用流对操船的影响。

素质目标：培养学生的安全意识。

流对船舶的影响通常比风大得多，尤其对于重载船舶而言。流对船舶运动影响的规律性可从下列几个方面讨论。

1. 水流对船速和冲程的影响

水流对船速和冲程的影响教学视频

船舶顺流航行时，实际船速等于静水船速加流速；顶流航行时，实际船速则等于静水船速减流速。因此，在静水船速和流速不变的条件下，顺流航行时对地船速比顶流航行时实际对地船速大2倍流速。

顶流时，对地冲程减小，流速越大冲程越小；顺流时，对地冲程增大，停车后减速的过程非常缓慢，最后如不借助倒车或抛锚，将不能阻止船以水流速度向前漂移。

2. 水流对舵力和舵效的影响

水流对舵力和舵效的影响教学视频

舵力及其转船力矩是与舵叶对水速度的平方成正比的，而舵叶对水速度又与船舶对水速度成正比。由于不论顶流或顺流，只要流速相等，船舶相对于水的速度就会不变，等于静水船速，所以在舵角和螺旋桨转速（排出流速度）等条件相同时，顺流和顶流时的舵力相等，其转船力矩也一样。

顶流、顺流时舵力及其转船力矩虽然一样，但舵效（rudder effect）是一个对地的概念。顶流时对地船速比顺流时小2倍流速，故使用同样的舵角顶流时能在较短的距离上使船首转过较大的角度，需要时也比较容易把定，操纵较为灵活。因此，顶流时的舵效较顺流时好。但当船首斜向顶流时，由于流压力矩的作用，船舶向迎流舷回转困难，舵效反而差。重载大船在遇强流时尤其如此。

3. 流压对船舶漂移的影响

流压对船舶漂移的影响教学视频

船舶首尾线与流向有一交角时，流速和静水船速的合成速度，将使船向水流来向相反一舷运动，通常称为流压。流压使船漂移，流速越大、交角越大，流压也越大；船速越小，流压越大、漂移速度越大。操纵时应特别警惕横压流的影响，尤其船舶以较低航速在狭窄水域航行时应特别注意漂移速度，及时修正流压差。在流水港，顶流靠泊时，根据流速的大小，摆好水流与艏艉线的交角，并控制好船速，可以使船慢慢地靠上泊位。如船速和交角控制不当，尤其是急流时，交角摆得过大，船身横移就非常迅速，流压将造成压碰码头的事故。为了预防这种现象，在驶近泊位时就应逐渐减小船舶首尾线与流向的交角，以使船舶安全、平稳地靠上泊位。

4. 流对旋回的影响

流对旋回的影响教学视频

船舶顺流旋回时，纵距要比顶流旋回时大得多，这是受水流推移的缘故。在旋回过程中，船舶除了旋回运动外，还有受水流作用而产生的漂移运动。流致漂移距离（D_d）可用下式估算：

$$D_d = t \cdot v_c \cdot 80\% \tag{3-2-1}$$

式中：D_d 的单位为 m；t 为旋回 180°所需的时间，单位为 s；v_c 为流速，单位为 m/s。公式中的流速通常是指航道中央的流速，由于狭水道或江河内的水流，即使在直航段内也难有绝对均匀的情况，因此在估算漂移距离时总要打些折扣。

旋回 180°所需时间 t 的大小因船而异，主要取决于船舶排水量。依船舶吨位大小，t 可估算为

0.5 万吨	约 3.0 min
1.0 万吨	约 3.5 min
5.0 万吨	约 4.5 min
10.0 万吨	约 5.5 min
20.0 万吨	约 6.5 min

以上数据是船舶快速满舵旋回 180°时所需的时间。应注意的是，如果船速较低时旋回，则旋回时间大大延长，漂移距离增加。船舶在锚地起锚后掉头或在港内旋回时，往往船速较低，漂移速度快，实际操纵估算时应考虑到这一点。

在水域较为宽裕的有流港内采用旋回掉头时所需水域长度 D_1 可按下式估算：

$$D_1 = A_{dm} \pm D_d + \text{安全余量} \tag{3-2-2}$$

式中：A_{dm}——旋回最大纵距；

D_d——掉头中流致漂移距离，顺流时加，顶流时减。

在有流水域，要掌握好转向时机。静水中可在转向依据的物标接近正横时转向；而在顺流时应适当提前转向；在顶流时应适当延迟转向。这样，在流压的推移下，使船位在转向后仍能保持在预定的航线上。

5. 弯曲水道水流的特点

弯曲水道水流对操纵的影响教学视频

在河道的弯段，不论涨落流，水流的流向都向凹岸一边冲压。近凹岸边水深流急，凸岸边水浅流缓。凸岸下流还存在回嘴流，加上岸壁效应的影响，使操纵变得困难。如操纵不当，就会发生碰撞、搁浅等事故。

任务三 认识受限水域对操船的影响

学习目标

知识目标:掌握浅水效应、岸壁效应。

能力目标:准确把握船舶在受限水域操船的影响因素,能在浅窄水域安全航行。

素质目标:培养学生在不同情况下解决问题的能力。

受限水域是指相对不同吃水和宽度的船舶而言,水深相对较浅和航道相对较窄的水域,如港内、港湾、海峡、运河、岛礁区等。船舶在其中航行会出现不同于宽广的深水域时的现象和特点,不安全的因素较多,给船舶操纵带来一些特殊的影响。

浅水效应教学视频 浅水效应动画

一、浅水效应(shallow water effect)

1. 虚质量和虚惯矩增加

船体在流体中运动,必然要同时带动周围部分流体一同运动。如果从力、转矩以及能量转换角度来看,相当于在船体本身质量上附加了一部分质量,称为附加质量(added mass),它与船体质量之和称为虚质量(virtual mass)。当然船体在流体中旋回时,会比船体本身转动惯矩相应增加一部分惯矩,同样需要考虑附加惯矩(added mass moment of inertia)、虚惯矩(virtual mass moment of inertia)的问题。

船舶运动时所产生的附加质量大小与船体形状及运动方向有关。由于通常船体水下侧面积远大于正面积,所以横向移动时的附加质量要比前后运动的附加质量大近10倍。

在水深富余的条件下,对大型船舶来说:

前后运动的附加质量 $m_x \approx (0.07 \sim 0.10) \times$ 船体质量 m

横向运动的附加质量 $m_y \approx (0.75 \sim 1.00) \times$ 船体质量 m

旋回运动的附加惯矩 = 1.0×船体惯矩

上述附加质量及惯矩的近似值,都是指船舶在具有充分深度和充分宽度的水域而言。而在水深及宽度受到限制的受限水域中航行时,船前方的水经船底及船侧向后方流动受到妨碍,因而由船体运动所诱发的水的运动就显著变强,其附加质量和惯矩就大大增加。水深越小,船体越肥大,则附加质量及附加惯矩比深水增加得越显著。h/d(水深与吃水之比)$\leqslant 2$ 时,这种增加比较明显;当 $h/d \leqslant 1.5$ 时,这种增加倍率将急剧增大。故船舶在浅水中很难加速,想使加速了的船舶减速也很困难。此外,船舶在静止中使用同样拖力的拖船来转艏时,在浅水中的转艏运动要比在深水中来得慢。

以上所述的仅限于水深受限时的影响,而在狭水道中,不但相对水深较小,同时航道相对宽度也受限制。由于存在有限宽度的影响,附加质量将比单纯浅水中更大些。但总的来说,可以认为有限宽度对附加质量的影响比有限水深的影响要小得多。但当船舶横移靠向岸壁时,则不仅要考虑受水深的影响,同时必须考虑岸壁对附加质量的影响。试验表明,当距岸壁接近至同倍船宽时，横移阻力比仅受水深影响时有明显增加。

2. 兴波变化

船舶航行时，船体周围水压分布情况如图 3-3-1 所示，在船首、尾处压力升高，水流速度降低，而在船体中部附近压力下降，水流速度变大。由于船舶首、中、尾附近压力的高低不同，水位的高低也有变化。水位高处为波峰，水位低处为波谷，从船侧传播出去而形成波，这就是兴波现象。

船体周围压力的变化及沿船长分布情况与船型、船速、水深与吃水之比有密切关系，船型越肥大、船速越高，这种压力变化越剧烈，兴波也越大。两侧压力变化波及范围，从纵中剖面起算，大于 2 倍船宽左右时，即可忽视。该范围内距纵中剖面越远越小，压力呈剧减形式而趋于零。驶入浅水水域后，由于船底水下间隙变小，深水中在三维空间运动的水变得只能平面流动，同时流速增大（水越浅则增大越多），这就造成了不但压力变化更为剧烈，而且压力波动范围进一步扩大至船尾，因而兴波增强。

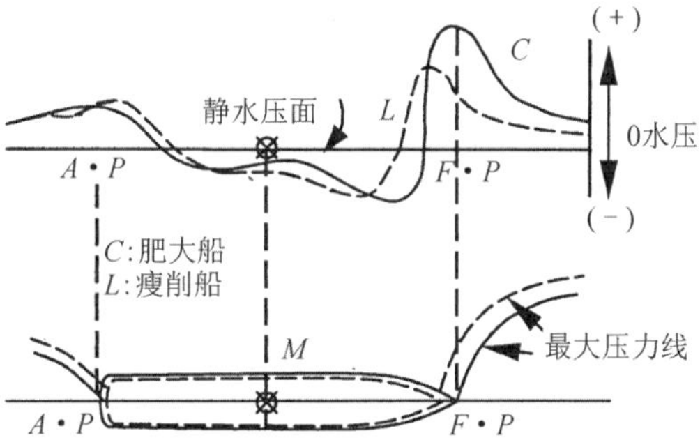

图 3-3-1　船体周围水压分布情况

3. 船体下沉增加和纵倾变化

流体力学中伯努利方程告诉我们：如流体不变，则静压与动压相加为一常数，动压增大则静压相应减小。当船舶静止时，其重量全部由静压（即浮力）所支持，此时动压为零。当船舶运动时，由于船体周围的水流被加速，动压增大，静压减小，因而船体下沉，同时由于船舶首尾的水压力分布发生变化而使纵倾改变。

船舶在深水中船体下沉和纵倾变化与船速的关系，可用船速的无因次量弗劳德数（Froude number）来衡量：

$$Fr = \frac{v_s}{\sqrt{gL}} \tag{3-3-1}$$

式中：v_s——航速（m/s）；

g——重力加速度（9.8 m/s²）；

L——船长（m）。

随着 Fr 的变化，深敞水域中航行船舶下沉及纵倾变化规律如下：

（1）当 $Fr \approx 0.06$ 时，船体开始下沉。

（2）当 $Fr < 0.3$ 时，艏艉一起下沉，但艏部下沉量较艉部大，船舶呈艏倾状态。由于一般商船速度均在此范围内，故静止时若为平吃水的船舶，在海上航行时则大多略呈艏倾。若静止时船舶艉倾，进入浅水航行则艉倾加剧，这一点在浅水中操船时尤应注意。

（3）当 $Fr>0.3$ 时，艉下沉将可能超过艏下沉，静浮时为平吃水的船将变成艉倾。

（4）当 $Fr>0.6$ 时，艉倾更显著，同时整个船体逐渐上浮并超过其静浮位置，呈滑行于水面的状态。

浅水中船体下沉和纵倾变化由水深弗劳德数 Fr_h 表征：

$$Fr_h = \frac{v_s}{\sqrt{gh}} \tag{3-3-2}$$

式中：h——水深（m）。

随着 Fr_h 的变化，浅水中船体下沉与纵倾变化规律如下：

（1）船速较低时就开始下沉；

（2）$Fr_h<0.6$ 即 $v<0.6\sqrt{gh}$ 时，艏下沉大于艉下沉，即静浮时平吃水的船将变为艏倾；

（3）$Fr_h>0.6$ 即 $v>0.6\sqrt{gh}$ 时，下沉增加，艉下沉超过艏下沉，原为平吃水的船将变成艉倾；

（4）$Fr_h=1$ 即 $v=\sqrt{gh}$ 时，达到临界速度，船舶艉倾最大，阻力最大，船体继续下沉；

（5）$Fr_h>1$ 时，船体以艉倾状态上浮。

图3-3-2所示为浅水域和深水域中船体艏、艉下沉的比较。由图可知浅水中船体下沉和纵倾的特点是：

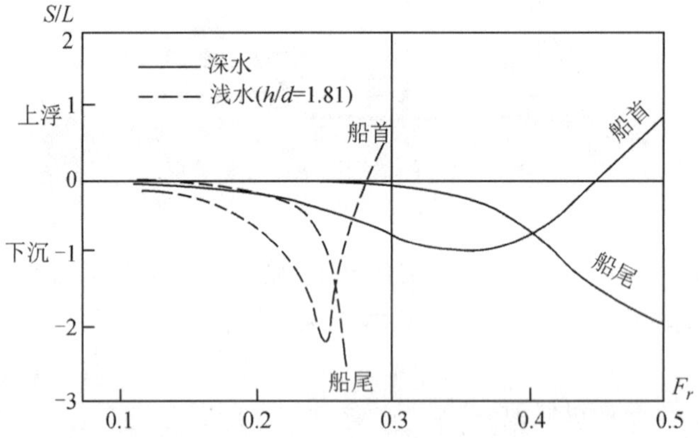

图3-3-2　船舶驶于浅水域与深水域中船体艏、艉下沉的对比

（1）较低船速时就开始出现船体下沉；

（2）Fr 越大，即航速越大，下沉越大；

（3）水深越小，h/d 越小，Fr_h 越大，下沉越大；

（4）水深越小，船体达到艏纵倾最大值及由艏倾变为艉倾时所需船速越低。

4. 船速下降

浅水造成的船速下降，主要有以下几个方面的原因：

（1）由于船体相对流速加快，摩擦阻力增大。

（2）船体下沉后，浸水体积增大，使摩擦阻力相应增大。

（3）由于流速加快，沿船身流线的压力差额变化较大，越向船尾方向压力增大越急剧，从而使涡流阻力增大。

（4）水深限制了兴波的水质点做圆周运动的空间，也增加了兴波能量的损耗，因此，兴波阻力增大。

(5)船尾螺旋桨附近涡流的增大以及排出流的排泄不畅,在功率不变的条件下,螺旋桨旋转阻力增大、负荷加重,从而转速下降,推进效率降低;加之各桨叶推力不均匀,致使船体剧烈抖动。

5. 舵力略有下降,舵效变差

浅水中航行,伴流、涡流的增加使舵力下降。但在浅水中航行时,同样转速下船速较深水中下降,即滑失增大,从而排出流速度变大,又增大了舵力。此外,浅水中舵叶下缘距海底较近,舵叶下端水流受到整流作用,产生了类似增加舵面积的效果,使舵力增大。总体而言,舵力变化并不大。

虽然,浅水中舵力变化不大,但回转阻力大大增加。所以,浅水中舵效较之深水中明显变差。

6. 旋回性下降,航向稳定性提高(K 小、T 小)

浅水中航行,舵力变化不大,舵力转船力矩变化也不大(即舵力矩系数 α 变化不大);而船舶旋回阻矩及虚惯矩均有较大增加,其中旋回阻矩的增加幅度更大(即水阻力转船力矩系数 b 增幅更大)。从船舶旋回性指数 $K=a/b$ 和追随性指数 $T=I_G/b$ 的定义中不难看出:当旋回阻矩大幅度增加时,K、T 值都将减小。所以,船舶从深水进入浅水中,旋回性变差,而追随性、航向稳定性变好。

一般认为,当 $h/d\approx4$ 时,旋回圈开始受到浅水的影响;当 $h/d\approx1.25$ 时,旋回初径比深水中增大 70%左右。

7. 冲程减小

浅水中阻力增大,螺旋桨推进效率下降,因此,冲程会有一定程度的减小,特别在刚停车后余速较高时,浅水阻力较大,冲程减小率较大;当船速已降至较低时,浅水阻力急剧下降,浅水对减小冲程的影响也就变弱了。所以驾驶人员应了解本船在浅水中的惯性,以便适应港内操船的实际需要。

二、浅水域航行时的富余水深

浅水域航行时的富余水深教学视频

1. 确定富余水深应考虑的因素

浅水中操船,由于受限水域的影响,往往操纵困难,横移阻力过分增大,不得不依靠拖船的协助;航行中船体下沉增大,有时会使船底与海底接触而导致船体损伤、主机和推进器故障。因此,在浅水域中为保证船舶安全和航行安全,水深必须满足一定的要求,以适应水域的条件和状况、适应操船的方法和条件,使水深超过实际吃水,并保持一定的安全余量,这个安全余量通常称为富余水深(under keel clearance),如图 3-3-3 所示。富余水深可由下式求出:

富余水深=海图水深+当时当地的基准潮高-船舶静止时的实际最大吃水

在确定富余水深时,应考虑以下因素:

(1)航进中的船体下沉量

①船舶在浅水域中航进时,船体下沉量增大。在通常商船速度范围内,直航时一般呈现为艏倾,故尤应注意船首下沉量。

②航行时,由波浪引起的摇荡、横摇、纵摇和垂荡使吃水增加。

横摇时的吃水增加量$\Delta d_R=\dfrac{1}{2}B\cdot\sin\theta_m$;

纵摇时的吃水增加量$\Delta d_P = \frac{1}{2}L \cdot \sin\varphi_m$；

垂荡时的吃水增加量Δd_z 为垂荡振幅。

其中，θ_m 为最大横摇角，φ_m 为最大纵摇角。

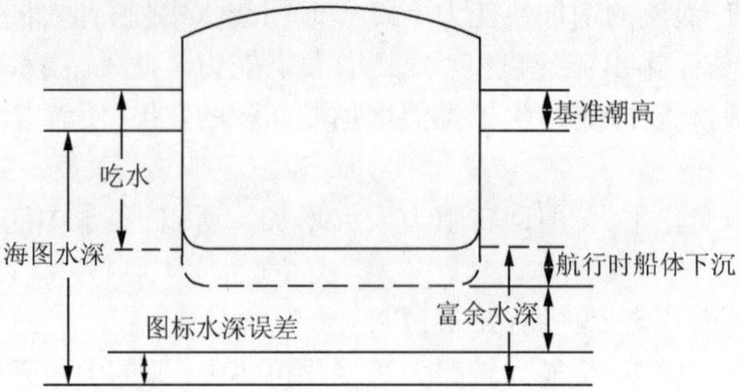

图 3-3-3　浅水域中船舶的富余水深

(2)海图水深的测量误差

海图的图标水深中含有测量误差，国际上测深误差的界限标准为：水深在 20 m 以下，允许误差为 0.3 m；水深为 20~100 m，允许误差为 1.0 m；水深在 100 m 以上，允许误差为水深的 10%。

(3)水位的变化量

①当时当地的潮高误差。

②大气压变化引起的水位变化。气压每升高 1 hPa，水面下降 1 cm。

③水的密度变化引起的吃水变化。设船舶由海水（密度为ρ_1）进入淡水（密度为ρ_2），则吃水变化量为

$$\Delta d = d_1 \cdot \frac{C_b}{C_w}\left(\frac{\rho_1}{\rho_2} - 1\right) \tag{3-3-3}$$

式中：d_1——船舶在海水中的吃水；

C_b——方形系数；

C_w——水线面系数。

(4)为安全操纵应考虑的因素

①在受限水域航行时会产生浅水、侧壁效应等现象。为保证船舶安全航行，克服上述效应，从而有效地进行保向、改向或移动，故船舶应留出一定的富余水深。

②不使主机冷却水入口有吸入泥沙之虑。如主机冷却水使用靠近船底的吸入口时，至少需有冷却水吸入口直径 1.5~2 倍的船底富余水深。

③当海底表层为硬岩时，由于不平坦，触底的危险性就更大，因此所取富余水深应比软泥底时大。根据 Bojtch 的提案，对岩石底质估算 60 cm、沙底估算 30 cm 的富余水深是必要的。

④在港内操纵时，往往为制动或掉头而用锚，锚的抓底情况因底质不同而异，当底质为泥时，一般都是锚爪向下全部埋入泥土。在结实的沙底上拖锚时，则往往锚爪未能充分埋入，所以船底下应留有相当于锚头宽度的间隙，一般取锚冠凸缘的宽度。

在具体确定富余水深时，应根据具体航行条件将上述各因素统筹考虑并加以取舍。

2. 确定富余水深的参考实例

(1)欧洲引航协会(Europe Marine Pilot Association,EMPA),对进出阿姆斯特丹港、鹿特丹港、安特卫普诸港的船舶,建议采用如下富余水深:

水域	大型船	VLCC
外海航道	吃水的 20%	吃水的 15%
港外航道	吃水的 15%	吃水的 10%
港　　内	吃水的 10%	吃水的 5%

(2)马六甲海峡、新加坡海峡对吃水 15 m 以上的深吃水船及载重量 15 万吨以上的 VLCC 过境时,规定了至少应保持 3.5 m 的富余水深。

(3)日本濑户内海主要港口的富余水深基准为:

吃水在 9 m 以下:吃水的 5%;

吃水在 9~12 m:吃水的 8%;

吃水在 12 m 以上:吃水的 10%。

有的港口如水岛港、加古川港则规定富余水深为吃水的 10%,再加 50 cm。

(4)上海引航站规定,通过长江口南水道的船舶应留 0.6 m 的富余水深。

三、岸壁效应

岸壁效应教学视频　岸壁效应动画

水道宽度受限时,当船舶偏航接近水道岸壁时,因船体两舷所受水动力不同,而出现的船舶整体吸向岸壁、船首转向中央航道的现象称为岸壁效应(band effect)。

水道宽度对操船的影响:根据 Hooft 的研究,航道宽度与船长之比 $W/L \leqslant 2$ 时,出现侧壁效应,这个值可作为狭窄水域对待;当 $W/L \leqslant 1$ 时,操纵性受到明显影响。这里所述的水道宽度是指航道的底部宽度。

1. 岸推(repulsion)

如果船舶偏至航道某一侧距离岸壁较近,航行中船首排开的水分向左右两舷侧,近岸一舷由于岸壁阻挡,水流扩散缓慢;同时,一部分需从船底流过的水也因水浅而流动不畅。因此在船首近岸舷形成高水位,产生转船力矩推艏转向航道中央,这种现象称为岸推。该力矩称为岸推力矩,如图 3-3-4 所示。

2. 岸吸(suction,attraction)

岸推产生的同时,船体被岸壁"吸拢"的现象称为岸吸。其原因在于船中尾部由于船体靠近岸壁,近岸侧过水断面小,流速增大,压力减小;此外,螺旋桨正车时,把前方的水吸入盘面然后排向后方,使吸入流的一面,即船中尾部两侧,尤其内舷侧形成较低水位,压力减小。因此,船中尾部近岸舷水流流速大、压力低,船舷两侧构成推船向岸靠拢的压力差。这个作用于船体而方向指向岸壁的力称为岸吸力,这种现象称为岸吸,如图 3-3-4 所示。

3. 岸壁效应的影响因素

模型试验和实船试验表明,岸壁效应与下列因素有关:

(1)距岸越近、偏离中心航道越远,岸壁效应越剧烈。船岸间距达 1.7 倍船宽时,便可显出岸壁影响。

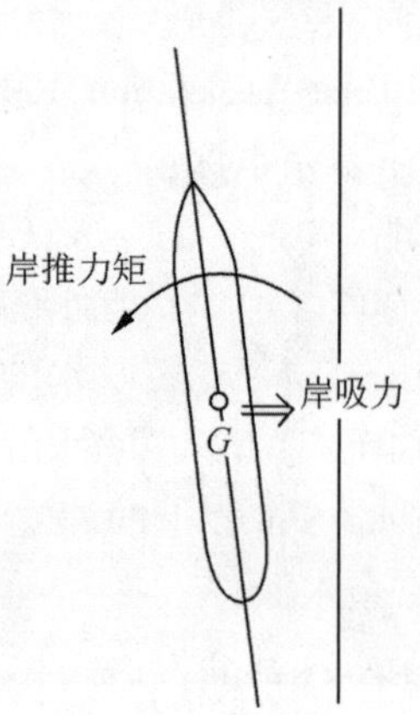

图 3-3-4　岸推与岸吸

(2)水道宽度越窄，岸壁效应越剧烈。

(3)船速越高，岸壁效应越剧烈。

(4)船型越肥大，岸壁效应越明显。

(5)水深越小，岸壁效应越明显。

狭水道中的船舶保向操纵教学视频

四、狭水道中的船舶保向操纵

船舶在浅窄航道航行时，往往同时受到水深较小、航道较窄的影响而产生浅水效应和岸壁效应。在船舶距离岸壁较近时，岸壁效应更明显。为了抑制船首向深水侧偏转，保持船舶沿航道航行，需向岸壁侧压舵。压舵将有效地抑制船首向外偏转，并控制船体呈斜航状态，利用船体斜航中产生的横向力和舵力的横向分量来抵消岸吸力，此时作用于船体的各力和力矩达到平衡，如图 3-3-5 所示。由于航行中水深、船速、船岸间距会发生变化，因此上述平衡状态是一种不稳定的平衡状态，所以应根据当时实际情况调整压舵角大小，从而调整船岸间距和斜航漂角，控制船舶的横漂运动。岸壁效应越明显，保向所需压舵量越大。

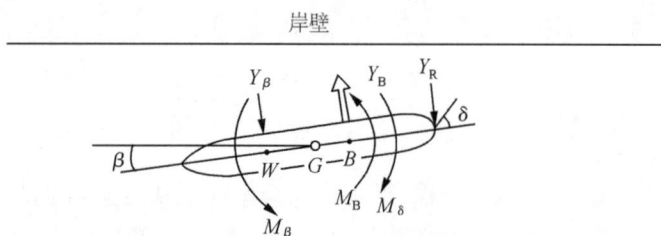

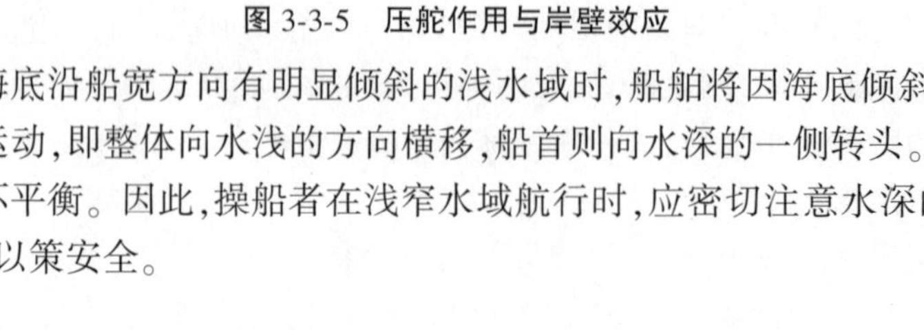

图 3-3-5　压舵作用与岸壁效应

当船舶驶于海底沿船宽方向有明显倾斜的浅水域时，船舶将因海底倾斜效应而出现与岸壁效应相类似的运动，即整体向水浅的方向横移，船首则向水深的一侧转头。其原因在于船舶两舷所受水动力不平衡。因此，操船者在浅窄水域航行时，应密切注意水深的变化，注意保持足够的富余水深，以策安全。

任务四 认识船间效应

学习目标

知识目标：掌握船间效应对操船的影响。

能力目标：了解船间效应对操船的影响，并能消除两船在平行接近过程中出现的危险。

素质目标：培养学生分析问题、解决问题的能力。

船舶在近距离航行，如对驶、追越或驶近系泊船时，船舶两舷的水流对称性遭到破坏，会产生类似岸壁效应的现象，出现互相吸引、排斥、转头、波荡等现象，称为船间效应（interaction between ships）。

一、两船平行接近航行时引起的现象

两船平行接近航行时引起的现象教学视频

1. 波荡

处于他船航行波中的船舶，因其处于波的不同位置而受到向前加速和向后减速的作用，这种现象称为波荡（see-sawing）。

如图 3-4-1 所示，两船如平行接近处于追越关系，就要受到追越船或被追越船所造成的船行波作用，在（a）位置时，处于波峰而受到推动作用，船舶加速；在（b）位置时，处于波谷而受到波浪的阻遏作用，船舶减速。这种现象在大型船和速度与之相差不大的小型船并航时更易发生。在狭水道内航行时，大型船速度越大，兴波越为剧烈；小型船吃水越小，波荡现象就越剧烈，对小型船的影响就越大。

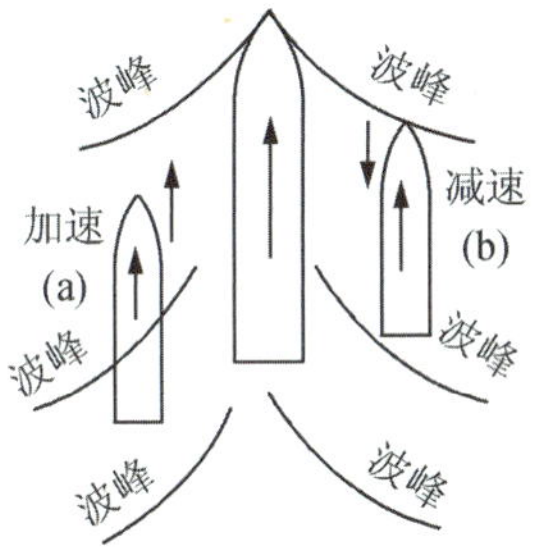

图 3-4-1 波荡现象

2. 转头

当船首向与他船散波方向存在夹角时，即船舶斜向与散波相遇时，伴随波的回转运动，波峰处的船体部分受波的前进方向的作用力，而波谷处的船体部分受到相反方向的作用力，其结果是产生了使船转头的力矩。

这种转头作用，也是当对方船的兴波越剧烈时越大，小型船、吃水小的船受到高速大型船的散波作用时特别显著。

3. 吸引与排斥

航进中的船舶，艏艉处水位升高，压力增大，从而给靠近航行的他船以排斥作用；而船中部附近水位下降，压力减小，则给靠近的船舶以吸引作用。

以上三种现象有时可能同时出现。

船间效应的影响因素教学视频

二、船间效应的影响因素

（1）两船横距越小，船间作用力越大，约与横距的 4 次方成反比；船间作用力矩约与两船横距的 3 次方成反比。一般说来，当横距小于两船船长之和时，就会产生这种作用；当横距小于两船船长之和的一半时，相互作用明显增加。

（2）船速越大，则兴波越剧烈，相互作用越明显。船间作用力和力矩约与船速的平方成正比。

（3）两船作用时间越长、速度差越小，相互作用越大。在对驶局面中，两船相对运动速度较大，相互作用力和力矩虽然很大，但作用时间短，在其所产生的运动发展起来之前，两船已相互驶过，因而该力的作用效果大为降低；在追越局面中，尤其当两船速度差较小时，持续时间长，相互作用明显。

（4）大小相差较大的两船并航时，较小的船受影响较大。

（5）在浅窄的受限水域中航行时，其相互作用比在广阔的深水域中航行时明显。

船间效应的实例分析教学视频

三、船间效应的实例分析

1. 追越中两船相互作用

由图 3-4-1 可知，航进中的船舶，船首、船尾处的压力增大，给靠近航行的他船以排斥作用；而中部附近的压力减小，给靠近航行的他船以吸引作用。图 3-4-2 是两艘大小近乎相等的船在追越中发生船间效应的情况示意图。

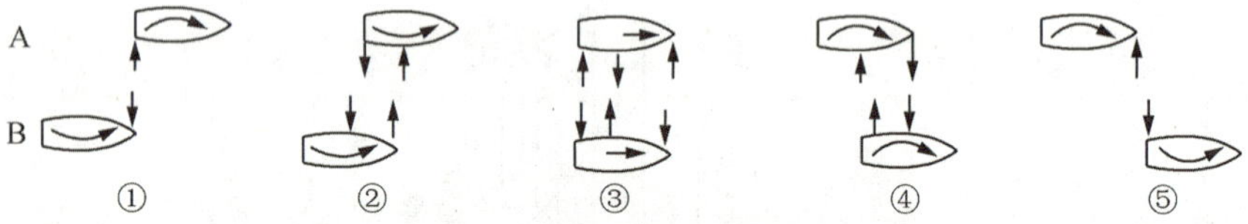

图 3-4-2　追越中船间作用示意图

当两船的相对位置如图中位①所示时，B 船首与 A 船尾平齐，此时若两船距离较近，前船易出现内转，可能挡住后船的进路，发生被后船船首触碰的危险。

当两船的相对位置如图中位②所示时，将出现危险的转头运动，此时易出现追越船船首突然内转碰撞被追越船船中或船尾的现象。而图中位④的情况相反，被追越船船首碰撞追越船船中或船尾。追越中碰撞事故的统计充分说明了这一点。

当两船平行时，如图中位③所示，两船间横向作用力很大，若并行时间长，随着两船迅速接近而易出现追越船船尾擦碰对方船船中的危险现象。

在水深较小的狭窄航道航行时，追越中更应特别注意以上几种危险局面。为了防止追越过程中造成碰撞，船舶驾驶人员应遵守有关避碰规则及良好船艺的要求，谨慎驾驶。

2. 对驶时两船相互作用

同追越会遇态势一样，我们也可以利用船体周围水压力分布规律分析对驶会船时两船间的相互作用，如图 3-4-3 所示。

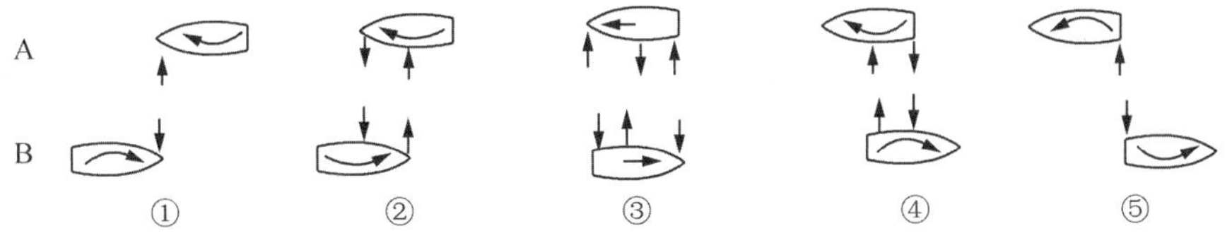

图 3-4-3　对驶会船时船间作用示意图

在对驶会船时，因两船间的相互作用而造成的碰撞危险比追越中小，但当两船横距过小，一船船首（如位②所示）或船尾（如位④所示）处于他船内舷的低压区时，则会因剧烈的转头而使该船首或尾部碰撞他船。因此，在对驶会船时，为防止两船间的相互作用，会船前应减速缓行，以减小兴波，尽量保持两船间距大于大船船长；待两船船首持平时，切忌用大舵角抑制船首外转，否则将导致船首进入对方中部低压区时加速内转而引起碰撞。正确的方法是，适当加车以提高舵效，稳定船首向，缩短通过的时间，使相互作用迅速消失而安全通过。

3. 驶过系泊船时两船相互作用

近距离驶过系泊船时，船间的相互作用也会同样地表现出来。此时，航行船受到的影响近似于岸壁效应，系泊船则受航行船兴波作用影响较大。系泊船在航行船发散波及其岸壁反射波的影响下，出现艏摇、波荡的同时，还受纵摇、横摇、垂荡、横荡的影响，易造成靠岸舷侧船体擦损、挣断系缆等问题。在水浅流急时更应注意。为此，航行船驶过时，宜保持低速，并尽可能拉开横距以减小兴波影响；系泊船应备好碰垫，并注意调整系缆使之均匀受力；必要时加抛外档短链锚以提高系泊的稳定度。

项目四

港内操船

[项目描述]

船舶的航次任务是从一港安全地抵达另一港，而在出发和抵达时的操纵往往是难度最大的，对操船水平的要求也是最高的，进出港的操纵通常由船长或引航员完成。本项目要求学生在模拟器上进行情境模拟，通过进出港模拟操纵训练，熟悉进港备车、减速、停车的操纵过程，以及出港逐级加车的过程；进行港内掉头操纵训练，感受不同掉头方法的不同效果；进行靠离码头操纵训练，领会靠离泊操纵要领；进行系离浮筒操纵训练，重点是接近浮筒的操纵；进行超大型船舶的操纵训练，比较其与普通船舶操纵之间的区别。

任务一 港内掉头

学习目标

知识目标：掌握进港操纵的要求，掌握港内掉头的操纵要领。

能力目标：准确把握港内操船技能，能在模拟器上合理选择掉头方法安全完成掉头任务。

素质目标：提高学生分析问题的能力。

船舶由于进出港、泊位装卸条件的原因或出于操船安全方面的考虑，常需进行掉头作业。港内水域狭窄，情况复杂，很难凭车、舵一次全旋回完成掉头操纵。操船者应根据掉头目的、航道尺度、风浪情况、本船尺度、载况，以及本船的操纵性能等条件，选择适当的掉头水域，拟定出安全快捷的操纵方案，合理地使用车、舵、锚、缆和拖船，利用或克服风流的影响，从而顺利完成掉头操纵。较常采用的掉头方法有：顺流抛锚掉头、顶流拖艏掉头和拖艉掉头等。小型船舶可根据不同的航道条件选择采用连续进车掉头、进退车掉头、船首顶岸以及利用码头系缆掉头等方法。双车船亦可用一车正转一车反转的掉头方法。

港内掉头操纵教学视频

一、掉头水域的确定

出于操船的实际需要，在泊位系留设施附近，应设置必要的使船就地掉头的水域，俗称掉头区（turning basin）。

就一般船舶的操纵性能而言，根据锚、风流等外力因素的有利影响，以及利用拖船协助掉头等不同条件，船舶掉头范围可参考下列数据：

（1）先使船舶降速，而后提高主机转速，满舵向右掉头约需直径为 3 倍船长的圆形水域；

（2）如可使用一艘拖船，则约需直径为 2 倍船长的圆形水域；

（3）利用顺流抛锚条件自力向右掉头时，约需直径为 2 倍船长的圆形水域；

（4）完全使用拖船掉头时（两艘或两艘以上），约需直径为 1.5 倍船长的圆形水域。

顺流抛锚掉头教学视频

二、顺流抛锚掉头

顺流抛锚掉头，是借助锚的拉力固定船首，利用流或风的有利因素推艉掉转，如图 4-1-1 所示。

（1）选择合适的流速：流过缓过急均不利于掉头。重载大船抵达掉头区时的流速以 1～1.5 kn 为宜，切忌在急涨、急落或平流时掉头。

（2）保证足够的水域：对于单桨船，其宽度应大于 1.5～1.6 倍船长，长度为 3～4 倍船长，流缓时取小值。至少应有直径约为 2 倍船长的圆形掉头区。

（3）选择最有利的掉头方向：一般情况下，右旋单桨船宜向右掉头，以便利用倒车时的横向力；空载、风大、水域狭窄采取迎风抛锚掉头较安全；在弯曲水道处向凸岸一侧掉头有利。

（4）控制余速：及早停车淌航（位 1），当船抵掉头处时，余速应控制至最低限度；抵落锚点前，应适当使用倒车，以减小冲力，助船右转。

（5）掌握正确的抛锚时机：抵落锚点前 1~2 倍船长处的船位应摆在航道中央略偏左的地方，以便拉开档子，腾出水域。若对水余速超过 1 kn，应立即使用倒车刹减，同时操右满舵，使船首右转过航道中线而船身约与流向成 30°角（位 2），伺机停车并抛锚，一般出链 2.5~3 倍水深，一次松出，刹车。若一锚拉不住，切不可失策松链，而应加抛另一锚（通常一节入水）制止。

（6）控制船身：在船身掉转过程中，应密切注意船位及船身之进退。一般当船首转过 70°左右时（位 3），船身可能出现后缩现象，应及时用车加以抑制。转至位 4 以后，可酌情进车、用右舵，以缓解锚链受力，加速掉头。

（7）起锚：用车、舵配合将船身领直后（位 6），起锚。

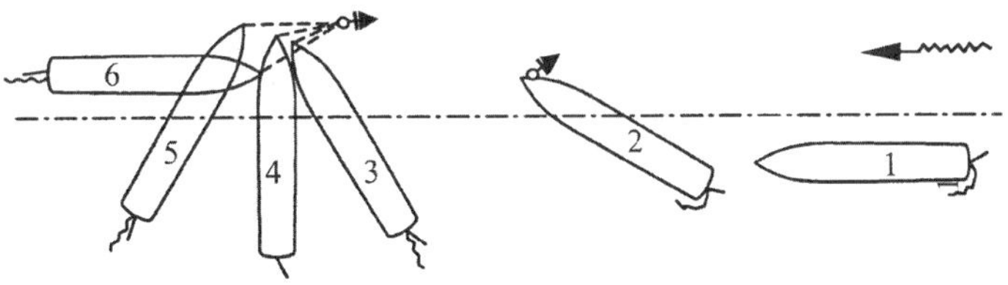

图 4-1-1　顺流抛锚掉头

三、顶流拖艏掉头

顶流拖艏掉头教学视频

顶流拖艏掉头如图 4-1-2 所示。

（1）选择合适的流速：为减少操纵中的流压漂移，便于控制船位，最好应于平流时抵掉头区，争取在平流或近乎平流中掉头，顶流流速不宜超过 1 kn。

（2）选定掉头方向：一般情况下，以拖船拖艏向右掉头较为方便；空载、横风较强、水域较窄，则以迎风掉头为安全；若风较小，水域足够，在泊位边掉头后右舷靠泊，亦可向左掉头。

（3）控制余速：抵掉头区前应及早停车淌航，一般满载万吨级船舶应在距掉头处 1 000 m 以外停车淌航。开始掉头时，船的冲势应基本消失，当距掉头处半个船长时冲势仍较大，应即倒车制止，使船停住，以免影响拖船行动，甚至出现危及拖船安全的现象。

（4）注意掌握船位和船身的进退：向右掉头，开始时船位应保持在中央航道左侧。拖船领直而未向右转拖带之前，大船不宜用右舵，以免妨碍拖船向右转向。大船掉转 90°前（位 1 至位 3），大船可能出现前冲现象，应及时倒车制止前冲；掉转 90°后（位 4），大船可能后缩，一经发现，应用右舵和少量进车加以调整。

（5）降低转头速度，稳定船首向：船首转过 150°左右时，应适时用左舵、进车抑制其右转势头，拉直船身，稳住船首向（位 5 至位 6）。

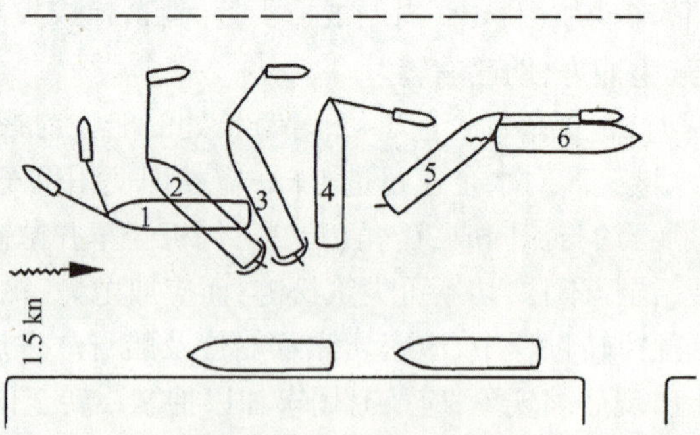

图 4-1-2　顶流拖艏掉头

四、拖艉掉头(turning by pulling the stern)

拖艉掉头教学视频

拖艉掉头常见于静水港，如图 4-1-3 所示。

艉部各缆解清后，大船艏部留艏缆、前倒缆，垫好碰垫，拖船缓缓起拖使大船艉离（位 2），待艉离出约 30°（该角之大小视有无开风、拢风而定）时松出并解掉船首各缆（位 3），如为较强拢风，艉离角度要更大，然后解掉艏倒缆及艏缆。出泊后的大船，因拖缆在前阶段向后而有退势，应用右满舵、进车，以便助转和防止过度后缩危及拖船安全。与此同时，令拖船右转拖艉抵位 4，保持大船在无前冲后缩情况下，由拖船拖转至位 5，而后大船视情况采用进车、左舵以抑制船首向右的偏转惯性，稳住船首向。至此，掉头毕，当船略有对水进速时，停车解拖。

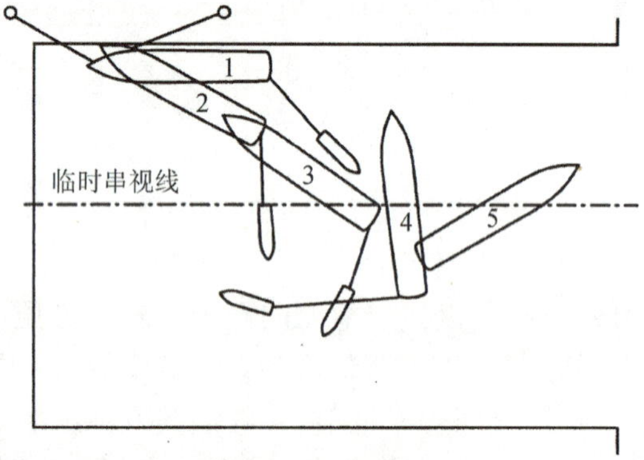

图 4-1-3　拖艉掉头

任务二　靠离码头

学习目标

知识目标：掌握靠泊和离泊操纵要领。

能力目标：准确把握靠离码头操纵要领，能在模拟器上完成靠离泊任务。

素质目标:提高学生的团队合作能力。

一、靠码头(berthing alongside)

靠码头教学视频

1. 准备工作

(1)了解港口与码头情况

港口方面有航道深度、宽度、掉头区范围及有效宽度、禁止追越区、禁锚区等规定细则,还有诸如分道通航制、港内限速、VHF 使用以及其他导航、通信设施使用规定等。此外,尚有各段航道的航向、航程以及导航设施的配备等。

码头方面有码头线方向、长度、泊位水深、前后停船情况、泊位空当大小(一般为船长的115%~120%)以及码头附近水域宽度等。

(2)掌握预计靠泊时码头边的风、流条件

因受地域、地形制约,港内风、流情况与外海不同,码头边的情况更加多变。静水港主要考虑码头边风的变化情况;有流港应根据资料进行经验性修正,以预计码头边的流向、流速和转流时机。一般应尽量控制船抵泊位边恰为初落流缓时。

(3)制订靠泊操纵计划

结合上述条件,依本船载况和操纵性能,需在靠泊前预先制订出一个完整的靠泊操纵计划。例如:何时自锚地起锚,何时经过浅水区(以解决富余水深问题为核心),何时进港,是否需要掉头,在何处掉头,何时抵泊,靠泊方案要点,是否需要拖船协助,甚至包括可能遇到的困难及对策;并向有关人员进行布置,必要时应与有关单位取得联系。

2. 操纵要领

(1)控制抵泊余速

根据本船载况、停车淌航冲程,结合当时当地风流的方向和速度,以及本船倒车功率的大小,在抵泊前适时减速和停车。由于情况多变,要准确估算各种外力影响尚有一定困难,最为普遍的做法是:在保证船舶舵效的前提下,抵泊速度宜尽可能降低为好。其好处在于可避免较长时间使用倒车或频繁用车,从而有利于控制船位和船首向;另外,也为观察船舶动向和校正船舶的运动争得了正确决策的时间,即使出现意外,也可及早应对。

淌航至泊位后端,如图 4-2-1 中的 *A* 点时,是控制抵泊余速的关键时刻,如岸边景物后移较快,从而判断淌航余速较高,则应及早倒车加以抑制。

船首抵泊位中点(N 旗)的余速,以不超过 2 kn 为宜,以便用少量的后退二或短链拖外舷锚(如 10 m 水深,则出链 1 节下水),在大约半倍船长距离之内将船拉停;而后根据具体条件,用车操舵调整船位及靠泊角度则较为主动。

空载且横开风较大时,为降低淌航中的风致漂移速度,淌航余速应适当提高。这就需要提前拖锚,必要时甚至拖双锚淌航。这样做既可大胆用车操舵,使船沿预定串视线进入泊位,又可在较短距离之内把船停住。

有流的港口,泊位附近的水深往往较航道小,流速往往偏低,方向也可能有变。船舶由航道淌航至泊位边,会发现余速略有变化(往往变大),操船者对此应有所准备。

(2)合理选择横距

任何形式的靠泊,在船舶驶至泊位外档之前,总是存在着合理选择横距的问题,以便为下

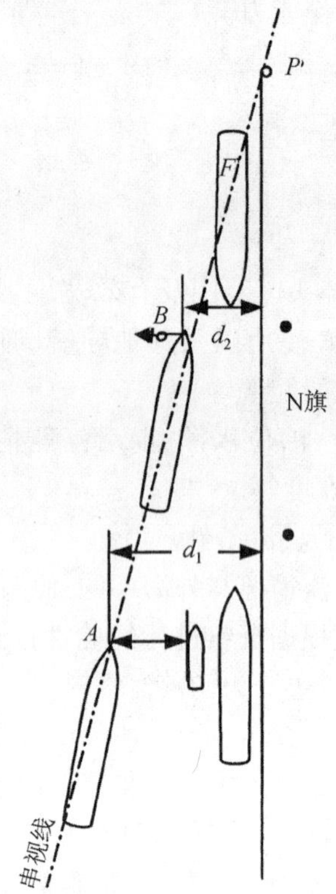

图 4-2-1　无风流时的靠泊模式

一步驶至泊位外档后解决入泊问题打好基础。

就舷靠码头而言，所选择的横距是指靠泊船的船首在进入泊位后端和驶抵泊位前端横开位置处，距码头外缘线的横距，如图 4-2-1 中 d_1、d_2 所示，并分别称为初始横距和入泊横距。

靠泊前选定合理横距的问题，实质上就是选定合理可行的入泊航迹线的问题。该航迹线即由初始横距和入泊横距的横开端点连接而成的直线，俗称串视线（transit line），如图 4-2-1 中的 AB 所示。A、B 两点位于水上，故难以利用在船舶入泊的导航之中；较为可行的经验做法是，沿串视线前方选择位于陆岸的两个物标，如烟囱、楼角、旗杆等突出物，作为临时的串视标，并在其距离选择上保证有用作叠标的足够灵敏度，以保证船舶循着串视线驶至泊位外档位置处。

①d_2 的选定

d_2 为船舶停于泊位外档时船首距码头外缘应保持的横距，即入泊横距。一般情况下大型船靠泊时，为有效地制速，克服风流等因素的不利影响，便于车舵机动等，需要抛下外档锚。从锚链带力、拖锚制速直到将船拉停，船首与码头线的横距 d_2 应有 20 m 左右的安全余量。当风流不大时，可以该值为基本参考数据确定 d_2 值；当有较强拢风或开风时，可视本船载况和风流的影响大小予以适量的增加或减少。

选择抛锚点应服从于具体的操纵方法与要求。若从刹减余速的角度看，应根据船舶对地余速的大小、风流的大小与方向、靠拢角度的大小等因素综合予以确定。根据经验，当靠拢角较小、顶流 1~2 kn、水深约 10 m 时，多出链一节入水，抛锚点选于 N 旗略前处，此时船首距码头外缘线 30~50 m。

②d_1 的选定

d_1 为本船入泊前，船首抵达泊位后方停靠的他船船中时至码头线的横距。除特殊机动情况外，d_1 的选定应根据风流影响大小及泊位后方停靠他船的多少而定。泊位后方无他船停靠，且风流影响较小时，d_1 至少应保持 2 倍船宽；吹拢风时，应根据实际风速、本船余速和载况求出自 A 至 B 淌航中的横向漂移距，得 $d_1 = d_2 +$ 风流致漂移距。一般情况下，横距应大于 3 倍船宽；吹开风时，从本船船首内舷至泊位后方停泊船外舷，横距应不小于 2 倍船宽。

d_1、d_2 确定后，在船舶驶上 AB 串视线并停车淌航中，沿 AB 延伸线，找出两个显著物标，根据本船余速、风流影响，引导船舶驶抵泊位外档。

（3）调整好靠拢角度

船舶一般以顶风或顶流入靠。在流水港往往采用顶流入靠，在静水港一般以顶风入靠为宜。但若风、流方向相反，则须根据本船水线上下面积、受风流影响的大小做出判断。根据大的一方来决定靠泊方向。根据计算，万吨级船舶空载时，2 kn 流速影响约与 6 级风影响相抵；1.5 kn 流速影响约与 5 级风影响相抵。

所谓靠拢角度，就是船首尾向与码头线间的交角。船舶为了保持在选定的串视线上淌航前进，需要不断地调整该角度。减小靠拢角可减小横向接近速度，顶流较强时尤为明显；增大靠拢角又可提高横向接近速度；艏开风较强时还可采取顶风驶向 B 点的方法，使整个靠泊过程可免去对风致漂移，尤其是对横向漂移的担心。

在靠泊中调整靠拢角，主要是在淌航向泊位接近中通过操舵、用车来实现的；进入泊位后还可以在此基础上通过抛锚并适当松紧锚链、绞收系缆而加以实现；大型船则需更多地借助拖船来协助操纵。

确定靠拢角大小的总原则是，重载船顶流较强靠泊时，靠拢角宜小，以降低入泊速度并减小拢岸力；空船、流缓吹开风时，靠拢角宜大，以防船首被吹离码头而无法带上艏缆；吹拢风时，靠拢角也宜大，以防拖外档锚制动时，船尾被很快压向泊位下端。

在河道弯头凹岸一侧、岛屿正对潮流一侧，一般有扎拢流，靠泊时机宜选在缓流时，靠泊时宜及早拉平船身，必要时还可略向外扬头，以减小流压差角，降低入泊速度。

调整靠拢角度宜早。如果等到船已进入泊位档子，才动车提高舵效来调整角度，必将增大冲势而陷入被动。

反复调整靠拢角度，最理想的情况是使船接近平行地贴靠泊位码头。贴靠速度的大小因码头和船体强度所限，必须予以严格限制。船舶吨位越大，泊位水深越大，该项限制越严格。一般船舶贴靠速度应低于 15 cm/s；超大型船舶应控制在 2~5 cm/s。DWT 为万吨级、8 万~9 万吨级和 20 万~30 万吨级的船的贴靠速度应分别低于 10 cm/s、2~8 cm/s、2~5 cm/s。

上述控制余速、选定横距、调整角度三者，作为船舶操纵的三个环节，是互相联系、互为条件、互相影响的。余速过高势必要多用倒车，必将影响靠拢角与船位的控制；余速过小，必然加剧风致漂移，难以按选定横距淌航于串视线上。横距和靠角的调整又需用车操舵，因而又将影响余速的控制，而余速和靠拢角的大小又直接影响贴靠速度的大小。由于靠泊中的船舶始终处于运动之中，操纵者必须针对船舶运动中出现的动态变化，紧紧抓住上述三个环节，给予必要的调整和控制，使之与客观条件的要求相适应，才能最终使船平稳地停靠于指定的泊位上。

3. 操纵方法

靠码头的操纵方法，因船舶、泊位和环境条件的不同而千差万别，甚至因操纵者的习惯和风格而异。下列操纵方法供读者参考选用：

(1)惯性淌航驶靠(流缓、风小、码头下方水域宽敞时采用)。

(2)横移驶靠(水流较急或泊位上下均有停泊船，泊位空当小时采用)。

(3)大角度驶靠(遇强吹开风或流弱、艉吹开风时采用)。

(4)扬艏驶靠(在有扎拢流或吹拢风的情况下采用)。

(5)顺流驶靠(在流速很小，或涨末、落末的转流期间慎重采用)。

(6)拖锚驶靠：

①抛开锚驶靠(在有流港或强吹开风的情况下采用)；

②抛拎水锚驶靠(有强前八字吹拢风、顶急流、扎拢流时采用)；

③拖倒锚驶靠(在遇强后八字吹拢风、顶强风、顺弱流的情况下采用)；

④泊位边拖锚掉头驶靠——一锚到底(在无风流或顺风流且航道较窄时采用)。

(7)拖船协助驶靠：大型船舶靠泊以及静水港中靠泊，一般均需拖船协助；超大型船则需要多艘拖船协助。拖船协助靠泊的方法见本项目任务二。

(8)抛锚艉系泊(在风力较小、遮蔽优良的静水港内采用，如塞得港)：艉缆通常带四根，船首用交角为20°左右的八字锚形式固定。

二、离码头(leaving a berth)

离码头教学视频

1. 准备工作

(1)离泊前，应实地观察风、流及泊位前后情况，前后有无动车余量，锚链的方向及长度，系缆的角度及受力状态，以及水域内来往船舶的动态。对不适宜部分应做必要的调整。

(2)制定离泊方案。应根据气象、潮汐、泊位特点、船舶动态、装载情况，按照本船实际操纵性能，正确决定离泊时机、离泊方案，并于出航前的会议上向有关人员进行布置。

(3)如有拖船协助，应交代协助操纵方案，以便使其主动配合。

(4)机舱活车前，驾驶员应到船尾查看系缆及推进器附近是否清爽，确认无碍后方可试车、试舵、试声光信号，并按规定悬挂信号。

(5)备车后再进行单绑。使用倒缆离艏或离艉时必须确保其强度。里档锚不应与码头护木齐平，在突出部位或触岸部位应垫好碰垫。等水面清爽时即可实施离泊操纵。

2. 操纵要领

(1)确定离出方法

离码头可采取艏离(leaving bow first)或艉离(leaving stern first)，使用两艘或以上拖船时也可平离。顶流较缓，有吹开风，泊位前方较清爽，船首开出15°左右，船尾的车舵与码头无碍时，均可采用艏离法；自力或使用拖船离泊时，艉先离，车舵与码头无碍，因而可以自由机动，艉离是更为普遍的离码头方法，在静水港内更是如此。

当其泊位前后余地不大、艏离或艉离均感不便时，也可借助两艘拖船同时拖艏；或一艘大功率拖船拖腰使船平行离出。吹强拢风时大型船离泊多用此法。

(2)掌握摆出角度

无论是艏离还是艉离,其摆出角度的大小取决于当时外力影响的大小和摆出后的操船需要。

当外力影响有利于摆出时,尽管摆出角小(仅有15°左右),也因其足够而不谓之小;顶流离艏、顺流离艉均如此。相反,当外力不利摆出时,尽管已摆出30°左右,在进行而后的操纵中因外力影响却又摆回到难以进行这种操纵的位置上,那么该摆出角度也因其不足而不谓之大;顶流拢风时离艉就是如此。

在船首或船尾摆出之后,按预定操纵方案径直出港,或是再进行掉头移泊,还是离泊中在泊位边完成掉头,这些摆出后的操纵要求对于决定摆出角度的大小当然具有重要意义。

艏离或艉离时,在决定摆出角度的大小时必须注意所用倒缆的强度及受力情况。承受顿力、强度不足或因摆出角度过大使倒缆张力突然增大等情况均应避免。

(3)控制前冲后缩

当泊位前后余量较小、港池水域相对较窄时,无论在泊位内、艏或艉摆出中,乃至处于港池或航道中的船舶,均应注意自身的前后活动余地,并利用正横附近的物标准确地判断本船的前冲后缩,及时地通过车舵机动或使用拖船予以控制。

(4)防止系缆绞缠螺旋桨

解缆后应尽快绞回,特别是艉部各缆,艉部未清爽前切勿动车,以免绞缠螺旋桨。

3. 离码头注意事项

(1)选取艉离、艏离还是平离,应视风流缓急和方向而定;是否在泊位前掉头则取决于离泊目的和是否具备足够水域。应注意灵巧地运用风流对离泊的有利影响,避免其不利影响。风流影响相互冲突时,应结合本船载况,考虑影响较大的一方。

(2)离泊单绑时,应对倒缆的负荷强度多加注意,风大流急时更应给予加强。应根据使用目的对单绑各缆的系桩、出缆孔位置做出正确的选择。大吨位船舶离泊时应慎用溜缆措施;在摆艏或摆艉出泊时,宜多借助拖船。

(3)使用拖船的功率及数量应根据外界条件、本船载况及尺度进行估算。拖船就位点、拖带方式应符合总的意图。为操纵安全,双方应密切配合,协同动作。

(4)在自力或有拖船协助中离泊,对船身之进退应随时注意观察;要充分估计前后的安全余量,适时抑制不利的前冲后缩;在泊位内及出泊后均应随时注意与拖船联络和配合;运用倒车时应注意不利偏转的预先防止。

(5)风流较急条件下离泊,为有备无患,应注意备好双锚。经估算,外力、外力矩过大,依靠本船车舵,甚至包括借助拖船仍无力离泊时,可等待风、流转缓时再行离泊。

任务三 系离浮筒

学习目标

系离浮筒教学视频

知识目标:掌握系离浮筒知识。

能力目标:能在模拟器上完成系离浮筒操纵。

素质目标：培养学生的协作意识。

一、锚链系浮筒

系浮装卸货或在台风、强风时期，系留时间较长，一般皆用锚链系带浮筒。

（1）固定艏锚：卸下第一节锚链的连接卸扣，将第二节锚链由锚链孔倒出至舷外水面。

（2）按系单浮的步骤操作，直至船首内侧的一根单头缆（风大、流急时需两根）带上浮筒环，然后绞紧，使船首尽可能贴近浮筒。

（3）在另一舷松下一根引链钢丝索和卸扣，由带缆人员将索端穿过浮筒环，系扣在锚链链端往上第四个链环上，绞收引链索并松链，使链端贴靠浮筒环，用大卸扣系牢。

（4）解下单头和引链索并将它们扣接，用单头将引链索绞回本船，并使之保持松弛状态挽牢在系缆桩上作为回头缆。

二、系离单浮筒

一般船舶可以自力系单浮，大型船或遇强风、强流时，应请拖船协助控速、控位。系单浮时，只要条件许可，均采用顶风方向系浮。在风力较弱时，应利用倒车艏右偏规律，将浮筒置于右舷横距 1～1.5 倍船宽、距浮筒 3 倍船长处，应及时降速至维持舵效的最小速度，然后逐渐接近浮筒；距浮筒 0.5～1 倍船长处，采用倒车把船停住，倒车形成的艏右偏将有利于带缆；在顶风较强时，应于浮筒左侧上风处抛下左锚，出链 1.5 倍水深为宜，然后利用风力，辅以必要的车、舵，使船舶拖锚落向下风系单浮，如图 4-3-1 所示。

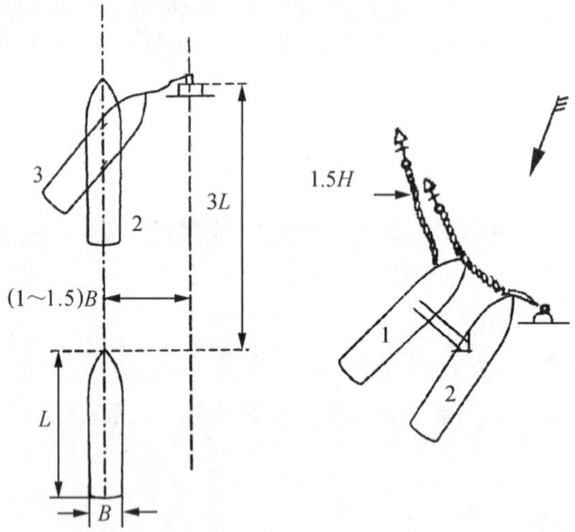

图 4-3-1　顶风系单浮

顶急流系浮应注意避免发生倒车艏右偏压浮的危险。一般应将浮筒置于左舷接近为好，大型船还应请拖船协助。

不得已顺风流接近时，可在其下风侧掉头后再系浮，如图 4-3-2（a）所示；若下风流侧位置不足 3L，而横风范围足够，则应在浮筒左前方抛右锚掉头，如图 4-3-2（b）所示。

条件受限，横风流接近时，可在其下风侧距浮筒 30～40 m 处抛上风锚，然后进车驶靠。若

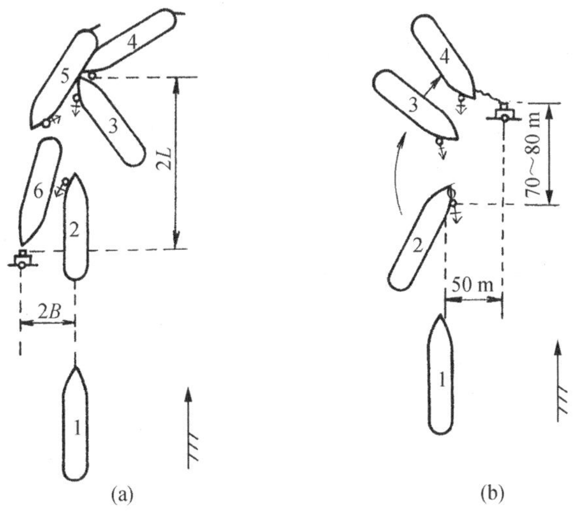

图 4-3-2 顺风系单浮

下风侧水域有限,也可以横距 50 m 在其上风侧 70～80 m 处抛上风锚,使船首受风缓缓拖锚驶靠。横风系单浮如图 4-3-3 所示。

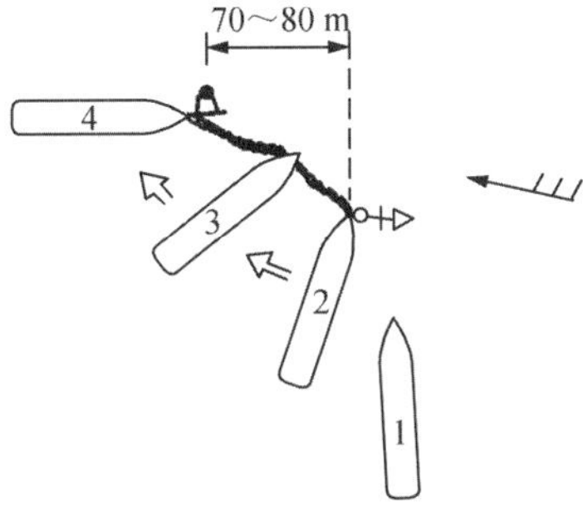

图 4-3-3 横风系单浮

对于以上各种抛锚系单浮方法,在抛锚前都须先了解浮筒水下链条的各个方向,尽可能与浮筒有一定距离,以防止锚链与其绞缠。缆系好后,应把锚绞起。若一时风流大绞不起,必须在风流转弱后立即绞起。

离单浮比较简单,通常先将回头缆收紧,视风流情况适当进车协助,解去其余单头缆及锚链之后,再慢慢松放回头缆,开动倒车左满舵,向左摆出船尾后退,使船首离开浮筒后,即可进车驶离。风流较强时,则不需用倒车,仅凭风、流压离浮。

三、系离双浮筒

系离双浮能使系泊船较好地保持系泊位置,过驳装卸方便,泊位伸缩余地较大,无碰码头之虞。其缺点是:系离浮筒所需时间较长,离泊时摆艏、甩艉得不到缆绳协助之利,受横风流时,系缆受力过大。因此,系离时不得不更多地借助锚和拖船,大型船更是如此,所以不能有丝毫大意。

1. 系双浮操纵要点

(1) 与靠码头一样,余速、横距、靠拢角同样是系双浮过程中应掌握和调整的三个重要环节。此外,还应注意到,横风对系双浮的影响较靠码头时大得多;若浮筒连线与流向之间存在夹角，则压拢流或压开流的影响也应考虑进去。

（2）用锚：抛锚是系浮筒的重要环节，对抵御风流影响、控制余速和船位具有重要意义。锚位距浮筒不宜过近，以防锚链与浮筒发生绞缠。系双浮时，抛开锚应在距浮筒连线的 30～40 m 横距外。开锚对离双浮有很大帮助。

（3）用拖船：流弱、横风强时，需考虑系带艉缆困难、占据航道、内档可能较浅或存在障碍物等因素，故应申请拖船协助。一般均应等船首系妥后才顶艉上线系艉缆，其间必须随时指挥拖船协助拖顶，防止风压甩艉扫浮筒、在航道内打横或进内档搁浅。

（4）系缆：系浮筒带缆需时较长，大风季节用锚链系浮需时更长。因此，在对风流影响及潮流变化进行估计时，要留有充分的余地，以免被动。系带各缆时，应控制船与浮筒相对静止；回头缆不应将琵琶头直接套在缆桩上，而应在桩上挽“∞”字形。为迅速带上第一根单头缆，船首应尽可能接近浮筒，一般纵距约 20 m，横距约 10 m；系好的各缆应受力均匀，回头缆不应受力。

2. 系双浮操纵方法

如图 4-3-4 所示，一般情况下以两浮连线为基线，以两浮连线的中点向外横距 30～40 m 处为抛锚点，以抛锚点和上浮的连线为串视线。及早停车淌航，距下浮约 3L 时，驶上串视线；艏抵下浮时，控制对地余速在 1.5～2 kn；调整靠拢角度，艏抵中线附近时抛外档锚，出链 1 节入水刹住；待艏距上浮约 20 m 时，系带艏缆；艏缆系妥后，令拖船顶艉上线系带艉缆。

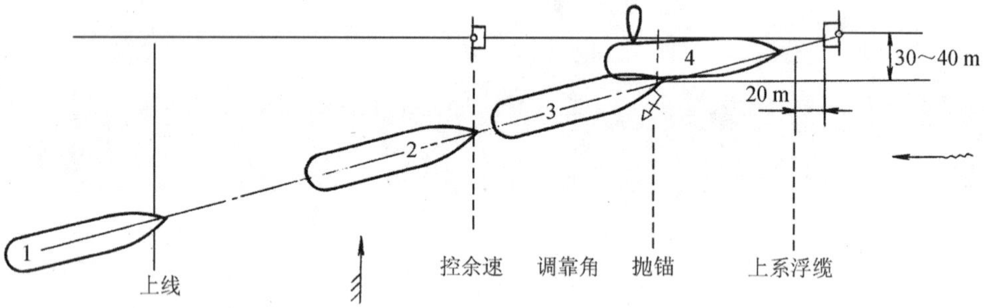

图 4-3-4　系双浮一般操作模式

遇顶流较急或吹拢风较强时，靠拢角度应适当减小，如图 4-3-5 所示；遇吹开风较强则应适当增大靠拢角度，如图 4-3-6 所示。顺流横风就必须掉头系靠，其操纵方法与顺流掉头系单浮类似。其关键是抛锚点的选择应依抛锚时的对地余速、排水量和锚抓力而定，并应防止船首出现不利的偏转。

3. 离双浮筒操纵要点

（1）单绑：如风大流急，在松解迎风流的单头缆前，应先绞紧回头缆，然后慢慢松开单头缆，使回头缆逐渐吃力；若有拖船协助，则单绑时应在上风流一端多留一根单头，等拖缆带妥后再解去单头。

（2）掌握回头缆的松解时机：例如流水港吹拢风时，拖船推上流端出泊，下流端的回头缆不宜早解，以防下流端甩进浮筒连线里侧，不利出档。

（3）一般均需请拖船协助扬头或摆艉方可出档，最好由拖船出拖缆，以便解拖后，大船即可动车。如有开锚，则起锚出档更为方便。

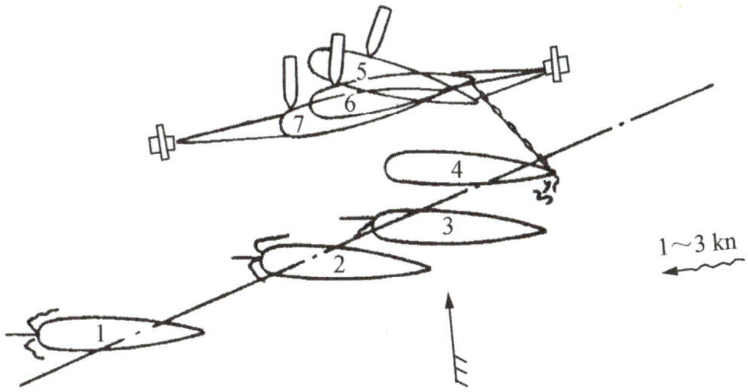

图 4-3-5　顶流拢风系双浮

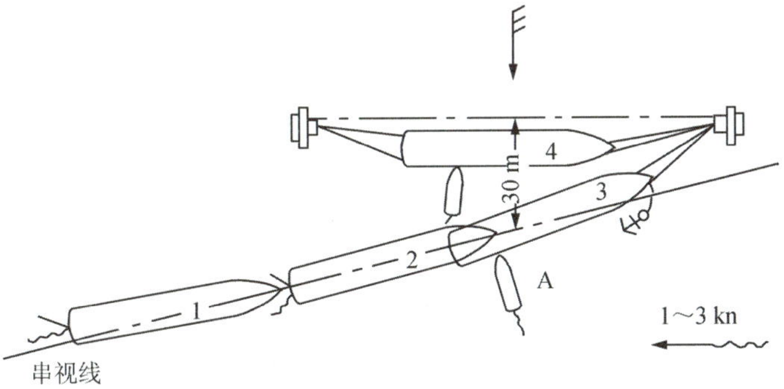

图 4-3-6　顶流吹开风系双浮

任务四　其他情况下的系离泊操纵

其他情况下的系离泊操纵教学视频

学习目标

知识目标：了解进出船坞、进出船闸、靠离系泊等操纵要点。

能力目标：能在模拟器上进行模拟操纵。

素质目标：提高学生适应环境的能力。

一、进出干船坞操纵

在流水港，干船坞的方向一般与岸线接近垂直，船在进坞前、出坞后的船位受流影响很大，所以应选择在高潮后、涨潮末等潮水高而流较缓的时刻进行。在静水港，只需考虑风的影响，在适当的潮高时也可进行。

船舶进出坞，因本身无动力，需靠拖船助操。通常情况下需三艘拖船，其中一艘绑在船尾的一舷，以代替本船的车舵；一艘用于拖船首；另一艘用来提船尾。如船舶较大或风流较急，可根据需要另配拖船在下风流舷侧顶推。绑在船尾的拖船应具有较高的主机功率。

船抵坞门后，分别从船首左、右各送出一根缆绳系于坞边缆桩上，以校正和稳定船首的位置；另送出一缆绳引至坞前方的绞车上，以便在坞内绞船前进。随着船身在坞中前移，在船尾可带缆时,再带上左、右各一根缆以稳定船尾,取代拖船。

具体操作如下:

(1)进干船坞

①如图4-4-1所示,以主机功率最大的拖船A并靠于大船的尾部舷侧,功率较小的拖船B拖艄、拖船C提艉、拖船D在坞口备用。大船在诸拖船的配合下,沿着坞门口上流角的一根预定的串视线向坞门口驶去(位1)。

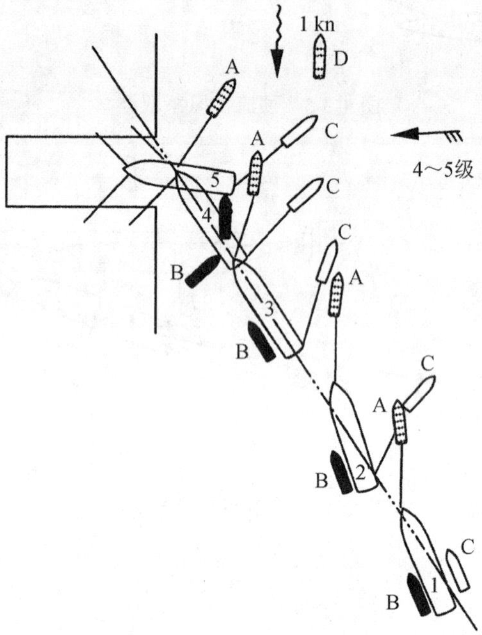

图4-4-1 顶流拢风下进干船坞

②本船余速的控制主要靠拖船A的倒车和拖船B的减速来实现;大船的艏向主要由拖船A来控制;大船横距则主要靠B、C两拖船的拖带方向来保持。当大船距坞门口2~3倍船长时,适时令拖船A倒车,拖船B减速,拖船C开始向上风、上流提艉(位2)。

③当距坞门口150 m左右时,调整拖船B、C的车速,大船的船位可稍向偏串视线的上风、上流一边,但不可偏到下风、下流一边(位3)。

④当距坞口20 m左右时,大船余速应控制为零。迅速带上上流舷的缆绳,令拖船A改为顶推里舷艉部,解去拖船B的拖缆,并带上下流舷缆绳,绞紧缆绳(位4)。

⑤在拖船A、C顶、拖之下,船身与船坞逐渐领直。如风大、流急,可令备用拖船D也来顶推里舷艉部。此后,及时带上艏绞引缆,随着坞头绞车的绞入,船身缓缓入坞,视需要用拖船C控制入坞速度。最后,解缆,解去拖船。

有时由于干船坞的水深限制或其他原因,需在大潮高潮、流急时进坞,也可先将大船停靠于坞门下游侧的码头上,并使船首伸于坞门外,带好船首左右缆及绞引缆,进坞时边绞缆边用1艘拖船提艉,1~2艘拖船顶里舷船尾,领直船身后,绞缆进坞。

(2)出干船坞

①如图4-4-2所示,船首留左、右缆,船尾留上流侧缆,另准备一根艏拖缆送至坞边上流侧备用。令拖船A和拖船B在坞口等待提艉,拖船C带妥拖缆后就位(位1)。

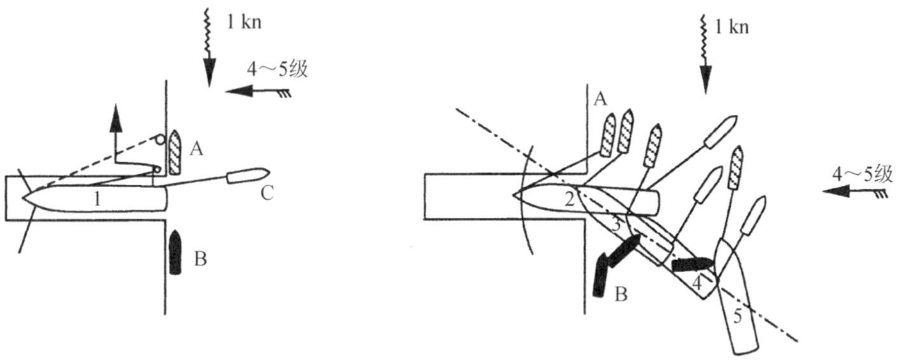

图 4-4-2 顶流拢风下出干船坞

②拖船 C 起拖后，解掉船尾上流侧系缆，船身缓缓退出船坞，随时将左右两缆换桩，并调整船首使之居中。

③半个船身出坞后，本船尾部受流，令拖船 C 向上风、上流拖带，同时令拖船 B 顶推下风舷。拖艏的拖船 A 迅速带上拖缆在上游一侧就位（位 2）。

④船首将退出船坞时，令拖船 A 快车拖艏，收进各系缆，拖船 B 移至船首下风舷准备顶艏（位 3）。

⑤船身全部出坞后，即令拖船 B 快车顶艏，拖船 C 尽量抢占上风位置（位 4）。

⑥船身调至迎流后，解去拖船 C，本船在拖船 A、B 的协助下移至预定泊区。

二、进出船闸操纵

1. 进船闸

（1）控制船速，维持舵效，使船沿导标中线缓速接近闸口，横风较强、受风面积较大的船舶应保持在导标线上风一侧行驶。至闸口前适当距离（例如 200～300 m）处，使用车舵，领直船身进闸。

（2）船首进入闸口后，应尽力避免使船首偏向船闸的任何一侧，这可以通过船舶艏缆或及时使用车舵加以调整。

（3）船首带缆时，为抵御倒车时的不利偏转，一般应先带左侧缆，后带右侧缆。横风较强时，半载或空载船舶可视需要用拖船在下风舷顶推，带艏缆时则应先带上风侧缆，后带下风侧缆。

（4）船进闸后，船尾左右舷再各带一缆，以保持船位。横风时，上风舷侧所带的艏、艉两缆应予绞紧。船停于闸内后，前后各缆尽可能受力均匀，以防调水时出现前冲后缩。

2. 出船闸

船尾先解下风舷缆并收进后，再解上风舷缆，快速收进后开慢车进。待船舶艏缆松弛后也解掉，由船闸工提着前行，船首出闸时收进。横风较强时，船尾上风舷解缆后，由船闸工提着前行，待船舶起速后再停车收进，以免船尾推向下风。

三、靠离系泊船的操纵要点

靠离系泊船，甚至靠离在航船，都属于船舶之间的靠离。并靠他船时，由于两船的吨位、吃水、干舷高度不一，特别是艏艉部分线型变化较大，掌握不当容易造成相互挤损。靠离他船的准备工作及操纵要点与靠离码头基本相同，但需注意如下几点：

(1)船舶靠离最好不要有向着并靠一舷的横倾，并靠前两船间舷外突出物应收进。同时，应准备好固定碰垫及手提碰垫备用。在锚地过载时，为防止涌浪引起两船撞击，可使用专门的橡皮冲击碰垫。

(2)应尽量平行缓缓靠拢他船，并使两船平直部分相互接触，尽量避免一点接触而损及船体。此外，干舷大的船舶首尾应避免在干舷较小船的船舷之上，以免损及栏杆、舱面设备或甲板建筑等。离开并靠船时，应尽可能以小角度离开，以免船舶首尾挤损。

(3)如本船操纵中需抛锚，应事先掌握对方锚位、链向及出链长度，以免两锚绞缠。靠锚泊船时，若条件许可，应靠其未抛锚舷，靠毕宜将本船锚绞起。

(4)并靠系浮船时，一般先带相缆（两船间的固定用缆），后带浮筒缆，以防有他船驶过近旁，引起两船前后移动而损坏船体或断缆。各系缆应受力均匀，并收紧挽牢，防止其从导缆孔跳出或严重磨损。尤其是两船干舷高度悬殊，缆绳水平角度太大，有效分力太小，易从导缆孔内跳出或磨损，要注意改善其角度。

(5)通常在风力大于6级或锚泊船偏荡角度超过1个罗经点时，不宜进行傍靠；但若船舶只有少量偏荡，则可根据锚泊船之偏荡轨迹，待其偏荡至一边极限位置时，适时接近并完成靠拢操纵。风流方向不一致时，若风力较弱（小于4级），则从上风舷入靠，可借助风压缓缓靠上；但若风力较强（大于4级），则最好从锚泊船的下风舷入靠，当然，若各方面条件许可，应靠其未用锚的一舷，以防靠泊用锚时发生绞缠，靠妥后应将锚绞起。

任务五　超大型船舶的操纵

超大型船舶的操纵教学视频

学习目标

知识目标：掌握超大型船舶的主要性能特点，掌握超大型船舶操纵要领。
能力目标：能在模拟器上进行超大型船舶的各种操纵。
素质目标：培养学生全面思考问题的意识。

超大型船舶的港内操纵及拖船使用教学视频

随着航运事业的发展和造船技术的日臻完善，巨大型船舶和超大型船舶相继出现。船舶在大型化发展的过程中，其船体尺度和主机推进功率都有了大幅度的增加。但因受到动力推进机械装置与设备的限制，同时为了提高船舶在营运中的实际经济效益，大型船舶的船体尺度和载重吨位的增加远大于所配备的主机功率的增加。超大型船舶的主机功率相对于吨位的比例变小，加上船舶尺度大、长宽比小和方形系数大等特点，使这类船舶的操纵性能与一般1万~2万吨级普通货船相比有很大的不同，在实际操纵中具有一定的特点。驾驶人员只有全面地了解这些特点，熟悉和掌握其操纵特性，才能确保大型船舶的安全营运。

根据我国主管机关的相关规定，船长大于250 m或DWT为8万吨以上的船舶通称为超大型船舶。

一、超大型船舶的操纵性能

(1)质量大,单位排水量主机功率远比一般船小,机动操纵时显得异常呆笨,停船性能较差。停车冲程比一般万吨船要大得多,耗用时间也相当长。

(2)线型尺度大,受外力影响较一般船舶大。空载时受风的影响,满载时受流的影响,风浪中受波浪的影响,浅水效应和岸壁效应均较突出,淌航中丧失舵效的时刻出现得早。一般来说,万吨船在余速为 2 kn 左右尚有舵效,而 4 万吨的油船在余速为 3. 2 kn 时已无舵效。所以港内航行时要经常保持微进来维持舵效,而用拖船来刹减船速。此外,线型尺度大,也给操纵者观察、瞭望乃至目测判断带来许多不便,瞭望盲区增大。

(3)船型肥大粗短,其方形系数大(C_b 都在 0. 8 以上),长宽比较小(一般 L/B 在 6 左右),船宽与吃水之比较高($B/d>2.5$),舵面积比也远较万吨船小(1/80~1/65),具有良好的旋回性,也就是说具有较大的 K 值。同时,肥大粗短的船型也带来了航向稳定性差、船舶对舵的追随性差的特点。一般来说,超大型船具有较大的 T 值。

追随性和航向稳定性差、旋回性好的特点,要求操船者在操纵超大型船舶时,遇有改向或过弯曲航道时,要掌握好一定的提前量,及时施舵,一旦船首开始偏转则需注意及时压舵,从而保证船舶驶在航线上或航道内。超大型船舶在转向时,用小舵角无效,舵角一般至少为 20°~25°,而且转向惯性大。所以,在避让或转向时切记早用舵、用大舵角、早回舵、用大压舵角的原则。

二、超大型船舶港内操纵特点

(1)由于受港口码头水域的限制,超大型船舶必须借助拖船在港内安全航行和靠离泊位。

(2)在靠离泊位的横向移动中需要多艘拖船的协助操作。

(3)根据不同的作业状态与要求,所配拖船的位置应根据实际需要而有所不同。

(4)船舶在回转中需注意本船船尾的反移量,以防止发生意外。

港内操纵超大型船舶,所用拖船已不仅仅是本船推进器和舵的辅助工具,在接近码头,尤其是横向靠拢码头的操纵中,本船推进器很少使用,甚至完全不起作用,除非遇到紧急情况,一般全依靠拖船提供主要动力。虽然不同港口的风流、地形、设施甚至操船者的经验等差别很大,即使同一艘船在同样的装载状态下,其所配备的拖船功率总数也不尽相同。但为能使大船在吹开风 10 m/s、开流 0. 1 m/s、富余水深为吃水的 10%的情况下得到 0. 15 m/s 的横移速度,所需拖船拖力可按下列经验公式求出:

$$\text{所需拖船拖力}=\left(\frac{\text{本船载重量}}{100\ 000}\times 60+40\right)\times 9.8(\text{kN}) \tag{4-5-1}$$

式中,本船载重量以 t 为单位。在实际操作中拖船的拖力还应考虑所在港口的特殊情况,在该值基础上做适当修正。大致补充一艘拖船就够了。

三、超大型船舶的靠离泊操纵

超大型船舶的靠离泊操纵若采用前文所述的中小型船舶的操纵方法,则靠泊过程中产生的巨大靠岸压力必将会损坏码头设施。因此，超大型船舶的靠离泊均有多艘拖船协助。一般的做法是先将超大型船舶驶至或由拖船带至泊位正横前，距岸 1/3～1/2 船长处，再由多艘拖船或顶或拉地接近泊位。离泊时则由拖船横向拉出泊位，然后在拖船的协助下驶离。

1. 入泊速度的控制

超大型船舶由于排水量大，相对主机功率小，其换车减速要比一般船舶早，大致可参照表 4-5-1 进行，该方法称为七 · 五 · 三减速法。

表 4-5-1　七 · 五 · 三减速法

距目的地剩余航程(n mile)	10	7	5	3	0.5
应发出的换车命令	备车	进二	进一	停车	退二
换车的船速(kn)	—	12	8	6	停车

2. 贴靠码头的速度

超大型船舶质量巨大，如贴靠码头的速度稍高，则易造成码头或船体的损坏，这个速度以 2～5 cm/s 为宜。为此，船舶在泊位外摆好位置后，可令舷侧拖船全速顶推大船，当横距为 1 倍船宽时，拖船停止顶推，船舶靠惯性缓慢地贴靠码头。

为了能精确地测定船舶贴靠码头前的横移速度，超大型船舶通常都安装有多普勒靠泊系统，一些现代化的大型码头还设有监控测试设备。操纵人员可借助这些仪器设备所提供的精确速度合理地调整拖船的顶推速度，以便将大船贴靠码头的速度控制在 5 cm/s 以下。

超大型船舶锚泊操纵特点教学视频

四、超大型船舶的锚泊

1. 余速

从理论上讲，抛锚前对地退速以低于 0.5 kn 为宜，而实际上要将超大型船舶对地退速准确地控制在 0.5 kn 以内是很困难的。因而，实操中船长通常把船停住后才抛锚，利用流的作用而产生的退速使锚牢固抓底，以策安全。若需要在移动中抛锚，则重载时应将船速限制在 1/4 kn 以内，压载时限制在 1/2 kn 以内。

2. 抛锚方法

超大型船舶首锚重均在 20 t 左右，吃水有时可达 30 m 以上，若采用普通抛锚法，则会与海底产生很大的冲击力。为防止锚及锚链的不必要损坏，一般均采用深水抛锚法。深水抛锚中，在 3～4 m/s 的出链速度下，一般认为可以对锚机刹车进行有效的控制，若超出该速度，应谨慎操作。

3. 大风浪中的锚泊法

超大型船舶在大风浪中的锚泊法常用的有两种：抛单锚；抛单锚加止荡锚，且两链交角应取约 90°。而改抛夹角为 90° 的八字锚并非不能增加锚泊力和减缓偏荡，而是现实中极少采用。

五、超大型船舶海上单点系泊及多点系泊

1. 海上单点系泊

随着油船的大型化、超大型化，选择遮蔽良好的港口和锚地越来越难，人们不得不转向研究

开阔水域的系泊设施,油船利用该设施既能抵御风浪又可进行装卸作业,这就是单点系泊设施。

目前常见的单点系泊设施主要生产商有国际海上石油开发公司(IMODOCO)和壳牌石油公司(SHELL)两种。图 4-5-1 为常见的 IMODOCO 式系船浮的示意图,该浮是装卸油和系泊两用浮筒,由 4 根锚链、4 块水泥沉块和 8 个锚固定,浮筒上设有转台,浮筒上漂浮软管的一端与油船上的总油管相连,另一端则通过转台与海底油管相连,将油输往岸上。转台上还系有 2 根系缆,系泊时由带缆艇接送系缆和油管。

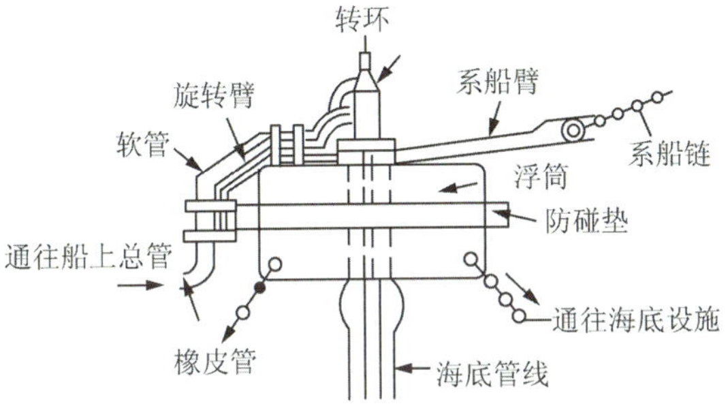

图 4-5-1　IMODOCO 式系船浮

船舶系泊时应控速、顶风流接近浮筒,当距浮筒 0.5 n mile 时,余速应控制在 1 kn 以下,并用 2 艘拖船在前后协助控速和控向。距浮筒相距 200~300 m 时将船停住,由带缆艇将引缆送递到大船。大船边绞边接近浮筒,至约 40 m 处时将大船完全停住,带好系浮缆绳,并注意不要过分靠近浮筒,以防触压浮筒锚链,导致浮筒倾斜。最后由带缆艇将输油管送至大船并接好。

2. 海上多点系泊

多点系泊是一种根据船舶大小而设置在狭水域,以稳定船位的多浮筒系船方式。它既可用于油船,也可用于散货船,如图 4-5-2 所示。由于其系泊操纵较为困难,故多数情况下需要拖船助操。

这种系泊方式虽无偏荡等不利因素,但当受到横向外力时,各系缆和锚链上将受到很大的张力而易发生事故。因此,在强风流海域不宜使用这种系泊方式。

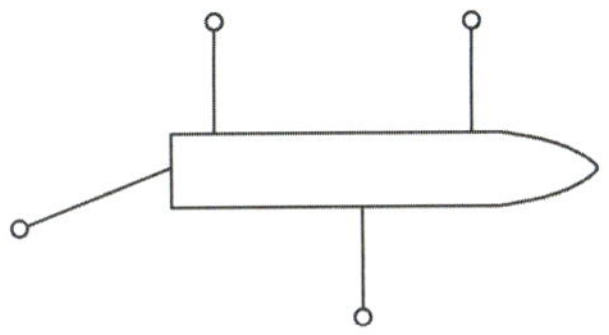

图 4-5-2　海上多点系泊示意图

任务六　进港操纵及接送引航员时的操纵

学习目标

知识目标:了解接近引航船时的操纵要领及注意事项。

能力目标:能在模拟器上进行操纵。

素质目标:培养学生的团队协作意识。

一、进港船速控制

进港靠泊操纵是指船舶从航行到停泊的过程，要根据船舶操纵性能、通航状况、航行水域的水文气象和通航条件对进港船速进行控制。进港靠泊的船速控制是船舶操纵的难点之一。其操纵要点主要是合理处理加减速与船首向、船位、避碰和港区的边界约束的关系。

1. 备车

船舶由沿海水域驶入港口水域直靠的过程中，由于是港内航行，需要频繁改变船速，要备车航行。船舶备车的时机应根据机舱备车操作时间、通航环境、船舶尺度、船舶性能等情况进行综合计算。锚地抛锚船舶进港靠泊过程中应全程备车航行。

2. 航行控速阶段

（1）高速阶段。船舶进港过程中距离泊位较远时船舶可以自由控制航速航行，航行过程中需要备车航行，航速要遵守港口的限速规定，并根据当时的情况使用安全航速。

（2）中速阶段。进入中速阶段意味着船舶开始减速，这个时机的把握对于船舶减速操纵和靠泊安全是比较重要的。进入中速阶段，船舶应减车至前进二，全船应做好靠泊准备。中速阶段如发现船舶减速较慢，可提前继续减车进入低速阶段；如发现减速较快，可适当推迟进入低速阶段。

（3）低速阶段。在低速阶段，主机减至微速前进，与此同时，风、流造成的影响增强，舵控制船首向的能力下降非常明显。个别船型在出现微速前进难以把定的情况时，可以通过短时加车、增强舵力进行把定。一般将低速阶段作为使用侧推器的最早时机，但其作用非常微弱。

3. 抵泊控速阶段

当船舶航行至连接水域、港池等相对宽敞的制动水域，向泊位前沿进行靠泊操纵时，应适时停车淌航减速。从船舶停车淌航开始至抵泊的过程称为抵泊控速阶段。船舶抵泊控速阶段是惯性递减的过程，船舶受到阻力的作用，航速逐渐降低。当倒车时舵会完全失去对船首向的控制能力，同时螺旋桨致偏效应使船舶出现偏转，如偏转不利于保持预定的船位和船首向，应及时使用拖船或者侧推器控制偏转。

4. 进港减速示例

大型集装箱船减速示例如表 4-6-1 所示。

表 4-6-1　大型集装箱船减速示例

离泊位的距离	9 n mile	7 n mile	5 n mile	3 n mile	1 n mile
车钟令	备车	前进二	前进一	停车	后退一
减车时的船速	—	14 kn	10 kn	6 kn	3~4 kn

大型船舶减速示例如表 4-6-2 所示。

表 4-6-2　大型船舶减速示例

离泊位的距离	10~15 n mile	7 n mile	5 n mile	3 n mile	0.5 n mile
车钟令	备车	前进二	前进一	停车	后退一
减车时的船速	—	12 kn	8 kn	6 kn	≤3 kn

二、引航员登离船时的船舶操纵

引航员登离船时船舶的运动状态是影响引航员安全的因素之一。航行中接送引航员的风险较大，而且引航员登离船水域的通航密度往往较大，要引起足够重视。

1. 安放并检查引航员登离船装置

2010年12月3日，MSC第88次会议上，通过了第308号关于SOLAS公约修正案的决议，该决议自2012年7月1起生效。IMO和IPA根据SOLAS公约第Ⅴ章第23条和IMO A. 1045(27)决议更新了引航员登离船装置。更新后的引航员登离船装置要求示意图如图4-6-1所示，引航员登离船装置的规定要点如下：

(1)引航员登离船装置的安装应由负责驾驶员进行监督，并对安装和操作设备的人员就安全操作程序进行指导。

(2)负责驾驶员应携带与驾驶台进行通信的装置，并护送引航员经由安全通道前往和离开驾驶台。

(3)对干舷为9 m及以下的船舶所设置的引航员软梯要求：扶手立柱直径至少为32 mm、高出舷墙120 cm，两柱之间距离为70~80 cm；根据引航员的需要，准备两根没有绳结、直径为28~32 mm的扶手绳；软梯边索直径至少为18 mm，两根边索的间距至少为40 cm；软梯的所有踏板必须保持水平并稳固地紧靠船舷侧，两块踏板的间距为31~35 cm；设置防止软梯扭转的横撑踏板，其至少为1.8 m长；最下方的四块踏板可用具有足够强度和刚度的橡胶制成，第五块必须是防止软梯扭转的横撑踏板；两块防止软梯扭转的横撑踏板之间最多设九块踏板；软梯离海面的高度由引航员决定。

(4)在干舷为9 m以上的船舶上，必须设置组合梯，其要求有：舷梯的设置应导向船尾，舷梯必须紧靠船舷侧，最大坡度不超过45°，宽至少为600 mm，下端的平台必须保持水平，并离海面至少5 m，舷梯和平台两边均应装有立柱和坚固的栏杆；软梯自舷梯下端平台还需向上延伸2 m以上，其中平台以上1.5 m的软梯必须紧靠船舷侧，软梯和该下端平台之间的水平距离应在0.1~0.2 m，引航员所需要攀爬的软梯长度为1.5~9 m；推荐在设置引航员登离船装置附近的船舷上涂一个上白下红的“9 m干舷标志”，其大小是宽50 cm、高4 m，标志的中间线代表9 m干舷高度的位置(如果没有看到标志的红色部分，表明干舷高度小于9 m；看到标志的红色部分，表明干舷高度大于9 m)。

(5)在转送人员时，应备有带有自亮灯和烟雾信号的救生圈、吊绳。

(6)应配备适当照明，照亮舷外的登离船装置、甲板上人员登离船的位置。

2. 引航员登离船时船舶操纵要领

(1)调整进港船速，准确预报和控制抵达引航员登船点的时间。

(2)根据引航员的要求，调整航向。通常将引航员软梯或舷梯放在下风舷侧，以利用船体的遮蔽作用减小下风舷侧的风浪。在引航员上下船时，应保持航向和船速或根据引航员的要求操控船舶。

(3)降低船速，以适应引航船或拖船的并靠。但有强横流影响时，船速不宜过低，以免漂移过大而造成搁浅，一般以保持舵效的船速为准。

(4)能见度不良时，本船位置不易被引航船识别，必要时应开启雷达为引航船导航并鸣放

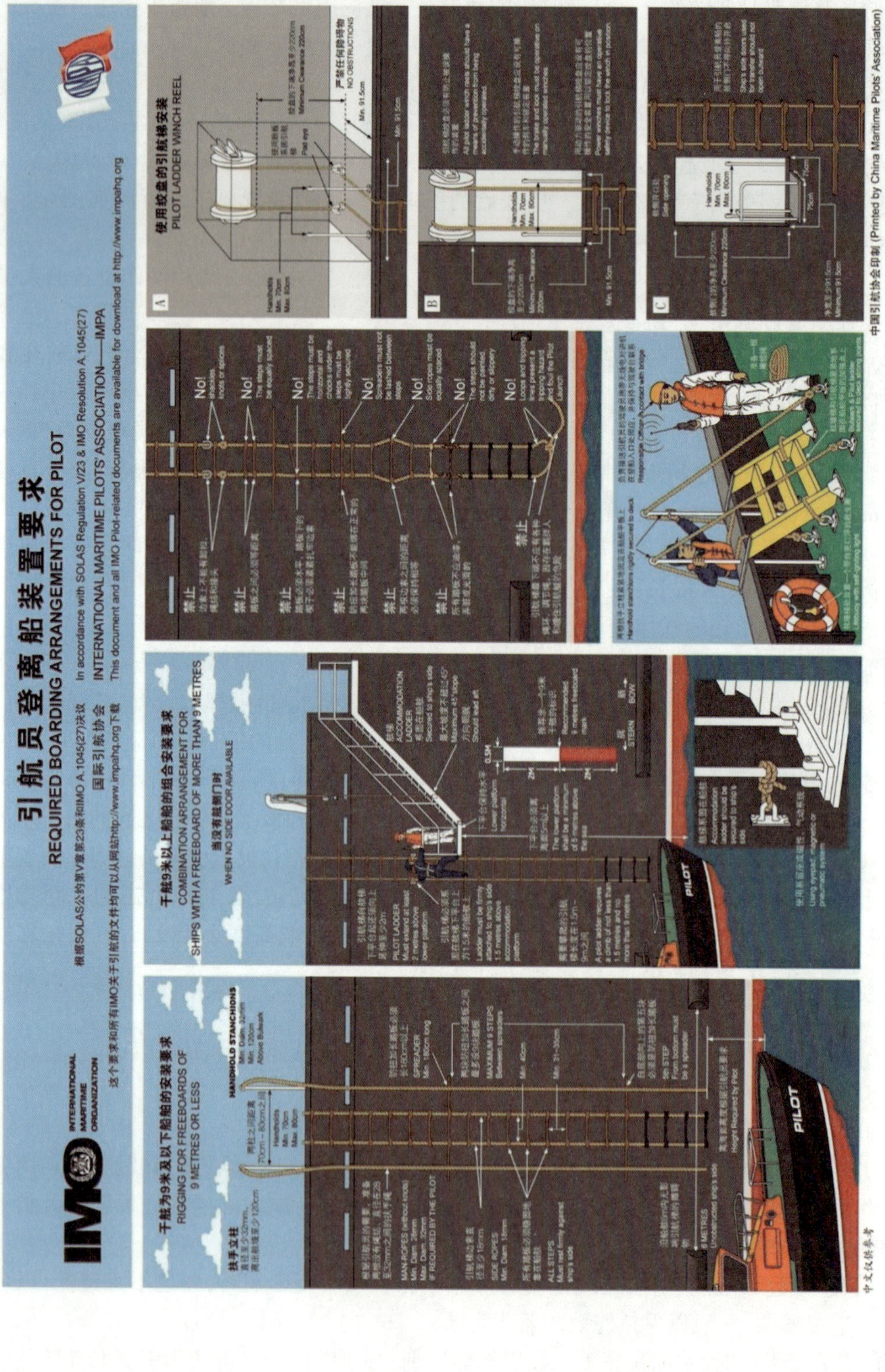

图4-6-1　引航员登离船装置要求示意图

合适的声号供引航船识别。

(5)引航作业时,附近往来船舶密集,二副应加强瞭望,随时报告船尾及附近情况,并注意及时运用 VHF 等无线电设备与船舶交通管理中心(VTS)和他船取得联系及时避让,提前查阅进港指南或有关资料,了解该引航站的各种信息资料和注意事项。

3. 操纵本船做好下风

当船到达引航员登船点时,最好以一定的速度前进,并调整适当的航向,海况不佳时,应为引航船艇提前做好下风。如没有做好下风,引航船艇并靠大船时,将会出现上下摇摆、倾斜、撞击等情况,易造成:

(1)引航员上梯子时,有撞击引航员身体的危险,受伤引航员很有可能会坠落,造成严重伤亡。

(2)引航梯下端受引航船艇挤压或者绞缠,损坏梯子,甚至拉断梯子。

(3)引航船艇与大船剧烈撞击造成船体损坏。

当风浪较大或者涌和浪方向不一致时,通常斜顶浪,将引航梯置于下风舷。

4. 直升机接送引航员时的船舶操纵

(1)直升机抵达前的安全检查

对于所有船舶:

①根据有关最低要求的规定将降落区域报告 VTS。

②所有甲板吊杆或克令吊以及其他活动设备是否落下并固定。

③所有降落/吊运区域附近的松动物品是否移开或系固。

④降落/吊运区域附近是否清洁,没有残留货物和冰凌。

⑤降落/吊运区域是否处在日出至日没期间,或在能见度不良时是否有足够的照明(直升机飞离船舶之前不可关闭甲板照明灯)。

⑥降落/吊运区域是否备妥消防器材。

⑦甲板照明灯的照射方向向下指向甲板,以免直接指向直升机驾驶员。

⑧注意甲板上的相对风向和风速,挂妥船旗或三角旗。

⑨VHF 设定在港口指定频道。

如果在驾驶室两翼吊运:

①除去驾驶室两翼的遮阳罩。

②所有雷达天线停止运转。

上述所有项目检查完之后,船长应:

①确认甲板消防组到位并做好操作准备。

②去驾驶室,并确认安全检查的所有项目都已做到。

③通知有关方面船舶准备就绪,必要时通知 VTS。

(2)船舶横摇角和纵摇角

在直升机降落甲板期间,一般要求船舶的运动状态最低达到下列要求:

①横摇角左、右各不超过 2.5°,即横摇幅度不超过 5°;

②纵摇角前、后各不超过 2°,即纵摇幅度不超过 4°。

(3)船舶航向和船速

直升机降落甲板期间,一般要求船舶保持航向和船速。有时直升机驾驶员和引航员之间进行协商以确定具体的航向和船速。一般情况下,要求船舶风舷角不大于 30°,并避免航向的突然变化。

注意事项：

①指定协助直升机降落/吊运的船员,在操作前要对下列方面给予指令：

a. 降落/吊运区域的位置(如果船上没有固定的场所)；

b. 在直升机降落之前和降落期间尽可能处于离开降落/吊运区域的安全位置；

c. 任何时候都应远离降落/吊运区域；

d. 在吊运期间,不要接触吊索。

②指定协助直升机接送引航员的船员需携带手提 VHF 对讲机。

③指令所有不参与操作的船员远离露天甲板。

④指令所有船员不得使用闪光灯照相机,以免影响直升机驾驶员的视线。

项目五

特殊水域的船舶操纵

☞［项目描述］

船舶在航行中难免会经过狭水道和航道、岛礁区以及冰区水域，这些水域由于环境特殊，不同于普通水域，对船舶操纵方法的选择也提出了更复杂的要求，所以熟悉这些水域的特点以及选择合理的操纵方法就显得尤为重要。本情境要求学生在模拟器上进行狭水道、岛礁区、冰区水域等特殊水域的操船训练，结合水域特点按计划航线行驶，尤其注意航行安全。

任务一 狭水道中的船舶操纵

学习目标

狭水道操船教学视频

知识目标:掌握狭水道操纵要领。
能力目标:能在狭水道内安全操纵。
素质目标:提高学生应急应变的能力。

一、狭水道特点

狭水道是指水道的相对水深或相对宽度较小,因而给通过该水域的船舶进行操纵带来各种影响的水域,如港区、港湾、江河、运河、锚地、岛礁区、狭窄海峡等。

狭水道内,航道狭窄弯曲,水浅滩多,碍航物多,水文气象条件复杂,风流影响显著,船舶密集。因此,船舶在其中航行,不安全因素较多,必须采用合适的航行和操纵方法,正确果断地处理导航、避碰、避险的关系,才能确保狭水道内的航行安全。超大型船舶更应注意其吃水大,舵效差,惯性大,船体下沉,易发生岸吸、岸推和浪损,以及不宜抛锚的特点,在拖船的协助下谨慎操作。

二、狭水道中的操作要点及注意事项

1. 狭水道中的操纵要点

(1)充分准备

①备妥有关海图、港图、最新蓝图、港章、航路指南等资料。

②及时收听和改正航行通告,研究、查核最新海图和蓝图,应特别留心水深、浮标的变动情况。

③掌握狭水道内可航水域的水文情况,包括水流、水深、可航宽度、最大偏航距离,以及潮汐、潮流甚至洪峰等。

④掌握狭水道内助航标志及导航设施的情况,不仅应准确识别并判明标志的意义,而且要熟记其号码和配布,包括标志间的距离和驶至各航标的大致时间等。与此同时,对岸形及显著物标也应予以熟悉。

⑤掌握狭水道内的船舶交通状况,包括航行船舶和锚地船舶的动态、分道通航制的适用水域及有关航道航速等方面的特殊规定。

⑥检查并确认船舶操纵系统、动力系统、声光信号、助航仪器等处于良好工作状态。

(2)行驶在计划航线上

航行中,应随时确认船位,走自己的航道。为此,必须根据具体情况采用正确的导航方法和避险方法。可供采用的导航方法有浮标导航、叠标导航、单标方位线导航等。同样,为防止船舶偏离计划航线过远而发生危险,可采用物标方位线避险法和距离圈避险法等。

(3)准确掌握转向点

狭水道中航行,对船位精度要求高,准确掌握转向点是极其重要的一环。实践中,应根据水道特点,船舶所受风、流情况,正确选择转向依据和转向时的船位,按所处的地理环境和弯势等适当用车用舵,使船驶于新的航线上。

2. 狭水道中操船的注意事项

(1)随时确认船位,注意狭水道内水流流向、流速的变化以及风对操船的影响,正确预计风流压差。

(2)严格遵守各种航行规定,适时备车航行,以便随时控制船速。根据情况备锚,安排瞭头。

(3)夜航或能见度不良时,应加强瞭望,并开启雷达或 ARPA,避让时注意确认水面实际情况,不可盲目操纵。

(4)利用浮标导航时,要逐个进行核对并记录,以防错认或遗漏。大风浪常造成灯光熄灭、浮标移位或漂失,故航行中对浮标不应盲目依赖。

(5)通过潮流较强的水道时,应选择在视线良好、通航密度较小的平流时进行,以免陷入被动局面。

(6)驶于浅水区域应保持连续测深,在保证有足够的富余水深时通过,必要时应降速航行。

(7)近岸航行应减速,以防止浪损及船首向深水侧偏转。

(8)操纵困难或紧急避让时应毫不犹豫地抛单锚或双锚配合车舵助操。

三、在有流弯曲水道中的船舶操纵

有关弯曲水道的水流特点已在项目三任务二中介绍,这里仅就过弯操纵方法做如下介绍。

1. 顶流过弯

如图 5-1-1 所示,顶流过弯应选择在潮流较缓时,在双向通航的航道内,通常的做法是保持船位在航道中央略偏凹岸侧;而对于只能单向通航的弯曲水道,可将船位保持在航道中央,船首对着流采用慢车、小舵角,顺着凹岸保持连续内转,并充分考虑到操舵回转时船尾反移有触碰码头或岸壁的危险以及可能产生侧壁效应、斜坡效应等。

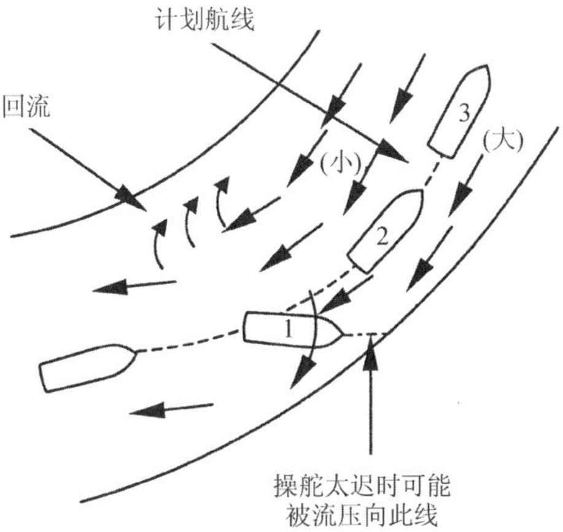

图 5-1-1 顶流过弯

一旦用舵太迟或过早把定，就会使船首内侧受流而形成不利于回转过弯的转船力矩，使船首向外偏转，船身被冲向凹岸。此时，应迅速加车用舵纠正。当上述措施无效时，应果断抛双锚，快倒车以防船首触碰凹岸。

2. 顺流过弯

如图 5-1-2 所示，顺流过弯时，若过于靠近凹岸航行，则因侧壁效应作用，船首将被排开，船尾将被吸拢，使船产生转首或横越水道；反之，若过于靠近凸岸航行，则船首会受到弯嘴回流的作用而偏转，同时船尾的另一舷受到流压，使船冲到凸岸。

为保证顺利过弯，可在过弯前适当降速或停车淌航，过弯时再适当加车，短时间内的加车可在船速提高不多的前提下提高舵效；将船位保持在水道中央，采用慢车小舵角，使船尾坐着流，顺着弯势连续内转。

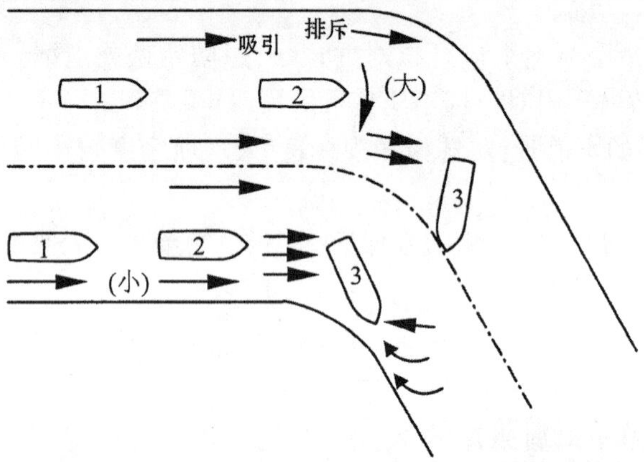

图 5-1-2　顺流过弯

四、运河中的船舶操纵

运河是连接外海与河港或贯通外海的水道，如苏伊士运河、巴拿马运河、基尔运河等。这种水道的某些航段也较狭窄，且水深较小，给船舶操纵带来一定的困难，故也应予以足够的重视。

1. 选定适当的航速

运河中航行，如航速太大，船岸间的流体动力作用增强，会使船舶操纵性能大大下降，严重时甚至会导致搁浅、碰撞事故的发生。航速过小，则船舶的保向性和旋回性下降，在有流水域中操纵困难，易陷入困境。

各运河为保障航行安全，都有限速的规定。船舶应根据当时的实际载况、风流影响、河道状况等在限速范围内适当调整实际航速，以确保航行安全。航速的选择应符合以下要求：

（1）符合水域主管当局的限速规定；

（2）确保满足本船的操纵性能需要，尤其是确保本船的舵效；

（3）为避免碰撞和运用优良船艺应付不测，应留有观察、估计局面和机动的余地；

（4）防止造成浪损；

（5）尽可能在满足上述各条件的情况下，提高营运效率。

2. 保持在航道中线上航行

船舶在运河中航行，受浅水和水域宽度的影响，加上航速限制，舵效比在海上差得多；操舵必须思想集中，用舵要及时、正确。

在河床基本对称的运河中航行，应将船位保持在河面的中线上；在河床不对称的河段，则船舶应驶在深水主航道的中线上，否则将可能由于岸壁效应而产生船首偏转。当有风影响时，应稍偏向上风一边行驶；过弯时应适当靠近弯的凹岸一边行驶。

3. 克服偏转的措施

由于操舵不稳、速度突变（减速太快更明显）、河床不平或岸边不对称等原因，航行中的船舶会突然偏转，克服偏转的措施必须迅速、果断，否则会酿成事故。

（1）单车船克服偏转的措施

以右旋单车船为例。一般偏转不大时，可用舵纠正，必要时可短暂加车以提高舵效，待船摆正后立即减速。当偏转较大时，可用倒车协助纠正，但应注意时机，以免倒车横向力加重偏转的趋势。

另一种克服偏转的有效方法是在减速施舵的同时抛下偏转相反一舷的锚，利用短链锚来阻滞偏转力，防止船首冲向对岸。

（2）双车船克服偏转的措施

当偏转不大时，可将偏转相反一舷的车停住，并向偏转相反一舷施舵；当船首停止偏转，并开始向相反一舷转动时，再将停止的车开进车，用舵使船驶向中线上。当偏转大时，可将偏转相反一舷的车倒转。

低速时发生偏转，可将偏转舷的车加速，另一车减速或停车，并用满舵配合。

高速时发生偏转，可将偏转相反一舷的车全速倒车，另一车减速或停车，同时用满舵配合。这样，既可减小冲力，又能改善操纵条件。

4. 运河中会船

有的运河，如基尔运河、巴拿马运河的某些航段，航道宽度和深度均较大，两船对驶时，只要双方配合得当，影响不是很明显。而船舶在苏伊士运河中的某些航段中受影响就较大，因此，只能在规定的湖泊中会船。如遇特殊情况，需要在狭窄航段会船，一般都是一船系岸等候，让另一船驶过。此时：

（1）等候的船靠岸时应适时减速，尽量不用倒车。有风时，若条件许可，应尽量靠下风一边。操纵性能较差的船靠岸时，可将船停在中间，待带缆艇带好缆后绞拢。

（2）他船驶过时将使系岸船剧烈摇荡，这时必须松掉前后缆，用车舵来克服这种摇荡，否则，易造成本船尾部与驶过船尾部碰撞。双车船用车时只能用外舷车，以防碰坏螺旋桨。

（3）驶过船必须以慢速保持在航道的中线上航行，以避免因过分靠近另一岸而出现侧壁效应。

桥区航行船舶操纵教学视频

五、桥区航行

船舶桥区航行前应精确掌握桥梁净空高度、桥梁通航净空高度、潮高、吃水、船舶净空高度，计算出准确的通过桥梁的富余高度。通过桥梁时，要仔细观察侧面标志串视线，根据风流情况控制好船位。桥墩间距较小的，要应用狭窄入口处的船舶操纵方法安全通过，防止碰撞桥墩。桥梁有凸起弯曲的,应控制使船舶的最高点在桥梁的最高点通过。

1. 要点

桥区水域航道宽度及高度受限、流场特性发生改变、交通流密集,因此通航船舶的操纵难度和风险均明显增大。桥区通航风险主要分为两个方面:一个是外界条件导致的通航风险;另一个是船舶自身因素导致的通航风险。操纵船舶使航迹带所占宽度尽可能小,并维持船位在航道中心线上,是桥区操纵的关键。

2. 桥梁通航参数

桥梁通航净空宽度与通航净空高度是桥梁最重要的两个通航参数,通航船舶通过桥梁时不应超过设计允许的通航参数。

(1)桥梁通航净空宽度

桥梁通航净空宽度是指航道设计底高程以上供代表船型的船舶安全通过桥孔的最小净宽,按航道有效宽度乘以扩大系数(扩大系数通常取1.5,在开敞水域取1.8)确定。航道有效宽度由航迹带宽度和富余宽度组成。

(2)桥梁通航净空高度

桥梁通航净空高度是指代表船型的船舶安全通过桥孔的最小高度,起算面为设计最高通航水位。通航净空高度值为船舶空载水线以上至最高固定点的高度与富余高度之和。对于富余高度,内河水域取2 m;开敞海域取4 m。

3. 桥区水域操纵要领(见图5-1-3)

①调整航向、确认船速船位,使船舶计划航线与桥梁孔轴线方向呈直角;

②保持船首向略靠近中心线的上风舷一侧;

③船舶进入桥墩之前,调整风流压差角,使船体保持平直通过桥墩,并尽可能保持在航道中心线上或略偏上风侧;

④当船尾驶出桥墩时,船首向可能向下风舷偏转,及时用舵纠正;

⑤船舶整体通过桥墩后,驾驶人员重新预设风流压差角,航行在计划航线上。

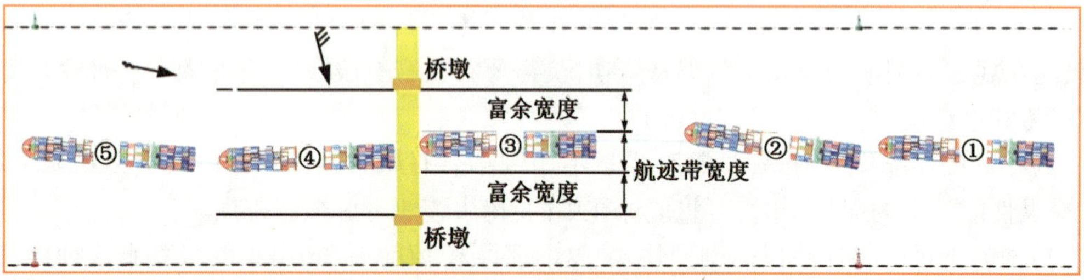

图5-1-3 船舶过桥通航孔操纵示意图

4. 桥区水域船舶通航注意事项

(1)保留足够的富余高度、富余水深,并与桥墩边缘保持足够的安全间距。

(2)进入桥区前,应备车,对航行设备、号灯等进行检查。

(3)加强瞭望,使用安全航速。

(4)桥区助航标志有异常,不能确保安全过桥时,不得强行通过。

(5)禁止在桥区水域内追越、掉头、试航或并排航行。

(6)配备有效的航海图书资料,并按规定进行更新。

(7)除非紧急情况,船舶不得在桥区水域内停泊或锚泊。

(8)大风、能见度不良、汛期急流时,不得冒险通过。

(9)有下列情况之一,船舶不得通过大桥:

①能见度低于规定要求时;

②风力达到限制通航的风力等级时;

③汛期流速达到限制通航的速度时;

④其他严重影响航行安全的情况。

(10)主管机关的其他规定。

任务二 岛礁区的船舶操纵

岛礁区的船舶操纵教学视频

学习目标

知识目标:掌握岛礁区操纵要领。

能力目标:能安全地通过岛礁区。

素质目标:提高学生执行计划的能力。

一、岛礁区的特点

(1)航行资料较少,海图精度较差,如暗礁位置、水深等。

(2)航路标志稀少,没有显著的陆标可供定位。

(3)水深变化很大,海流、潮流强而复杂。

(4)热带海域水下多珊瑚礁,这些地区往往又是热带低压的发源地。

(5)浅水礁盘白天的特征:

①礁盘所在地的水天线附近上空常有反光,晴天时比别处明亮。

②稍有风浪,礁盘边缘即起白浪;若刮大风,更是白浪滔滔。由上风方向望去特别明显。

③礁盘上海水呈青绿色,礁盘边缘浅水区呈浅蓝色,与周围海水颜色明显不同。此种变色的大片海水,白天距离其 3~4 n mile 即可见,船舶只要不接近变色海水就无危险。

利用海水颜色判断水深:珊瑚礁通常出现于可以感到阳光的浅海区,故从高处望去可由水色的变化发现浅礁和判断水深,但由于底质对透过光线的反射情况并不相同,特别是当云映照于海面时或海面有微波时更是如此,因此单靠海水颜色来识别海水的深度仍有困难。

前进中的船舶在其前方有低高度的太阳存在时,很难在前方发现珊瑚礁;当背着太阳从高处观察海水颜色时,较深水域呈现紫蓝色,次深水域为蓝绿色,随着水深变浅将为淡黄褐色。如图 5-2-1 所示为珊瑚礁盘周围海水颜色参考图。

利用海水颜色判断水深大体上可循下述标准进行(H 为水深):

a. 深紫蓝色:$H>70$ m;

b. 紫蓝色:$40\ \text{m}<H<70$ m;

c. 带紫的蓝色:$H\approx30$ m;

d. 蓝色：$H \approx 20$ m；
e. 带白的蓝色：$H \approx 15$ m；
f. 蓝绿色：$H \approx 10$ m；
g. 黄绿色：2 m$<H<$5 m；
h. 略带褐色：$H \approx 2$ m。

图 5-2-1　珊瑚礁盘周围海水颜色参考图

④有些礁盘上有沉船等特有标志可供辨认；有的礁盘上会有渔船在捕捞。

二、岛礁区的船舶操纵要点

（1）正确选择航线。使用最新的大比例尺海图，根据海流、潮流、风向、风力和天气条件拟定航线，一般至少要距礁盘 6 n mile。

（2）正确选择航行时间，如无特殊情况，应选择白天，最好在中午前后，在礁盘的上风侧通过礁区。在低潮时，太阳背后高度较大，海面又有微波，这时是发现珊瑚礁的最佳时机。

（3）如迫不得已需夜间通过，则必须与礁盘保持足够的距离，即大于推算船位的最大误差，以避免因船位偏差过大而触礁。

（4）加强瞭望，必要时减速前进，但应注意风、流致漂移的影响。应提前选派有经验的人员登高瞭望，保持连续测深和雷达观测。

（5）珊瑚礁区没有理想的锚地。万一需要锚泊，应首先使船舶顶风慢进，边测深边通过礁区；然后将链用锚机送至锚泊所需水深的长度，使船舶后退；待锚抓住珊瑚礁后再慢慢松出锚链，并在越过礁面的较深水域处锚泊。一般不宜采用普通抛锚法，以防出现以下不良后果：一是锚可能由于与珊瑚礁撞击而受损；二是锚可能抓住珊瑚礁较深而难以起锚；三是一旦锚抛在能滑落的斜面上，则可能根本得不到应有的抓力。

任务三 冰区的船舶操纵

冰区船舶操纵教学视频

学习目标

知识目标:掌握冰区航行操纵要领。

能力目标:能顺利通过冰区。

素质目标:提高学生分析问题、解决问题的能力。

一、冰区航行知识

1. 海冰及其分类

海冰是由海水冻结而成的,或是陆地冰川注入海洋的淡水冰。北半球每年 10 月至次年 3 月,海冰分布很广,可达 40°N;南半球自 4 月至 9 月,海冰可到达 50°S。每年 11 月至次年 3 月,我国渤海湾和辽东半岛附近海面有冰冻,最盛期为 1~2 月,冰厚可达 1 m 以上。

(1)冰山(iceberg)

冰山是海上的冰在风流和浪的作用下堆积起来或极地附近陆上的冰川断裂坠入海中的浮冰。冰山浮于海面以上的部分仅占整个冰山体积的 1/10~1/7。

(2)冰群(pack ice)

海上生成的冰,在风浪和水流的作用下破碎成冰块,称为冰群。其分布范围很广。

2. 冰量、冰色与硬度

(1)冰量

冰量指的是冰群在海面上的覆盖量。通常采用十分法度量视界范围内海面上浮冰覆盖的比例量,冰量占十分之几即称为几度冰量,冰量可分为八级(如图 5-3-1 所示):

①无冰(free ice)为 0;

②散冰(open water ice)在 1/10 以下;

③稀冰(very open pack ice)为 1/10~3/10;

④疏冰(open pack ice)为 4/10~6/10;

⑤密冰(closed pack ice)为 7/10~8/10;

⑥集冰(very closed pack ice)为 9/10~10/10;

⑦满冰(compact pack ice)为 10/10;

⑧坚冰(consolidated pack ice)为 10/10。

冰量的大小用于表示船舶在冰区中航行的困难程度,主要分为下列五种:

①无屏蔽水域(open water)——冰量在 1/10 以下,船舶可自由航行;

②稀碎冰(scattered ice)——冰量为 1/10~5/10,船舶不能按预定航向航行;

③疏散冰(broken ice)——冰量为 5/10~8/10,船舶航行有障碍;

④密集冰(closed pack ice)——冰量在 8/10 以上,无破冰船(ice breaker)支援难以单独航行;

⑤凝固冰(consolidated ice)——冰量为 10/10,冰布满视界并形成冰原。

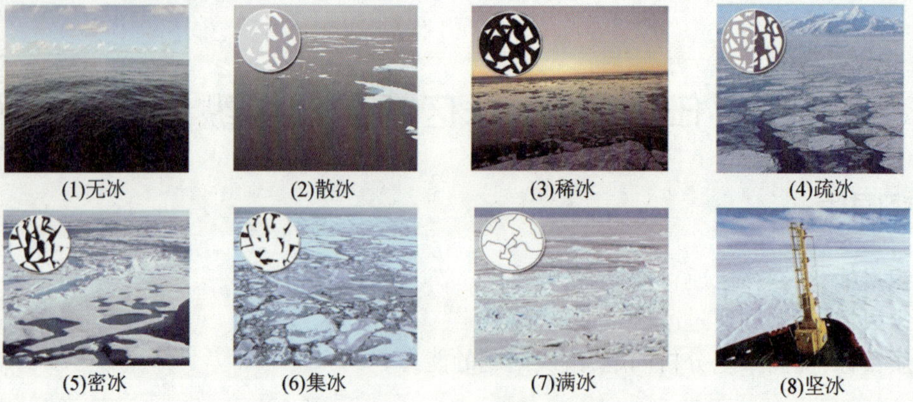

图 5-3-1　冰量等级

(2)冰色与硬度

冰的生存期越长,硬度越大;淡水冰比海水冰硬。冰的硬度可通过冰的颜色来识别:灰或铅灰色最软;纯白色稍硬;青白色较硬;青绿色或灰绿色最硬。

3. 海冰的探测

大冰山的视距在晴朗的白天可达 10 多海里,而在黑夜只有 1/4 n mile 左右,用望远镜可在 1 n mile 处见到。夜间,如月亮与冰山都在前方,则难以发现冰山。如满月在船尾方向高照,冰山的视距几乎与白天相同。

雷达探测大冰山可在 15 n mile 左右发现;对露出水面 3 m 的冰山,只能在 2 n mile 左右发现;对高度小于 0.3 m 的冰山则很难测到;当海浪干扰超过 1 n mile 时,雷达很难看出浮冰。冰中水道小于 1/4 n mile 时,雷达上也不易辨认。

二、冰区航行的准备工作

(1)参阅航路指南、冰情报告及其他资料,摸清冰区情况。

(2)检查船体结构,特别是船首部分,必要时在艏尖舱加撑纵向和横向抗冲击钢梁,以提高局部强度。

(3)检查排水、救生设备,使其处于良好技术状态,并检查充实堵漏器材,以便应急。

(4)做好防冻工作,使蒸汽随时通向各防冻处所。各水舱的水量不得超过 90%。

(5)配载时,应把不怕湿、不贵重的货物配装在艏舱及各舱底部,两边留有通道;一般不应配置甲板货,若实在需要,应预先考虑甲板及货物可能结冰而使重心升高、稳性下降,并应保证甲板排水通畅。

(6)保持一定吃水,以使螺旋桨和舵充分没入水中;并保持 1~1.5 m 的艉倾,以提高船舶的操纵性和破冰能力。

(7)在桅顶加设瞭望台,并与驾驶台建立通信联系。

(8)按冰区航行要求备有足够的燃料、淡水和食物,同时配备好下列专用物品:保暖衣靴、护目色镜、御寒食品、防冻滑油、冰锚,以及除冰、排冰物料或材料。

(9)船首备好拖缆一根,船尾做好拖带他船的准备。

(10)备好探照灯,用于夜间探照冰中通道。

三、接近冰区的征兆

冬季船舶在高纬度海区航行，除应按时收看冰情传真图或收听冰情报告外，还必须加强瞭望，谨慎驾驶，并根据下列征兆判断是否已接近冰区：

(1)冰光(ice blink)：日光照射下的冰区上空因受冰的反射而呈黄白色，下部明亮而上部暗淡，其高度因冰的远近而异。无冰水域或陆地上空则呈灰色。

(2)在冰区边缘往往出现浓雾。

(3)风浪天，波浪突然减弱或海面突然平静，此时，如上风方向无陆地，则表明可能有冰区。

(4)水温降低预示可能正在接近冰区。处于非寒流中的船舶，如发现海水表面温度为1.1 ℃，则海冰的边缘已在100~150 n mile；海水表面温度为0.5 ℃，则距海冰边缘一般已不足50 n mile。

(5)虽远离陆地却发现海狮、海豹或海鸟等，则预示附近有冰区存在。

(6)发现异常的折光现象，常预示远处有海冰存在。

(7)听到异常声音，如汽笛的回声、海浪打击冰山的浪花声、浮冰在风浪中的挤压声、冰山崩解或冰块破裂坠海的巨响声，说明冰区已临近。

(8)航行中发现漂流的冰片或碎冰。

四、冰区船舶操纵

1. 进入冰区

船舶应尽量绕过冰区，迂回航行。如能看到冰区的边缘，应从其上风侧绕过。冰量在6度(6/10)、冰厚在30 cm以下时，可以单独航行；冰量等于或超过7度(≥7/10)，应请破冰船引航，单独航行会存在危险。

进入冰区应考虑以下原则和方法：

(1)选择适当的地点。由于上风侧冰块密集，积层较厚，而且涌浪大，冰块上下波动易损坏船体，所以，应选于冰区的下风侧，并应在舌状突出之间的较平坦处进入。

(2)选择适当的时机。应等待微风缓流或无流时进入。原因是，涨潮时冰易结聚而增厚；退潮时积冰碎裂，浮冰漂流快，因而对船舶不利。当涌浪较大或有五级以上横风时不宜进入。

(3)采用适当的方法。进入冰区时，应保持船首与冰缘垂直，并将抵冰缘的余速降至最低限度(3~5 kn)，待船首顶住冰块时再逐渐增加车速，分割并推开冰块，驶向选好的航路。

2. 通过冰区

(1)根据冰量正确选择航速。冰量为4/10~5/10时，可用常速航行；6/10~7/10时，应慢速航行。冰区夜航速度应较白天低，能见度不良时，应大量降速至维持舵效的最低航速。

(2)有离岸风时，可近岸边航行；有向岸风时，则远离岸边航行。

(3)尽量少改向。冰中转向，尽量避免用满舵，要用小舵角慢慢转，以防车舵受损。切不可一次转向30°以上，大角度改向宜分几次进行。

(4)当被大冰块挡住去路时，要防止盲目高速撞冰。如单凭进车力量难以破碎前方硬质冰块，应立即退出。倒车前先正舵，用短暂进车排出碎冰后再开倒车。待船后退接近碎冰时停车，让惯性把船带进碎冰。然后进车，利用冲势在冰中撞出一条通路。一次不行，可反复几次。如无法前进需要脱出，从原路驶出较另选新路方便。

(5)冰中航行要增加艏尖舱及污水沟的测量次数，并注意海底阀被冰堵塞的可能。

(6)加强瞭望，提前采用措施避让他船。由于船位变化较大，航行中应勤测船位。

(7)有破冰船居前引航时，应保持约3倍破冰船船长的距离等速跟进，过短则容易出现碰撞。

3. 冰困后的措施

(1)全速进车、左右满舵，待船首松动后再正舵、倒车退出。

(2)交互排灌对称压载水舱的水，使船身左右或前后倾斜，松动船身后退出。

(3)在潮汐港河道中遭冰困，可等候潮汐来临，河面变宽，两舷的冰向两岸扩散，冰的压力得到释放，等船边的冰松动后，再倒车退出。

(4)等待破冰船救援。

(5)不论是自力脱困还是等待破冰船救援，都应保持进车，以免船尾后的水道被冰封住。

4. 破冰船护航

非冰区专用船舶在冰量超过6/10时最好请破冰船护航；冰量达7/10以上若无破冰船引导，则不宜盲目进入冰区。船多则要编队，功率最大、机动性最好、船壳坚固的船编排在为首的破冰船之后，而船壳较弱、功率较小的船居中；间距以2~3倍本船船长为宜(见图5-3-2)。护航中的航速由破冰船航速来决定，一般当冰量为4/10时，可维持在8 kn，冰量每增加1/10就减速1 kn。航行中要密切注意前后船的航速与信号，调整船舶的间距，万一有碰撞危险时，后船应转舵使船首撞冰，前船则全速前进，以排出流将后船船首推向一边。

当护航发生困难时，可用破冰船拖航。冰中拖带时，拖缆不宜太长，一般采用龙须缆。拖缆最好穿过锚链筒后再带好，一般相距20~40 m，必要时仅相距10~20 m即可。

图5-3-2 冰区航行编队示意图

五、冰中锚泊、停泊和靠离泊

1. 冰中锚泊

在有流冰中锚泊应非常小心,不可轻易抛锚。若不得不抛锚,则应选择在薄冰或碎冰的浅水区,且其下风或下流应无暗礁或浅滩,通常冰厚超过 10 cm 就不宜锚泊。出链长度一般不超过 2 倍水深,浅水中为 1 节以内。出链过长被流水拖拉往往难以控制,极易发生被冰困住或断链走锚事故。锚泊中,锚机和主机应随时处于准备状态,为防止锚机运转部位冻结,应保持慢速运转状态,必要时可起锚驶离。

2. 冰中停泊

(1)为保护车舵,停泊船应以船首顶流冰方向,用合适的速度插入一片碎冰组成的流冰群中约 1/2 船长;冰况中等、功率大的船可插入深一些,约 2/3 船长,但切勿在大冰块之间停泊。

(2)停泊中应不时缓速进车,将船尾车、舵附近的冰块赶走,以避免船尾部被困住;同时还应适当使用进车和倒车并左右用舵,以减少冰与船壳冻结在一起的机会。

(3)不论流冰群漂向何处,如附近有浅滩或暗礁,在冰中停泊的船应将船首向着海或安全的地方,以便随时逃离。

临时性停泊的船往往不在有固定冰的海岸上靠泊,可在较小的浮冰块上用冰锚停泊。但必须事先对浮冰的走向及沿线附近水深有足够的把握,确认安全后方可进行。

抛冰锚是冰海中使用的特殊系缆方式。其做法是先在冰的靠牢位置处挖一浅槽,然后将一长硬木料置于其中,套上缆绳后注水,使之与冰冻在一起。这种系缆方式一般只系一根缆绳即可,与抛锚停船在形式上有某些相似之处,故称为抛冰锚。

3. 冰中靠离泊

港内结有厚冰时,可令拖船在泊位边及航道上来回破冰、驱冰,或利用本船车叶流排冰、船体挤压冰块、船首刮冰、码头蒸汽或热水排冰等方法,驱赶泊位边的冰块,以利于靠泊。

(1)如泊位下端有余地,可对准泊位下端的码头靠拢,将艏缆带在上端较远的桩上,绞艏缆、开进车、操外舷舵使船首紧贴码头前移,将碎冰排挤出去。当船首到达上端位置时,若里档尚有少量浮冰,则可在带上艏倒缆后,开进车,利用排出流将浮冰排出。

(2)如泊位下端无余地,应使船首先贴靠泊位上端,带好艏缆和艏倒缆,用进车、外舷舵,并在拖船顶推的协助下,挤压里舷的积冰,然后用排出流将碎冰排出。按上述方法反复进行多次,便可逐渐排清靠拢。

在冰不厚时,船舶离泊基本上没有困难;冰厚时,则应先请拖船在泊位附近及航道上破冰后再离泊。若为拖艉离泊,应注意防止车舵受损。

项目六

大风浪中操船

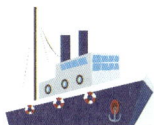

☞ [项目描述]

船舶在复杂多变的海上航行，遇到狂风巨浪的袭击在所难免。那么，怎样才能战胜自然、克服困难呢？一方面，要求船舶有良好的适航性；另一方面，要求船舶驾驶人员了解风浪，熟悉船舶在风浪中的运动规律，并针对客观规律，采取正确的操船措施，从而确保船舶在恶劣气象条件下安全航行。本项目要求学生在模拟器上进行情境模拟，主要训练大风浪中偏顶浪航行、Z 字航行、滞航和大风浪中掉头等操纵方法。

任务一　认识波浪对操船的影响

学习目标

知识目标：掌握波浪的知识；掌握船舶在波浪中的运动规律。

能力目标：能分析船舶在波浪中的运动及其影响。

素质目标：提高学生面对困难时分析问题的能力。

海浪的一般知识教学视频

一、海浪的一般知识

1. 海浪的形成

海浪是发生在海洋中的一种波动，是海水运动的主要形式之一。海浪按其形成的原因可分成风浪、涌浪、潮汐浪、气压浪、地震浪（海啸）及船舶兴波等很多种类，但船舶航行时最常遇到的是风浪和涌浪。

风浪是由风的直接作用，将能量传给海洋引起的水面波动。风浪离开风区传到远处或风区里风停息后所存在的波浪，称为涌浪。海上风浪要得以发展，与风速、风时、风区有关。风速越大，产生的风浪也越大；风时越长，海水获得的动能越大，风浪也就越大；风区越大，浪在风区内移动越远，风浪就越发展。

涌浪在传播过程中，随着传播距离的增加，波高逐渐减小，周期不断增大。我们知道，涌浪传播速度往往比海上风暴系统的移速大得多，因此常把涌浪作为预测台风或风暴来临的征兆。

2. 规则波

波面可用简单函数表达的波浪称为规则波。规则波不仅能近似地表示涌，也是研究不规则波的基础。规则波的要素如图 6-1-1 所示。

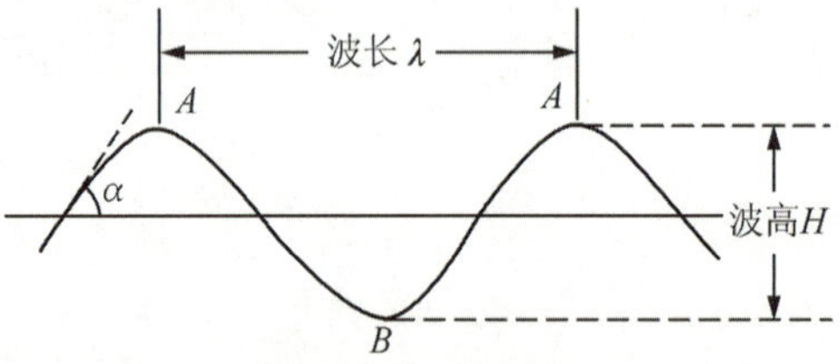

图 6-1-1　波浪要素

图中：

波高 H——波面最高点与最低点之间的垂直距离（m）；

波长 λ——两个相邻的波峰或波谷间的水平距离（m）；

波面角 α（wave slope angle）——波面上某一点的切线与水平线间的夹角，用来表示波表面的倾斜度（°）。

除此之外，还有：

波速 v_w——波形向前传播的速度（m/s）；

波浪周期 T_w——水质点每回转一周所需的时间(s),即波形向前传播一个波长所需的时间;

陡度 δ——波高与波长之比 H/λ,用来表示波的陡峭程度。

这些波浪要素之间存在如下的相互关系:

波速 $v_w \approx 1.25\sqrt{\lambda}$(m/s);

波浪周期 $T_w \approx 0.80\sqrt{\lambda}$(s);

波长 $\lambda \approx 1.56T_w^2$(m);

此外,最大波面角 $\alpha_m = \pi \cdot \dfrac{H}{\lambda}$。

有关各海区不同季节的波浪要素可以从航路指南等有关资料中找出。大洋中最容易产生的波浪的波长是 80~140 m,波浪周期为 7~10 s,陡度最大的为 1/10,一般大洋波的陡度为 1/40~1/30。

3. 不规则波

海上波浪实际上是不规则的,它们是由各种不同波长、波高和陡度的波组成的,而且由于海区地形的关系,波浪的不规则性更为复杂。但不规则波是由无数单元规则波叠加而成的,大量的统计观察表明,如果外界条件没有显著变化,波浪的出现有一定的规律性。为了简便,常以一种波高来说明波浪的状况,通常使用的几种方法有:

平均波高——所有波高的平均值。

均方根波高——将所有波高的平方相加,求平均值后再开方。

合成波高——海上风浪和涌浪并存时,可采用合成波高表示海面状况。

部分大波的平均波高——有时将观测到的波高按大小排列起来,并就最大的一部分波高计算平均值,称为部分大波的平均波高。例如:对于最高的 1/100、1/10、1/3 的波,其平均波高分别以符号 $H_{1/100}$、$H_{1/10}$、$H_{1/3}$ 表示。它们的意义是如果共观测 1 000 个波,则分别代表最高的 10、100、333 个波的平均波高。部分大波平均波高反映出海浪的显著部分或特别显著部分的状态。习惯上还将 $H_{1/3}$ 称为有效波高,其周期称为有效波周期,具有这种波高的波称为有效波。有效波是一个统计量,它非常接近于有经验的驾驶人员直接目测的波高。波浪预报部门通常是用有效波来做波浪预报的。故常把有效波高 $H_{1/3}$ 设为 1,并用统计法求得平均波高 H_m 为 0.63,1/10 最大波的波高 $H_{1/10}$ 为 1.27,1/100 最大波的波高 $H_{1/100}$ 为 1.61。

通常采用部分大波的波高来表示波浪的要素,1/10 最大波的波高 $H_{1/10}$ 为平均波高的 2 倍(1.27/0.63≈2),1/3 最大波的波高 $H_{1/3}$ 为平均波高的 1.6 倍(1/0.63≈1.6)。有效波高可以用来确定最大有效波的波长以及最大能量波的波长:

$$\lambda_{\text{最大有效波}} = 60H_{1/3}$$

$$\lambda_{\text{最大能量波}} = 40H_{1/3}$$

根据这两个波长可以估计出某船在该不规则波中航行时的摇荡情况。波长超过一定范围的波,它在整个单元波中所占比例很小,不具备使船舶产生很大摇摆的能量,这个波长界线称为最大有效波长。

4. 波形的变化规律

当水深大于 $\lambda/2$ 时为深水波,当水深小于 $\lambda/2$ 时为浅水波。在深水中的波浪,波长大、波速大而周期长。因海浪是各种不同周期浪的组合,所以每一组波浪中,大浪与小浪总是有秩序地重复出现,即每组连续的浪都是逐渐增大,然后又逐渐减小,周而复始。一般情况下,连着三四个大浪之后,接着是七八个小浪,俗称三大八小。每组浪的具体周期、浪的强度以及大浪和小浪的数目，则因各种风型、风速和海区而异，在航行中可通过观察来确定当时海浪的规律。

在浅水中，由于波浪底部受海底摩擦，速度减小，所以波峰速度要比波谷速度大，这样波形就发生了变化，波峰向前弯曲，波长变小，波高越来越大，浪变得陡而且高，然后在行进中破碎，俗称开花浪。在海岸附近，这些开花浪为海岸所阻，又产生反拍浪，这些浪对船舶冲击力较大，对近岸航行的船舶有一定的威胁。

二、船舶在波浪中的运动

船舶在波浪中的运动教学视频

（一）船舶在波浪中各种运动的名称

船舶在风浪中航行时，其运动情况比较复杂，通常将船舶的复杂运动简化分解成六个自由度的运动。如图 6-1-2 所示，将重心 *G* 取为固定于船体的直角坐标系的原点，则船舶运动可分解成沿三个坐标轴的运动和绕三个坐标轴的转动。其运动名称如表 6-1-1 所列。

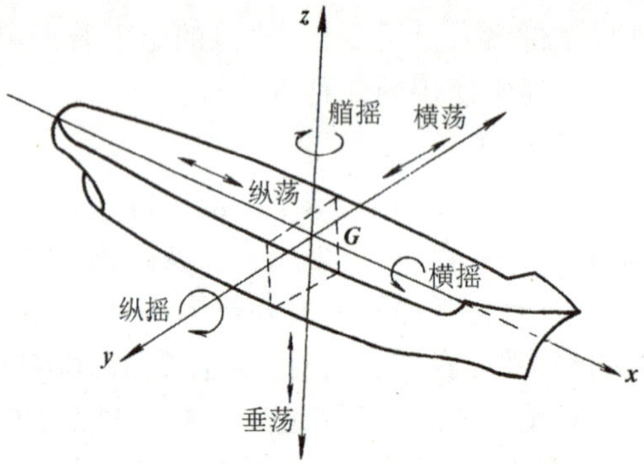

图 6-1-2 船舶在波浪中的六自由度摇荡运动

表 6-1-1 船舶运动名称

坐标轴	种类			
	直线运动（translation）		回转运动（rotation）	
	单向运动	往复移动	单向回转	往复回转
x 轴	进/退（ahead/astern）	纵荡（surge）	横倾（heel）	横摇（roll）
y 轴	横移（drift）	横荡（sway）	纵倾（trim）	纵摇（pitch）
z 轴	升/沉（float/sink）	垂荡（heave）	旋回（turn）	艏摇（yaw）

在表 6-1-1 的所有运动中，运动显著而且与船舶安全操纵密切相关的是横摇、纵摇、垂荡和艏摇。

横摇涉及船舶的稳性，有时会引起货物移动，致使船舶横倾，过大的横倾可能导致船舶倾覆（capsizing）。

纵摇会导致降速，还会引起船首上浪而使甲板货、甲板设备损坏，同时纵摇使船体特别是其前部因受到浪的冲击力而受损，此外纵摇引起螺旋桨空转将给主机运转造成障碍。

垂荡也是一种有害于船舶航行的运动，往往与纵摇同时产生，造成船舶失速，主机功率得不到充分利用。垂荡相位若与纵摇相位相差不多，二者共同作用将会引起船舶剧烈地拍底、上浪、螺旋桨空转。

艏摇对船舶在风浪中航行时的保向性有重大影响，尤其在斜顺浪航行时，艏摇明显，危险时会导致船体打横。

(二)波浪对船舶运动的影响

1. 横摇

船舶在风浪中绕 x 轴横向地摇摆运动称为横摇。大幅度的横摇对保持稳性来说是不利的，在波浪中操船，必须预先妥善配载并根据风流情况来选择航向和航速，以力求减轻横摇。

(1)横摇摆幅与周期

横摇状态主要用摆幅 θ 和周期 T_θ 来表示。摆幅是船舶自正浮向一舷横倾时的横倾角。船舶在规则波中的强制横摇摆幅可以近似地用下式表示：

$$\alpha_{max}=\theta=\frac{\alpha_{max}}{1-\left(\frac{T_\theta}{T_E}\right)^2} \tag{6-1-1}$$

式中：α_{max}——最大波面角，$\alpha_{max}=\pi\cdot\frac{H}{\lambda}$；

T_θ——船舶横摇周期(s)；

T_E——波浪遭遇周期(s)。

横摇周期是船舶自一舷横倾到另一舷，又自另一舷回到初始横倾位置所需的时间。表 6-1-2 所列是各类船舶横摇周期的数值范围。一般船舶横摇周期可用下式估算：

$$T_\theta=C_\theta\frac{B}{\sqrt{GM}} \tag{6-1-2}$$

式中：T_θ——横摇周期(s)；

B——船宽(m)；

GM——初稳心高度(m)；

C_θ——横摇周期系数，客船为 0.75～0.85，货船为 0.70～0.80，油船为 0.70～0.94；估算 T_θ 时常把 C_θ 简单地定为 0.80。

表 6-1-2 各类船舶横摇周期的数值范围

船舶种类		横摇周期 T (s)
客船	500～1 000 t	69
	1 000～5 000 t	9～13
	5 000～10 000 t	13～15
	10 000～30 000 t	16～20
	30 000～50 000 t	20～28
货船	满载	9～14
	压载	7～10

(2)波浪遭遇周期 T_E

波浪相对于航行中船舶的周期称为波浪遭遇周期。如图 6-1-3 所示，设船舶航行时其前进方向与波浪传播方向成一夹角 φ(即遭遇角)，则波浪遭遇周期 T_E 为：

$$T_E = \frac{\lambda}{v_w} + v_s \cos\varphi \tag{6-1-3}$$

式中：v_w——波速(m/s)；

v_s——航速(m/s)；

λ——波长(m)；

φ——船首遭遇波浪的夹角。

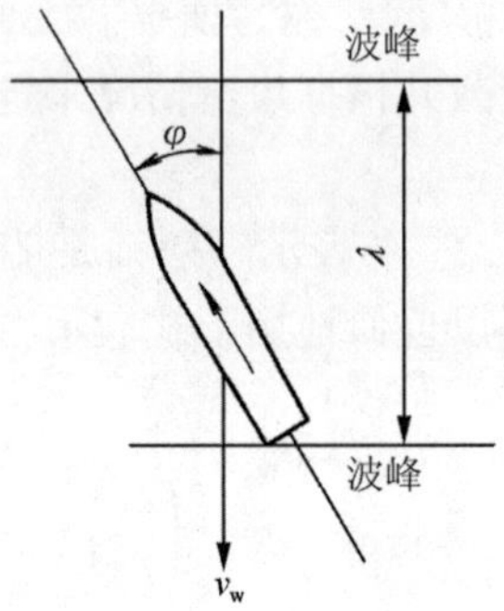

图 6-1-3　波浪遭遇角 φ

(3)影响横摇大小的因素

①最大波面角 α_{max} 越大，波浪能量越大，波长小而波高大，横摇摆幅就成正比地增加。

②主要取决于横摇周期 T_θ 与波浪遭遇周期 T_E 的比值。

当$\frac{T_\theta}{T_E}<1$时，横摇较快，很少上浪，但船体受惯性力大。

当$\frac{T_\theta}{T_E}>1$时，横摇较慢，角度不大，但甲板上浪较多。

当$\frac{T_\theta}{T_E}\approx 1$时，横摇最剧烈，横摇角越摇越大，船舶横摇将出现最大横摇摆幅，严重时将导致船舶倾覆，这种现象称为谐摇。

(4)减轻横摇的措施

①调整船舶的横摇周期

船舶航线确定后，应根据本航次各海区季节可能经常遭遇的波浪周期，在配载时调整初稳心高度 GM，使其避免与波浪周期一致而谐摇。在稳性允许条件下，尽量使之避开谐摇区，即

$$0.7<T_\theta/T_E<1.3$$

②改变航向、船速以减轻横摇

由式(6-1-3)可知，改变船速或航向，或者同时改变船速与航向，就能改变波浪的遭遇周期，避免谐摇。这种方法是航行中船舶减轻横摇的简便而有效的方法。但应注意：当 $\varphi=90°$ 或 $270°$，即正横受浪时，船舶横摇剧烈，若仅改变船速是无效的，只有改变航向才能达到减轻横摇的效果。

2. 纵摇与垂荡

当波浪通过船体时，随着船体附近波形的变化，浮心做前后方向的周期性移动，将引起船舶纵摇；因船体浸水面积变动，使得浮心上下移动，从而导致船舶重心在其垂直轴上的上下运

动就是垂荡运动。由于船首尾形状不对称,一般船在迎浪航行时,同时发生纵摇和垂荡,纵摇能引起垂荡,垂荡也能引起纵摇。

(1)船舶纵摇、垂荡周期

船舶纵摇周期可用下列公式估算:

$$T_P = C_P\sqrt{L} \tag{6-1-4}$$

式中:T_P——船舶纵摇周期(s);

L——船长(m);

C_P——纵摇周期系数,其中客船取 0.45~0.55,客货船取 0.54~0.64,货船取 0.54~0.72,油船(艉机型)取 0.80~0.91。

船舶垂荡周期可用下列公式估算:

$$T_Z = 2.4\sqrt{d_m} \tag{6-1-5}$$

式中:T_Z——船舶垂荡周期(s);

d_m——船舶平均吃水(m)。

可以证明,船舶垂荡周期和纵摇周期比较接近,后者略大于前者,它们约为船舶横摇周期的一半。一般船舶均具有 $T_\theta > T_P > T_Z$ 的关系。船舶固有纵摇和垂荡周期的范围:货船为 4~6 s;客船(1 000 t 以下)为 5~7 s;渔船为 3~4 s。

(2)影响纵摇摆幅的因素

①波长与船长之比对纵摇摆幅影响最大,当 $\lambda/L < 3/4$,即 $L > 1.3\lambda$ 时,纵摇角较小,船长越大,越趋平稳。$L \leqslant \lambda$ 时,纵摇摆幅急剧增大,正如小船遇长波,不论船速如何,都无法避免纵摇。

②纵摇周期 T_P 与波浪遭遇周期 T_E 的比值:

当 $\frac{T_P}{T_E} < 1$ 时,即船首迎长浪航行或船速很低,或顺浪航行时,船随波而摇,沿波面运动,纵摇摆幅较小。

当 $\frac{T_P}{T_E} > 1$ 时,即船首迎短浪航行或船速大时,纵摇较小。

当 $\frac{T_P}{T_E} \approx 1$ 时,发生谐摇,纵摇剧烈,容易发生打空车、甲板上浪或拍底现象。

③船速:纵摇摆幅一般随船速的增大而增大,但船长波短,船速大时反而减小,$v \approx 0$ 时纵摇较小,船身以波浪周期纵摇。

④航向:船舶顶浪航行,纵摇剧烈。

⑤货载相对集中于船首尾时,纵摇剧烈。

(3)影响垂荡强度的主要因素

①船舶垂荡周期 T_Z 与波浪遭遇周期 T_E 的比值。

当 T_Z/T_E 较小时,垂荡运动也小,船舶随波做周期性的升降;当 $T_Z/T_E \approx 1$ 时,产生谐摇,垂荡位移最大;当 $T_Z/T_E > 1$ 时,垂荡运动再度变小。

②波长与船长之比:当 $\lambda/L \leqslant 0.75$ 时,即使谐摇,垂荡振幅也是很小的;当 $\lambda/L \geqslant 1$ 时,即小船遇到长波,不论是否发生谐摇,都不可避免地发生较大的垂荡。

③船速:当 $\lambda/L \leq 3/4$ 时,船速影响较小;当 $\lambda/L \geq 1$ 时,船速越大,垂荡越剧烈。

④波高:波高越大,垂荡越剧烈。

(4)纵向受浪时产生的危险现象

①拍底(slamming)

在剧烈的纵摇和垂荡中,当船首升起后下落而与波的向上运动相撞击时,船体发生急剧振动的现象称为拍底。它使船首底部,特别是从船首起至 1/10 ~1/4 船长处的范围内产生很大的应力,将导致船首部船体结构的损坏。船速越大,损坏范围越向后扩大。

容易产生拍底的条件:

a. $\lambda/L \approx 1$:遇到与船长相当的波长时拍底剧烈。大风浪中顶浪航行均有拍底的可能,而船长为 80 ~140 cm 的船舶易发生拍底。

b. $d/L<5\%$:吃水与船长比值小时易产生拍底。一般空载时拍底严重,2/3 载以上时不易拍底,而满载船几乎不拍底。

c. 艉倾严重,上层建筑物庞大的船舶易产生拍底。

d. 方形系数 C_b 及棱形系数 C_P:C_b 及 C_P 大的船舶拍底冲击力大;U 形船首比 V 形船首遭受拍击的次数多,强度大。

e. 遭遇周期与船速:当 $T_P \approx T_Z \approx T_E$ 时,船舶发生纵摇和垂荡谐摇,纵摇和垂荡剧烈,拍底也就剧烈。船速越大,纵摇和垂荡越剧烈,拍底也就越剧烈。在弗劳德数 $Fr=0.14 \sim 0.21$ 时的船速被列为危险速度。

f. 气候与海况:当风力达 5 级(10 m/s)以上时,中型船易发生拍底,而且波高越大,波的能量越大,拍底也越剧烈。

减少拍底的措施:

a. 减速,保持船速在 $Fr=0.1$ 左右,即 $0.6\sqrt{L}$ kn 左右,对减轻拍底极为有效;

b. 保持艏吃水大于 1/2 满载吃水;

c. 调整航向和船速,改变波浪遭遇周期,避免纵摇和垂荡的谐摇。

②甲板上浪(ship water on deck)

航行中甲板上浪,海水不易排出,打在甲板上的海水可看作自由液面对稳性的影响;严寒时还会结冰,将使 GM 减小。同时,浪的冲击还会使甲板设备、上层建筑遭受破坏。特别是装有甲板货时,易造成货损和货物移动,将危及船舶安全。

甲板上浪与船首干舷、船速及波高等因素有关。船首干舷越小、波高越大、船速越大,上浪越厉害,其中船速影响非常大。因此,为了减少甲板上浪,首先要减小船速。

③艉淹(pooping)

顺浪航行中,当船尾陷入波谷,而波速大于船速时,波浪打上船尾甲板,称为艉淹。顺浪时,船与流的相对速度很小,波通过船的时间较长,艉上浪的机会较多。当 $\lambda \approx L$ 及波速约等于船速时,艉淹最为剧烈,且易打横。

④打横(broaching)

船舶顺浪航行时,当船尾处于追波的前倾斜面时,会出现航向不稳定状态,甚至突然产生艏摇而横于波浪中,称为打横。打横时船舶横摇剧烈,将出现危险横倾,甚至倾覆。船速接近等于波速及航向稳定性较差的船容易出现打横。

船舶顺浪航行时,如出现艉淹、打横现象,应果断采取变速措施,使船速与波速产生较大差异;同时,应尽可能采取措施,以提高航向稳定性。

⑤螺旋桨空转(racing)

剧烈的纵摇和垂荡会使螺旋桨部分或全部周期性地露出水面,发生螺旋桨空转现象,俗称打空车。空转时,螺旋桨效率下降显著,船速下降且螺旋桨、轴系和船体产生很大的振动,同时受到极大的冲击应力,随时有受损的可能。空载船较重载船容易打空车。

为了减轻空转现象,应保持螺旋桨上桨叶的叶梢也没入水中,其在水下深度不小于螺旋桨直径的20%~30%。操船时,应尽可能降低转速,以免主机、轴系产生过大的应力,并且调航向和船速以减轻船舶纵摇和垂荡,减轻空转现象。

3. 艏摇

大风浪中船舶的艏摇会造成航向偏摆,自动舵用舵频繁,严重时会造成舵机的损坏。其原因是:

(1)艏艉两舷的水压力不同,艏艉处交互出现的横向压力产生使船首转向顺浪或顶浪的回转力矩,当船首以45°角左右迎浪时最甚。这是波浪中艏摇的主要原因。

(2)海水质点在波浪中的轨圆运动,如图6-1-4所示。

(3)横摇与纵摇的牵连运动。

(4)横摇。

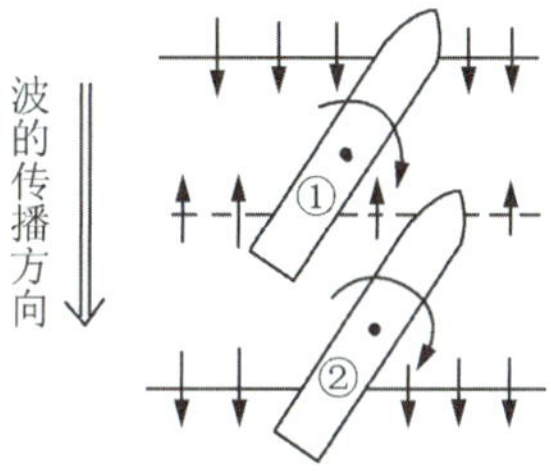

图6-1-4 海水质点在波浪中的轨圆运动

任务二 在大风浪中操船

学习目标

知识目标:掌握搁浅前后的应急处置方法。

能力目标:能根据相应程序合理处置搁浅事故,确保船舶安全,以减小损失。

素质目标:提升学生面对困难时的心理素质。

大风浪来临前的一般准备工作视频

一、大风浪来临前的一般准备工作

航行中的船舶根据预报在预计可能有大风浪来临前,除应使船舶处于适航状态外,还必须采取相应措施,检查并保证做好以下各项工作。

1. 确保水密

(1)检查甲板各开口处封闭设施的水密性,必要时进行加固,并于风浪来临前予以关闭。

（2）检查各水密门是否良好，暂不使用的应一律关闭拴紧。

（3）关闭通风口，并加盖防水布。

（4）关闭舷窗和天窗，并旋紧铁盖。

（5）盖好锚链管，防止海水灌入锚链舱。

2. 确保排水畅通

（1）检查排水管系、抽水机、分路阀等，保证其处于良好工作状态。

（2）清洁污水沟（井），保证黄蜂巢畅通。

（3）保持甲板上的排水孔畅通。

3. 固定活动物体，确保船舶稳性

（1）装卸设备、锚、舷梯、救生艇筏以及一切未固定或绑牢的甲板物件都要绑牢固定。

（2）散装货在离港前应平舱，并做必要处理。

（3）各水舱及燃油舱应尽可能注满或抽空，以减少自由液面。

（4）舱内或甲板装有重件货时，应仔细检查加固，必要时加绑。

4. 空船压载

空船在大风浪中航行有很多不利之处，如：风压增大了倾覆力矩，保向性能下降，拍底严重，横向漂移增大，空转加剧，失速严重，易产生大角度横摇、谐摇等。为确保航行安全，应进行适当的压载，调整吃水和吃水差以及合适的 *GM* 值。

空船压载量可参考下列数值：

夏季——为夏季满载排水量的 50%；

冬季——为夏季满载排水量的 53%。

在吃水差方面，既要防止打空车，又要减轻拍底，一般货船以艉倾 1%船长左右为最理想。万吨级以上船舶以艉倾吃水差 1.5~2.0 m 为最理想。

5. 做好应急准备

（1）保证驾驶台和机舱、船首、舵机室在应急情况下通信畅通。

（2）检查应急电机、天线、舵设备等，并使它们处于良好状态。

（3）检查消防、堵漏设备，保证其随时可用。

（4）保证人身安全，如拉扶手绳、结冰时甲板铺沙等。

（5）加强全船巡视检查，勤测各液舱及污水沟的情况。

6. 气象预报

及时收听气象预报，接收气象传真图，分析沿途可能遇到的天气情况。

大风浪中的操船教学视频　大风浪中的操船动画

二、大风浪中的操船

船舶在大风浪中航行，不论以何种相对位置受风，都会给船舶操纵带来困难和存在一定的危险。因此，必须采取有效的操船措施，减轻船舶的摇摆，缓和波浪的冲击，或等待海面恢复平静，或设法尽早驶离大风浪海区。下面介绍几种广大海员在长期的航海实践中总结出来的大风浪中的操船方法，以供读者参考。

1. 偏顶浪与 Z 字航行

在大风浪中航行时，为了避免船首受过大的冲击和减轻横摇与纵摇，又为了能使船回到计划航线上来,可依波浪遭遇周期公式求出合适的航向与船速,采用偏顶浪与 Z 字航行的方法。先以船左(右)侧前方对浪,与波浪成一交角(通常以 2~3 个罗经点斜向迎浪)航行一段时间后,再用另一侧前方对浪,如此反复进行 Z 字航进。但要注意此时风流压将显著增大。因此,偏顶浪航行的条件是:风浪不太大,且船舶有一定的前进速度并能保持舵效,以防船首被压向下风而造成横浪局面。

2. 滞航

在通常情况下,压载状态下航行的大型船舶,当遇到 6~7 级风时就可认为属于大风浪航行,而当风力达 8~9 级时,可考虑采用斜顶风或滞航方法。

对于满载状态时的大型船舶,8 级风以上可认为大风浪航行;风力增强至 9~10 级时,顶浪航行感到困难;若风力进一步增强,出于安全考虑,可由顶浪、斜顶浪改为滞航。

所谓滞航,是指以保持舵效的较低船速将风浪放在船首左舷或右舷 2~3 个罗经点方位上斜迎浪进车的操船方法。此时,船舶实际上多处于慢进状态,个别船由于轻载或受风面积较大等原因而处于不进甚至是微退的状态。

滞航有利于缓解船舶纵摇、横摇、拍底和甲板上浪等现象。滞航时容易保持船首对波浪的姿势,以等待海况好转。由于船首迎浪,不能完全避免拍底和甲板上浪。如船较长或船首干舷较大,且下风处海域不太充裕,采用此法最为有利。滞航中采取的航向和船速,应根据风浪的变化进行调整,保持最佳的风浪舷角,保证有足够的舵效、有效控制的首向,以免被打成横浪状态。

3. 顺航

当满载大型船舶在滞航中仍经不起波浪冲击,或者压载状态下的大型船舶当风力超过 9 级时,宜改用顺航的方法。

所谓顺航,就是船舶在大风浪中以船尾斜向受浪航行的方法。

顺航时,降低了波对船的相对速度,大大缓解了波浪对船舶的冲击。而且,由于可以保持较高的船速,因此有利于摆脱风浪区。但顺航时,对于艉部干舷较小的船舶,常因波速大于船速,易产生艉淹。此外,顺航时航向不稳、保向性差,小型船或船长小于等于波长的船舶尤为严重,甚至产生打横状态。因此,此法对于船尾干舷大、快速、保向性能好的大型船尤为合适,小型船舶不宜采用,船尾干舷较小、艉倾较大的船舶也应避免顺航。

4. 漂滞

船舶停止主机随风浪漂流,称为漂滞。如主机或舵发生故障,船舶将被迫漂滞。滞航中不能顶浪、顺航中保向性差以及船体老旧的船可采取主动漂滞。

漂滞中,波浪的冲击力大为减小,甲板上浪不多。由于船体向下风有一定的漂移速度,所以下风侧必须有足够的水域,空载或压载时尤其应注意。船舶一旦漂航,极易陷入横浪或接近横浪的状态,横摇剧烈,会引起货物移动,丧失稳性。因此,只有当船舶具有良好的稳性且水密性能好时,方可主动采取漂滞方法。漂滞时应采取措施避免横浪,可在船首送出锚链或大缆以尽可能保持船首顶浪。

5. 大风浪中掉头

大风浪中掉头,当船身转至横浪时,若回转中的横倾与波浪引起的横倾相位一致,则过大的横倾角将危及船舶的安全,并且横向受浪时,容易出现横摇、谐摇。因此,必须经过深思熟虑和充分准备,特别要注意本船的稳性(包括货物的积载及其移动的可能性、自由液面的影响等），谨慎操纵。掉头时必须做到：

（1）仔细观察波浪的规律，选择适当时机掉头。一般情况下几个大浪过后，随之就有几个较小的浪。当前面一组的最后一个大浪刚刚过去就立即开始掉头，要抓紧海面比较平静的一段时间，度过横风横浪的危险阶段，并争取在下一组第一个大浪到来之前掉头完毕。

（2）若无法在两组大浪之间的较平静海面完成掉头，则从顶浪转向顺浪时，转向应在较平静海面到来之前开始，以求较平静海面来临时正好转至横向受浪。此后，可适时用短暂快车满舵，加速完成后半段掉转。

从顺浪转向顶浪比较困难且危险，主要是后半段掉转较困难。因此必须先降速等待时机，以求后半段在较平静的海面进行，并方便加速掉转。

（3）操舵时应力求使操舵引起的横倾角与波浪强迫横摇角的相位错开，避免相位一致引起过大的横倾而危及船舶安全。

（4）开始时慢车中舵，掉转中适时用短暂的快车满舵，可提高舵效以缩短掉头时间，特别是船身横向受浪的时间。

（5）顺浪转顶浪时使用倒车掉头十分危险，会造成船尾受波浪的猛烈冲击，从而损坏舵和螺旋桨，且不利于掉头，应保持必要的船速才有利于掉转。双桨船在顶浪转顺浪时，为了减小掉头海域，可使回转侧的主机停车或倒车，但这样做只能减小回转半径，并不能缩短掉头时间，所以，有时为提高舵效，需短时间用双车快进来达到目的。

（6）由于判断错误，在掉转中大浪来临而处于危急局面时，应注意不能强行掉头，不能急速回舵甚至操相反方向的满舵，正确的措施是减速并缓慢地回舵。

任务三　避台操纵

避离台风船舶操纵教学视频

学习目标

知识目标：掌握台风的运动规律及避台知识。
能力目标：能分析船舶在台风中所处的位置并用合适的方法避台。
素质目标：培养学生利用知识储备解决问题的能力。

避台的核心问题是尽可能远离台风（一般要求 300 n mile 以外，迫不得已时，至少 100 n mile 以外），而在采取正确的操纵方法之前，首先要正确判断船舶在台风中所处的位置。现将船舶避台操纵的有关问题介绍如下。

与台风相对位置的判断教学视频

一、与台风相对位置的判断

在地球的北半球，一方面，台风的右半圆一般与副高相邻，使右半圆的风力大于左半圆，浪也比较高；同时，右半圆中的风向与台风移向接近一致，叠加作用也有利于风浪的加大。另一方面，当船舶处于右半圆时，容易被吹进台风中心的移动路线上去，一旦被吹进台风中心，就不容易驶离。所以称右半圆为危险半圆（dangerous semicircle），而称左半圆为可航半圆（navigable semicircle)。在南半球水域则恰好相反,右半圆为可航半圆,左半圆为危险半圆。船舶处在危险半圆的前部时被卷入台风中心的危险性更大,所以危险半圆的前部象限又有危险象限之称。

如何判断船舶与台风的相对位置呢?从气象要素的变化来看,在北半球的操船者应该明确:经多次观测,若风向顺时针偏转则本船处于右半圆;若风向逆时针偏转则本船处于左半圆;若风向无明显变化,则本船处于台风进路附近;若大气压降低、风力增强,则本船处于台风的前面;若大气压升高、风力减弱,则本船处于台风的后面;若出现无风而大气压显示最低值,甚至可见晴天而海面为相当高的三角浪的情况,则说明本船已处于台风眼内。

避台之际应考虑的事项教学视频

二、避台之际应考虑的事项

航行中收到有关台风的预报时,是按原航向继续航行,还是迂回避台,或是驶向附近港口避台,应考虑以下各点并做出判断:

(1)台风的规模和进路,估计风浪发展的状况。

(2)台风中心与本船之间的距离,台风进路与本船航线是否交叉,与台风中心的最近会遇距离如何,本船将处于其危险半圆还是可航半圆。

根据航行经验,由于低气压的接近,当气压下降量每小时超过 1 hPa 时,即应引起高度重视;当气压下降量每小时超过 2 hPa 时,即应根据情况改向避开,改向后的方向应与台风所在一侧反向。

(3)附近有无避风港口,本船与该港间的距离。

(4)有关船舶耐航性的考虑。

这里所说的耐航性,是指在某种海况下使预定船速降至最低,船体和船货不受任何损坏,能够安全而且相对舒适地进行航海的性能。

避台操纵的一般原则教学视频

三、避台操纵的一般原则

1. 处于危险半圆时

自古以来,避台操纵就有“三右”原则。在北半球右半圆为危险半圆,在该半圆内船舶所受风向是逐渐右转的,此时的船舶为尽快远离台风中心,应取船首右舷斜顶风(15°~20°)全速避离,其相对于台风的航迹如图 6-3-1 中 A 船的虚线所示。

如风浪已十分猛烈或者由于前方有陆岸等障碍,不能全速驶离,可以采取船首顶风浪滞航方法,使船处于不退或微进的状态。随着台风的过去,船舶相对于台风的航迹如图 6-3-1 中 A_1、A_2、A_3、A_4、A_5 的虚线所示。这是一种随着台风的前移而避离台风中心的方法。

如果处于台风袭来的初期,尽管本船处在危险半圆内,但却离台风进路较远,根据本船的实际航向和船速,确有可以从前面横断台风进路的把握,则也可果断采取以船尾右后斜顺浪航行的方法驶入可航半圆再予以避离。

2. 处于可航半圆时

在北半球处于台风的可航半圆时,避台操纵应按“左左右”的原则处理。在该半圆内,船舶所受的风向是逐渐左转的,船舶又处于台风的左半圆,此时应尽快远离台风中心,采取右艉斜顺风避离,其相对于台风的航迹如图 6-3-1 中 B 船的虚线所示。

如果船舶前方无充分避离余地,也可改为右舷船首受风采取顶风滞航的办法,船舶相对于台风的航迹如图 6-3-1 中 B_1、B_2、B_3、B_4 的虚线所示。

3. 处于台风进路附近时

处于台风进路附近的船舶,其周围环境的特点是风向不变、气压下降、风雨越来越大。此时,船舶若处于北半球,应使船尾右舷受风顺浪航行,迅速驶入可航半圆后,依照可航半圆内的操纵原则进行操纵。

万一不幸由于操纵失误而进入台风眼时,应随时注意不久即有反向的狂风重新袭来,要谨防出现正横方向突然受狂风袭击的不利情况发生,并尽可能顶风滞航。

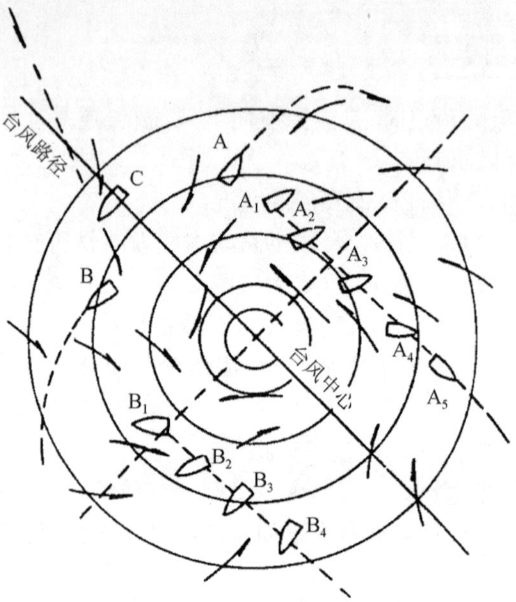

图 6-3-1　北半球避台

项目七

应急操船

[项目描述]

尽管在安全方面采取了许多防范措施，也进行了相关培训，但船舶在海上仍有可能发生海难事故，那么事故来临时的应变程序和应对措施就发挥着重要作用，所以掌握这些应急应变的知识是对所有航海人员的要求。本项目要求学生在模拟器上进行情境模拟，主要训练在船舶发生碰撞事故、搁浅事故前后以及发生火灾后的应急操船，熟悉应急程序；模拟训练海上各种搜寻方式的操纵以及驶近落水人员的操船方法。

任务一 碰撞前后的应急处置和操船

学习目标

知识目标：掌握碰撞前后的处置方法。

能力目标：能根据碰撞情况按适当程序处置，确保船舶安全或减小损失。

素质目标：提高学生在事故发生后执行应变计划的能力。

由于现代船舶的大型化与高速化，一旦两船发生碰撞，往往会造成船毁人亡、海洋污染等灾难性后果。因此，海上航行的船舶，在任何情况下都应用视觉、听觉及适合当时环境和情况的一切有效手段保持正规的瞭望，以便对局面和碰撞危险做出充分的估计，即使对海上漂流物也不轻易放过，以避免发生碰撞。

在两船发生碰撞的前后，应立即根据当地当时的情况，迅速做出正确的判断，果断地采取最妥善的处置措施。

碰撞前的紧急操船教学视频

一、碰撞前的紧急操船

两船在碰撞不可避免而又尚未发生之前，应考虑的关键是根据当时的情况确定怎样操纵船舶才能尽可能地减小受损程度。而减小碰撞受损程度的决定性因素有二：其一是降低船舶运动速度以减小碰撞时的冲量；其二是减小碰撞角度以避开要害部位。

降低船速可采用全速倒车或操满舵等应急措施，若仍难以避免事故发生，可同时抛锚来紧急制动船舶，减小碰角主要靠操舵来控制船首向。在某些情况下，若船身由于倒车制动而横于对方船舶运动轨迹前方，处于被动挨撞状态，可用进车提高舵效以减小碰角，避免船体重要部位受碰。而碰撞一经发生，则应立即依据当时情况，采取紧急措施以保证人命安全和抢救船舶。减小碰撞损失的措施包括：

（1）如可行，应采取紧急措施避免碰撞部位发生在船中或机舱附近，最好使两船平行擦碰，如不能，则应尽量使船首部位碰撞；

（2）如可行，采取大角度紧急转向措施减小碰撞角度，避免 T 字碰撞；

（3）全速后退，可行时抛双锚并借助拖船，降低船速，以减小撞击能量。

碰撞后的应急操船教学视频

二、碰撞后的应急操船

（1）以船首撞入他船船体时，应尽力用车舵配合，操纵船舶顶住他船破洞，以减小被撞船的进水量，让被撞船留有相对多的时间来判明情况，采取应急措施。盲目倒车脱出，会加速被撞船进水，其有沉没危险时可能会压住本船船头并祸及本船。在风浪较小且无沉没危险时，还可用缆相互系住以防脱出，起到堵漏的作用。如被撞船有沉没危险，则在不严重危及本船和船上人员安全的情况下，应全力施救该船人员和贵重物品，并立即脱离。

船舶发生碰撞的姿态很多,情况也千变万化,碰撞发生时双方的船速、碰角及船舶自身和外界因素的影响,与碰撞后的两船状态关系特别密切,所以很多情况下上述操船措施不能一概而论。

(2)作为被撞船则应尽量使船停住,以利于两船保持撞击咬合状态,减小进水量,并应立即进行堵漏应变部署。若两船无法保持撞击咬合状态,应尽力操纵船舶使破损处处于下风侧,减小波浪的冲击和进水量以利于实施堵漏作业。

(3)如果碰撞发生处附近有浅滩,被撞船有沉没危险,在不严重危及自身安全的情况下,应操纵本船顶其抢滩或顶到浅滩附近由被撞船自力抢滩。

三、碰撞后的紧急处置

碰撞后的紧急处置教学视频

1. 应急部署

船舶发生碰撞造成船体破损后,全体船员应立即按应急部署进行排水堵漏的抢救工作。

(1)大副和水手长应检查全船,判明破损部位及受损程度;木匠应立即测量各污水沟、井和各压载水舱的水位;其他船员应按应急部署携带好规定的器材迅速赶到指定位置集合待命,或按照大副、水手长分配的工作全力抢险。

(2)机舱固定值班人员除检查主辅机情况外,还应及时测量油舱油位,并应将全部排水泵和备用发电机备妥,随时准备排水或送电。

(3)电报员或担任此职的相应人员应立即叫通附近岸台,并发出船位报告或按船长批示发出电报,同时备妥应急电台或其他应急通信设备,坚守岗位。

2. 排水与堵漏

(1)排水。进水舱室确定后,应立即关闭邻近舱室的水密门窗,并立即通知机舱排水。因一般污水泵排水能力有限,而且污水井吸水口极易被货物散落颗粒堵住,所以一般排水量有限且不会维持很长时间,如遇海水大量涌入,就非常危险。必要时可设法用压载泵抽水,以提高排水能力,避免船舶因过量进水而沉没。

(2)堵漏。船舶破损部位、漏洞大小和形状确定后,应立即采取堵漏措施。对于较大的破洞,可用堵漏毯紧贴洞口外的船壳以限制其进水量,如图 7-1-1 所示。为增加堵漏毯的强度,可在毯中插入几根钢管。挂上堵漏毯后,再根据破洞大小,在船内采用堵漏板或堵漏箱,并于箱内灌注水泥堵住破洞再予以牢固支撑,并将舱内积水排尽。对于具有相当大破口面积的破洞来说,仅凭堵漏毯往往难以奏效,因而还应加强浸水舱邻舱的防漏及补强工作,以抵抗过大的压力,防止舱壁破损而波及邻舱。对于较小的破洞,可用木栓、毛毯等堵住,如图 7-1-2 所示。

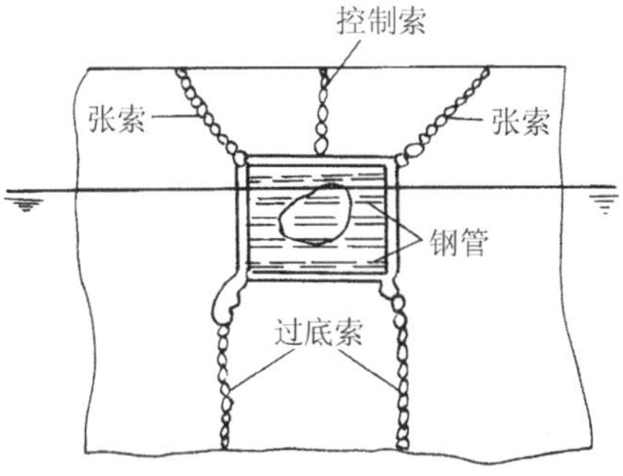

图 7-1-1 堵漏毯的运用

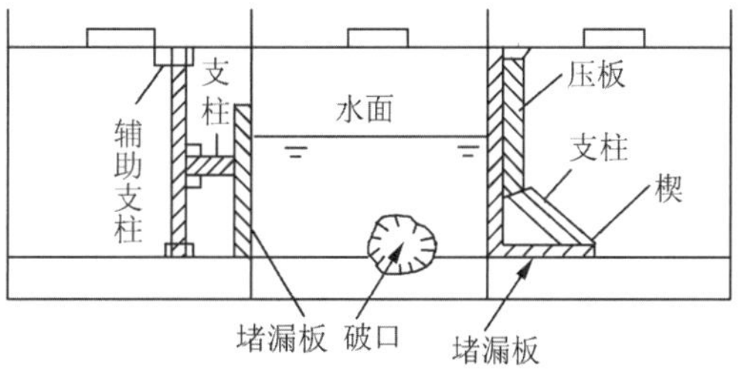

图 7-1-2 相邻舱室内对进水舱隔舱壁的补强

3. 调整纵横倾

船舶进水后，船体必然会发生纵横倾的变化及稳性高度的改变。为了保持比较合理的纵横倾和 *GM* 值，就必须利用排出或调驳油水来加以调整。向倾斜相反舷注水的方法对有纵向隔舱壁的船可起一定作用，但会造成船舶储备浮力的进一步减小，形成新的自由液面，从而使 *GM* 值进一步减小，因此必须谨慎。向他船转驳货物或抛弃部分货物也是调整船体纵横倾的一种方法，可以通过减小吃水来减小进水量，对位于水线附近的破洞尤为有效。但抛弃货物必须满足下述条件：

（1）所抛弃货物浸水会引发火灾或爆炸等危险；

（2）所抛弃货物浸水后会急剧膨胀；

（3）抛弃货物是为了保持船舶具有足够的稳性；

（4）抛弃货物是为了保留储备浮力或减小进水量。

（5）所抛弃货物的数量是减少进水量所必需的最低数量。

四、碰撞后的航行

碰撞后的航行教学视频

1. 自力续航

碰撞船舶经全面检查，应确认续航中不会出现危及船舶安全的情况，且主辅机状况良好，船体破损部位经过堵漏、加强后进水得以有效控制，排水畅通，仍保留有一定的储备浮力，浮性符合航行要求，救生设备完整无损时，船舶可自力续航至最近港口进行检修。自力续航宜十分谨慎，并应：

（1）减速航行，密切注意进排水情况变化并详细记录。

（2）尽量近岸航行，并勤测船位。

（3）密切注意气象、海况变化，随时准备择地避风。

（4）与附近岸台、公司或船舶所有人保持密切联系，及时报告船位和航行情况。

（5）航行过程中应根据风浪情况及时调整航向、船速，减轻船的摇摆，尽量使破损处处于下风侧。

2. 拖航

对于不能自力续航的船舶，则应请救助船或其他船舶将其拖航至附近港口检修。

五、抢滩(beaching)

抢滩教学视频

既不能自力续航，又难于拖航或在拖航中难以为继时，应果断实施抢滩。抢滩是指船舶面临沉没危险时利用附近浅滩主动搁浅，以争取时间实施自救或等待救援而避免沉没的自救性措施。

1. 选择抢滩地点时应考虑的因素

（1）抢滩处底质：应避开礁面，泥、沙、沙砾底均可，但软泥底可能使船体下陷而难以脱浅。

（2）抢滩处坡度：条件许可时应根据船舶大小不同而定，一般小型船为 1:15，中型船为 1:17，大型船为 1:19～1:24。

（3）水深：抢滩后船甲板在高潮时应露出水面，而这与抢滩前船舶余速关系甚密。

（4）风和流：应选风较小、流较弱的地点。

(5)周围环境:应有利于固定船体,且尽可能远离航道,便于救助作业。

2. 抢滩、出滩作业步骤

(1)抢滩前应利用压载水来调整船舶吃水差,使之与抢滩处坡度相适应。

(2)尽可能选择高潮后落潮时的适当时间进行抢滩作业。

(3)抢滩一般多取船首上滩方式。抢滩时应保持船身与等深线尽量垂直,慢速接近、适时停车,使船体和缓地擦滩而上。进速过大,易损坏船体且不利出滩。

(4)随着船首的上滩,可抛双锚,起稳定船身和帮助脱浅的作用。有时,为避免抢滩时抛锚影响抢滩效果,可在抢滩后利用拖船或救生艇或起重机等运锚向后抛出。

(5)抢滩后应尽快把漏洞堵好或进行初步修复,排尽积水,待天气好转并于高潮来临前做好出滩准备。

(6)出滩时,打出压载水,待高潮到来时绞收双锚、配合倒车,船舶将徐徐出滩。若经计算,单凭绞锚和倒车拉力不能出滩,应请具有足够功率的拖船协助出滩。

任务二 搁浅前后的应急处置

学习目标

知识目标:掌握搁浅前后的应急处置方法。

能力目标:能根据相应程序合理处置搁浅事故,确保船舶安全以减小损失。

素质目标:提高学生在事故发生后执行应变计划的能力。

搁浅事故大多发生在航道受限,天气、海况较为恶劣的情况下。究其原因,如风暴袭击、主机或舵机失灵等客观因素的影响是次要的,主要的是人为因素(如误认导航标志,未及时改正海图和航海资料,不熟悉航道,对定位、测深仪器的误差估计不足,对风流、浅水效应估计不足,操纵失误等)的影响。

为了防止搁浅、触礁事故的发生,驾驶人员应严格遵守各项安全操作规程;掌握航区最新资料;充分考虑外界因素的影响;注意检查助航仪器是否正常并充分考虑其误差;及时发现并纠正错误的操船指令;熟知船舶在各种载况、船速下的操纵性能;通过浅滩时,充分考虑浅水效应,保持足够的富余水深。在环境复杂、天气恶劣的条件下应特别谨慎地操纵船舶。

搁浅前的应急措施教学视频

一、搁浅前的应急措施

驾驶人员一旦发现船舶搁浅或触礁事故不可避免时,切忌惊慌失措,应想方设法减轻搁浅程度和降低搁浅后的损失,如:

(1)若搁浅水域情况不明,则应立即停车,可行时抛双锚,以减小本船前冲惯性、减轻搁浅程度。

(2)若搁浅水域情况确定,船尾水域宽阔、水深足够,本船船身垂直于浅滩边缘,则应立即停车、倒车,可行时抛双锚。

(3)若确定本船航向与浅滩边缘走向的交角很小或接近平行,应立即停车,短时间用满舵和回舵分几个阶段转向,避免突然大幅度转向使船尾过大地甩上浅滩。

(4)若本船在倒退,船尾即将进入浅滩,应用正舵快车前进,可减少舵受损的机会。

(5)紧急情况时,宁使船首受损以保护好舵和推进器。

(6)尽可能设法避开礁石。

(7)实际操船过程中经常碰到的另一种情况是,船舶面临的是航道中新生的小沙滩,此时如果非常熟悉航道条件,可采取全速前进并左右交替满舵,使船蛇航冲过浅滩;否则,应立即停车、倒车,可行时抛双锚。

二、搁浅后的应急措施

搁浅后的紧急措施教学视频

1. 查明搁浅情况

船舶搁浅后,应立即查明下列情况。

(1)测定船位

船舶发生搁浅后,切忌盲目动车,应迅速查清情况。首先测定船舶搁浅的船位,要利用可靠物标测出搁浅船位,画在大比例尺的海图上,供研究周围水深及底质情况用。间隔一定时间后,再进行复测,以判断船位的变化情况。

(2)船底破损及进水情况

测量双层底、污水沟及艏尖舱和艉尖舱的水位,以确定船体破损程度及位置。为了解进水量的增大程度,应连续进行这种测量。找出破损位置,经堵漏后,再将水排出。如破损严重已无法补好,应将进水量作为增加的排水量计算在脱浅力之内。船舱进水量可按下式计算:

$$P_i=\rho \cdot k \cdot \delta \cdot l \cdot b \cdot h \tag{7-2-1}$$

式中:P_i——第 i 舱进水量(t);

ρ——水的密度(1 025 t/m^3);

k——船舱的渗透率,即充水部分的容积与全容积的比,如表 7-2-1 所示;

δ——船舱方形系数,艏艉舱取 0.4~0.5,船中部的舱取 0.95~0.98;

l——船舱长度(m);

b——船舱宽度(m);

h——船舱内水深(m)。

表 7-2-1 各舱室的渗透率(充满时)

舱室名称	渗透率 k	舱室名称	渗透率 k
液体货舱	0.60	机舱	0.85
煤、粮舱	0.60	居住舱	0.95
物料间	0.70	油水柜及隔舱	0.97
锅炉舱	0.80	辅机机舱	0.97
蒸汽机机舱	0.80	空货舱	0.98

(3)船舶吃水

测出搁浅时船舶的六面水尺,记下时间、潮高以及高低潮时间,以便计算损失的排水量。

(4)周围水深及底质

测量船边水深可自船首向两舷每隔 10 m 测一个点,如图 7-2-1 所示。测量周围水深应从船边开始沿辐射方向进行,如图 7-2-2 所示,并应记下时间、潮高及高低潮时间,以便判断搁浅的部位,计算损失的排水量和决定脱浅的方向。

在测量水深的同时,还应勘查海底底质,因底质不同,其摩擦力也不同,而底质及海底坡度又与锚的抓力有关。

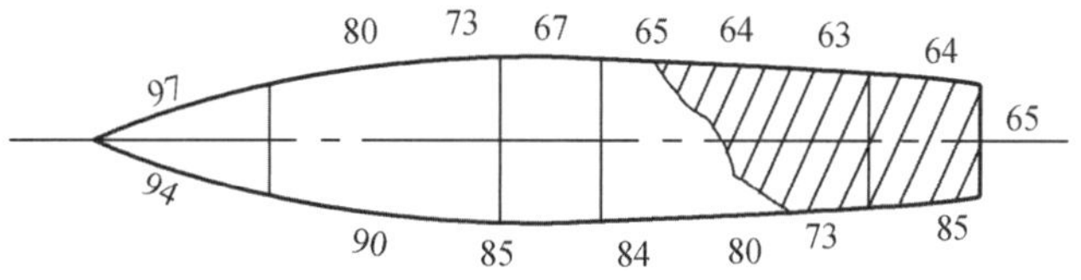

图 7-2-1 沿船舶两舷测深

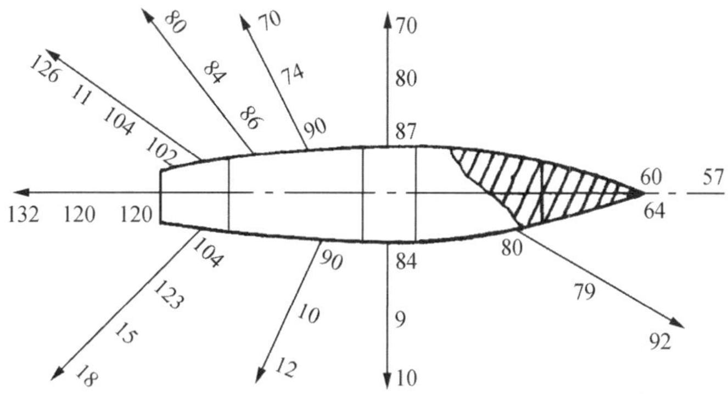

图 7-2-2 沿辐射方向测深

(5)潮汐、潮流

根据当地的潮汐资料,编制出高潮潮时与潮高表。同时要设立临时潮标,以取得实际资料。潮流的方向和大小亦应按时做出记录。

(6)推进器和舵的情况

要确切了解螺旋桨、舵以及主、辅机是否处于良好状态;机舱能否正常供电或供气。这对于固定船体、自力脱浅的施救方法以及脱浅后能否继续航行都有影响。

(7)未来天气情况

测量搁浅时的风向、风力及海浪状况,收听并分析近期天气预报,争取在天气变坏前设法脱浅。

船舶搁浅时,应按相关避碰规则的规定,悬挂号灯、号型,以引起来往船舶的注意。船舶搁浅后,应立即电告船公司及代理人,如实详细地记载航海日志。

2. 船体保护

搁浅后,应考虑情况是否会继续恶化。一般在搁浅后可能发生以下五种危险情况:

(1)墩底:在船舶搁浅后,如果有浪,浪涌在船边不断起伏,使船底与海底碰击墩底,将损坏船壳甚至使船身断裂。

(2)向岸漂移:受风、浪、流及潮位升降的影响,搁浅船舶易产生摆动及位移,向岸边更浅处搁浅。

(3)打横:如船首一端搁浅,因风、流或浪的作用力不可能与船首尾线相一致,则将使船以搁浅处为支点进行回转,从而导致船打横。

(4)船体倾斜:如果船舶搁在坡度较大的滩上,而当地潮差又大,落潮时船体将发生倾斜;或迎流舷受水流猛烈冲击,泥沙被淘挖而形成凹槽,也会造成船体倾斜。

(5)船体承受过大应力:由于船舶首尾部较尖,受水流强烈冲刷作用,泥沙被掏空,形成中部坐浅的中拱现象,船体承受过大的应力;严重时可能使船体变形而折断。

若搁浅船在短时间内不能安全脱浅,为防止出现上述危险情况,就必须采取保护船体的措施。

(1)灌水坐浅。打满各压载水舱,使船紧贴于海底。如注满压载水舱仍未能达到上述目的,则应将部分货舱注水,并加强相邻舱壁。当然,注入海水时,应根据船舶纵横倾和承受压力的情况适当调整纵横倾,减小船体受到的过大的应力。

(2)锚缆固定。固定船体所用锚缆的配置应依据实际需要而定。当船身与岸线垂直时,船首尾可在与搁浅船首尾线成45°的方向上用缆和锚固定,如图7-2-3所示。当船身与岸线平行时,应从船首尾向海方向各45°抛锚,必要时还应向岸边用缆或锚系牢,以避免船舶出现大幅度倾斜甚至倾覆,如图7-2-4所示。

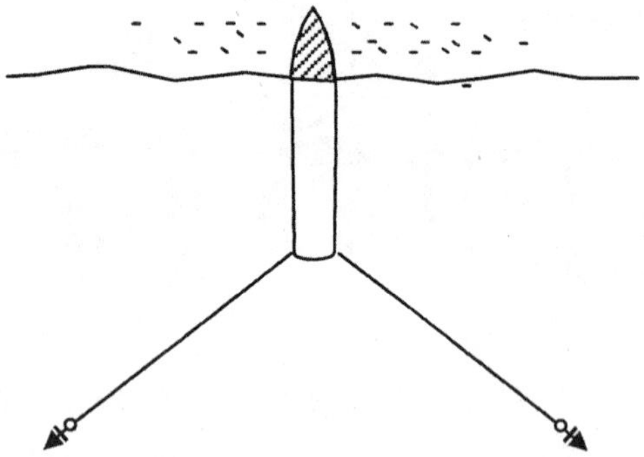

图7-2-3 船身垂直于岸线时固定船体的抛锚配置

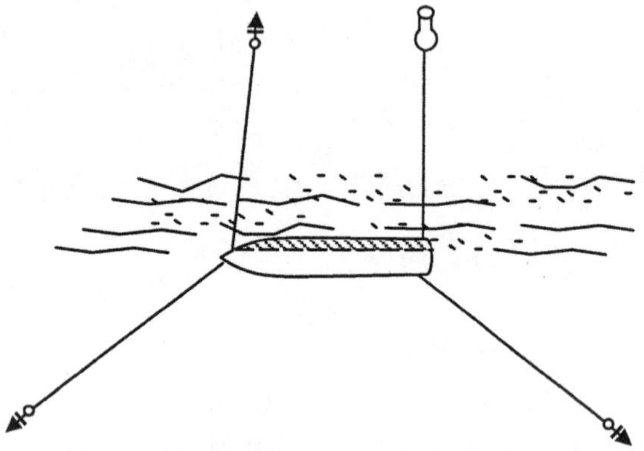

图7-2-4 船身与岸线平行时固定船体的抛锚配置

固定船体用的锚链和缆绳应尽可能长些,在先后顺序上应根据外力的大小和方向而定,一般先从上风上流和向海一面依次开始,在固定时应充分考虑脱浅时这些锚缆的运用。

锚和锚链因重量太大而不易搬运。对于中小型船,可用救生艇进行搬运;但对大型船来说,无大功率救助船协助运锚是不行的。

3. 脱浅拉力(refloating force)

脱浅拉力又称出浅力,是指搁浅船舶脱离搁浅状态所需的拉力。要使船舶顺利脱浅,脱浅拉力必须超过船舶搁浅部分与海底的摩擦力。一般脱浅拉力由搁浅船主机倒车拉力、绞锚拉力和救助船拖力三者组成。

(1)脱浅所需拉力的估算

船舶搁浅部分与海底的摩擦力,即为脱浅时所需的拉力,其表达式为

$$F=f\cdot g\cdot \Delta D \qquad (7\text{-}2\text{-}2)$$

式中:F——脱浅所需的拉力(kN);

f——船底与海底的摩擦系数，如表 7-2-2 所示；

g——重力加速度，为 9.8 m/s^2；

ΔD——船底搁浅部分对海底的压力(t)，即搁浅船损失的排水量，可用下式计算

$$\Delta D = 100TPC(T-T_1) \tag{7-2-3}$$

式中：TPC——每厘米吃水吨数(t/cm)；

T——搁浅前船舶六面平均吃水(m)；

T_1——搁浅后船舶六面平均吃水(m)。

表 7-2-2 船底与海底的摩擦系数

底质	f值	底质	f值
泥	0.20~0.32	卵石	0.42~0.45
细沙	0.35~0.38	珊瑚礁	0.50~1.00
砾石	0.38~0.42	礁石	0.80~2.00

在计算 T 时，应将离港前的平均吃水，减去途中燃料、淡水和物料的消耗而产生的吃水变化。如两处海水密度不同，则还应进行相应的修正。

在计算 T_1 时，应考虑脱浅时潮高的变化及压载水变化量，如货舱内灌水或损漏进水，则还应考虑其增加量。各舱室水的变化量应为脱浅时全部进水量减去搁浅时已有进水量(主要为压载水)，如脱浅距搁浅时间较长，则还应减去油、水和物料的消耗量。

设各舱进水量总和为$\sum P_i$，搁浅期间油、水和物料的消耗量为 P(t)，则ΔD 为

$$\Delta D = 100TPC(T-T_1)+\sum P_i - P \tag{7-2-4}$$

(2)可供脱浅拉力的估算

①主机的推力与拉力 F_P

$$F_p = 0.01N \tag{7-2-5}$$

式中：F_P——推力或拉力(按正车推力的 60%计)(9.81 kN)；

N——机器功率(hp)。

②拖船的拖力 F_t

$$F_t = (0.01 \sim 0.015)N_t \tag{7-2-6}$$

式中：F_t——拖船拖力(t)；

N_t——拖船主机机器功率(hp)。

③拖绞锚的拉力

锚的抓力与锚的类型及底质有关。目前船上一般采用霍尔锚，它的抓力为

$$P_a = (3 \sim 5)W_a \cdot g \tag{7-2-7}$$

式中：P_a——锚的抓力(kN)；

W_a——锚重(t)。

4. 脱浅方法

脱浅方法随船舶大小、搁浅情况的不同而不同，总的来说可分为自力脱浅和外援脱浅两大类。

(1)自力脱浅

①等候高潮利用主机脱浅

不在高潮时搁浅,船体只有轻微的损坏,船尾部又有足够的水深,则可等待下一个高潮时用本船主机倒车出浅。

一般做法是高潮前一小时动车,当快倒车无效时,可改用半进车配合左右满舵来扭动船体,然后快倒车。

如底质是泥沙,倒车时应注意泥沙可能在船体周围堆积妨碍出浅。

②移动重物调整船舶的纵横倾出浅

船舶的一端或一舷搁浅,而另一端或另一舷有足够的水深,就可采用移动船用燃料、淡水、压舱水或货物的方法以减小搁浅一端(或一舷)的压力,再配合主机或绞锚使船脱浅。

移载脱浅必须经过计算,以免脱浅后产生过度的纵倾或横倾而危及船舶安全。在一舷搁浅而海底又甚陡峭的情况下,则不宜使用移载法。

③绞锚脱浅

锚能产生持续而强大的拉力,且拖力方向准确。当有浪涌时,每来一个浪涌就能增加一点浮力,如锚有足够的拉力,这时就能将船拉动一点,对船脱浅十分有利;而拖船就不能在风浪中充分发挥它的拉力。

绞锚时产生的拉力是依靠锚的抓力通过重型的复合绞辘传到船上,再用绞车或起锚机绞收所提供的。如果一个锚抓力按4倍锚重计算,则3.5 t的锚,其抓力约为137.2 kN,用一副3-3或3-2的绞辘,则一般船用起货机均可拖动,如同时使用几套锚具就能增加脱浅的拉力。

锚具的缆最好用一节锚链再加钢丝组合而成,这样能使锚充分发挥其抓力。绞辘在船上的着力点,必须是可靠的舱口或甲板室的围壁,单个缆桩则无法承受如此大的拉力。

④卸载脱浅

在上述几种方法均不能使船脱浅时可采用卸载的方法。所需卸载数量为P(t),则

$$P=100TPC\Delta T=(F-F_P-F_t-P_a)/(fg) \tag{7-2-8}$$

式中:ΔT——希望通过卸载而达到的平均吃水减少值(m);

F_P——主机推力或拉力(N);

F_t——拖船拖力(N);

P_a——锚的抓力(N);

f——船底与海底的摩擦力(N);

g——重力加速度(m/s^2)。

卸载应以迅速、方便和损失最小为原则,一般先卸出多余的淡水和燃油,然后卸货物。为防止卸载时船越搁越高,应向压载舱注水,待准备出浅时再将水排出。

(2)外援脱浅

在下列情况下,应请求救助船协助脱浅:

船舶搁浅后,如船体破损严重,已失去漂浮能力;或主机、螺旋桨、舵损坏,无法操纵;或经过计算,船舶本身无法自行脱浅;或船舶搁浅后水位急退,要求尽快脱浅。外援救助船可协助固定船体、堵漏排水、移载、过驳、用大型打捞浮筒增加搁浅船的浮力、冲挖船底成渠,并可提供强大的拖力以协助脱浅等。

救助船到来后,搁浅船应提供下列资料:

①船舶资料，如主要尺度、总布置图、原来载重吨数、静水力曲线图等；

②货种、载重数量及分舱图，油、水的数量及部位，如装有危险货物，应详列其舱位、吨数以及注意事项，并应事先在电报中注明；

③搁浅前的航向、船速及搁浅的时间，现在的船首向；

④搁浅前及搁浅后的吃水，以及搁浅后吃水的情况；

⑤主机、甲板机械的功率及现在的技术状况；

⑥搁浅后曾采取的措施和收到的效果，以及对救助工作的建议；

⑦船位、船边水深、当地潮汐情况等。

任务三 火灾后的应急处置

学习目标

知识目标：掌握火灾时的应急处置方法。

能力目标：能根据火灾发生的部位正确操纵船舶，并按程序采取灭火措施。

素质目标：提高学生在事故发生后执行应变计划的能力。

船舶火灾按其原因区分，有自燃、失火、冲击摩擦、漏电、雷电等多种情况。船舶火灾具有火源发现困难、灾情蔓延迅速、后果极为严重等特点，故须实行严格的防火制度，如熟悉防火须知、易燃易爆物的积载制度、灭火器和灭火系统的使用规定、防火部署配置规定及定期灭火操练与演习制度等。

船舶火灾的特点教学视频

一、船舶火灾的特点

(1)船舶结构远比陆地建筑物复杂，火灾一旦发生往往较晚才能被发现，灭火作业也较为困难。

(2)船舶内部所用材料多具有可燃性，加之钢板导热性较好，火灾易蔓延。

(3)载货发生火灾时，由于货量较大，移出燃烧物较为困难，而且所载货物中可燃性物质也比较多，小型灭火器材一般难以扑灭。

(4)使用灌水灭火时，将使浮力减小和稳性降低，并可能引发沉没、倾覆等危险。

(5)船员灭火作业的熟练程度远较陆上消防队员水平低；而且在航行中如发生火灾，很难得到他船的快速救援。

海上航行中发生火灾的应急措施教学视频

二、海上航行中发生火灾的应急措施

(1)发出消防应变信号，全船人员按应急部署迅速到指定地点集合待命，按具体分工投入灭火工作。

(2)根据火源地点，操纵船舶使其处于下风侧。一般火区在船尾部，应迎风航行；火区在船首部，应顺风航行；火区在船中部，则应傍风而行。可能的话，还应尽量降低船速，避免急剧转向，以免火势加剧。

(3) 查明火源、火灾性质、燃烧面积及火势，确定灭火方案。

(4) 采取合理的灭火措施。

(5) 如采用喷水灭火，应与排水同步进行，以防倾斜、超载和增大自由液面而稳性降低，甚至出现倾覆危险。

(6) 如采用封闭窒息法灭火，不能急于开舱或通风，以防复燃。

(7) 在自行灭火无效后或察觉无法有效控制火势时，应请求外援。若无外援，应决定抢滩或弃船。

(8) 将详情记入航海日志并迅速将火灾事故报告附近的主管机关和船舶所有人。

(9) 火灾扑灭后，应分析起火原因。船长必须向公安消防监督机关申请鉴定。

任务四 救生与弃船

学习目标

知识目标：掌握救生知识和弃船程序。

能力目标：能根据情境正确下达弃船命令并能实施救生计划。

素质目标：培养学生极端情况下的应变反应能力，提高心理素质。

弃船是指船舶遇险，以最大努力进行抢救后，沉没、毁灭仍不可避免时，为保证旅客和船员的生命所采取的最后措施。当船舶因碰撞、触礁大量进水而失去动力，会立即沉没时；或者当船舶发生火灾，火势蔓延至整个上层建筑，机舱着火并使消防动力和管系烧毁，又无法进行灭火，随时有爆炸危险时；或者当船舶搁在礁石上，随时有折断、倾覆和沉没的危险时，船长可做出弃船决定。

在船长尚未下达弃船命令之前，船员应坚守职责，不得擅自离开岗位；决定弃船后，全体船员应按照应急部署表中的弃船救生安排，做好如下准备工作及采取以下应急措施。

弃船准备教学视频

一、弃船准备

(1) 检查自动求救无线电信号的发送情况；

(2) 备好国旗、船舶证书、重要文件、航海日志、轮机日志、电台日志、有关海图、现金、账册和自卫枪支弹药等物品；

(3) 关闭水密门、舱口、孔道及甲板开口；

(4) 不论纬度高低均要多穿衣服并带上雨具，因为衣服在水中也会起到保暖作用，减慢散热速度，以免快速散热而导致死亡；

(5) 多吃些食物增加身体热量，但不要吃含酒精的食物，以免引起表皮血管扩张而加快散热速度。

弃船应急措施
教学视频

二、弃船应急措施

(1)发出遇险信号。

遇险信文中应包括：

①遇险时的船位；

②遇险情况；

③要求何种救援；

④若条件允许，应发放以下信文：当地天气情况、有无障碍物、弃船时间、放下救生艇时间等。

(2)穿好救生衣，以确保穿着者在水中呈仰浮状态。

(3)离船时应携带国旗、船舶证书、重要文件、航海日志、轮机日志、电台日志、有关海图、现金、账册和自卫枪支弹药等物品。

(4)关闭有关机器、操作遥控阀门及电钮。

(5)组织人员有秩序地登上艇筏，防止发生混乱造成损伤。

(6)人员若需跳入水中后再登上艇筏，则应在上风舷选择高度不超过 5 m 的地方往下跳，或在靠近船首尾近水面处顺着索梯或绳索攀下水，并且应远离船体破损处。

(7)全体人员从遇险船下至救生艇筏后，艇长应迅速下令解脱或砍断艇缆，用钩篙撑开，并用桨划离，或开动艇机，驶离险船约 200 m 处集合，情况许可时应将艇首系在一起，等待救援。

弃船时，客船应在旅客全部离船完毕后，船员才可按预定部署搭乘救生设备离船；船长应最后离船。船员上艇前，船长应将本船失事时的船位，发出的遇险信号是否得到回答，可能获救的时间和地区，驶往最近陆地或交通线的航向和距离等事项告诉各艇艇长。

任务五　海上搜寻与救助

学习目标

知识目标：掌握救助遇险人员的操纵方法。

能力目标：能按"商船搜救手册"的内容采取合理的方法进行海上搜救。

素质目标：培养学生救死扶伤的人道主义精神。

《1974 年国际海上人命安全公约》第五章第十条(遇险通信——义务和程序)规定：

"船长在海上当从任何方面接到遇险中的船舶或飞机或救生艇筏的信号时，应以全速前往援助遇险人员，如有可能，并应通知他们正在前往援助中。如果该船长不能前往援助，或因情况特殊认为前往援助为不合理或不必要，他必须将未能前往援助遇险人员的理由载入航海日志。"

"遇险船的船长在尽可能与应召援助的各船船长协商后，有权召请其中被认为最能给予援助的一船或数船；被召请的一船或数船的船长有义务履行应召，继续全速前进以援助遇险人员。”

STCW 公约也明确要求驾驶人员必须掌握 IMO“国际航空和海上搜寻救助手册”（IAMSAR）中的相关内容。船舶在海上完成搜寻与救助任务须依该手册实施，现将有关搜寻救助活动的操船方法与处置措施做如下介绍。

海上搜寻教学视频

一、海上搜寻

国际海事组织海上安全委员会的全球搜寻计划将全世界海区划分为 13 个海上搜救责任区，要求区内的一个沿岸国政府负责搜寻海上紧急信息，建立信息联络，提供搜救服务，并协调同一海区内各国政府之间和相邻海区之间的搜救服务。

海区内的各沿岸国应设立自己的救助协调中心，并在本国沿海各分管水域设立救助中心（RSC）。

1. 救助船应采取的行动

（1）收到遇险信号后应立即采取的行动

①回答遇险信号，并转发遇险信号；

②开启 9 GHz 雷达，并保持观测，注意是否有 SART 回波出现；

③将下列内容通报难船：船名、船位、船速、预计到达时间、难船的真方位；

④继续用 500 kHz、2 182 kHz、16 频道 VHF 等遇险通信频率保持不间断的守听；

⑤用视觉、听觉及适合当时环境和条件的一切有效手段保持瞭望（包括雷达等）。

（2）船上应做好以下接收遇难人员的准备

①船舷两侧自艏至艉接近水面处各系好一条缆绳，以供艇筏来靠；

②两舷各准备一根吊杆，吊货索端连好一个吊货盘或网兜，以便从水中救起遇难者；

③最低开敞甲板的两舷各准备好撇缆、绳梯、爬网，可能时指定几名船员准备下水救助遇难者。

④准备一只救生艇或救生筏，放在船边作为临时登船站使用；

⑤准备好对遇难者的医药援助，包括担架；

⑥将抛绳设备连上一根细绳和一条粗绳，以便其和难船或艇筏之间系缆时使用；

⑦当使用本船救生艇时应预先规定好与本船的联系信号。

（3）接近现场的行动

①开启 9 GHz 雷达，并保持观测，注意是否有 SART 回波出现；

②夜间使用探照灯和其他照明设备搜寻海面；

③发现任何情况应向海面搜寻协调船（CSS）报告，或直接向救助协调中心（RCC）、救助分中心（RSC）报告。

2. 现场搜寻

到达现场仍未发现遇难者时，应按照救助协调中心（RCC）、救助分中心（RSC）或现场指挥者（OSC）、海面搜寻协调船（CSS）的命令，采取搜寻行动。

（1）确定搜寻区域

进行现场搜寻时要先确定搜寻基点（datum）和搜寻区，搜寻基点就是开始搜寻时被搜寻目标最可能的位置。确定搜寻基点时需考虑下列因素：

①事故发生的时间和位置；

②救援船到达求救船位的时间；

③估计难船或艇筏在上述时间内的漂移距离；

④搜救航空器比赴援船先到达现场的可能性；

⑤任何补充信息或其他方法得到的资料。

确定搜寻基点后，以它为圆心，以 10 n mile 为半径作圆，再画出圆的切线构成正方形，将其确定为开始阶段的最可能区域，如图 7-5-1 所示。

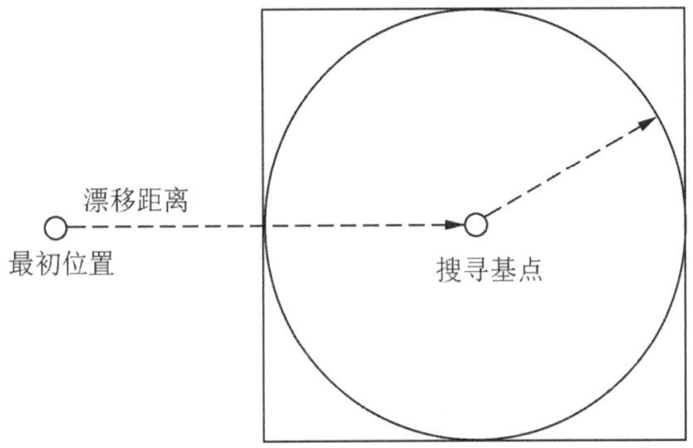

图 7-5-1　初始搜寻阶段搜寻区的确定

(2)选择搜寻方式

为了统一船与船或船与飞机之间的行动，国际海事组织(IMO)拟定了一些搜寻方案，以便共同执行。联络船有责任根据现场情况选定搜寻方案，当情况发生变化时调整搜寻方案，并通知各船执行。“商船搜寻与救助手册”(MERSAR)对可使用的搜寻方式做了如下规定：

①扩展正方形搜寻

如图 7-5-2 所示，这是用于单船搜寻的一种方式。从基点开始，逐步扩展正方形边长进行搜寻。如果有可能，最好在基点处投下一艘救生筏或其他漂浮标志以观测漂移速度。此后，它可用作整个搜寻过程中的基点标志。

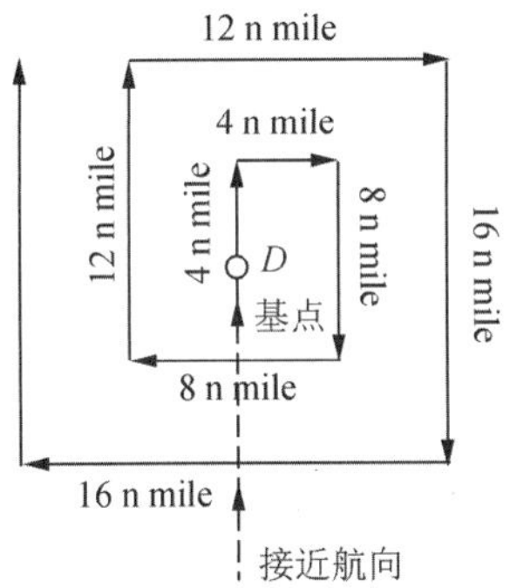

图 7-5-2　扩展正方形搜寻模式

②扇形搜寻

如图 7-5-3 所示，这也是用于单船搜寻的一种方式。当搜寻目标的可能存在区域较小时，如出现有人落水或曾看到过搜寻目标但随后不久又丢失等情况，则可实施扇形搜寻，而且发现目标的可能性也比较大。

搜寻中船舶改向角均为右转 120°，分两段进行。前一段搜寻(图中实线航迹)结束时，应马上右转30°,进入后一段搜寻(如图7-5-3中虚线航迹所示)。

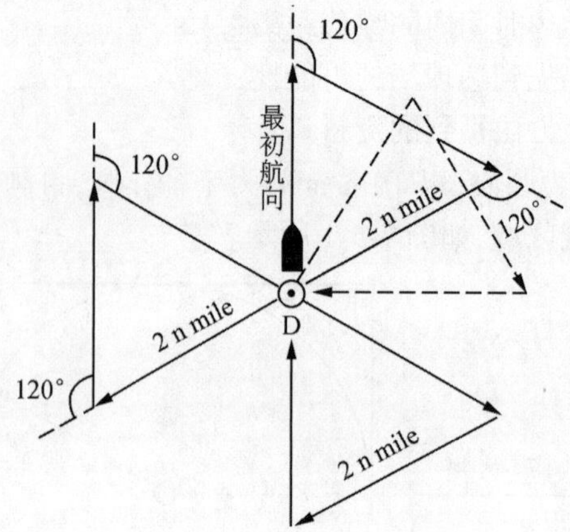

图7-5-3　扇形搜寻模式

③平行搜寻

如图7-5-4所示,有两艘或两艘以上的船舶参与救助时,可采用平行搜寻模式。

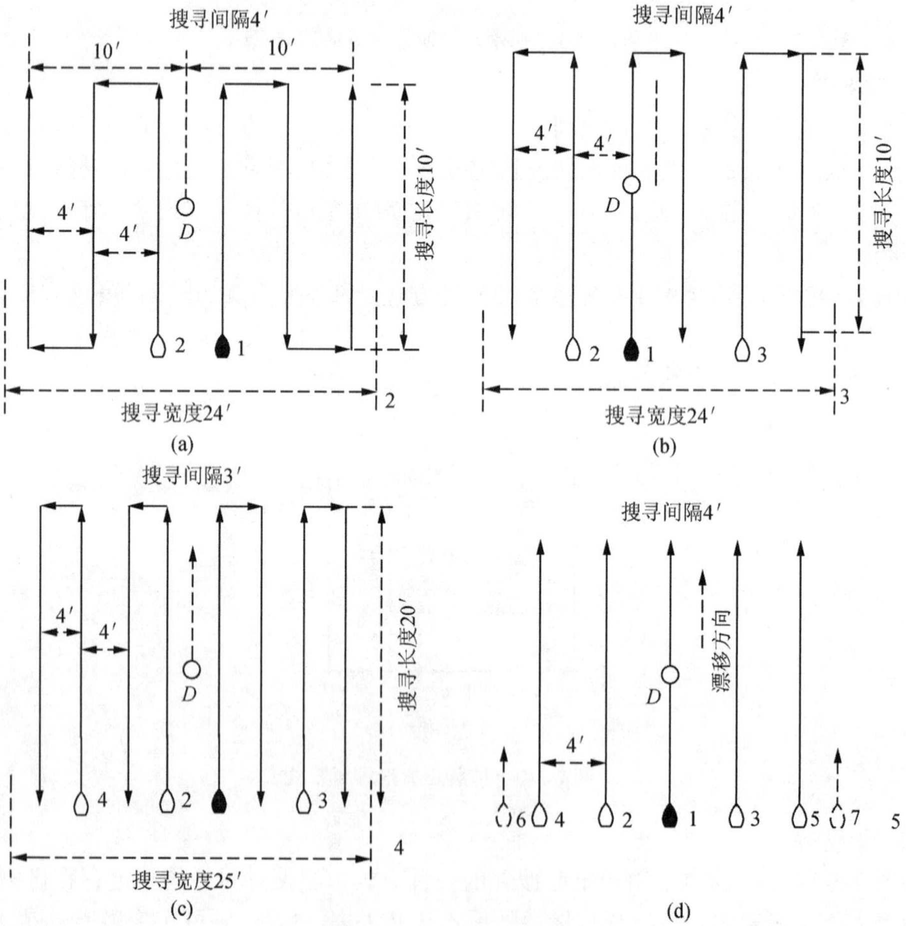

图7-5-4　平行搜寻模式

④海空协同搜寻(ship/aircraft co-ordinated search)

图 7-5-5 所示为由飞机协同船舶共同搜寻的模式。

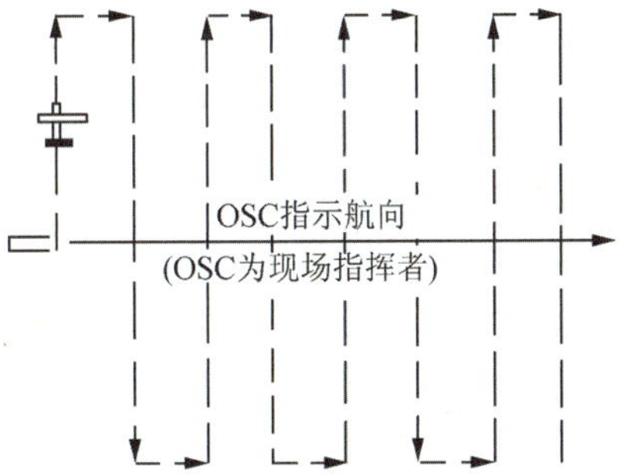

图 7-5-5 海空协同搜寻模式

实施海空协同搜寻时应注意：

a. 开始搜寻时,早到达的船舶应首先开始扩展正方形搜寻。实施中如飞机赶到,则船舶仍继续其搜寻,飞机也应单独进入搜寻。

b. 第一次搜寻告一段落,CSS 或 OSC 应根据船舶到达的艘数,确定可有效发挥船舶和飞机搜寻作用的方法,实施第二段搜寻。

c. CSS 有关操船的指令,应使用本手册的标准信文,或国际信号规则,或标准航海英语。

d. 在实施搜寻的过程中,仍应全面遵守《国际海上避碰规则》。

根据 IMO 海上安全委员会第 58 次会议对 MERSAR 的修正案(1991 年 1 月 1 日开始生效),以上搜寻方式除扇形搜寻模式外,航线与航线间的搜寻间距全部改为 s(n mile),s 依据搜寻目标和当时的能见度确定,见表 7-5-1。

表 7-5-1 商船搜寻间距 s

搜寻目标	气象能见度(n mile)				
	3	5	10	15	20
落水人员	0.4	0.5	0.6	0.7	0.7
4 人救生筏	2.3	3.2	4.2	4.9	5.5
6 人救生筏	2.5	3.6	5.0	6.2	6.9
15 人救生筏	2.6	4.0	5.1	6.4	7.3
25 人救生筏	2.7	4.2	5.2	6.5	7.5
长度小于 5 m 的船舶	1.1	1.4	1.9	2.1	2.3
长度为 7 m 的船舶	2.0	2.9	4.3	5.2	5.8
长度为 12 m 的船舶	2.8	4.5	7.6	9.4	11.6
长度为 24 m 的船舶	3.2	5.6	10.7	14.7	18.1

3. 搜寻结束

(1)救助行动完成

海面搜寻协调船(CSS)应立即通知所有救援船搜寻业已结束,并向就近岸台报告下列情况：

①载有脱险人员的船舶名称，航行目的地，所载脱险者人数；

②脱险人员的身体状况；

③是否需要医疗；

④遇险船的情况及是否构成航行危险。

(2)对航空器脱险者的询问

船长应对航空器脱险者询问有助于营救其遇险者的情况，并将询问结果、本船位置和脱险者获救的时间、获救人数通知岸台。

(3)搜寻无效

若搜寻未取得预定结果，在决定停止搜寻时，应考虑下述各项因素：

①搜寻区内存在生存者的可能性；

②如果搜寻目标在搜寻区内，搜寻到目标的可能性；

③搜寻单位留在现场还能利用的时间；

④在当时的海水温度、风力和海浪情况下，遇险人员继续活着的可能性。

4. 直升机救助时船舶应采取的措施

(1)采取适当措施和直升机保持通信联络。

(2)在直升机起落场所应以白色醒目“H”标示，大型船舶可取船舶下风侧开阔区为起落场所。

(3)夜间，对船上障碍物如大桅等应尽可能照明，为了在空中能较好地识别并向直升机驾驶员显示风向，应挂好船旗和三角旗。

(4)直升机驶近船舶时，船长应操纵船舶首部迎风；直升机从船尾部驶近时，船舶应保持左舷30°受风，并保向保速；如人员起吊场所在船尾以外的其他场所，船舶应保持右舷30°受风，以便直升机接近并进行救助。

(5)直升机起吊人员时船上人员的指挥手势如下：

不要起吊：两臂水平伸直，手指握紧，拇指朝下。

起吊：两臂抬高到水平线以上，拇指朝上。

二、人落水救助操船

人落水救助操船教学视频

1. 人落水时的紧急措施

发现本船人员落水后，应立即采取下列各项措施：

(1)立即大声呼叫“左(右)舷有人落水”，抛下就近的救生圈。夜间应抛下带有自亮浮灯的救生圈，白天应尽可能抛下带有自发烟雾信号的救生圈，以便落水者发现，也能指示落水者位置，便于寻找。

(2)停车，向落水者侧操满舵，以免落水者被船尾或桨叶所伤。

(3)发出人落水警报，进入人落水救助应变部署，有关人员做好放艇准备。

(4)派专人登高瞭望，不断报告其方位。

(5)紧急备车，用合适的操船方法迅速掉头并驶向落水者。

(6)接近时尽快放下救生艇，从落水者下风靠拢并将其救起。

2. 驶近落水者的操船方法

根据发现落水者时间的早晚不同，我们可以把人落水的救助行动分为以下三种：

①立即行动:驾驶台发现人落水即采取的行动。

②延迟行动:人落水后由目击者报告驾驶台,经过一定延迟后开始行动。

③人员失踪:发现人员失踪后再报告驾驶台采取行动。

由于落水者情况和船舶所受外界环境的影响不同,驶近落水者应采用不同的操纵方法,下面推荐几种实践中证明有效的方法。

(1)单旋回(single turn)

①停车,向落水者一舷操满舵,落水者过船尾加速;

②若落水者可见,待落水者方位尚差 20°时正舵,船凭借惯性继续回转,至船首对准落水者后把定,适时停车,接近落水者;

③若落水者难以视认,则待船首转过 250°时正舵,边减速停车边努力寻找落水者,如图 7-5-6 所示。

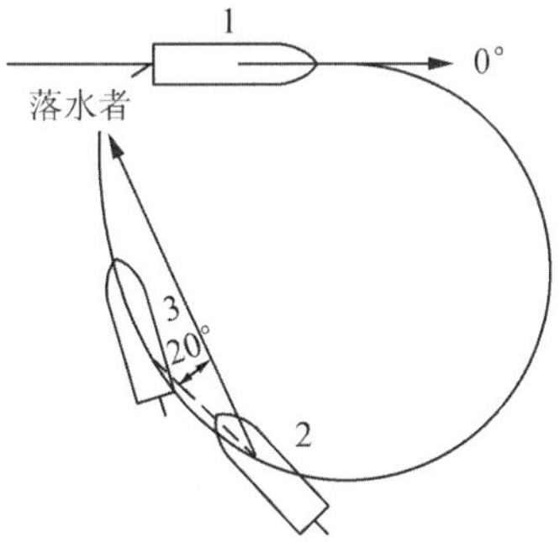

图 7-5-6 单旋回操纵要点

本法最适用于立即行动,是救助刚落水人员的最快、最有效的操船方法。

(2)双旋回(double turn)

①停车,向落水者侧操满舵;

②落水者过船尾后加速,待船首旋回 180°时保向航行;

③当落水者至正横后约 30°时,重新向落水者一舷旋回 180°,适时减速停船沿原航向接近落水者,如图 7-5-7 所示。

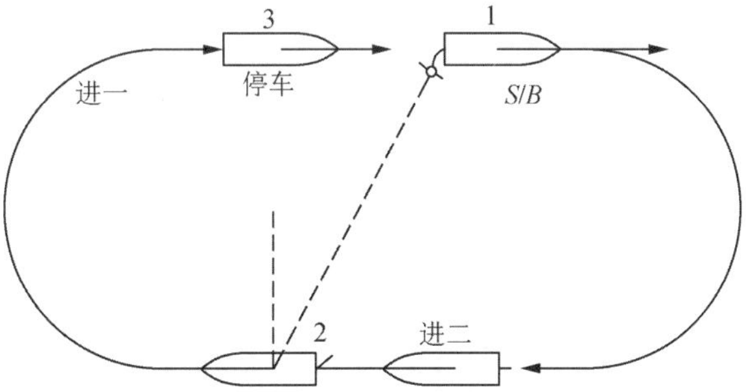

图 7-5-7 双旋回操纵要点

此法操作方便,适用于立即行动。

(3)威廉逊旋回法(Williamson turn)

①停车,向落水者一舷操满舵;

②落水者过船尾后加速,当偏离原航向60°时,向另一舷操满舵;

③当船首与原航向的反航向相差20°时,正舵,船凭惯性继续回转,直至驶到原航向的相反航向,把定,搜寻;发现落水者后适时停车,接近落水者,如图7-5-8所示。

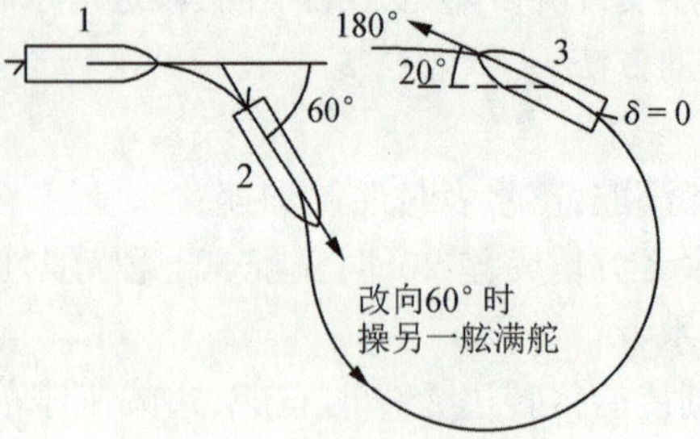

图7-5-8　威廉逊旋回法

此法能准确地把船驶至落水者位置,是夜间或能见度不良时的有效方法,最适用于延迟行动。

(4)斯恰诺旋回法(Schrnow turn)

①向任一舷操满舵;

②当船舶改向到240°时改操另一舷满舵;

③当船首向与反航向相差20°时正舵,船随回转惯性驶上反航向,把定,边航进边搜寻,如图7-5-9所示;

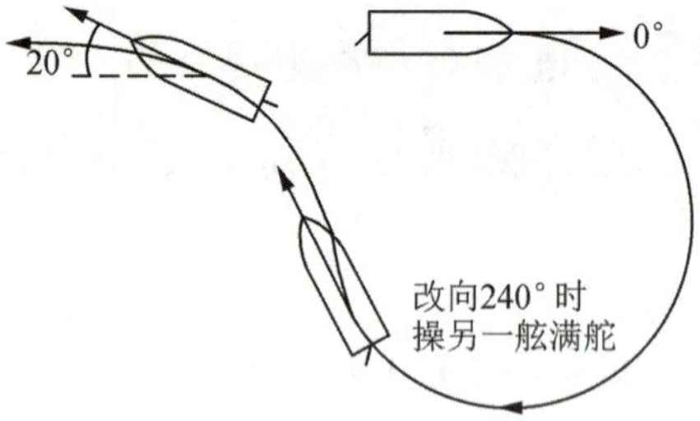

图7-5-9　斯恰诺旋回法

④斯恰诺旋回法与威廉逊旋回法的比较:

斯恰诺旋回法返回原航向不够准确,适用于人员失踪的搜寻,不适用于立即行动和延迟行动的情况,其旋回距离短,可节约时间。斯恰诺旋回法与威廉逊旋回法相比,斯恰诺旋回法可以节省1~2 n mile的航程。

三、从遇险船上救人的操船

从遇险船上救人的操船教学视频

船舶在收到遇险信号后,应迅速赶往出事地点,进行救援。

(一)准备工作

(1)船舷两侧自艏至艉接近水面处各系一条缆绳,并在其上系缚若干可以绑系救生艇或救生筏的小绳。在两舷还应张挂好救生软梯和救生网络。

(2)两舷各准备吊杆，备妥吊货盘或吊货网兜。

(3)准备若干系好救生浮索的救生圈。

(4)需本船放救生艇时，还应做好放艇准备。

(二)救助方法

1. 利用救生艇

此法利用救生艇在遇险船与救助船之间往返来完成救人任务。本船应停驶在遇险船的上风侧，从下风舷放本船救生艇或救生筏，驶靠难船下风侧，救助遇险船人员；收艇时，本船应绕至遇险船的下风侧，艇驶于本船下风舷收起，如图 7-5-10 所示。

如果遇险船能放出救生艇或救生筏，本船应驶往遇险船的下风侧，待对方救生艇靠上后，直接用起重设备吊起。

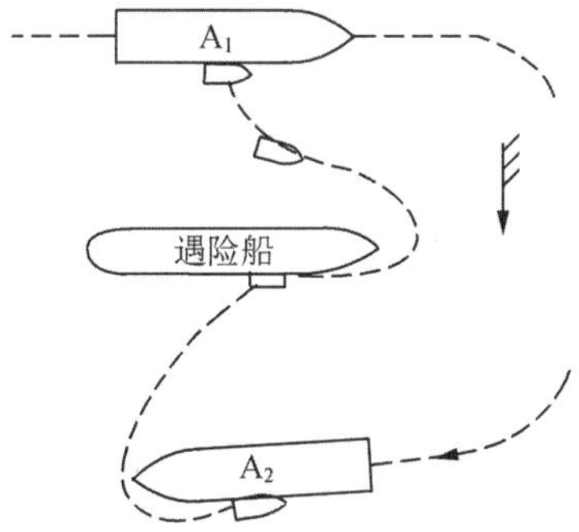

图 7-5-10　本船放艇救助遇险人员

2. 利用救生裤(breach buoy)

当风浪大，救生艇无法靠泊遇险船时，可用抛绳枪或其他方法(如传递缆绳法)在两船间带好缆绳，用救生裤(在救生圈上缝一帆布短裤)使人员骑在上面转移到救助船上，如图 7-5-11 所示。救生裤用滑车挂在两船间的大缆上，拉动滑车上的回收索，就能往返渡送遇难者脱离遇险船。风浪过大，在两船间绷紧大缆有困难时，可直接从水面上用救生裤渡送。

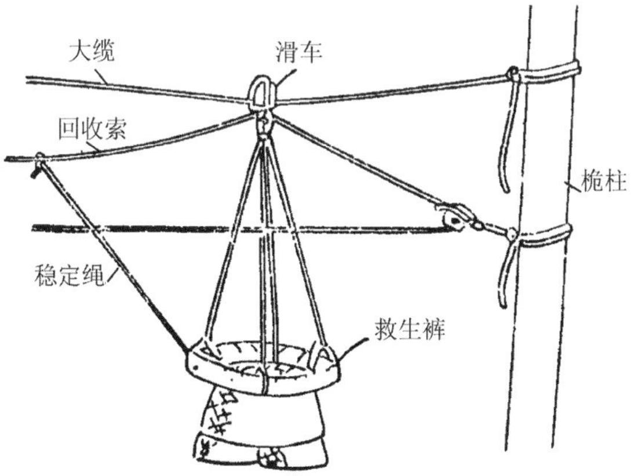

图 7-5-11　利用救生裤救助遇险人员

3. 浮游索法(bouyed line method)

船舶遇险时，船员和旅客有时来不及或无法进入救生艇以致漂浮于海上，救援船到后可采用浮游索法进行救援。

如图 7-5-12 所示，在船下风舷傍拖一系结有救生圈、救生衣、救生索的曳索。在待救者的上风侧低速回航，逐渐接近，在待救者抓住曳索后将其救上船。

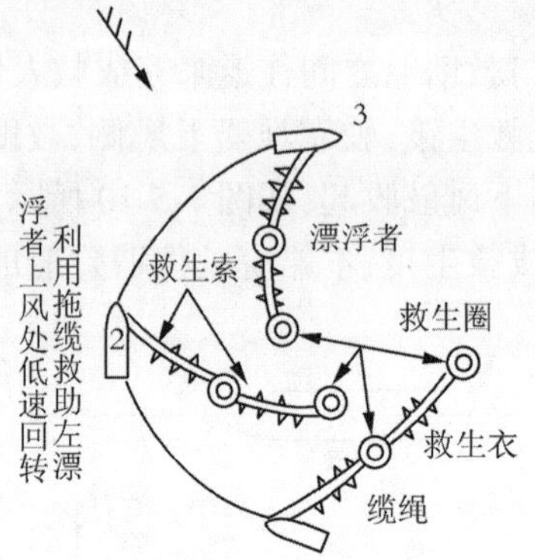

图 7-5-12　采用浮游索法救助海上漂浮者

4. 漂流法(drifting method)

救援船先在下风舷放出附有救生索的网，然后将船转至待救者的上风侧，借风力将船逐渐接近待救者，让待救者抓住救生索或网，然后将其救上船。

待救者可能在海上漂浮时间过长，体力消耗大，无法自力攀登。此时应在船旁放出气胀式平台或救生网等，然后用船上机械将其吊上船。

四、恶劣天气下施放救生艇、筏的注意事项

恶劣天气下施放救生艇、筏的注意事项教学视频

在大风浪中，大船的剧烈摇摆将会给吊放艇、筏操作增加不少困难。因此，在大风浪中吊放救生艇、筏时必须分工明确，密切配合，掌握好时机，并须注意下列事项：

(1)大船应减速把定航向，必要时应在下风舷洒布镇浪油。

(2)艇舷挂好碰垫，调整好晃索，使救生艇紧靠舷侧。

(3)放救生艇、筏应在大浪后海面较平稳时，迅速松开止晃索，放下救生艇、筏。

(4)大船及救生艇上要有专人照料艏艉缆，做到及时松解。

(5)若救生艇无法脱钩，要当机立断，用斧头砍断吊艇索；若救生筏无法脱钩，则可用力拉紧红色绳索，便可帮助脱钩。

(6)脱钩后迅速离开大船。

任务六 海上拖带

学习目标

知识目标:掌握海上拖带的知识。

能力目标:能在不同海况不同水域中实施安全拖带。

素质目标:培养学生助人为乐的精神。

通常海上拖带均由设备齐全的专业性海上拖船承担,但有时海上船舶也可能遇到遇险船请求拖带,这对非专业拖船的普通船舶来说不是一件寻常的事,驾驶人员必须运用良好的船艺及操船技术,才能达到安全拖航的目的。

拖带准备教学视频

一、拖带准备

1. 被拖船在拖航中状态的确定

(1)拖被拖船的哪一端

一般情况下,应尽量拖分波能力强、防甲板上浪性能好、保向性较优的被拖船船首,即采用拖船首方式。如果被拖船因船尾严重破损,在拖航中不得不具备较大艏倾,则应采取拖船尾方式。

(2)减小拖航阻力的准备

采用拖艏方式时,为了减小拖带阻力,通常使被拖船推进器与主机脱开,让其自由转动。但若为了减小偏荡,则应固定艉轴不让其自由转动,以增大艉部阻力,提高航向稳定性。

2. 拖缆的选择

海上拖带大多采用柔软而且强度大的钢丝绳作为拖缆。由于钢丝绳伸缩性较差,难以承受风浪的突然作用力,所以一般用钢丝绳与锚链相连接来加重拖缆,使其产生一定的垂曲度,这样才能吸收突然增加的外力。

(1)拖缆强度的确定

在其他性能指标均完好的情况下,拖缆的安全强度主要取决于其粗细。拖缆的安全强度 T 与直径 d 之间的关系如下:

$$T=\eta d^2/N \tag{7-6-1}$$

式中:T——拖缆安全强度(t);

η——拖缆强度系数,钢丝绳取 0.045;

d——钢丝绳直径(mm);

N——安全系数,海面平稳且短程拖带时,N 取 4;远距离或有风浪时,N 取 6~8。

拖带过程中,应保证拖缆的安全强度大于拖带时的船舶总阻力。

(2)拖缆长度的确定

适当长度的拖缆,有利于缓解因拖船与被拖船运动不协调所产生的冲击张力,也有利于缓解被拖船的偏荡。拖缆的长度通常应根据拖船和被拖船的大小、拖带速度、海况、水深及拖缆的种类等来确定。通常,拖缆长度 S 可按下列经验公式计算:

$$S=k(L_1+L_2) \tag{7-6-2}$$

式中:k——系数,为 1.5~2.0,拖带速度高时取大值;

L_1——拖船长度(m);

L_2——被拖船长度(m)。

(3)拖缆的悬垂量(dip)

长度、重量足够的拖缆,在拖船与被拖船之间形成悬垂线,悬垂线最低处距海面的高度与拖缆系接处距水面的高度之和即为悬垂量。具有适当的悬垂量,可防止拖缆在风浪中受到急顿(jerk),起到缓冲作用。

悬垂线长即为拖缆长度,则拖缆长度除按上述经验公式计算外,还可按下式估算(如图 7-6-1 所示):

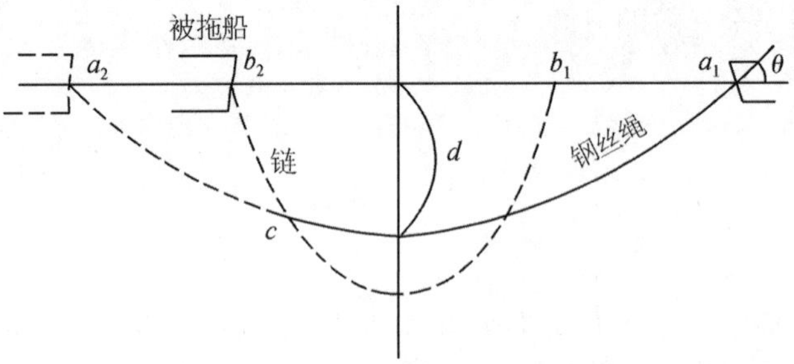

图 7-6-1 拖缆及组合拖缆

$$S=2\sqrt{d\left(d+\frac{2R}{W'}\right)} \tag{7-6-3}$$

式中:S——拖缆长度(m);

d——悬垂量(m);

R——被拖船阻力(t);

W'——每米拖缆在水中的重量(t/m)。

其中,悬垂量 d 可按下式估算:

$$d=\frac{R}{W'}(\sec\theta-1) \tag{7-6-4}$$

式中:θ——拖缆出口处与水平面的夹角。

根据经验,当海面平静时悬垂量应不少于 8 m,风浪大时应不少于 13 m。一般在深水海面上拖带时,悬垂量宜保持在拖缆长度的 6%左右。

(4)组合拖缆

在采用锚链和钢丝绳相连接的组合拖缆时,所需锚链长度可用下式估算(如图 7-6-1 所示):

$$\Delta L=k\frac{C}{d}(L-L_1) \tag{7-6-5}$$

式中:ΔL——应配链长(m),如图 7-6-1 中弧 b_2c 所示;

k——系数,软钢丝绳为 0.11,硬钢丝绳取 0.13;

C——钢丝绳的周长(cm);

d——锚链的直径(cm);

L——所需钢丝绳的长度(m),如图 7-6-1 中弧 a_1a_2 所示;

L_1——组合拖缆中拟用钢丝绳长度(m),如图 7-6-1 中弧 a_1c 所示。

值得注意的是,在采用组合拖缆时,式(7-6-4)中的 θ 应取拖船拖缆出口处的 θ 作为计算悬垂量的参数。

3. 拖速的确定

拖航时作用于拖缆的负荷不能大于拖缆的安全强度 T。静水中拖速较小($Fr<0.15$)时,被拖船总阻力 R(约为基本阻力的 1.1 倍)可用下式估算:

$$R=\frac{D^{2/3}v^2}{k} \tag{7-6-6}$$

式中:R——被拖船的总阻力(t);

D——被拖船的排水量(t);

v——拖航速度(kn);

k——系数,可取 300~400,风力大时取小值。

由于 T 已由拖缆的尺寸所决定,而 R 必须小于 T,即 $R<T$,因此,有了拖缆的强度,即可按式(7-6-6)估算出拖航时允许的最大拖航速度。

拖航作业教学视频

二、拖航作业

1. 接近被拖船的方法

(1)受横风接近

当拖船横移速度高于被拖船横移速度时,拖船应从被拖船上风侧接近,如图 7-6-2 中 A_1 位置所示。相反,当拖船横移速度低于被拖船横移速度时,拖船应从被拖船下风侧接近,如图 7-6-2 中 A_2 位置所示。

(2)顶风接近

当横风接近有困难时,可按被拖船待拖一端顶风驶近。此法易控制拖船,也较为主动,如图 7-6-2 中 A_3 位置所示。

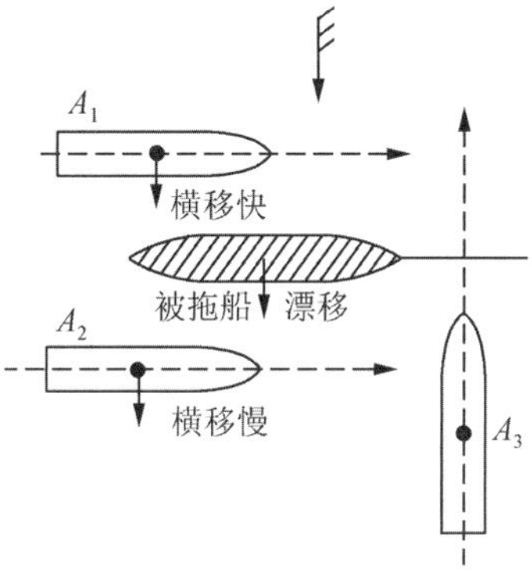

图 7-6-2　驶近被拖船的方式

2. 拖缆的传递

拖船和被拖船接近后，可按下述方法传递拖缆。

（1）用抛绳枪传递

若两船很近，可直接抛投撇缆，利用撇缆传递。若因风浪较大，不易靠近，则可用抛绳枪抛出撇缆。抛绳及引缆应自船首引出。引缆应先在船首甲板盘约 30 m，然后从舷外引到船尾，并在舷外每隔一定距离用细绳系住，再从尾部导缆孔引入与拖缆相连。

（2）用救生艇传递

拖船驶近被拖船上风侧，放拖船下风侧救生艇，在救生艇上盘好足够的引缆。引缆的一头连接拖缆，另一头连接撇缆。救生艇边驶近被拖船边松出引缆，接近后用撇缆将引缆送上被拖船。

（3）用浮具传递

风浪较大时，可利用浮具传递引缆及拖缆。拖船驶到被拖船上风侧，抛出系带引缆的浮具，浮具漂移到被拖船后，由被拖船钩取。

3. 拖缆的系结

拖缆的系结应满足牢靠、调节方便、应力分散和减小或防止磨损等要求。

（1）拖船拖缆系结

①系缆桩系结：若拖船船艉缆桩有足够的强度，可将拖缆在第一对缆桩上先绕一圈，再挽"∞"形三道后，引至第二对缆桩再按"∞"形挽牢。为了便于松绞，应备好制索器。

②后甲板若无有力的系结设备，可将拖缆绕过甲板室、舱口、桅柱等处，再在两对缆桩上挽牢，这样可将拉力分散，避免出现损坏及事故。

不管使用怎样的系结方法，在拖缆通过的导缆孔或锚链筒及其他转角处都要用帆布或麻袋等包扎并涂上牛油，在拖航中还要定时加油。

（2）被拖船系结

拖被拖船船首时，可使船首锚链成"Y"字形再与拖缆相连接。如仅用拖缆，则也可用拖船拖缆的系结方法进行系结。

三、拖船的操纵方法及其注意事项

拖船的操纵方法及其注意事项教学视频

1. 起拖

起拖应在两船拖缆都已系牢后进行。拖船应先微速前进，待拖缆刚受力时马上停车，在拖缆下垂后再微速前进，如此反复进行；直到被拖船有前进速度（2 kn）时，再以每次 0.5 kn 的速度分段逐步加速，以便保持拖缆的悬垂量，直到达到预定拖速。

2. 改向

大角度改向应分几次完成，应避免一次转向达 20°及 20°以上，最好每次转 5°～10°。一次转向后，要待被拖船改到新航向，再进行下一次改向。

3. 偏荡及其抑制

海上拖带时，由于风浪大、拖速不当、拖缆过长等原因的影响，被拖船也会发生偏荡。偏荡的出现增大了拖缆所受的张力，加剧了拖缆的磨损和应力集中，增加了拖带操纵的难度，降低了拖带速度，严重时甚至会造成断缆等事故。所以，应针对具体原因采用不同的方法来抑制偏荡。

(1)调整被拖船前后吃水,使之成为艉倾状态,以提高其航向稳定性。但不宜用注入压舱水的办法,以免减小保留浮力,尤其是船体受损船更应注意。

(2)降低拖航速度以减小偏荡力。

(3)适当缩短拖缆。

(4)在被拖船尾拖曳漂浮物,如海锚、圆木、舱盖板等,以提高被拖船的航向稳定性。

(5)在拖缆两端增加抑制索,如图 7-6-3 所示,以减小偏荡作用。

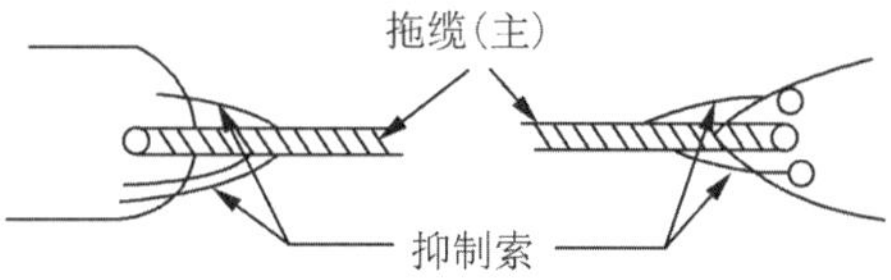

图 7-6-3 抑制索示意图

(6)舵损坏或丢失的被拖船,应安装应急舵。

(7)将被拖船的舵固定在一定的舵角上($\delta<20°$),使被拖船稳定在航迹的一侧,但这样做会增加被拖船的阻力而使拖缆受力增大。

(8)固定艉轴不让其自由转动,以增加艉部阻力,提高被拖船的航向稳定性。

需要说明的是:在采取上述某些措施时,往往会增加拖带阻力或产生其他不良影响,因此在决定采取哪种抑荡措施时应充分权衡利弊。

4. 拖缆长度的调整

上述适当缩短拖缆是为了减小被拖船的偏荡,而调整拖缆长度(见图 7-6-4)是为了使拖船与被拖船在波浪中的位置同步(见图 7-6-5),以免拖缆因受过大的冲击拉力而绷断。此外,在狭水道和浅水航行时都应适当缩短拖缆,以便于操纵和防止拖缆擦底。

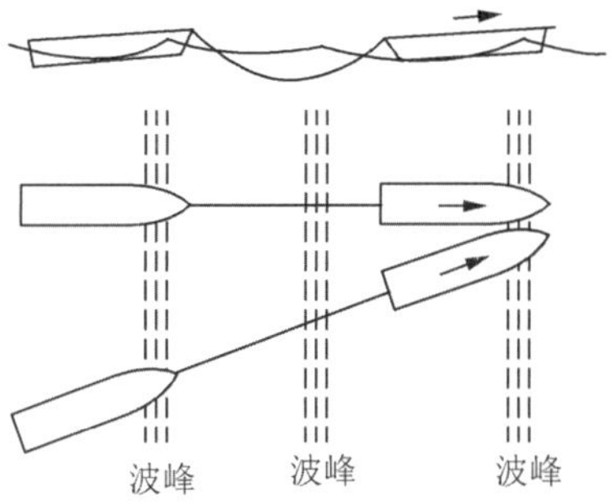

图 7-6-4 风浪中适宜的拖缆长度

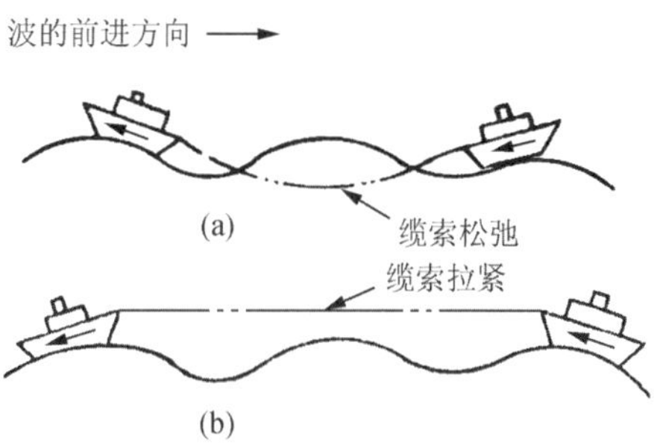

图 7-6-5 风浪中两船不同步

5. 大风浪中拖航

船舶驾驶人员在设计航线时,应根据气象、海况资料,避开大风浪海区。一旦天气突变进入大风浪海区,在采取调整拖缆长度等措施仍难以拖航时,应采用滞航的办法。若风浪进一步增大,则应解拖漂滞。为了便于在大风浪过后继续系缆拖航,解拖时应在拖缆端部系挂较大的漂浮物。

6. 减速与停车

海上拖带时的减速应逐级进行,并逐渐缩短拖缆。若突然停车,由于被拖船还有很大惯性,会很难控制,甚至撞向拖船或其他船舶,所以除了拖船应逐级减速外,被拖船还应做好抛锚准备,以防不测。

7. 防止磨损

海上拖航时应每日定期检查拖缆受力、各转折点及导缆孔处的磨损情况,按时加油润滑,并每日放出几个链环或稍松拖缆,使接触部位或磨损部位转移。

8. 解拖

解拖应在两船均已静止后进行。倘若有可能,应一齐抛锚后进行。但被拖船抛锚时,要注意锚和锚链不要缠挂在拖缆上。

项目八

认识轮机的操作与管理

[项目描述]

驾驶人员不仅在船舶操纵中使用轮机设备，还会在日常生活、消防应急等场景中使用轮机设备。除了主机外，其他辅助机械对全船的安全保障也必不可少，所以驾驶人员了解一些轮机常识，合理调用轮机设备是十分必要的。本项目要求学生在轮机模拟器上进行情境模拟，观看柴油机的启动、倒车、换向操作，观看辅机设备及其工作状况，熟悉驾驶、轮机信息交换的流程。

任务一 认识船舶动力装置

学习目标

知识目标：掌握柴油机的工作原理。

能力目标：能讲述四冲程柴油机、二冲程柴油机的工作原理。

素质目标：培养学生换位思考的习惯。

船舶动力装置的含义及组成PPT

一、船舶动力装置的含义及组成

船舶动力装置主要由推进装置、辅助装置、管路系统、甲板机械、防污设备和自动化设备、特种系统等六部分组成。

（一）推进装置

推进装置是指发出一定功率，经传动设备和轴系带动螺旋桨，推动船舶并保证一定航速前进的设备。它是船舶动力装置中最重要的组成部分。

（1）主机：推动船舶航行的动力机，如柴油机、汽轮机、燃气轮机等。

（2）传动设备：其功用是断开或接通主机传递给传动轴和推进器的功率，同时还可使后者达到减速、反向和减振的目的。其设备包括离合器、减速齿轮箱和联轴器等。

（3）轴系：其功用是将主机的功率传递给推进器，它包括传动轴、轴承和密封件等。

（4）推进器：能量转换设备，即将主机发出的能量转换成船舶推力的设备，它包括螺旋桨、喷水推进器、电磁推进器等。

绝大多数现代船舶使用的推进器是螺旋桨，通过其在水中旋转推动水流产生的推力推动船舶运动。

（二）辅助装置

辅助装置是提供除推进装置所需能量以外，用以保证船舶航行和生活需要的其他各种能量的设备，它包括以下几部分：

（1）船舶电站：其作用是供给辅助机械及全船所需的电能，由发电机组、配电板及其他电气设备组成。

（2）辅助锅炉装置：一般提供低压蒸汽，以满足加热、取暖及其他生活需要。它由辅助锅炉及为其服务的燃油、给水、鼓风、配气系统和管路、阀件等组成。

（3）压缩空气系统：供应全船所需的压缩空气，以满足作业、启动及船舶用气等的要求。它主要包括空气压缩机、储气瓶、管系及其他设备。

（三）管路系统

管路系统是用来连接各种机械设备并输送相关流体的管系，由各种阀件、泵、滤器、热交换器等组成。

(1)动力管系:为推进装置和辅助装置服务的管路系统,主要包括燃油系统、滑油系统、海淡水冷却系统、蒸汽系统和压缩空气系统等。

(2)辅助管系:为船舶平衡、稳性、人员生活和安全服务的管路系统,也称船舶管系。它主要包括压载系统、舱底水系统、消防系统、日用海淡水系统、通风系统、空调系统和冷藏系统等。

(四)甲板机械

甲板机械是保证船舶航向、停泊、装卸货物所设置的机械设备,主要包括舵机、锚机、绞缆机、起货机、开关舱盖机械及舷梯升降机等。

(五)防污设备和自动化设备

防污设备是用来处理船上的含油污水、生活污水、油泥及各种垃圾的设备。它包括油水分离装置(附设有排油监控设备)、生活污水处理装置及焚烧炉等。自动化设备是为改善船员工作条件、降低劳动强度和维持工作量、提高工作效率以及减少人为操作错误所设置的设备,主要包括遥控、自动调节、报警和参数自动打印等设备。

(六)特种系统

特种系统是为某些特种船舶而设计、装备的系统,如油船的原油/海水洗舱系统、浮式储油船的端点系泊系统、挖泥船的泥浆抽吸系统等。

二、船舶动力装置的类型

船舶动力装置的类型PPT

(一)蒸汽动力装置

根据运动方式的不同,蒸汽动力装置有往复式蒸汽机动力装置和汽轮机动力装置两种。往复式蒸汽机动力装置最早应用于海船,由于它具有结构简单、运转可靠、管理方便及噪声小等优点,在过去很长一段时间内占据着主导地位。但它由于经济性差、体积和重量大,现已基本被其他发动机所代替。汽轮机自投入使用以来,一直受到柴油机的挑战,在中小型船上很少应用。近年来,由于新技术、新工艺的应用,汽轮机和锅炉的效率得到了提高。资料表明,在功率超过 22 000 kW 和船速超过 20 kn 时,汽轮机动力装置的优越性更为突出。

汽轮机动力装置由锅炉、汽轮机、冷凝器、轴系、管系和其他有关机械设备组成。

(二)燃气动力装置

根据发动机运动方式的不同,燃气动力装置有柴油机动力装置、燃气轮机动力装置和联合动力装置三种。

1. 柴油机动力装置

柴油机动力装置具有比较优良的性能,98%以上现代船舶将柴油机作为主机。大中型商船所使用的柴油机有大型低速机和大功率中速机两大类。

2. 燃气轮机动力装置

燃气轮机的基本工作原理与汽轮机大致相似,只是在做功的工质方面有所不同:汽轮机的燃料在锅炉内燃烧，使锅炉中的水加热并产生蒸汽，从而推动叶轮做功；而燃气轮机利用燃料在燃烧室内燃烧，产生的燃气推动叶轮做功。

3. 联合动力装置

联合动力装置的类型目前有三种：汽轮机+加速燃气轮机（COSCG 或 COSAG）、燃气轮机+加速燃气轮机（COGAG 或 COGOG）、柴油机+加速燃气轮机（CODCG 或 CODAG）。

（三）核动力装置

核动力装置是可控核裂变链式反应所产生的巨大热能通过加热工质来推动汽轮机工作的一种动力装置。现有的核动力舰船或核电站几乎全部采用压水反应堆。

（四）特种动力装置

（1）喷水推进装置

主机驱动水泵，产生高速、高压的水流，水流向外喷出而使船舶运动的装置为喷水推进装置，多在水翼艇、气垫船等中高速船上应用。

（2）不依赖空气推进系统

为了增大常规潜艇的水下续航力，在潜艇上增加一个舱段安装 AIP 系统，它可采用电力传动装置，其热能机械可以是热气机、闭式循环柴油机、闭式循环蒸汽轮机或闭式循环燃气轮机，也可采用燃料电池，或小型核动力装置。

（3）蓄热式非传统能源

蓄热式非传统能源是指高温蓄热器将基地或母船的热能储存起来，作为高温热源供给热电直接转换器或其他热能动力机械。高温蓄热器包括有相变蓄热和无相变蓄热两种，已知的无相变蓄热材料中，石墨的蓄热能力最强。

（4）采用空间传输机构的活塞式发动机

这类发动机气缸内活塞的往复运动，通过特殊的传输机构转变为轴的转动。其中包括凸轮式、摆盘式及斜盘式发动机。由于传输机构的特殊形式和多个气缸中心线与转轴中心线平行，且在其四周呈筒状布置，因而结构紧凑、重量小、平稳性好。这些优点对于某些对单机功率、尺寸和重量指标要求较高的使用对象，如水中鱼雷兵器、坦克等具有重要意义，因而受到许多国家军事部门的关注。

柴油机工作原理PPT

三、柴油机工作原理

1. 柴油机基本概念与结构参数

（1）柴油机基本概念

柴油机是内燃机的一种，它把燃料的化学能转化为热能，再把热能转化为机械能，实现了机内二次能量转换，从而产生动力。由于柴油机的热能通过工质膨胀推动往复式活塞运动，因此它也叫往复式内燃机。所以，柴油机是一种机内二次能量转换的往复式内燃机。

柴油机活塞的往复运动通过一定的机构又转化为旋转运动进行动力输出，由此产生了转速的概念。柴油机转速有高有低，按照转速，柴油机可分为以下三类：

高速机：$n>1\ 000$ r/min　　　　$v_m>9$ m/s

中速机：300 r/min<n≤1 000 r/min　v_m=6~9 m/s

低速机：n≤300 r/min　v_m<6 m/s

（n 为转速，v_m 为活塞平均速度。）

转速与活塞平均速度换算公式：

$$v_m = \frac{sn}{30} (\text{m/s}) \quad (8\text{-}1\text{-}1)$$

当然，柴油机还可以按气缸排列、工作循环等进行分类。

按气缸排列分为：直列式柴油机、V 型柴油机、W 型柴油机，如图 8-1-1 所示。

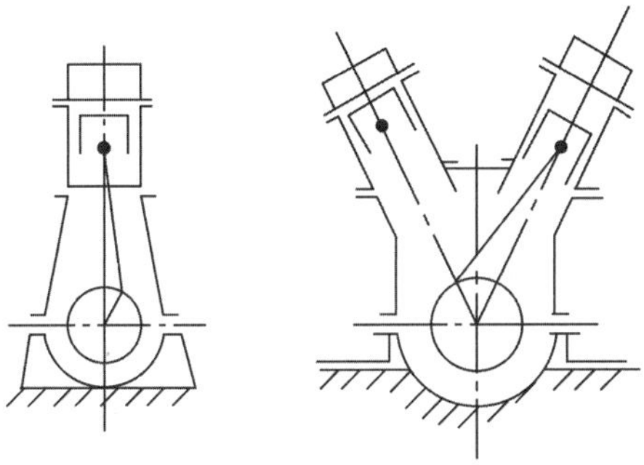

图 8-1-1　直列式柴油机和 V 型柴油机

按工作循环分为：四冲程柴油机和二冲程柴油机，如图 8-1-2 所示。

柴油机完成进气、压缩、燃烧、膨胀、排气五个过程叫一个工作循环。如果一个工作循环是在活塞上下四次（活塞从上到下叫一个冲程）完成的，就叫四冲程柴油机。如果一个工作循环是两个冲程完成的，就叫二冲程柴油机。

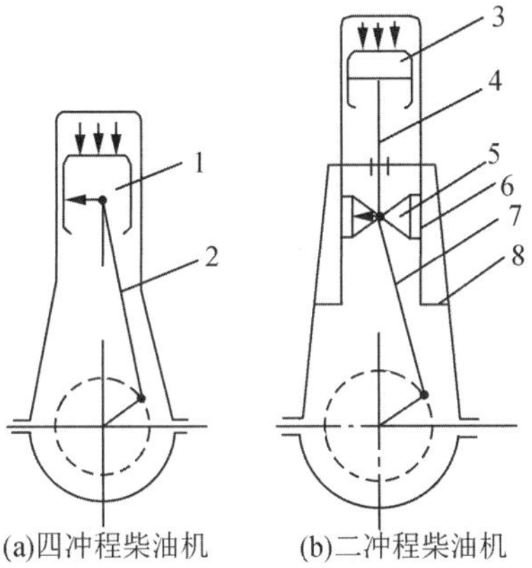

(a)四冲程柴油机　(b)二冲程柴油机

图 8-1-2　四冲程柴油机和二冲程柴油机

1，3—活塞；2，7—连杆；4—活塞杆；5—十字头；6—十字头滑块；8—机架

按曲轴转向分为：右旋机和左旋机（大多数国家从负载端往自由端方向观看）。

按进气方式分为：增压柴油机和非增压柴油机。

按结构特点分为：筒形活塞式柴油机和十字头式柴油机。

按可否扭转分为：可逆转柴油机（一般直接带动螺旋桨或其他负荷）和不可逆转柴油机（带离合器或可变螺距螺旋桨）。

按行程缸径比分为：

短行程柴油机　　$s/D \leq 2.5$

长行程柴油机　　$2.5 < s/D \leq 3.0$

超长行程柴油机　　$s/D > 3.0$

柴油机常被用作船舶主动力推进和发电原动机；而汽油机一般用在小型汽车上；燃气轮机以其重量小、动力强劲而用于飞机推进；目前蒸汽机已逐步淡出历史舞台，一种新型的核动力装置正逐步用于军用船只的动力推进。

柴油机作为船舶动力原动机，其优缺点如下：

①经济性好。热效率普遍在 40%以上，大型柴油机可达 56%，并可使用低价的劣质油，为节约成本创造了可能。

②功率范围广。单机功率为 0.6~97 300 kW，可适应不同大小的船舶。

③机动性能好。启动、加速快捷，功率调节方便，可反转启动，能适应各种场合。

④工作可靠，使用寿命长，维修方便。

⑤工作时振动大、噪声大是其缺点。

⑥机械负荷、热负荷高是其缺点。

（2）柴油机结构参数

①上止点（T. D. C.）：活塞在气缸中运动的最高位置，也就是离曲轴中心线最远位置。

②下止点（B. D. C.）：活塞在气缸中运动的最低位置，也就是离曲轴中心线最近位置。

③缸径（D）：气缸的内径。

④冲程 s（行程）：活塞从上止点运行到下止点的直线距离。

⑤曲柄半径 R：曲轴中心线到曲柄销中心线的距离，$s=2R$。

⑥余隙高度 h_c（顶隙）：活塞顶与缸盖底部之间的距离。

⑦压缩室容积 V_c（燃烧室容积、气缸余隙容积）：活塞位于气缸中上止点时，活塞顶上方的全部空间容积。

⑧气缸工作容积 V_s（行程容积）：活塞从上止点运行到下止点时所扫过的容积，$V_s = \pi D^2 s/4$。

⑨气缸总容积（V_a）：活塞位于下止点时，活塞顶上方的全部气缸容积，$V_a = V_s + V_c$。

⑩压缩比（ε）：气缸总容积与压缩容积之比，亦称几何压缩比，见图 8-1-3。显然：

$$\varepsilon = \frac{V_a}{V_c} = \frac{V_s + V_c}{V_c} = 1 + \frac{V_s}{V_c} \tag{8-1-2}$$

⑪行程缸径比 s/D：气缸冲程与气缸直径之比。

2. 四冲程柴油机工作循环分析

活塞需要四个行程才完成一个工作循环的柴油机叫四冲程柴油机。

（1）进气行程（进气冲程）——活塞从上止点附近下行到下止点附近，此时进气阀 a 打开。由于气缸容积不断增大，缸内压力下降，利用气缸内外压力差（低于大气压力 p_0），新鲜空气经进气阀进入气缸。

为了进气充分，进气阀是在上止点前提前打开，在下止点后滞后关闭的。提前点 1 到上止点的曲柄转角，叫进气提前角；滞后点 2 到下止点的曲柄转角，叫进气延迟角。

$\varphi_{1\text{-}2}$ 是曲柄转过的进气总角度，在图 8-1-4 上用阴影部分表示，为 220°~250°CA。

(2)压缩行程(压缩冲程)——活塞自下止点附近向上到上止点 3,此时进排气阀全部关闭。由于气缸容积不断减小,空气被压缩,压力提高到 3~6 MPa,同时温度升高到 600~700 ℃(燃油的自燃温度为 210~270 ℃)。

在压缩过程后期,为了保证燃油在上止点附近发火燃烧,燃油在上止点前喷入气缸,与高温高压的压缩空气混合、加热,并自行发火燃烧。燃油在上止点前某一角度喷入,这个角度就叫喷油提前角。

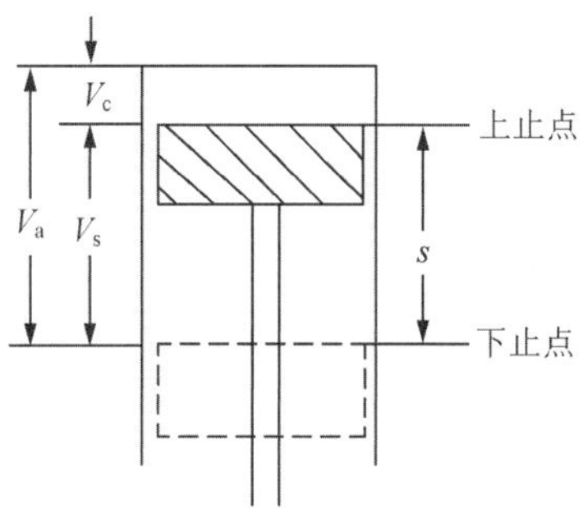

图 8-1-3 柴油机压缩比

$\varphi_{2\text{-}3}$ 是曲柄转过的压缩总角度,在图 8-1-5 上用阴影部分表示,为 140°~160°CA。

(3)燃烧和膨胀行程(膨胀冲程)——活塞自上而下,在燃烧工质产生的高温 1 400~1 800 ℃和高压 5~8 MPa 甚至高达 15 MPa 的作用下,推动活塞对外做功。燃烧的最高温度用 t_z 表示,最高压力用 p_z 表示。由于活塞下行,压力不断下降,到上止点后某一位置 4 时燃烧基本完成。膨胀过程一直到下止点前 5 排气阀 b 打开结束。

排气阀在下止点前提前打开的角度叫作排气提前角。排气提前损失了部分的膨胀功,这是不利的一面;但在排气时减少了排气功耗,这是有利的一面。二者核算的结果必须有利于整体功率提高,需要在实验室经过精密测算。

$\varphi_{3\text{-}4\text{-}5}$ 表示燃烧和膨胀过程,在图 8-1-6 上用阴影部分表示,为 140°~160°CA。

(4)排气行程(排气冲程)——活塞自下而上,消耗功把气缸内的废气推出缸外。排气时气缸容积不断缩小,压力略高于大气压力(1.05 个大气压),且基本不变。

排气阀直到上止点后 6 才关闭,为的是尽量利用气流惯性把废气排得更干净。

$\varphi_{5\text{-}6}$ 表示排气过程,在图 8-1-7 上用阴影部分表示,为 230°~260°CA。

柴油机在上述四个冲程内完成了五个工作过程,实现了一个工作循环。当活塞继续运行时,另一个新的工作循环按照同样的顺序重复进行。

四冲程柴油机完成一个工作循环,活塞上下四次,曲轴回转 2 转(720°CA)。每个工作循环中只有膨胀冲程对外做功,其余冲程都要消耗功。为了使柴油机运转平稳,须把四冲程柴油机飞轮做得较大,或采用多缸。

3. 二冲程柴油机工作循环分析

二冲程柴油机没有单独的换气冲程,由于结构上的特点,整个进排气过程几乎在活塞下止点前后 120°~150°同时进行。二冲程柴油机采用在气缸下部开设扫气口–排气口,或气缸下部扫气口–气缸盖上排气阀的换气形式。又因为二冲程柴油机没有独立的排气冲程,废气的排出还要借助于扫气压力的驱赶,因此需要提高进气压力。

目前,二冲程柴油机都采用废气涡轮增压的方式来提高进气压力。图 8-1-8 为一种带有废气涡轮增压系统的二冲程柴油机工作原理图。其工作过程有如下特点:新鲜空气从气缸下部进气口 a 进入气缸,而废气则通过排气阀 b 排出气缸。在进、排气管道上与其衔接的是离心式压气机 e 和废气涡轮机 d(离心式压气机 e 和废气涡轮机 d 结合便是废气涡轮增压器)。柴油机排出的废气具有膨胀能和冲击能(也叫脉冲能),这个能量推动废气涡轮高速旋转,而高速旋转的涡轮同轴又带动压气机。压气机经吸入口 f 将吸入的新鲜空气压力提升后,输送给进气管道,再经冷却器 g 导入进气口 h。

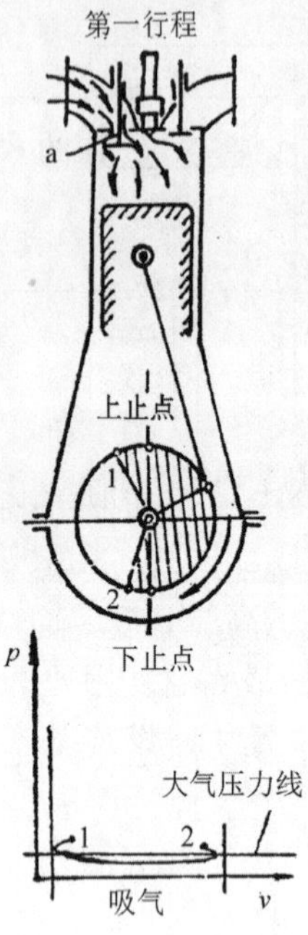

图 8-1-4　进气冲程

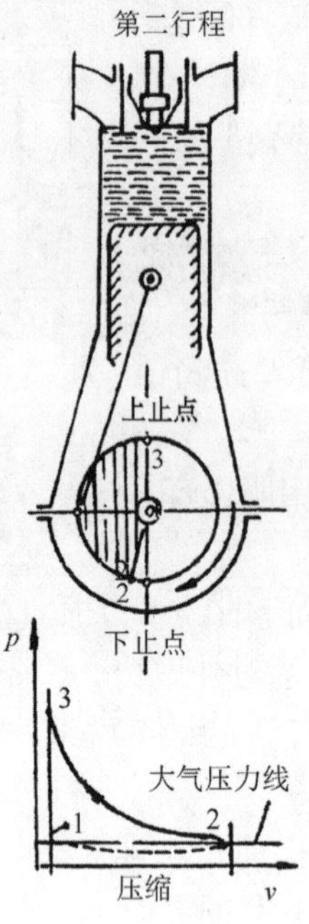

图 8-1-5　压缩冲程

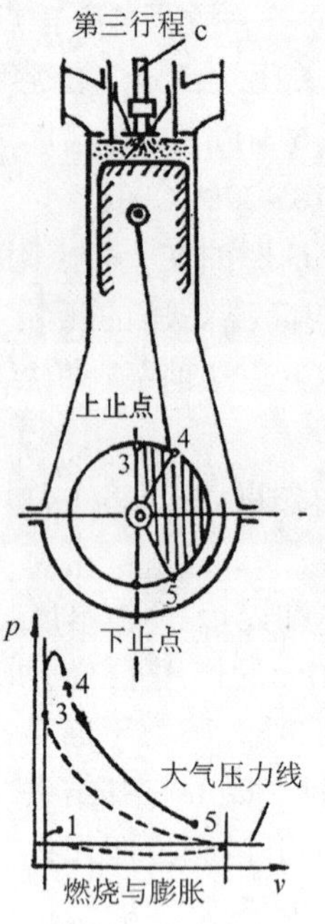

图 8-1-6　膨胀冲程

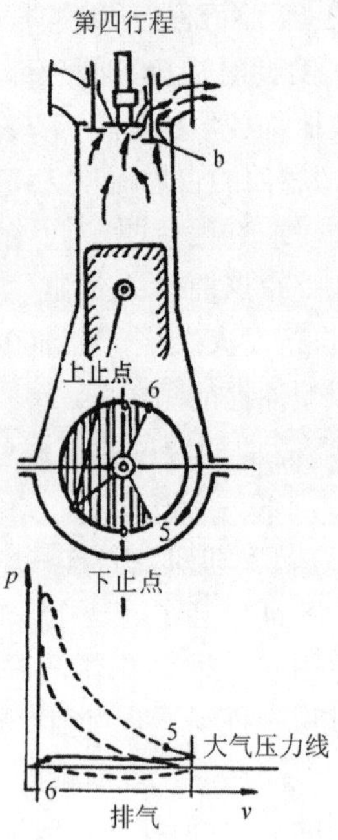

图 8-1-7　排气冲程

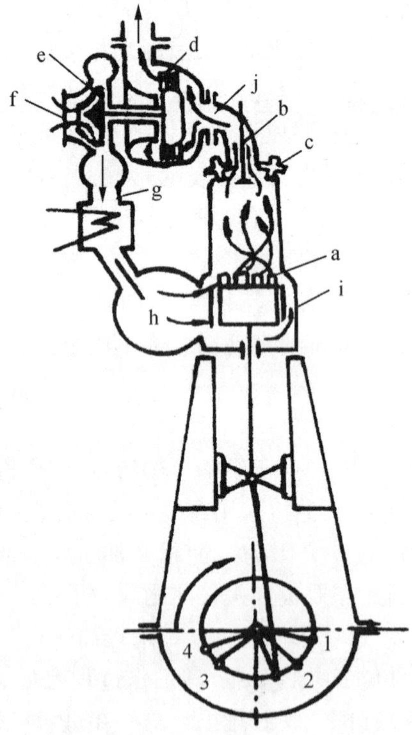

图 8-1-8　二冲程直流扫气

a—气缸下部进气口；b—排气阀；c—调节旋钮；d—废气涡轮机；e—离心式压气机；f—吸入口；g—冷却器；h—进气口；i—扫气箱；j—排气管

二冲程柴油机活塞下行到某一位置时，首先排气阀 b 打开（在曲柄图上 1 位置），废气在气缸内外压力差的作用下自由排出，大量废气经排气阀 b 和排气管 j 进入废气涡轮机 d。当活塞继续运行使缸内压力降低到接近增压压力时，活塞将进气口 a 打开（在曲柄图中 2 位置），等候在进气口外侧的增压空气就进入气缸，并把废气驱出。当活塞运行到下止点并转而上行时，进气口 a 被活塞阻挡关闭（在曲柄图中 3 位置），接着排气阀 b 关闭（在曲柄图中 4 位置），换气过程结束，进入压缩和燃烧、膨胀阶段。

二冲程柴油机也可以用定时圆图来表示其气口、气阀，以及喷油时刻。图 8-1-9 为国产 ESDZ43/82B 型柴油机的定时圆图。

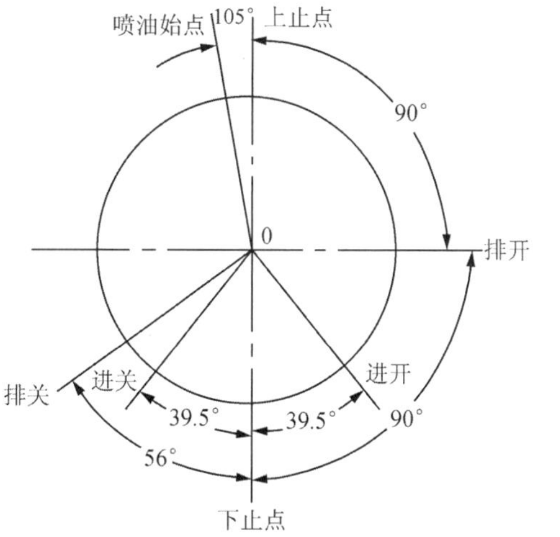

图 8-1-9 ESDZ43/82B 型柴油机的定时圆图

由上述可知，无论是四冲程柴油机还是二冲程柴油机，它们真正的压缩始点均不在下止点，而在进气阀或排气阀（口）全部关闭时刻。通常经进、排气阀（口）全部关闭瞬时的气缸容积与压缩容积的比值称为有效压缩比 ε_e。

$$\varepsilon_e = 1+\frac{(1-\varphi_s)V_s}{V_c} \tag{8-1-3}$$

式中：φ_s——行程失效系数，φ_s = 失效高度/行程；

V_s——气缸工作容积；

V_c——压缩室容积。

4. 二冲程柴油机与四冲程柴油机的比较

（1）二冲程柴油机曲轴一转即完成一个工作循环，四冲程柴油机曲轴两转即完成一个工作循环。从理论上讲二冲程柴油机在体积、重量、尺寸和转速相同的情况下，功率应该比四冲程柴油机大 1 倍，但是由于二冲程柴油机的换气质量和行程损失，实际功率为四冲程柴油机的 1.6~1.8 倍。

（2）二冲程柴油机因每转都做功，运转均匀，飞轮可以相对较小。四冲程柴油机除膨胀冲程做功外，其余冲程要消耗功，必须由曲轴带动，因此飞轮做得相对大些。

（3）二冲程柴油机的换气质量较四冲程柴油机的差。

（4）二冲程柴油机没有进气阀，弯流扫气甚至没有排气阀，结构简单，维护方便。

（5）二冲程柴油机每转都在做功，其热负荷比四冲程柴油机的高。

（6）二冲程柴油机的废气需要进气气流驱出，因此必须增压。

（7）二冲程柴油机存在换气质量制约，换气时间不能过短，转速不能太高，往往做成低速柴油机。

总之，在提高功率方面二冲程柴油机优越，在提高强化度（$V_m \cdot p_e$）方面四冲程柴油机优越。

5. 柴油机铭牌识别

柴油机厂家用数字和字母表示柴油机的型号。

（1）大型低速柴油机型号，如表 8-1-1 所示。

表 8-1-1　大型低速柴油机型号

国别和厂商	型号	符号意义
瑞士 SULZER Wärtsilä-NSD	10RND90M 6RTA84M	10、6—气缸数；R—焊接结构、二冲程、十字头；N—新型；T—超长冲程、直流扫气；D—直接驱动螺旋桨、带有推力轴承；A—机型改进序号；90、84—缸径（cm）；M—柴油机改进代号
丹麦 B&W	12K98GF 6L90GF	12、6—气缸数；K—二冲程、单作用、十字头、直列式；L—二冲程、单作用、十字头、直列式、长冲程；98、90—缸径（cm）；G—增压度发展序号；F—直接带动螺旋桨
德国 MAN	K10SZ105/180A K12Z93/170E	K—十字头；10、12—气缸数；S—维护简单型；Z—二冲程、单作用；105/180、93/170—缸径（cm）/冲程（cm）；A、E—机型发展序号
德国 MAN-B&W	5L60MC 7S50ME-C	5、7—气缸数；K—一般冲程；L—长冲程；S—超长冲程；60、50—缸径（cm）；MC—二冲程、十字头、定压增压、强化、电控（无凸轮轴）；ME—电控（微处理）控制；C—结构紧凑型
日本 Mitsubishi	8UEC85/180D	8—气缸数；U—直流扫气；E—废气涡轮增压；C—十字头；85/180—缸径（cm）/冲程（cm）；D—机型系列序号
中国 上海沪东船厂	9ESDZ43/82B	9—气缸数；E—二冲程；S—十字头；D—可倒转；Z—增压；43/82—缸径（cm）/冲程（cm）；B—机型发展序号

（2）中高速柴油机型号，如表 8-1-2 所示。

表 8-1-2　中高速柴油机型号

国别和厂商	型号	符号意义
芬兰 Wärtsilä	4L32 12V32/35	4、12—气缸数；L—直列式柴油机；V—V 型柴油机；32/35—缸径（cm）/冲程（cm）
日本 DAIHATSU	6DK-28	6—气缸数；DK—中速、直列式、超增压；28—缸径（cm）
德国 MAN	16V40/54	16—气缸数；V—V 型柴油机；40/54—缸径（cm）/冲程（cm）

续表

国别和厂商	型号	符号意义
中国 红岩柴油机 协和柴油机	6E250ZCD 6300ZC	6—气缸数;E—二冲程(无符号为四冲程、直列式);250、300—缸径(cm);Z—增压;C—船用;D—发电机用
中国 上海东风柴油机	6135CaF 12V135CZ	6、12—气缸数;V—V 型柴油机;135—缸径(cm);C—船用右机;Ca—船用左机;F—风冷(无符号为水冷);Z—增压

任务二 认识船舶辅机

学习目标

知识目标:掌握船舶辅机的种类及管理。

能力目标:能描述各种辅机的作用和管理注意事项。

素质目标:培养学生严谨的工作态度。

船用泵PPT

一、船用泵

泵是用来将原动机的机械能传递给液体,使液体能量提高,从而完成输送液体或传递能量等任务的一种机械。

根据泵在船上用途的不同,船用泵可大致归纳为以下几类:

(1)主动力装置用泵:对柴油机来说,一般有主海水泵、缸套冷却水泵、油头冷却泵、滑油泵、燃油供给泵以及燃油驳运泵和滑油驳运泵等。

(2)辅助装置用泵:柴油发电机的副海水泵和淡水泵;辅锅炉装置用的给水泵、燃油泵;制冷装置用的冷却水泵;海水淡化装置用的海水泵、凝水泵;舵机或其他液压甲板机械用的液压泵;等等。

(3)船舶安全及生活设施用泵:主要有调驳压载水的压载泵;将船底积水驳出舷外的舱底泵;提供消防及甲板、锚链冲洗用水的消防水泵;提供生活用水的日用淡水泵、日用海水泵(卫生水泵)和热水循环泵;通常还有兼作压载、消防、舱底水泵用的通用泵。

(4)特殊船舶专用泵:某些特殊用途的船舶,还需设有为其特殊营运要求而专门设置的泵,例如油船用于装卸的货油泵;挖泥船用于抽吸泥浆的泥浆泵;深水打捞船上的打捞泵;喷水推进船上的喷水推进泵;捕鱼船的捕鱼泵等。

按工作原理不同,船用泵可分为:

(1)容积式泵。容积式泵靠工作容积周期性地增大和缩小而吸排液体,有活塞式往复泵和柱塞泵(液压泵)、齿轮泵、螺杆泵、叶片泵和水环泵。

(2)叶轮式泵。叶轮式泵靠叶轮带动液体高速回转而把机械能传递给所输送的液体。根据泵的叶轮和流道结构特点的不同,又可分为离心泵、旋涡泵、轴流泵和混流泵。

（3）喷射式泵。喷射式泵靠工作流体产生的引射作用吸引周围的流体，然后再通过动量交换而使被引射流体的能量增加，从而完成输送液体的任务；有水喷射泵、蒸汽喷射器和空气喷射器等。

按所用原动机分类，船用泵有电动泵、汽轮机泵（例如某些油船的货油泵）、柴油机泵（例如应急消防泵）和由工作机械附带驱动的随车泵等。后两类非容积式泵亦称为动力式泵，是指靠增加流体动能而使流体能量增加的泵。

液压马达PPT

二、液压马达

在液压机械中，液压泵的作用是将原动机的机械能转变为液压油的压力能，为液压系统提供足够流量和足够压力的油液去驱动执行元件。

液压马达输出回转运动，它是液压装置的执行元件，其作用是将液压油的压力能转换为机械能，带动机械设备工作。就工作原理而言，任何容积泵（除结构上有吸、排单向阀者外），如从其一根主油管输入压力油，而从另一根主油管回油至油箱或液压泵的吸口，都能被油驱动回转而成为液压马达。若液压泵结构是对称设计的，则可以反过来作液压马达用，但很多液压泵的结构在细节上有所不同。此外，液压泵总是尽量设计成速度高、尺寸小，若直接改作液压马达，则是高速、小扭矩液压马达，能直接拖动工作机械的低速、大扭矩液压马达需专门设计。

船用锅炉PPT

三、船用锅炉

在船舶上，锅炉产生的蒸汽用于加热燃油、滑油和满足日常生活取暖、蒸饭、加热水、驱动蒸汽辅助机械等，这样的锅炉称为辅助锅炉。

以柴油机排气余热来产生水蒸气的锅炉，称为废气锅炉。大型低速柴油机的排气温度为250～380 ℃，四冲程中速柴油机的排气温度可达400 ℃。水蒸气在压力为0.50 MPa时的饱和温度仅为165 ℃，1.30 MPa时为194 ℃，以柴油机排气为热源产生水蒸气是不成问题的。这样不仅能节约燃油，还可起到排气消声器的作用。

船用锅炉按蒸汽压力高低可分为低压锅炉、中压锅炉、中高压锅炉和高压锅炉。蒸汽压力在2.0 MPa以下的锅炉，称为低压锅炉；蒸汽压力为2.0～4.0 MPa的锅炉，称为中压锅炉；蒸汽压力为4.0～6.0 MPa的锅炉，称为中高压锅炉；蒸汽压力在6.0 MPa以上的锅炉，称为高压锅炉。

船舶辅锅炉的结构与附件如下。

1. 锅炉的结构

锅炉按结构形式可分为火管锅炉和水管锅炉两大类。在柴油机动力装置的干货船上，辅锅炉应以结构简单、维护操作方便为选型的主要原则，当然也要考虑重量和尺寸应尽可能小些。立式直水管锅炉和立式横烟管锅炉是常见的燃油辅锅炉。在油船上，由于要求辅锅炉的蒸发量较大，故采用D形水管锅炉较多。

D形水管锅炉以其本体形状类似英文字母D而得名。它的结构布置较为合理，经济技术指标也较高。

图8-2-1为D形水管锅炉的结构简图。其本体由汽包1（又称上锅筒），水筒2（又称下锅筒），联箱3，炉膛4，水冷壁5，蒸发管束（沸水管束）6、7，过热器11，经济器12，空气预热器（位

于经济器后面的烟道中,图中未示出)等部件组成。

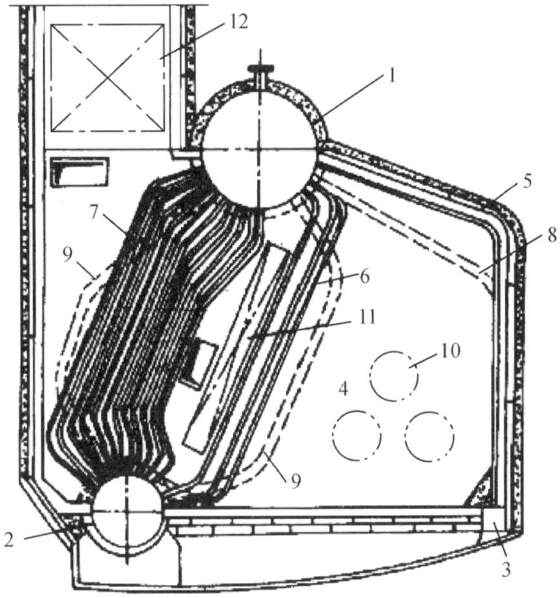

图 8-2-1　D 形水管锅炉的结构简图

1—汽包;2—水筒;3—联箱;4—炉膛;5—水冷壁;6、7—蒸发管束(沸水管束);8—联箱供水管;9—水筒供水管;10—燃烧器;11—过热器;12—经济器

炉膛是燃油燃烧的场所,它的作用是提供足够的空间,使燃油得以充分燃烧。烟气在 D 形水管锅炉炉膛内的理论燃烧温度可达到 1 700 ℃左右。烟气离开炉膛后,流到蒸发管束中。炉膛出口烟气温度不宜太高,以免高于烟气中灰分的熔点温度,会使灰分融解,黏附在蒸发管束的管壁上形成积渣;同时又不能太低,以免燃烧过程进行得不充分。D 形锅炉炉膛出口烟气温度为 1 100 ℃左右。

炉墙和炉衣将锅炉的各种受热面包围以形成炉膛和烟道,它们起隔热和密封作用。我国(《钢质海船入级规范》)规定,炉墙和炉衣外表面温度不应大于 60 ℃,以免烫伤工作人员,同时也可避免散热损失过大。

水冷壁是垂直布置在炉膛壁面上的密集管排,组成水循环回路的上升管。它是锅炉的主要辐射受热面,吸收的辐射热约占全部受热面传递热量的 1/3;同时,还起到保护炉墙不致过热烧坏的作用。为了防止在水冷壁管子中发生汽水分层现象,水冷壁管子水平倾角大于 30°。水冷壁在汽包处吊挂,可自由向下膨胀。

沸水管束是连接上、下锅筒的管束,也称蒸发管束,布置在炉膛出口侧。除前排受火焰直接照射的可属于辐射换热面外,后面的沸水管束与烟气的换热方式主要是对流。烟气横向冲刷管束,设计上应避免出现烟气冲刷不到的滞流区。前三排的管距应不小于 250 mm,以防结渣堵塞烟道。沸水管束受热面积所占比例虽然较大,但平均蒸发率较低,为 15~20 $(kg/m^2)\cdot h$。

汽包与联箱和水筒之间还连有不受热的各自独立的联箱供水管 8 和水筒供水管 9 作为自然水循环的下降管。

在 D 形水管锅炉烟管的后部,安装有经济器和空气预热器,统称为尾部受热面。其能回收锅炉排烟的余热,减少排烟所带走的热量,使锅炉效率得以提高。船舶锅炉大多采用非沸腾式经济器，水从下往上流，使出口水温比该压力下的饱和温度低40~50 ℃，以免产生气泡停留在管壁上，导致管壁过热。给水经过经济器加热后再送入汽包，能提高热效率，减少汽包因给水温度低而产生的热应力，使汽包的工作条件得以改善。

经济器中的给水在温度升高的过程中，将析出一部分溶解在其中的气体，造成金属的腐蚀，所以对给水中含氧量的限制很严，只用于有除氧器的装置。

空气预热器位于经济器之后，将进入炉膛的空气预热，一方面，使排烟温度进一步降低，提高锅炉效率；另一方面，由于空气温度提高，炉膛温度上升，为改善燃烧提供了有利条件。但空气对管壁的对流放热系数很小，空气预热器又处于低温烟气区，因此所需的受热面积很大。

尾部受热面由于使锅炉装置的尺寸、造价增加，管理工作（吹灰、防腐蚀等）也增加，所以一般只用于蒸发量较大、蒸汽参数较高的大、中型锅炉。

水管锅炉的效率较高、蓄水量小；单位蒸发量的相对体积、重量较小；点火升汽时间较短；汽压、水位波动快；对水质和除垢要求高。

2. 锅炉附件

（1）水位计

当锅炉工作时，随时知道锅炉中的水位是极为重要的。每台锅炉都规定有最高工作水位、最低工作水位和最低危险水位。正常工作时，锅炉水位应处于最高工作水位与最低工作水位之间。如水位调节失灵或给水系统发生故障，当水位降至最低水位之下的危险水位时，自动控制系统的危险水位警报器会发出信号，并使锅炉自动熄火，以防发生用炉干烧事故。水位计有玻璃管式和玻璃板式之分，现在大多采用玻璃板式水位计。

（2）安全阀

当外界对蒸汽的需要量突然减小或炉内燃烧过于强烈时，锅炉汽压会上升，若燃烧调节不及时，汽压可能会超过额定工作汽压较多。锅炉各承压部件的壁厚是根据比额定工作汽压适当高些的设计压力设计的。为了防止压力过分升高对锅炉造成损坏甚至发生爆炸，锅炉一定要装设安全阀，以便在汽压超过一定限度时开启，使大量蒸汽排入大气，以免汽压继续上升。当汽压降至一定程度时，安全阀自动关闭。

任务三 柴油机运行管理

学习目标

知识目标：掌握柴油机的日常管理。

能力目标：能描述主机的备车过程，能在不同海况、不同载况下合理使用主机。

素质目标：培养学生的团队协作意识。

船舶柴油机的备车PPT

一、船舶柴油机的备车

备车和机动操纵是为了使船舶在开航前和开航后尚未定速航行前，使船舶动力装置处于随时都能启动、停车和进入各种运行的状态，并准备执行驾驶台发出的各种指令。无论柴油机长期停车或短期停车后，开航前均需进行备车。

一般情况下，因船舶动力装置的类型、功率不同，备车所需的时间长短不一，大致范围在 0.5~6 h。船舶柴油机动力装置应提前 1~2 h 备车。由于机型、辅助设备和动力装置布置的不同，备车的程序有所区别，但备车的内容大致相同。备车主要包括值班驾驶员和轮机员会签确认开航时间；在规定的开航时间 1~2 h 前核对时钟、车钟和对舵；暖机、各动力系统准备；转车、冲车、试车等；待备车工作结束并经机、驾双方确认后，轮机员操纵车钟手柄将车钟指针摇至“STOP”位置，驾驶台车钟指针跟至并对正“STOP”位置，则表示轮机备车完毕，随时可以按车钟指令的要求操纵主机，并将情况分别记入轮机日志及车钟记录簿。

1. 备车的内容

(1)暖机

暖机是指船舶在停泊后开航前预先加热柴油机冷却系统和滑油系统中的循环液，并开动冷却水循环泵、滑油循环泵以升高机体温度和向各运动摩擦表面供应润滑油的过程。

暖机是为了使柴油机容易启动发火，减少酸性燃烧物对气缸壁、活塞顶的低温腐蚀，减少燃烧室部件的热应力。

船舶主机的暖机方法有以下三种：

①将运转中的发电柴油机循环冷却水通入主机冷却水中。通常保温工作在船舶停泊期间连续进行，水温可保持在 40 ℃左右或更高，这样开航前就不需要提前暖机。暖机操作时要开启主、辅机冷却水联通阀，将正在运行中的辅机冷却水系统中的热淡水输入主机冷却系统进行加热保温。转换冷却水系统的阀门时，应注意先开后关。暖机结束后应关闭联通阀。

②利用蒸汽加热主机冷却水和润滑油。对于滑油系统，除用蒸汽管道直接加温主机循环油柜外，亦可用滑油分油机运转分油的加温方法。

③利用电加热器对主机冷却水加温。

加热暖机时，应启动循环水泵和润滑泵，使循环水和滑油在系统中循环。

暖机工作应在开航前提前进行。应保证机器启动前冷却水温度达到 50 ℃左右，暖机油温控制在 38 ℃左右，机体温度达到相应的稳定状态。

注意：缸套冷却水温度低于 20 ℃时不可启动柴油机。

(2)滑油系统的准备

在开航前备车时，滑油系统的准备工作是非常重要的，操作步骤如下：

①检查滑油油位。如循环柜、增压器油液观察镜(或油柜)、艉轴润滑和密封装置油位及各中间轴承的滑油油位。

②开启滑油分油机，并加热滑油。此项工作最好提前数小时进行。

③启动主滑油循环泵、凸轮轴油泵或凸轮轴升压泵，进行油压的检查和调整，以便将滑油送至各润滑表面，使滑油中的固体微粒和杂质在主机开车之前汇集到滤器中，减少运转后的磨损。滑油系统的驱气工作十分重要，不可忽视，通常可在系统的高位滑油滤器上进行放气。

④对油冷活塞，在循环泵开动后，活塞温度会逐渐升高，所以也起到暖机作用。此时，应注意观察各缸活塞的回油流量和温度，各缸活塞的回油流量和温度相差不能过大。

⑤废气涡轮增压器若属于独立式润滑系统，应开动透平油泵使滑油循环，通过观察镜检查油流情况。

⑥检查气缸油柜油位，检查气缸注油器是否充满油，手动检查气缸注油器工作情况。在柴

油机冲车前的盘车过程中,应摇动气缸注油器(约50次),将滑油预先送到气缸壁周围,减少启动时对气缸壁的磨损。

⑦检查和注满各活动部件和启动空气系统主要阀件的润滑油杯,检查各注油点并注入滑油或油脂。

(3)冷却水系统的准备

①检查冷却水系统中各阀门,使之处于正常状态。

②检查主机膨胀水柜、活塞冷却水柜(水冷式活塞)、主机喷油器冷水柜的水位,水量不足时应补充到规定的水位。

③切换暖机冷却水联通阀,或启用蒸汽加热器或电加热器加热暖机。

④提前15~30 min启动主机淡水(循环)泵,并驱除系统内气体,检查并调整好水压。

⑤对水冷活塞,应开启活塞冷却水泵,同时应注意观察各缸活塞冷却水的流动情况,检查其循环情况(流量及温度)。

⑥开动喷油器冷却泵,检查其循环情况(流量及温度),必要时可进行加温预热。

主机海水冷却系统投入运行的时机应在主机启动运转之后,即当主淡水冷却系统、主滑油冷却系统、活塞冷却系统和喷油器冷却系统中冷却液温度开始升高时。

(4)燃油系统的准备

①加热燃油日用柜、沉淀柜和使用中的燃油舱中的燃油,并注意调节上述舱柜的油温至规定温度。

②检查主机沉淀柜和轻、重油日用柜的油位,油位较低时应及时补油,并注意放残。

③启动燃油分油机,净化并加热燃油。各油柜蒸汽阀开度要适宜,预热温度要在规定的范围内。此项工作可提前数小时进行。

④检查轻重油转换阀启闭状态。备车时开启柴油阀,关闭重油阀。

⑤检查燃油系统阀门位置正常后,启动燃油输油泵、燃油循环泵(如果是重油停车,此泵已在运转),使燃油循环流动并驱气,检查燃油压力。

⑥如果是在重油停车状态,应加热燃油使其进机温度上升到使用温度,确保燃油进机黏度控制在12~25 mm^2/s。

⑦主管轮机员在机舱记事板上注明各油舱的存油量及使用分配情况,开航前轮机长应将本船现存轻、重油总量以书面形式向船长报告,以备开航前报告海关。

(5)压缩空气系统的准备

①当值轮机员应将主、辅空气瓶充气至规定压力,放掉气瓶中的水和残油。备车时通常采用手动操作的方法启动空压机。严格控制进入空气瓶的空气的温度,使其不得高于40 ℃,未经冷却的压缩空气禁止充入气瓶。

②开启空气瓶出口阀、主停气阀,将主启动阀置于“自动”位置。对于气控关闭的排气阀,其压力空气应在滑油泵启动前供应。

③打开通至汽笛的空气出口阀,以备驾驶台随时使用。

(6)其他准备

①给主机辅助鼓风机送电,将其控制开关置于“自动”位置。

②手动调节(拉动)油门杆,各油泵齿条应滑动自如。检查各油泵齿条刻度,再将油门置于停车位置,检查油泵零位是否正确。

2. 转车(盘车)

(1)用电话或用车钟联络,征得驾驶台值班驾驶员的同意。

(2)开启主机各缸示功阀。

(3)检查气缸盖(含气阀)、飞轮、轴系等各处,并确保无阻碍物。

(4)合上转车机,按下启动按钮进行转车操作。注意查看转车机电流表读数是否正常。注意倾听机器运动各部件和轴系有无异响及检查有无卡阻现象;一般要求正、倒车各转车1~2转。转车期间应自动或手动操纵注油器向气缸注油润滑。

注意:查看示功阀处有无大量积水冲出。

(5)确认机器正常后停止转车机,并使转车机与主机脱开,确认连锁装置释放,并将转车机锁在“脱开”位置。

注意:转车应在柴油机启动前进行,与启动的间隔时间应尽可能短些,提前时间不应超过30 min。

3. 冲车

(1)用电话征得驾驶台值班驾驶员的同意。

(2)将油门手柄置于零位,按下启动按钮(或手柄)进行冲车操作,使柴油机转动2~4 s,注意观察示功阀接口有无油、水等异物吹出。同时应观察主机、增压器的转动是否平稳,有无杂音。

冲车是利用启动装置供给压缩空气(不供燃油)使主机转动的操作过程。利用冲车可将气缸中的杂质、残水或积油等从开启的示功阀出口处冲出。在冲车过程中可以判断启动装置和主机工作是否正常。

(3)如果主机冲车情况正常,则关闭示功阀。

注意:冲车时,若发现有异常或故障,应在排除异常或故障后方可进行试车。

4. 试车

试车的目的是检查启动系统、换向装置、燃油喷射系统、油量调节机构、调速器、主机各部件及其系统、轴系和螺旋桨等是否工作正常。

(1)用电话通知值班驾驶员准备试车。

(2)摇车钟“倒车”,得到驾驶台“倒车”回令后进行“换向”(至倒车位);然后操作主机启动,供油在微速下运转数转后,摇车钟“停车”去驾驶台,得到“停车”回令后将车停下。

(3)摇车钟“正车”去驾驶台,得到“正车”回令后进行“换向”(至正车位);然后“正车”启动,慢速运转几转后,摇车钟“停车”去驾驶台,得到“停车”回令后将车停下。

上述操作遵循一个共同的规律,即启动—调速—停车—换向—(反向)启动—调速。在换向和启动过程中,应注意观察换向装置、启动装置、调速器及油量调节机构等动作是否灵活、正常。同时,注意各缸发火是否正常和主机运转是否有不正常声响。试车若发现不正常情况,应及时查明原因予以消除。对于直流扫气的二冲程柴油机,还应检查气阀机构等运动部件的工作状态是否正常。

(4)确认主机正、倒车运转正常后(尤其是发火声音),用电话告诉驾驶台主机备车工作完毕。此时,车钟回令手柄停在停车位置,船舶可随时起航。轮机员不应远离操纵台,应使机电设备始终处在当值轮机员的监管之下,并与驾驶台保持联系。如果主机采用驾控方式,将遥控旋钮转至“驾控”位置。

主机机动操纵时的管理PPT

二、主机机动操纵时的管理

船舶在进出港、靠离码头时运动状态变化比较频繁，当值轮机员应严格、准确地执行车令，迅速、安全、可靠地对主机进行启动、换向操作，正确操纵和管理主机，完成船舶机动航行任务；同时，将用车指令立即记录到车钟记录簿。主机在机动操纵时，组成值班的轮机工作小组人员，必须密切配合，做好操作、巡回检查，参数调整等工作，及时处理不正常情况，正确操纵和管理好主机，确保船舶动力装置有效并安全地运行。

1. 机动操纵时的操作与管理

当机舱接到驾驶台机动操纵的指令时，轮机部立即备车。在机动操作过程中应注意：

(1) 主机按规定的换油程序换用轻质燃油，应避免油温突变损坏供油设备；暖机不充分，备车程序没有完成时，应严禁动用主机。

(2) 机动操纵时应保证供电，必要时增开发电机，满足高负荷和冲击负荷的需求。

(3) 机动操纵时，应及时补充空气瓶的压缩空气，并保证汽笛用气和放出残水。机动操纵结束，勿忘关闭压缩空气截止阀。

(4) 主机启动操作时，应尽量做到一次启动成功。启动时，一旦听到主机发火声音，应立即松开启动手柄(或按钮)，切断压缩空气。启动后，油门不能给得过大，防止柴油机发生冷爆损伤机件和增加不必要的磨损。

(5) 机动操纵所设定的车速应当是机动操纵转速或港速或系泊试验转速。主机启动发火后，常常会超过驾驶台所要求的“前进一”或“后退一”车速，这时应将油门稍许减小。

在船舶起航和加速过程中，不应加速太快，以防柴油机热负荷、机械负荷过大，致使缸套、缸盖出现裂纹。柴油机在冷态下，自慢车至全负荷过渡时期，约需 30 min；在热态下，亦需 15~20 min。在加速过程中，应快速越过转速禁区，防止机器发生剧烈振动。

(6) 主机停车、螺旋桨停转后方能反向启动。在进行倒车操纵时，应控制油门，避免主机超负荷。非紧急情况，不得采用紧急换向制动的方法进行倒车，否则易造成机损事故。

(7) 主机操纵时，要注意燃油、冷却淡水、冷却海水的压力和温度调节。特别是滑油压力常因主机转速变化而发生很大波动，应及时将其调整至规定值。机动操纵时间久了，油温、水温也变化很大，应及时启闭主机海水泵。

(8) 要特别注意刚检修过的机件，如检查经过调整或更换过的轴承、链条等的工作情况是否良好。要注意主机各重要部件的工作情况，如增压器、气缸启动阀、调速器、示功阀等。

(9) 值班轮机员除处理紧急故障外，不得远离操纵台和离开集控室。机动航行时间不管多长，轮机长都必须始终在集控室监督和监控机动操纵整个过程，直至机动操纵结束。轮机长应监督轮机员进行各种操作，监控各设备运行状态，及时与驾驶台取得联系，及时处理各种突发事件。值班轮机员必须集中精力，使各运转设备的主要参数在规定的范围内，必要时进行适当调整。

2. 主机在各种航行条件下的操纵

(1) 在大风浪中航行

船舶航行时，船体在推进力和阻力平衡的条件下，保持稳定船速前行。其位于水上部分受空气阻力，而水下部分受水阻力；当风力不大时，空气阻力很小，船舶阻力主要是水的阻力。一般情况下,水的阻力与船速的平方成正比。空气阻力的大小取决于风力、风向、船体上层建筑的受风面积和船速。船舶在风浪中为保持航向,经常需要舵偏转一定角度,从而使船舶阻力进一步增大。

因此,风浪增大后,船舶的各种阻力都明显增大,在推力不变的情况下,船速就会相应降低;船速的降低使螺旋桨的进程比减小;在油门不变的情况下,柴油机转速就会下降,发出的功率也有所降低;最后船舶将在减小后的推进力与船舶阻力(船速降低时船舶空气阻力和水阻力减小的幅度都较大)新的平衡情况下,以较低的航速前进。

此时,不能因为主机转速降低,用增大油门来恢复转速,那会使柴油机的循环供油量增大,进而使最高爆发压力增大,导致机械负荷升高,相反应该减小油门。原因是柴油机在低速运转下,如果仍保持油门不变,一方面由于废气涡轮的总能量减少,增压器转速下降而增压压力减小,气缸内供气不足,导致燃烧恶化和废气温度升高致使气缸过热;另一方面气缸最高爆发压力不变而运动部件的惯性力减小,导致轴承负荷升高,可能引发轴承故障,所以在大风浪中航行应适当降低柴油机的转速。

(2)在浅水、窄水域和污底条件下航行

船舶在浅水中航行时,船体下面的水流受到海底限制,被迫流过船体两侧而使两侧水流速度增大,从而引起摩擦阻力和形状阻力增大。此外,船体周围压力区发生变化重新分布,使兴波阻力增大。因此,在船舶由深水进入浅水时,主机转速和船速都会自动下降。如要保持原定船速而增大油门,主机就会超负荷。在窄水域中航行时和在浅水时相同,船舶周围的水流受到的限制阻力增大。如果浅水和窄水同时出现,船舶阻力增大的程度会更大,更要注意不能随意加车。

船舶污底是由船体水下部分附着的海生物增多造成的。污底会使船舶阻力增大,船速和主机转速下降,如此时要保持主机原来设定的转速而加大油门,就必然会使主机超负荷。

(3)起航和加速

从起航到船舶定速,该时间不可过短,绝不允许柴油机刚刚运行几分钟,就将操车手柄转至全速,这样会引起柴油机超热负荷,气缸套产生裂纹。对于不同的机型,该时间长短不一。影响该时间长短的因素有两个:一是发动机运动部件的质量惯性;二是受热部件的热惯性。一般来说,质量惯性和热惯性都小,有利于加速,而后者更为重要,在这方面中速机优于低速机。对于现代的大型低速机而言,从启动至全功率至少需要 30 min。

(4)转弯

船舶在转弯时,船体在斜水流中航行,船舶阻力增大,同样也不能用增大油门去保持主机原来转速。在操纵船舶时也应尽可能避免突然的大舵角转弯,设有轴带发电机的船舶更应注意。曾有船因为突然使用大舵角转向而造成发电机跳电的事故。

(5)倒航

由于倒航时船舶阻力比正航时大,而且螺旋桨的效率也比较低,所以主机倒航时的转速要比正航时的转速低,一般倒航转速不超过额定转速的 70%~80%。

如果船舶从正航转为倒航,其船舶阻力更大。特别是在紧急制动的情况下,船舶仍在前进,主机倒车运转后,当达到标定转速的 40%以上时,转矩就可能会达到额定值。若转速过高,主机和轴系就会超负荷。此时操纵应根据紧急情况,控制主机转速,除非不得已,在保船不保机的情况下才能强制主机超负荷运转。

在上述使船舶阻力增大的各种场合，都应注意不能增大主机油门去维持转速；相反还要适当减小油门，使主机的热负荷和机械负荷都在限制范围内。

主机运行管理
PPT

三、主机运行管理

柴油机稳定运转后，评价一台柴油机技术状态和运转性能的主要依据是燃料在气缸中的燃烧状况和各缸负荷分配的均匀程度，以及各零部件和系统的工作情况。为了保证柴油机及其装置始终处于正常技术状态，在柴油机运转中应做好以下工作。

1. 主机定速后的管理

船舶定速航行后，轮机管理人员的主要任务是，应使柴油机及其装置处于正常的技术状态。出现故障应在短时间内消除，尽快恢复航行。在运行管理中，值班人员应集中精力，遵守操作规程，按要求进行巡回检测，使各种技术参数处在正常范围内，并做好值班和交接班工作。

主机在定速运行时应做好下述五个方面的工作：

①执行驾驶台的命令，操纵好主机。按照要求认真填写轮机日志和车钟记录簿。

②做好航行值班的交接工作。交班前当值人员应做好运转设备的清洁工作，对运转设备做全面、仔细的检测，并将主要技术参数，本班所发生的问题及其处理方法、处理结果，轮机长的命令和专门指示，驾驶台的通知等记入轮机日志；将油舱、油柜的预热加温、驳运、净化分离，以及舱底水水位、污油水舱（柜）液位和防污设备的使用情况向接班人详细交代。

接班人员在进入机舱之前，首先观察烟囱排气颜色、舷外水的排出和海面情况，进入舵机间检查舵机及其附属设备。进入机舱后按最合理的巡检路线检测各设备。最后查看轮机日志，听取交班人员的情况介绍。经接班人同意后，交班人员方可离开机舱。

③调整并保持主机的各种运行参数在规定的范围内，及时处理好主机运行时所出现的问题和故障。

④做好主机的日常养护管理工作：定期向人工加油部位加油、补油，如气缸注油器、中间轴承等；定期疏放燃油日用柜、沉淀柜、扫气箱及中冷器的残水；做好燃润油料的驳运、净化等工作。

⑤按时进行巡回检查，一般每30 min进行一次。

（1）热力检查

热力检查是为了检查和确定柴油机各缸燃烧情况及负荷分配的均匀程度。这是柴油机正常运转、可靠工作的必要保证，也是衡量柴油机运转性能和技术状态的主要内容之一。

在柴油机运转期间，应注意喷油设备技术状态的变化，特别是喷油器性能不良常引起气缸燃烧恶化和各缸负荷的变化。可以通过检测排气温度、观察排气烟色及打开示功阀观看火焰情况等方法对喷油器进行检查。

①检查排温。各缸排气温度值要按说明书的要求限定，也可以参照试航报告在各负荷下所测得的数据与主机实际运行数据进行对比，找出排气温度升高的原因。各缸排气温度最大温差不应超过平均值15~20 ℃（或±5%）。

②检查冷却液温度。在检查排温的同时，应检查各缸冷却水、活塞冷却液及废气涡轮增压器冷却水出口温度。各缸冷却液出口温度与平均温度相比较，最大温差要小于4~5 ℃。

③测取各缸示功图。在柴油机状态良好的情况下，排气温度只能大致反映出各缸燃烧的

状态和喷油设备及负荷分配的大概状况。为了确知各缸负荷的分配是否均匀,还应在适当时机测取各缸示功图,确定最高燃烧压力和计算平均指示压力,分析和判断各缸负荷的大小和分配是否均匀。通过测取 $p-\varphi$ 展开示功图和手拉展开示功图可以确定纯压缩压力、发火始点和整个燃烧过程。根据实测数值对各缸负荷做适当调节。

④测量油耗。为了更可靠地掌握柴油机的热力过程,最好在测示功图的同时进行油耗测定,作为衡量柴油机维护管理水平的标准之一。

⑤检查增压系统。增压空气的压力、温度,以及空冷器前后增压空气的压差是判断柴油机燃油燃烧状况、排气温度是否升高的主要依据,许多船舶柴油机都因空冷器水侧、气侧(尤其是气侧)脏堵而引起排气温度升高及增压器喘振。

⑥制作排气烟色图。可按如下方法进行:将一张湿软的白纸固定于平板上,置于经清洁冲刷过的示功阀上方 5~6 mm 处,让排气对它熏染 10 s 左右。正常的排气烟色图应仅仅显示轻度的黑色,排气几乎无烟灰。若其显示较浓的黑色并附有淡黄色,表明排气中因气缸内的燃烧不完全而含有太多的灰烟,应首先检查喷油器;若其显示浓黑色并附有黄色,表明因喷油设备或增压空气系统发生故障而引起雾化质量差或空气不足;若其显示油的喷射斑迹,尤其是当柴油机在较高负荷下运转时,则表明该缸的燃烧有问题,除应检查喷油设备和增压空气系统外,还应检查活塞环工作是否正常。建议将排气烟色图保存起来,以供比较。

(2)机械检查

机械检查是为了保证发动机各部件和系统均处于正常的技术状态。

看、摸、听、闻是管理者进行检查的最直接、简便的手段,优秀的轮机员能通过人体的感觉器官判断出故障发生的苗头并及时排除,保证机械设备正常运行。不正常的运转声响可导致机件受损;异常温差反映出机器或系统内部存在问题;刺激性气味表明机械设备温度异常高或滑油变质;运行中经常边巡检边触摸机器外部机件,从温差、振动、脉动等角度判断各设备的工作是否正常。要及时发现机械设备连接处、阀件等的泄漏,迅速查明原因并予以解决。

为了确保机器各部件处于正常的技术状态,除加强日常维护管理外,在航行中应加强对各主要系统的管理。可参照下述的指示进行巡回检查:

①检查操纵台仪表板上主机运行的各参数值。检查主机的热力参数和各系统的运行情况,如压力、温度、转速等值,必要时应进行调整。

②检查主机润滑系统。必要时,应对主机滑油循环柜的油位进行补充,并注意油量的消耗,此外尚需检查滑油循环柜中是否有水混入。加强对滑油分油机的管理,保证滑油的分离净化、油质符合使用要求。为了确定滑油的质量,每 3~4 个月定期取样化验,必要时将全部滑油集中处理或更换。运转中,确保气缸注油器的工作正常,防止断油。

定期检查推力轴承的油温,各中间轴承的油温、油位,艉轴重力油柜的液位、油温,艏艉密封装置油柜和循环器的油位。对轴系润滑的滑油每 3~4 个月取样化验一次,检查时间间隔不得超过 6 个月。

③检查冷却系统。巡回检查时,应注意主、副机膨胀水柜和喷油器冷却水柜的液位变化并注意水量的消耗。应按规定由大管轮每周化验一次主、副机的水质,按规定的标准投药处理,必要时须化验淡水舱水质,分析冷却水质变化的原因。

检查各缸冷却水出口温度是否符合说明书的规定,温差是否符合要求。若出现异常,应结合排气温度、喷油设备及增压系统的技术状态进行分析。冷却系统的自动温度调节器应始终保持正常工作状态。

④检查增压系统。注意检测增压器的转速、润滑和冷却情况及增压空气压力。

废气涡轮增压器是高速回转机械,在运行中要观察其运转的平衡性,有无异常振动和声响。对自带油泵式润滑系统要注意油位(轴承油应保持在玻璃镜1/2处)、油质及油泵排出情况的检测,根据情况及时添加或更换滑油。应注意强制式润滑系统中油柜的液位、循环泵的运行状况、滤器前后的压差、观察镜中油流情况等,应随时观察滑油压力、温度并根据具体情况进行调节。

压气机流道和废气流道应按说明书规定的时间间隔喷水冲洗。按说明书的规定,废气涡轮增压器必须定期解体清洗。

检查空冷器出口的扫气温度,不得低于25 ℃或高于45 ℃。定期清洗空气冷却器的空气侧,水侧的清洗较方便,也必须定期人工清洗。

⑤检查燃油系统。应注意检查各燃油舱的合理使用情况,保持船舶的平衡;注意燃油的加温、驳运、沉淀、净化、储存和计量,按时放残水;定期清洗燃油滤器,清洗后必须充油排气。当船舶在风浪天航行时,须加强滤器的转换和清洗,避免供油中断。

注意检查高压油泵、喷油器的工作状态和高压油管的脉动情况。综合考虑泵体发热、油管脉动以及排烟温度变化等情况,分析气缸内燃烧状况和喷油器的工作状态。

⑥检查空气瓶压力,其应保持在规定范围内,定期放残。

⑦检查调速器的工作温度和油位,正常油位应保持在指示玻璃管的1/3~1/2处。

2. 主机的完车

(1)到港前的准备

①确定是否换燃油

到港前应确定主机是否需要换轻油。现代船舶主机燃油系统及燃油喷射系统的设计一般允许主机在重油使用状态下停车,船舶到港时,一般在下列情况下需要换轻油:

a. 停机后需要进行燃油系统设备检修;

b. 船舶需进坞修理;

c. 停车时间在5天以上;

d. 当地环保法规要求使用低硫燃油。

换油操作一般应在机动操作用车前1 h进行。

②到港前的备车

a. 在机动操作前放掉启动空气和控制空气系统的凝水。

b. 主机若带有轴带发电机,到港前应从电网解除轴带发电机并与主机脱开。

c. 到港前应进行主机换向操作试验,以确认启动系统和换向系统的工作正常。

(2)完车

在船舶进入停泊状态后,值班轮机员接到驾驶台“完车”指令时,表明主机不再动车,应按“完车”程序做好如下工作:

①将车钟放在“完车”位置,检查并确认主机燃油操纵杆放在停车位置。停掉主机的辅助鼓风机。

②打开各缸示功阀,按下启动手柄(不供油)冲车,将气缸内残存的油气冲出。关闭启动空气系统的主停气阀、主启动阀、空气瓶出口阀,并将空压机转换到自动控制挡,空气瓶补气至

规定压力。

③合上转车机转车 15~30 min,并人工驱动气缸注油器向气缸表面注油。

④关闭控制和安全空气系统,并泄放系统中的空气。

⑤关闭主海水泵进出口阀及冷却器进口阀。

⑥停燃油输送泵,关闭进、出口阀及日用柜出口阀。如重油停车,应让循环油泵继续运行,并对燃油加热保温,温度可低于正常使用温度 20 ℃,维持 30 cSt 的黏度;如轻油停车,关闭循环泵。

⑦打开扫气箱和涡轮增压器透平侧的放残旋塞。用防尘罩将压气机消声器滤网盖好。在船舶靠泊期间应用防尘罩将消声器滤网盖上,特别是装卸粉尘性货物或港口粉尘较大时,还要考虑停止机舱风机运转,关闭通风口以防止大量粉尘被吸入机舱。

⑧关掉温度、压力警报器及其他不使用的开关。

⑨让主滑油泵、淡水泵继续运转 15~20 min,充分带走运动表面的热量并使机体各部件均匀散热,避免因应力过大而发生故障,同时可以避免活塞头结炭。喷油器冷却泵及涡轮油泵也应继续循环一段时间后停掉。

对采用辅机循环冷却水暖机的主机,应在水温未下降之前及时转换接通辅机淡水管系,即打开主、副机暖机管路上的暖机(联通)阀,并注意管路中各阀的开关状态,注意先开后关。

确认主机和其他设备正常后,航行班结束,轮机员开始轮值锚泊班或靠泊班。

参考文献

[1] 交通运输部海事局.船舶操纵(操作级)[M].北京:人民交通出版社,2022.

[2] 薛满福,王国栋,魏爱民.船舶操纵与避碰:船舶操纵(二/三副)[M].大连:大连海事大学出版社,2020.

[3] 中国船级社.钢质海船入级规范(2023版)[M].中国船级社官网,2023.

[4] 薛满福.船舶操纵[M].大连:大连海事大学出版社,2019.

[5] 中国海事服务中心.船舶操纵与避碰:船舶操纵[M].北京:人民交通出版社,大连:大连海事大学出版社,2012.

[6] 李伟.船舶结构与设备[M].大连:大连海事大学出版社,2008.

[7] 孙琦.船舶操纵[M].大连:大连海事大学出版社,2015.

[8] 龚雪根.船舶操纵[M].北京:人民交通出版社,大连:大连海事大学出版社,2008.

[9] 洪碧光.船舶操纵[M]. 大连:大连海事大学出版社,2008.

[10] 赵月林.船舶操纵[M].大连:大连海事大学出版社,2000.

[11] 古文贤.船舶操纵[M].大连:大连海运学院出版社,1993.

[12] 汪育才,王建斌,吴晓光.轮机概论[M].北京:人民交通出版社,1981.

“十四五”职业教育国家规划教材
浙江省“双高计划”航海技术专业群系列教材

船舶操纵与避碰（第2版）

（下册：船舶避碰）

主 编 / 柴旭涛
主 审 / 屠群锋

大连海事大学出版社

图书在版编目(CIP)数据

船舶操纵与避碰：上、下册 / 柴旭涛主编. —2版
. — 大连：大连海事大学出版社,2024.9
ISBN 978-7-5632-4518-5

Ⅰ. ①船… Ⅱ. ①柴… Ⅲ. ①船舶避让操纵②船舶航
行—避碰规则 Ⅳ. ①U675.96②U692.1

中国国家版本馆 CIP 数据核字(2024)第 024008 号

出 版 人：	刘明凯
责任编辑：	宋彩霞
封面设计：	解瑶瑶
版式设计：	解瑶瑶
责任校对：	任芳芳 杨玮璐
出 版 者：	大连海事大学出版社
地 址：	大连市黄浦路 523 号
邮 编：	116026
电 话：	0411-84729665(营销部) 84729480(总编室)
网 址：	http://press.dlmu.edu.cn
邮 箱：	dmupress@dlmu.edu.cn
印 刷 者：	大连天骄彩色印刷有限公司
发 行 者：	大连海事大学出版社
幅面尺寸：	184 mm×260 mm
印 张：	39.75
字 数：	985 千
印 数：	1~1200 册
出版时间：	2014 年 3 月第 1 版 2024 年 9 月第 2 版
印刷时间：	2024 年 9 月第 1 次印刷
书 号：	ISBN 978-7-5632-4518-5
定 价：	189.00 元

船舶避碰
课程介绍

下册前言(第2版)

《船舶操纵与避碰》是在党的二十大精神指引下,根据STCW公约、《海船船员培训大纲(2021版)》《海船船员适任考试大纲(2022版)》《高职高专院校航海技术专业教学指导方案》中“船舶操纵与避碰”课程内容要求编写的,适用于航海技术专业学生的课堂教学,也可作为各航区、各等级船长、大副、二/三副适任证书考试培训的参考书。

本书编写的指导思想是用情境教学法,使学生通过对本课程的学习,掌握船舶操纵技术,确保航行安全。课程内容覆盖《海船船员适任考试大纲(2022版)》的全部内容,可帮助学生和学员顺利地通过适任考试,同时利于船舶驾引人员海上实际操纵能力的培养。

本教材分上、下两册,共十九个项目,另附一本实训报告。本册为《船舶操纵与避碰(下册:船舶避碰)》,共分十一个项目:项目一是《避碰规则》适用范围的确定;项目二是一般定义的解释;项目三是信号识别,包括号灯、号型、声响和灯光信号,以及招引注意信号和遇险信号的使用与识别;项目四、五、六阐述了《避碰规则》第二章的全部内容,分别介绍船舶在任何能见度情况下的行动规则、船舶在互见中的行动规则和船舶在能见度不良时的行动规则;项目七介绍了遵守规则疏忽和背离规则;项目八介绍了特殊水域的避碰,包括渔区避碰和内河船舶避碰;项目九为航行值班,主要介绍了我国海船船员值班规则的有关内容;项目十介绍了驾驶台资源管理的有关内容;项目十一介绍了用视觉信号发出和接收信息的相关知识,最后附相关附件。配套的立体化资源以二维码的形式附在教学内容相应位置,请读者自行扫码查阅。

本册由浙江交通职业技术学院柴旭涛主编,浙江交通职业技术学院屠群锋主审。其中:项目一、二、三由浙江交通职业技术学院柴旭涛编写;项目四由浙江交通职业技术学院沈灿良编写;项目五由浙江交通职业技术学院朱广春编写;项目六由浙江协海集团有限公司王安编写;项目七、八由浙江交通职业技术学院林郁编写;项目九由浙江海事局张义波编写;项目十由浙江交通职业技术学院占阿永编写;项目十一由浙江交通职业技术学院李彦朝编写。屠群锋老师在审阅过程中提出了大量宝贵的修改意见,在此表示衷心感谢!

本教材在编写过程中力求数字资源丰富、概念清楚、理论正确、重点突出、条理清晰、语句通顺、理论结合实际。但由于编者水平有限,时间仓促,不足之处在所难免,竭诚希望前辈、同行和读者批评指正。

编　者

2023年9月

扫码学习《深入学习贯彻党的二十大精神　加快建设交通强国　当好中国式现代化开路先锋》

下册前言(第 1 版)

《船舶操纵与避碰》是根据《 STCW 公约》马尼拉修正案和中华人民共和国海事局依此重自新制定的履约版《中华人民共和国海船船员适任考试大纲》及《高职高专院校航海技术专业教学指导方案》中“船舶操纵与避碰”课程内容要求编写的。适用于航海技术专业学生的课堂教学,也可作为各航区、各等级船长、大副、二/三副适任证书考试培训参考书。

本教材编写的指导思想是用情境教学法,使学生通过对本课程的学习,掌握船舶操纵技术,确保航行安全。课程内容覆盖《中华人民共和国海船船员适任考试大纲》的全部内容,可帮助学生和学员顺利地通过适任考试,同时可以加强船舶驾引人员海上实际操纵能力的培养。

本教材分上、下两册,共十九个情境。本册为《船舶操纵与避碰(下册:船舶避碰)》,共分十一个情境:情境一是确定规则的适用范围;情境二是对一般定义的解释;情境三是信号识别,包括号灯、号型、声响和灯光信号,以及招引注意信号和遇险信号的使用与识别;情境四、五、六阐述了规则第二章的全部内容,分别介绍船舶在任何能见度情况下的行动规则、船舶在互见中的行动规则、船舶在能见度不良时的行动规则;情境七介绍了疏忽和背离;情境八介绍了特殊情况下的避碰,包括渔区避碰和内河避碰;情境九为航行值班,主要介绍了我国海船船员值班规则的有关内容;情境十介绍了驾驶台资源管理的有关内容;情境十一介绍了视觉信号的收发知识。

本书由浙江交通职业技术学院柴旭涛主编,浙江交通职业技术学院屠群锋主审。其中情境一、二、三、四由浙江交通职业技术学院柴旭涛编写,情境五由浙江海运集团公司何军编写,情境六由浙江交通职业技术学院阮仙富编写,情境七由浙江交通职业技术学院林郁编写,情境八由浙江安拓海运有限公司王安编写,情境九由浙江海事局张义波编写,情境十由浙江交通联业技术学院占阿永编写,情境十一由浙江交通职业技术学院陈统销编写。屠群锋老师在审间过程中提出了大量宝贵修改意见,在此表示衷心感谢!

本教材在编写过程中力求概念清楚、理论正确、重点突出、条理清晰、语句通顺、理论结合实际。但由于编者水平有限,时间仓促,不足之处在所难免,竭诚希望前辈、同行和读者批评指正。

编　者

2013 年 12 月

目　录

项目一

《避碰规则》适用范围的确定

《避碰规则》第一条适用范围教学视频

[项目描述]

《1972 年国际海上避碰规则》(以下简称《避碰规则》)2013 年修正案是目前最新版本的避碰规则,规则第一条介绍了适用范围,包括适用的水域和船舶、特殊规定的制定、额外信号的制定、分道通航制的采纳,以及允许特殊结构或用途的船舶在信号设备数量、位置、光弧范围、能见距离等方面做出变动。本项目要求学生在航海模拟器上进行不同水域、不同船舶的操纵,感受《避碰规则》适用的水域和地方规则适用的水域的区别,发现或显示船舶的额外信号,观察特殊结构或用途的船舶在号灯、号型方面与普通船舶的不同之处。

任务一 适用水域和船舶的确定

学习目标

知识目标:掌握《避碰规则》适用的水域和对船舶的规定。

能力目标:能确定《避碰规则》适用的水域和船舶。

素质目标:培养学生的国家主权意识。

一、现行海上避碰规则和内容

现行海上避碰规则是《1972 年国际海上避碰规则》2013 年修正案。

1957 年 12 月 23 日,中华人民共和国全国人大常委会第 88 次会议宣布接受"1948 年规则",但对我国的非机动船舶做了保留。

1958 年 8 月 16 日,中国政府颁布了《中华人民共和国非机动船舶海上安全航行暂行规则》。

1973 年 3 月,中国政府恢复了在联合国的合法席位,并于 1975 年 6 月 2 日正式接受"1960 年规则",但对非机动船舶仍做了保留。

1980 年 1 月 7 日,我国政府正式加入 1972 年国际海上避碰规则公约组织,接受《避碰规则》,并宣布于同年 4 月 5 日零点实施该规则,但对非机动船舶仍做了相应保留。从该年开始,我国作为 1972 年国际海上避碰规则公约组织的缔约国,参加了《避碰规则》的 1981 年、1987 年、1989 年、1993 年、2001 年、2007 年、2013 年七次规则修订大会,并与该组织成员国同步实施《避碰规则》的各项修正案。

《避碰规则》的主要内容:共有六章(41 条)和四个附录:

第一章　总则(Rule 1~3)

第二章　驾驶和航行规则

　第一节　船舶在任何能见度情况下的行动规则(Rule 4~10)

　第二节　船舶在互见中的行动规则(Rule 11~18)

　第三节　船舶在能见度不良时的行动规则(Rule 19)

第三章　号灯和号型(Rule 20~31)

第四章　声响和灯光信号(Rule 32~37)

第五章　豁免(Rule 38)

第六章　对符合本公约规定的验证(Rule 39~41)

附录一　号灯和号型的位置和技术细节

附录二　在相互邻近处捕鱼的渔船的额外信号

附录三　声号器具的技术细节

附录四　遇险信号

二、规则适用的水域和船舶

《避碰规则》第一条“适用范围”(application)指出:

1. 本规则条款适用于公海和连接公海可供海船航行的一切水域中的一切船舶。

2. 本规则条款不妨碍有关主管机关为连接公海而可供海船航行的任何港外锚地、港口、江河、湖泊或内陆水道所制定的特殊规定的实施。这种特殊规定,应尽可能符合本规则条款。

3. 本规则条款不妨碍各国政府为军舰及护航下的船舶所制定的关于额外的队形灯、信号灯、号型或笛号,或者为结队从事捕鱼的渔船所制定的关于额外的队形灯、信号灯或号型的任何特殊规定的实施。这些额外的队形灯、信号灯、号型或笛号,应尽可能不致被误认为本规则其他条文所规定的任何信号灯、号型或信号。

4. 为实施本规则,本组织可以采纳分道通航制。

5. 凡经有关政府确定,某种特殊构造或用途的船舶,若不能完全遵守本规则任何一条关于号灯或号型的数量、位置、能见距离或弧度以及声号设备的配置和特性的规定,则应遵守其政府在号灯或号型的数量、位置、能见距离或弧度以及声号设备的配置和特性方面为之另行确定的、尽可能符合本规则所要求的规定。

1. 适用水域的确定

《避碰规则》的适用水域是指“公海”(high seas)和“连接公海可供海船航行的一切水域”。

就《联合国海洋法公约》的规定而言,“公海”,是指各国领海或专属经济区以外不受任何国家主权的管辖或支配的海域。凡属于该海域中的任何一部分水域,均为《避碰规则》的适用水域。

“连接公海可供海船航行的一切水域”,通常是指专属经济区、领海、内海,以及与领海、内海相连接并可供海船航行的港口、江河、湖泊等一切内陆水域。在对《避碰规则》这一规定做出解释之时,应考虑以下两个条件,即:

(1)连接于公海;

(2)可供海船航行。

可以这样讲,前者是确定《避碰规则》是否适用的基本条件;而后者是确定《避碰规则》是否适用的必备条件。

就“连接”(connected with)一词而言,通常具有两种连接方式,即直接连接与间接连接,如领海或专属经济区与公海紧紧相连,这一连接方式为直接连接;港口、江河、湖泊、内海或领海(在设置专属经济区的条件下)与公海的连接则属于间接连接。因为在这些水域与公海之间还存在着内海、领海或专属经济区。有的还认为,存在着另两种连接方式,即自然连接与人为连接。前者是指地理自然条件客观存在的连接,如我国的“长江—东海—公海”的连接;而后者是指用人工开凿运河从而沟通两处水域的连接,如苏伊士运河、巴拿马运河等。

由于《避碰规则》并未对“海船”(seagoing vessels)一词进行明确的定义,因而,在解释与理解“可供海船航行”(navigable by seagoing vessel)这一短语时,应注意下述因素,并可做出如下解释:

(1)“海船”是指专门从事海上运输或海上作业的一切船筏;

(2)在本条款中,“海船”一词不考虑其种类的不同、吨位的大小,即使是一艘小海船,也应视为属于该范畴;

(3)可供海船航行的一切水域,也即海船能到达的一切水域。

2. 适用船舶的确定

《避碰规则》的适用船舶是指在《避碰规则》适用水域中的一切船舶。

特别应指出的是,军用舰船与政府公务船同样也属于本规则中所指的“船舶”范畴,是《避碰规则》的适用对象。不管战时还是平时,也不论是否正在执行公务,这些船舶均应严格地遵守《避碰规则》的各条规定。倘若这些船舶未能这样去做,则它们必须就这一行为所产生的后果承担相应的法律责任。

“潜水艇”属于船舶的范畴。但只有当潜水艇漂浮在水面,其才应被视为《避碰规则》的适用对象,当其在水下潜行时《避碰规则》将不适用。

总之,任何种类的船舶,当其在《避碰规则》适用的水域中航行、锚泊、系岸、搁浅时,均为《避碰规则》的适用对象,即使是内河船舶亦不例外。这些船舶均应全面地遵守与执行《避碰规则》的各条规定。

另外,我国的非机动船舶(接受公约时做了保留)、空中的水上飞机、水面以下的潜水艇以及在陆上船厂中修理的船舶不适用《避碰规则》。

任务二 “特殊规则”的制定

学习目标

知识目标:掌握《避碰规则》对“特殊规则”制定的水域和要求。

能力目标:能正确处理《避碰规则》与“特殊规则”的关系。

素质目标:培养学生的规则意识。

1. 关于“特殊规则”的若干问题

(1)“特殊规则”的含义

“特殊规则”(special rules)意指各沿海国政府或主管机关在其管辖的水域所制定的有别于《避碰规则》的一些“地方规则”(local rules)或“港章”,如我国的《中华人民共和国内河避碰规则》(以下简称《内河避碰规则》)、《中华人民共和国非机动船舶海上安全航行暂行规则》以及各港的港章等。

(2)制定“特殊规则”的机构或组织

《避碰规则》在第一条2款中引用“有关主管机关”(an appropriate authority)这一术语作为有权制定“特殊规则”的机构或组织。通常情况下,这一术语可解释为一国的政府或主管水上交通安全的机关(简称“主管机关”),如我国的人大常委会、国务院以及海事局(原水上安全监督局)等机构。

(3)“特殊规则”的适用范围

存在“特殊规则”的水域，通常也是一国政府或主管机关管辖下的水域。根据《避碰规则》第一条 2 款的规定，这一水域应是“连接公海而可供海船航行的任何港外锚地、港口、江河、湖泊或内陆水道”。可见，《避碰规则》列举的上述水域无疑均是一国政府或主管机关管辖的水域，当然也是“特殊规则”的适用水域。

“港外锚地”(roadstead)，通常是指港口界限之外的用于船舶装卸和锚泊的水域。一般情况下，该锚地大多设置在一国的领海之内。

“内陆水道”(inland waterway)，通常是指领海基线以内水域的水道，如海湾、海峡等内水中的水道，例如我国渤海的老铁山水道。

凡在制定有“特殊规则”的水域中的船舶，均为“特殊规则”的适用船舶。不管是本国籍的船舶，还是外国籍的船舶，均必须严格地遵守与执行“特殊规则”的各条规定。

(4)制定“特殊规则”应注意的问题

一方面，由于港口、江河、湖泊、内陆水道或港外锚地在地理水文条件、船舶航行条件诸方面与海洋差异较大；另一方面，由于各国的航行习惯以及海员的传统做法也不尽相同，因而，有必要制定一些适应地区性的“特殊规则”去解决《避碰规则》所无法解决的特殊问题。然而，海上交通运输毕竟是一种国际性行为，各国间的船舶必然会相互往返于各国的水域，即使是本国的船舶，也会经常性地行驶于本国不同的港口与水道。为了保持国际上的统一，也为了能充分发挥《避碰规则》在统一各国航行法规与船员传统做法上的有效作用，使海员能迅速、容易地理解、熟悉并掌握各国、各港的“特殊规则”，以减少由于规则的不一致而在海员中可能引起的混乱或产生混淆而不利于安全的现象，各国政府或有关主管机关在制定“特殊规则”时，应做到尽可能符合《避碰规则》的规定，这也是 1972 年国际海上避碰规则公约组织赋予其成员国的责任与义务。

2.“特殊规则”具有优先适用权

在同一水域中，若同时适用“国际规则”(《避碰规则》)和“特殊规则”，根据 1972 年国际海上避碰规则公约组织“允许制定特殊规则”的精神，以及“不妨碍特殊规则的实施”的规定，“特殊规则”(地方规定)将具有较“国际规则”(《避碰规则》)的优先适用权。“特殊规则”的存在，必然会导致在某一些事项上两种规则的不一致。根据“特殊规则”的优先适用原则，位于这一水域的船舶首先应遵守或执行“特殊规则”的规定。

3.“特殊规则”未规定事项应依照《避碰规则》的规定执行

例如，《中华人民共和国对外国籍船舶管理规则》第五十二条规定：“关于船舶避碰，本规则和中华人民共和国其他有关规定中未列事项，依照中华人民共和国施行的《国际海上避碰规则》办理。”

又如，《上海港港章》第二条规定：“关于避碰和信号部分，凡港章和我国现行其他有关港务法规未有规定的事项，依照海上避碰规则和国际通语信号的规定办理。”

总之，由于允许地区性“特殊规则”的存在，以及一些国家在批准、接受、认可或加入“规则公约”时，对《避碰规则》的某些条款做了保留，或在加入“规则公约”的同时，又制定了相应的国内法来实施该公约，《避碰规则》的适用范围受到了一定的限制。因而，这就要求每位行驶于国际水域的远洋船船长及驾驶员，不但要熟练地掌握《避碰规则》的规定，还应十分熟悉各国的“特殊规则”及各主要港口的港章，尤其是第一次到达某个国家或首次抵达某个港口时。

任务三 额外信号的制定

学习目标

知识目标：掌握《避碰规则》对额外信号的要求。

能力目标：能确定额外信号适用的船舶和信号种类。

素质目标：培养学生保家卫国、随时等候祖国召唤的爱国情怀。

各国政府可根据实际需要为军舰及护航下的船舶制定额外的队形灯、信号灯、号型或笛号；为结队从事捕鱼的渔船制定额外的队形灯、信号灯及号型（渔船未设笛号）。

1. 可制定额外信号的机构

制定额外信号的机构是各国政府而不是主管机关。

2. 额外信号适用的船舶

（1）军舰及其护航下的船舶；

（2）结队从事捕鱼的渔船。

3. 对额外信号的要求

（1）制定额外信号必须首先遵守《避碰规则》有关信号灯、号型、声响和灯光信号的现有规定，“额外”一词表明只能增加信号而不能改变《避碰规则》的信号。

（2）额外信号应尽可能不被误认为是《避碰规则》其他条文所规定的任何信号灯、号型或信号。

（3）《避碰规则》中业已被规定的信号灯、号型或信号不允许被用来作为“额外”的信号。

特别应引起注意的是，过多的额外信号必然导致船舶识别上的困难，进一步导致海上交通的复杂化，增加船舶避碰的难度。

任务四 分道通航制的采纳

学习目标

知识目标：掌握《避碰规则》对分道通航制采纳原则的规定。

能力目标：能描述分道通航制的采纳规定。

素质目标：引导学生树立经济全球化的理念。

国际海事组织（IMO）关于分道通航制的采纳规定在《避碰规则》第十条“分道通航制”条款中再做详细介绍。

未被 IMO 采纳的分道通航制是否适用《避碰规则》，应由管辖政府立法规定，但若船舶航经某一分道通航制区域，不管该区域是否已被 IMO 所采纳，船舶均应严格执行该区域的有关规定。在理解和执行本条款时应注意：

(1)《避碰规则》第十条仅适用于被 IMO 采纳的分道通航制；

(2) 无论 IMO 是否业已采纳某一分道通航制，除《避碰规则》第十条外，《避碰规则》其他条款仍然适用该分道通航制水域；

(3) 无论 IMO 是否业已采纳某一分道通航制，船舶都应遵守有关主管机关为该分道通航制水域制定的特殊规定。

任务五 特殊构造或用途的船舶的号灯、号型和声号设备的制定

学习目标

知识目标：掌握《避碰规则》对特殊构造或用途的船舶号灯、号型方面的要求。

能力目标：能解释特殊构造或用途的船舶号灯、号型的设置与《避碰规则》规定的区别。

素质目标：培养学生换位思考的习惯。

《避碰规则》第一条 5 款中所提的"某种特殊构造或用途的船舶"，通常是指军用船舶，或从事特殊运输、特种作业的船舶，这些船舶往往由于其特殊的作业和运输方式，导致其在船舶构造上较其他常规船舶差异较大，使其不能完全遵守《避碰规则》有关号灯、号型和声号设备的规定。例如，大多数战舰，为确保其火炮射击不受妨碍，往往无法装置第二盏桅灯。又如，航空母舰的桅灯往往偏离艏艉中心线，两盏舷灯也都偏于一舷等，各国政府可对其号灯或号型的数量、位置、能见距离及声号设备的配置做另行规定，但这些规定应尽可能符合《避碰规则》规定的要求。

项目二

一般定义的解释

《避碰规则》第三条一般定义教学视频

[项目描述]

《避碰规则》第三条“一般定义”中介绍了 13 个定义，在规则后续条款中将频繁出现这些专业术语，所以掌握这些定义的含义十分重要，尤其注意其中的船舶种类，要成为某种船舶是有条件限制的。在某些情况下，两种船舶之间由于条件发生变化而导致船舶种类发生了改变，比如在航中的机动船主机故障时就成为失去控制的船舶。本项目要求学生在航海模拟器上展示与 13 个定义相对应的船舶种类或场景，熟悉机动船、帆船、从事捕鱼的船舶、水上飞机、失去控制的船舶、操纵能力受到限制的船舶、限于吃水的船舶和地效船这 8 种船舶的信号，感受互见与能见度不良的场景。

任务一 “船舶”的解释

学习目标

知识目标：掌握《避碰规则》对“船舶”的定义。
能力目标：能解释“船舶”的定义。
素质目标：培养学生独立思考的能力。

“船舶”一词，指用作或者能够用作水上运输工具的各类水上船筏，包括非排水船筏、地效船和水上飞机。

“用作或能够用作水上运输工具的各类水上船筏”，意指专门从事水上运输的船舶(包括各种类型的货船、客船)，或从事其他水上作业、执行其他任务等虽未用作但能够用作水上运输工具的专业船舶(包括各种类型的工程作业船、科学考察船、军用舰船或政府公务船等)。

“非排水船筏”(non-displacement craft)，意指在航行时基本上或完全不靠水的浮力支持船体重量，且脱离水面而不存在排水状态的船舶，如高速航行的气垫船、水翼船或滑翔船等。

“地效船”一词系指多式船艇，其主要操作方式是利用表面效应贴近水面飞行。

总之，一切船舶，不管其种类、用途、大小、形状、结构如何，只要能够用作水上运输工具，均属于《避碰规则》中“船舶”的范畴。这一解释，同样适用于在水面上的救生船筏、竹木排筏，但不适用于那些业已拆除设备、常年坐底、用作“沙龙”或“旅馆”的“船舶”，或用机械连接固定于码头的趸船以及作为导标使用的灯船。

任务二 “机动船”的解释

学习目标

知识目标：掌握《避碰规则》对“机动船”的定义。
能力目标：能解释“机动船”的定义，并能区分在不同条款中“机动船”的含义。
素质目标：培养学生严谨的求学态度。

“机动船”一词，指用机器推进的任何船舶。

“机器推进”，是指一艘船舶不论其使用何种类型的机器，如蒸汽机、柴油机、汽轮机、核动力装置、电气动力装置、空气螺旋桨推进装置，均属于“机器推进”的范畴。然而，在对“机动船”一词做出解释之时，应注意以下四个方面：

(1)除装有推进机器而不在使用的帆船外,任何装有推进机器的船舶,均为机动船(根据《避碰规则》第三条3款的规定)。

(2)《避碰规则》引用“机器推进”(propelled by machinery)一词,并非意指正在使用机器推进。即使一艘船舶关闭主机,漂浮于水面,处于在航不对水移动之中,仍应视该船为机动船,除非该船处于“失去控制”的状态。

(3)一艘装有推进机器的船舶,正在从事某种作业(如从事捕鱼作业,从事敷设、维修或起捞助航标志、海底电缆或管道作业,从事疏浚、测量或水下作业等),或处于某种特定的条件(如主机故障、舵叶丢失、吃水受限制等)时,在某些条款中可能不作为“机动船”论处,而冠以“操纵能力受到限制的船舶”“从事捕鱼的船舶”“失去控制的船舶”“限于吃水的船舶”的名称,对此,应予以重视。

(4)机动船拖带下的被拖船,虽然并未装有机器,或装有机器却处于“失去控制”的状态,然而,该船的运动取决于拖船机器所产生的推力。就此而言,认定被拖船是一艘间接地使用机器推进的船舶,并无不当之处。虽然《避碰规则》对被拖船在有关显示号灯、鸣放声号的规定上,做出了与机动船不同的规定,但就被拖船所处的法律地位,即应承担的避让责任与义务,与拖船并无不同之处。若拖船属于机动船的范畴,则被拖船同样也负有机动船的责任与义务;若拖船属于“操纵能力受到限制的船舶”,则被拖船也同样负有与其相当的责任与义务。

任务三 “帆船”的解释

学习目标

知识目标:掌握《避碰规则》对“帆船”的定义。
能力目标:能解释“帆船”的定义。
素质目标:培养学生换位思考的意识。

“帆船”一词,指任何驶帆的船舶,包括装有推进器但不在使用。

根据定义显见,一艘船舶若仅使用风帆行驶,应作为一艘帆船论处,而不应考虑该船是否装有推进器;若该船在驶帆的同时又使用机器推进,则应属于机动船范畴。至于一艘既不驶帆,同时又不启动推进器,处于在航不对水移动中的船舶,究竟属于帆船还是属于机动船,《避碰规则》并无明确的规定。就合理性而言,视该船为机动船为妥。因为这种情况与关闭主机、漂浮于水面的机动船并无不同之处。就其机动能力而论,与机动船相比也并不存在差异。然而,统观《避碰规则》的规定,以及该船的形状及结构,似乎仍以“帆船”论处为好。因为,在海上,人们往往以观察一艘船的形状来确定其种类。若要判断这种类型的船舶是否装有推进机器,那就难得多了。

任务四 “从事捕鱼的船舶”的解释

学习目标

知识目标：掌握《避碰规则》对“从事捕鱼的船舶”的定义。
能力目标：能解释“从事捕鱼的船舶”的构成条件和定义。
素质目标：培养学生保护环境的意识。

“从事捕鱼的船舶”一词，指使用网具、绳钓、拖网或其他使其操纵性能受到限制的渔具捕鱼的任何船舶，但不包括使用曳绳钓或其他并不使其操纵性能受到限制的渔具捕鱼的船舶。

根据《避碰规则》的规定，判断一艘船舶是否属于“从事捕鱼的船舶”（以下均简称“捕鱼船”），应注意以下四个问题：

（1）“捕鱼船”一词是指正在从事捕鱼作业的船舶。

若一船正驶往渔场或返回渔港途中，或在海面上搜索鱼群时，均不属于捕鱼船的范畴。即使是一艘渔船亦然。

“正在从事捕鱼作业”，通常是指从下网开始，直至收网完毕的整个过程。

（2）一船在锚泊中从事捕鱼作业，或在航中从事捕鱼作业，均应视为“正在从事捕鱼作业”。

（3）“使用使其操纵性能受到限制的渔具从事捕鱼作业”，是构成捕鱼船的一项必备条件。若一艘船舶正在从事作业，然而其使用的渔具并不使其操纵性能受到限制，则该船不属于捕鱼船的范畴。

“操纵性能受到限制”，是指一船的旋回性能、停止性能受到一定的限制，或也可认为一船的转向、变速能力受到一定的限制。

本款提及“使用网具、绳钓、拖网……的任何船舶”，通常是指以下几种捕鱼船：

- 流网作业捕鱼船（也称为漂流渔船），见图2-4-1(a)；
- 围网作业捕鱼船，见图2-4-1(b)；
- 张网作业捕鱼船（从事定置渔具捕捞的船舶），见图2-4-1(c)；
- 拖网作业捕鱼船（单拖、双拖、傍拖与尾拖），见图2-4-1(d)；
- 绳钓作业捕鱼船（也属于漂流渔船中的一种），见图2-4-1(e)；
- 正在追捕鲸鱼的捕鲸船（指捕鲸炮命中鲸鱼后），见图2-4-1(f)。

若一船所使用的渔具并不使其操纵性能受到限制，则该船不属于捕鱼船的范畴。例如使用曳绳钓、手钓等渔具捕鱼的船舶。

（4）“捕鱼船”一词泛指使用机器推进或驶帆的任何船舶[但须同时具备上述（1）、（2）两个条件]。在本条中，“从事捕鱼的船舶”是指“使用使其操纵性能受到限制的渔具捕鱼的任何船舶”。它可能是一艘使用机器推进的船舶，也可能是一艘驶帆的船舶，即使是一艘专门从事捕鱼的渔船，若不从事捕鱼作业，也不应视为《避碰规则》中所述的“从事捕鱼的船舶”，不得显

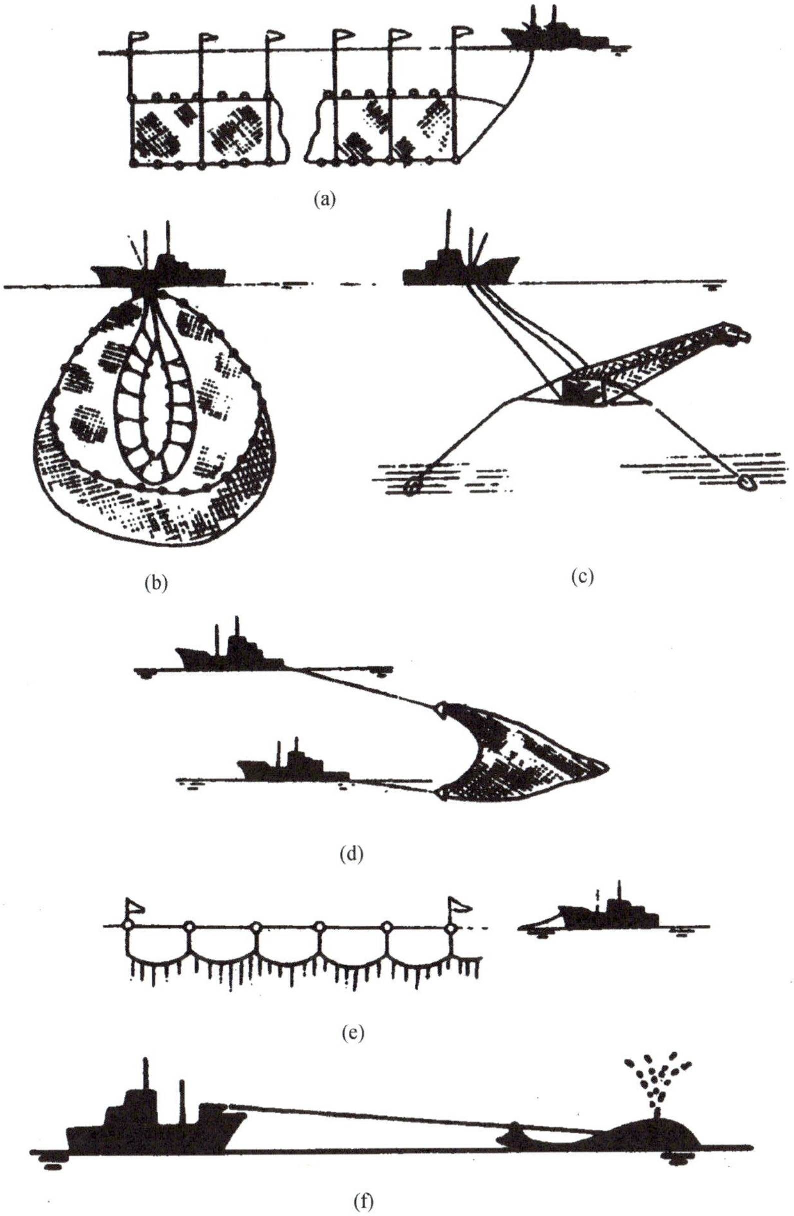

图 2-4-1　**捕鱼船**

示本条所规定的号灯或号型。“从事捕鱼作业”，是指正处于捕鱼作业之中，它包括自放网开始直至收网完毕的整个过程。但不包括驶往渔场或返回渔港的途中，也不包括在水面上搜索鱼群或正在进行灯光诱鱼的操作，尽管搜索鱼群或灯光诱鱼是进行捕鱼作业的前奏，然而这种船舶毕竟尚未下网，其操纵性能也并未受到任何渔具的限制，因而，在这种情况下，显示本条规定的号灯或号型显然为时过早。

此外，在实践中，存在从事捕鱼的船舶在航中由于主机故障或舵机损坏，导致其无法继续从事捕鱼作业，迫使其不得不中断或停止该项作业的情况。在这种情况下，该船应立即显示

"失控船"的号灯或号型,而不宜继续显示有关捕鱼船的号灯与号型。因为这艘船业已无法从事捕鱼作业,虽已不具备构成"从事捕鱼的船舶"的基本条件,但完全符合"失控船"的定义之规定。

任务五 "水上飞机"的解释

实拍水上飞机离靠泊、起降和飞行视频

学习目标

知识目标:掌握《避碰规则》对"水上飞机"的定义。
能力目标:能解释"水上飞机"的定义。
素质目标:培养学生的拓展思维。

"水上飞机"一词,包括能在水面操纵而设计的任何航空器。

"水上飞机"是指能在水面起飞和降落的飞机、飞艇或水陆两栖的其他航空器,但不包括非排水状态的船舶。"水上飞机"作为船舶论处,是指当其位于水面之时。水上飞机一旦脱离水面,则应视为飞机,适用的是空中飞行规则,而不是海上避碰规则。

任务六 "失去控制的船舶"的解释

学习目标

知识目标:掌握《避碰规则》对"失去控制的船舶"的定义。
能力目标:能解释"失去控制的船舶"的定义。
素质目标:培养学生不畏困难的顽强精神。

"失去控制的船舶"一词,指由于某种异常的情况,不能按本规则条款的要求进行操纵,因而不能给他船让路的船舶(以下均简称"失控船")。

在对该定义做出解释之时,通常应考虑以下若干问题。

1."由于某种异常的情况"的含义

"某种异常的情况"(some exceptional circumstance),通常是指船舶本身发生的一些非正常情况,或意料之外的突发变故。例如,主机故障、舵机失控、车叶损坏、舵叶丢失等一系列的机损事故导致船舶失去控制的情况。"某种异常的情况",还包括船上发生火灾,虽然火灾尚未影响到车、舵的操纵能力,但船上已处于危险、混乱之中的这种特定的非正常的情况。"某种异常的情况"还应包括某些客观原因造成的非正常情况,如:风大流急,导致锚泊船走锚;狂风巨浪,迫使船舶卸锚抛链顶风滞航;或风平浪静导致帆船丧失动力。总之,当恶劣的天气条件严重影响船舶的操纵能力时,应认为该天气条件是一种异常的情况。但这并不一定说明在恶劣的天气条件下航行的船舶即处于失去控制之中,关键还在于某种异常的情况将会给船舶航行带来什么样的结果。

2."不能按本规则各条的要求进行操纵"的含义

"本规则各条的要求",通常是指《避碰规则》第二章"驾驶和航行规则"中各条的要求。例如:第八条"避免碰撞的行动";第十六条"让路船的行动";第十七条"直航船的行动";第十九条"船舶在能见度不良时的行动规则"等条款所提出的行动要求。

"按本规则各条的要求进行操纵",通常是指根据《避碰规则》有关条款的要求,采取改变航向或改变航速的操纵行为。

"不能按本规则各条的要求进行操纵"通常有以下几种含义:

(1)由于异常的情况导致一船丧失了车让或舵让的能力,根本不能按《避碰规则》要求采取车、舵行动。例如,舵机故障,致使该船既无法保持航向,又不能改变航向。又如,车叶丢失,尽管主机完好,但形同虚设。又如,风平浪静中的帆船,本身已处于动弹不得的地步,又何谈采取避让的行动。凡此种种,均可认为业已构成"不能按本规则各条的要求进行操纵"的规定。

(2)由于异常的情况致使一船无法迅速地达到《避碰规则》所要求的操纵行动之目的,或认为需经过耽搁很长时间,才能达到操纵避让之目的。凡此种种,均可认为业已构成"不能按本规则各条的要求进行操纵"。例如:航行中的一船,主机发生故障,螺旋桨停止运转,该船正以余速在水面上移动。虽然该船尚可利用相对水流作用在舵叶上所产生的强大的舵压力来实施操舵改向的行为,然而,这种舵压力与正常情况下"排出流"作用在舵叶上所产生的强大的舵压力是根本无法比拟的。这种船舶需经过很长的时间才能达到与正常情况下瞬间即能达到的同样的操纵目的,在这种情况下,该船悬挂失控信号是完全可以理解的。但不适用于因操舵系统发生故障,而在舵机间通过有线或无线电话传递舵令直接操纵应急舵的情况。

(3)在车、舵完好的条件下,由于异常的情况致使一船只能根据航行安全的需要去操纵船舶,而无法按照避让的要求去采取行动,则可认为业已构成"不能按本规则各条的要求进行操纵"的规定。例如,一船发生火灾,此时,该船的首要任务是灭火。为避免火势蔓延及有效地控制险情,就应及时地操纵船舶,调整航向,置火源于下风侧。因而,在这种情况下,即使与他船相遇且构成碰撞危险,该船也只能按照灭火的要求去操纵船舶。又如,一船遭遇恶劣的天气条件,迫使该船只能采用顶风滞航的方法来控制船首的方向,以避免造成横风横浪而倾覆的危险。在这种情况下,虽然该船车、舵完好,但业已处于既不能转向,又不能用改变船速来操纵船舶的境地。

(4)"因而不能给他船让路"的含义

"不能给他船让路",意指一船无法履行《避碰规则》可能赋予其应给他船让路的责任与义务,无法采取有效的避让操纵行动。

通过以上分析不难看出,"异常的情况"是构成一船失控的基本条件;"不能按本规则各条要求进行操纵",是判断一船失控的必备条件;"不能给他船让路",是确定一船失控的最终条件。若一艘船舶同时具备上述三个条件,即可认为业已构成"失去控制"。

此外,应予以注意,《避碰规则》在确定失控船的定义时,仅以一船是否存在失控的客观事实为依据,而不考虑导致失控的原因是人为过失或疏忽,还是意料之外或不可抗力。

若失控船在失控期间(根据该款定义,仅指其在航期间),未能按照《避碰规则》的规定显示号灯、号型,则将丧失《避碰规则》给予的一切权利,第十八条“船舶之间的责任”条款对其也将无法适用。

若失控船一旦被拖带,或处于搁浅、锚泊或系岸之中,则该船将成为一艘被拖船、搁浅船、锚泊船或系岸船,而不再是一艘《避碰规则》所定义的“失控船”。通常失控船仅存在于在航状态。

任务七 “操纵能力受到限制的船舶”的解释

学习目标

知识目标:掌握《避碰规则》对“操纵能力受到限制的船舶”的定义。
能力目标:能解释“操纵能力受到限制的船舶”的定义。
素质目标:培养学生文明礼让的中华美德。

“操纵能力受到限制的船舶”一词,指由于工作性质,使其按本规则条款要求进行操纵的能力受到限制,因而不能给他船让路的船舶。“操纵能力受到限制的船舶”一词应包括,但不限于下列船舶:

(1)从事敷设、维修或起捞助航标志、海底电缆或管道的船舶;

(2)从事疏浚、测量或水下作业的船舶;

(3)在航中从事补给或转运人员、食品或货物的船舶;

(4)从事发射或回收航空器的船舶;

(5)从事清除水雷作业的船舶;

(6)从事拖带作业的船舶,而该项拖带作业使该拖船及其拖带物驶离其航向的能力严重受到限制者。

根据《避碰规则》第十八条的规定,“操纵能力受到限制的船舶”(以下简称“操限船”)与失控船一样,也是法定的直航船。就船舶间避让责任而言,两船具有同等的权利与义务。然而,在定义上,两船具有较大的差异。

1.“由于工作性质”的含义

“工作性质”(the nature of her work)一语,意指一船所从事的作业。通常情况下,它不包括运输船承担的营运工作,以及为确保航行安全所进行的“测速、校正罗经差”等常规的航海业务。就工作范围而论,《避碰规则》列举了六种从事各种作业的船舶。但随着科技水平的发展,各种类型船舶的出现,将可能使该范围进一步扩大,这就是《避碰规则》在本款中使用“应包括,但不限于下列船舶”一语的潜在含义。

此外,《避碰规则》在本款中提及“工作”一词,意指一船正在从事的作业,而并非船舶的种类。例如一艘疏浚船,若未进行疏浚工作,该船就不是《避碰规则》所讲的疏浚船,更不是本款所谓的“操限船”了。

2. “使其按本规则条款要求进行操纵的能力受到限制”的含义

“按本规则条款要求进行操纵的能力”,是指《避碰规则》有关条款要求一船为避免碰撞的发生而采取改变航向或改变航速的能力。

“使其按本规则条款要求进行操纵的能力受到限制”,是指一船由于工作的性质致使其按《避碰规则》的要求采取转向、变速的避让操纵能力受到一定的限制,但实际上该船的车、舵完好。例如,正在从事疏浚的船舶,若按照《避碰规则》的规定,采取大幅度的转向,或大幅度的变速,不但将使其无法继续从事作业,甚至还可能损坏船舶的设备或疏浚的装置。在这种情况下,即可认为该船按《避碰规则》的要求进行操纵的能力受到限制。就这一情况而言,操限船的避让操纵能力较失控船要优越得多,前者仅仅是操纵能力受到一定的限制,后者却是根本不能进行操纵。

3. “因而不能给他船让路”的含义

“不能给他船让路”,是指该船无法履行《避碰规则》可能给予的让路的责任与义务。在这一方面,操限船与失控船并无不同之处,这就是《避碰规则》在确定船舶之间责任时,把操限船与失控船并列为“同一等级”的理由所在。

鉴于上述,不难看出,若一船由于工作性质,致使其按要求进行操纵的能力受到限制,因而不能给他船让路,则该船即为一艘“操限船”。

在对本款提及的六种“操限船”(当该项作业使得拖船与被拖船驶离所在航向的能力严重地受到限制。当然,还不仅限于上述六种船舶)做出解释之时,尤其应注意下述两种类型的船舶,即“在航中从事补给或转运人员、食品或货物的船舶”以及“从事拖带作业的船舶”。

关于“在航中从事补给或转运人员、食品或货物的船舶”的若干问题。

(1)“在航中”一词的含义

“在航中”一词意指从事补给或转运人员、食品或货物的船舶,以及被补给的船舶,即接受人员、食品或货物的船舶,均应处于在航之中;若被补给的船舶处于锚泊、搁浅或系岸,则该款不适用,补给船也不能成为一艘操限船。

(2)从事补给或转运人员、食品或货物的船舶的范围

通常情况下,在航中从事添补燃料、淡水、食品、备件、物料或转运货物,以及接送人员的供油船、供水船、交通船、转运货物的驳船(自航式或被拖带)与被补给船或被转运船均属于这一范畴。

然而,正在从事接送引航员的引航船与被引航船舶,虽然事实上它们是在进行转运人员的操纵,但通常情况下,这些船均没有按照“操限船”的规定显示号灯与号型,而仅显示引航船的有关号灯或悬挂引航信号旗以表示正在进行该项作业。因而,通常也就不认为它们属于“操限船”的范畴。

(3)补给船与被补给船的关系

在航中从事补给或转运人员、食品或货物作业时,通常总是被理解为由补给船与被补给船共同从事或共同完成的一项作业,若不存在被补给船,也就无所谓补给船,这一项作业也就不存在了。因而,凡是由两艘或两艘以上的船舶共同构成某一项作业,或共同从事或共同完成某一项作业,这些船舶均应被视为一种类型的船舶,并负有同等的责任与义务。但应指出的是,如果补给船与被补给船在进行补给或转运的作业时,两船并靠在一起,并使用缆绳保持两船不

至于分离，则该两船均不得被视为《避碰规则》所指的“操限船”。因为，这种情况与“傍拖”并无多大的差异。实际上，本款中所指的“在航中从事补给或转运”，通常是指在恶劣的海况下，为确保顺利从事补给或转运作业，为避免两船在大风浪中并靠作业而造成船体破损，使两船保持一定的间距，采用同一个航向与同一个速度，从而使两船处于相对稳定的状态，而后通过其他的途径，完成补给或转运之工作。也只有在这种情况下，两船的避让操纵能力才受到严格的限制，才符合操限船的定义。否则，该两船均不得被视为“操限船”。

(4)关于“从事拖带作业的船舶”的若干问题

①“驶离所驶航向的能力”的含义

“驶离所驶航向的能力”(the ability to deviate from their course)，意指驶离初始航向的能力，即离开初始航向的能力，通常也被解释为一船转向的能力。

②“拖带作业使该拖船及其被拖船驶离所在航向的能力严重受到限制”的含义

从事拖带作业的船舶，是否具备操限船的条件，其驶离所在航向的能力无疑将是一个关键的因素。常识告诉我们，一船从事拖带作业，则该船的旋回性能以及该船与被拖船的转向能力将必然受到一定的影响与限制，然而，并非所有的拖带作业船舶均为《避碰规则》所述的操限船，如黄浦江中的“一条龙”拖船队。只有当该项拖带作业使该拖船及其被拖船驶离所在航向的能力严重地受到限制时，才应认为具备操纵能力受限的条件。例如，当一船在海上拖带大型遇险船舶时，由于种种原因，往往会形成被拖船“偏荡”的现象，即被拖船偏离拖船首尾线方向，形成偏荡角(拖船首尾向与被拖船首尾向间的夹角)，从而影响拖船保持航向及改变航向的能力。有时，该偏荡角甚至高达90°~120°，造成被拖船超前拖船的异常现象，从而严重地影响拖船的操纵能力，甚至使其丧失保持航向与改变航向的能力。又如在海上拖带中，若拖船在全速行驶的情况下采用大角度舵让，将很可能由于被拖船的巨大惯性力而使拖船形成横拖，甚至造成拖船大幅度的横倾而危及拖船的安全。凡此种种，均可认为该拖船按照《避碰规则》要求进行操纵的能力业已受到限制。

③关于被拖船的法律地位及避让责任

由于拖船与被拖船共同构成了拖带作业，而该项作业又使拖船及被拖船偏离所驶航向的能力严重地受到限制，因而，该拖船与被拖船均应被认为属于同一等级的船舶。若拖船属于操限船，则被拖船也属于操限船的范畴。

任务八 “限于吃水的船舶”的解释

学习目标

知识目标：掌握《避碰规则》对“限于吃水的船舶”的定义。

能力目标：能解释“限于吃水的船舶”的定义。

素质目标：培养学生在不利环境下的奋斗精神。

“限于吃水的船舶”一词，指由于吃水与可航水域的可用水深和宽度的关系，致使其驶离航向的能力严重地受到限制的机动船。

1. 关于“限于吃水的船舶”一词的由来

1968 年，国际海协（即现在的国际海事组织）在海大决议 A. 162/Ⅳ中建议：深吃水船舶（deep draught vessel）在宽敞的水域中，如离开所驶航向即会有搁浅危险时，应当显示三盏环照红灯或一个圆柱体的信号，以便能为吃水较浅的船舶识别和避让。

1972 年，与会代表曾经就是否在《避碰规则》中增添关于“深吃水船舶”的条款进行过讨论。然而在研究应给该船如何下定义时，代表们认为，若根据某些任意的尺度或吃水的大小来确定其定义，显然是困难的，也是不合理的。同时，代表们也认为在决定这一类船舶时，也不能仅局限于超大型船舶，即使是一般的船舶，在受限水域中航行，也可能出现如海大决议 A. 162/Ⅳ中所述的“如离开所驶航道即会有搁浅危险”的情况。会议最后决定采用“限于吃水的船舶”一词取代“深吃水船舶”更为合适。

2. 关于“限于吃水的船舶”的定义

在确定“限于吃水的船舶”的定义时，应着重考虑下述三个问题。

（1）吃水与可航水域的水深和宽度的关系

一艘船舶在某一水域中航行，其可航水域的宽度大小将取决于该船的吃水与所处水域的水深之间的关系，以及该处水域的自然地理所形成的条件。

例如，一艘深吃水的船舶在一处浅水域中航行，尽管该处水域宽阔，但由于该船吃水太大，而附近水域水深太浅，导致可供该船航行的水域宽度变窄。可见，开阔的水域变成狭窄的航道，完全是由于该处的水域水深无法满足该船的吃水需要。长江南水道圆圆沙航槽所处的水域即为典型的一例。

又如，一艘船舶在某狭水道中航行，尽管该水道极为狭窄，可航宽度甚小，然而，这与船舶的吃水毫无关系。可航宽度太窄，完全是由地理自然条件所导致的，上海港黄浦江即为典型的一例。

不难看出，《避碰规则》在本款中所提及的船舶的吃水、所处水域的水深、可航水域的宽度三者之间的关系，无疑是指上述的第一种情形，而并非第二种情形。

（2）驶离所在航向的能力

驶离所在航向的能力，通常又被理解为一船的转向能力。而转向能力是否受到限制，又取决于可航水域的宽度大小。若一船为避免碰撞的发生，按照《避碰规则》的要求，采取及早的、大幅度的转向行动，以至驶离所在的航道，导致搁浅事故的发生，若是如此，即可认为该船的转向能力，即驶离所在航向的能力业已严重地受到限制。因而，可航水域的宽度是决定一艘船舶驶离所在航向的能力是否受到限制的一个主要因素，而转向避让行动的效果（是否导致搁浅），是确定一艘船舶驶离所在航向的能力是否严重地受到限制的一种标准。

总之，在确定一艘船舶是否“限于吃水”之时，考虑的主要因素是可航水域的宽度（或可供回转的水域），而不是龙骨下的水深。即使一艘超大型的船舶在浅水中以小量的富余水深行驶，其旋回性能也会受到严重的影响，然而，确有足够的水域采取避让行动（至少可容纳该船的一个旋回圈），该船就不能视为一艘限于吃水的船舶。

又如，一艘船舶驶离所在航向的能力严重地受到限制，一旦离开所驶的航道，即会有触岸、碰撞码头的危险，然而导致这种限制的原因与该船吃水无关，则该船也不能被视为“限于吃水的船舶”,而应以“只能在狭水道或航道内安全航行的船舶”论处。只有当一船吃水太大,水深太浅,导致可航宽度变窄,转向能力严重地受到限制时,才应视该船为“限于吃水的船舶”。这一解释通常适用于那些因在两浅滩间驶过而无法做明显的转向,尤其是做向右转向的船舶。在一般的情况下这一解释也适用于在船舶的前方航路上约有10倍船长的距离内存在有浅滩,并且将可能严重地限制该船的转向能力的船舶。

(3)“限于吃水的船舶”的适用范围

根据《避碰规则》的定义,“限于吃水的船舶”不但应具备上述(1)、(2)两个条件,还必须是一艘“机动船”。如果一艘大型的重载帆船行驶于浅水之中,即使其驶离所在航向的能力严重地受到限制,也不能被视为一艘限于吃水的船舶,而显示《避碰规则》第二十八条规定的信号。

然而,在某些水域,出于航行安全的目的,有些地方当局做出了一些特殊规定,要求一定尺度以上或超过某一吃水的船舶应显示“限于吃水的船舶”的信号(根据我国《内河避碰规则》的规定,长江水域吃水超过7 m,珠江水域吃水超过4 m即被认定为限于吃水的海船)。在这种情况下,“限于吃水的船舶”一词的定义将不再适用,而适用的是《避碰规则》第一条2款的规定(特殊规定)。

任务九 “在航”的解释

学习目标

知识目标:掌握《避碰规则》对“在航”的定义。

能力目标:能解释“在航”的定义,能解释“锚泊”“系岸”“搁浅”。

素质目标:培养学生的逆向思维。

“在航”一词,指船舶不在锚泊、系岸或搁浅。

根据本款的规定,显然,《避碰规则》把船舶的运动状态分为在航、锚泊、系岸与搁浅四种。若船舶不在锚泊、系岸或搁浅,则必然处于在航。因而,该条约适用的关键在于对锚泊、系岸或搁浅做出正确的解释。

1.“锚泊”的含义

“锚泊”(anchor)一词,意指船舶在锚的抓力牢固地控制下的一种运动状态。

“在锚的抓力牢固地控制下”,是指船舶一旦下锚,锚爪牢固地抓住河床、海底,锚位不再松动,船舶只能围绕锚位,在锚链长度的极限范围内随风流漂荡回转的一种状态。而拖锚航行,或抛锚协助掉头,不应视为锚泊。因为在这两种运动状态中,船舶的运动仍然受推进机器的支配,而锚的应用仅仅是一种辅助的手段,锚的着位点也在随着船舶的移动而移动。同样,锚泊状态中的船舶,由于风大流急,若最终导致走锚,在这种情况下,船舶业已脱离锚抓力的控制,锚位也开始移动,因而,应作为“在航”论处,而不应继续视为“锚泊”。

“锚泊”的含义,并不限于仅依赖本船的锚抓力来控制本船运动的这种情况,还包括一艘船舶系靠在另一艘锚泊船的旁边。此外,锚泊的含义还适用于一艘并不想锚泊,但抛出的锚抓牢了障碍物,如海底礁石或岩缝或其他障碍物而无法继续行驶的船舶。锚泊的过程通常以“锚抓底”与“锚离底”分别作为锚泊开始与结束的依据。

2. “系岸”的含义

“系岸”(made fast to the shore)一词,意指船舶借助缆绳的拉力而牢固地系靠在岸壁或码头的一种状态。所谓“牢固地系靠”,是指船舶的缆绳系带在岸上的缆桩之上,即可认为在航的结束、系岸的开始。靠泊时,当第一根缆绳牢固地系带在岸上的缆桩,即可认为在航的结束、系岸的开始;离泊时,解脱最后一根系带在岸上缆桩的缆绳,即告系岸的结束、在航的开始。至于靠、离泊过程中采用“溜缆”之时,是否可视为如抛锚过程中的“拖锚”,值得探讨,但确有其相似之处。

总之,船舶运用缆绳直接或间接地系靠在岸壁或码头,均可视为“系岸”。例如,一艘船舶借助缆绳系靠在岸壁、码头或系靠在一艘系岸船的旁边。

至于系带浮筒的船舶,究竟应属于系岸还是锚泊,《避碰规则》对此并无明确的规定。然而就系带的方式而言,系带浮筒的船舶毕竟是运用缆绳或运用已经下锚的锚链来控制船体的运动,与锚泊的方式具有较大的区别。即使在系带浮筒运用缆绳的同时,也抛下一锚落底,这种抛锚也仅仅是一种辅助手段,就像系岸船也常常抛下一只外档锚一样。而这种情况,也仅在系带双浮筒(即艏艉均用缆绳,包括尼龙缆与钢丝缆,系带浮筒)时使用。例如,黄浦江的系浮船。而系带单浮筒时,通常采用锚链及缆绳同时系带的方式,而不宜再抛另一锚落底,以免该锚链与系浮锚链、缆绳相纠缠。

例如,香港地区锚地的系浮船,通常采用卸锚的锚链直接系挂浮筒,因而,这些船舶通常不开启锚灯与悬挂锚球,而仅显示甲板照明灯以表明处于系浮之中。因而,将该类停泊在“锚地”的船舶归入系岸船似乎更为合适。

3. “搁浅”的含义

“搁浅”(aground)一词,意指船舶搁置在浅滩之上,船舶丧失浮力,无法漂浮航行的一种状态。即使尚能在主机的驱动下做局部的船体移动,但仍然无法脱浅,仍应视为搁浅。在确定“搁浅”这一含义时,《避碰规则》只考虑客观存在的一种事实,即搁置在浅滩之上而无法漂浮的事实,而不考虑搁浅的原因以及脱浅的方式。因而,不论是由于人为的过失导致搁浅,还是出于意料之外的原因,或是由于潮水的涨落而引起的坐底(即坐浅);不论是依靠车、舵自力脱浅,还是借助外力,如拖船拖带、驳船过驳货物脱浅,还是等待涨潮自动起浮,船舶一旦处于搁浅之中,即应被视为一艘搁浅船。

我国主管机关在有关海事分类的规定中,认为“一船搁置在浅滩上造成财产损失或超过12 h,则应视为搁浅”的定义不适用于《避碰规则》中所述的搁浅。而《避碰规则》中所述的“搁浅”也不适用于那种“船体与水底接触,但尚能航行”的“擦底”。

船舶在搁浅期间,应显示《避碰规则》规定的号灯、号型,鸣放相应的声号,一旦脱浅之后,应按在航的规定,显示有关号灯、号型,鸣放相应的声号。

4. 关于在航的两种状态

船舶不在锚泊、系岸或搁浅,即为在航。根据《避碰规则》第三章、第四章的规定,在航又有“对水移动”与“不对水移动”之分。

①在航对水移动的含义

“对水移动”(making way through the water)一词,意指船舶在推进设备的作用下,在水面移动的一种运动状态。推进设备的作用，通常包括主机的驱动、风帆的使用、人力的荡桨，以及被拖船在上述三种动力的拖带下所产生的运动。“对水移动”包括一船在航行中主机停转、风帆落下、停止荡桨，但仍以惯性运动的这一过程。

②在航不对水移动的含义

“不对水移动”一词，意指船舶在推进设备的作用消失之后在水面上漂浮的一种运动状态。也就是船舶在停止使用推进设备，并且惯性冲程完全消失之后的一种状态。“不对水移动”包括船舶在惯性冲程消失之后，随流漂移以及由于风流不一致，且风的作用大于流的影响而产生的一种向下风侧漂移的运动，甚至还包括“走锚船”由于其漂移速度低于水流速度所产生的相对于水的运动。

任务十 “船舶的‘长度’和‘宽度’”的解释

学习目标

知识目标：掌握《避碰规则》对“船舶的‘长度’和‘宽度’”的定义。

能力目标：能解释“船舶的‘长度’和‘宽度’”。

素质目标：培养学生的规范意识。

船舶的‘长度’和‘宽度’是指船舶的总长度和最大宽度。

船舶的长度（length overall）是指船舶最前端与最后端之间（包括外板和两端永久性固定突出物在内）的水平距离。船舶的最大宽度（greatest breadth）包括船舶外板和永久性固定突出物在内的垂直于纵中线面的最大水平距离。《避碰规则》中的船舶尺度应是船舶的实际最大尺度。

任务十一 “互见”的解释

学习目标

知识目标：掌握《避碰规则》对“互见”的定义。

能力目标：能解释“互见”的定义。

素质目标：培养学生严谨的求学态度。

只有当两船中的一船能自他船以视觉看到时，才应认为两船是在互见中。

在对“互见”（in sight of one another）一词做出解释之前，通常应注意以下三个问题。

1.“互见”应以视觉看见为依据

《避碰规则》在条款中引用了“视觉看到”(observed visually)这一短语,显然“视觉看到”是指以具有正常视力的肉眼看到他船的船体或灯光。若船舶只能在雷达上发现他船的回波,或在VHF上得到他船的信息,或仅凭耳朵听到他船鸣放的雾号,而在视觉范围内尚无法清楚地看到他船的存在,则不应视为在互见之中。即使两船在能见度不良的水域中已接近到能用眼睛发现他船的模糊轮廓,若尚无法判断其艏艉或其动向时,也不得视为业已处于“互见”之中。

“视觉看到”似乎还应包括使用望远镜之类的光学仪器进行瞭望。望远镜的使用与雷达、VHF的使用具有本质的区别。望远镜的使用无非增强了人类视力的功能,其发现的仍是船舶的船体与灯光,从这一方面讲,与眼睛看到并无区别。雷达、VHF的使用,虽然能在较早的时候、较远的距离上获得他船的信息,但得到的仅仅是“回波图像”与“声音”,而不是船舶的实体,这是其一。其二,就“互见”条款是否适用而言,两船一旦处于互见之中,也并不意味着“互见”条款即时适用。“互见条款”的适用与否,还取决于两船距离的远近,以及是否构成碰撞危险。即使两船在十几海里业已处于互见之中,但“远距离不存在碰撞危险”的这一决定“互见”条款在远距离情况下不适用的原则,仍在起主导作用。因而,把在望远镜中发现来船即视为两船处于互见,并不会因此而导致“互见”条款适用的条件发生变化。

2.从法律上解释,“互见”的构成并不以“相互看见”为条件

“互见”一词,并非意味着“相互看见”。《避碰规则》原文的含义,即指“处于两船中一船的视觉范围之内”,也就是说,只要一船能用视觉发现另一船,对一船来说,两船业已属于“互见”,而无须非要构成相互间看到不可。当然,“相互看见”是“互见”,但对该“互见”一词做出解释之时,应注意《避碰规则》并非要求两船应在同一时刻“相互看见”,否则,《避碰规则》就应将“in sight of one another”改成“in sight of each other”。

对“互见”一词采用这一定义方式具有较实际的使用意义与独特的好处。第一,使在航中的各船能自觉地保持正规瞭望,力争在视觉的范围之内及时发现来船,否则当来船业已发现本船,而本船尚未看到来船,将必然被指责犯有未能保持正规瞭望之疏忽过失,因为在一般情况下,只要他船能以视觉看到本船,则本船也应能以视觉看到他船。第二,有助于在航中的船舶自觉地、积极地遵守《避碰规则》的规定。例如,当一船用视觉看到他船时即可认为业已处于互见之中,该船即可根据《避碰规则》有关互见条款的规定,独自采取《避碰规则》准许或要求的行动,而无须进一步确认他船是否也能同时发现本船,从而避免因确认互见的构成而延误避让时机,酿成紧迫局面的后果。第三,在某些特定的条件下,确实也存在着两船不能同时以视觉相互看到的情况。例如,因两船的号灯能见距离不一致时,将必然导致两船无法在同一时刻相互看见。又如,低层雾遮蔽了一侧的驾驶台,而未遮蔽其大桅及雷达天线等物体,也可能造成另一船看见该船的桅灯或桅杆,而该船根本无法用眼睛判断他船的存在。在这一特殊情况下,业已用视觉发现来船的船舶,尤其应保持高度的戒备,按照良好船艺的要求,及早地、主动地采取避让行动。而尚未用视觉发现他船的船舶,也应保持高度的谨慎,对当时的局面以及碰撞危险做出充分的估计与判断。在通常的情况下,应根据当时的能见度以及当时的环境及其情况做出判断,并采取相应的行动。

3.“互见”适用于任何能见度

《避碰规则》在第二章“驾驶和航行规则”中,规定了船舶在三种情况下的行动规则:第一节,“船舶在任何能见度情况下的行动规则”;第二节,“船舶在互见中的行动规则”;第三节,

“船舶在能见度不良时的行动规则”。《避碰规则》做出这一种规定,很可能会给人造成上述“三规则”是指在各种能见度(能见度不良、能见度良好、任何能见度)情况下的行动规则之假象,然而《避碰规则》并无此意图。在“互见”条款中,《避碰规则》仅强调以视觉看到为条款适用的依据,而并无局限于能见度良好的情况,也就是说,在视野良好的条件下,必然存在着“互见”,然而,在能见度不良的水域中,两船也可能在某一时刻必然相互处于各自的视觉范围之内,即使如此,也符合“互见”之定义。因而,在各种能见度情况下均可能存在着互见,对此,应引以注意,尤其是在雾区及其他能见度受到限制的水域中航行之时。

任务十二 “能见度不良”的解释

学习目标

知识目标:掌握《避碰规则》对“能见度不良”的定义。
能力目标:能解释“能见度不良”的定义。
素质目标:培养学生保护环境的意识。

“能见度不良”一词,指任何由于雾、霾、下雪、暴风雨、沙暴或任何其他类似原因而使能见度受到限制的情况。

“能见度不良”是指当空气中混入雾、霾、雪、雨、沙暴等某些介质后空气的透光度减小从而使能见距离受到限制的情况。显然,在狭水道的弯头或岛礁区两船被居间障碍物遮蔽而相互看不见的情况不属于“能见度不良”。“任何其他类似的原因”包括来自本船、他船或岸上的烟雾及尘暴等。虽然《避碰规则》没有对“能见度不良”做出定量的规定,但航海实践中通常的做法是能见度小于5 n mile时,即应将主机备好车,当能见度2 n mile时,按规定鸣放雾号。

应当注意的是,“能见度不良”并不与“互见”相对应。在能见度良好时,两船可以在较远的距离上“互见”,在能见度不良时,两船只能在接近到较近的距离上才能“互见”。

任务十三 “地效船”的解释

学习目标

地效船的历史、应用和未来发展视频

知识目标:掌握《避碰规则》对“地效船”的定义。
能力目标:能解释“地效船”的定义。
素质目标:培养学生勇于开拓的精神。

“地效船”一词,系指多式船艇,其主要操作方式是利用表面效应贴近水面飞行。

1. 地效船的四种操作方式

(1)贴近水面起飞；

(2)贴近水面降落；

(3)飞行，包括贴近水面掠水飞行(高度在1.5~6 m)；

(4)在水面操纵，包括低速排水航行和锚泊。

2. 地效船的特点

(1)适应性强；

(2)航速快；

(3)隐蔽性好；

(4)操纵性好；

(5)经济性好。

地效船的鉴别：除显示机动船规定的号灯，地效船在贴近水面起飞、降落和飞行时，还应显示高亮度的环照红色闪光灯。地效船在不同状态下的责任和义务是不同的，详见《避碰规则》第十八条。

项目三

信号识别

[项目描述]

为了便于识别船舶的种类、大小、动态以及工作性质,《避碰规则》规定了相应船舶在相应动态下应显示的号灯和号型,还规定了相应的声响信号及应用场景。本项目要求学生在航海模拟器上根据船舶种类、大小、动态和工作性质,显示相应的号灯和号型;识别其他船舶的号灯和号型;鸣放和识别声响信号;根据所听到的声响信号正确判断相应船舶的种类和动态;使用探照灯引起他船注意;识别遇险信号,并使用模拟器中现有设备发出遇险信号。

任务一 认识号灯、号型的一般规定

学习目标

知识目标：掌握号灯和号型的适用范围和作用。

能力目标：能在正确时间显示号灯和号型。

素质目标：培养学生用不同角度思考问题的习惯。

号灯和号型的一般规定教学视频

一、号灯和号型的用途

号灯和号型(lights and shapes)是用来表示船舶种类、大小、动态和工作性质的各种灯光和型体。

通过对号灯、号型的观察与识别，不但能了解一船的种类、大小与动态，还可以作为判断一船的航向、两船所构成的会遇局面，以及是否存在碰撞危险的依据。

在避让操纵中，观察他船号灯的变化情况，如两盏桅灯的水平张角变化的趋势、异舷灯的出现，以及灯光颜色及发光强度等方面的情况，即可进一步了解他船所采取的操纵行动及避让意图，同时还可据此核查双方避让行动的有效性。

总之，号灯与号型是每船必不可少的重要装置，也是构成船舶适航的重要组成部分，同时，也是决定避让行动的主要依据。船舶所有人、船长及船员，对此应予以高度的重视，确保号灯、号型的良好技术状况。否则，《避碰规则》将不免除任何船舶、船舶所有人、船长及船员由此而产生的各种后果的责任。尤其是船舶所有人，若被证实在遵守号灯或号型方面犯有疏忽或过失，并因此导致事故发生，则船舶所有人将可能丧失责任限制的权利，保险公司也可能据此予以拒赔。

二、号灯、号型的适用范围

［第二十条］ 适用范围

1. 本章条款在各种天气中都应遵守。

2. 有关号灯的各条规定，从日没到日出时都应遵守。在此期间不应显示别的灯光，但那些不会被误认为本规则各条款订明的号灯，或者不会削弱号灯的能见距离或显著特性，或者不会妨碍正规瞭望的灯光除外。

3. 本规则条款所规定的号灯，若已设置，也应在能见度不良的情况下从日出到日没时显示，并可在一切其他认为必要的情况下显示。

4. 有关号型的各条规定，在白天都应遵守。

5. 本规则条款订明的号灯和号型，应符合本规则附录一的规定。

1. 关于“在各种天气中都应遵守”的含义

本款要求各种类型的船舶在各种天气中都应遵守本章各条关于号灯、号型的各项规定。“各种天气”(all weathers),是指不论阴天还是晴天,不论刮风下雨还是风和日丽,也不论能见度不良还是能见度良好,甚至在狂风暴雨的恶劣天气情况下,都应严格地遵守本章各条的规定。若一船未能按规定显示号灯或号型,并由此而导致碰撞事故的发生,则该船将被指控犯有严重的过失,还将可能承担重大的法律责任。例如,我国某油船在驶离大连港时,因主机失控,辅机停转,船长操纵不当,导致与一艘外轮发生碰撞。由于该油船在失控期间未能显示失控号灯,同时在全船停电的情况下,未能采取一切措施以表明船舶的位置及动态,因而被海事仲裁委员会指责犯有“在遵守号灯规定方面的严重过失”,被裁定应承担85%的碰撞责任。由此可见,作为船长或值班驾驶员,对此应高度重视,尤其是应随时保证号灯处于良好的技术状态,即使是为紧迫情况备用的应急灯(使用蓄电池电源)或煤油灯,也应加以妥善的保养并使其处于随时可用的状态。如果发现有任何号灯的损坏灭失,应立即予以修复或替换。若由于恶劣的天气条件而耽搁对号灯、号型的修复,也应在航海日志中记载号灯熄灭的时间、未能修复的理由。

2. 显示号灯的时间

显示号灯的时间通常为:

①从日没到日出;

②在能见度不良的白天;

③在一切其他认为必要的情况下。

关于“能见度不良”(restricted visiblity)一词,意指任何由于雾、霾、雪、暴风雨、沙暴或任何其他类似原因而使能见度受到限制的情况。

《避碰规则》在“能见度不良”的定义中,罗列了各种各样导致能见度受到限制的原因,如雾、霾、雪、暴风雨、沙暴或任何其他原因。“任何其他原因”,通常是指来自本船、他船或岸上的烟雾,以及冷锋带来的尘暴及其他。由于《避碰规则》在本款中未提及大、中、小雨也可能给能见度带来一定的限制,因而,认为“大、中、小雨使能见度受到限制的情况不在此列”的观点,似乎欠妥。虽然《避碰规则》并无对“受限制的能见度”做出定量的规定,然而,在理解该款时,尤其实际运用“能见度不良”的有关条款时,采用某一“量”的规定,是必要的,尤其是对从事船舶操纵的人员,具有积极的指导意义。否则,势必造成各船在执行与遵守“船舶在能见度不良时的行动规则”以及“能见度不良时使用的声号”规定的不一致。目前,在给予“能见度不良”量化的这一问题上,国内外的学者或海员持有多种观点与建议,例如:

(1)1972年,在讨论1972年规则草案的会议上提议“给能见度不良予以量化的定义”时,海协修订避碰规则工作小组组长曼森时答复英国气象局一位专家时指出:“这明显是不可能的,如果海员看不见他们能知道其距离的目标,他们怎能测量能见度?目前,海员只能依赖天气预报(可能是错的)或依靠自己的估计。”

(2)以气象学中“能见度等级划分标准”作为受限的能见度的确定依据,即视程低于2 n mile,即为“能见度不良”。

(3)根据《避碰规则》的实际运用,建议将船长为50 m或以上的船舶的舷灯最低能见距离200 m以上的船舶的雾号可听距离(即3 n mile或2 n mile)作为能见度不良的定量标准。

(4)采用某一视程范围作为确定能见度不良的量化范围。如中国远洋海运(集团)公司

(以下简称“中远海运”)《雾航安全制度》规定:“当能见度在3~5 n mile时,即认为是能见度不良,应处于雾航的戒备状态。”

(5)英国A. N. 科克罗夫特教授、荷兰J. N. F. 拉梅杰船长在《海上避碰规则指南》一书中论述能见度不良时的行动规则时认为,当能见度小于5 n mile时,由于雾能迅速形成,因此,对任何船来说,谨慎做法至少是将主机备好车。

尽管在这一问题上存在有上述不同的观点与建议,然而,目前在国际上,当能见度低于5 n mile时,可以认为已处于能见度受到限制(即能见度不良)的水域之中。这一观点已被广大海员所接受,并且在船舶碰撞的司法实践中也被加以应用。

“必要的情况”,通常是指在能见度不良的水域附近,或虽然已是日没前或日出后的时间,但由于各种原因,天色仍然较黑暗,视线不佳。

虽然《避碰规则》要求船舶应在日没至日出期间显示规定的号灯,但也未反对在日出至日没期间也显示规定的号灯。

3. 不应显示的灯光

《避碰规则》明确规定,下述三种灯光将不得显示:

(1)会被误认为《避碰规则》订明的灯光

一船按《避碰规则》的要求显示规定的号灯之外,又显示了其他一些灯光,以致被他船误认为是另一种类的船舶,或被误认为是另一种运动状态船舶,则往往被法院指责犯有严重的过失。在我国,不少船员也有这么一个习惯,即在靠、离泊或掉头操纵中,由于车锚并用而同时开启航行灯与锚灯。又如在走锚中,在尚未关闭锚灯的情况下,又显示了失控灯或航行灯,这种做法必然导致他船难以判断本船究竟是处于在航还是锚泊,或是搁浅。显然,这种做法是《避碰规则》不允许的。同样道理,若一船在白天错误地悬挂号型,因此导致他船判断失误,则也必然被认为犯有严重的过失。

(2)会降低号灯的能见距离或削弱显著特性的灯光

实验表明,若在一盏号灯的左右或背后再显示其他的灯光,则必然导致该盏号灯的能见距离大大地下降。若在一盏红色灯光的左右及背后显示白色灯光,则在远处观察,这盏红色的灯光将会变成一盏橘黄色的灯光。因而,为确保号灯的能见距离及显著特性不致被削弱,应尽可能避免在号灯的周围再显示其他的灯光。

(3)会妨碍正规瞭望的灯光

夜间航行,若船上灯光外漏,海图室灯光外泄,甚至驾驶台各仪表的指示灯太亮,均会严重地影响瞭望人员的瞭望视线,导致无法及早地发现来船,以及无法对当时的局面做出充分的估计与判断。为确保正规瞭望不致被妨碍,船舶应严格控制灯光外漏,尤其是桥楼的前侧及驾驶室。

4. 悬挂号型的时间

《避碰规则》第二十条4款指出:有关号型的各条规定,在白天都应遵守。所谓的白天,是指天空明亮、光线很好的一段时间。虽然晨昏蒙影期间仍属于“日没至日出”,然而在这一段时间,天色明亮、光线较好,因而也可视为白天。《避碰规则》这一规定,必然导致在某个时刻将同时显示号灯与号型。例如,晨昏蒙影期间,既属于“日没至日出”,又属于“白天”的范畴,因而,在显示号灯的同时,又必须悬挂号型。又如,在能见度不良的白天,既适用显示号灯的规定,又符合悬挂号型的要求。

任务二 认识号灯、号型的定义、位置和技术细节

学习目标

知识目标：掌握号灯的定义和能见距离，掌握号灯、号型的安装要求。

能力目标：能根据号灯情况判断他船大致航向及航向区间，能根据号灯、号型的位置判断号灯的种类。

素质目标：培养学生一丝不苟的探究精神。

［第二十一条］　定义

1.“桅灯”是指安置在艏艉中心线上方的白灯，在225°的水平弧内显示不间断的灯光，其安装要使灯光从船的正前方到每一舷正横后22.5°内显示。

2.“舷灯”是指右舷的绿灯和左舷的红灯，各在112.5°的水平弧内显示不间断的灯光，其装置要使灯光从船的正前方到各自一舷的正横后22.5°内分别显示。长度小于20 m的船舶，其舷灯可以合并成一盏，装设于艏艉中心线上。

3.“艉灯”是指安置在尽可能接近船尾的白灯，在135°的水平弧内显示不间断的灯光，其装置要使灯光从船的正后方到每一舷67.5°内显示。

4.“拖带灯”是指具有与本条3款所述“艉灯”相同特性的黄灯。

5.“环照灯”是指在360°的水平弧内显示不间断灯光的号灯。

6.“闪光灯”是指每隔一定时间以频率为每分钟闪120次或120次以上的号灯。

1. 号灯的种类和定义

(1) 关于“桅灯”的定义

桅灯通常有前桅灯与后桅灯之分。机动船在从事拖带作业时，还应显示两盏或三盏的桅灯（俗称“拖带桅灯”）以取代前桅灯或后桅灯。在该款中，《避碰规则》虽然使用了“桅灯”一词，但也并未规定桅灯一定要安置在桅杆上。根据本款的规定以及附录一第二节6款的规定，桅灯应安置在船的艏艉中心线上方，高于并离开其他一切灯光的遮蔽物的位置上。

(2) 关于“舷灯”的定义

在通常情况下，舷灯应安装在船体桥楼两舷的前端。特殊构造的船舶，如航空母舰、坦克登陆舰等舰船，由于驾驶室偏于一舷侧，故舷灯不可能安置在船体的两舷侧，而只能安装在驾驶室的两侧。

长度小于20 m的船舶，其舷灯合并成一盏时，应装设在前桅灯的垂直下方。

(3) 关于“艉灯”的定义

鉴于有些船舶，如拖船、尾拖的渔船、艉部开口的载驳船，在船尾安装号灯具有一定困难，故该款要求尽可能将艉灯安装在接近船尾的地方。但是否应装置在船舶的艏艉中心线上方，《避碰规则》未做要求。

(4)关于"拖带灯"的定义

"拖带灯"仅适用于从事拖带作业的船舶,而不适用于从事顶推或傍拖的船舶。

所谓"与艉灯具有相同的特性",是指该灯的水平光弧以及灯光显示的方式(即连续不间断的)以及安装位置和能见距离等与艉灯相同。

(5)关于"环照灯"的定义

"环照灯"通常作为表示船舶的种类灯、指示信号灯而适用于"失控船、操限船、从事捕鱼船、限于吃水船、帆船、执行引航任务的船以及锚泊船、搁浅船等"。环照灯通常有白、红、绿三种颜色。虽然该款指出,环照灯应在 360°的水平弧内显示不间断灯光,但实际上往往做不到。

(6)关于"闪光灯"的定义

在《避碰规则》中,闪光灯适用于非排水状态中的气垫船,其颜色为黄色。然而潜水艇露出水面航行时,通常也显示一盏琥珀色的闪光灯。对此,应引起注意,尤其是黄色闪光灯与琥珀色闪光灯颜色相当接近,难以鉴别,在确定该船种类时应保持高度的谨慎。地效船在贴近水面起飞、降落、飞行时应显示一盏红色闪光灯。

2. 号灯的能见距离

《避碰规则》各条规定的号灯,应具有《避碰规则》附录一第八条订明的发光强度,以便在下列最小距离上能被看到(见表 3-2-1):

表 3-2-1　号灯能见距离表

号灯种类	能见距离(n mile)			
	$L\geqslant 50$ m	20 m$\leqslant L<50$ m	12 m$\leqslant L<20$ m	$L<12$ m
桅灯	6	5	3	2
舷灯	3	2	2	1
艉灯	3	2	2	2
拖带灯	3	2	2	2
环照灯	3	2	2	2
闪光灯	无具体能见距离要求			
操纵号灯	5			

注:(1)表中 L 为船长;

(2)附录二中为在相互邻近处捕鱼的渔船规定的额外号灯应能在水平四周至少 1 n mile 的距离上被看到,但应小于《避碰规则》为渔船规定的号灯能见距离;

(3)一艘不易察觉、部分淹没的被拖船或物体应显示的白色环照灯,其最小能见距离为 3 n mile。

3. 号灯的水平光弧、发光强度及断光要求

(1)号灯的发光强度

①号灯的最低发光强度应用下式计算:

$$I=3.43\times10^{6}\times T\times D^{2}\times K^{-D}$$

式中:I——在常用的情况下,以坎(德拉)为单位计算的发光强度;

T——临阈系数 2×10^{-7} 勒克斯;

D——号灯的能见距离(照明距离),n mile;

K——大气透射率,用于规定的号灯,K 值应是 0.8,相当于约 13 n mile 的气象能见度。

②从上式导出的数值选例如表 3-2-2 所示。

表 3-2-2　航海号灯发光强度对照表

号灯的能见距离 （照明距离） D(n mile)	号灯的发光强度 $K=0.8$ I[坎(德拉)]
1	0.9
2	4.3
3	12
4	17
5	52
6	94

注：航海号灯的最大发光强度应予限制，以防止过度的眩光，但不应该使用发光强度可变控制的办法。

(2) 号灯的水平光弧及断光要求

《避碰规则》规定各种号灯的水平光弧为：

桅灯——225°；

舷灯——112.5°(红、绿舷灯叠加光弧为 225°)；

艉灯——135°；

环照灯——360°。

显见，桅灯（或红、绿舷灯）与艉灯的水平光弧之和为 360°。从理论上讲，这业已保证一船在全方位上均有灯光照射。然而，实际上并非如此。由于桅灯、舷灯与艉灯分别安装在船舶的不同部位，因而必然造成在船体的局部区域，即两种灯光之间的区域形成“暗带”（见图 3-2-1）。若船体越宽，则在船首方向形成的红绿舷灯暗带也越宽；若桅灯（或舷灯）与艉灯距离越大，则在它们之间的区域中形成的暗带也越宽。

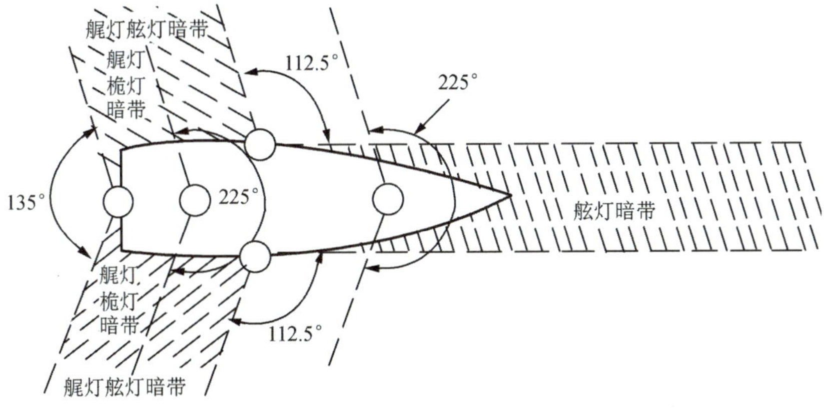

图 3-2-1　桅灯、舷灯和艉灯的水平照射弧度示意图

若一艘船舶正好处于该船的暗带之中，则将必然导致无法发现该船的相应号灯。就避让而言，暗带的存在显然是一个很不利的因素。为有效地消除这一暗带，确实保证一船的全方位均有灯光照射，《避碰规则》对桅灯、舷灯、艉灯的水平光弧做了一定调整，并规定了断光的要求。例如：

①舷灯（见图 3-2-2）

a. 在朝前的方向上，允许左、右舷灯可分别各自向右、向左延伸 1°~3°。

b. 在正横后 22.5°处，允许左、右舷灯各自向后延伸 5°，因而，舷灯的实际光弧已达到 127.5°。

c. 关于发光强度及断光的要求：

• 在正前方到一舷正横后 17.5°的水平光弧内（即 127.5°），发光强度应达到规定强度的 100%；

• 在正前方到另一舷侧 1°～3°的水平光弧内（即 1°～3°），发光强度应减弱以达到切实断光；

• 在一舷正横后 17.5°～正横后 22.5°的水平光弧内（即 5°），发光强度可由规定强度的 100%减弱到 50%；

• 在一舷正横后 22.5°～正横后 27.5°的水平光弧内（即 5°），发光强度可由规定强度的 50%不断地减弱，以达到在正横后 27.5°的方位线上切实断光。

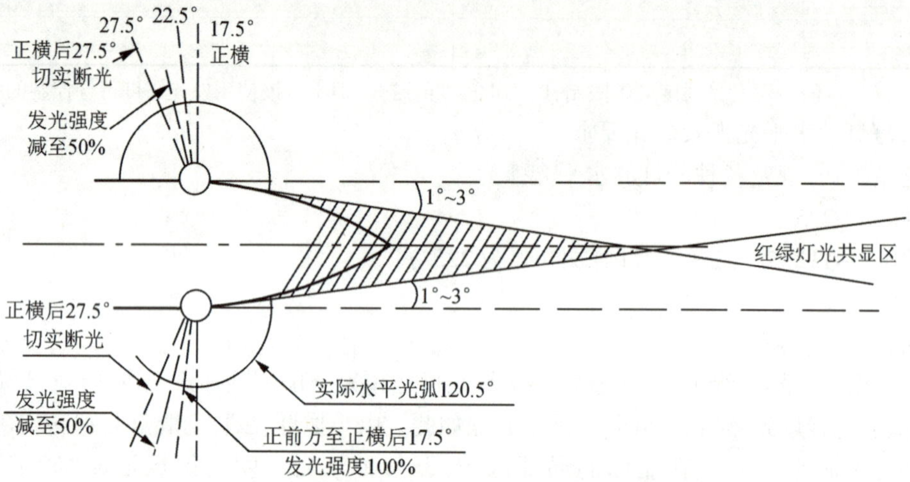

图 3-2-2 调整后的舷灯的水平光弧示意图

②桅灯（见图 3-2-3）

桅灯的水平光弧延伸范围与发光强度及断光要求与舷灯在正横后 22.5°处的有关规定完全相同。

③艉灯（见图 3-2-3）

艉灯的水平光弧延伸范围与发光强度及断光要求与桅灯类似，但光弧延伸范围正好与桅灯光弧延伸范围的方向相反。

《避碰规则》对桅灯、舷灯、艉灯的水平光弧做了以上调整，从而有效地消除了灯光的暗带，确保船舶在全方位上均有灯光照射。然而，这也造成了在原有暗带的区域中，同时发现桅灯（或舷灯）与艉灯的情况。

④环照灯

a. 环照灯应安置在不受桅、顶桅或上层建筑大于 6°光弧遮蔽的位置上，但锚灯除外，锚灯不必安置在船体以上不切实际的高度；

b. 如果仅装置一盏环照灯而无法符合上述 a 的要求时，则应在适当的位置上装设两盏环照灯或用遮光板使其尽可能在 1 n mile 的距离上被看成一盏灯。

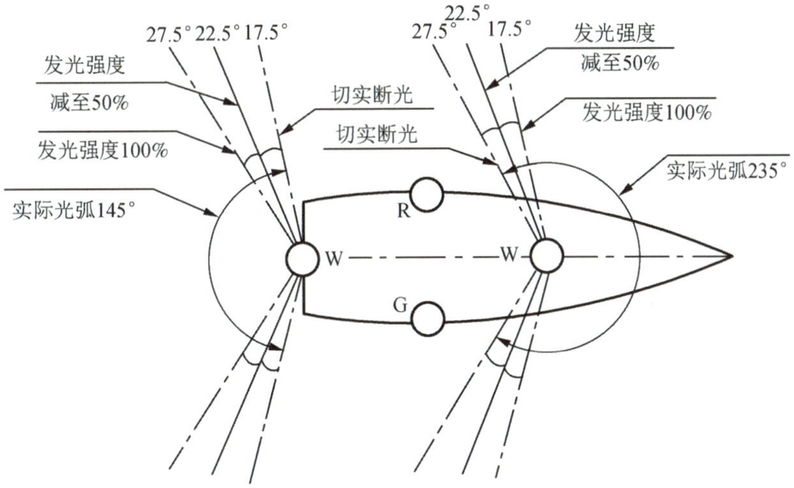

图 3-2-3 调整后的桅灯、艉灯光弧示意图

4. 号灯的垂向光弧与发光强度

(1)电气号灯的垂向光弧(除在航帆船的号灯外)

①从水平上方 5°到水平下方 5°的所有角度内,至少保持所要求的最低发光强度;

②从水平上方 7. 5°到水平下方 7. 5°的所有角度内,至少保持所要求的最低发光强度的 60%(见图 3-2-4)。

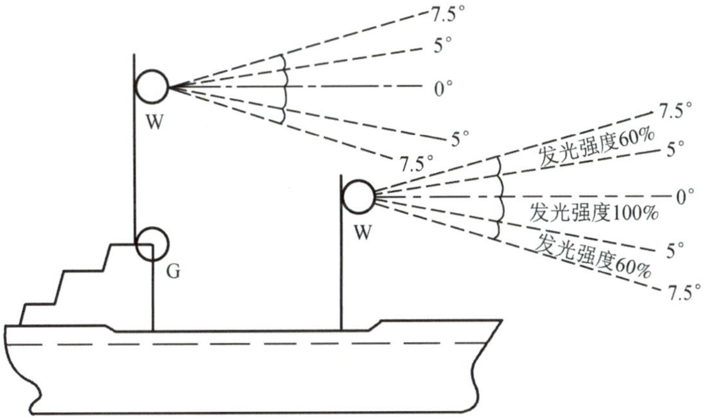

图 3-2-4 电气号灯的垂向光弧

(2)在航帆船所装电气号灯的垂向光弧

①从水平上方 5°到水平下方 5°的所有角度内,至少保持所要求的最低发光强度;

②从水平上方 25°到水平下方 25°的所有角度内,至少保持所要求的最低发光强度的 50%;

③电气号灯以外的号灯应尽可能符合这些规格。

5. 号灯的安装位置和技术细节

(1)定义

“船体以上高度”(height above the hull)一词,指最上层连续甲板以上的高度。这一高度应从灯的位置垂直下方处量起(见图 3-2-5)。

"舷缘以上高度"(height above the gunwale)一词,指号灯所处的舷缘以上的高度。这一高度应从灯的位置垂直下方处量起(见图 3-2-6)。

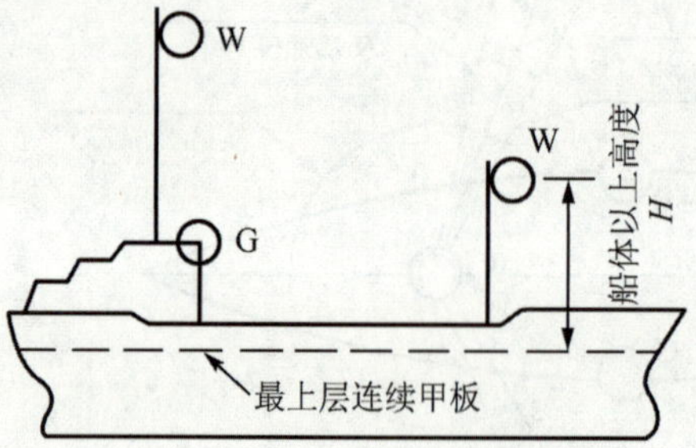

图 3-2-5　船体以上高度示意图

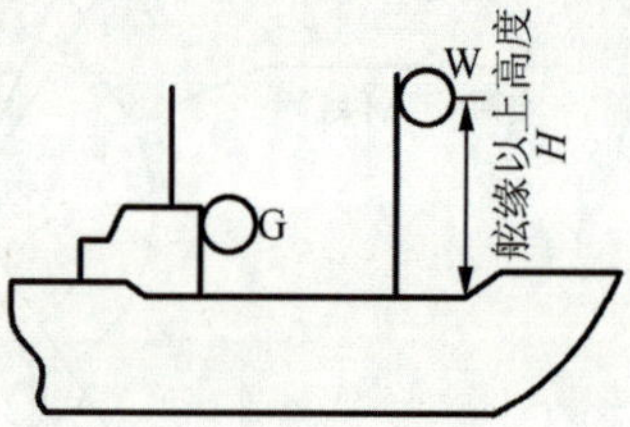

图 3-2-6　舷缘以上高度示意图

(2)号灯的垂向位置和间距

①桅灯及其环照信号灯

a. $L \geqslant 20$ m, $B \leqslant 6$ m(L 为船长, B 为船宽)的机动船

前桅灯,或只装设一盏桅灯,则该桅灯在船体以上高度 $H \geqslant 6$ m(见图 3-2-7)。

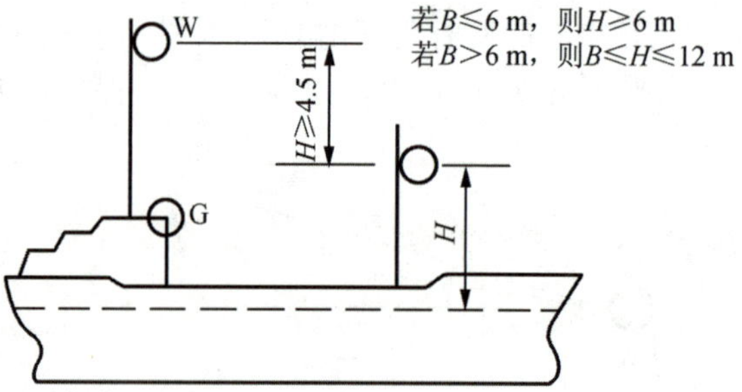

图 3-2-7　只装设一盏桅灯时,该桅灯的垂向位置示意图

船舶的长度和宽度是指其总长度和最大宽度。

(The words "length" and "breadth" of a vessel mean her length overall and greatest breadth.)

船舶的总长度(Length overall, L_{oa}),是指船首的最前缘至船尾的最后端的水平间距。

船舷的最大宽度(greatest breadth),是指船舶的最宽处两舷的外壳板外缘之间的水平距离。

b. $L \geqslant 20$ m, $B > 6$ m 的机动船

前桅灯,或只装设一盏桅灯,则该桅灯在船体以上高度 $B \leqslant H \leqslant 12$ m(见图 3-2-7)。

c. $L \geqslant 20$ m 的机动船

当装设两盏桅灯时,后灯高于前灯的垂向距离 $H \geqslant 4.5$ m(见图 3-2-7),且在正常吃水差的情况下,当从距离船首 1 000 m 的海面观看时,应能看出后灯在前灯的上方并且分开(见图 3-2-8),同时还应使上述桅灯安置在高于并离开其他一切灯光和遮蔽物的位置上。

d. 12 m $\leqslant L <$ 20 m 的机动船

其桅灯安置在舷缘以上的高度 $H \geqslant 2.5$ m(见图 3-2-9)。

e. $L < 12$ m 的机动船

最上面一盏号灯在舷缘以上的高度 $H < 2.5$ m(见图 3-2-10)。

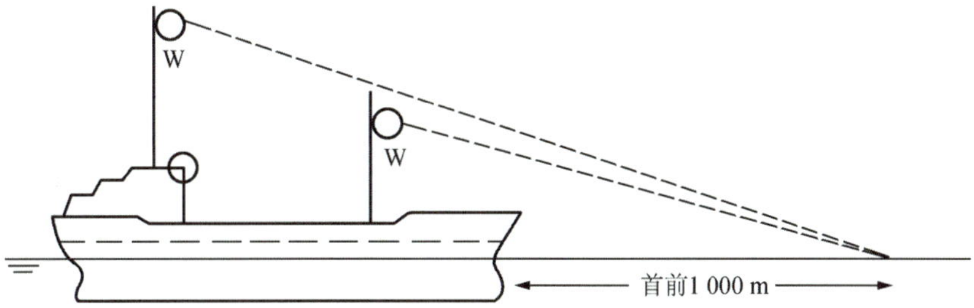

图 3-2-8　$L\geq20$ m 的机动船桅灯的垂向位置示意图

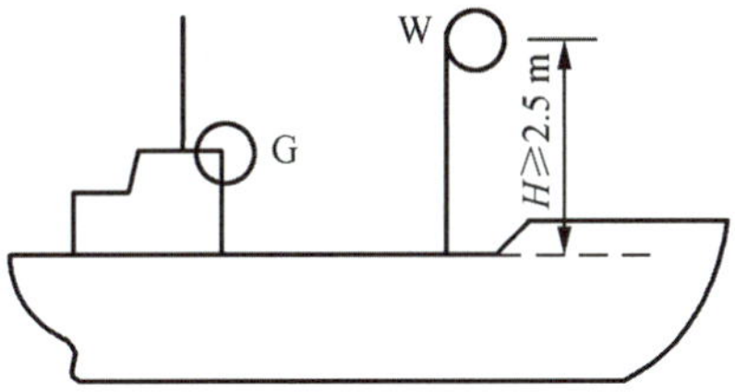

图 3-2-9　12 m≤L<20 m 的机动船桅灯的垂向位置示意图

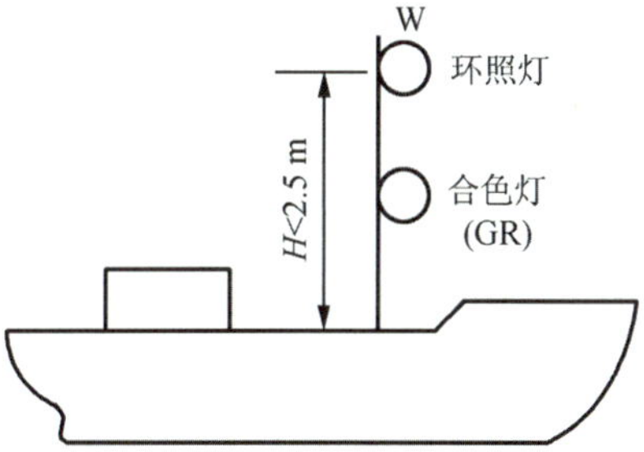

图 3-2-10　L<12 m 的机动船号灯垂向位置示意图

若在装置舷灯、艉灯之外，再装置一盏桅灯或一盏环照灯，则该桅灯或环照灯与舷灯的距离 $H\geq1$ m(见图 3-2-11)。

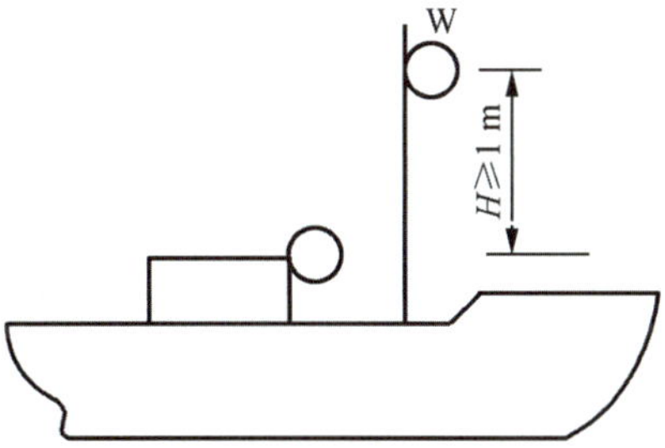

图 3-2-11　L<12 m 的机动船桅灯与舷灯相对位置示意图

f. 从事拖带或顶推他船的机动船

规定的两盏或三盏桅灯中的一盏，应安置在前桅灯或后桅灯的相同位置上，若该灯装在后桅上，则该最低的后桅灯高于前桅灯的垂向距离 $H\geq4.5$ m(见图 3-2-12)。若装在前桅上，也应使前桅上最高的一盏桅灯与后桅灯的垂向距离 $H\geq4.5$ m，虽然《避碰规则》并未做出明确的规定(见图 3-2-13)。

g. 高速快船

长宽比(L/B)小于 3 的高速快船的桅灯可以安装在低于附录一第六条 1 款(1)项对一定宽度的船舶规定的桅灯高度的地方，当从正视方向(船首方向)看去时，该船舶两盏舷灯与桅灯所构成的等腰三角形的底角不得小于 27°(1993 年修正案规定)。

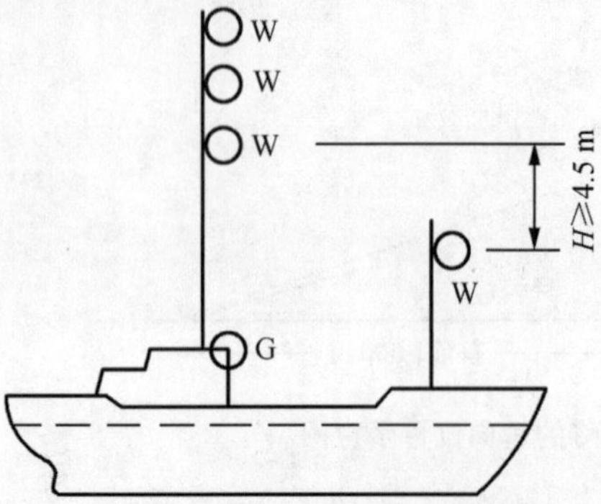

图 3-2-12　从事拖带或顶推他船的机动船桅灯垂向位置示意图(1)

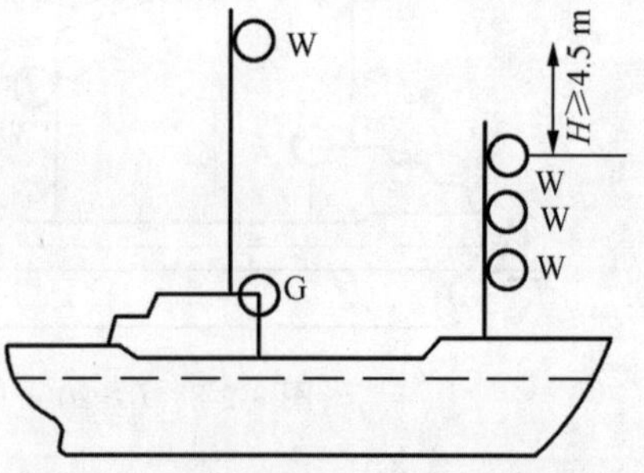

图 3-2-13　从事拖带或顶推他船的机动船桅灯垂向位置示意图(2)

h."操限船"和"限于吃水船"的信号灯

当在低于桅灯的位置上不可能装置操限船、限于吃水船的信号灯时,则可以把这些环照信号灯装设在后桅灯上方,并且应使最低一盏的环照信号灯与后桅灯的垂向距离 $H\geqslant2$ m(见图 3-2-14)。

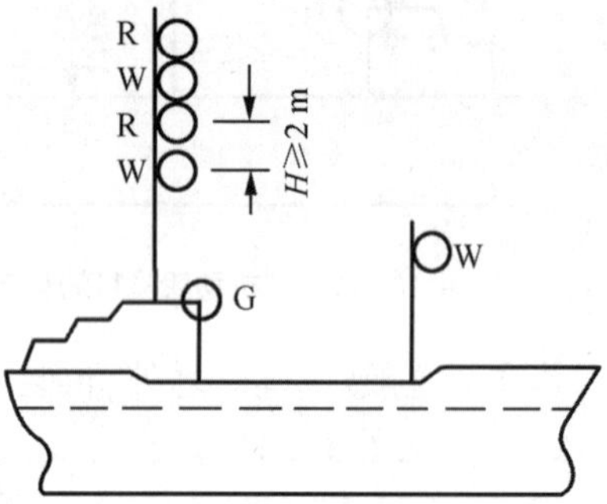

图 3-2-14　桅灯垂向位置示意图

或者也可把上述的环照信号灯装设在前桅灯和后桅灯垂向之间,并且应使这些环照信号灯安置在与该船艏艉中心线正交的横向水平距离 $b\geqslant2$ m 处(见图 3-2-15)。

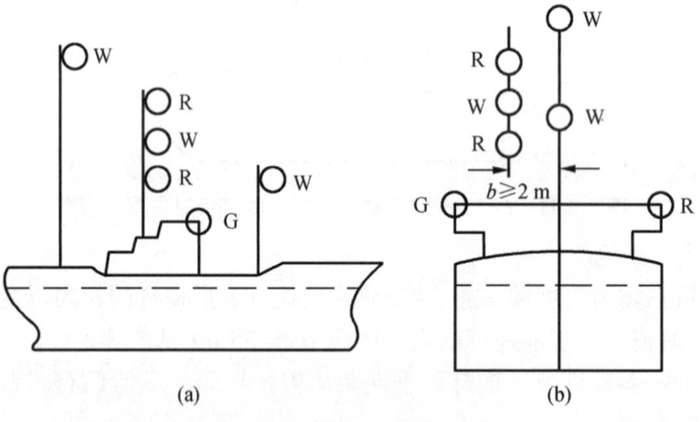

图 3-2-15　环照信号灯横向距离

j. $L\geqslant20$ m 的船舶若垂直装设两盏或三盏号灯

这些号灯的间距 $b\geqslant2$ m,且除需要拖带号灯的情况外,这些号灯的最低一盏应装设在船体以上高度 $H\geqslant4$ m 的位置上(见图 3-2-16)。

k. $L<20$ m 的船舶若垂直装设两盏或三盏号灯

这些号灯的间距 $H\geqslant1$ m,且除需要拖带号灯的情况外,这些号灯的最低一盏应装设在舷缘以上高度 $H\geqslant2$ m 的位置上(见图 3-2-17)。

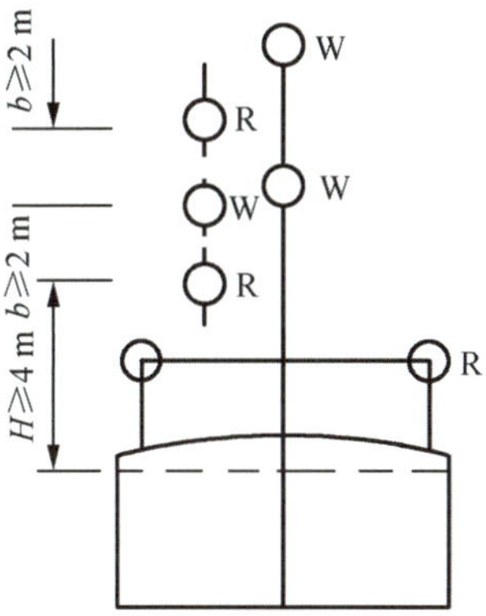

图 3-2-16　号灯垂向位置示意图($L\geq20$ m)

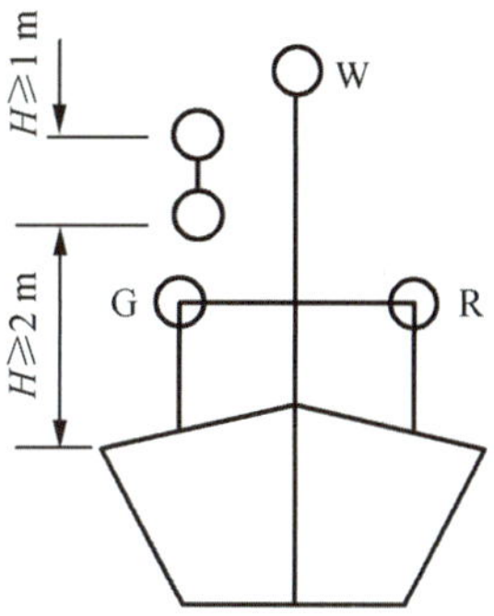

图 3-2-17　号灯垂向位置示意图($L<20$ m)

②舷灯

a. 机动船的舷灯

机动船的舷灯安置在船体以上的高度 h,应不超过前桅灯高度 H 的 3/4,即:$h\leq\frac{3}{4}H$,并且这些舷灯不应低到受甲板灯光的干扰(见图 3-2-18)。

b. $L<20$ m 的机动船的舷灯

$L<20$ m 的机动船的舷灯如并为一盏,则应安置在低于桅灯的垂向距离 $H\geq1$ m 处(见图 3-2-19)。

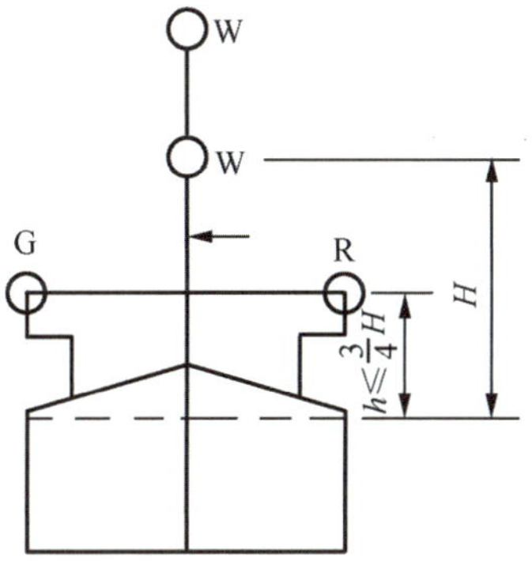

图 3-2-18　机动船舷灯垂向位置示意图

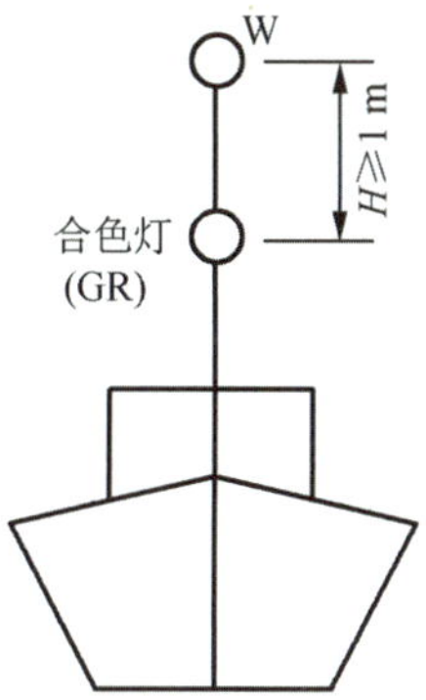

图 3-2-19　$L<20$ m 的机动船舷灯垂向位置示意图

③捕鱼船的环照信号灯

捕鱼船的两盏环照信号灯中的较低一盏,在舷灯以上的高度 H 大于或等于两盏环照信号灯间距 b 的 2 倍,即 $H\geq2b$(见图 3-2-20)。

④锚泊船的锚灯

当装设两盏锚灯时,前锚灯应高于后锚灯的垂向距离 $H\geq4.5$ m;当 $L\geq50$ m 时,前锚灯应装设在船体以上高度 $H\geq6$ m 处(见图 3-2-21)。

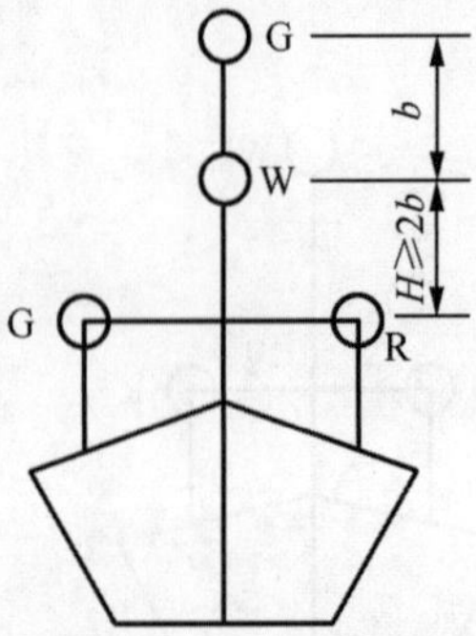

图 3-2-20　捕鱼船环照信号灯位置示意图

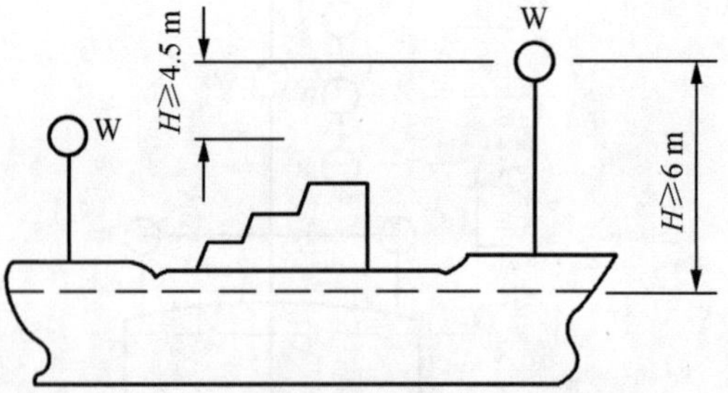

图 3-2-21　锚泊船锚灯垂向位置示意图

(3)号灯的水平位置和间距

①桅灯

当机动船按规定装置有两盏桅灯时,则前桅灯应安置在离船首水平距离 $b \leqslant L/4$ 处。两灯之间的水平距离 b 应不小于船长的一半,但也不必大于 100 m,即 $L/2 \leqslant b \leqslant 100$ m(见图 3-2-22)。

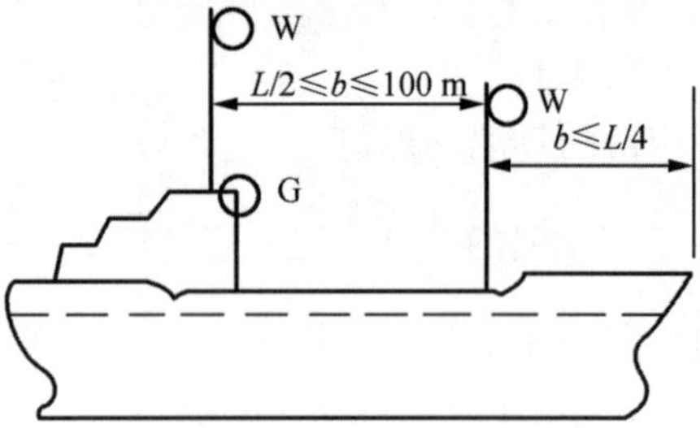

图 3-2-22　桅灯水平位置和间距

注:该规定仅适用于船长小于 200 m 的船舶,若船长大于 200 m,则两桅灯之间的水平距离将无法同时满足“应不小于船长的一半”,也不必大于 100 m 的规定。例如:$L=300$ m,$L/2=150$ m,则“$L/2 \leqslant b \leqslant 100$ m”之不等式无法成立。鉴于《避碰规则》已将前桅灯的位置做了定位规定,为使两灯间水平距离缩小到 100 m 之内,可将后桅灯位置加以调整,虽然这种调整方式将无法达到 $b \geqslant L/2$,但从避让角度考虑,利大于弊;同时,也不会违背《避碰规则》的其他规定,否则,两桅灯间水平距离过大,将可能导致他船在判断该船时误认为是两艘船舶。

当机动船仅装置一盏桅灯时,则该桅灯应装置在船中之前。虽然《避碰规则》并未要求长度小于 20 m 的船舶应在船中之前装置该桅灯,但也应在尽可能朝前的位置上装置该桅灯。

除长度小于 20 m 的船舶之外,当机动船仅显示一盏桅灯时,则该桅灯应安置在船中之前。但长度小于 20 m 的船舶也应尽可能在朝前方向上切实可行的地方装置该桅灯。

②舷灯的安装要求

$L \geqslant 20$ m 的机动船,舷灯不应安置在前桅灯的前面,至于舷灯与后桅灯之间的关系,《避碰规则》并未做出明确的规定,故可认为舷灯可位于后桅灯的前面,也可位于后桅灯的后面。这些舷灯应安置在舷侧或接近舷侧处。

③艉灯的安装要求

《避碰规则》要求艉灯应尽可能安置在接近船尾的某一位置上,但无明确的具体规定;同样,对于艉灯的安装高度,《避碰规则》也无强制性的要求,因而可以以“实际可行”作为其安装的原则。

④渔船、疏浚船、从事水下作业船舶的示向号灯

a. 捕鱼船

用以指示船边外伸渔具方向的号灯,应安置在离开两盏环照红灯和白灯不小于 2 m 但不

大于 6 m 的水平距离处，即 2 m≤b≤6 m。该号灯的安置应不高于“上红下白”环照灯下面一盏白灯，但也不低于舷灯。

b. 疏浚船或水下作业船

疏浚船或水下作业船按照规定显示用以指示有障碍物的一舷和（或）能安全通过的一舷的号灯和号型，应安置在离开规定的“红、白、红”操限信号灯或“球、菱、球”操限信号号型实际可行的最大水平距离处，但该水平距离 b≥2 m。上述指示号灯或号型的上面一个的安置高度绝不应高于“红、白、红”操限信号灯或“球、菱、球”操限信号号型中的最下面一个（见图 3-2-23）。

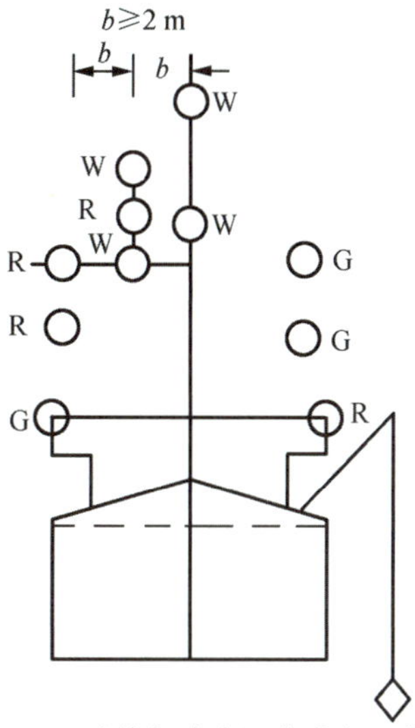

图 3-2-23　疏浚船或水下作业船示向号灯

6. 舷灯遮板

（1）L≥20 m 的船舶

L≥20 m 的船舶的舷灯，应装有无光黑色的内侧遮板，其规格应能符合有关舷灯水平光弧的规定。

（2）L<20 m 的船舶

L<20 m 的船舶的舷灯，如需符合水平光弧的要求，则也应装置无光黑色的内侧遮板。

（3）合座舷灯

用单一直立灯丝并在绿色和红色两部分之间有一条很窄分界线的合座舷灯，可不必装配外部遮板。

7. 有关号型的技术规范与安装要求

（1）号型的技术规范（见表 3-2-3）

表 3-2-3　号型的技术规范

种类	形状	规格	颜色
球体	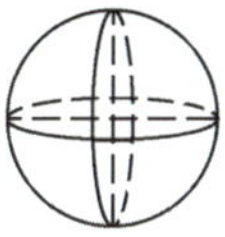	直径不小于 0.6 m	黑色
圆锥体	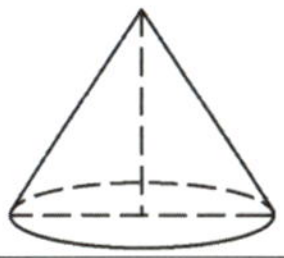	底部直径至少 0.6 m，高度＝直径	黑色
圆柱体	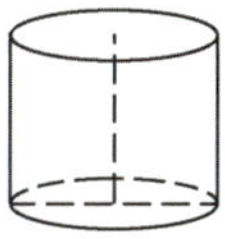	底部直径至少 0.6 m，高度＝2 倍直径	黑色
菱形体	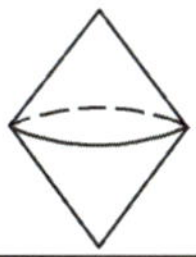	两个圆锥体底部相接而成，底部直径至少 0.6 m，高度＝2 倍直径	黑色

注：①L<20 m 的船舶，可用与船舶尺度相称的较小尺度的号型；

②上述各种号型组合悬挂，成为表示各种不同种类船舶的一组号型，例如两个或三个球体垂直串挂，

或“球、菱、球”垂直组合串挂等。

(2)号型间的垂直距离(见图 3-2-24)

当在同一垂直线上悬挂两个或三个号型而组成一组识别信号时，则每一个号型间距均应不小于 1.5 m；$L<20$ m 的船舶若悬挂小尺度的号型，其间距亦可适当减小。

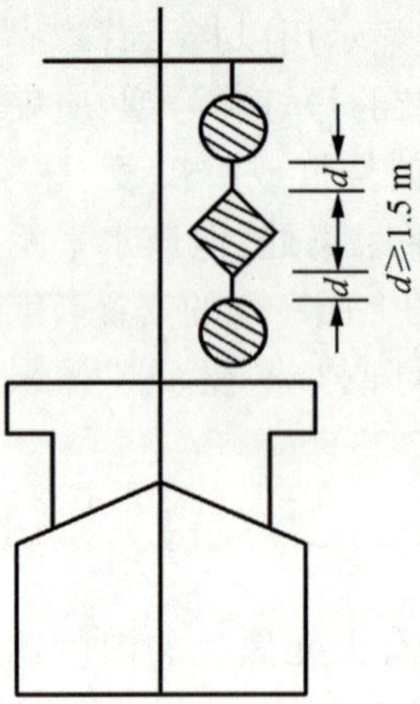

图 3-2-24　号型间的垂直距离

任务三　识别各类船舶显示的号灯和号型

《避碰规则》第二十三、第二十四、第二十五条教学视频

学习目标

知识目标：掌握不同种类船舶的号灯、号型显示要求。

能力目标：会正确显示本船的号灯和号型；会根据所见他船的号灯和号型正确判断他船的种类、大小、动态和工作性质。

素质目标：提高学生全面思考问题的能力。

［第二十三条］　在航机动船

1. 在航机动船应显示：

(1)在前部一盏桅灯；

(2)第二盏桅灯，后于并高于前桅灯，长度小于 50 m 的船舶，不要求显示该桅灯，但可以这样做；

(3)两盏舷灯；

(4)一盏艉灯。

2. 气垫船在非排水状态下航行时，除本条 1 款规定的号灯外，还应显示一盏环照黄色闪光灯。

3. 除本条 1 款规定的号灯外，地效船只有在起飞、降落和贴近水面飞行时，才应显示高亮度的环照红色闪光灯。

4. (1)长度小于 12 m 的机动船，可以显示一盏环照白灯和舷灯以代替本条 1 款规定的号灯；

（2）长度小于7 m且其最高速度不超过7 kn的机动船，可以显示一盏环照白灯以代替本条1款规定的号灯，若可行，也应显示舷灯；

（3）长度小于12 m的机动船的桅灯或环照白灯，如果不可能装设在艏艉中心线上，可以离开中心线显示，条件是其舷灯合并成一盏，并应装设在艏艉中心线上或尽可能地装设在接近该桅灯或环照白灯所在的艏艉线处。

1. 在航机动船

本条所指的机动船是指狭义上的机动船，不包括操纵能力受到限制的船舶、从事捕鱼的船舶、失去控制的船舶、限于吃水的船舶、拖带顶推等。

$L\geq50$ m的机动船动画

（1）$L\geq50$ m的机动船应显示的号灯（见图3-3-1）：

前后桅灯、舷灯、艉灯。

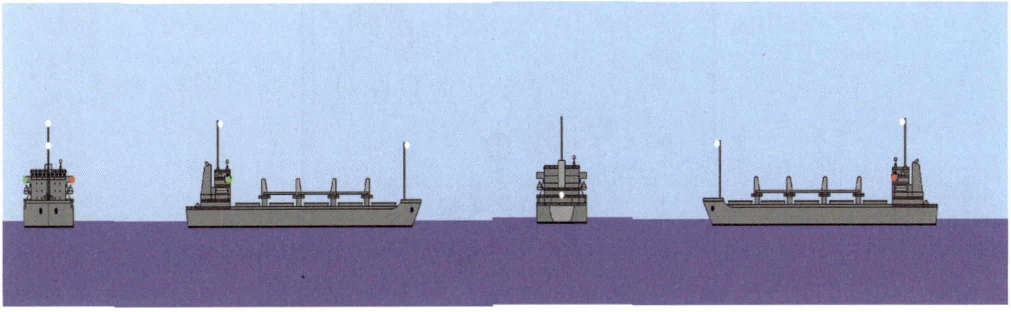

正视　右侧视　尾视　左侧视

图3-3-1　$L\geq50$ m的机动船应显示的号灯

$L<50$ m的机动船动画

（2）12 m$\leq L<50$ m的机动船应显示的号灯（见图3-3-2）：

一盏桅灯，但也可以装设后桅灯，且高于前桅灯、舷灯、艉灯。

正视　右侧视　尾视　左侧视

图3-3-2　12 m$\leq L<50$ m的机动船应显示的号灯

$L<12$ m的机动船动画

（3）$L<12$ m的机动船应显示的号灯（见图3-3-3）：

一盏环照白灯和舷灯。

如果该船桅灯或环照白灯不可能装设在艏艉中心线上，则可偏离中心线。

如果其舷灯合并成一盏，则应装在艏艉中心线上，或尽量装设在桅灯或环照灯所在艏艉线

图 3-3-3　$L<12$ m 的机动船应显示的号灯

的附近(见图 3-3-4)。

图 3-3-4　$L<20$ m 的机动船合座灯

$L<7$ m且最高船速$v\leqslant7$ kn的机动船动画

(4)$L<7$ m,且最高速度 $v\leqslant7$ kn 的机动船(见图 3-3-5):

图 3-3-5　$L<7$ m,且最高速度 $v\leqslant7$ kn 的机动船应显示的号灯

该规定不适用于 $L<7$ m,最高船速不超过 7 kn,现正减速行驶,且 $v<7$ kn 的船舶;

该船可显示一盏环照白灯以取代桅灯、舷灯与艉灯;

如可行,也应显示舷灯。

2. 非排水状态下的气垫船(见图 3-3-6)

(1)应显示的号灯:

桅灯、舷灯、艉灯;一盏黄色闪光灯。

(2)应注意的问题:

显示黄色闪光灯的目的是警告他船。鉴于气垫船在非排水状态下航行时,受风影响甚大,有时偏航角可高达 45°,因而,根据气垫船的航行灯来判断其行进方向往往会导致错误的结论,对此,应引起高度重视。

根据国际上的习惯做法,潜水艇当处于水面航行时,通常将显示一盏琥珀色闪光灯;某些高速行驶中的水翼船、气翔艇也往往显示一盏黄色闪光灯。因而,在瞭望时,须保持正规瞭望,以期做出正确的判断。

尾视　　　　　　右侧视

图 3-3-6　非排水状态下的气垫船应显示的号灯

3. 地效船

地效船在起飞、降落和贴近水面飞行时,除本条第(1)款规定的号灯外,还应显示一盏高强度的环照红色闪光灯(见图 3-3-7)。

图 3-3-7　地效船应显示的高强度的环照红色闪光灯

[第二十四条]拖带和顶推

1. 机动船当拖带时应显示:

(1)垂直两盏桅灯,以取代第二十三条 1 款(1)项或 1 款(2)项规定的号灯,当从拖船船尾至被拖物体后端的拖带长度超过 200 m 时，垂直显示三盏这样的号灯；

(2) 两盏舷灯；

(3) 一盏艉灯；

(4) 一盏拖带灯位于艉灯垂直上方；

(5) 当拖带长度超过 200 m 时，在最易见处显示一个菱形体号型。

2. 当一顶推船和一被顶推船牢固地连接成为一组合体时，则应作为一艘机动船，显示第二十三条规定的号灯。

3. 机动船当顶推或傍拖时，除组合体外，应显示：

(1) 垂直两盏桅灯，以取代第二十三条 1 款(1) 项或 1 款(2) 项规定的号灯；

(2) 两盏舷灯；

(3) 一盏艉灯。

4. 适用本条 1 或 3 款的机动船，还应遵守第二十三条 1 款(2) 项的规定。

5. 除本条 7 款所述外，一被拖船或被拖物体应显示：

(1) 两盏舷灯；

(2) 一盏艉灯；

(3) 当拖带长度超过 200 m 时，在最易见处显示一个菱形体号型。

6. 任何数目的船舶若作为一组被傍拖或顶推时，应作为一艘船来显示号灯：

(1) 一艘被顶推船，但不是组合体的组成部分，应在前端显示两盏舷灯；

(2) 一艘被傍拖的船应显示一盏艉灯，并在前端显示两盏舷灯。

7. 一不易觉察的、部分淹没的被拖船或物体或者这类船舶或物体的组合体应显示：

(1) 除弹性拖曳体不需要在前端或接近前端处显示灯光外，若宽度小于 25 m，在前后两端或接近前后两端处各显示一盏环照白灯；

(2) 若宽度为 25 m 或 25 m 以上，在两侧最宽处或接近最宽处，另加两盏环照白灯；

(3) 若长度超过 100 m，在(1) 和(2) 项规定的号灯之间，另加若干环照白灯，使得这些灯之间的距离不超过 100 m；

(4) 在最后的被拖船或物体的末端或接近末端处，显示一个菱形体号型，如果拖带长度超过 200 m 时，在尽可能前部的最易见处另加一个菱形体号型。

8. 凡由于任何充分理由，被拖船舶或物体不可能显示本条 5 款或 7 款规定的号灯或号型时，应采取一切可能的措施使被拖船舶或物体上有灯光，或至少能表明这种船舶或物体的存在。

9. 凡由于任何充分理由，使得一艘通常不从事拖带作业的船舶不可能按本条 1 或 3 款的规定显示号灯，这种船在从事拖带另一遇险或需要救助的船时，就不要求显示这些号灯。但应采取如第三十六条所准许的一切可能措施来表明拖带船与被拖船之间关系的性质，尤其应将拖缆照亮。

1. 关于号灯的规定

(1) 机动船当拖带时应显示（见图 3-3-8）：

①机动船的在航号灯（桅灯、舷灯、艉灯）。

②当拖带长度 $l_{拖} \leqslant 200$ m 时，垂直两盏桅灯；当拖带长度 $l_{拖} > 200$ m 时，垂直三盏桅灯以取

正视　右侧视　尾视　左侧视

(a)　L<50 m，$l_{拖}$>200 m 尾拖作业

(a) L<50 m，$l_{拖}$>200 m尾拖作业动画

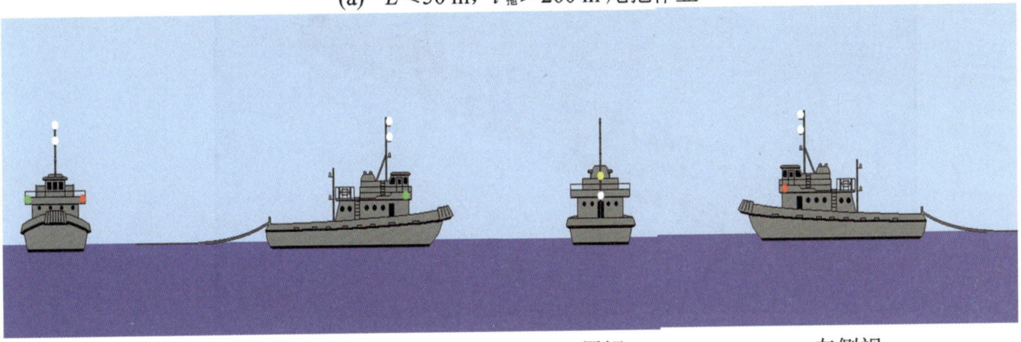

正视　右侧视　尾视　左侧视

(b) L<50 m，$l_{拖}$≤200 m 尾拖作业

(b) L<50 m，$l_{拖}$≤200 m尾拖作业动画

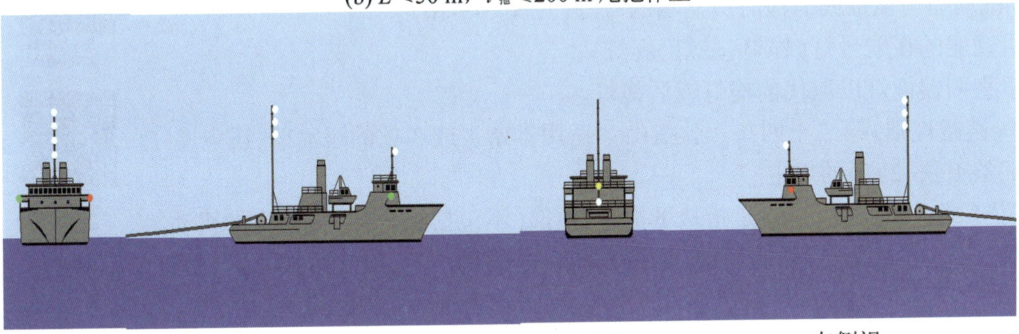

正视　右侧视　尾视　左侧视

(c) L≥50 m，$l_{拖}$>200 m 尾拖作业

(c) L≥50 m，$l_{拖}$>200 m尾拖作业动画

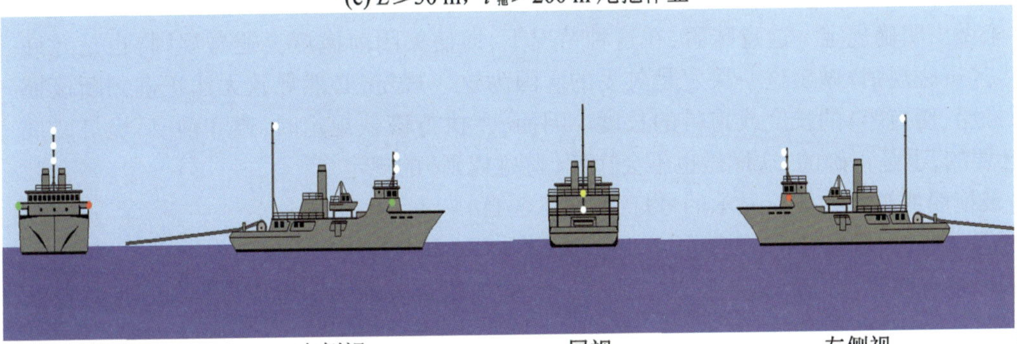

正视　右侧视　尾视　左侧视

(d) L≥50 m，$l_{拖}$≤200 m 尾拖作业

(d) L≥50 m，$l_{拖}$≤200 m尾拖作业动画

图 3-3-8　机动船当拖带时应显示的号灯

代前桅灯或后桅灯。

“拖带长度”是指从拖船船尾至被拖船或被拖物体尾端的水平距离。

③一盏黄色拖带灯垂直于艉灯的上方。

(2)“组合体”应显示的号灯：

①“组合体”是指“当一顶推船和一被顶推船牢固地连接为一联合单体”(见图 3-3-9)。

②“组合体”应作为一艘机动船，显示机动船的号灯。

与被顶推船成牢固组合体作业动画

图 3-3-9　与被顶推船成牢固组合体

$L<50$ m机动船从事顶推动画

(3)机动船当顶推或傍拖时应显示的号灯(见图 3-3-10)：

①机动船的在航号灯(桅灯、舷灯、艉灯)；

②垂直两盏桅灯以取代前桅灯或后桅灯。

$L<50$ m机动船从事傍拖作业动画

(4)《避碰规则》第二十四条 4 款指出：“适用本条 1 或 3 款的机动船，还应遵守第二十三条 1 款(2)项的规定。”

所谓“1 或 3 款的机动船”是指从事拖带、顶推(不包括组合体)或傍拖的机动船。

“第二十三条 1 款(2)项的规定”是指 $L \geqslant 50$ m 的机动船，应显示第二盏桅灯(即后桅灯)的规定。

显见，该款要求从事拖带、顶推或傍拖的机动船，当用两盏或三盏桅灯取代前桅灯时，仍然应显示后桅灯；然而，当这些船舶用两盏或三盏桅灯取代后桅灯时，前桅灯是否应显示，《避碰规则》并未做出明确规定。这意味着，在这种情况下，即使关闭前桅灯，《避碰规则》也是允许的。显然，《避碰规则》做出这一决定是欠妥的。因为这一规定，必然导致无法正确判断该拖船(或顶推船、傍拖船)的长度或拖带的长度。因而，在执行该款规定时，遵守前、后桅灯的规定都是必要的，也是正确的，这样做也不会违背《避碰规则》的规定。

(5)被拖船或被拖物体应显示的号灯(见图 3-3-11)：

①两盏舷灯、一盏艉灯；

②若拖带有多艘被拖船或被拖物体，则每一艘被拖船或被拖物体均应分别显示舷灯与艉灯。

(6)被顶推船应显示的号灯[见图 3-3-10(a)]：

①任何数目的被顶推船如作为一组被顶推，则应作为一艘船来显示号灯；

②应在前端显示两盏舷灯。

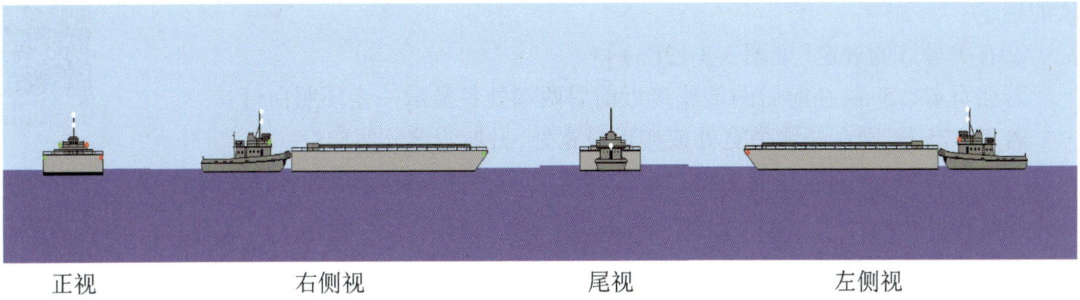

(a)$L<50$ m 机动船顶推

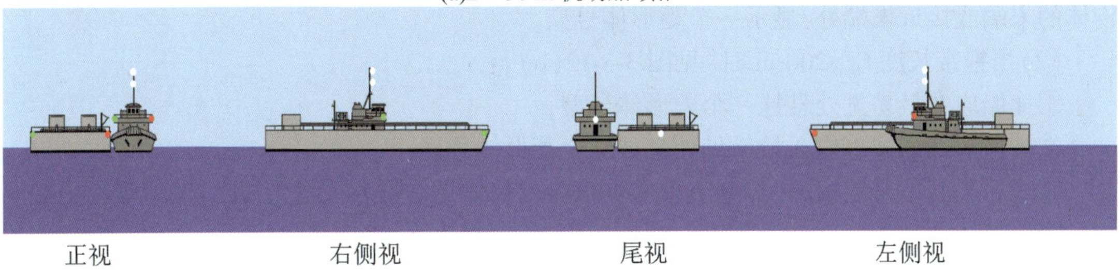

(b)$L<50$ m 机动船傍拖

图 3-3-10　机动船当顶推或傍拖时应显示的号灯

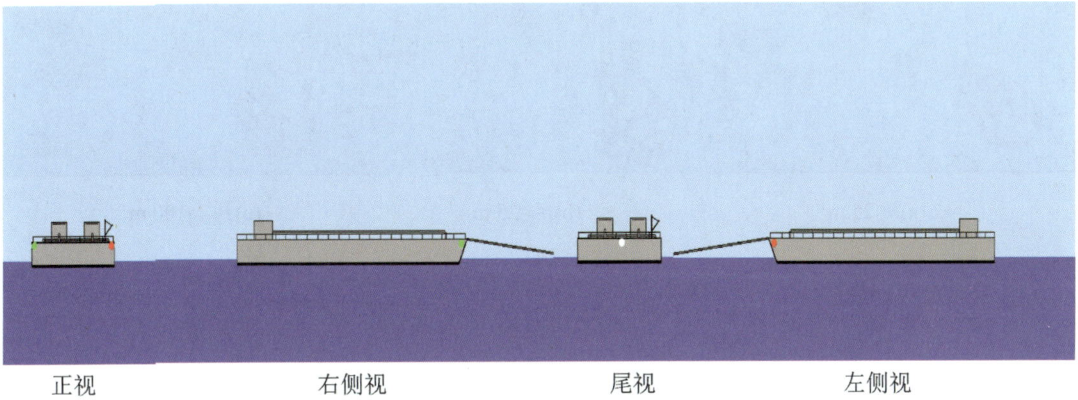

图 3-3-11　被拖船或被拖物体应显示的号灯

(7)被傍拖船应显示的号灯[见图 3-3-10(b)]:

①任何数目的被傍拖船如作为一组被傍拖,则应作为一艘船来显示号灯。分组的原则,即以两舷侧为依据,也就是将拖船左、右两舷的被傍拖船(可以是任何数目)分别视为左、右各一组被傍拖船;

②在前端显示两盏舷灯,在艉部显示一盏艉灯。

(8)一艘不易觉察的、部分淹没的被拖船或物体,或这类船舶或物体的组合体,应显示的号灯:

①“不易觉察、部分淹没”的被拖船或物体或其组合体,通常是指拖带潜水艇、进水严重的遇险船,或大部分物体没于水中的木筏、竹筏等,但不包括“弹性拖曳体”。所谓“弹性拖曳体”(Dra-cones),通常是指“拖曳油囊”。以往曾在大型油囊后面的被拖浮体上装一盏环照白灯,然而,这种被拖物体无法按照该款的要求显示多盏环照白灯,故此类的弹性拖曳体也不适用本

款的规定。

部分淹没的被拖船或物体动画

②有关号灯的规定[见图 3-3-12(a)]:

若船宽 $B<25$ m,在前后两端或接近前后两端处各显示一盏环照白灯;

若 $B\geqslant 25$ m,则在两侧最宽处或接近最宽处,另加两盏环照白灯;

若 $l_{被拖}>100$ m,则应在前两项规定的号灯之间,另加若干环照白灯,使得这些灯之间的距离不超过 100 m。

2. 有关号型的规定

(1)当拖带长度 $l_{拖}\leqslant 200$ m 时,在最后一艘不易被觉察的、部分被淹没的被拖船舶或被拖物体的末端或接近末端处,显示一个菱形体号型。

(2)当拖带长度 $l_{拖}>200$ m 时[见图 3-3-12(b)]:

①拖船应在最易见处悬挂一个菱形体号型;

②被拖船或物体也应在最易见处悬挂一个菱形体号型;

③最后一艘不易觉察的、部分淹没的被拖船或物体还应在尽可能接近前部的最易见处另加一个菱形体号型。

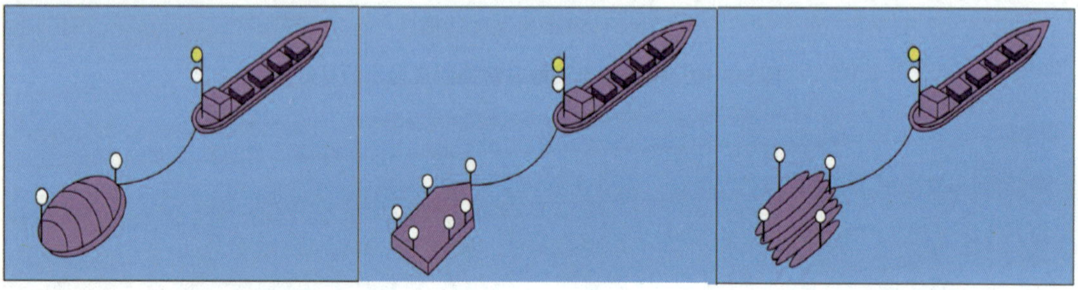

(a)$B<25$ m　　(b)$B\geqslant 25$ m　　(c)$l_{被拖}>100$ m

(a)

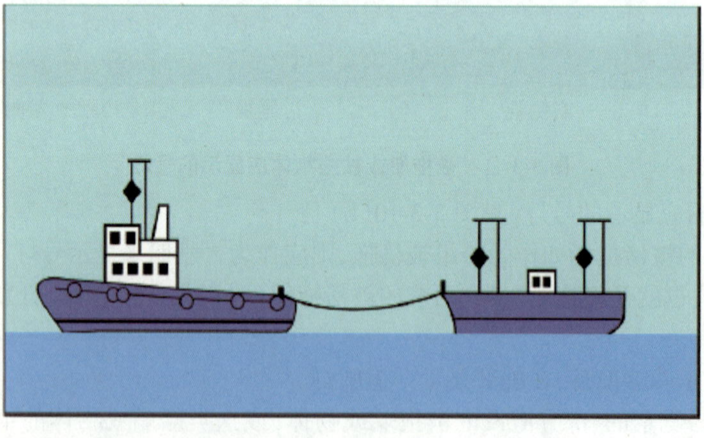

(b)

图 3-3-12　不易被觉察的部分被淹没的被顶推船和被傍拖船应显示的号型

3. 关于被拖船或物体不可能按章显示号灯、号型

(1)凡由于任何充分理由,一艘被拖船或物体不可能按照《避碰规则》显示规定的有关号灯或号型时,应采取一切可能的措施,使被拖船或物体上有灯光,或者至少能表明这种船舶或

物体的存在，这一做法也适用于那些无法配备船员的被拖船或物体，以及拖带油囊等。

（2）关于非拖船的船舶从事拖带作业：当一艘通常不从事拖带作业的船舶从事拖带另一遇险或需要救助的船舶时，往往无法按照《避碰规则》的要求显示两盏或三盏桅灯以及拖带灯，若是如此，《避碰规则》将允许这些船舶不显示上述号灯，但应根据《避碰规则》第三十六条"招引注意的信号"所准许的一切可能措施，例如在艉部安装一盏探照灯，光束指向被拖船方向，尤其应将拖缆照亮，以此来表明拖船与被拖船之间的关系（见图 3-3-13）。

图 3-3-13　临时拖带的信号

（3）关于从事困难拖带作业的船舶："困难拖带作业"，是指由于该项拖带作业致使拖船以及被拖船驶离所在航向的能力严重地受到限制。若是如此，则该拖船不但应根据《避碰规则》第二十四条规定显示号灯、号型，还应遵守《避碰规则》第二十七条 3 款关于操限船的有关号灯与号型的规定。

［第二十五条］　在航帆船和划桨船

1. 在航帆船应显示：

（1）两盏舷灯；

（2）一盏艉灯。

2. 在长度小于 20 m 的帆船上，本条 1 款规定的号灯可以合并成一盏，装设在桅顶或接近桅顶的最易见处。

3. 在航帆船，除本条 1 款规定的号灯外，还可在桅顶或接近桅顶的最易见处，垂直显示两盏环照灯，上红下绿。但这些环照灯不应和本条 2 款所允许的合色灯同时显示。

4.（1）长度小于 7 m 的帆船，若可行，应显示本条 1 或 2 款规定的号灯。但如果不这样做，则应在手边备妥白光的电筒一个或点着的白灯一盏，及早显示，以防碰撞。

（2）划桨船可以显示本条为帆船规定的号灯，但如果不这样做，则应在手边备妥白光的电筒一个或点着的白灯一盏，及早显示，以防碰撞。

5. 用帆行驶同时也用机器推进的船舶，应在前部最易见处显示一个圆锥体号型，尖端向下。

1. 关于号灯的规定

(1)在航的帆船应显示的号灯[见图 3-3-14(a)]:

在航帆船动画

①两盏舷灯;

②一盏艉灯;

③还可在桅顶或接近桅顶的最易见处显示两盏上红下绿环照灯[见图 3-3-14(b)]。

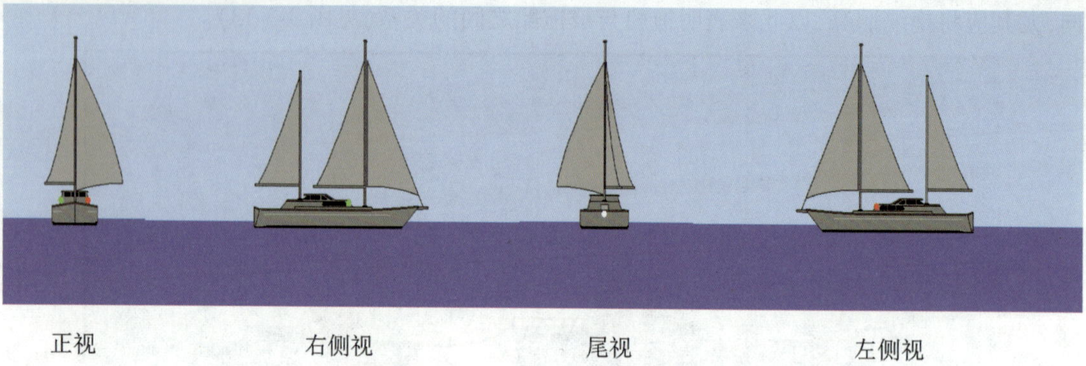

(a)在航帆船(应显示舷灯、尾灯)

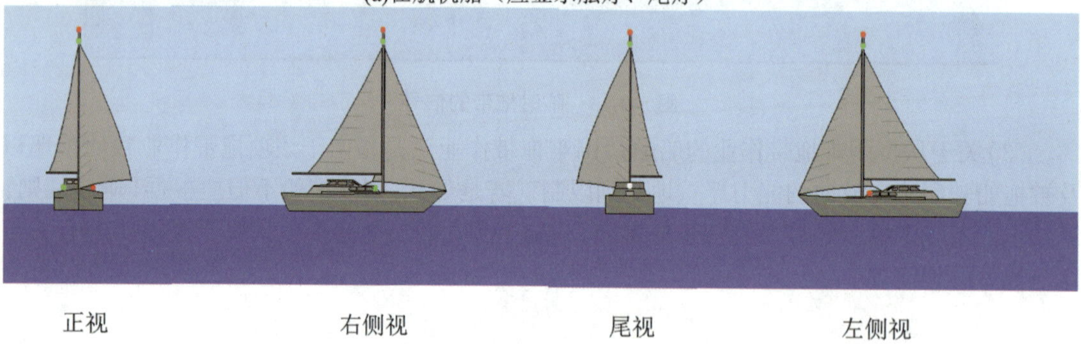

(b)在航帆船(可显示上红下绿环照灯)

图 3-3-14　在航帆船应显示的号灯

(2)$L<20$ m 的帆船应显示的号灯(见图 3-3-15):

图 3-3-15　$L<20$ m 的帆船应显示的号灯

①可将舷灯、艉灯合并成一盏,装设在桅顶或接近桅顶的最易见处;

②也可垂直显示两盏上红下绿环照灯,但不应和上述“合色灯”同时显示。

(3)$L<7$ m 的帆船与划桨船应显示的号灯(见图 3-3-16):

①$L<7$ m 的帆船,如可行应显示舷灯与艉灯,或显示舷灯、艉灯的“合色灯”,此外,还可显示上红下绿环照灯;

②划桨船可以显示上述的舷灯与艉灯或“合色灯”以及上红下绿环照灯。

图 3-3-16　$L<7$ m 的帆船与划桨船应显示的号灯

该规定意味着在一般的情况下,这两种船舶可以闭灯航行,然而当他船驶来之时,应及早显示电筒或白灯,并保持连续的不间断的显示,尤其应注意不得在大船临近之时,才显示上述灯光。对此,帆船及划桨船的船员应保持清醒的头脑,充分意识到本船船小、灯暗,因而不易被大船发现的不利因素。由于未能及早显示,大船避让不及以致船毁人亡的事故,已屡见不鲜。当然,作为大船的驾驶员,当在沿岸或渔区以及通航密度较大的水域航行时,应保持正规瞭望,并持有高度的戒备,尤其应警惕不点灯的小船在大船逼近之时突然显示灯光的可能。

该款的规定,虽然考虑到小船条件有限,且机动灵活、易于操纵,而给予小船一定的方便,然而从确保海上交通安全、维持水上交通秩序、避免碰撞事故的发生诸方面考虑,显然是很不利的,只能起消极作用,而无点滴的积极作用。

(4)机帆并用的船舶应显示的号灯:

机帆并用的船舶应属于机动船的范畴,因而,应严格地按照机动船的有关规定,显示桅灯、舷灯与艉灯。

2. 有关号型的规定

机帆并用的船舶,应在前部最易见处悬挂一个圆锥体号型,尖端向下(见图 3-3-17)。

图 3-3-17　机帆并用的船舶应显示的号型

[第二十六条]　渔船

1. 从事捕鱼的船舶,不论在航还是锚泊,只应显示本条规定的号灯和号型。

2. 船舶从事拖网作业,即在水中拖曳爬网或其他用作渔具的装置时,应显示:

《避碰规则》第二十六、第二十七条教学视频

(1)垂直两盏环照灯，上绿下白，或一个由上下垂直、尖端对接的两个圆锥体所组成的号型；

(2)一盏桅灯，后于并高于那盏环照绿灯；长度小于 50 m 的船舶，则不要求显示该桅灯，但可以这样做；

(3)当对水移动时，除本款规定的号灯外，还应显示两盏舷灯和一盏艉灯。

3. 从事捕鱼作业的船舶，除拖网作业者外，应显示：

(1)垂直两盏环照灯，上红下白，或一个由上下垂直、尖端对接的两个圆锥体所组成的号型；

(2)当有外伸渔具，其从船边伸出的水平距离大于 150 m 时，应朝着渔具的方向显示一盏环照白灯或一个尖端向上的圆锥体号型；

(3)当对水移动时，除本款规定的号灯外，还应显示两盏舷灯和一盏艉灯。

4. 本规定附录二所述的额外信号，适用于在其他捕鱼船舶附近从事捕鱼的船舶。

5. 船舶不从事捕鱼时，不应显示本条规定的号灯或号型，而只应显示为其同样长度的船舶所规定的号灯或号型。

1. “不论在航还是锚泊，只应显示本条规定的号灯和号型”含义

“在航”与“锚泊”，是指捕鱼船在航中或锚泊中从事捕鱼作业的两种方式。就锚泊作业而论，通常是指非拖网作业的捕鱼船所采用的一种捕鱼方式；而拖网作业捕鱼船，由于作业性质所决定，是无法在锚泊中从事该项作业的。因此，通常认为锚泊中捕鱼将不适用于“拖网渔船”。

“只应显示本条规定的号灯和号型”是指捕鱼船只能按照第二十六条的规定显示号灯和号型，而不得显示“机动船、帆船或锚泊船”(即第二十三、第二十五或第三十条)的号灯或号型。然而，根据本条款的规定，从事捕鱼的船舶在邻近其他捕鱼船处从事捕鱼作业时，还可以显示《避碰规则》附录二所要求的额外信号。

拖网渔船动画

2. 有关号灯的规定

(1)从事拖网作业的捕鱼船应显示的号灯(见图 3-3-18)：

①上绿下白垂直两盏环照灯。

②$L \geqslant 50$ m，一盏桅灯，后于、高于环照绿灯；$L<50$ m，不要求显示该桅灯，但可以这样做。

③对水移动时，还应显示舷灯和艉灯，当不对水移动时，仅显示上绿下白，以及一盏后桅灯($L \geqslant 50$ m)。

④$L \geqslant 20$ m 的拖网渔船当邻近其他捕鱼船时，不论是用底拖还是中层渔具，应显示下列规定的额外信号灯(见图 3-3-19)：

- 放网时：垂直两盏环照白灯；
- 起网时：垂直两盏环照灯，上白下红；
- 网挂住障碍物时：垂直两盏环照红灯；
- $L \geqslant 20$ m 的拖网渔船从事对拖网作业时，各船应显示下列规定的额外信号：

在夜间，朝着前方并向本对拖网中另一船的方向设置照射的探照灯。

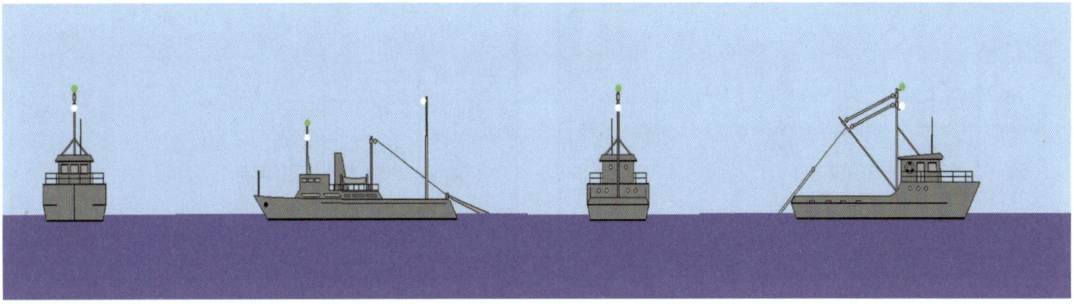

正视　右侧视　尾视　左侧视

(a)$L \geqslant 50$ m 拖网捕鱼（不对水移动）

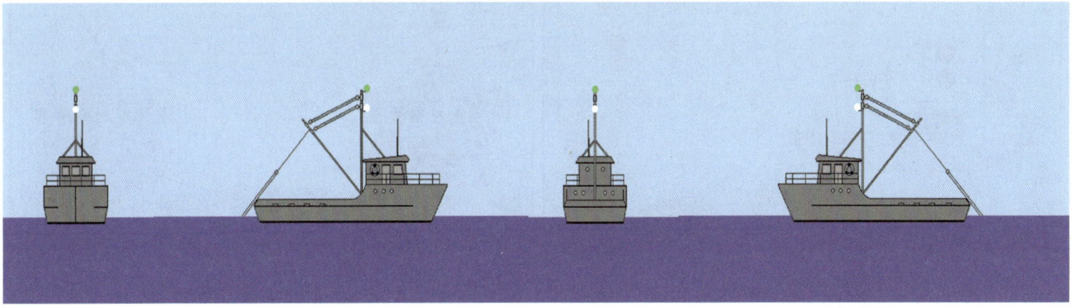

正视　右侧视　尾视　左侧视

(b)$L < 50$ m 拖网捕鱼（不对水移动）

正视　右侧视　尾视　左侧视

(c)$L < 50$ m 拖网捕鱼（对水移动）

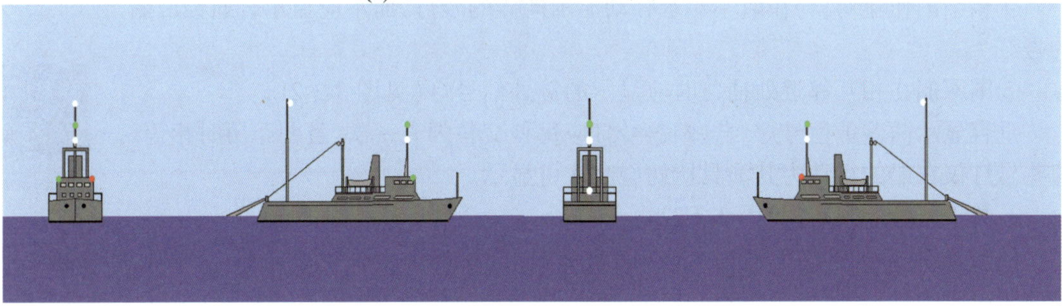

正视　右侧视　尾视　左侧视

(d)$L \geqslant 50$ m 拖网捕鱼（对水移动）

图 3-3-18　从事拖网作业的捕鱼船应显示的号灯

(a)$L \geqslant 50$ m 的拖网渔船放网时　　(b)$L \geqslant 50$ m 的拖网渔船起网时

(c)$L < 50$ m 的拖网渔船放网时　　(d)$L < 50$ m 的拖网渔船对拖时

图 3-3-19　拖网渔船在相互邻近处捕鱼时的额外信号

⑤$L<20$ m 的从事捕鱼作业的船舶，不论是底拖还是中层渔具，或从事对拖网作业，如可能，均可以按照上述④的规定显示额外的信号灯。

非拖网渔船动画

（2）从事非拖网作业的捕鱼船应显示的号灯（见图 3-3-20）：

①上红下白垂直两盏环照灯。

②当外伸渔具水平距离（指船舷侧至外伸渔具的末端的水平距离）大于 150 m，朝渔具的方向显示一盏环照白灯。

③当对水移动时，还应显示舷灯和艉灯；当不对水移动时，关闭舷灯和艉灯，而只应显示上述①、②的号灯。

④当锚泊作业对，与在航不对水移动显示同样的号灯，而不应显示普通锚泊船的号灯。

⑤围网船在相互邻近处捕鱼时应显示的额外信号灯（见图 3-3-21）：

垂直显示两盏黄色号灯。这两盏号灯应每秒交替闪光一次，且明暗历时相等。这些号灯仅在船的行动为其渔具所妨碍时才可显示。

拖网渔船在相互邻近处捕鱼动画

3. 关于号型的规定（见图 3-3-22）

（1）$L \geqslant 20$ m 的捕鱼船在白天（在航或锚泊）应悬挂一个由上下垂直、尖端对接的两个圆锥体所组成的号型［见图 3-3-22（a）］；

（2）非拖网作业捕鱼船当有外伸渔具水平距离大于 150 m 时，在白天（在航或锚泊），应朝着渔具的方向再悬挂一个尖端向上的圆锥体号型［见图 3-3-22（b）］。

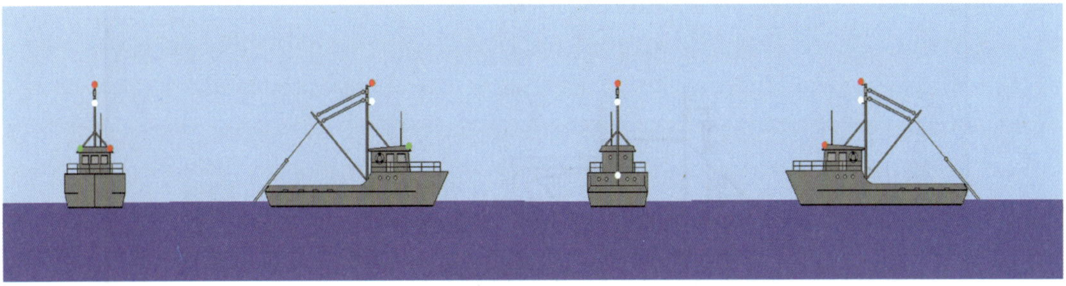

非拖网渔船（对水移动）

图 3-3-20 从事非拖网作业的捕鱼船应显示的号灯

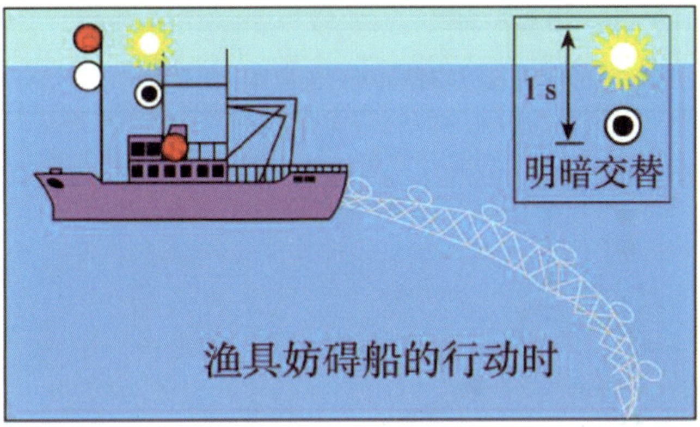

图 3-3-21 围网船在相互邻近处捕鱼且渔具妨碍船的行动时应显示的额外信号灯

［第二十七条］ 失去控制或操纵能力受到限制的船舶

1. 失去控制的船舶应显示：

(1) 在最易见处，垂直两盏环照红灯；

(2) 在最易见处，垂直两个球体或类似的号型；

(3) 当对水移动时，除本款规定的号灯外，还应显示两盏舷灯和一盏艉灯。

2. 操纵能力受到限制的船舶，除从事清除水雷作业的船舶外，应显示：

(1) 在最易见处，垂直三盏环照灯，最上和最下者应是红色，中间一盏应是白色；

(2) 在最易见处，垂直三个号型，最上和最下者应是球体，中间一个应是菱形体；

(3) 当对水移动时，除本款(1)项规定的号灯外，还应显示桅灯、舷灯和艉灯；

(4) 当锚泊时，除本款(1)和(2)项规定的号灯或号型外，还应显示第三十条规定的号灯和号型。

3. 从事一项使拖船和被拖物体双方在驶离其航向的能力上受到严重限制的拖带作业的机动船，除显示第二十四条 1 款规定的号灯或号型外，还应显示本条 2 款(1)和(2)项规定的号灯和号型。

4. 从事疏浚或水下作业的船舶，当其操纵能力受到限制时，应显示本条 2 款(1)、(2)和(3)项规定的号灯和号型。此外，当存在障碍物时，还应显示：

(1) 在障碍物存在的一舷，垂直两盏环照红灯或两个球体；

(a)从事捕鱼船白天应显示的号型

(b)非拖网渔船渔具水平外伸超过 150 m时应显示的号型

图 3-3-22　从事捕鱼船应显示的号型

(2)在他船可以通过的一舷，垂直两盏环照绿灯或两个菱形体；

(3)当锚泊时，应显示本款规定的号灯或号型以取代第三十条规定的号灯或号型。

5. 当从事潜水作业的船舶其尺度使之不可能显示本条 4 款规定的号灯和号型时，则应显示：

(1)在最易见处垂直三盏环照灯，最上和最下者应是红色，中间一盏应是白色；

(2)一个国际信号旗“A”的硬质复制品，其高度不小于 1 m，并应采取措施以保证周围都能见到。

6. 从事清除水雷作业的船舶，除显示第二十三条为机动船规定的号灯或第三十条为锚泊船规定的号灯或号型外，还应显示三盏环照绿灯或三个球体。这些号灯或号型之一应在接近前桅桅顶处显示，其余应在前桅桁两端各显示一个。这些号灯或号型表示他船驶近至清除水雷船 1 000 m 以内是危险的。

7. 除从事潜水作业的船舶外，长度小于 12 m 的船舶，不要求显示本条规定的号灯和号型。

8. 本条规定的信号不是船舶遇险求救的信号。船舶遇险求救的信号载于本规则附录四内。

失控船动画

1. 失去控制的船舶应显示的号灯、号型

(1)失去控制的船舶应显示的号灯：

①在最易见处，垂直两盏环照红灯；

②当对水移动时，还应显示两盏舷灯和一盏艉灯[见图 3-3-23(a)]；

③当不对水移动时，应关闭舷灯和艉灯，而仅显示垂直两盏环照红灯[见图 3-3-23(b)]。

例如：当一艘全速前进中的机动船的主机突然故障，应立即关闭桅灯而显示垂直两盏环照红灯，当船舶不对水移动时，再关闭舷灯与艉灯。要特别注意的是，失控船一旦锚泊，则应视为锚泊船，而不再显示失控信号。

(2)失去控制的船舶应显示的号型[见图 3-3-23(c)]：

在白天，在最易见处，垂直悬挂两个球体。

(a)失控船在航对水移动

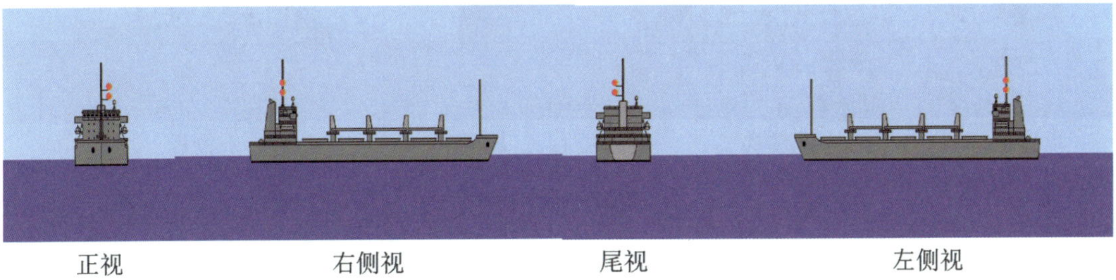

(b)失控船在航不对水移动

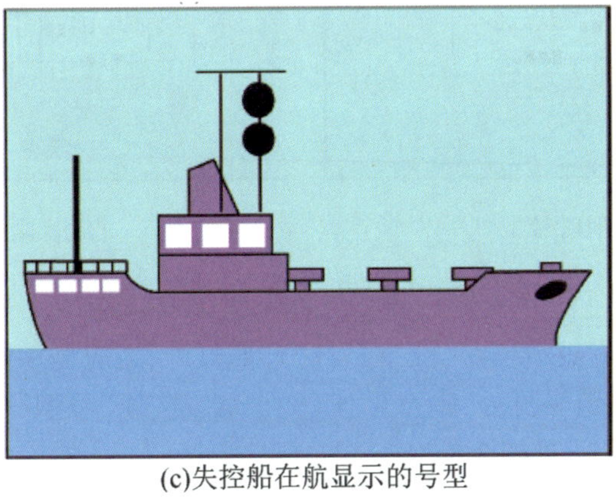

(c)失控船在航显示的号型

图 3-3-23　失控船应显示的号灯、号型

2. 操纵能力受到限制的船舶

（1）除从事清除水雷作业的船舶、从事拖带作业的船舶外，“操限船”通常应显示的号灯与号型：

其他操限船动画

①在最易见处垂直三盏“红、白、红”环照灯；

②当对水移动时，还应显示桅灯、舷灯与艉灯［见图 3-3-24(a)］；

③当不对水移动时，关闭桅灯、舷灯与艉灯［见图 3-3-24(b)］；

正视　右侧视　尾视　左侧视

(a)操限船在航对水移动

正视　左侧视　尾视　右侧视

(b)操限船在航不对水移动

(c)操限船在航时号型

(d)操限船锚泊时号型

图 3-3-24　操限船应显示的号灯、号型

④当锚泊作业时，除应显示三盏“红、白、红”环照灯外，还应显示锚灯；

⑤在白天，在航时，在最易见处，垂直悬挂三个“球、菱、球”号型［见图 3-3-24(c)］，锚泊作业时，还应悬挂一个“锚球”［见图 3-3-24(d)］。

⑥在航中从事补给或转运人员、食品或货物的两艘船舶，均应按上述规定显示操限船的号

灯或号型。

（2）符合“操限船”定义的从事拖带作业的船舶应显示的号灯或号型（见图 3-3-25）

从事拖带作业的操限船动画

①在航时，除显示第二十四条规定的“拖带”号灯外，还应垂直显示三盏“红、白、红”环照灯。

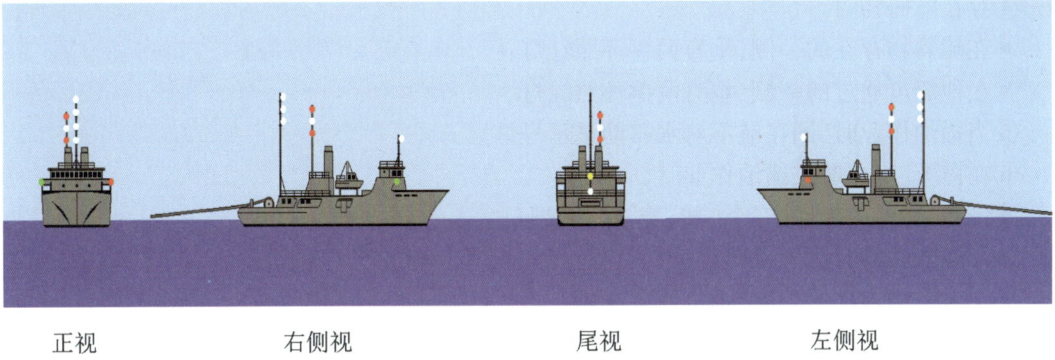

(a)从事拖带作业的操限船应显示的号灯

(b)从事拖带作业的操限船应显示的号型

图 3-3-25　从事拖带作业的操限船应显示的号灯、号型

②在航时，当拖带长度大于 200 m 时，除应悬挂一个菱形体外，还应垂直悬挂三个“球、菱、球”号型。

③虽然本款并未对被拖船如何显示号灯、号型做出规定，但根据“操限船”的定义，以及良好船艺的要求，被拖船也应与拖船一样显示“操限船”的号灯或号型为妥。

④根据定义，“拖带作业”只能是在航中从事的一种作业；锚泊时，由于环境及情况的需要，若拖船与被拖船不宜解缆分离锚泊，也不能视为仍然处于“拖带”之中，而只应作为普通锚泊船显示锚泊的号灯或号型；但为使他船能了解“拖缆”的存在，可按《避碰规则》第三十六条“招引注意的信号”显示适当的信号，如在拖船的船尾安装一盏探照灯，将灯束指向拖缆，并将其照明（也可同时在被拖船上安装这种探照灯）；但不可按照第二十四条或第二十七条所规定

的“拖带作业”的船舶显示其号灯或号型。

(3)从事疏浚或水下作业的船舶应显示的号灯、号型(见图 3-3-26)：

从事疏浚作业的操限船动画

①最易见处，垂直显示三盏“红、白、红”环照灯。

②对水移动时，还应显示桅灯、舷灯与艉灯。

③不对水移动时，关闭桅灯、舷灯与艉灯。

④存在障碍物时。

- 在障碍物存在的一侧，垂直两盏环照红灯；
- 在他船可通过的一侧，垂直两盏环照绿灯。

⑤当锚泊作业时，同在航不对水移动显示号灯。

⑥在白天，当在航或锚泊作业时，应悬挂：

- 最易见处垂直悬挂三个“球、菱、球”号型；
- 存在障碍物时；
- 在障碍物存在的一侧，垂直两个球体；
- 在他船可通过的一侧，垂直两个菱形体。

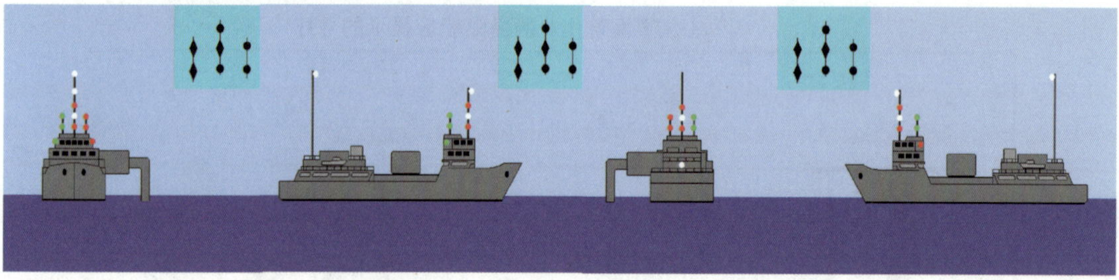

正视　　右侧视　　尾视　　左侧视

图 3-3-26　从事疏浚或水下作业的船舶应显示的号灯、号型

(4)从事潜水作业的船舶(其尺度使之不可能显示本条 4 款规定的号灯和号型)，在航或锚泊作业时则应显示(见图 3-3-27)：

①在最易见处，垂直三盏“红、白、红”环照灯；

②在白天，悬挂 1 面国际信号旗“A”的硬质复制品，其高度不小于 1 m，并应采取措施以保证周围都能见到。

正视　　右侧视　　尾视　　左侧视

图 3-3-27　从事潜水作业的船舶在航或锚泊作业时应显示的号灯、号型

(5)从事清除水雷作业的船舶应显示的号灯、号型(见图 3-3-28)：

①在航或锚泊作业时，应在接近前桅桅顶处以及桅桁两端各显示一盏环照绿灯或三个球体(该信号表示他船驶近至该船 1 km 以内是危险的)；

从事清除水雷作业的操限船动画

②在航或锚泊作业时，还应分别显示机动船的号灯以及普通锚泊船的号灯或号型。

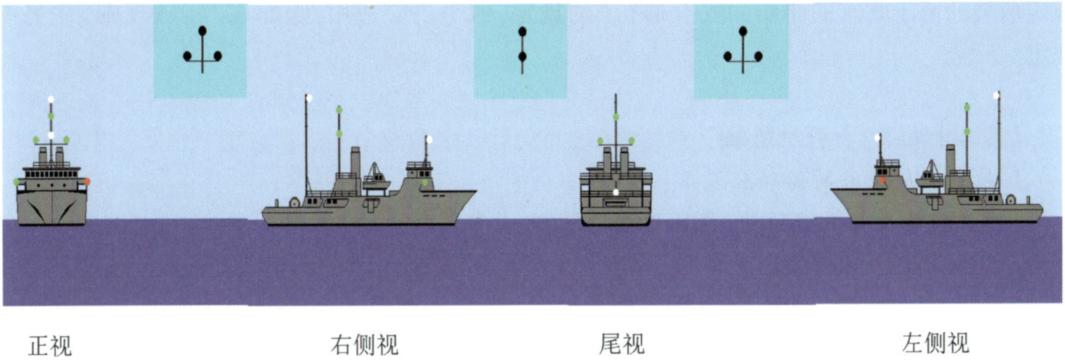

图 3-3-28　从事清除水雷作业的船舶应显示的号灯、号型

(6)除从事潜水作业的船舶外，长度小于 12 m 的船舶，不要求显示本条(失控船或操限船)规定的号灯和号型。

[第二十八条]　限于吃水的船舶

限于吃水的船舶，除第二十三条为机动船规定的号灯外，还可在最易见处垂直显示三盏环照红灯，或者一个圆柱体。(见图 3-3-29)

《避碰规则》第二十八、第二十九、第三十、第三十一条教学视频

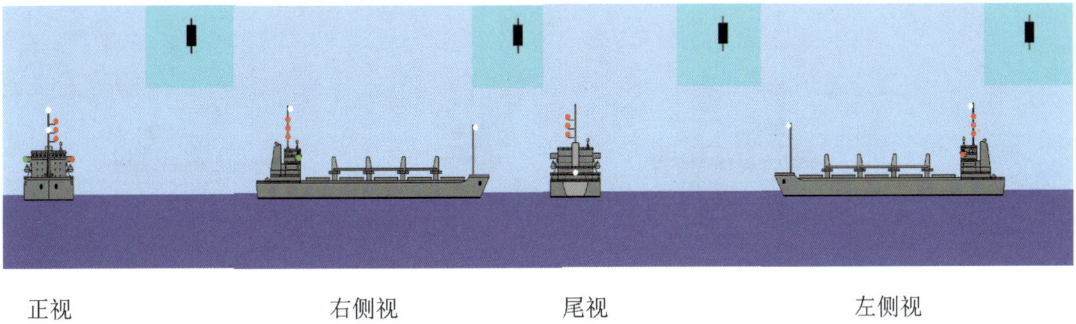

图 3-3-29　限于吃水的船舶的号灯、号型

限于吃水船动画

1. 显示的号灯或号型

(1)应显示普通机动船在航时的号灯；

(2)还可在最易见处，显示垂直三盏环照环红灯或一个圆柱体。

2. 有关问题的说明

(1)鉴于海图水深与该船所处水域的实际水深可能不符，或可能发生一些新的变化以及限于吃水的船舶有时很难确定在什么时候，由于本船吃水太大，所处水域的水深太浅，以致可航宽度变窄，因而导致其驶离所在航向的能力严重地受到限制。另外，《避碰规则》也未给予该船具有操限船或失控船同样的权力。因而，对该船是应显示三盏环照红灯或一个圆柱体未做强制性规定，而仅做出“可显示”的规定。

（2）在某些国家、某些地区的"特殊规则"中，要求一定吨位或一定吃水的船舶，在通过制定有这种"特殊规则"的水域时，应显示"限于吃水船"的号灯或号型。若是如此，则《避碰规则》第三条"限于吃水"的定义将无法适用。但《避碰规则》第十八条 4 款关于"除失去控制的船舶或操纵能力受到限制的船舶外，任何船舶，若当时环境许可，应避免妨碍显示第二十八条规定信号的限于吃水的船舶的安全通行"的规定，似乎仍应适用，除非在"特殊规则"中另有规定。

［第二十九条］　引航船舶

1. 执行引航任务的船舶应显示：

（1）在桅顶或接近桅顶处，垂直两盏环照灯，上白下红；

（2）当在航时，外加舷灯和艉灯；

（3）当锚泊时，除本款（1）项规定的号灯外，还应显示第三十条对锚泊船规定的号灯或号型。

2. 引航船当不执行引航任务时，应显示为其同样长度的同类船舶规定的号灯或号型。

1. 执行引航任务的船舶应显示的号灯：

引航船动画

（1）在航时（见图 3-3-30）：

①在桅顶或接近桅顶处，垂直两盏环照灯，上白下红；

②舷灯和艉灯。

正视　　右侧视　　尾视　　左侧视

图 3-3-30　在航时执行引航任务的船舶应显示的号灯

（2）锚泊时（见图 3-3-31）：

①在桅顶或接近桅顶处，垂直两盏环照灯，上白下红；

②按《避碰规则》第三十条对锚泊船的规定显示号灯和号型。

2. 有关问题的说明

（1）虽然《避碰规则》并未规定执行引航任务的船舶在白天应悬挂何号型，但该船通常悬挂一面"H"旗，以表明本船正在执行引航任务。另外，大多数的引航船，在船外壳上标有大型、醒目的"PILOT"一词，实际上已起到"信号"的作用。

（2）执行引航任务的船舶，无论是机动引航船还是驶帆船，均应遵守本条的规定显示号灯。

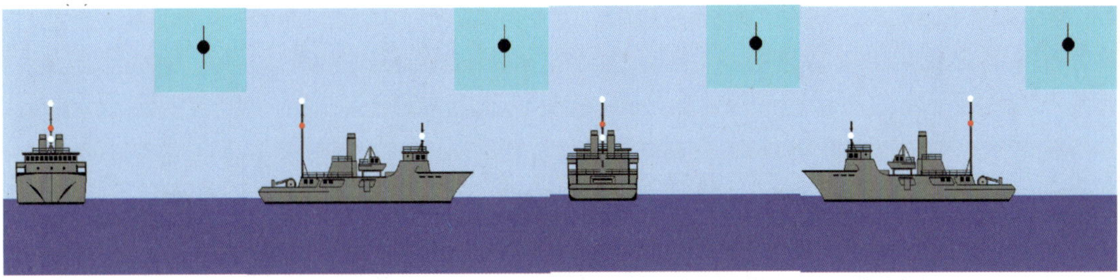

图 3-3-31　锚泊时执行引航任务的船舶应显示的号灯

(3)虽然在本条中《避碰规则》引用了“引航船舶”一词，但在第三条定义中，《避碰规则》并未将该类船舶专门列为一项；同时，在第十八条“船舶之间的责任”中，《避碰规则》也未专门提及“引航船舶”。

显见，《避碰规则》在确定该类船舶的避让责任方面，将其并入“机动船”或“帆船”的范畴。当该类船舶在执行引航任务期间与他船构成碰撞危险之时，应作为“机动船”或“帆船”(视其本身的推进方式而定)遵守或执行有关的驾驶与航行规则。至于显示“引航信号”，仅为使他船能了解本船正在执行的任务，而绝对不含任何特权的意义。

(4)当引航船不执行引航任务时，应显示为其同样长度的同类船舶规定的号灯或号型。

[第三十条]　锚泊船舶和搁浅船舶

1. 锚泊中的船舶应在最易见处显示：

(1)在船的前部，一盏环照白灯或一个球体；

(2)在船尾或接近船尾并低于本款(1)项规定的号灯处，一盏环照白灯。

2. 长度小于 50 m 的船舶，可以在最易见处显示一盏环照白灯，以取代本条 1 款规定的号灯。

3. 锚泊中的船舶，还可以使用现有的工作灯或同等的灯照明甲板，而长度为 100 m 及 100 m 以上的船舶应当使用这类灯。

4. 搁浅的船舶应显示本条 1 或 2 款规定的号灯，并在最易见处外加：

(1)垂直两盏环照红灯；

(2)垂直三个球体。

5. 长度小于 7 m 的船舶，不在狭水道、航道、锚地或其他船舶通常航行的水域中或其附近锚泊时，不要求显示本条 1 和 2 款规定的号灯或号型。

6. 长度小于 12 m 的船舶搁浅时，不要求显示本条 4 款(1)项和(2)项规定的号灯或号型。

锚泊船动画

1. 锚泊船应显示的号灯、号型

(1)$L<50$ m 的锚泊船(见图 3-3-32)：

①在船的前部显示一盏环照白灯，也可以在最易见处显示一盏环照明白灯以取代船头一盏环照白灯；

②在船的前部，应悬挂一个球体；

③还可以使用现有的工作灯或甲板照明灯。

图 3-3-32　$L<50$ m 的锚泊船应显示的号灯、号型

(2)$L\geqslant 50$ m 的锚泊船(见图 3-3-33):

①在船的前部,应显示一盏环照白灯,在艉部或接近艉部,应显示一盏环照白灯;

②应显示现有的工作灯或甲板照明灯;

③在船的前部,应悬挂一个球体。

(3)$L\geqslant 100$ m 的锚泊船(见图 3-3-33):

①在船的前部,应显示一盏环照白灯,在艉部或接近艉部,应显示一盏环照白灯;

②应显示现有的工作灯或甲板照明灯;

③在船的前部,应悬挂一个球体。

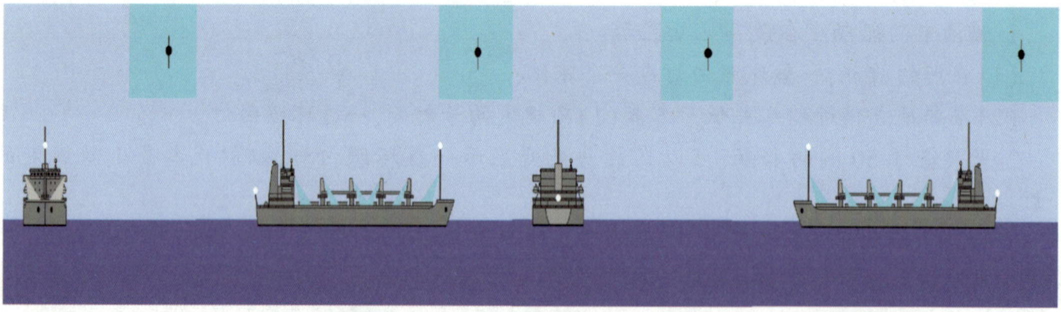

图 3-3-33　$L\geqslant 50$ m 和 $L\geqslant 100$ m 的锚泊船应显示的号灯、号型的锚泊船

(4)$L<7$ m 的船舶:

该类船舶若不是在狭水道、航道、锚地或其他船舶通常航行的水域中或其附近锚泊时,不要求显示本条规定的号灯或号型,否则应显示。

(5)有关正确显示锚泊信号的若干问题:

①本条所述的"锚泊船舶"应显示锚泊信号,旨在针对锚泊用锚,并且船舶已处于锚的抓力牢固地控制船舶运动时所做的一种规定。

②以协助船舶操纵为目的而抛锚的船舶不应视为"锚泊船舶",而应属于"在航船舶"。当该船抛下的锚落底并牢固地抓住了海底,或锚爪钩牢了海底(水底)障碍物,因此控制了船舶的运动,则应参照本条有关"锚泊船舶"的规定,显示锚泊的号灯、号型,而不应再同时显示在航号灯。

③船舶虽未抛锚，但系靠在另一艘锚泊船的旁边（旁靠船），则应视为“锚泊船舶”，显示锚泊船的号灯、号型。

④锚泊船起锚过程中，只要锚未离底，仍应视为锚泊，而不考虑当时锚是否抓牢海底。

⑤抛锚过程中，绝不能认为“锚一落下”即可开启锚灯。只有当锚牢固地抓住海底（水底），并控制了船舶的运动，才应认为处于锚泊之中。

⑥锚泊中的船舶因风大流急或其他原因，导致锚位松动、发生走锚，应认为已不再处于锚泊。此时应立即关闭锚灯，或降下锚球，并应根据在航的有关规定显示号灯或号型。

⑦一部分船员认为，操纵用锚，如抛锚掉头，抛锚止速，或抛开锚以助于系泊，以及走锚等情况，固然属于在航，但毕竟锚仍在水底。为区别一般的在航，仍有必要显示锚灯或锚球。因此，有观点认为在这种特定的条件下同时显示在航与锚泊的信号，是一种良好的船艺，是一种海员的通常做法，是对特殊情况而采取的一种特殊做法，不应视为违背第二条“责任”条款的规定。这种观点似乎欠妥，因为该做法已明显不符合《避碰规则》的规定。这一做法混淆了在航与锚泊两种不同的运动状态，易使他船判断失误，造成误解，故应予以制止，而不应予以提倡。

2. 搁浅船应显示的号灯、号型（见图 3-3-34）

搁浅船动画

（1）搁浅船应显示的号灯：

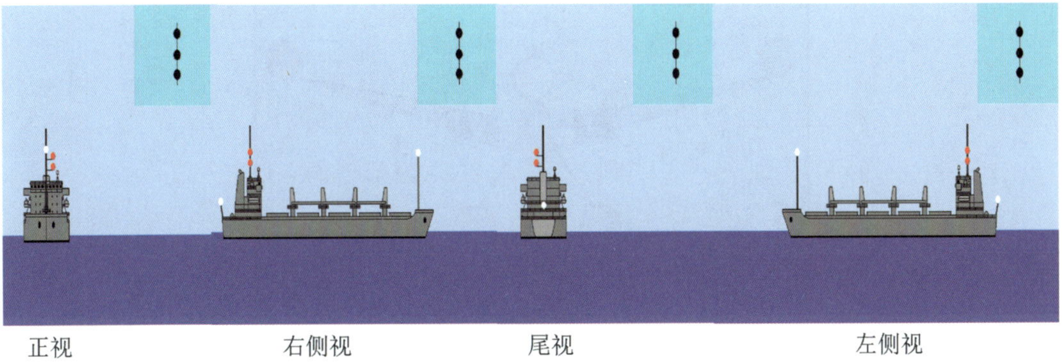

(a)搁浅船（$L\geqslant 50$ m）

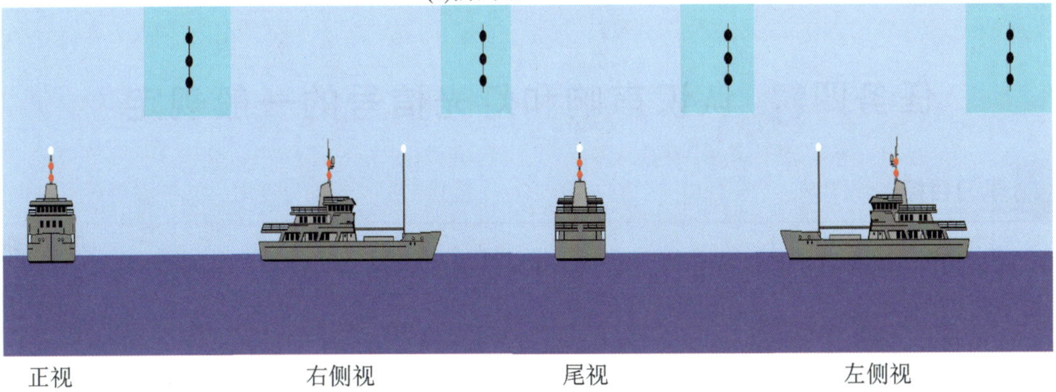

(b)搁浅船（$L<50$ m）

图 3-3-34　搁浅船应显示的号灯、号型

①同等长度锚泊的号灯，但不得显示工作灯或甲板照明灯；

②在最易见处外加垂直两盏红灯。

(2)应显示的号型：

在最易见处悬挂三个球体。

(3)$L<12$ m 的船舶，不要求显示垂直两盏环照红灯和三个球体；但应根据同等长度的锚泊船显示号灯、号型。

[第三十一条]　水上飞机

当水上飞机或地效船不可能显示按本章各条规定的各种特性或位置的号灯和号型时，则应显示尽可能近似于这种特性和位置的号灯和号型。

水上飞机在水面在航时，通常在其前部显示一盏桅灯，在其机翼两端显示红、绿舷灯。

大型水上飞机在水面锚泊，除在前部和后部显示白灯外，另在机翼两端还可显示一盏白灯（见图 3-3-35）。

水上飞机动画

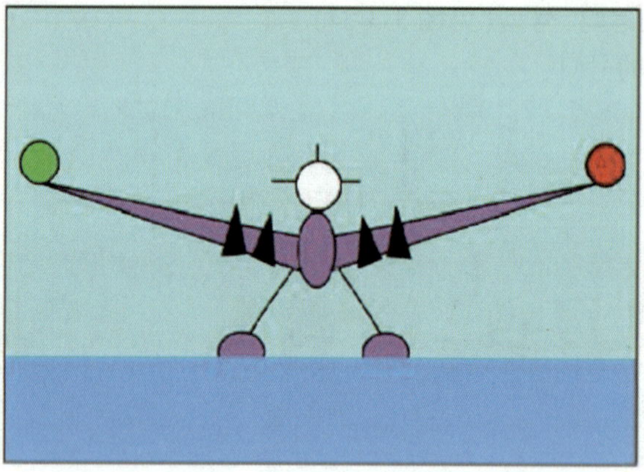

图 3-3-35　大型水上飞机在水面锚泊显示的号灯

任务四　认识声响和灯光信号的一般规定

学习目标

知识目标：掌握声响和灯光信号的定义、声响设备的配备、声响和灯光信号的技术细节。

能力目标：能区别不同声响设备发出的声音。

素质目标：培养学生刻苦钻研的精神。

声响和灯光信号的一般规定教学视频

一、声响和灯光信号的作用

［第三十二条］ 定义

1.“号笛”一词，指能够发出规定笛声并符合本规则附录三所载规格的任何声响信号器具。

2.“短声”一词，指历时约 1 s 的笛声。

3.“长声”一词，指历时 4~6 s 的笛声。

在能见度不良的水域中，声响信号可用来表明船舶的种类、动态，以及作为船舶，尤其是未装置雷达，或雷达发生故障而无法正确使用的船舶，采取某些避让行动的一种有效的依据。

在互见中，“声响和灯光信号”(sound and light signals)可用来表明一艘船舶正在采取的一种行动，或企图采取的行动，或对另一艘船舶所采取的行动表示怀疑、无法了解、持有异议，或要求他船引起注意，或对他船发出警告的一种听觉和视觉信号的手段。

在一组操纵与警告声响信号中，短声与短声之间的间隔约为 1 s，长声与长声以及长声与短声之间的间隔约为 2 s，信号组与信号组之间的间隔不少于 10 s。

在一组能见度不良时的声响信号中，每两长声的间隔以及长短声的间隔约为 2 s，每组钟声、锣声的信号间隔为 1 min，其他信号的间隔为 2 min。

二、船舶应配备的声号设备

［第三十三条］ 声号设备

1. 长度为 12 m 或 12 m 以上的船舶，应配备一个号笛；长度为 20 m 或 20 m 以上的船舶，除了号笛以外还应配备一个号钟；长度为 100 m 或 100 m 以上的船舶，除了号笛和号钟以外，还应配备一面号锣。号锣的音调和声音不可与号钟相混淆。号笛、号钟和号锣应符合本规则附录三所载规格。号钟、号锣或二者可用与其各自声音特性相同的其他设备代替，只要这些设备随时能以手动鸣放规定的声号。

2. 长度小于 12 m 的船舶，不要求备有本条 1 款规定的声响信号器具。若不备有，则应配置能够鸣放有效声号的其他设备。

应予以注意的是，1972 年国际海上避碰规则公约组织的任一缔约国，均必须切实保证本国的任何船舶(当进入《避碰规则》所适用的水域时)应符合本条有关“声号设备”的规定，即使是一艘帆船也不应例外，除非在承认《避碰规则》时做了该方面的保留。作为政府的主管机关，应严格地按照《避碰规则》的规定，查核每艘船舶是否符合《避碰规则》有关声号设备的配置及技术细节的要求。作为船舶所有人，务必确保所属船舶的声号设备完全符合《避碰规则》的规定，否则，将被认为是一种严重的过失；若该过失被法院证实与船舶碰撞具有因果关系，则船舶所有人将可能承担重大的责任，甚至还可能因此而丧失船舶所有人责任限制的权利，保险公司也可据此予以拒赔。作为船长及船员，有责任也有义务确保船舶的声响设备及灯光信号装置始终处于良好的技术状态，否则也不能免除他们在遵守这一方面规定的疏忽而产生的各种后果的责任。

三、声响和灯光信号及其装置的主要技术细节

(1)号笛(whistle)

①号笛的声距和可听距离见表 3-4-1。

表 3-4-1　号笛的声距和可听距离表

船舶长度	1/3 倍频带声压级,距离 1 m,相对于 2×10^{-6} N/m^2(dB)	可听距离(n mile)
200 m 或 200 m 以上	143	2
75 m 或 75 m 以上但小于 200 m	138	1.5
20 m 或 20 m 以上但小于 75 m	130	1
小于 20 m	120	0.5

表 3-4-1 中的可听距离是参考性的,而且是在号笛的前方轴线上,于无风条件下有 90%的概率可以被有一般背景噪声级(用中心频率为 250 Hz 的倍频带时取 68 dB,用中心频率为 500 Hz 的倍频带时取 63 dB)的船上收听到的大约距离,至于在其他任何方向上的可听距离,通常至少为在号笛前方轴线上可听距离的一半。

实际上,号笛的可听距离极易变化,而且主要取决于天气情况,所定数值可作为典型性的,但在强风或在收听点周围有高噪声级的情况下,距离可大大缩短。

②号笛的安置及使用:

- 当方向性号笛作为船上唯一的号笛使用时,其安装应使最大声距朝着正前方。
- 号笛应安置在船上尽可能高的地方,使发出的声音少受遮蔽物的阻截,并使人员听觉受损害的危险降低到最低程度(在船上收听点听到本船声号的声压级应尽可能不超过 100 dB)。
- 如船上装置一个以上号笛,且各号笛配置的间距大于 100 m,则应做出安排,使其大致同时鸣放,且只应使用其中一个号笛。在通常情况下,在鸣放操纵和警告声号以及能见度不良时的声号(即雾号)时,使用安装在前桅上的号笛为妥。

(2)号钟和号锣(bell and gong)

①声号的强度

号钟、号锣或其他具有类似声音特性的器具所发出的声压级,在距它 1 m 处,应不少于 110 dB。

②构造

号钟和号锣应用抗蚀材料制成,其设计应能使之发出清晰的音调。长度为 20 m 或 20 m 以上的船舶,号钟口的直径应不小于 300 mm;长度为 12 m 或 12 m 以上,但小于 20 m 的船舶,应不小于 200 mm。如可行,建议一个机动钟锤的质量应不小于号钟质量的 3%。

(3)操纵号灯(manoeuvring light)

①操纵号灯的作用:

用来补充声响信号,以便他船能更早地获悉鸣放信号的船舶的行动及其意图。

②灯质及其能见距离:

操纵号灯应是一盏环照白灯,其能见距离至少为 5 n mile。

③灯光信号显示的方法及要求:

每闪历时约 1 s，各闪间隔应约 1 s；前、后两组信号的间隔应不少于 10 s。

④操纵号灯的安装要求：

该号灯应安置在一盏或多盏桅灯的同一艏艉垂直面上，如可行，该号灯应高于前桅灯的垂向距离至少 2 m；若该灯装置在后桅上，则应高于或低于后桅灯的垂向距离至少 2 m。只装设一盏桅灯的船舶，如装有操纵号灯，则应装设在与桅灯的垂向距离不小于 2 m 的最易见处（见图 3-4-1）。

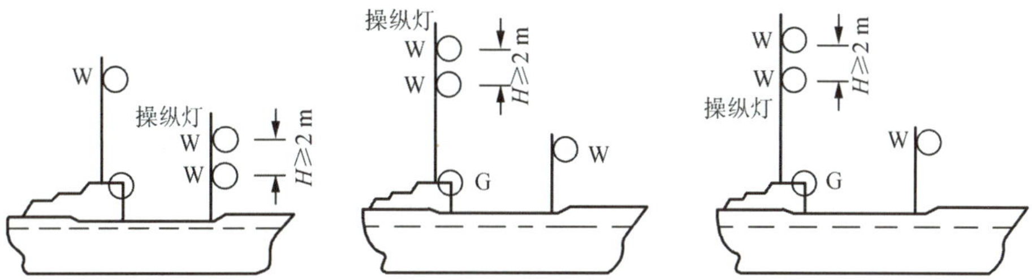

图 3-4-1　操纵号灯的垂向距离示意图

（4）关于声号设备的特殊规定

《避碰规则》第一条 5 款规定：凡经有关政府确定，某种特殊构造或用途的船舶，如不能完全遵守本规则任何一条关于……声号设备的配置和特性的规定时，则应遵守其政府在……声号设备的配置和特性方面为之另行确定的尽可能符合本规则要求的规定。

（5）声号设备的认可

声号器具的构造性能及在船上的安装应符合船旗国的有关主管机关的要求。

任务五　显示声响和灯光信号

学习目标

知识目标：掌握操纵和警告信号；掌握能见度不良时使用的声响信号；掌握招引注意的信号；掌握遇险信号的含义。

能力目标：会正确鸣放本船在不同状态下的声响信号；会根据所听到的声响信号正确判断相应船舶所处的状态；会正确显示和识别遇险信号。

素质目标：培养学生良好的沟通能力。

［第三十四条］　操纵和警告信号

1. 当船舶在互见中，在航机动船按本规则准许或要求进行操纵时，应用号笛发出下列声号表明之：

——一短声 表示“我船正在向右转向”；

——二短声 表示“我船正在向左转向”；

——三短声 表示“我船正在向后推进”。

2. 在操纵过程中，任何船舶均可用灯号补充本条 1 款规定的笛号，这种灯号可根据情况予

《避碰规则》第三十四条操纵与警告信号教学视频

以重复:

(1)这些灯号应具有以下意义:

——一闪 表示“我船正在向右转向”;

——二闪 表示“我船正在向左转向”;

——三闪 表示“我船正在向后推进”。

(2)每闪历时应约1 s,各闪应间隔约1 s,前后信号的间隔应不少于10 s。

(3)若设有用作本信号的号灯,则应是一盏环照白灯,其能见距离至少为5 n mile,并应符合本规则附录一所载规定。

3. 在狭水道或航道内互见时:

(1)一艘企图追越他船的船应遵照第九条5款(1)项的规定,以号笛发出下列声号表示其意图:

——二长声继以一短声 表示“我船企图从你船的右舷追越”;

——二长声继以二短声 表示“我船企图从你船的左舷追越”。

(2)将要被追越的船舶,当按照第九条5款(1)项行动时,应以号笛依次发出下列声号表示同意:

——一长、一短、一长、一短声。

4. 当互见中的船舶正在互相驶近,并且不论由于任何原因,任何一船无法了解他船的意图或行动,或者怀疑他船是否正在采取足够的行动以避免碰撞时,存在怀疑的船应立即用号笛鸣放至少五声短而急的声号以表示这种怀疑。该声号可以用至少五次短而急的闪光来补充。

5. 船舶在驶近可能被居间障碍物遮蔽他船的水道或航道的弯头或地段时,应鸣放一长声。该声号应由弯头另一面或居间障碍物后方可能听到它的任何来船回答一长声。

6. 若船上所装几个号笛,其间距大于100 m,则只应使用一个号笛鸣放操纵和警告声号。

1. 操纵和警告信号

(1)操纵和警告信号的种类

《避碰规则》在第三十四条中,把所有的声响及灯光信号统称为“操纵和警告信号”,而不做具体的分类。然而,广大海员在实际运用时,根据行动的种类,为表达不同的意图,又将该信号分门别类习惯上给予不同的命名。例如,当采取避让操纵行动而鸣放声号或显示灯号时,将此称为“操纵行动信号”;当一船企图追越他船或他船对该船的追越意图表明其意向而鸣放声号时,将此称为“追越信号”;当一船对他船的行动表示怀疑或提出警告而鸣放声号或显示灯号时,又将此信号称为“怀疑与警告信号”。为便于学习或应用本条之信号,本书将采用上述广大海员对声响信号的习惯称法,予以如下的分类:

①操纵行动信号:指第三十四条1款、2款规定的“操纵行动声响信号”以及“操纵行动灯光信号”;

②追越信号:指第三十四条3款规定的声响信号;

③怀疑与警告信号:指第三十四条4款、5款所规定的声响信号以及灯光信号。

(2)操纵行动声响信号(即第三十四条1款规定的声号)

①适用范围

(a)仅适用于互见中

关于互见的定义是：只有当一船能自他船以视觉看到时，才应认为两船是在互见中。

(b)仅适用于在航机动船

“在航”一词，包括在航对水移动与不对水移动两种不同的在航状态。

“机动船”一词，是指任何使用机器推进的船舶，装有机器而不在使用的帆船除外。任何在航机动船，包括失控船、操限船、从事捕鱼船、限于吃水的船，均为本款的适用对象。当采取避让操纵行动时，均必须遵照本款规定鸣放相应的信号。但本款规定不适用于帆船、划桨船以及被拖船。

③适用于按“本规则准许或要求”进行操纵时

当在解释或遵守本款所提及的这一短语时，应充分注意到以下各个方面的问题：

i. 关于“本规则准许或要求”的含义

所谓“本规则要求”，通常是指有关的驾驶和航行规则明确要求一船或另一船或两船应采取的避让行动。

例如：第十四条“对遇局面”1 款要求两艘机动船应各自向右转向，从而各从他船的左舷驶过，该两船的避让行动即为“本规则要求”的行动，该两船就必须按照本款的规定鸣放相应的声号。

所谓“本规则准许”，通常是指《避碰规则》未明确规定相遇的两船或其中的一船应采取哪一种避让行动，然而，《避碰规则》又允许或期望这些船舶能根据《避碰规则》第二条“责任”条款或其他规则条款的规定，去采取一种最有助于避碰的行动，或为避免紧迫危险而采取的背离《避碰规则》的行动，或按海员通常做法所要求的戒备采取的行动。若是如此，则这些船舶所采取的行动，均可视为“本规则准许”的行动。当采取这一行动时，均应根据本款的规定鸣放相应的声号。

ii. 关于采取未经《避碰规则》准许或违反《避碰规则》规定的行动

虽然《避碰规则》在本款中未就该问题做出明确的规定，然而，互见中的在航机动船，当采取一种未经《避碰规则》所准许的行动，或完全违反《避碰规则》规定的行动时，不管其主观愿望如何，也不论该行动是一种故意的行为还是一种无知的疏忽或过失，也应鸣放本款规定的信号。从另一方面讲，正因为该行动是《避碰规则》所不准许的行动，或是违背《避碰规则》的行动，也正是他船所不可能意料到的行动，因而就更有必要去鸣放该声号，以引起他船的注意，从而取得他船的理解，以避免两船行动的不协调。

iii. 关于小幅度的行动

即使一船以避免碰撞为目的而采取了一个小幅度的转向行动，但也必须遵照本款规定鸣放相应的声号。

iv. 关于“出于航行的需要或为了其他的目的而采取操纵行动时”

当一船为抵消风流的影响，或调整船位时，或使用倒车引起的船首偏转，或按计划航线的要求欲改驶下一段新的航线(在转向点)，或在弯曲的水道中循岸形行驶，或正在进行系泊、离泊、锚泊、掉头操纵而进行操舵改向，通常不要求鸣放本款规定的操纵行动声号。当船舶使用倒车在河道中掉头，或使用倒车从泊位、港池、船坞中退出时，通常也不要求该船鸣放本款规定的三短声信号。然而，当一船在采取上述改向或倒车后退，且在其附近有他船驶近时，为引起他船的注意，以便他船采取适当的行动，通常也可以参照本款的规定鸣放相应的声号。

总之，互见中，两艘机动船相遇致构成碰撞危险时，当一船为避免碰撞的发生而采取操纵行动时,不管该行动正确与否,均应按照本款规定鸣放相应的声号。但《避碰规则》对在航机动船出于航行的需要或其他的目的而采取操纵行动,通常不做"鸣放声号"的要求。然而当该行动将可能影响或妨碍他船的安全航行,或可能导致碰撞危险,或有必要引起他船的注意,通常也应鸣放上述相应的信号,并认为该做法也是一种良好船艺的表现。

②声响信号及其含义

——一短声　表示"我船正在向右转向";

——二短声　表示"我船正在向左转向";

——三短声　表示"我船正在向后推进"。

上述信号,意在表明本船正在采取的行动,而并非表明本船的行动意图。当一船决定采取转向行动,下达舵令后,船舶开始转向之时,就应及时鸣放相应的声号。应予以注意的是,三短声的信号并不一定意味着鸣放该信号的船舶即在对水后退。实际上,行驶中的船舶当采取向后推进的行动时,往往也要隔几分钟甚至更长的时间之后才能制止船舶的前进,尤其是全速前进中的船舶,当采取紧急倒车行动时,就其运动轨迹而论,还根本不存在向后推进的迹象(就船舶下达倒车令时所处的地理位置而言)。因而,三短声信号(表示我船正在向后推进)的规定,仅仅是指一船正在开倒车或正在采取向后推进的行动。鉴于目前有些船舶在主机不改向的情况下也可达到向后推进的目的,例如装有平旋推进器、Z型传动推进器等船舶,因而在《避碰规则》中继续使用"开倒车"一词,显得不够确切或欠妥当,故《避碰规则》用"我船正在向后推进"以取代以往的"我船机器正在开倒车"。因而,切不要认为这只是一用语的改变,其意义也发生了变化。

另外,值得一提的是,虽然《避碰规则》对操纵行动声号的含义做了明确的规定,然而,在实际避让中,一部分船员在使用该声号时,未能很严格地遵守该规定,尤其是在狭水道或航道中行驶时,或与另一艘机动船处于"对遇局面"或"对驶"态势中,往往将一短声或二短声的操纵行动声号作为向对方表明本船的行动意图或向对方提出在何舷通过的一种建议性的信号;有的还将该声号作为协调双方行动的一种试探性的信号,并且在本船鸣放声号之后,不立即采取相应的转向行动,而是等待对方鸣放了同样的声号之后才开始采取行动。凡此种种,不但违背《避碰规则》的规定,严重的甚至还可能导致碰撞事故的发生。

此外,在一些国家或一些港口,对该声号的含义也做了一些特殊的规定。例如,《巴拿马运河避碰规则》规定,当采取避让行动时,一短声表示"我船正在向右转向";当两船在航道中对驶时,一短声又可以表示"两船以左对左通过"(二短声则表示"我船正在向左转"或"两船以右对右通过"),但实际上,鸣放该声号的船舶并未采取转向行动。当然,船舶在制定有该项规定的水域中航行,理应执行该规定。但是,当船舶在国际水域中或在未制定有该"特殊规则"的水域中航行,则应严格地遵守与执行国际规则的规定。若船舶意识到有必要与他船取得联系,以便两船就何舷通过达成一致的协议,建议采用VHF,而且应鸣放操纵行动声号,以免造成不必要的误会。实际上,VHF的使用较声号的鸣放要优越得多,也更容易表达本船的意图或建议。

2. 操纵行动的灯光信号(第三十四条第二款)

(1)适用范围

①仅适用于互见中

该灯光信号仅要求互见中的船舶显示。鉴于该灯光的能见距离至少为5 n mile,因而,当互见中的一船,采取避让操纵行动而显示该灯号时,就能很容易被他船所察觉,也能更早地被他船所获悉。就这一点而言,灯光信号较声响信号要优越得多。

②适用于任何船舶

该灯光信号适用于任何船舶。机动船以及非机动船在采取避让操纵行动的过程中,均可显示该灯光信号以补充上述规定的相应笛号。虽然该款规定并非强制性的要求,然而,为使他船能及早了解本船正在采取的行动,各船应尽可能遵守该款的规定,尤其是在大于笛号能听距离范围之外采取行动之时,显得更为必要。

③适用于按本规则准许或要求进行操纵时

该解释同上述有关鸣放笛号一节中叙述的一样,在此不再重复。

(2)灯光信号的意义

——一闪　表示"我船正在向右转向";

——二闪　表示"我船正在向左转向";

——三闪　表示"我船正在向后推进"。

详细解释同上述有关声响信号一样。

(3)灯光信号显示的方法

灯光信号的显示可与声响信号的鸣放同步,也可在鸣放声响信号之后予以显示。对此,《避碰规则》未做明确规定,各船可根据当时的情况确定显示的方式。然而,该灯光信号可根据情况重复显示,以便引起他船注意。但声响信号通常情况下仅在采取行动之时鸣放,而不宜在采取行动之后重复鸣放。

3. 追越信号

第三十四条 3 款所谓的"追越信号",是指一艘企图追越他船的船舶,以及另一艘将要被追越的船舶,遵照《避碰规则》第九条(狭水道)5 款 1 项的规定以及第三十四条 3 款的规定而鸣放的相应声响信号的总称。

(1)适用范围

①追越信号适用的水域

根据《避碰规则》第九条(狭水道)5 款以及第三十四条(操纵和警告信号)3 款的规定,追越信号仅仅是《避碰规则》位于狭水道或航道内一艘企图追越他船而又无法安全通过他船的船舶,以及另一艘将要被追越的船舶,在表明本船的意图或意向时所提出的一种要求。鉴于《避碰规则》未对处于开阔的水域中追越船与被追越船是否应鸣放追越信号做出明确的规定,因而,可以认为,该款规定的追越信号仅是有条件地适用于狭水道或航道,而不适用于开阔的水域,或也可以认为,《避碰规则》并不要求位于开阔水域小的追越船以及被追越船遵守本款的规定而鸣放相应的追越信号。

②追越信号仅适用于互见之中

通常情况下,在狭水道或航道内,"追越"只能在互见之中进行,而不宜在能见度不良、相互看不见的情况下实施。虽然《避碰规则》未对此做出明确的规定,然而,这业已形成一种海员的通常做法,也是一种优良船艺的要求。在本款中,《避碰规则》明确提及在狭水道或航道内互见时,一艘企图追越他船的船舶,应遵照第九条 5 款(1)项的规定,以号笛发出下列声号表示其意图……这也足以表明规则对这一问题所持的立场。实际上,众多地方"特殊规则"中明确规定:在能见度不良时,在狭水道或航道内禁止追越。例如,《上海港港章》就有如此之规定。

③追越信号仅运用于只有在被追越船必须采取行动以允许安全通过才能追越时

《避碰规则》第九条5款(1)项规定："在狭水道或航道内，若只有在被追越船必须采取行动以允许安全通过才能追越时，则企图追越的船，应鸣放第三十四条3款(1)项所规定的相应声号……"显然，根据该款的规定，追越信号是否应鸣放，将取决于追越船对当时的局面以及是否能安全通过所做出的判断。也就是说，若无须被追越船采取行动，追越船即可安全通过被追越船，追越船就不必鸣放追越信号，即可自行采取追越行动，若被追越船不采取相应的行动，追越船就不能安全通过，追越船就必须遵守第九条5款以及第三十四条3款的规定，鸣放相应的追越信号，以表明本船的意图，以取得前船的配合；否则，将不能免除后船强行追越前船可能造成的各种后果的责任。

④追越信号适用于任何船舶

在本款中，《避碰规则》规定，一艘企图追越他船的船舶，应遵照第九条5款(1)项的规定，鸣放相应的声号以表示其意图；一艘将要被追越的船舶，如果同意后船追越，则应按照第九条5款(1)项的规定，鸣放规定的声号以表示同意，并采取使之能安全通过的措施。显然，该款中所指的"船舶"一词，应包括各种种类的船舶，其中包括限于吃水船、从事捕鱼船、操纵能力受限制的船以及帆船等任何企图追越他船或将要被追越的船舶，当然，帆船以及其他一切可以在航道之外安全航行的船舶，通常不应驶入航道并妨碍只能在狭水道或航道内安全航行的船舶通行。

然而，这些船舶一旦进入航道行驶，并企图追越他船，同时还须前船采取适当行动以便其安全通过之时，这些船舶也应严格遵守本款规定鸣放的声号。总之，仅就追越信号的适用船舶而言，该信号适用于任何企图追越他船的船舶以及将要被追越的任何船舶。

(2)追越信号及其含义

①追越船应鸣放的声号

——二长声继以一短声　表示"我船企图从你船的右舷追越"；

——二长声继以二短声　表示"我船企图从你船的左舷追越"。

②被追越船鸣放的声号

——一长、一短、一长、一短　表示"我船同意你船追越"；

——五短声　表示"我船无法了解你船的意图或行动"，或"我船对你船的追越行为是否导致在安全距离上驶过持有怀疑"。

虽然，在本款以及第九条5款中，《避碰规则》并未就被追越船若不同意后船追越应鸣放什么声号做出规定，然而，根据第九条5款关于"被追越船可以鸣放至少5次短而急的声号以表示对追越船的行为持有怀疑"的规定，可以认为，被追越船若不同意(或反对)后船追越，至少也应鸣放五短声。

4. 怀疑与警告信号

(1)适用范围

①五短声信号仅适用于互见

根据《避碰规则》的规定，该信号仅适用于互见，而不适用于能见度不良时两船相互看不见的情况。虽然《避碰规则》在第一节"船舶在任何能见度情况下的行动规则"第九条4款、5款中均明确提及可以使用该信号，但这也是基于互见为前提，即：两船中的一船当用视觉发现他船的行为将可能导致碰撞的危险，或对他船的意图或行为不可理解之时。因而，不能因为

第九条 1 款与 5 款的规定，即认为五短声也适用于任何能见度中相互看不见的情况。

②五短声信号适用于互见中的任何船舶

在《避碰规则》中，已明确规定该信号适用于互见中的任何船舶。不但直航船在独自采取行动之前应鸣放该信号，即使是让路船，或对遇局面中的任何一船，当发现对方违背规则采取行动之时，或无法理解他船的意图或行动，或怀疑他船是否正在采取足够的行动以避免碰撞之时，也应立即鸣放该信号以表示这种怀疑或警告。

(2)信号的规定及其含义

本款规定，该信号至少应是五声短而急的笛号，该声号也可以用至少五次短而急的闪光加以补充，尤其在夜间，五次短而急的闪光灯号甚至比五声短而急的笛号更为有效，更能引起他船的注意。该信号不但可用来表明一船对他船的行动及意图的怀疑，也可以用来提醒他船注意其行动的正确性，并且可以作为一种警告他船“是遵守《避碰规则》采取行动的时候了”的信号。同时该信号也意味着鸣放信号的船舶即将独自采取操纵行动或即将采取进一步的操纵行动。

5. 过弯声号

第三十四条 5 款提及的一长声信号，通常被称为“过弯头的信号”。不过，根据《避碰规则》的规定，这一俗称仅反映了《避碰规则》的一个侧面。实际上，该款规定既适用于“弯头”，也适用于“地段”。因而，在正式的场合下，或必须以书面形式予以表达之时，应避免使用该称呼（“过弯头的信号”），而称之“一长声的警告信号”为宜。

(1)适用范围

①该信号适用的水域

本款规定：“船舶在驶近可能被居间障碍物遮蔽他船的水道或航道的弯头或地段时，应鸣放一长声。”显见，该信号所适用的水域是指“被居间障碍物遮蔽他船的水道或航道的弯头或地段”，以及“被居间障碍物遮蔽他船的航道的弯头或地段”。如图 3-5-1 所示，即为“被居间障碍物遮蔽他船的航道的弯头以及地段”。

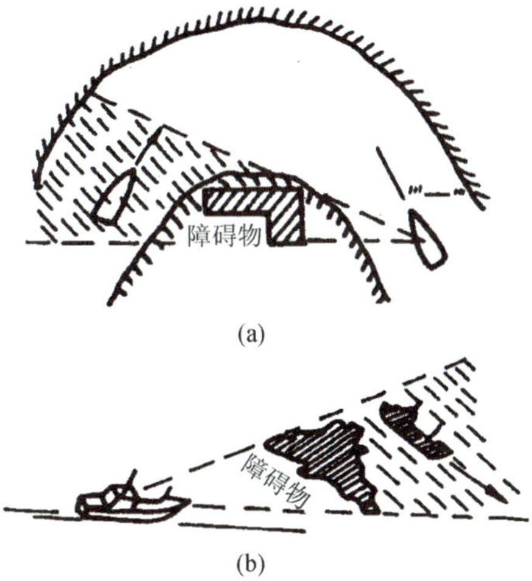

图 3-5-1 被居间障碍物遮蔽他船的航道的弯头以及地段

本款中所提及的“弯头”，通常是指某一水道或某一航道的弯曲地带。所谓的“地段”，通常是指某一水道或航道中的某一航段，具有一定的范围。通常情况下，“地段”一词意指某一段的直航道。

在某些特定的水域中，航道又往往是水道中的一部分。例如，图 3-5-2 水道中的航道，该处即是航槽（航道）的弯头，但同时又可以视为水道的一处地段。

总之，是否应鸣放一长声的警告信号，并不在于船舶是否已接近水道或航道的弯头或地段，关键在于上述的弯头或地段之间是否存在居间障碍物以致遮蔽了其后的船舶。假如不存在居间障碍物，即使船舶处于水道或航道的弯头，也不要求该船鸣放该声号。

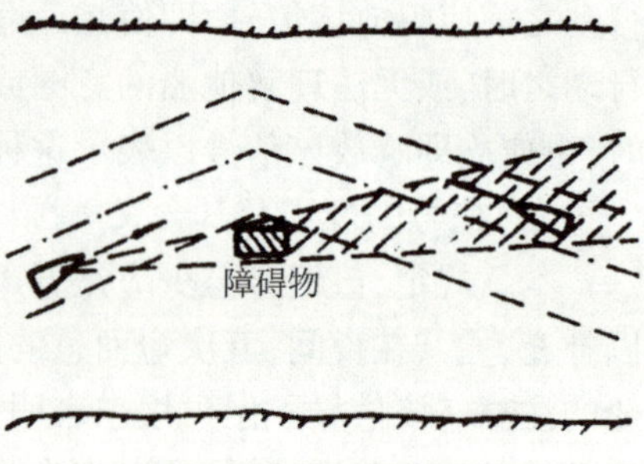

图 3-5-2　航槽的弯头

②该信号仅适用于能见度良好情况下的非互见

鉴于《避碰规则》已在第三十五条中就能见度不良时应鸣放的声号做了明确的规定，同时又将“一长声的警告信号”编排在第三十四条“操纵和警告信号”的 5 款，显见，该声号不适用于能见度不良的情况（实际上，在能见度不良的情况下，在航的船舶应以每次不超过 2 min 的间隔鸣放相应声号。因而，也没有必要规定这些船舶必须再鸣放一长声的信号）。同时，考虑到鸣放该声号的两船因居间障碍物的存在又不可能处于互见之中，故该声号仅适用于能见度良好情况下的不互见。

③该信号适用于任何船舶

在以往的《避碰规则》中，该信号仅适用于机动船。在现行的《避碰规则》中，该信号已适用于任何船舶，其中也包括帆船等船舶。

②信号的规定及其含义

虽然现行《避碰规则》并未就船舶驶近可能被居间障碍物遮蔽他船的水道或航道的弯头或地段多少距离处应鸣放声号做出规定，然而，大多数驾驶人员习惯于在驶近上述水域 0. 5~1 n mile 处即鸣放一长声的笛号。当位于弯头的另一面或居间障碍物后方的船舶听到他船鸣放一长声笛号之后，应立即回答一长声。若鸣放一长声的船舶在鸣放声号之后，仍未听到他船回答一长声的信号，可再次鸣放一长声，同时亦应特别机警、谨慎地驾驶。若鸣放一长声的船舶在鸣放声号之后或数分钟之内听到他船回答一长声，也可以再鸣放一长声，以便引起他船的注意。

一长声信号的含义通常被理解为：

- 提醒他船注意，在居间障碍物后面有船正在驶近；
- 警告他船注意，会遇即将形成，务必保持高度戒备、谨慎驾驶；
- 回答一长声，表示本船业已获悉在居间障碍物后面有船正在驶近，同时也警告鸣放声号的船舶应注意他船的动态，务必谨慎地驾驶。

《避碰规则》第三十五条能见度不良时的声号教学视频

［第三十五条］　能见度不良时使用的声号

在能见度不良的水域中或其附近时，不论白天还是夜间，本条规定的声号应使用如下：

1. 机动船对水移动时，应以每次不超过 2 min 的间隔鸣放一长声。

2. 机动船在航但已停车，并且不对水移动时，应以每次不超过 2 min 的间隔连续鸣放二长声，二长声间的间隔约 2 s。

3. 失去控制的船舶、操纵能力受到限制的船舶、限于吃水的船舶、帆船、从事捕鱼的船舶，以及从事拖带或顶推他船的船舶，应以每次不超过 2 min 的间隔连续鸣放三声，即一长声继以二短声，以取代本条 1 或 2 款规定的声号。

4. 从事捕鱼的船舶锚泊时，以及操纵能力受到限制的船舶在锚泊中执行任务时，应当鸣放本条 3 款规定的声号以取代本条 7 款规定的声号。

5. 一艘被拖船或者多艘被拖船的最后一艘，若配有船员，应以每次不超过 2 min 的间隔连续鸣放四声，即一长声继以三短声。当可行时，这种声号应在拖船鸣放声号之后立即鸣放。

6. 当一顶推船和一被顶推船牢固地连接成为一个组合体时，应作为一艘机动船，鸣放本条 1 或 2 款规定的声号。

7. 锚泊中的船舶，应以每次不超过 1 min 的间隔急敲号钟约 5 s。长度为 100 m 或 100 m 以上的船舶，应在船的前部敲打号钟，并应在紧接钟声之后，在船的后部急敲号锣约 5 s。此外，锚泊中的船舶，还可以连续鸣放三声，即一短、一长和一短声，以警告驶近的船舶注意本船位置和碰撞的可能性。

8. 搁浅的船舶应鸣放本条 7 款规定的钟号，若有要求，应加发该款规定的锣号。此外，还应在紧急敲号钟之前和之后各分隔而清楚地敲打号钟三下。搁浅的船舶还可以鸣放合适的笛号。

9. 长度为 12 m 或 12 m 以上但小于 20 m 的船舶，不要求鸣放本条 7 款和 8 款规定的声号。但如果不鸣放上述声号，则应鸣放他种有效的声号，每次间隔不超过 2 min。

10. 长度小于 12 m 的船舶，不要求鸣放上述声号，但如果不鸣放上述声号，则应以每次不超过 2 min 的间隔鸣放其他有效的声号。

11. 引航船当执行引航任务时，除本条 1、2 或 7 款规定的声号外，还可以鸣放由四短声组成的识别声号。

1. 适用范围

能见度不良时使用的声号适用于在能见度不良的水域中或其附近航行、锚泊、搁浅的任何船舶。

(1) 在能见度不良的水域中

《避碰规则》第三十五条规定："在能见度不良的水域中或其附近时，不论白天还是夜间，本条规定的声号应使用如下……"

IMO《关于航行值班建议》第二节 24 款规定："当遇到或怀疑能见度不良时，值班驾驶员的首要职责就是遵守海上避碰规则的有关条款，特别是关于鸣放雾号……"

中远海运《雾航安全制度》第三章"雾中航行"第十二条规定："当能见度在 5 n mile 时，即认为是能见度不良，应处于雾航的戒备状态，并做好一切雾航准备，报告船长，通知机舱，开启雷达，按规定施放雾号。"

显见，在能见度不良的水域中鸣放规定的声号，不但是《避碰规则》的一种强制性的规定，同时也是 IMO 以及各航运企业对值班驾驶员的一种职责要求。对此，值班驾驶员和船长应充分认识到鸣放雾号的重要性及必要性，时刻牢记，声号装置是由他们支配的，一旦需要，应按照《避碰规则》有关条款的规定毫不犹豫地使用之，绝不可因声号的鸣放将可能影响他人的休息而放弃对笛号的使用，否则将被认为是一种严重的过失，尤其是船长，更应清醒地意识到违反该条款的规定将可能造成的严重后果以及因此而承担的法律责任。因而，作为船长，当船舶在能见度不良的水域中航行时，不但自身应严格遵守《避碰规则》的规定，还负有督促、指导、检查值班驾驶员遵守、执行《避碰规则》有关应鸣放能见度不良时声号规定的责任和义务。同样，这一规定也适用于在能见度不良的水域中锚泊与搁浅的船舶。

(2)在能见度不良的水域中互见时

根据《避碰规则》第三十五条的规定，两船处于互见之时，船舶一旦处于能见度不良的水域中，就应按规定自始至终鸣放能见度不良时的声号。虽然《避碰规则》并未在第三十五条中就此做出明确的规定，然而"在能见度不良的水域中"一词业已包含了"互见"与"不互见"的两种会遇情况。显然，该条款的适用范围，仅以是否处于能见度不良的水域中或其附近为条件，而不以两船是否处于互见或不互见为依据。

应指出的是，在能见度不良的水域中，当两船相互接近到处于互见之时，虽然第十九条的规定已不适用，但第三十五条所规定的声号应继续鸣放，不得中断。此时，若互见中的两船为避免碰撞的发生，或消除正在形成的紧迫局面或存在的碰撞危险，而采取避让操纵行动之时，则采取该行动的船舶不但应继续鸣放第三十五条所规定的声号，还应根据第三十四条的规定，鸣放互见中的操纵和警告信号。也就是说，能见度不良时使用的声号以及互见中的操纵和警告信号，将同时适用于这一特定的互见局面中的两船。《避碰规则》这一规定，或许会给上述的船舶就如何鸣放两种不同的声号带来一定的不便，但船舶的驾驶人员尤其是船长，应充分注意到《避碰规则》的严肃性，同时也应充分考虑到在本船的附近可能还有尚未接近到互见情况下的其他船舶的存在，虽然短时间中断能见度不良时声号的鸣放，或许对业已处于互见之中的来船不会产生任何不利的因素，但对附近尚未用视觉看见的其他船舶可能带来一些不利的影响。鉴于上述，当船舶的驾驶人员处于这一特定的局面之时，应根据《避碰规则》的规定（第三十五条、第三十四条），按照良好的船艺，以本船所鸣放的声号不至于被他船误认为本规则各条所订明的信号为原则，选择时宜先后适当地鸣放两种不同的声号。

(3)在能见度不良的水域附近

当船舶位于能见度不良的水域附近（在航、锚泊或搁浅），应遵守第三十五条的规定，鸣放相应的声号。所谓"附近"一词，通常被解释为一船位于视野良好的区域，但其所处的位置距能见度不良水域的外界限的距离几乎接近笛号的能听距离或稍大些。例如，在雾区附近水域锚泊的船舶，虽然该船位于视野良好的一侧水域，但该船听到在另一侧的雾区中传来他船鸣放的雾号，或根据视觉或雷达的观测业已判断其所处的位置距雾墙（fogwall）的距离已接近笛号的能听距离，此时，该锚泊船应认为本船业已位于"在能见度不良的水域附近"，应立即遵守第三十五条的规定，鸣放相应的雾号。

对于在航的船舶，在确定是否处于能见度不良的水域附近之时，似乎还应考虑其当时的航线。例如，一艘在雾区外缘行驶的船舶，若其航线与雾墙接近平行，则宜以其当时的位置与雾墙的距离是否已接近笛号的能听距离作为其是否应执行《避碰规则》第三十五条规定的依据。若在航的船舶，其航线必将通过其前方的雾区，则该船前方的能见度也必将随着该船向雾区的接近而逐渐下降，直到雾区的能见度极限，尽管该船在进入雾区之前仍处于视线良好的区域，但该船一旦发现其前方视程业已低于5 n mile，且当时的能见度正在继续下降，则应认为能见度不良时的行动规则以及能见度不良时使用的信号规定业已开始适用于该船。

(4)能见度距离、声号器具可听距离与鸣放声号规定之间的关系

就《避碰规则》的规定而言，能见度不良时的声号是否应予鸣放，取决于船舶是否位于在

能见度不良的水域中或其附近之时。然而，在对“能见度不良”一词做出解释之时，通常又认为当能见距离低于 5 n mile，即认为业已处于能见度不良之中，这就必然导致第三十五条所适用的能见度距离大大地超过声号器具的可听距离。显然，在能见度距离大于所使用的声号器具的可听距离的情况下，鸣放声号也就失去了其实际的意义。因而，通常谨慎的做法是，在考虑或决定鸣放声号的能见距离时，应略大于《避碰规则》附录三所订明的笛号可听距离：通常情况下，当能见距离下降至 3 n mile 时，船舶应即时鸣放规定的声号。因为实际上的笛号可听距离往往大于《避碰规则》所订明的其典型性可听距离，尤其是在顺风的条件下。另外，在无参照物的情况下，要确切地判断当时的能见距离也是比较困难的。但要指出的是，这一种通常的做法，并不能改变或取代对《避碰规则》第三条 12 款“能见度不良”的定义、第十九条 1 款以及第三十五条“适用范围”所做的解释及其法律意义。同样，这一做法以及其所持的依据及理由，也不适用于对第三十四条“操纵和警告信号”所做出的解释及《避碰规则》对其的要求。

2. 鸣放声号的方法

在第三十五条条款中，除 7、8 两款外，《避碰规则》规定船舶使用号笛时，应以每次不超过 2 min 的间隔鸣放相应的声号，但获悉有船正在接近本船时，也可适当地缩小此间隔，譬如改 2 min 为 1 min；如此鸣放声号，通常可以为某些不备有可使用雷达的船舶提供更多的机会来估计本船所处的大致方位，但在一般的情况下，不宜采用该法，因为短间隔内过分频繁地鸣放声号，将导致本船瞭望人员的瞬间耳聋，不利于听觉瞭望，甚至还可能造成本船鸣放的声号与他船鸣放的声号重叠。这就是 1972 年《避碰规则》修改 1960 年《避碰规则》关于“应以每次不超过 1 min 的间隔鸣放雾号”规定的原因。但第三十五条 7、8 两款仍然要求锚泊船、搁浅船应以每次不超过 1 min 的间隔急敲号钟、号锣以及鸣放适当的笛号。

3. 鸣放声号的规定

(1) 在航机动船应鸣放的声号(第三十五条 1、2、6 款)

①“在航机动船”的含义

在该条款中，“在航机动船”是指除“失控船、操限船、限于吃水船、从事捕鱼船、从事拖带或顶推他船的船舶”之外的任何机动船，其中包括当一顶推船和一被顶推船牢固地连接成为一个组合体；至于一艘傍拖船和被傍拖的船舶，通常也作为一艘在航机动船执行本款的规定。

②应鸣放的声号及其含义

——一长声　表示本船在航对水移动；

——二长声　表示本船在航不对水移动。

应引以注意的是，尽管船舶已经停车，但只有在确信本船已不再对水移动之后，才应鸣放二长声，此后，若该船一旦启动主机，则应立即鸣放一长声。倘若船舶在惯性消失之前，鸣放二长声信号，导致他船判断失误因此发生碰撞，则错误鸣放声号的船舶，将必然被指控犯有重大过失，甚至还可能承担碰撞的主要责任。

(2) 鸣放“一长二短”声号的船舶及其声号的含义

①应鸣放“一长二短”声号的船舶

- 失控船；
- 操限船；
- 限于吃水船；
- 帆船；

• 从事捕鱼的船舶；

• 从事拖带或顶推他船的船舶。

以上各类船舶均系第三条“定义”中所指的船舶。

从事拖带的船舶，通常指“吊拖”（或称尾拖），而不包括“傍拖”。当拖船傍拖一船时，不应当鸣放本款所规定的声号。

②“一长二短”声号的含义

——一长二短　表示本船在航；

——一长二短　表示从事捕鱼船、操限船在锚泊中作业。

(3) 被拖船应鸣放的声号(第三十五条5款)

①“被拖船”的含义

本款中所指的“被拖船”，是指被拖船尾拖（即吊拖或拎拖）的一艘被拖船或多艘被拖船的最后一艘，而不是一艘被傍拖船或一艘被顶推船。

②应鸣放的声号及其含义

——一长三短　如可行，该声号应在拖船鸣放声号之后立即鸣放；

——一长三短　表示本船是一艘被拖船或多艘被拖船中的最后一艘。

被拖船只有在配有船员的情况下，才负有鸣放该声号的义务。否则，本款规定将不适用于该被拖船。不过，为使他船能容易地察觉本船正在从事拖带的作业，以便于他船在必要时能采取适当的措施以保证安全地驶过，拖船在起航之时，应做好鸣放该声号的准备，其中包括船员的安排以及声响器具的配备，尤其在拖缆较长或拖驳船队很长的情况下。若拖船或被拖船在完全可能使该被拖船符合本款要求的情况下而未能这样去做，从而使该被拖船无法鸣放规定的声号，则该拖船这一行为将被认为是一种过失。若因此过失而导致碰撞的发生，将不能免除拖船以及被拖船未能遵守《避碰规则》规定所产生的责任。

若多艘被拖船中的最后一艘被拖船业已根据本款规定鸣放相应的声号，则其他被拖船将不负有鸣放该声号的责任与义务。

(4) 锚泊船应鸣放的声号(第三十五条7款)

①$L<100$ m 的锚泊船应以每次不超过1 min 的间隔急敲号钟约5 s。

②$L\geqslant100$ m 的锚泊船应在船的前部急敲号钟约5 s，并应紧接钟声之后，在船的后部急敲号锣约5 s。

③此外，锚泊船还可以连续鸣放三声，即一短、一长、一短声，以警告驶近的船舶注意本船位置和碰撞的可能性，当锚泊船与驶近的船舶业已处于互见之中，也可以鸣放至少五短声信号以示警告。

④本款规定不适用于锚泊中从事捕鱼作业的捕鱼船以及锚泊中从事疏浚或水下作业的操限船，这两类船舶以一长二短声代替锚泊时的声号。

⑤长度为12 m 或12 m 以上但小于20 m 的船舶，不要求鸣放本条7款规定的声号，但如不鸣放上述声号，则应以不超过2 min 的间隔鸣放他种有效声号。

(5) 搁浅船应鸣放的声号(第三十五条8款)

①应鸣放同等长度的锚泊船的钟号及锣号。此外，还应在急敲号钟之前和之后，各分隔而清楚地敲打号钟3下，如图3-5-3所示。

②还可以鸣放二短一长的笛号“· · — —”（莫尔斯符号U），表示“你正临近危险中”，通

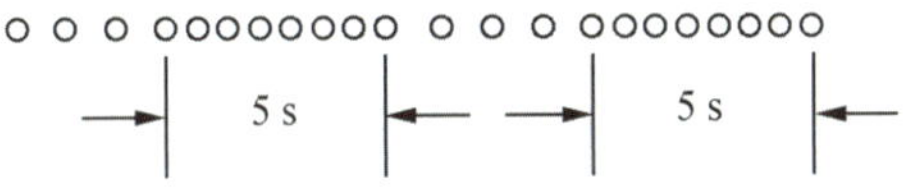

图 3-5-3　敲打号钟三下

常适合于用来警告他船,并要求其远离本船。

③长度为 12 m 或 12 m 以上但小于 20 m 的船舶,不要求鸣放本条 8 款规定的声号,但如不鸣放上述声号,则应以不超过 2 min 的间隔鸣放他种有效声号。

(6)$L<12$ m 的船舶

$L<12$ m 的船舶,若未装备有号笛与号钟,通常不要求鸣放上述的声号,但应以每次不超过 2 min 的间隔鸣放他种有效的声号。

(7)引航船在执行引航任务时应鸣放的声号

①根据推进方式鸣放相应种类船舶的声号:

若该船为机动引航船,则根据在航或锚泊的机动船鸣放声号;

若该船为驶帆引航船,则根据在航或锚泊的帆船鸣放声号。

②根据在航或锚泊鸣放声号。

③除鸣放上述声号之外,还可以鸣放由四短声组成的识别声号。该四短声识别声号仅适用于在能见度不良的水域中或其附近水域,而不适用于能见度良好的情况下。

例如机动引航船执行引航任务时,通常有下列 3 种信号:

- 在航对水移动时应鸣放"—・・・・";
- 在航不对水移动时应鸣放"— —　・・・・";
- 锚泊时可以鸣放"・—・・・・・・"。

应指出的是,引航船的识别信号并不一定要紧接在"雾号"之后立即予以鸣放。为区别两种不同的声号,也可在鸣放雾号之后,隔一定时间,再鸣放识别信号。

(7)$L<12$ m 的船舶

$L<12$ m 的船舶,若未装备有号笛与号钟,通常不要求鸣放上述的声号,但应以每次不超过 2 min 的间隔鸣放其他有效的声号。

《避碰规则》第三十六、第三十七条招引注意信号和遇险信号教学视频

[第三十六条]　招引注意的信号

如需招引他船注意,任何船舶可以发出灯光或声响信号,但这种信号应不致被误认为本规则其他条款所准许的任何信号,或者可用不致妨碍任何船舶的方式把探照灯的光束朝着危险的方向。任何招引他船注意的灯光,应不致被误认为是任何助航标志灯光。为此目的,应避免使用诸如频闪灯这样高亮度的间歇灯或旋转灯。

1. 制定"招引注意的信号"的目的

制定本条招引注意的信号旨在弥补《避碰规则》其他各条规定可能无法覆盖的各种特殊情况,以及考虑到某些通常不从事某种作业,但由于充分的理由,这些船舶又不得不从事某种作业;但又不可能按照《避碰规则》各条的规定显示号灯或号型的情况;或考虑到在某种特定的情况下,《避碰规则》各条又无明确的规定,但又有必要招引他船注意以避免可能发生的碰撞危险或航海危险等。

总之,为了确保海上的航行安全,最大限度地降低事故的发生率,《避碰规则》要求任何船舶应充分意识到本条规定的重要性及可行性,务必保持"海员通常做法以及特殊情况可能要求的任何戒备",切勿认为本条款并非强制性的规定,而采取无所谓的态度,甚至疏于遵守,掉以轻心。

2."招引注意的信号"的适用范围

本条规定的信号适用于任何能见度下的任何船舶,当认为有必要招引他船注意之时,通常,下列情况可以发出招引注意的信号:

(1)一艘通常不从事拖带作业的船舶在从事拖带另一遇险或需要救助的船舶之时,使得该船不可能按照第二十四条"拖带和顶推"1款或3款规定显示号灯,但应采取第三十六条所准许的一切可能措施来表明拖船与被拖船之间关系的性质,尤其应将拖缆照亮。

(2)从事拖带作业的船舶以及被拖带的船舶在有必要进行锚泊之时,由于各种原因,不宜解脱拖缆,以继续保持拖带的方式处于锚泊之中,为使他船能注意到这一特定的锚泊方式,可采用一切措施,并将拖缆照亮,以表明两船之间的连接关系。

(3)凡由于任何充分的理由,一艘被拖船或被拖物体不可能显示《避碰规则》第二十四条5款或7款规定的号灯或号型时,应采取一切可能措施,使被拖船或物体上有灯光,或至少能表明这种船舶或物体的存在。

(4)一艘正在走锚的船舶,在尚未有效控制该现象的情况下,可鸣放适当的笛号,如"超长一声",以招引附近船舶注意本船的动态。

(5)夜间,一艘在航船舶发现本船号灯熄灭,在尚未修复之前,可以显示适当的灯光,以招引他船注意,若一船发现他船号灯熄灭,仍处于在航之中,可以鸣放适当的声号或显示适当的号灯以招引该船注意。

(6)一艘捕鱼船或一艘操限船,当发现一船的航向及其未来的动向将可能影响它们的作业或可能损坏其渔具或作业的设备时,在夜间,可以显示适当的灯光闪烁,并且将探照灯的光束指向危险的方向,在白天,可以鸣放适当的声响信号。

(7)当一船发生意外,例如人员落水,须立即采取相应的措施或采取适当的操纵行动之时,可以鸣放适当的声号,招引他船的注意,以求得他船的配合或协助。

(8)当一船发现另一船正在驶向危险水域或正在接近某一危险物时,可以采用不致妨碍该船的方式,用灯光信号或声响信号发出单字母信号码语"U",再把探照灯的光指向该船的前方或朝着危险的方向。

(9)执行特殊使命的船舶,例如军用舰船、政府公务船,在有必要或希望能得到他船协助的情况下,可鸣放适当的声号或显示合适的灯光。

(10)在一些国际水域中,一些高速船(并非非排水状态下的气垫船)以及一些大型船舶(如日本的一些高速集装箱船以及长度大于200 m的船舶)为使他船能注意到其特性,也往往在大桅上显示一盏紫色闪光灯。

3.使用"招引注意的信号"的注意事项

(1)只有在必要时才显示,以免带来避让上的混乱。

(2)VHF及莫尔斯信号可适当配合使用。

(3)所用信号应不致被他船误认为是《避碰规则》或地方规则规定的任何信号。

(4)所用信号应不与助航标志的灯光相混淆,不能使用诸如频闪灯这样高亮度的间歇灯或旋转灯。

(5)所用信号不得与遇险求救信号相混淆。不准使用任何一种遇险信号作为“招引注意的信号”。

(6)所用信号应不妨碍他船正规瞭望。

[第三十七条] 遇险信号

船舶遇险并需要救助时,应使用或显示本规则附录四所述的信号。

SOS信号灯动画

[附录四] 遇险信号

1. 下列信号,不论是一起或分别使用或显示,均表示遇险需要救助:

(1)每隔约 1 min 鸣枪或燃放其他爆炸信号一次;

(2)以任何雾号器具连续发声;

(3)以短的间隔,每次放一个抛射红星的火箭或信号弹;

(4)任何通信方法发出莫尔斯码组···———···(SOS)的信号;

(5)无线电话发出“梅代”(MAYDAY)语言的信号;

(6)《国际信号规则》中表示遇险的信号 N. C. ;

(7)由一面方旗放在一个球体或任何类似球形物体的上方或下方所组成的信号;

(8)船上的火焰(如从燃着的柏油桶、油桶等发出的火焰);

(9)火箭降落伞式或手持式的红色突耀火光;

(10)发出橙色烟雾的烟雾信号;

(11)两臂侧伸,缓慢而重复地上下摆动;

(12)通过在下列频道或频率上发出的数字选择性呼叫(DSC)遇险报警:

①甚高频第 70 频道,或

②2 187.5 kHz、8 414.5 kHz、4 207.5 kHz、6 312 kHz、12 577 kHz 或 16 804.5 kHz 频率上的中频/高频;

(13)船舶的 INMARSAT 或其他移动卫星业务提供商的船舶地球站发出的船到岸遇险报警;

(14)紧急无线电示位标发出的信号;

(15)无线电通信系统发出的经认可的信号,包括救生筏雷达应答器。

2. 除为表示遇险需要救助外,禁止使用或显示上述任何信号以及可能与上述任何信号相混淆的其他信号。

3. 应注意《国际信号规则》《国际空中、海上搜救手册》第Ⅲ卷的有关章节和下列信号:

(1)带有一个黑色正方形和圆圈或其他适当符号的一块橙色帆布(供从空中识别);

(2)海水染色标志。

项目四

船舶在任何能见度情况下的行动规则

☞ [项目描述]

《避碰规则》第二章是“驾驶和航行规则”，其第一节讲述船舶在任何能见度情况下的行动规则，主要包括第五条“瞭望”、第六条“安全航速”、第七条“碰撞危险”、第八条“避免碰撞的行动”、第九条“狭水道”和第十条“分道通航制”。本项目要求学生在航海模拟器上进行情境模拟，完成正规瞭望，判断碰撞危险，采取避让行动，保持安全航速，完成在狭水道、分道通航制水域行驶等训练任务。

任务一 保持正规瞭望

学习目标

知识目标：掌握保持正规瞭望的目的、手段和适用对象。

能力目标：能利用适合当时环境和情况的一切有效手段保持正规瞭望。

素质目标：培养学生的责任心和一丝不苟的精神。

［第五条］　瞭望

每一船舶在任何时候用视觉、听觉以及适合当时环境和情况的一切可用手段保持正规的瞭望，以便对局面和碰撞危险做出充分的估计。

《避碰规则》第五条瞭望教学视频

碰撞典型案例视频

1. 瞭望的重要性

（1）瞭望的含义

“瞭望”（look out）一词，通常意指“对船舶所处水域的一切情况进行观察，并对所发生的一切情况做出充分的估计与分析”。从某种意义上讲，对事物的估计与判断的重要性远远高于对事物进行观察的本身所具有的一般意义。不能简单地把“瞭望”一词仅理解为一种单纯的观察，而忽视其内在的实质意义。

（2）瞭望条款的演变及STCW规则的规定

在1972年《避碰规则》中，不但对“瞭望”做出专款规定，同时将瞭望条款置于“驾驶与航行规则”中首要的位置上，要求每一船舶在任何时候均必须严格地遵守瞭望的规定。显然，《避碰规则》把瞭望的重要性提高到其应有的高度。

《避碰规则》的这一演变，也促使IMO（当时为IMCO）在制定《1978年海员培训、发证和值班标准国际公约》（STCW）时对瞭望提出了更为具体的要求。STCW规则对瞭望提出的具体规定及要求，实际上也可以视为对《避碰规则》第五条“瞭望”所做出的解释与补充。因而，船长、值班驾驶员及瞭望人员在履行职责时，不但要遵守《避碰规则》第五条“瞭望”的规定，同时还要熟悉STCW 78/95公约中的具体要求，并严格地遵守。

（3）瞭望的重要性

不言而喻，确保海上航行安全的首要因素，就是保持正规的瞭望。海上碰撞事故统计结果表明，无人瞭望或未能保持正规的瞭望，是导致碰撞事故的重要原因或是主要原因。在各国法院审理船舶碰撞案件中，绝大多数的当事船舶被法院指责为犯有不同程度的瞭望过失。

当然，要避免碰撞事故的发生，还与其他很多因素有关，例如，安全航速、正确判断碰撞危险、及早采取避碰行动、优良的船艺等。然而，不难设想，倘若在未能保持正规瞭望的前提下，又如何去决定所使用的航速是否安全？又怎样去判断是否存在碰撞危险？在没有发现他船的存在，又不知道是否存在碰撞危险的情况下，又谈何及早地采取避让行动。因而，可以这样讲，保持正规瞭望是决定安全航速、正确判断碰撞危险、及早采取避让行动的先决条件。

2. 适用范围

"瞭望"条款适用于每一船舶，不管是机动船还是帆船，是大船还是小船，均应严格遵守该条的规定。即使是一艘失去控制的船舶，或操纵能力受到限制的船舶，或是一艘锚泊中的船舶或搁浅的船舶，同样也负有遵守本条款规定的责任与义务。这些船舶在某种特定条件下，也可能对面临的一些危险或麻烦无能为力，但它能够做到也有责任做到保持良好的瞭望，在万一发生和正发生走锚时，可以迅速采取措施以制止走锚。考虑到实际的情况，通常认为"瞭望"条款将不适用于"系岸中的船舶、系挂浮筒的船舶"。但应指出，"系岸船""挂靠浮筒船"仍应坚持值班制度，密切注视本船动态以及周围水域的情况，防止意外事故的发生。

"瞭望"条款适用于任何时候(at all time)。

"任何时候"通常被解释为包含有"空间以及时间"的双重含义，例如当船舶处于以下各种情况时：

- "白天或夜间"；
- "能见度良好或能见度不良"；
- "天气晴好或天气恶劣"；
- "在开阔的洋面或狭窄的水域"；
- "在航或锚泊"；
- "船舶处于良好的工作状态之中或失去控制之时"。

3. 瞭望人员

(1)"瞭望人员"的含义

"瞭望人员"意指"专门负责或承担对周围的海况进行全面观察的航海人员"。"专门负责或承担"，是针对该人员的职责而言的。也就是说，其唯一的任务即瞭望。STCW 78/95 公约第二章"航行值班中应遵守的基本原则"第九条"瞭望"指出：为保持正规瞭望，瞭望人员应集中精力；并不应承担或被分配给会妨碍本工作的其他任务。瞭望人员和舵工的职责是分开的，舵工在操舵时不应被视为瞭望人员。但在小船上，能在操舵位置上无阻碍地看到周围情况，且不存在夜间视力的减损和执行正规瞭望的其他障碍时除外。显见，瞭望人员通常是指专门担任瞭望之职的专门人员，如空班舵工或被指定为暂时性执行瞭望任务的水手。而在封闭式的驾驶室内担任操舵任务的舵工不应被视为瞭望人员。值班驾驶员是否可以被视为唯一的瞭望人员而单独承担瞭望任务，对此历来争议较大，尤其是近年来，在紧缩船员编制的一些船公司以及一些只配备一名舵工、一名驾驶员作为驾驶室值班人员的船舶上，此问题显得更为突出。应该肯定驾驶员负有保持正规瞭望的责任和义务，即使在配备专职的瞭望人员的情况下也不例外。然而，值班驾驶员除应履行瞭望的责任之外，还负有确保船舶航行安全的其他职责，如标定船位、驾驶船舶、避让操纵，以及承担其他有关本船航行的动态和活动等任务。因而，把值班驾驶员视为一名专职的瞭望人员，不符合《避碰规则》的规定，也不符合 STCW 规则的要求。在某些特定的情况下，值班驾驶员在白天可作为唯一的瞭望人员。但在准备履行这一职责之前，值班驾驶员应做到并满足以下三方面的要求：

①已对当时的处境予以仔细、充分的估计，确信此种做法是安全的，并不存在任何的碰撞危险和航行危险。

②已对包括下列，但不限于下列的所有因素做了充分的考虑：

- 天气情况；

- 能见度；
- 通航密度；
- 临近的航行危险；
- 当航行在或接近于分道通航制区域时必要的注意。

③当情况发生变化而需要协助时，协助人员应能立即到达驾驶室。

(2)瞭望人员的资格

为保持正规的瞭望，能确切地履行《避碰规则》及STCW规则的规定及其要求，瞭望人员至少应具备下述两方面的素质：

①健康的身体素质，尤其是应能适应"视觉及听觉瞭望"的基本要求；

②合格的业务素质，即具有一定的航海专业知识，掌握一定的航海技能，并能运用所掌握的知识分析与判断所观察到的一切事物。

因而，可以认为：瞭望人员只能由合格的、称职的航海人员(mariner)来担任，而不宜由船上的服务人员(steward)来承担。

(3)瞭望人员的数量

如何配备"瞭望人员"，《避碰规则》以及STCW规则并无明确的规定。各国在制定"船舶最低配员标准"方面各不相同，国际上也无统一的做法。然而，船公司在确定船员编制时，以及船长在确定值班人员的具体数量时，应充分考虑当时环境和情况的要求，务必保证在任何时候，驾驶室均应有人保持不间断的瞭望。同时，还应考虑当时的天气情况、能见度情况，所处水域的自然条件、导航条件和通航密度，船舶所装配的助航仪器、自动操舵装置的使用和操作条件，以及由于特殊的操作环境可能产生对航行值班的特别要求等因素。法院在衡量一船的瞭望人员的配备是否妥当之时，除考虑上述诸因素之外，还往往考虑到当时船上现有水手的人数。在通常情况下，下述做法是正确的：

①在开阔的水域中，在能见度良好的情况下，若能满足STCW规则第二章第九条2款中所指出的三个条件(见"'瞭望人员'的含义"一节)，则可由值班驾驶员单独承担瞭望任务，而不必指定专职的瞭望人员。但仍应指定一名水手承担操舵任务，即使是装配有自动操舵仪的船舶也不例外。若仅安排一名驾驶员作为驾驶室的唯一航行值班人员，则该驾驶员必须什么都做，既要负责瞭望，同时还要负责操舵，这无论怎样都是不合理的。

②在能见度不良的水域中航行时，若由船长亲自指挥操纵船舶，则值班驾驶员应被指定为雷达的专职观察员。除此之外，至少还应在船首设置一名瞭望人员。若仍由驾驶员负责船舶的操纵，则还应在驾驶室增派一名瞭望人员。

③在狭水道、港口附近、渔区等通航密度较大的水域中航行，除值班驾驶员、舵工之外，还应设置一名瞭望人员。必要时，还须再指派一名瞭望人员在船首负责瞭望(俗称瞭头人员)。即使船长在驾驶室负责船舶操纵，也应做到如此。

总之，瞭望人员数量的配置涉及多方面的问题，即使在航海技术高度发达的未来，驾驶台也应配置适量的值班人员，负责处理航行中的一切事务。

4. 瞭望的岗位

为能获得最佳的瞭望效果，恰当地指定瞭望人员的观察位置是一个很重要的因素。通常情况下，除天气条件不允许之外，瞭望人员(不包括单独承担瞭望任务的值班驾驶员)一般都应配置在船舶的前部(如艏楼甲板)。这样做的好处就在于瞭望人员的注意力将不至于因他人的谈话或工作而分散，同时，也不会受到主机噪声的影响。另则，在雾区中航行时，船首的瞭望人员可以比驾驶室人员更好地、更早地听到来自前方的他船雾号。这对于没有可使用的雷达的船舶尤其适用。同样，当船舶在狭水道、渔船区等通航密度较大的水域中航行，在船首设置瞭望人员，能更为有效地获得近距离小船的动态，尤其是那些不点灯的小船或看到大船之后才急忙显示“风灯”或手电筒的小船。这对于那些空载大型船舶更具有重要性与必要性。当船舶处于水色较暗而天气晴朗的夜间或正值晨昏蒙影之时，为能更容易地察觉任何从低处接近的物体或小船，瞭望人员的位置应尽可能设置在前部并尽可能接近水面，这样做的好处就在于能借助水天线上下方（即天空与水面）的光线反差，较早地、较容易地发现一些小目标或色彩暗淡的目标。若天气条件不允许，则瞭望人员的位置至少也应当设置在船舶的上层驾驶室（如罗经甲板），这样做的好处就在于既不影响瞭望人员的注意力，又可充分运用高度的优势。

总之，一般情况下，瞭望人员的位置不宜设在驾驶室的操舵室之内。如确实受多方面条件的限制，至少应使瞭望人员位于驾驶室两侧的分罗经甲板，以便获得全方位的观察资料。

当船舶在港内倒车离泊，或在江河、航道掉头操纵，或正在做向后推进之时，通常还要求在艉部设置一名瞭望人员，否则，将可能被法院判为犯有过失或疏忽。

5. 瞭望的手段

《避碰规则》第五条“瞭望”指出：“每一船舶在任何时候用视觉、听觉以及适合当时环境和情况的一切可用手段保持正规的瞭望，以便对局面和碰撞危险做出充分的估计。”无疑，视觉与听觉是瞭望人员保持正规瞭望的两种最基本的，也是最重要的常规手段。

在任何能见度下，放弃视觉的瞭望将是一种严重违反《避碰规则》的行为。即使装置有现代化助航设备的船舶，视觉瞭望仍是一种最主要的基本手段。在能见度良好的条件下，视觉瞭望较雷达或其他手段显得更为优越。其最大优点就在于简易、方便、直观，并能迅速地获得准确的信息，而且不受多方面因素的约束。

听觉作为瞭望的一种基本手段，虽然较视觉瞭望所及范围小，但在能见度不良的情况下，尤其是在浓雾之中，其独特的优越性将明显地高于视觉瞭望。它可以在视觉所无法察觉的情况下，首先获得他船鸣放的雾号，从而判断他船的大概方位及其动态与种类。听觉瞭望尤其适用于未装有雷达的船舶。《避碰规则》第十九条 5 款明确地把听觉瞭望所获得的他船雾号作为采取进一步避让行动的法律依据。因而，听觉瞭望也绝不会因雷达的安装、VHF 的使用而被淘汰。

除视觉、听觉这两种最基本的手段之外，《避碰规则》还要求使用适合当时环境和情况下的一切有效的手段以保持正规的瞭望。所谓“一切可用手段”（all available means）通常是指雷达、望远镜、VHF（甚高频无线电话）、AIS 系统（船舶自动识别系统）、船舶与 VTS 中心的通信联系等现代化的瞭望手段。

雷达，作为现代化船舶的必备装置，已被广泛地用于导航与避让，不论是在能见度不良的水域中，还是在能见度良好的条件下，雷达已成为船长、驾驶员驾驶船舶的一种不可缺少的助航设备。其最大优点就在于能获得整个海区的所有船舶通航及分布的情况，尤其是能获得碰撞危险的早期警报；通过标绘或系统观察，还能正确地获悉相遇船舶的运动要素及会遇情况。因而，雷达又被人们称为“海员的一只特殊眼睛”。对此，《避碰规则》在众多条款中，也反复多次地提及雷达的使用。海事法院的法官在审理船舶碰撞案时也一再强调使用雷达的重要性。然而，值得指出的是，部分船长由于担心频繁地使用雷达将可能导致其发生故障，而不让驾驶员在能见度良好的情况下使用雷达。部分驾驶员也认为视野良好时仅凭视觉瞭望即可对局面和碰撞危险做出充分的估计,而不必使用雷达,因而在沿海航行时也不启动雷达。显然这种做法不符合《避碰规则》的规定,也不符合 STCW 规则的规定。STCW 规则在“航行值班中应遵守的基本原则”第七条2款中指出:“在使用雷达时,值班驾驶员必须记住,在任何时候都必须遵守适用的海上避碰规则中所载的有关使用雷达的规定。”STCW 规则的大会决议附件“对负责航行值班驾驶员业务指导的建议案”中也明确地指出:“在适当的时候和遇到或预料视程受到限制时,以及在拥挤的全部时间里,值班驾驶员应使用雷达,但需注意其局限性。”“天气良好时,只要有可能,值班驾驶员应进行雷达方面的操练。”这一切,无疑都是公约给予值班驾驶员随时使用雷达进行瞭望的一种法律保证,同时,也是公约对值班驾驶员提出的一种要求。因而,即使在能见度良好的情况下,当船舶在沿海水域或其他通航密度较大的水域航行时,尤其是在夜间,值班驾驶员也应使用雷达观测与视觉瞭望相结合,以便获得最佳的瞭望效果。这对于那些刚担任驾驶员职务,或尚缺乏海上航行实践与经验的驾驶员来讲显得更为重要。但在进行这种瞭望时,驾驶员应充分注意到雷达的局限性以及条件的限制(详细见《避碰规则》第六条“安全航速”的有关评注)。

望远镜是现代船舶必备的助航设备之一。其最大的优点在于能有效地发挥人类视觉的功能。使用望远镜瞭望,不但具有视觉瞭望的众多特点,最重要的是,能直观地、更早地获得碰撞危险的早期警报。这一优点是雷达以及视觉瞭望所无可比拟的。正因如此,望远镜被广泛地运用于军事以及航海。船舶若未能使用望远镜,则必将被法院指责为一大过失。

VHF 作为一种有效的瞭望手段,已越来越广泛地被海员所接受。由于 VHF 能在较远的距离上实现船舶间的联系,因此能迅速地获悉他船的所有信息(包括船名、吨位、航向、航速以及当时所处位置),并就如何避让达成一致的协议。因而,VHF 不但是一种行之有效的瞭望手段,同时也是海上船舶间协调避让措施的一种重要的方法。随着海上交通管理现代化的发展与进一步完善,VHF 的功能范围也在进一步扩大。通过 VHF 的通信联系,船舶在必要时能迅速地与岸基 VTS(船舶交通服务系统)相互沟通,以获得 VTS 机构的协助,从而更有效地保证航行的安全。船岸联系的方式,无疑是船舶保持正规瞭望的又一新型的有效助力。对此,船长及值班驾驶员应予以高度的重视,并充分地加以运用。但值得指出的是,由于语言的障碍,以及一部分船长与驾驶员不能在 VHF 上准确地表达本船的意向,也造成了一些由于使用 VHF 不当而酿成的碰撞事故。有的船长与驾驶员、引航员在会船期间,一味追求双方在 VHF 上的沟通,疏于对外界及来船的观察,也造成了一些本不应发生的碰撞事故。甚至有的驾驶员还把 VHF 作为聊天的工具,置船舶安全于不顾,以致造成船舶碰撞。但不管怎样,VHF 仍然不失为一种优异的瞭望手段,尤其适用于能见度不良以及航行条件复杂的情况。

AIS 的主要功能是能够自动地向有相应装置的海岸电台、其他船舶和航空器提供包括船名、位置、航向、航速、航行状态等相关信息,且不受气象和海况的干扰。AIS 精确可靠的目标船位置显示和动态跟踪,弥补了雷达盲区和海浪干扰的缺陷。因此,AIS 的配备为船舶航行安全及航行管理提供了新的有效手段,在瞭望中应当充分加以利用。

总之,视觉、听觉、雷达、望远镜以及 VHF、AIS 系统等,无疑都是保持正规瞭望的有效手段。能否最大限度发挥这些手段的优越性,将取决于船长、值班驾驶员以及瞭望人员的船艺,取决于他们是否能根据当时的环境及其情况,根据上述各种手段所具有的不同特点予以合理的使用,并将它们有机地结合起来,从而形成一个科学的、有效的保持正规瞭望的立体系统。

6. 正规的瞭望

何谓“正规的瞭望”（a proper look-out）？《避碰规则》并未给予明确的定义。STCW 规则也未做出明确的规定。实际上，法院在审理船舶碰撞案件时，对当事船舶是否保持正规瞭望的认定，也往往是就具体案件中所涉及的瞭望事件，从某一侧面去说明何者为正规瞭望，何者为不正规的瞭望，或犯有过失。就“正规瞭望”本身的意义而言，可以解释为“合适的瞭望”（或“适当的瞭望”），它与很多因素有关，包括但不限于下列各种因素：

（1）配备足够的、称职的瞭望人员。

（2）指定能获得最佳瞭望效果的瞭望位置。

（3）使用适合当时环境和情况下的一切有效的手段。

“当时环境和情况”，通常是指：

船舶所处水域的情况（包括航区的性质、可航水域的宽度与深度、水文及潮汐等情况）；

天气及海况（包括阴天、晴天、刮风、下雨、白天、黑夜等各种天象，以及涌、浪、涛等情况）；

能见度情况（包括雾、霾、雪、暴风雨、沙暴、尘暴、烟雾等可能导致能见度受到限制的各种情况）；

交通导航条件（包括航道概况、航线分布、通航密度、岛礁及其他碍航物的存在、导航设施、岸基雷达站或 VTS 机构等）；

船舶本身条件限制（包括吨位、长度、吃水、上层建筑物及其他甲板设备与构件对视觉的影响、助航设备及装置、船舶的操纵性能等）。

（4）保持连续的、不间断的观察：

在航行中，必须保证驾驶室始终有人进行瞭望。若值班驾驶员欲进入海图室标定船位，必须事先全面、系统地观察海面，并在确信不存在任何碰撞危险的前提下方可进入海图室。同时还应委托瞭望人员或舵工仔细搜索海面，遇有情况立即通报，并尽可能缩短在海图室停留的时间。锚泊时，应坚持昼夜值锚更。

（5）采用科学的瞭望方法，坚持全方位的系统观察：

瞭望过程中，应交替使用各种瞭望手段，并注意各种手段的不同特点及其优劣，尤其应注意交叉比对、反复查核使用各种手段所获得的信息与资料。在瞭望时，应采用由近到远、由右到左、由前到后的周而复始的瞭望方法，务必做到全方位的观察，同时应注意甲板上层建筑及其设施、构件（其中包括大桅、起货机、通风筒、将军柱等）对视线所造成的遮蔽，并适当走动，以消除视觉的盲区。为确保获得资料的准确性，应以一定的时间间隔进行有规律性的观察与记录。

（6）在能见度不良的水域中或在通航密度较大的水域航行时，应坚持雷达观察，并进行雷达标绘或与其相当的系统观测。同时应开启驾驶室门窗，以利于守听他船的雾号，并注意视觉瞭望。

（7）正确处理定位与瞭望的关系，切不可因忙于定位或寻找浮标或灯标，忙于转向或核对罗经，而疏忽对来船及海面的观察。

（8）在瞭望时，做到认真、谨慎，尽职尽责。除了为充分判断碰撞、搁浅和其他危害航行安全的危险和情况而保持正规瞭望外，还应包括对遇险的船舶和飞机、船舶遇险人员、沉船和残骸保持正规的瞭望。总之，瞭望人员应该从避碰的角度履行瞭望的职责，尽快报告他所看到的与本船构成碰撞危险或以任何方式影响本船航行的任何船舶或物体。然而，也不必报告所发现的一切灯光或物体，尤其是在狭水道或通航密度较大的区域。否则，可能使驾驶员或船长惊慌失措，顾此失彼。

总之，在衡量一船是否保持正规瞭望时，除考虑上述各种情况之外，法院还往往更为重视一船发现他船的时间以及当时两船的距离，并以此作为确定一船是否保持正规瞭望的依据。通常情况下，若一船能在能见度良好的条件下，在6 n mile之前即发现来船，或当能见度不良之时，能在10～12 n mile之前即在雷达上发现来船的回波，并对该物标是否与本船构成碰撞危险做出充分的估计，即可认为保持正规的瞭望。否则，将可能被法院指责犯有“未能保持正规瞭望，未能及早发现来船”的过失。

7. 瞭望的目的

瞭望的目的可归纳为一句话：对当时的局面和碰撞危险做出充分的估计。

（1）对当时的局面做出充分的估计，所谓“当时的局面”，通常指船舶当时所处水域的环境及其情况，同时也包括船舶本身条件的限制，以及助航设施、动力装置等重要的适航装备的工作状况。

对当时的局面做出充分的估计通常还包括以下各项：

①通过系统的观察，对当时船舶所处水域的环境及其情况予以全面的分析，尤其应注意对船舶航行安全构成威胁以及可能妨碍或影响船舶操纵性能的各种不利因素与条件予以高度的重视，并保持应有的戒备。

②运用一切有效的手段，尤其是雷达的使用，对当时的能见距离做出充分的估计，并对当时的能见距离可能妨碍正规的视觉瞭望，予以充分的注意。

③根据所获得的各种资料，对该海区的船舶通航密度、航线的分布、各种类型船舶的特点、航行的习惯、当地船员的传统做法予以周密的分析，从而确定本船的航行方案及操纵避让的一般原则。

④充分注意到本船的特点及其条件的限制，随时查核本船动力装置、操舵系统等重要适航装置的工作状况，尤其是对以往曾发生故障的电气装置、自动舵系统予以高度的戒备，并采取适当而有效的预防措施，经常性地核对助航设施，例如：雷达、罗经、自动操舵仪等保持船舶在预定的航线上所需的仪器是否处于正常的工作状态。还应充分注意到上述各种仪器在使用中存在的误差及其对瞭望中所获得的资料准确度的影响。

⑤夜间航行时根据所发现的来船号灯，估计其航向区间，判断两船所构成的会遇局面。通常情况下可采用下述方法求出来船的航行区间值（取小于180°的区间值）：

a. 若发现来船的舷灯，则计算方式如下：

$$起始航向值=来船真方位+180°$$

$$终点航向值=来船真方位\pm 67.5°（红-，绿+）$$

例如：

某船真航向010°，在真方位050°发现一船红色舷灯，则来船的航向区间值为：

$$起始航向值=050°+180°=230°$$

$$终点航向值=050°-67.5°=342.5°$$

该船的航向可能为230°～342.5°。

若在真方位050°发现一船绿色舷灯，则来船的航向区间值为117.5°～230°（计算方法略）。

b. 若发现来船的艉灯，则计算方式如下：

起始航向值＝来船真方位－67.5°

终点航向值＝来船真方位＋67.5°

例如：

某船真航向010°，在真方位050°发现船艉灯，则来船的航向区间值为：

起始航向值＝050°－67.5°＝342.5°

终点航向值＝050°＋67.5°＝117.5°

该船的航向可能为342.5°～117.5°。

注：若获得来船的方位为相对方位或舷角，应把该方位转换为真方位再进行计算。

（2）对当时的碰撞危险做出充分的估计

所谓的“碰撞危险”，通常是指两船潜在的碰撞可能性以及一切不安全的因素（详见“碰撞危险”部分）。

对当时的碰撞危险做出充分的估计，通常包括以下各项：

①根据来船的号灯、号型或声响信号判明来船的种类及动态，同时还应注意本船所显示的号灯或悬挂的号型是否正常。

②根据来船的罗经方位的变化与否以及雷达观测与标绘所获得的资料，判明本船与来船的碰撞可能性以及两船会遇时的最小会遇距离 *DCPA*（distance of close point of approaching，两船会遇时的最小通过距离）与 *TCPA*（time to close point of approaching，两船到达最小会遇距离点的时间）。

③根据VHF与岸台雷达站（或VTS机构）或与来船的通话，获得来船的运动要素，两船间的相互位置，未来会遇的时间、地点以及最小的会遇距离。

④根据来船的方位、距离及方位变化率，判断两船的会遇情况以及碰撞的可能性。

⑤根据观测来船号灯（桅灯）的水平张角、舷灯的颜色（红、绿）、罗经方位诸要素的变化情况，判断来船的动向以及可能采取的避让措施。

⑥根据来船鸣放的操纵和警告信号，分析与估计来船当时的处境、避让意图或是否急需我船采取协同避让行动等。

总之，保持正规瞭望是避免碰撞事故发生、确保航行安全的首要因素。

任务二 保持安全航速

学习目标

知识目标：掌握安全航速的概念和决定安全航速时应考虑的因素。

能力目标：能根据当时的环境和情况使用安全航速。

素质目标：培养学生的安全意识。

［第六条］　安全航速

《避碰规则》第六条安全航速教学视频

每一船舶在任何时候都应以安全航速行驶，以便能采取适当而有效的避碰行动，并能在适合当时环境和情况的距离以内把船停住。

在决定安全航速时，考虑的因素中应包括下列各点：

1. 对所有船舶：

(1)能见度情况；

(2)通航密度，包括渔船或者任何其他船舶的密集程度；

(3)船舶的操纵性能，特别是在当时情况下的冲程和旋回性能；

(4)夜间出现的背景亮光，诸如来自岸上的灯光或本船灯光的反向散射；

(5)风、浪和流的状况以及靠近航海危险物的情况；

(6)吃水与可用水深的关系。

2. 对备有可使用的雷达的船舶，还应考虑：

(1)雷达设备的特性、效率和局限性；

(2)所选用的雷达距离标尺带来的任何限制；

(3)海况、天气和其他干扰源对雷达探测的影响；

(4)在适当距离内，雷达对小船、浮冰和其他漂浮物有探测不到的可能性；

(5)雷达探测到的船舶数目、位置和动态；

(6)当用雷达测定附近船舶或其他物体的距离时，可能对能见度做出更确切的估计。

1. 安全航速的含义

(1)“安全航速”的含义

关于“安全航速”，《避碰规则》并无明确的定义。在1972年修订《避碰规则》的大会上，会议决定以“安全航速”一词代替以往只适用在能见度不良情况下的“缓速”（moderate speed）一词，并作为单独的一个条款，置于《避碰规则》第二章“驾驶和航行规则”第一节“船舶在任何能见度情况下的行动规则”，从而使“安全航速”提高到其应有的地位。大会期间，会议曾设想就“安全航速”一词予以明确的定义，各国代表也向大会递交了各种提案。

在对“安全航速”一词做出解释之时，通常可采用下述表达方式，例如：“安全航速”是指凡是能采取适当而有效的避碰行动，并能在适合当时环境和情况的距离以内把船停住的速度。

或许船员会对上述运用定性方式予以定义的安全航速感到茫然。在实际操作中，他们更想能获得具体的定量规定以作为使用航速的依据。然而，就《避碰规则》而言，要对受多方面因素牵制的航速做量化的规定，并要求每一船舶执行，这是根本做不到的，同时也是危险的。就一艘船舶使用某一个航速而言，或许在某种特定的条件下可能是安全的，但环境及其条件一旦改变，该航速就可能是不安全的。因而，任何量化的做法都是不切实际的，也不符合《避碰规则》制定的初衷。这就要求每一位船长应以当时的环境及其情况为基础，以各种因素为依据，以避免碰撞为指导思想，来确定应使用的航速。

衡量一船所使用的航速是否符合安全航速的规定，法院通常以该航速是否使该船来得及采取适当而有效的避碰行动，或是否能在适合当时环境和情况的距离以内把船停住为依据。

总之，安全航速应具备以下三个条件：

- 经常性——在任何时候均应保持安全航速；

• 应变性——能采取适当而有效之措施，以避免碰撞；

• 适应性——能适合当时环境和情况的需要，在安全距离内把船停住。

(2)"适当而有效的避碰行动"之含义

"适当而有效的避碰行动"(proper and effective action to avoid collision)，通常可理解为下述各项：

①"避碰行动"：意指任何改变航向或航速或同时改变航向与航速的行动。

②"适当"：意指适合于当时环境和情况的要求。这通常从时间与空间两个范畴去考虑，例如：航速过高，可能导致一船在时间上来不及对当时的局面及碰撞危险做出充分的估计与正确的判断，甚至来不及采取适当而有效的避碰行动，尤其在夜间沿岸航行时，当临近时突然发现不点灯的小船或突然显示灯光的一些船舶，但由于船速太高，往往避让不及。又如在能见度不良的区域中航行，由于雷达及视觉的局限性，也往往无法发现一些小船或其他威胁到船舶安全的漂浮物。即使在雷达上能测到一些回波，但仍需花费一定的时间去进行标绘与估计当时的局面。若由于船速太高，也同样会出现一些紧迫局面。另则还须考虑避让行动的执行需有一定的时间，尤其是采取变速避让行动时，应充分注意到"船速越高，船舶惯性力越大，冲程越长，所需时间也越长"这一基本的常识。因而在决定采用变速避让之前，船长就应在时间上、距离上留有足够的余地，并据此确定当时应使用的实际船速。然而这一切并不意味着快速航行是错误的，在某种特定的条件下，全速行驶也可能是符合安全航速的规定。例如：在能见度良好的白天，在开阔的水面上，保持全速行驶，这是完全可以理解的，因为该船完全可能在快速行驶的情况下采取了适当而有效的避碰行动，或者大幅度的转向行动。因而在具备这一条件的情况下，要求该船应以慢速或中速行驶是不切实际的，同样也不符合安全航速的精神。相反，在某种特定的条件下，船速过低，以致丧失了舵力，无法维持其舵向，反而是违背了安全航速的规定，尤其是在狭水道、航道或其他受风浪影响较大的水域航行时。

因而，在判断某一行动是否"适当"，应充分理解船速、时间、距离三者之间的关系。

③"有效"：任何一种避让行动的实施必然产生其应有的效果，然而，效果如何，好与坏或有效与无效也是相对的。在不同的条件下，出于不同的要求与目的，就有不同的理解。例如：高速行驶的船舶，其舵效敏捷，一操舵，就能在很短的时间内达到转向之目的。然而，伴随高速形成的大冲程，该船不可能在很短的时间、在很短的距离之内把船停住。而低速船恰好相反，虽然舵效迟钝，但冲程甚小，一倒车即能把船拉住。就"有效性"而言，前者转向效果甚好，但变速效果差；后者虽然转向效果不佳，但倒车拉船效果甚好。两者比较，何者有效？实难一言以蔽之。因而，衡量一种避让行动是否有效，不能单纯地以当时的速度快慢为依据，还应考虑所采取的行动是否适合当时的环境及其情况的要求，这是其一。其二，似乎还应考虑《避碰规则》对"避让行动应能导致两船在安全的距离上驶过"之要求。倘若一船所使用的速度致使该船在采取避让行动之时根本不可能导致两船在安全的距离上驶过，该行动也很难被理解成一种"有效的行动"。倘若某行动一旦被证实是由使用船速不当所导致的，该速度就很难被理解为一种"安全航速"。

(3)"并能在适合当时环境和情况的距离内把船停住"之含义

以往曾将"缓速"一词解释为"能在一半的能见距离之内把船停住的速度"，其依据就是两艘都是运动中的船舶，均把当时的能见距离的一半作为各自冲程的极限，从而来确定两船应驶的速度。这就意味着当雾浓得连船首都看不清时，船舶应完全停住，而不应继续行驶。这一解释对于那些未能装有雷达的船舶或许是适用的,然而对于那些装有雷达并正确予以使用的船舶,当处于开阔的水域中行驶之时,也要求其在上述的浓雾之中把船停住便显得不尽合理。同时,把“能在一半的能见距离之内把船停住的速度”作为船舶确定应驶速度的依据,也势必会使一些船舶即使在雾中保持高速度行驶也被认为是合法的。例如:当能见度为 2 n mile 之时,若以其一半距离作为其冲程,则船舶即可保持全速行驶也不会违反该款规定。因为一般的船舶在全速行驶中其倒车冲程均不可能大于 1 n mile。此外,这一提法也忽视了其他一些极其重要的因素,例如,船舶的倒车功率大小、停止能力优劣,船舶所处水域的宽窄,通航密度的疏密等。

鉴于船舶是一个运动的物体,其所处的环境及其情况也必然随着其运动而发生变化。因而,在确定安全航速之时,应充分注意到环境及其情况的变化给航速的安全度所带来的影响,并随时予以调整,尤其是当水域受限、船舶密集,无法采取适当而有效的转向避让行动之时,船舶应严格控制船速,以便能在一个安全距离之内把船停住。

(4)关于地方规则中的“限制速度”与“安全航速”的关系

国际上众多的港口、江河、湖泊在航行方面均制定有“限制速度”。例如:上海港规定,在黄浦江,顺流速度不得超过 8 kn,顶流速度不得超过 6 kn。这些规定,均是主管机关根据当地水域的一些具体情况,如:深度、宽度、弯曲度、水文、气象、导航、通航密度等做出的限制性规定,而并非对安全航速做出的一种量化规定。在某种特定条件下,该限制速度或许是一种安全航速,然而条件一旦发生变化,即使低于该限制速度,也仍然可能被认为是一种危险速度。因而,当船舶在上述水域行驶时,应注意:既不能违反限制速度的规定,同时还必须遵守安全航速的规定。

2.“安全航速”的适用范围

《避碰规则》规定:“每一船舶在任何时候均应用安全航速行驶。”这就意味着“安全航速”的规定适用于任何一艘行驶中的船舶,即使是一艘装置有现代化助航设备,乃至装置有自动标绘雷达(ARPA)的船舶亦然。这一规定对于那些在能见度良好情况下享有高度权利的操限船,以及被《避碰规则》规定“不应受到妨碍”的限于吃水船具有特别的指导意义。这一规定告诫这些船舶绝对不应自持享有某些特权或本身条件的限制致使其无法采取相应避让行动的特殊情况,而期待或依赖他船的避让,保持快速行驶。

“每一船舶在任何时候都应以安全航速行驶”,还意味着任何行驶中的船舶,不论是白天,还是黑夜,能见度良好还是能见度不良,在开阔的大海还是受限的水域,简言之,在任何的环境或任何的情况下,均应严格地使用安全航速。为在任何时候都能保持以安全航速行驶,船舶应对所处的环境及其情况以及未来的变化不断地做出估计与判断,若有必要,应立即采取措施调整航速,以使之符合安全航速的规定。为此,STCW 规则在有关“对负责航行值班驾驶员业务指导的建议案”中指出:“值班驾驶员必须记住,主机是听凭其指挥的,需要时可毫不犹豫地使用之。然而,在可能时,应及时通知主机变速的意图。”因此,每一位值班驾驶员应充分意识到 STCW 规则这一建议的重要性,切不可认为改变船速必须得到船长、轮机长的认可方可执行;或顾虑改变船速将给机舱人员带来麻烦,或担心将遭到他人的非议等。当然,为使驾驶员能正确地使用主机,也要求他们首先应熟悉主机的性能及基本的操纵要领,并谨慎地驾驶。

3. 决定安全航速应考虑的因素

鉴于目前《避碰规则》尚无法对“安全航速”做出定量规定,故《避碰规则》列举众多影响

“安全航速”的因素，作为船长、值班驾驶员在决定安全航速时应考虑的依据。

（1）所有船舶应考虑的因素

①能见度情况

能见度是决定安全航速诸因素中最重要的一个因素。《避碰规则》在确定船舶之间的避让责任以及在制定船舶的行动规则时，也把“能见度情况以及是否处于互见”作为其考虑的依据。能见度不良，势必导致船舶在航行与驾驶中遭遇种种困难，尤其是对当时的局面与碰撞危险的估计花费更多的时间；对来船的种类、动态及避让意图的判断只能依赖雷达的观测或雾号的收听，而无法达到视觉瞭望所具有迅速直观的效果。因而，很多船公司也针对不同的能见度对船舶提出不同的要求，《避碰规则》也同样如此。就“航速”而言，各版本的《避碰规则》都一直要求船舶在能见度不良的情况下缓速行驶。最新修订的《避碰规则》提出了更高的要求，不但在第六条中要求每一船舶应使用安全航速行驶，还在第十九条“船舶在能见度不良时的行动规则”2 款中再次指出：“每一船舶应以适合当时能见度不良的环境和情况的安全航速行驶，机动船应将机器做好随时操纵的准备。”同时在该条 5 款中还规定：“除已断定不存在碰撞危险外，每一船当听到他船的雾号显示在本船正横以前，或者与正横以前的他船不能避免紧迫局面时，应将航速减到能维持其航向的最小速度。必要时，应把船完全停住，而且，无论如何，应极其谨慎地驾驶，直到碰撞危险过去为止。”由此可见，《避碰规则》对于在能见度不良的情况下较能见度良好之时，对安全航速提出了更高的要求，不但应备车航行，同时对所使用的船速还应做进一步的限制。当然，在能见度良好的情况下，是否不必备车航行，或不必对航速做进一步的限制，还取决于其他因素的约束。

②通航密度

通航密度，通常是指单位面积水域中任何船舶（其中包括渔船）的密集程度。就行驶的船舶而言，其所处的水域中船舶密度越大，该船的可航水域的宽度也就越窄，其行动的自由度也就越小。这势必影响到在必要时船舶能否采取适当而有效的避碰行动，尤其是大型船舶。从另一个侧面考虑，通航密度增大，则船舶间的会遇次数必然增加，各种会遇局面均可能出现，碰撞的危险度也必然随之增大。倘若在这种水域中，船舶仍保持高速行驶，则很可能造成既无充分的时间去判明当时的情况，又无足够的余地去采取适当而有效的避让行动。因而，当船舶在通航密度较大的渔区、港口、锚地、狭水道或航道等处水域航行时，严格地控制船速，甚至备车航行，均被认为是一种良好船艺的做法，也是遵守本条规定的一种表现。

③船舶的操纵性能

船舶的操纵性能，通常是指船舶的航向稳定性能、旋回性能与停止性能。就船舶避碰而言，则主要是指船舶的旋回性能与停止性能。具体来讲，也就是船舶在当时情况下的旋回要素以及停车与倒车的冲程。操纵理论表明，航速越大，冲程也就越长。一艘货船的停车冲程为 8~20 倍船长，倒车冲程也高达 5~15 倍船长，VLCC 等大型船舶的冲程可能还要大些。大冲程对船舶避险显然是个不利的因素，对此，船舶操纵人员应予以高度的重视。

至于船速对船舶旋回性能影响，主要反映在下述几个方面，例如：船速高，舵效则好，但艉外偏移量较大，船舶惯性滑行距离也就越长。虽然速度快慢对船舶旋回半径大小并无多大的影响，但对船舶旋回所用的时间的长短影响显著。而这一切，正是船舶操纵人员必须掌握的基本常识，也是在进行转向避让时不可忽略的重要因素。因而，为了使船舶在必要的时候能够采取适当而有效的避碰行动，也为了能在适合当时环境和情况的距离内把船停住，每一船舶在决定安全航速之时,切不可忽视本船的操纵性能可能带来的种种影响,尤其是当在通航密度较大的水域中行驶之时。

④夜间出现的背景亮光

夜间出现的背景亮光,诸如来自岸上的灯光或本船灯光的反向散射,对于瞭望极其不利,甚至使其对碰撞局面及其碰撞危险所做出的估计与判断可能产生严重的影响。背景灯光的存在还可能严重地缩短号灯的能见距离,破坏号灯的特性。因而,当船舶在接近具有背景亮光影响的水域航行时,应对此不利之因素加以高度的戒备,并应对航速加以适当的控制,以策安全。

⑤风、浪、流的存在,对船舶的操纵必将带来一定的影响。例如,当顺风、顺浪或顺流行驶时,船舶的实际航速增大,船舶的停车、倒车冲程也必将随之增大,船舶旋回的惯性滑行距离也相对增大,但舵效相对则较差。当顶风、顶浪或顶流行驶时,正好相反。因而,这就要求船舶操纵人员要对风、浪、流作用的运动规律,尤其是在通航密度较大,同时风、浪、流影响较为显著的区域航行时就如何决定当时所应行驶的速度予以高度的重视。

航行危险物(如浅滩、暗礁、沉船、渔栅、水雷以及其他水上水下的建筑物等)的存在,对船舶的航行安全具有潜在的威胁。当船舶接近这一区域时,应对风、浪、流的影响,以及避让行动可能带来的后果予以充分的估计,尤其是应留有足够的余地,以防意外事故的发生,这就要求船舶应适当地控制船速。

⑥吃水与可用水深的关系

船舶在浅水区航行,浅水效应将严重地影响船舶的操纵性能,尤其是船舶的旋回性能,例如舵效变差、旋回直径增大等。若船舶两侧水深不一,或过分靠近岸壁行驶,则潜在的斜坡效应与岸壁效应(例如:岸推、岸吸)可能使船舶突然间向深水侧急速偏转,以致造成严重的后果。为消除或最大限度地减少浅水效应、斜坡效应和岸壁效应对船舶操纵带来的不利影响,降低船速是个关键的因素。从另一方面考虑,船舶吃水太大、所处水域水深太浅,则必然导致可航水域宽度变窄,从而使该船驶离所在航向的能力严重地受到限制。倘若该船在这种情况下与他船相遇,并构成碰撞危险,则该船唯一能采取的避让措施是减速、停车或倒转推进器。因而,严格控制船速,并让机器做好随时操纵的准备,就显得更为重要。

(2)备有可使用的雷达的船舶还须考虑的因素

自从雷达被广泛地应用于商船以来,航海又进入了一个崭新的时代。由于雷达能在远距离发现来船,通过系统观察或雷达标绘,还能有效地获得碰撞危险的早期警报,尤其是在雾中进行避让操纵之时,因此雷达成为一种不可缺少的主要手段。然而,雷达的使用,并未能有效地降低碰撞发生率。相反,很多的碰撞事故是在运用雷达进行避让的情况下发生的。对此人们将其戏称为“雷达助碰”。究其原因,不难发现,过分依赖又不能正确使用雷达,盲目维持高速行驶,又未能做到早让、宽让,是导致雾中碰撞的主要原因。

①雷达设备的特性、效率和局限性

任何一种设备,均有其特性、效率与局限性。要想最大限度地发挥雷达在航行与避让中的作用,首先要求雷达的操纵人员必须十分熟悉雷达的特性与效率,尤其是对雷达的局限性应予以足够的认识,例如:雷达虽然能在远距离发现目标船,在近距离之内也有探测不到小物标的可能。雷达虽然能较早地获得碰撞危险的早期警报,然而要花费一定的时间去进行雷达标绘或与之相当的系统的观察才能达到此目的。虽然雷达能有效地将整个海区的船舶分布情况显示在一个有限的荧屏之内,带给操纵者极大的方便,然而视觉瞭望更有其优越性——直观、迅速、一目了然,同时还能直接地判断船舶的种类、动态。虽然雷达能迅速地提供来船的方位、距离,尤其是 ARPA 雷达还能系统地提供来船的航向、航速(包括真航向、相对航向、真速度、相对速度),以及两船会遇时的 *DCPA*、*TCPA* 等数据;然而,雷达对他船航向的改变反应迟钝,尤其是对船速变化的反应更是不易察觉。此外,雷达存在的各种误差均可能导致各种观测的误差,尤其是雷达方位的误差,更可能导致对碰撞危险做出错误的估计与判断。凡此种种,不论是雷达具有的优越性,还是局限性,无一不是船舶操纵者应予以考虑的因素。也只有这样,才能扬其长、避其短,使雷达成为一种名副其实的助航设施,一种有效的观察手段。当然,船舶操纵者本身也应具有相应的知识结构与技能水平。

②雷达的距离标尺

操纵人员应频繁更换雷达的距离标尺,以免造成因雷达图像的变化而导致判断上的失误。同样,决定安全航速方面,若是仅凭雷达的使用来证明所采用的航速是符合安全航速规定的,则应充分意识到所选用的雷达距离标尺所带来的任何限制。

③海况、天气和其他干扰源对雷达探测的影响

"海况、天气和其他干扰源"通常是指来自外界的海浪干扰,雨雪干扰,雷达同频干扰以及来自机内的电火花干扰,噪声干扰,明、暗扇形干扰等干扰源,尤其是大范围的暴风雨或暴风雪对雷达观测所带来的影响相当严重,有时甚至连大型物标的回波也无法辨认。这就要求雷达的操作者应正确地调试各种"抗干扰旋钮"以及正确地调试"调谐"及其他有关旋钮,务必使雷达图像处于最佳状态,并做到既能有效地消除干扰回波,又至于抑制物标回波,尤其是近距离之内的一些小物标的回波。倘若上述干扰无法予以有效的消除,又不能排除在干扰回波之内是否有其他物标回波的存在,则船舶操纵者应立即采取必要的措施,严格地控制船速,并将机器做随时操纵的准备。

④探测不到小物标的可能性

在适当的距离内,存在雷达对小船、浮冰和其他漂浮物有探测不到的可能性,这完全是由这些小物标对雷达电磁波反射能力太弱所致。因而,船舶的操纵人员对此应引以高度的戒备,尤其是在有海浪、雨雪干扰情况下更应谨慎驾驶,而绝不能过分依赖雷达所提供的资料。以往也曾发生过不少由于在雷达上未发现任何回波,而在雾中保持高速行驶,一旦视觉发现临近处的渔船之时,已来不及采取任何有效措施,导致将渔船撞沉的恶性事故。因而要求船舶操纵人员在航经小船经常出没的水域,或冬季在高纬度水域行驶之时,应充分考虑雷达探测不到小物标或浮冰的可能性,适当控制船速,以保证航行的安全。

⑤雷达探测的船舶数目、位置和动态

雷达探测到的船舶数目越多,这就表明船舶间的会遇机会也就越大,各种会遇局面均可能存在,碰撞的危险度也就越大。在对当时的局面与碰撞危险做出估计之时,以及在查核避让行动的有效性方面,也就显得更为困难。就这一因素而论,与前面提及的"通航密度"具有类似之处。

就雷达所探测到的船舶位置而言,在通常情况下,正横以前的来船对本船所构成的威胁较正横以后的来船为大;正前方或接近正前方的小角度方向上的来船对本船所构成的威胁较其他方向的来船则更大,尤其是各自位于他船右前方小角度上,且通过时横距不宽裕的情况,其威胁则显得更大。

就雷达所探测到的船舶动态而论,通常应引起注意的是下述三种情况:

- 动态不明；
- 相对运动速度甚快；
- 来船明显地违背《避碰规则》或违背海员通常做法采取某种行动。

总之，不管是否装有雷达，所有船舶在决定安全航速之时，对本船周围所发现的船舶数量、位置和动态，应引以注意，而不可弃之不顾。

⑥对能见度的估计

鉴于能见度情况是船舶决定安全航速的首要因素，因而，任何船舶均应采用一切有效手段断定当时的能见度情况。装有雷达的船舶更应充分利用这一有效的设备。在夜间，通常可以采用“雷达图像”与“视觉境像”进行反复比对，从而对当时的能见度情况做出判断。如果在正常的视觉距离范围之内，业已在雷达上发现强回波信号，但尚未看到来船的号灯，则即可断定业已下雾。

因此，船舶在北大西洋、北太平洋和西北欧等发雾率很高的水域航行时，应特别谨慎地驾驶。即使在不经常有雾的水域航行，也应经常注意能见度的变化情况，只要认为有必要，就应使用一切手段对能见度情况做出推断。

总之，使用安全航速是确保船舶航行安全的重要因素。每一船舶在任何时候用安全航速行驶，切不可因船公司的指令，或强调班轮的班期，或任何经济的因素，或自持装配有现代化的助航仪器等理由，置本条规定于不顾，盲目快速行驶。

任务三　判断碰撞危险

学习目标

知识目标：掌握碰撞危险的概念；掌握判断碰撞危险的方法。

能力目标：能利用适合当时环境和情况的有效方法判断碰撞危险。

素质目标：培养学生严谨的求学态度。

《避碰规则》第七条碰撞危险教学视频

［第七条］　碰撞危险

1. 每一船舶都应使用适合当时环境和情况的一切可用手段判断是否存在碰撞危险，若有任何怀疑，则应认为存在这种危险。

2. 若装有雷达设备并可使用，则应正确予以使用，包括远距离扫描，以便获得碰撞危险的早期警报，并对探测到的物标进行雷达标绘或与其相当的系统观察。

3. 不应当根据不充分的信息，特别是不充分的雷达观测信息做出推断。

4. 在判断是否存在碰撞危险时，考虑的因素中应包括下列各点：

（1）若来船的罗经方位没有明显的变化，则应认为存在这种危险；

（2）即使有明显的方位变化，有时也可能存在这种危险，特别是在驶近一艘很大的船或拖带船组时，或是在近距离驶近他船时。

1."碰撞危险"的定义

众所周知,保持正规瞭望、使用安全航速、正确判断碰撞危险无疑是确保海上航行安全的三大要素。为进一步强调"判断碰撞危险"的重要性,增强海员对碰撞危险的戒备意识,提高与加强海员判断碰撞危险的技能与水平,《避碰规则》也同对待"瞭望"与"安全航速"一样,制定专门条款,要求每一船舶在任何时候均应严格地遵守与执行。

(1)"碰撞危险"在《避碰规则》条款中的引用

在《避碰规则》中,本条所使用的"碰撞危险"(risk of collision)一词在第五、八、十二、十四、十五、十八、十九诸条款中曾反复地加以使用。应指出的是,在第二、十九条款中,《避碰规则》又引用了另一个可翻译为"碰撞危险"(danger of collision)的术语。显然,就这两个术语的英文单词"risk"和"danger"的本身词义而论,虽然在中文中均可译为"危险",然而,在危险的程度上,后者较前者显得更为严重、更为危险。为能区别这一术语在《避碰规则》中的真实含义,我国港、台有关译本分别将其译为"碰撞危机"(risk of collision)与"碰撞危险"(danger of collision);日本分别将它们译为"碰撞之虑"(risk of collision)与"碰撞危险"(danger of collision)。因而,在学习或运用中文译本《避碰规则》时,应注意"碰撞危险"这一术语的两种不同的含义。

除上述两个专用术语之外,《避碰规则》在众多条款中,还分别使用了各种不同的用语,以表达"碰撞危险"的不同程度。根据船舶碰撞形成的整个过程及一般的发展规律,可采用"排列组合"(见图 4-3-1)来表明"危险"的形成及发展,直到最后导致碰撞。

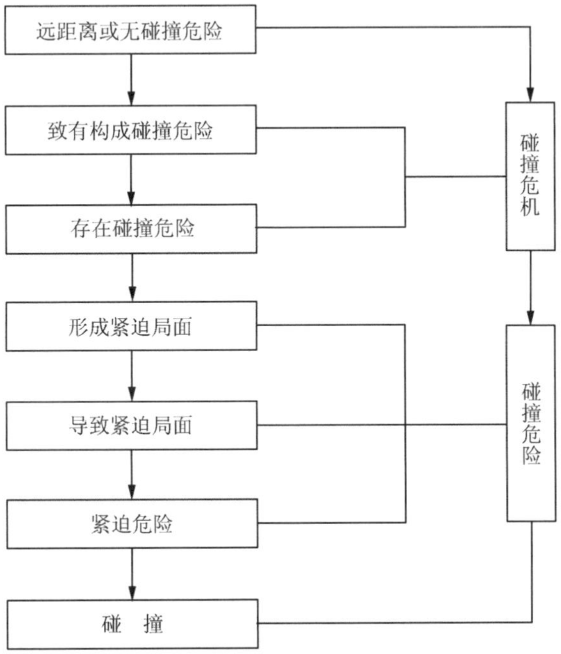

图 4-3-1　碰撞危险发展过程

(2)"碰撞危险"的含义

尽管"碰撞危险"(指"risk of collision",下述若无特别注明,"碰撞危险"一词均指"risk of collision",而并非指"danger of collision")一词在《避碰规则》中多次被加以引用,并对《避碰规则》若干条款的适用具有举足轻重的影响,然而《避碰规则》并未给该词以明确的定义。在1972年修订《避碰规则》的会议上,大会曾试图对"碰撞危险"给予定义:"当两船的航向和航速延续下去将使它们同时处于同一位置或接近同一位置,则存在碰撞危险。"但考虑到英国及其他国家海事法院都认为在两船接近速度很慢的情况下,在远距离时不适用"存在碰撞危险"的判案惯例,以及海员在实际避让中对"碰撞危险"的理解与做法,并考虑到不同的环境及其情况对"碰撞危险"的定义在量化上的影响,大会最终否决了这一提议。

可以认为,"碰撞危险"这一术语本身的内涵具有较大的弹性,在不同的环境和条件下,对于不同的船舶或不同的船员可能对当时是否存在碰撞危险具有不同的理解。尽管碰撞危险的确定与众多因素有关,然而,最根本的因素莫过于两船会遇时的 *DCPA* 与 *TCPA*。*DCPA* 是衡量两船是否将导致碰撞的唯一标准,*TCPA* 是判断两船潜在的碰撞危险程度大小的一种依据:若 $DCPA=0$,则表明两船若保速保向,必将导致碰撞;若 $DCPA>0$,则表明两船间尚有通过之距离,但这并不意味着两船即可安全通过。不安全,也就意味着存在危险。因而,当 *DCPA* 小于安全会遇距离,就认为两船间存在着碰撞危险。就 *TCPA* 而言,不难发现,*TCPA* 越大,则表明危险的程度越小;*TCPA* 越小,则表明危险的程度越大。而直接影响 *TCPA* 数值的大小又与两船所构成的会遇局面、两船间的相对速度,以及两船间初始间距三因素有关。在此三因素中,两船间的相对速度与两船间初始间距又是决定因素。考虑到海上避让的实际情况,尤其是在能见度良好的条件下,两船间的相对速度究竟有多大,很难一下子做出估计。但对于两船间的距离,往往易于判断。因而,在判断是否存在碰撞危险之时,海员往往更注重于 *DCPA* 与 *D*(即两船间初始距离)两大要素。考虑到白天与黑夜对能够发现来船的距离所存在的差异,又往往以来船号灯的最小能见距离作为确定两船间是否存在碰撞危险的依据。例如,在能见度良好的白天,一船在距其几十海里处即可用眼睛看到来船的存在,经罗经观察,该船方位不变,这就意味着两船间的 $DCPA=0$。若两船均保速保向,则必将发生碰撞。然而在这一种情况下,由于两船距离尚远,通常认为尚未构成碰撞危险。反之,在能见度良好的黑夜,一船若在距其6 n mile左右用眼睛看到来船的两盏桅灯正以不变的方位向其驶来,则即可认为碰撞危险正在形成。总之,在确定是否构成碰撞危险之时,应着重考虑"*DCPA* 与 *D*"或"*DCPA* 与 *TCPA*"两组不同情况下的因素。一般情况下,*DCPA* 与 *D* 这一因素适用互见中或使用普通雷达所进行的观测与判断。而 *DCPA* 与 *TCPA* 这一因素,更适用于装有 ARPA 雷达的船舶。不管船舶采用何种方式进行观测与判断,每一船舶在对当时的局面以及碰撞危险做出充分的估计与正确判断的同时,还应注意在不同的环境与情况下可能对 *DCPA* 与 *D* 或 *DCPA* 与 *TCPA* 提出的不同的要求,从而使"碰撞危险"这一术语具有不同的含义。

(3)碰撞危险存在与否与《避碰规则》有关条款是否适用

在这两者之间是否存在着必然的因果关系,对此很难做出简单的答复。有的学者认为:《避碰规则》适用于存在碰撞危险之前的一段时间,因为制定《避碰规则》的目的是避免形成碰撞危险。也有的学者认为:《避碰规则》只适用于两船中的一船做了违反规则的事会引起碰撞危险之时。在这个时间尚未到来之时,任何规则都不适用。因为在这个时间,碰撞危险之前所做的任何事情都不能产生《避碰规则》含义之内的碰撞危险。

2. 判断碰撞危险的手段与方法

(1)《避碰规则》的要求

本条1款指出:每一船舶应用适合当时环境和情况的一切有效手段断定是否存在碰撞危

险。如有任何怀疑，应认为存在这种危险。显见，《避碰规则》对每一船舶在判断碰撞危险之时首先提出的要求就是应考虑当时的环境和情况。其次才是根据当时的环境和情况来确定相应的有效手段。

“当时的环境和情况”，通常是指：所处的水域条件、航行交通条件、气象海况条件、能见度条件以及船舶本身的条件。值班驾驶员或船长对这些条件不但应了如指掌，还应充分估计到这一切条件可能对所使用的瞭望手段的限制，以及对正确判断碰撞危险的影响。

所谓“一切有效手段”，首先就应考虑所用的手段：瞭望的手段是否适合当时的环境及其情况。例如，在能见度良好的条件下，视觉瞭望即为一种有效的手段；在能见度不良的情况下，雷达观测即为一种有效的手段。当然，有效与无效均是相对的，任何一种瞭望的手段均有其局限性，例如：仅凭视觉瞭望，而不借助罗经的观测，就无法准确地测定来船的方位；仅借助罗经的观测，却未开启雷达测距，又难获得来船的精确距离。又如，在能见度不良的情况下，仅对雷达进行一般性的观测，而不进行雷达标绘或与其相当的系统观察，就很难获得来船运动的真实情况，即使进行了雷达标绘，但放弃了视觉瞭望与听觉瞭望，或忽略了雷达本身所存在的一些局限性，也很难证明这一手段即为有效的手段。因此，这就要求每一船舶在判断碰撞危险之时，不宜仅依赖某一手段进行瞭望，而应采用一切可用的手段，并对每一手段所获得资料进行反复比对、去伪存真，只有这样，才能有效地消除单一手段所带来的限制。

当然，这也并不意味着在任何时候均必须动用一切瞭望手段，包括雷达、VHF 等来判断是否存在碰撞危险。每一船舶在判断碰撞危险之时所采用的手段是否有效，将取决于该手段是否适合于当时的环境和情况。

应当指出的是，虽然第五条“瞭望”与本条 1 款均引用了“适合当时环境和情况的一切有效手段”这一相同的短语，然而，两个条款对这一短语具有不同的要求与目的。前者主要用于信息搜集，而后者主要用于信息处理。用《避碰规则》的语言来表达，也就是，第五条仅要求每一船舶应对当时的局面和碰撞危险做出充分的估计；第七条却要求每一船舶能正确地判断是否存在碰撞危险。

(2)判断碰撞危险的方法

判断碰撞危险的方法通常有下述四种主要的判断法：

- 罗经方位判断法；
- 舷角(或相对方位)判断法；
- 桅灯水平张角判断法；
- 雷达标绘判断法。

①罗经方位判断法

罗经方位判断法是海上判断是否存在碰撞危险的一种最常用、最有效的方法，尤其适用于互见。其最大的优点是简单、方便、迅速、直观，并且不受罗经误差与船首偏荡的影响，缺点是无法测定来船的距离。罗经方位判断法通常是利用驾驶室两侧的分罗经观测来船的方位(若一船的分罗经发生故障或一船仅配置有磁罗经，则也可在罗经甲板利用磁罗经进行观测)。采用该判断法时，应考虑下列各因素：

a. 如果来船的罗经方位没有明显的变化，则应认为存在碰撞危险。若一船连续观测来船三次以上，发现其罗经方位不变，距离不断缩短，就意味着两船的 $DCPA=0$，碰撞危险业已存在。若发现来船的罗经方位有变化但幅度不大，则应注意在观测期间来船的方位变化与距离变化之间的关系，从而确定两船通过时的 *DCPA*。查核时可采用“方位变化和距离变化关系表”（见表 4-3-1）。

表 4-3-1　方位变化与距离变化关系表

	DCPA (n mile)	*D*(n mile)														
		1	2	3	4	5	6	7	8	9	10	11	12	13	14	15
ΔA (°)	0.25	7.3	7.3	2.4	0.7	0.5	0.3	0.3	0.2	0.2	0.1	0.1	0.1	0.1	0.1	0.0
	0.50	15.5	4.9	2.4	1.5	0.9	0.7	0.5	0.4	0.3	0.3	0.2	0.2	0.2	0.1	
	0.75	26.6	7.5	3.7	2.2	1.4	1.0	0.8	0.6	0.5	0.4	0.3	0.3	0.2	0.1	
	1.00	60.0	10.5	5.0	3.0	1.9	1.4	1.0	0.9	0.7	0.6	0.4	0.4	0.3	0.3	
	1.50		18.5	8.0	4.5	3.0	2.1	1.5	1.2	1.0	0.8	0.6	0.5	0.4	0.4	
	2.00		48.2	11.8	6.4	4.1	2.9	2.1	1.6	1.3	1.0	0.8	0.7	0.6	0.5	
	2.50			17.7	8.7	5.4	3.7	2.7	2.0	1.7	1.4	1.1	0.9	0.8	0.7	

查表方法如下：

第一，根据实际观测方位的变化，求实际的 *DCPA*。

表 4-3-2　观测方位数据

DCPA(n mile)	9	7	5
罗经方位(°)	046	044	040

若已知三次观测方位数据如表 4-3-2 所示。

则三次观测方位变化量

$$\Delta A=(046°-044°)+(044°-040°)=6°$$

查表知：*DCPA*＝1.0 n mile 时，

$$\Delta A=0.9°+1.0°+1.4°+1.9°=5.2°$$

则实际观测 ΔA 大于表列 ΔA，即 *DCPA*>1.0 n mile。

第二，根据预定的 *DCPA* 值，查表获 ΔA，求：实际的 *DCPA*。

若预定 *DCPA*＝1.0 n mile，查表得：从 9 n mile 到 5 n mile，其方位变化量

$$\Delta A=0.9°+1.0°+1.4°+1.9°=5.2°$$

若实际三次观测方位变化量 $\Delta A=6°$，

则实际观测 ΔA 近似等于表列 ΔA。

实际 *DCPA*≈1 n mile。

应注意，采用该表查核方位变化量以确定 *DCPA* 时，应以测得来船距离为前提。这就要求观测者在使用罗经测向时，还必须同时开启雷达测距，除非测者具有较高水平的视觉测距能力。通常情况下，来船方位具有明显的变化，一般不存在碰撞危险；若来船方位明显减小，则来船将从本船的船首前方驶过；若来船方位明显增大，则来船将从本船的船尾后方驶过，如图 4-3-2 所示。

b. 如果在连续观测中发现来船方位具有明显的变化，但有时也可能存在碰撞危险。这通常是指以下几种情况：

第一，在较远距离，一船可能采取一连串的小转向，但未被另一船所察觉，尤其是当该船仅

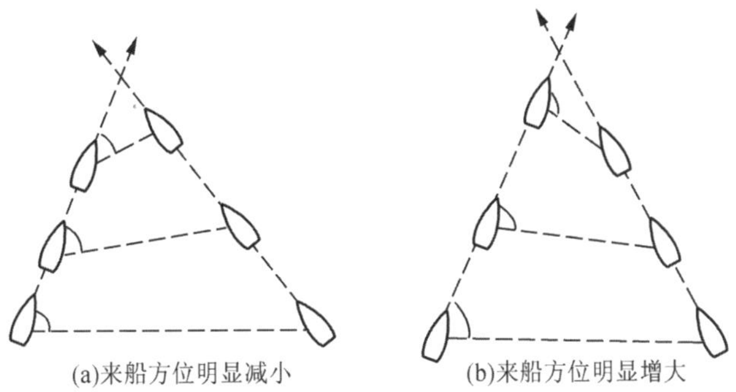

图 4-3-2 方位变化

凭雷达进行观测,则更容易判断失误,误认为方位发生变化,并不存在碰撞危险。实际上,碰撞危险正在逐步形成,如图 4-3-3 所示。

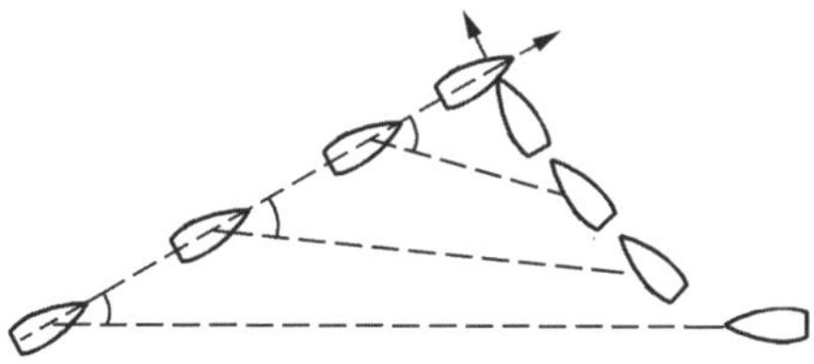

图 4-3-3 一连串小转向

第二,在驶近一艘很大的船舶或拖带船组时,由于未能充分认识到"点与面"之间的关系,也就是说,方位镜的瞄准线仅指向来船的某一点,实际上来船是一个面。例如大型船舶船长可达 300 m 以上,而拖带船组的长度甚至可达 600~700 m 以上。当两船处于近距之时,即使来船被观测点处的方位有明显的变化,这也只能表明观察船并不会与来船的被观测点处发生碰撞,碰撞的可能部位往往是位于距离被观测点较远的来船船体其他部位,例如,艏、艉或被拖船等处(见图 4-3-4)。

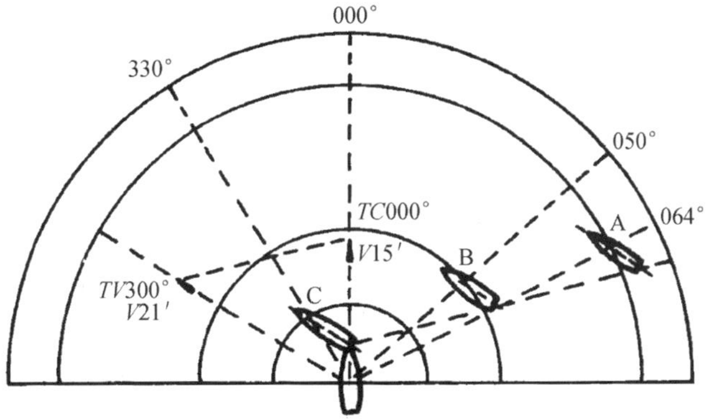

图 4-3-4 点对点观测,面对面相遇

第三,近距离驶近他船时,如忽视"距离变化率与方位变化率之间的关系",尤其是未能掌握"方位变化率随两船距离减小而增大"这一规律,也往往容易导致判断失误,发生碰撞。例如:两船均保速保向,一船用罗经观测另一船,从 6 n mile 至 3 n mile,发现方位变化 5.5°。此后从 3 n mile 到 1 n mile,发现方位变化达到 22.8°,但两船的 *DCPA* 仍然为 0.5 n mile。

从另一方面考虑,两船距离甚近,即使方位有较大的变化,由于可供自由操纵的水域有限,各种因素也可能影响船舶的运动,只要有一船稍微不慎,就有可能导致无法避险的情况。

总之,罗经方位判断法是断定碰撞危险的一种行之有效的方法,若能与雷达观测有机地结合起来,则将使该判断法进一步趋于完善。

②舷角(或相对方位)判断法

舷角(或相对方位)判断法也是驾驶时比较常用的一种方法。就原理而论,该判断法与罗经方位判断法并无区别。其优点也是简单、方便、迅速、直观。然而该判断法最大的缺点在于易受船首偏荡的影响,测向精度难以保证。当本船稍一转向,其判断依据就会发生变化,稍微不慎,易造成差错,尤其是在风浪较大、船首偏荡严重、操舵水平欠佳、把定不稳的情况下,该判断法的缺点显得更为突出。因而,在条件允许的情况下,宜采用罗经方位判断法为妥。

③桅灯水平张角判断法

通过观察来船两盏桅灯的水平张角(或称为开门、关门)变化情况来判断是否存在碰撞危险,也是驾驶时常用的一种方法。具有丰富的海上航行经验的老船员对此颇有研究。该判断法同样具备罗经方位判断法、舷角判断法的一般特点,从效果上看,甚至比上述两种判断法更为直观。然而,该判断法也存在着与舷角判断法同样的缺点,易受船首偏荡影响,精度难以保证。尤其是新船员、实践经验欠丰富的驾驶员不宜使用。但作为一种辅助的方法仍具有采用之价值。

④雷达标绘判断法

雷达标绘判断法也是海员们判断碰撞危险的一种最常用、最有效的方法。其最大的优点在于能准确地获得来船的运动要素,即两船的 *DCPA* 和 *TCPA*。通过进一步的作图和观察,还能求得本船的避让措施,有效地判断来船所采取的行动,以及确定恢复原航向,或原航速的时机。其缺点在于易受雷达本身局限性的影响,需要花费一定的时间去进行标绘。雷达标绘判断法不但适用于互见中,更适用于能见度不良的情况下。如果说,罗经方位判断法是船舶互见中判断碰撞危险的一种最有效的手段,雷达标绘判断法就是船舶在能见度不良的情况下判断碰撞危险的一种最有效的手段。若使用雷达标绘判断,则应注意以下三个方面:

a. 正确使用雷达

《避碰规则》在许多条款中(第五、六、七、八、十九条)就如何使用雷达,尤其是对正确使用雷达来判断当时的局面与是否存在碰撞危险做出了一系列的规定。正确使用雷达的要求是多方面的,它包括应熟悉雷达性能、效率与局限性,熟悉面板各种开关的作用与功能,熟悉消除各种干扰的方法与措施,熟悉雷达存在的各种误差。就判断碰撞危险而论,正确使用雷达还要求正确选择合适的距离标尺,采用远、近距离挡交替扫描的方式,以保证既能获得碰撞危险的早期警报,又不至于遗漏近距离之内的小物标。通常的情况下,若船上装有两台雷达时,可考虑一台置于远距离挡,而另一台置于近距离挡。除此之外,正确选择合适的雷达显示方式,也是很重要的一环。就目前普通雷达而言,通常有相对运动与真运动之区别,而相对运动雷达又有三种不同的显示方式:艏向上图像不稳定相对运动显示(head-up)、北向上图像稳定相对运动显示(north-up)、航向向上图像稳定显示(course-up)。真运动雷达又具有两种不同的显示方式:北向上真运动显示方式、航向向上真运动显示方式。应该认为,各种不同的显示方式均有其各自的特点、各自的长处。就判断碰撞危险而论,相对运动显示优越于真运动显示。在相对运动雷达的三种显示方式中,又以航向向上图像稳定显示方式为最佳,北向上图像稳定显示方式次之,艏向上图像不稳定显示方式则相对较差。正确使用雷达,还要求操纵者不但应该开启雷达进行观察,同时还应进行雷达标绘或进行与其相当的系统观察。

b. 雷达标绘

“雷达标绘”(radar ploting)是驾驶员与船长所必须掌握的一种最基本的技能,也是《避碰规则》赋予值班驾驶员的一种法定责任与义务。不接受“雷达观测与标绘的培训”,未能获得相应的证书,将被认为不合格。

由于《避碰规则》并未对“雷达标绘”给予明确的定义,因而,世界各国对“雷达标绘”究竟应包括哪些内容认识并不一致。就本条规定而言,“雷达标绘”似乎应以达到判断碰撞危险为目的。若是如此,则“雷达标绘”宜定义为:以一定的时间间隔观察来船的方位与距离,求得两船的 *DCPA* 与 *TCPA*,从而判断是否存在碰撞危险的一种标绘方法。

“雷达标绘”可以在“雷达运动图”或“舰操图”上进行,也可以直接在装有“反射作图器”的雷达屏幕上进行。在标绘作图过程中,若发现求得的 *DCPA* 大于安全会遇距离,则不必进一步作图,只需继续保持观测即可;若发现求得的 *DCPA* 小于安全会遇距离,则不但应继续保持连续的观测,同时还应进一步作图,以确定来船的运动要素(即航向、航速)与本船应采取的避让措施。为查核能否有效地消除所存在的碰撞危险,通常在采取避让行动之后,应进一步坚持雷达标绘,以求得新的 *DCPA* 与 *TCPA*。因此,“雷达标绘”不但是两船在会遇开始阶段判断碰撞危险的一种方法,同时也是一船在采取避让行动之后查核避让行动有效性、查核他船是否采取协调行动以及两船能否在安全的距离上通过的一种有效的方法。因此,“雷达标绘”应自始至终贯穿于会船,乃至于避让的整过程,直至驶过让清为止。

c. 与其相当的系统观察

“与其相当的系统观察”是指与雷达标绘相当的一种系统的雷达观察方法。《避碰规则》之所以允许以这种雷达观察方法来取代雷达标绘法,主要是考虑到在通航密度较大的区域中要对每一个回波进行逐个标绘也许是有困难的。但应认识到,如采用这种“系统观察”,则观察人员首先应具备以下条件:精通相对运动的原理,熟悉雷达标绘的方法与要求,具有等效于雷达标绘的观察能力与分析水平。

通常情况下,下述三种观察方法可视为“与雷达标绘相当的系统观察”:

第一,在 ARPA(自动雷达标绘仪)上保持连续系统的观察,并适时地获取有关 *DCPA* 与 *TCPA* 的资料,从而判断是否存在碰撞危险。鉴于 ARPA 具有自动显示 *DCPA* 与 *TCPA* 的功能,因此,该设备这一功能完全可取代人工标绘。但应注意,即使是在这种雷达上获取信息,也必须做到保持连续、系统、不间断的观察。

第二,利用雷达机械方位盘的平行线对回波的运动进行连续观察、分析,从而判断能否在安全距离上驶过。实践证明,这一方法具有简易、直观的优点,深受广大驾驶员的喜爱。其缺点在于无法准确地测定两船的 *DCPA* 与 *TCPA*。应注意的是,经连续观察,一旦发现回波未能沿方位盘的平行线活动,而进入该平行线的内侧,意味着两船已不可能在安全距离上驶过,若条件允许,应立即测定该船的 *DCPA* 与 *TCPA*,以获得精确的资料,为采取避让行动提供依据。

第三,指定专人对雷达保持仔细与连续的观察,并对临近的船舶,或回波运动速度较快的船舶,或认为具有一定威胁的船舶的方位与距离做定时和经常性的记录,并根据“方位变化与距离变化率表”查核 *DCPA*,以判断碰撞危险。应指出的是,这一方法具有一定的难度,不建议缺乏这方面实践经验的驾驶员或船长采用,而应坚持使用雷达标绘法。

3. 判断碰撞危险应注意的问题

（1）如有任何怀疑，应认为存在碰撞危险

在某种特定的情况下，尽管一船业已采用适合当时环境和情况的一切有效手段保持正规的瞭望，但对当时是否存在碰撞危险仍持有怀疑，在这种情况下，应假定存在这种危险。例如：一船在通航密度较大的区域航行，当发现正横以前有一船正在向他逼近，经观察，该船动态不清、航向不明，罗经测定其方位变化又无一定的规律，难以确定是否存在碰撞危险。在这种情况下，应立即认为两船业已构成碰撞危险为宜。又如：一船在航行途中，遭遇暴风雨，导致本处于其视觉范围之内的一艘来船消失在暴风雨之中。经雷达探测，该船回波又因暴雨干扰消失在大片干扰回波之内，任凭如何调节，无法清晰地发现该回波的位置及动态，然而两船正在以小角度交叉的态势相互接近。在这种情况下，该船也只得假定业已与另一船舶有构成碰撞危险，并采取相应的措施。凡此种种，虽经系统观察，使用一切手段仍难断定是否存在碰撞危险，则应将此局面假定为存在碰撞的危险。这一做法，应认为是良好船艺的体现，也是一种"海员的通常做法"。除本条1款这一规定之外，在《避碰规则》的其他条款中也有类似的提法。例如：《避碰规则》第十三条3款、第十四条3款的规定。《避碰规则》之所以做这些规定，是因为要求海员能谨慎从事，避免因疏忽造成严重的后果。就避碰而言，这些规定有着积极的意义，它们与本条3款所提及的"根据不充分的资料做出推断"具有本质的区别。

（2）不应当根据不充分的资料，尤其是不充分的雷达资料做出推断

这一规定是《避碰规则》对海员的一种告诫。它要求海员应充分意识到根据不充分的资料做出推断的危险性，尤其是根据不充分的资料做出不存在碰撞危险的推断所带来的严重后果。

①不充分的资料

"不充分的资料"通常表现为下列几个方面：

a. 瞭望手段不当获得的资料

瞭望手段不当获得的资料主要是指所采用的瞭望手段不适合当时的环境和情况。比如，在雾航中，放弃雷达观察，仅凭视觉或听觉判断当时的局面与碰撞危险。又如，在互见中，放弃视觉瞭望，依赖雷达观察，又不进行雷达标绘或与之相当的系统观察。

b. 判断方法不当所获得的资料

判断方法不当所获得的资料主要是指采用的判断碰撞危险的方法不适合当时环境及其情况的要求，或精确度难以保证，例如：在风浪较大，船首偏荡严重的情况下采用"舷角判断法"或"桅灯水平张角判断法"做出推断，而放弃"罗经方法判断法"。又如：使用雷达观察时，仅做一般性的观测，不进行"雷达标绘"或与之相当的系统观察。再如：在与他船相遇时，盲目依赖在VHF上所获得的信息资料，而未能采用视觉或雷达等手段对该信息予以核实。甚至有一部分驾驶员，在雾航中，仅凭所获得的声号对来船的位置及意向做出推断。

c. 未能进行系统的观察以获得资料

未能进行系统的观察以获得资料主要是指未能对本船所处水域进行全方位的观察，仅仅对某一方向上的来船，或仅仅对本船正横以前的海面进行观察，并以此局部的资料做出推断，缺乏对整体的分析与判断。

d. 未能保持连续的、不间断的观察获得的资料

例如，观测次数太少，仅凭一次或两次的观测数据做出推断。又如，未能按一定的时间间

隔保持连续的、有规律的观测。再如，断断续续地进行观测，未能做经常性的、定时的观测与记录。

e. 未能排除观测误差而直接加以应用的资料

由于观测中人为的误差（读数或标绘误差）或器差，将可能导致所获得的资料成为不充分的资料，即使是在较远距离上测定来船的方位与距离存在细小误差，若不能予以排除，也可能产生完全相反的结论。例如：

在距来船 12 n mile 与 10 n mile 时分别观测两次方位，若第一次方位误差为左 1°，第二次误差为右 1°，则将导致两个不同的结论：来船将以 *DCPA*−2 n mile 分别从右舷或左舷安全驶过。实际上，该船将与本船构成碰撞危险（即 *DCPA*=0），见图 4-3-5。

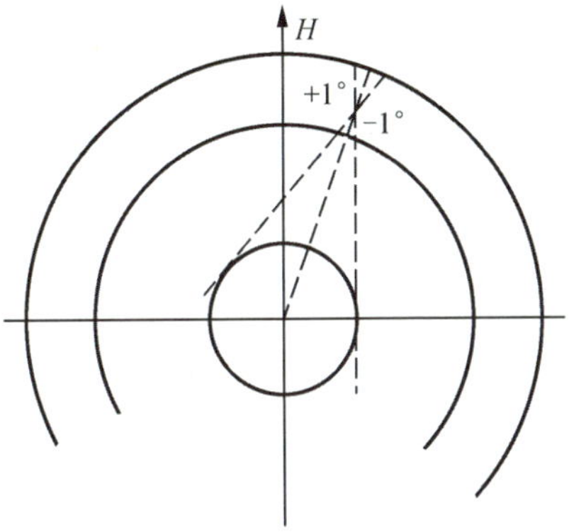

图 4-3-5 远距离两次观测导致的误差

《避碰规则》之所以特别强调“不充分的雷达观测”，主要是因为海员盲目地依赖雷达，而又未能正确地使用雷达，从而导致一连串的“雷达助碰”事故。

任务四 采取避免碰撞的行动

学习目标

知识目标： 掌握《避碰规则》对避免碰撞的行动所提出的要求，掌握及早行动、大幅度行动的要求，掌握避免紧迫局面的方法，掌握查核避让行动有效性的指标，掌握变速避让的目的，掌握不得妨碍的规定。

能力目标： 能在构成碰撞危险的情况下按《避碰规则》的要求采取避碰行动，能理清不得妨碍与避让责任之间的关系。

素质目标： 培养学生的责任意识和担当精神。

［第八条］ 避免碰撞的行动

《避碰规则》第八条避免碰撞的行动教学视频

1. 为避免碰撞所采取的任何行动必须遵循本章各条规定，若当时环境许可，应是积极地、及早地进行和充分注意运用良好的船艺。

2. 为避免碰撞而做的航向和（或）航速的任何变动，若当时环境许可，应大得足以使他船用视觉或雷达观测时容易察觉到；应避免对航向和（或）航速做一连串的小变动。

3. 若有足够的水域，则单用转向可能是避免紧迫局面的最有效行动，只要这种行动是及时的、大幅度的并且不致造成另一紧迫局面。

4. 为避免与他船碰撞而采取的行动，应能导致在安全的距离驶过。应细心查核避让行动的有效性，直到最后驶过让清他船为止。

5. 若需为避免碰撞或需留有更多时间来估计局面，船舶应当减速或者停止或倒转推进器把船停住。

6.（1）根据本规则任何规定，要求不得妨碍另一船通行或安全通行的船舶应根据当时环境的需要及早地采取行动以留出足够的水域供他船安全通行。

（2）如果在接近他船致有碰撞危险时，被要求不得妨碍另一船通行或安全通行的船舶并不解除这一责任，且当采取行动时，应充分考虑本章各条可能要求的行动。

（3）当两船相互接近致有碰撞危险时，其通行不得被妨碍的船舶仍有完全遵守本章各条规定的责任。

本条旨在阐明《避碰规则》对避碰行动的总的要求，以及应遵循的一般原则。考虑到海上避让的复杂性，《避碰规则》在本条中也只能采用定性的规定，而无法提供一个具体的要求。从广义上讲，本条适用于任何的能见度，也适用于致有构成碰撞危险格局中的每一船舶。但就具体的规定而言，其适用的范围也不尽相同。在学习与应用本条规定时，应充分注意到，每一款项的规定均具有一定的独立性，但各款之间又有着必然的系统性，并且与其他各条的规定同样存在着一定的关联性。因而，在解释与遵守《避碰规则》各条时，应把《避碰规则》作为一个有机的整体，以系统地分析并全面地遵守之。

1. 第八条 1 款——及早地行动

（1）关于“为避免碰撞所采取的任何行动”

避免碰撞的发生是《避碰规则》的最终目的。要达到这一目的，首先就应该在尚未构成碰撞危险的情况下，尽一切努力避免形成碰撞危险。其次，在致有构成碰撞危险的情况下，应尽早地采取行动，以避免紧迫局面的产生。只有这样，才能有效地控制碰撞的发生率，确保航行的安全。本款所指的“为避免碰撞所采取的任何行动”，应包括“为避免碰撞危险或为避免形成紧迫局面而采取的任何行动”。

所谓“任何行动”，就避碰而言，通常是指转向或变速或转向和变速的行动，当然也包括“备车、备锚、备舵以及备帆”等避让应急准备工作。

（2）“如当时环境许可”

“如当时环境许可”通常是指当时的海况、天气、能见度、通航密度、可航水域的宽度、碍航物分布的程度以及船舶本身的操纵性能及其条件的限制等是否允许一船及早地采取大幅度的避让行动。

“当时环境许可”，意味着一船若欲及早地采取行动，就应对当时的局面予以充分的估计，并对是否存在碰撞危险做出正确的判断。它包括一船应切实掌握另一船的航向、航速、相对航向、相对航速，以及两船的 *DCPA*、*TCPA* 等有关的信息资料。但应注意，绝对不应根据不充分的资料做出推断。

“当时环境许可”，还意味着一船若欲及早地采取行动，首先就应做到及早地发现来船。通常情况下，在能见度不良时，至少应在 10 n mile 以前发现来船（装有雷达的船舶）。在能见度良好的条件下，至少也应在 6 n mile 以前发现来船。否则，将很难做到“及早地”采取行动。

（3）“积极地、及早地”

①“积极地”（positive）之含义

“积极地”又可理解为“果断地”“毫不犹豫地”。实际上，这是《避碰规则》对船舶操纵者在避让决心方面的要求。

在以往的一些碰撞案中，由于操船者在采取避让行动之前，往往谨小慎微，缺乏当机立断、干净利落的风格，其结果往往是丧失避让最佳时机，导致措施不及、酿成恶果。这一切与操船者本身素质、性格、能力、水平诸因素具有一定的关系。因而《避碰规则》率先提出这一要求，具有积极的意义。这就要求操船者要加强自身素质的养成，在提高能力水平的基础上，培养雷厉风行、勇敢果断之精神。

若险情还具有一定的余地，则这一行动即可理解为一种“及早的行动”。若滞后这一时刻，紧迫局面立即形成或业已形成，即使最后并不一定发生碰撞，但这一行动仍可被视为一种“过迟的行动”。

②“及早地”之含义

a. 以采取避碰行动时，在时间和距离上都留有余地为依据

避碰行动完成之后，两船均能在安全距离上驶过则为“及时的行动”，若在时间和距离上都还具有一定的余地，则这一行动，即可理解为一种“及早的行动”。若滞后这一时刻，紧迫局面立即形成或业已形成，即使最后并不一定发生碰撞，但这一行动仍可被视为一种“过迟的行动”。

b. 以明确双方避让关系与责任或明确存在碰撞危险为依据

在“互见”情况下，当两船接近到业已最终明确双方避让关系与责任之时，即《避碰规则》第十八条等若干条款生效之时，立即采取行动，则这一行动即可解释为“及时的行动”。对于船长等于或大于 50 m 的船舶，这一时刻通常为两船接近 3 n mile，也就是《避碰规则》第十八条列举的各种船舶应显示的“种类识别环照灯”（例如：“红、白、红”“红、红、红”等）的最小可见距离。若超前这一时刻采取行动，则即可视为“及早的行动”；反之，即为“过迟的行动”。

在“能见度不良”的情况下，通常以与本船构成对遇与交叉态势的来船接近 4~6 n mile 以及正在追越本船的来船，接近 3 n mile，即认为是采取“及时的行动”之时刻。若在这一时刻之前采取行动，则可视为“及早的行动”，反之，即为“过迟的行动”。

当然，在决定采取“及早的”或“及时的”行动之时，还应充分注意当时的环境及其情况。一般来说，在开阔的水域采取行动要比受限制的水域早些。对遇局面（或态势）比交叉局面（或态势）或追越要早些。大船、重载船、慢速船以及操纵性能较差的船应比小船、轻载船、快速船以及操纵性能优越的船要早些。

③应遵循“及早行动”规定的船舶

鉴于对“及早行动”做出上述的解释，通常认为该规定将适用于下列各种船舶。

a. 互见中的让路船

例如:《避碰规则》第十二、十三、十五、十八条所规定的各种让路船。

b. 负有同等避让责任及义务的船舶

例如:对遇局面中的两艘机动船;互见中两艘同类型的船舶(捕鱼船与捕鱼船、操限船与操限船或与失控船)相遇并致有构成碰撞危险之时;在能见度不良的情况下,正在形成紧迫局面和(或)存在着碰撞危险的两艘船舶。

应注意的是,该款这一规定并不适用于任何局面中的直航船。由于《避碰规则》第十六条业已对直航船应如何采取行动做了明确的规定,因而,让路船在充足的时间内采取行动之时,直航船应保速保向,而不得采取任何有违于该规定的行动,即使让路船未能及早地采取行动,若直航船在“可独自采取操纵行动”的时刻尚未到来之前,即直航船在鸣放第三十四条规定的“怀疑信号”之前采取了避碰行动,也将被认为是一种不当的行动。总之,本款这一规定并不给予直航船在早期采取避碰行动的权利。

(4)良好的船艺(good seamanship)

“良好的船艺”即优良的操船技艺,是指一个谨慎的、合格的航海者在长期的航海生涯中所积累的宝贵经验、所具有的优良技能以及传统做法。良好的船艺属于海员通常做法(ordinary practice of seaman)的一部分。在本款中所提及的“良好船艺”,仅仅是指在避让操纵中的一种优良的操船技艺,并不涉及“船艺”的整个领域,也不包括《避碰规则》中业已明确提出的各种避让操纵行动的要求。

本款所提及的“良好船艺”,通常可解释为,但并不限于下列各种做法:

①在通航密度较大的水域或在狭水道与航道中行驶时,让主机做好随时操纵的准备。

②在狭水道、航道及其他浅水区域备双锚行驶。

③夜间遇来船,首先查核本船号灯工作情况,断定有无构成碰撞危险,使用手操舵。

④避让前,若时间允许,尽最大努力在VHF上与他船取得联系,以表明行动之目的或以达成避让之协议。实施转向避让时,宜叫舵角而不宜叫航向。

⑤熟悉车舵性能,正确使用车舵,保证在必要时具有良好的舵效,又具有强大的推(或拉)力。

⑥若无足够的水域,又要避免使用倒车导致船首偏转之不利现象,可先令“左舵”,后操“倒车”。

⑦抛锚避让时,注意抛锚止冲,而不宜抛单锚,导致船尾急速偏转,造成无可挽回之危局。

⑧在狭水道或航道中或在其他通航密度较大的区域,若欲追越前船,通常应保持在前船右舷追越,必要时,还应鸣放声号,以求得前船配合。

⑨追越时,正确操纵船舶,注意船舶间压力场的变化趋势及其规律,以避免船吸的形成。

⑩作为被追越船,为使追越船安全驶过,采取减速以缩短两船并航时间,适当转向,以让出一定宽度。

⑪遇雾时,若航行安全无法保证,则应择地锚泊或至少应将航速减到能维持航向的最低速度。

⑫在制定有地方规则的水域中行驶,尤其应注意“逆水船让顺水船、轻载船让重载船、进口船让出口船”等惯例。

⑬进入锚地意欲锚泊之时,应正确选择锚位,注意留有足够的余地以应付船舶旋回之需求

以及万一在走锚(也包括他船走锚)情况下,来得及采取应急措施以防止碰撞。

⑭锚泊时,若风大流急,船首偏荡剧烈,为避免走锚,启动主机,操纵舵叶,以保持船首稳定。

总之,良好的船艺具有多方面的体现,任一船舶均应注意正确地运用。从本款规定而论,"当时环境许可"似乎更强调当时的水域以及所需的时间是否允许一船采取大幅度的行动。例如:满舵避让,是否有足够的水域;停车避让,时间上是否允许。

2. 第八条 2 款——大幅度的行动

(1)大幅度行动的含义

若某一行动大得足以被他船用视觉或雷达观察时容易地察觉到,则该行动即可视为一种"大幅度的行动"。显然,大幅度行动之目的首先就在于能使来船容易察觉到本船所采取的行动及其意图,只有这样,才能有效地避免来船误解本船的行动与意图而采取不协调的行动。从这个意义上讲,衡量某一行动是否符合大幅度的要求,取决于来船能否容易地察觉本船所采取的行动,这就要求操船者对"用视觉或雷达观察时容易地察觉到"的含义应予以确切的理解。

在通常情况下,"用视觉观察时容易察觉到"是指:在白天视觉发现来船的方位以及来船的艏向明显地发生变化,两船航向夹角由收敛而变为发散,或来船的艏向由原来指向本船的前方而明显地指向本船的船尾方向。在夜间,视觉发现来船号灯的方位发生明显的变化,或两盏桅灯的水平张角发生明显的变化,或由原来发现的两盏红、绿舷灯变成只能发现其中一盏;或由原来发现的一盏绿色(或红色)舷灯变成一盏红色(或绿色)的舷灯。这一切视觉景象的变化,均可以说明其中一船(或两船)业已采取了大幅度的行动(见图 4-4-1)。

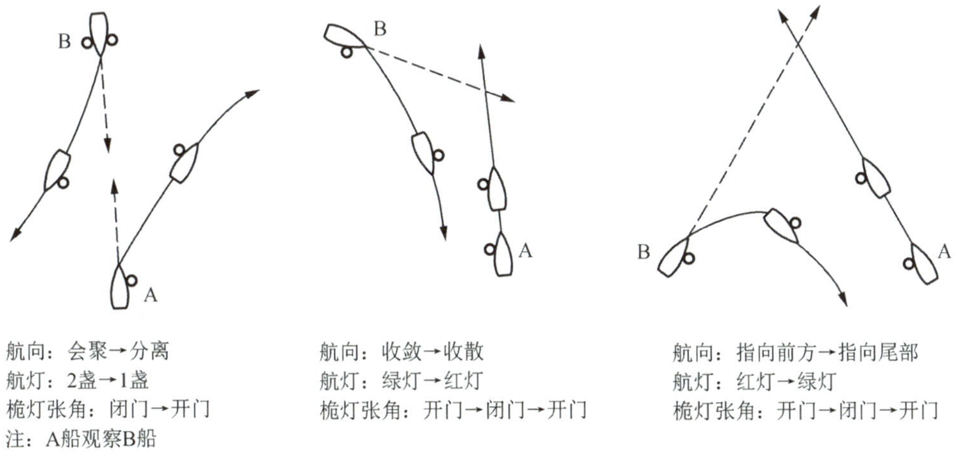

图 4-4-1　大幅度行动

若用雷达观察,则应充分注意,在相对运动的雷达上,相对运动方向的变化往往很难识别,尤其是在两船船速比等于 1 或接近于 1 的情况下,在一船的雷达上,来船相对运动方向的变化值仅仅是另一船转向角的一半。例如:本船转向 40°,则在另一船的雷达上,其相对运动方向仅改变了 20°(见图 4-4-2)。这就要求当船舶在有必要采取避让行动时,应进行大幅度的转向,否则将很难被另一船用雷达所察觉。

(2)大幅度行动的量化概念

究竟转向多少度或减速到几节,才可能被认为该行动符合"大幅度的行动"的要求,通常

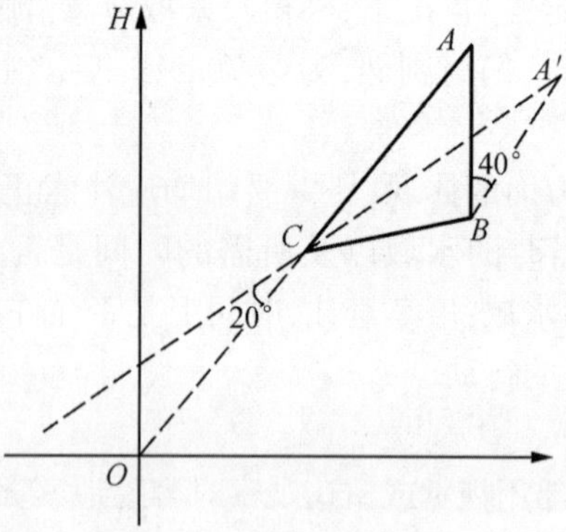

图 4-4-2　大幅度行动示例

很难做出统一量化的规定,因为它与很多因素有关。例如:能见度的好坏,可航水域的宽窄,通航密度的疏密,两船船速的快慢、吨位的大小,以及两船所构成的格局不一、距离不等等因素均可能对同一幅度的行动得出两种不同的结论。因而,任何人为地指定某一数值作为"大幅度"的标准,均是不切实际的。

目前,人们对"大幅度的行动"的理解通常有如下各种做法:

①关于转向避让

在互见中,一次转足30°或以上,使两船航向明显地分离,或对准一船的艉部后方行驶,而后逐步恢复原航向。在能见度不良的情况下,对正横以前的来船,往往转向30°以上,甚至60°~90°,以便他船用雷达容易察觉到。

②关于减速避让

考虑到减速避让往往不大容易被他船所察觉,因此,通常一次减速应减至原来速度的一半以下。为能迅速达到此目的,可先下达停车令,而后酌情考虑采取进一步的行动。

③衡量"大幅度行动"的另一个标准

衡量某一行动是否符合"大幅度行动"之要求,还应考虑另一个因素,即能否保证在安全距离上驶过。若一船所采取的某一行动,在其他方面均符合《避碰规则》的规定,但仍难保证两船在安全的距离上驶过,则说明该行动的幅度仍然太小,尚无法满足宽裕地驶过之要求。因而,当一船在决定采取避让行动之时,不但应考虑本船所采取的行动幅度应大得足以使他船容易地察觉到,同时还须考虑应大得足以使两船能在安全的距离上驶过。

(3)应避免对航向和(或)航速做一连串的小变动

对航向和(或)航速做一连串的小变动,其最大的危害就在于:

①不容易被他船用视觉或雷达所察觉;

②不利于他船对本船的行动及意图以及当时是否存在碰撞危险做出正确的判断;

③易导致两船行动不协调;

④无助于迅速摆脱两船潜在的危险,无助于迅速增大两船的 *DCPA*,延误避让时机,增大碰撞危险度。

实际上,这是《避碰规则》在另一个方面进一步强调"大幅度行动"的重要性。这一规定,尤其对于那些在雾中使用雷达进行避让的船舶具有重要的指导意义。

(4)应遵守本款规定的船舶

本款规定适用于:互见中的任何让路船、直航船以及在任何能见度情况下负有同等避让责任与义务的任何船舶。

3. 第八条3款——避免紧迫局面的最有效行动

(1)紧迫局面(a close quarters situation)的含义

在《避碰规则》中,除本款提及"紧迫局面"一词外,在第十九条4、5款中也提到这一术语。然而迄今为止,对于这一至关重要的术语,《避碰规则》一直未给予任何的定义,航海界与司法界对这一术语所做出的定性及定量的解释也不尽相同。例如:

①"紧迫局面"和"紧迫危险"

a. "紧迫局面"应是指:致有构成碰撞危险的两船已相互接近到单凭一船的行动已不能达到在安全距离上驶过的局面。

b. "紧迫危险"应是指:致有构成碰撞危险的两船已相互接近到单凭一船的行动已难以避免碰撞的局面。

②"紧迫局面"的定量解释通常有下列四种:

a. 大海中,通常认为在能见度不良的情况下,紧迫局面最初适用的两船间距离以2~3 n mile为界。但对互见中的船舶来说,1 n mile的较近距离也可以被接受。

b. 当船舶在拥挤水域减速行驶时,或在追越时,或估计他船将从本船的艉后驶过时,往往也认为在不到2 n mile时,紧迫局面正在形成。

c. 在能见度不良的情况下,当正横前来船回波距离少于4 n mile,即认为紧迫局面正在形成。

d. 紧迫局面的形成应考虑船舶的大小、能见度等诸因素,通常认为在开阔的水域中,可参考表4-4-1所示数据。

表4-4-1　紧迫局面形成的参考数据

	大型船舶	小型船舶
能见度不良	3~4 n mile	2~3 n mile
互见中	2~3 n mile	1~2 n mile

总之,有关紧迫局面的定义,各国航海界及司法界仍处于探讨与研究之中。尽管各种观点不尽相同,但大家取得的较一致的看法是:紧迫局面的形成与众多因素有关。在确定紧迫局面的含义时,应同时结合考虑"两船接近的距离"与"两船通过时的最小会遇距离"。任何试图以某一个定量作为紧迫局面的定义均是不当的,也是不切实际的。

(2)形成紧迫局面的主要原因

通过对大量碰撞事故的分析,形成紧迫局面的主要原因有以下几个方面:

①不瞭望或未能保持正规的瞭望,以致未能发现来船或未能及早地发现来船;

②判断碰撞危险的手段不当、方法不妥,或使用不充分的资料做出推断,盲目采取行动;

③未能使用安全航速,尤其是在能见度不良的情况下,未能备车航行,以致措手不及;

④未能及时采取避让行动,以致贻误时机;

⑤不遵守《避碰规则》的规定或违背《避碰规则》采取行动,导致两船行动不协调;

⑥缺乏海员通常做法所应有的戒备或对特殊情况可能要求的任何戒备,盲目行动以致形

成另一个紧迫局面。

(3)避免紧迫局面的最有效的行动(见表4-4-2)

表4-4-2　转向与变速效果比较表

	转　向	变　速
执行程序	简单,无须复杂的准备工作,只要舵工配合即可	复杂;某种情况下不备车尚无法执行或难以执行;驾驶台与机舱需紧密协助
所需时间	极短,迅速;转一圈,仅需6 min	缓慢,需要较长时间,即使全速倒车,也要耽搁十几分钟
他船观察效果	行动船方位急剧变化;直观、迅速,一目了然	行动船反应缓慢,难以被发现
避让效果	能迅速增大*DCPA*	增大*DCPA*不显著,但能延长*TCPA*,以留有避让之余地
适用场合	开阔水域;适用于任何能见度情况下的会遇局面,但要求有足够的水域,否则,难以执行,甚至将可能导致另一个紧迫局面	受限制水域;避让正横附近来船较为有效,并适用于尚无法确定碰撞危险的情况,对水域宽度要求不高

本款中所提及的"另一个紧迫局面",通常是指本船采取的某一种避让(或操纵的)行动导致与第三船之间形成的紧迫局面,或迫使他船与第三船构成紧迫局面,如图4-4-3、图4-4-4所示。倘若因A船这一行为导致碰撞事故的发生,当然不能免除A船应承担的责任,即使A船并未与他船发生碰撞亦然。

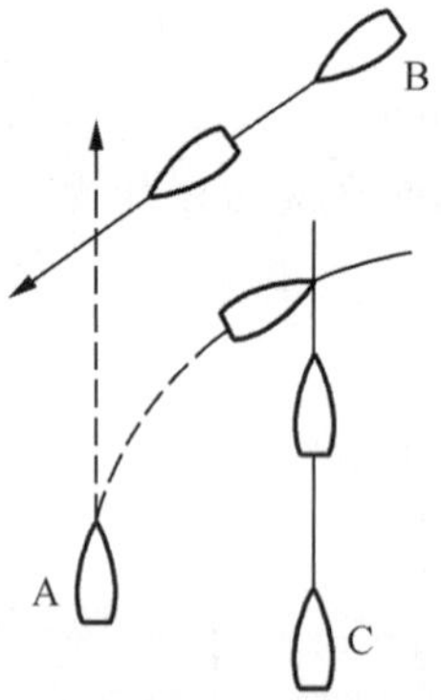

图4-4-3　A船采取的行动所造成的另一紧迫局面

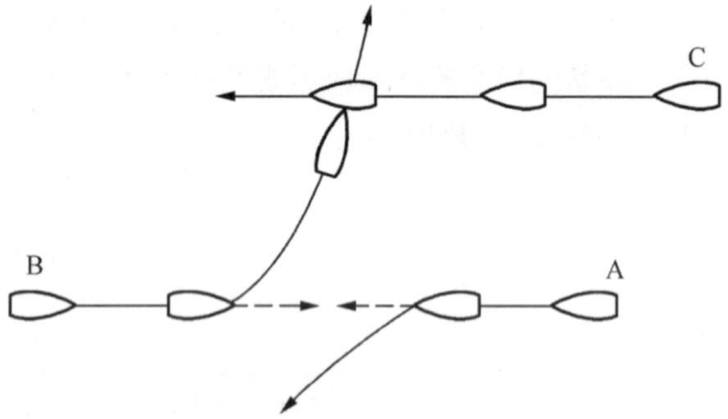

图4-4-4　A船采取的行动所造成的另一紧迫局面

(4)避碰行动、紧迫局面、碰撞责任之间的关系

在确定船舶碰撞责任方面,法院往往遵循一个原则,即哪一艘船舶的过失是导致紧迫局面形成的主要原因,则哪一艘船舶应承担主要的碰撞责任。因而紧迫局面形成与否,是确定当事船应承担碰撞责任的关键所在。法院的这一原则无疑是正确的。当然,法院对当事船究竟应承担什么样的责任,以形成紧迫局面之前,双方所采取的避让行动及其过失的程度予以衡量。因而,这就要求会遇中的两船,对本船应如何采取行动才能有效地避免形成紧迫局面做出充分的估计并予以谨慎地判断、合理地行动。只有这样,才能有效地避免碰撞事故的发生或摆脱法院对其过失的指责,以减轻应承担的碰撞责任。

从另一方面考虑,紧迫局面的形成,将使船舶进入一个危险的极端局面。面对这一危险的境况,很难保证航海者能继续处于正常的思维状态,也很难保证航海者行为的正确性。因而,要避免碰撞事故的发生,首先应避免紧迫局面的形成。从这个意义上讲,为避免碰撞所采取的任何行动,应以消除紧迫局面为目的,只有这样,才能从根本上确保航行的安全,最大限度地控制碰撞的发生率。

《避碰规则》首先把应及早采取让路行动的责任与义务交给了让路船,不给直航船以及早采取行动的权利,因而让路船也就首先负有避免紧迫局面形成的责任及义务。而直航船只要履行《避碰规则》第十七条赋予的责任及义务,就认为直航船也已尽到其职责。在能见度不良的水域中或其附近航行时相互看不到的两船以及处于"对遇局面"中的两艘机动船,由于被《避碰规则》指定均负有同等的避让责任及义务,该两船对避免紧迫局面的形成也就负有同等的责任与义务。

4. 第八条 4 款——安全距离与查核避让行动

(1)应能导致在安全距离上驶过

①安全距离的含义

本款要求"为避免与他船碰撞而采取的行动,应能导致在安全的距离驶过"。然而何为"安全距离"(safe distance),《避碰规则》并未进行定义。通常认为,在能见度良好的白天,天气晴好,在大海上,两艘万吨级船舶的 *DCPA* 不应少于 1 n mile;而在天气恶劣的情况下或在夜间应保持在 2 n mile 左右;在能见度不良的水域中,或使用雷达进行避让,则两艘万吨级船的 *DCPA* 也不应小于 2 n mile。显然,这些数据的确定,与可航水域的宽度、能见度、天气、海况以及船舶的大小诸因素均有一定的关系。总之,安全距离并非一个常数。在确定两船通过时的安全距离之时,不但应考虑上述因素,同时还应考虑到特殊情况可能提出更高的要求。

"应能导致在安全的距离驶过"这一规定,还意味着一船所采取的行动正确与否应以是否能达到该款的要求为依据,而不应以最终能避免碰撞的发生为标准。倘若两船的距离接近到单凭一船的行动已难以保证在安全距离上驶过,则意味着紧迫局面正在形成。因而,能否导致在安全的距离上驶过,也是确定紧迫局面是否形成或存在的一个重要的因素。

②负有"应导致在安全距离驶过"责任与义务的船舶

鉴于本条 1 款、3 款以及本款的规定,显然,当船舶处于互见中,两船中的一船被《避碰规则》规定为让路船之时,则采取行动以使两船能在安全距离上驶过的责任与义务几乎全部由该让路船承担。由于直航船在最初阶段被《避碰规则》第十七条 1 款 1 项规定应保向保速,且只有在发现让路船显然没有按照《避碰规则》的要求采取适当行动时,或发现仅凭让路船的行动已难以避免碰撞之时,才被允许"可独自采取操纵行动"或被要求应采取"最有助于避碰的行动",因而,已不可能要求直航船能在一个充分早的时间内采取上述的行动,也根本不可能仅凭直航船上述的行动即可保证两船能在安全的距离上驶过。因而,本款这一规定显然不适用于互见中的直航船。

至于"对遇局面"中的两艘机动船,以及在能见度不良的水域中或其附近航行时相互看不见的两船,由于被《避碰规则》规定均负有同等的避让责任与义务,因而,本款这一规定也同样适用于这些船舶。应指出的是,不管是"对遇局面"中的两船,还是"能见度不良"中(不互见)的两船,在采取行动时,应做到仅凭本船的行动即可保证两船能在安全的距离上驶过,而绝不应认为这一安全距离应由两船共同采取行动来达到,因而各自承担一半的责任即可。

(2)查核避让行动的有效性

①避让行动的有效性

"避让行动的有效性"通常指:避让行动的客观效果能否符合《避碰规则》的要求以及能否

达到预定之目的，其衡量的依据是：

a. 是否为《避碰规则》准许或要求采取行动；

b. 能否在被他船观察时容易察觉到；

c. 能否导致两船在安全的距离上驶过。

倘若一船所采取的行动是《避碰规则》所不允许的，或本身就是违反《避碰规则》的，则这一行动即为一种错误的行动，应立即纠正。

倘若某一船所采取的行动并不能被他船很容易地察觉，则必然导致他船也不能迅速地察觉该船行动之目的及其避让之意图。若是如此，则很可能造成两船行动的不协调而这一行动将被认为是一种无效的行动。倘若这一行动虽然能被他船较容易地察觉，但尚无法保证两船在安全的距离上驶过，则这一行动的有效性也就无从谈起。

因而，在衡量某一行动的有效性之时，应充分注意该行动是否能同时满足上述三个条件。

②查核避让行动的有效性的方法及其要求

查核避让行动的有效性的方法通常包括但不限于下列八个方面：

a. 根据两船所处的水域、当时的能见度情况、两船所构成的会遇局面以及所适用的有关《避碰规则》的条文，首先查核一下本船所采取的行动是否符合《避碰规则》的规定；

b. 采用适合当时环境和情况下的一切有效手段，查核避让行动的客观效果能否达到预定避让之目的，尤其是应采用“罗经方位判断法”“雷达标绘判断法”“方位变化和距离变化关系表”来检测来船方位的变化情况以及两船的 *DCPA*；

c. 应及时查核所下达的避让行动命令的执行情况，其中包括“舵角指示器”与“转速表”的反应；

d. 应仔细查核并修正各种仪器、设备可能存在的各种误差对查核工作所造成的影响；

e. 应仔细、认真地观察来船的动态，尤其应注意来船可能采取任何与本船不协调的行动；

f. 尽一切可能在 VHF 上与来船沟通联系，以保证两船行动的协调；

g. 必要时，也可申请海岸雷达站或 VTS 系统给予协助，以查明本船行动的有效性及仍然可能存在的潜在危险；

h. 查核避让行动的有效性应始终贯穿于会遇的整个过程或避让的整个过程，直至驶过让清为止。

“驶过让清”，通常是指当一船或两船在采取避让行动之后一段时间内恢复原航向或原航速，两船仍能保持在安全的距离上驶过，并且不存在任何的碰撞危险的这一时刻。

③“查核避让行动的有效性”的适用范围

在《避碰规则》中，这一要求不但适用于能见度不良情况下相互看不见的两船，同时也适用于互见中的两船。虽然互见中的直航船在初始阶段被《避碰规则》要求保速保向，而不得采取任何的行动，然而，直航船也应对让路船所采取的避让行动的有效性进行查核。在查核中一旦发现让路船显然没有按照《避碰规则》各条规定采取适当行动，直航船应立即鸣放至少五短声的警告信号，此后即可独自采取操纵行动。

当然，直航船对本船所采取的这一行动的有效性也负有查核的责任与义务。同样，当直航船遵照《避碰规则》的规定，采取最有助于避碰的行动之时，查核该行动的责任及义务也不得免除。因而，查核避让行动有效性的规定不但适用于互见中的让路船，同样也适用于直航船。

5. 第八条 5 款——减速、停车、倒车、停船

(1)“减速、停车、倒车、停船”之目的

本款规定:“若需为避免碰撞或需留有更多时间来估计局面,船舶应当减速或者停止或倒转推进器把船停住。”显然,船舶采取上述行动之目的是:

①留有更多的时间来估计局面;

②避免碰撞的发生。

就第一个目的而言,当船舶对是否存在碰撞危险持有怀疑,或无法对当时的局面予以充分估计,或尚未掌握来船的运动要素及其动态之时,唯一采取的措施就是做大幅度的减速,必要时把船完全停住。这一行动的最大优点就在于能留有更多的时间来估计当时的局面,从而有利于判断他船的动态,并能有效地消除潜在危险。否则,继续冒险前进或盲目转向,都是错误的。

就第二个目的而言,尽管减速或者把船停住的措施不如转向措施那样易于执行、效果明显,但在某些情况下仍是一种行之有效的避碰措施,特别是当由于可航水域宽度受到限制而无法大幅度转向,或者在能见度不良的情况下与正横前的他船不能避免紧迫局面或听到他船的雾号显似在本船的正横以前时。因此,虽然转向避让是大海上更常用的避碰方法,但船舶驾驶员在需要的情况下,应毫不犹豫地使用主机,采取减速、停车或倒车等措施,必要时把船完全停住。在 STCW 规则中,负责值班的高级船员应毫不犹豫地使用舵、主机和音响信号装置被写入强制性规则,这也进一步强调了值班驾驶员应当毫不犹豫地减速、停车、倒车,必要时把船完全停住。

(2)减速、停车或者倒车把船停住的时机

根据对船舶碰撞事故的分析和对船舶避碰的经验和教训的总结得出,在采取避碰行动时,至少在下列情况下船舶应当减速或把船停住:

①在能见度不良的水域中航行时,听到他船雾号显似在正横以前,且不能断定是否存在碰撞危险,或者与正横以前的他船不能避免紧迫局面时;

②在通航密度较大的水域中航行时;

③在接近渔区航行时;

④驶近有居间障碍物遮蔽他船的航道弯头或地段和有背景亮光等严重妨碍正规瞭望的水域时;

⑤存在雨雪干扰、海浪干扰等因素影响雷达观测时;

⑥当发现他船动态不清、会遇态势不明,难以断定是否存在碰撞危险时;

⑦当发觉两船鸣放的操纵声号不一致或发觉来船采取了不协调行动时;

⑧虽然通过 VHF 达成避让协议,但他船并未采取显著的避让行动时,或者他船所采取的行动与协议不符时;

⑨与他船会遇且船舶的操纵性能受到各种限制时;

⑩作为让路船,采取转向行动的措施受到限制时;

⑪多船相遇且致有构成碰撞危险时;

⑫遇编队航行的军舰、结队从事捕鱼的船舶或其他船队时。

(3)采取减速、停车或者倒车把船停住等行动时应注意的问题

在采取减速、停车或者倒车把船停住等行动时,应当注意如下问题:

①根据当时的环境和情况，及早换油、备车，将机器做好随时可操纵的准备；

②减速避让时，应先下令停车，以便迅速达到减速的目的，使他船易于察觉，防止不协调行动的发生，然后慢速或者微速前进；

③熟悉主机性能，掌握船舶在各种载况和速度情况下的减速、停车、倒车冲程，以便正确把握行动时机；

④注意克服低速和倒车时产生的不利影响，掌握船舶在各种条件下维持其航向的最小速度和倒车时的偏转规律；

⑤不仅应当注意本船减速行动与本船转向行动结合时的避让效果，也应当注意本船采取减速行动而他船可能采取转向行动而产生的避让效果相互抵消的情况。

6. 第八条6款——不得妨碍

(1)"不得妨碍"的含义

第八条6款(1)项规定："根据本规则任何规定，要求不得妨碍另一船通行或安全通行的船舶应根据当时环境的需要及早地采取行动以留出足够的水域供他船安全通行。"

"不得妨碍"适用于任何能见度。

"不得妨碍另一艘船舶通行或安全通行的船舶"包括下列条款中提到的下列船舶：

第九条　2款　帆船、$L<20$ m的船舶；

　　　　3款　从事捕鱼的船舶；

　　　　4款　穿越狭水道或航道的船舶。

第十条　9款　从事捕鱼的船舶；

　　　　10款　帆船、$L<20$ m的船舶。

第十八条　4款　除失去控制船舶、操纵能力受到限制的船舶、限于吃水的船舶外的任何船舶；

　　　　5款　在水面上的水上飞机；

　　　　6款　贴近水面起飞、降落、飞行时的地效船。

当上述船舶在特定的水域中航行时，应随时注意查核本船的位置、航向和航速，如果将对"不应被妨碍的船舶"造成妨碍的话，就应及早地改变航向和/或航速，避免妨碍他船的通过或安全通过。可见本项的规定实际上是对"不得妨碍他船的船舶"在航行方法上提出的具体要求，以避免"不得妨碍他船的船舶"和"不应被他船妨碍的船舶"相遇时构成碰撞危险或不能在安全的距离上通过。这正像《1972年国际海上避碰规则若干条文的统一运用指南》对"不得妨碍"一词所做的说明那样："不得妨碍他船的船舶应尽可能采用避免发生碰撞危险的方法航行。"

(2)"不得妨碍"的责任

本款(2)项规定："如果在接近他船致有碰撞危险时，被要求不得妨碍另一船通行或安全通行的船舶并不解除这一责任，且当采取行动时，应充分考虑到本章各条可能要求的行动。"可见"不得妨碍"的规定不仅适用于两船构成碰撞危险之前，也适用于构成碰撞危险之时和之后。这项规定无疑增大了"不得妨碍他船的船舶"的责任，不仅要求其在形成碰撞危险之前应及早地采取适当的航法，避免造成妨碍，而且在形成碰撞危险之后，应立即采取行动终止已构成的妨碍，使两船在安全的距离上驶过。

在理解和遵守本项规定时，应充分注意以下几点：

①不论何种原因致使两船接近到构成碰撞危险，"不得妨碍他船的船舶"仍然不得解除其

“不得妨碍”的责任和义务；

②在采取行动时，如果“不得妨碍他船的船舶”构成《避碰规则》其他条款指定的让路船，则其“不得妨碍”的行动与给他船让路的行动相一致，所采取的行动应符合有关条款的规定，以避免紧迫局面的形成；

③在采取行动时，如果“不得妨碍他船的船舶”被《避碰规则》其他条款指定为直航船，其不得妨碍的责任并未解除，此时应尽可能采取“不得妨碍”的行动，且在采取行动时，应注意配合让路船按《避碰规则》的规定采取避让行动，使得两船的行动协调一致。

(3)不得被妨碍的船舶的责任

本款(3)项规定：“当两船相互接近致有碰撞危险时，其通行不得被妨碍的船舶仍有完全遵守本章各条规定的责任。”“不得被妨碍的船舶”包括下列条款中提到的船舶：

第九条　2 款　只能在狭水道或航道内安全航行的船舶；
　　　　3 款　在狭水道或航道内航行的船舶；
　　　　4 款　只能在狭水道或航道内安全航行的船舶。
第十条　9 款　按通航分道行驶的任何船舶；
　　　　10 款　按通航分道行驶的机动船。
第十八条　4 款　限于吃水的船舶；
　　　　5、6 款　(除水上飞机、地效船以外的)所有船舶。

(4)不得妨碍的船舶与不应被妨碍的船舶之间的相互关系

本项规定表明：不管何种原因，当“不得妨碍他船的船舶”与“不应被妨碍的船舶”构成碰撞危险时，两船之间的避让责任和义务将由《避碰规则》第二章(驾驶和航行规则)其他条款确定；如果“不应被妨碍的船舶”构成《避碰规则》指定的让路船或应采取避碰行动的船，则该船应遵守《避碰规则》的有关规定，立即采取避让或者避碰行动，不应片面强调本款(1)项和(2)项的规定。同时，在采取行动时其还应注意到他船可能正在采取的“不得妨碍”的行动，以避免不协调的行动；如果“不应被妨碍的船舶”构成《避碰规则》指定的直航船，则在遵守本款规定的同时，还应遵守“直航船的行动”的规定以及《避碰规则》其他有关条款的规定。

任务五　在狭水道航行

学习目标

知识目标：掌握《避碰规则》关于狭水道航行的要求，掌握狭水道关于不应妨碍的规定，掌握狭水道内追越的行动要求，掌握在狭水道内过弯及避免锚泊的规定。

能力目标：能根据狭水道条款的要求，在狭水道内安全航行。

素质目标：培养学生遵守规则的意识。

《避碰规则》第九条狭水道教学视频

[第九条]　狭水道

1. 沿狭水道或航道行驶的船舶，只要安全可行，应尽量靠近其右舷的该水道或航道的外缘行驶。

2. 帆船或者长度小于20 m的船舶,不应妨碍只能在狭水道或航道以内安全航行的船舶通行。

3. 从事捕鱼的船舶,不应妨碍任何其他在狭水道或航道以内航行的船舶通行。

4. 船舶不应穿越狭水道或航道,如果这种穿越会妨碍只能在这种水道或航道以内安全航行的船舶通行。后者若对穿越船的意图有怀疑,可以使用第三十四条4款规定的声号。

5. (1)在狭水道或航道内,若只有在被追越船必须采取行动以允许安全通过才能追越时,则企图追越的船,应鸣放第三十四条3款(1)项所规定的相应声号,以表示其意图。被追越船如果同意,应鸣放第三十四条3款(2)项所规定的相应声号,并采取使之能安全通过的措施;若有怀疑,则可以鸣放第三十四条4款所规定的声号。

(2)本条并不解除追越船根据第十三条所负的义务。

6. 船舶在驶近可能有其他船舶被居间障碍物遮蔽的狭水道或航道的弯头或地段时,应特别机警和谨慎地驾驶,并鸣放第三十四条5款规定的相应声号。

7. 任何船舶,若当时环境许可,都应避免在狭水道内锚泊。

1. 狭水道和航道

"狭水道"(narrow channel)通常是指可航水域宽度有限,致使船舶不能自由操纵的天然水道。目前,业界仍很难对狭水道予以准确的定义,究竟宽度多少才可被视为狭水道,多年来也并无一定的标准。有的认为,宽度为2 n mile左右的水道即为"狭水道",宽度为4 n mile的通道则很难适用狭水道规则。但也有的认为,随着船舶大型化、快速化的发展,通航密度的进一步增大,以往传统的一些概念也必将被突破。目前海事法院在确定某处的水域是否适用狭水道规则之时,往往根据海员的传统看法,并结合该水域的实际通航状况来确定。尽管"狭水道"往往被人们理解为一些通海的江河或狭窄的海峡,但实际上,在冰区、雷区、岛礁区中开辟出来的一些水道以及江河、港口进出口处的一部分水道也被认为是"狭水道",也适用狭水道规则。

由于"狭水道"不需要具有任何特定长度的限制,因而,也很难对适用本条规定的水域划定明确的范围。但不管怎样,本条所指的"狭水道",应是"连接于公海并可供海船航行的一切狭窄的水道"。当船舶沿这些水道航行之时,不但应严格地遵守本条之规定,还应注意海员的通常做法及习惯的航法,除非该水道业已制定有地方的"特殊规则"。

本条提及的"航道"(fairway),通常是指一个开敞性的可航水道或由港口当局加以疏浚并维持一定水深、可供一定吃水的船舶行驶的水道。一般情况下,航道两侧均设置有航标以表明其可航宽度。也有一些航道,仅设置有表示航道中心线位置的中央浮标,而在海图上以虚线标绘出该中心线两侧航道的边界线。有些航道可能是狭水道中的一些"航槽",也有一些航道却是在开阔的浅水区域中开辟出来的一些疏浚航道。就本条规则而言,大海中的航路或船舶定线制所推荐的大洋航路,均不属于"航道"之范畴。甚至有的还认为,当船舶完全能够在浮标航道的边界线以外水域安全行驶时,则本条规定也不适用于该浮标线之间的深水航道。

尽管"通航分隔制区域"中的通航分道也是一种航道,其宽度也比较狭窄,然而,这种通航分道既不是本条所指的"狭水道",也并非本条所指的"航道"。当船舶在通航分道中行驶之时,即使该通航分道位于狭水道之内,适用的规则也只能是第十条"通航分隔制"条款,而不适用第九条“狭水道”之规定。

狭水道靠右行驶动画

2. 条款解释

(1)第九条 1 款

本款规定:“沿狭水道或航道行驶的船舶,只要安全可行,应尽量靠近其右舷的该水道或航道的外缘行驶。”

显然,本款适用于任何沿狭水道行驶的船舶,即使是一艘执行本款规定或许有一定困难的帆船、限于吃水船或操纵能力受到限制的船舶,也应尽可能地遵守本款之规定,而不应强调其特殊情况而置本款规定于不顾。

“只要安全可行,应尽量靠近其右舷的该水道或航道的外缘行驶。”这一规定系“狭水道条款”的核心,也是沿狭水道或航道行驶的船舶应遵循的一项原则。它要求任何沿狭水道航行的船舶,在任何时候均应保持在本船右舷的该水道或航道的外缘行驶,而不应在没有其他船舶在航的情况下沿水道中央行驶,只是在有必要通过从相反方向驶来的船舶时,才回到本船右舷的水道(这一规定,不但适用于能见度良好,同时也适用在能见度不良的情况下为确保船舶能始终保持在水道的正确一侧)。当船舶在狭水道或航道中行驶,应充分利用雷达及其他助航设备与所处水域的导航设施,勤测船位,随时纠正偏航,并对风流可能带来的影响予以充分的估计。

“靠近其右舷的该水道或航道的外缘行驶”,要求船舶不但应在右侧水道行驶,还应尽量靠右侧水道的外缘航行,而不应将此规定仅仅理解成只要保持在水道中央线右侧即可。“尽量靠右行驶”,还意味着不同吃水的船舶应根据水道的水深及本船的吃水来决定本船应驶的区域。也就是说,吃水浅的船舶比吃水深的船舶更应靠右行驶,尤其是那些帆船、小船,若完全可以在航道以外的水域航行,则不应进入航道,而应顺着邻近航道一侧的船舶流向行驶。若帆船确实因风流影响,无法完全遵守本款的规定,则也应以遵守本条 2 款规定为前提。也只有这样,才能有效地保持船舶间的最大横距,以便能与在左侧水道中以相反航向行驶的船舶安全地通过。

当然,本款也并不希望船舶过分地靠近右侧的岸边或浅滩边缘行驶,以致把本船置于危险境地之中,或为了尽量靠近水道的每一地段的外缘行驶,而迫使本船不得不做经常性的转向,尤其当船舶沿弯曲多变的水道行驶之时。本款仅仅是要求船舶“只要安全可行,应尽量靠近其右舷的该水道或航道的外缘行驶”。

“安全可行”,通常是指沿狭水道或航道行驶的船舶,若遵守本款“右行”之规定,不至于发生任何航行危险的情况。倘若一船遵守本款之规定,将可能导致其发生搁浅、触岸或碰撞码头等事故,则该船即可根据当时的环境及其情况来决定其航行的方法,但也应注意不得妨碍在左侧航道之中行驶的船舶的安全通行。例如:一艘限于吃水船舶,由于其驶离所在航向的能力严重地受到限制,因而,该船只能保持在深水区中航行,而不能指望该船像其他船舶一样靠近右侧水道的外缘行驶。又如在水道的弯曲地带,如图 4-5-1 所示,船舶在风流的作用下过弯道,若“尽量靠近其右舷的该水道或航道的外缘行驶”,选择 A 航法,则“吹拢风”与“轧拢流”可能导致该船舶陷入困境,甚至触碰码头、岸壁;若该船舶选择 B 航法,保持在航道中央线附近行驶,即可避免发生触岸之危险,该航法却犯有“不符右行规定”之嫌。在这种特定的情况下,倘若引用“安全可行”之规定,则 B 航法不但不会被认为是一种违反本款规定之航法,甚至还可被视为一种符合良好船艺的海员通常做法。因而,可以认定,在本款中,由于“只要安全可行”

这一短语的存在，船舶在执行“靠右航行”之时可能会出现一些特殊的情况，即：若靠右行驶难以保证航行安全，则船舶即可引用这一短语，按照《避碰规则》第二条2款的精神，背离本款的规定，行驶在水道的中央，甚至进入左侧的水道，但不管怎样，不得妨碍以相反的航向、按章行驶在左侧水道之内的船舶的安全通行。

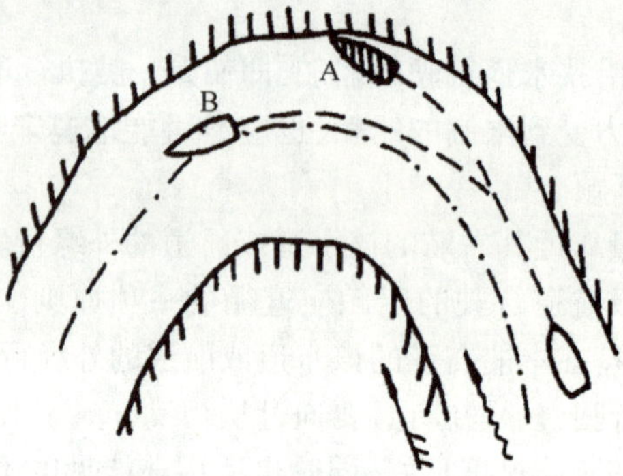

图4-5-1　在水道的弯曲地带航行

总之，沿狭水道或航道行驶的船舶，应尽量做到靠右行驶，正确理解“安全可行”，充分考虑该水道或航道的地形、地貌、水深、宽度、水流、风向、碍航物、通航密度等外界自然客观条件的影响，以及本船大小、吃水、操纵性能等本身条件的限制，对可能形成的“浅水效应、岸壁效应、斜坡效应”给船舶操纵带来的不利影响给予充分的估计，并保持高度的戒备。

(2)第九条2款

本款适用于在狭水道中行驶的帆船与$L<20$ m的船舶。

本款要求帆船、$L<20$ m的船舶不得妨碍只能在狭水道或航道以内安全航行的船舶通行。

“不得妨碍”意味着帆船、$L<20$ m的船舶通常不应进入航道，而应保持在航道以外的水域行驶。若进入狭水道或航道，则应及早地采取行动以留出足够的水域供他船安全通过或采用一种不至于与只能在狭水道或航道以内安全航行的船舶构成碰撞危险的航法航行，有关不得妨碍的其他说明参阅本章第八条6款的解释。

“只能在狭水道或航道以内安全航行的船舶”通常是指“由于可航水域的宽度太窄，致使其驶离所在航向的能力严重地受到限制的船舶”，应指出的是，可航水域宽度太窄往往是由两种因素所导致的。第一种因素是“地理自然条件”，它与船舶的吃水并无任何的关系。而第二种因素是“由于吃水与可航水域的水深和宽度的关系”，也就是说，船舶吃水太大，导致可供该船航行水域的宽度变小。尽管导致可航宽度太窄的原因不同，但均使船舶驶离所在航向的能力严重地受到限制。因此，这些船舶均可统称为“只能在狭水道或航道以内安全航行的船舶”。显然，其中包括“限于吃水的船舶”，但并非局限于此。

本款规定虽然是针对帆船、$L<20$ m的船舶提出的一种强制性要求，但也希望那些$L>20$ m，而又不属于“只能在狭水道或航道以内安全航行的船舶”也能自觉地遵守这一规定。由于这些船舶通常完全可以在航道以外的水域安全航行，因而这些船舶也不宜进入航道以免影响其他船舶的安全通行。

(3)第九条3款

本款规定适用于在狭水道或航道内从事捕鱼作业的船舶。

本款要求捕鱼船不得妨碍任何其他在狭水道或航道以内航行的船舶。

这一规定意味着捕鱼船进入狭水道或航道从事捕鱼作业是《避碰规则》所允许的，但《避碰规则》也要求捕鱼船在采用捕鱼作业的方式、所使用的渔具，以及驾驶的方法诸方面应以不至于妨碍他船航行为前提。通常情况下，在狭水道或航道中从事锚泊作业，或从事流网作业，或从事大型的围网作业等均是不合适的，因为这些作业必然妨碍他船的航行。

有关不得妨碍的其他解释请参阅第八条6款的解释。

(4)第九条4款

本款规定适用于穿越狭水道或航道的船舶，但也对在航道上行驶的船舶在鸣放声号方面提出一些要求。

“穿越狭水道或航道”，通常是指下述三种情况，见图4-5-2。

应指出的是，在图4-5-2(c)中，A、B两船均可以被视为“穿越航道船”。但在有些地方规则中，若两交叉航道中有主航道与支航道之分，则在支航道行驶的船舶往往又被指定为“穿越主航道的船舶”，并被要求等待在主航道上的船舶通过之后才可穿越主航道。

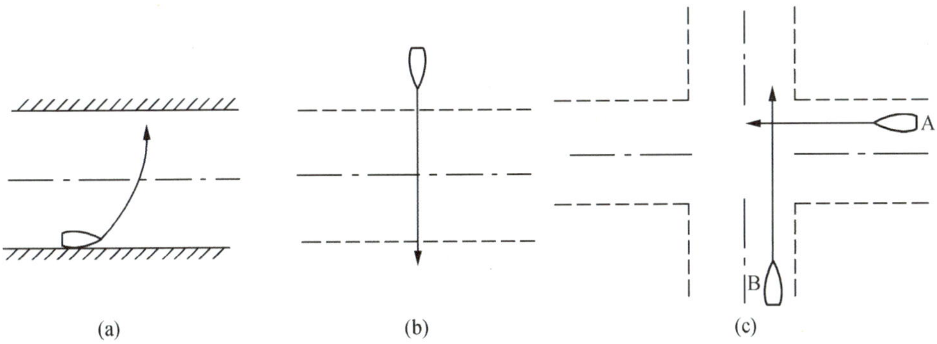

图4-5-2　穿越狭水道或航道

关于一艘企图进入主航道的船舶，是否也适用本款或应遵守哪一条款似乎均无明确的规定，如图4-5-3(a)、(b)两种情况所示。

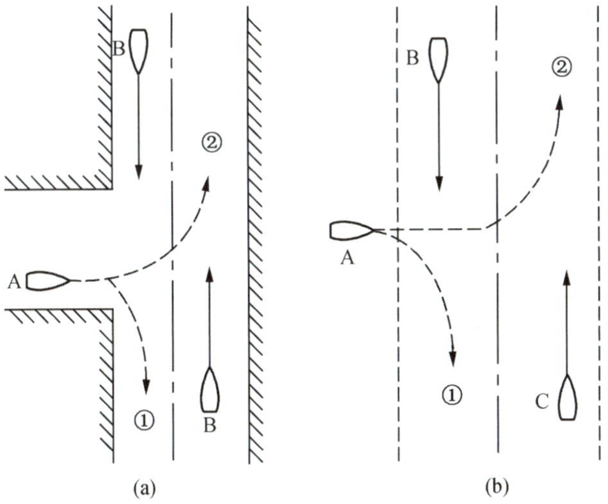

图4-5-3　穿越航道

就图4-5-3(a)、(b)两种情况中的A船而言，是否应作为一艘穿越航道船并非问题之关键，重要的还是应根据良好的船艺采取行动，并不得妨碍业已在主航道行驶的船舶安全通行，尤其是上述两图中当A船采取②航法之时更应引起高度重视。通常情况下，当A船采取②航法之时往往被认为业已构成“穿越航道”。

由于穿越狭水道或航道往往造成与在航道上航行的船舶构成交叉态势，甚至还将导致碰撞危险，尤其是当在航道上航行的船舶是一艘“只能在狭水道或航道以内安全航行的船舶”，并且处在穿越船的左侧，则这种穿越行为将迫使在航道内航行的船舶不得不采取为其让路的行动。考虑到这种船舶在避让上的困难，也为了能有效地减少这种碰撞格局的出现，本款要求应尽量避免穿越航道，并选择不至于妨碍“只能在狭水道或航道以内安全航行的船舶”安全通行的时机穿越该航道。否则，就不应穿越。因而，这就要求任何企图穿越航道的船舶，在实施穿越行动之前，应周密地对当时的情况做出充分的估计，并对本船的穿越行为是否会妨碍“只能在狭水道或航道以内安全航行的船舶”做出正确的判断。若对此持有任何的怀疑，则应停止这一行动，等待该船驶过之后再予穿越。这一要求也同样适用于在能见度不良的情况。若一艘未装有雷达的船舶，如果不能确定在航道上是否有“只能在狭水道或航道以内安全航行的船舶”（包括其他船舶）的存在，也无法确定本船的穿越行为是否将妨碍他船的安全通行，则不应穿越该航道。即使是一艘装置有雷达的船舶，当其在穿越航道之前，无法判定行驶在航道内的船舶是否为一艘“只能在狭水道或航道以内安全航行的船舶”，则该船也应停止穿越，等待他船驶过之后再考虑是否实施穿越。显然，本款规定不但适用于“互见”，同样也适用于“能见度不良”。任何认为本款规定仅适用于“互见”的说法是缺乏依据的。

鉴于本条款仅仅要求企图穿越狭水道或航道的船舶不得妨碍“只能在狭水道或航道以内安全航行的船舶”，这就带来另一个问题，假如在航道内行驶的是一艘并非“只能在狭水道或航道以内安全航行”的船舶，则穿越船在决定穿越航道时是否可以不考虑本款的规定？换句话说，本款规定不适用这一情况。就《避碰规则》而言，这一说法不无道理。但从“良好船艺”以及“海员通常做法”角度考虑，穿越船理应考虑它的穿越行为是否会妨碍在航道内行驶的船舶的安全通行。若是如此，则穿越船也应停止它的穿越行为，等待他船过去之后再予穿越。因而，可以这样讲，穿越船的这一行为是一种“海员通常做法”，而并非出于《避碰规则》的规定。从这一意义上讲，穿越船参照本款规定，不妨碍任何在航道内行驶的船舶的安全通行，无疑是正确的，应予以提倡。

至于“不得妨碍”的其他含义请查阅第八条6款的解释。

本款中《避碰规则》要求只能在狭水道或航道以内安全航行的船舶，若对穿越船的意图持有怀疑，可以使用第三十四条4款所规定的“至少五短声”的警告信号。显然，这是一种谨慎驾驶的做法。但值得一提的是，鉴于本款有关“不应穿越航道的规定”适用于任何能见度，因而，认为本款制定有鸣放“至少五短声”的信号，因此，也就认为本款仅适用于“互见”，而不适用于“能见度不良”的看法显然是不适当的。

（5）第九条5款

本款主要是针对大型船舶须乘高潮期间通过水道，由于受时间的限制，常常使其在狭水道或航道内“追越”他船而特地制定的一条“追越”条款。本款与第十三条“追越”具有相同的地方，但也有不同的规定。可以认为，本款规定是对第十三条“追越”条款所做的一种补充。

①适用范围

就本款规定而言，其适用范围通常应包括下列各项：

a. 在狭水道或航道内。

b. 任何追越船与被追越船。

c. 仅适用于“互见”,不适用于“能见度不良(指相互看不见时)”。

尽管该款出现在“船舶在任何能见度情况下的行动规则”之中,但本款规定“企图追越的船舶,应鸣放第三十四条3款(1)项所规定的相应声号,被追越船也应鸣放该条3款(2)项以及4款所规定的相应声号”,因而,可以认为,本款仅仅是对“互见”中的追越所做出的一种规定,而不适用在能见度不良的情况下两艘不互见的船舶。

d. 只有在被追越船必须采取行动以允许追越船安全通过时。

该规定意味着若被追越船无须采取任何行动,追越船即可安全通过,追越船就不必鸣放追越声号以征求被追越船的同意,即可自行追越。若是如此,则本款(1)项也不适用于这一追越的局面。

由于《避碰规则》做出这一规定,因而在判断当时的局面时,对被追越船是否必须采取行动才能保证后船安全通过业界往往持有不同的见解。例如,不同的船长由于其不同的经历、水平、胆识,也可能对同一局面做出不同的理解。有的船长可能认为前船不采取行动,后船将无法安全地通过,则该船长必然认为该款适用于这一情况,他也必将会根据本款规定鸣放相应的追越信号以求得前船的配合。也有的船长在这一情况下也可能认为无须前船的配合,他完全可以安全地通过,则该船长必然认为本款不适用,他也无须鸣放追越声号。又如:同一局面中的前、后两船,也可能对同一局面持有不同的理解。例如,后船认为本款规则不适用,它即可不鸣号而自行追越。前船却认为本款规则适用,后船这一行为属于一种“强行追越”的行为。反之亦然,后船认为本款规则适用,因而该船一直按章鸣放声号,以求得前船的配合。前船却并不认为本款规则适用。因而,该船也可能认为其无义务回答后船的声号。凡此种种,均可能导致两船不协调的行动。

总之,应该认为,本款这一规定无疑是合理的,关键在于追越船的船长以及被追越船的船长应对本款规定予以正确的理解并对当时的局面做出正确的判断,只有这样才能取得行动上高度的一致。实际上,目前很多的地方规则不考虑《避碰规则》这一规定,不论是否需要被追越船采取行动,企图追越的船舶都应鸣放相应的追越声号。

②声号的规定

在具备上述“适用范围”四个条件的前提下,《避碰规则》规定:

企图追越的船舶应鸣放第三十四条3款(1)项规定的相应声号:— —·或— —··。

被追越的船舶如果同意后船追越,则应鸣放第三十四条3款(2)项规定的信号:—·—·。如有怀疑,可以鸣放第三十四条4款规定的声号:·····(至少五短声)警告。

应指出的是,本款以及第三十四条3款均未明确规定若被追越船不同意或反对后船追越,应鸣放什么信号。然而,考虑到被追越船“不同意”或“反对”后船追越通常是在对后船的行为持有怀疑的前提下做出的一种决定。因而,被追越船若“不同意”或“反对”后船追越,至少应鸣放“五短声”的警告信号(注:《上海港港章》规定应鸣放“四短声”)。被追越船如未有正当的理由,不鸣放任何的声号,将被认为是一种违背《避碰规则》的行为,也是对“海员通常做法”可能要求的任何戒备上的一种疏忽。

③被追越船应采取的措施

本款要求被追越船若同意后船追越,不但应鸣放同意声号,还应采取使之能安全通过的措施。该规定实际上也是《避碰规则》赋予被追越船在遵守与执行第十七条“直航船行动”1款(1)项“应保持航向与航速”之前的一项责任与义务。

被追越船通常可以采取以下两种行动:

a. 让出航道,以保证有足够的水域,以便后船安全地通过;

b. 降低船速,以缩短两船并航的时间,以便后船尽快地通过。

这两项行动均是避免形成“船吸”的有效措施,也是运用良好船艺的体现。

④追越船的责任与义务

不论本款做何规定,也不论本款对被追越船提出何种要求,追越船始终负有让清被追越船的责任与义务,直至驶过让清为止。

⑤应注意的问题

关于“追越船”:

a. 在通航密度较大的地段,或水道、航道的弯头,或在禁止追越的区域,或在浓雾中以及其他任何一切不宜追越或没有必要追越的情况下不得实施追越。

b. 通常宜选择在前船的左舷追越。

c. 鸣放追越声号之后,在前船尚未鸣放同意信号之前,不得实施追越。

d. 若前船不鸣放任何信号,应假定前船不同意本船追越,而不得将此认为是前船默许本船追越的一种表达方式。

e. 若前船鸣放同意信号之后,尚未采取能使本船安全通过的措施之前,也不得实施追越。

f. 保持平行追越,消除航向交角。

g. 注意船舶间压力场的变化,正确操纵船舶,防止船吸的形成。

通常情况下,两船接近时将可能发生船吸现象,当两船吨位悬殊时,更易发生该现象,船长可根据船首偏转趋势,适当操车施舵加以克服。

h. 追越中,应随时注意被追越船动态,并对被追越船可能采取的一切行动保持高度的戒备。

i. 应自始至终履行让路的责任,直至驶过让清为止。

关于“被追越船”:

a. 当后船鸣放追越声号之后,若当时环境许可,应同意后船追越并鸣放相应的声号,为进一步了解后船的行动及沟通两船的信息,可充分发挥VHF的作用。

b. 若对后船的行动持有怀疑,应鸣放至少五短声警告信号。若不同意或反对后船追越,至少也应鸣放五短声信号以警告后船。在可能的情况下,应使用VHF通信以弄清当时的局面。

c. 当鸣放同意追越声号之后,应立即采取能使后船安全通过之措施。在采取行动时应注意让出航道,但不宜过分靠近岸侧,以防斜坡效应、岸壁效应导致船首偏转。

降低船速,但应注意维持舵效,避免丧失舵力。

d. 严密注视前方之动态,若需要本船采取行动,应及时用VHF通知追越船,并不得在追越船临近之时突然横越追越船前方。

e. 全面执行《避碰规则》的有关规定,尤其应注意本款及第十七条“直航船行动”的要求。

(6)第九条6款

本款规定适用于任何船舶在驶近可能被居间障碍物遮蔽他船的狭水道或航道的弯头或地段(请参阅本书项目三任务五有关第三十四条5款的解释)。

值得一提的是，本款虽然是《避碰规则》第二章第一节“船舶在任何能见度情况下的行动规则”的规定，但是考虑到本款中提及：

①居间障碍物遮蔽他船；

②应鸣放第三十四条5款规定的声号。

因而，可以认定，该款仅仅是《避碰规则》针对“能见度良好情况下的不互见”所做出的一种规定。当然本款中“应特别机警和谨慎地驾驶”的要求也适用于在能见度不良情况下相互看不见的任何在航的船舶。

“应特别机警和谨慎地驾驶”，是针对船舶在接近该水域中应保持高度的戒备，并注意运用良好船艺的一种更高的要求。例如：

应充分估计当时的环境、条件对船舶操纵避让所带来的影响；

应将主机、锚机做好随时操纵的准备；

应运用一切手段保持正规的瞭望；

应严格控制船速，并根据过弯道对船舶操纵的特殊要求，正确使用车舵；

应尽量保持在自己一侧的水域行驶，不应做“切角”行驶而侵占他船的航道；

应尽量避免在弯道处会船；

应注意地方规则的规定，以及当地的航行习惯及避让的惯例；

应充分意识到可能会出现一些意料之外的事件或特殊情况，并对此保持高度的戒备等。

(7)第九条7款

狭水道水域有限，但通航密度甚大，倘若船舶在狭水道、航道内锚泊，则势必妨碍他船的安全航行，同时也失去航道存在的意义；为了保证水道内船舶畅通无阻，最大限度地发挥有限水域的通航作用，避免不必要的事故发生，本款要求，如当时环境许可，都应避免在水道内锚泊。“当时环境许可”，通常是指：

可航水域的宽度尚有一定的余量；

凭借雷达或VTS系统的导航或在引航员的引领下，尚可保障航行的安全；

当时的情况尚不至于立即导致紧迫局面；等等。

若是如此，则不应锚泊。倘若船舶发觉继续保持航行势必危及船舶的安全，则船舶也应选择远离主航道不致妨碍他船航行的地段锚泊，或在指定锚泊的区域锚泊。

任务六 在分道通航制区域航行

学习目标

知识目标：掌握《避碰规则》关于分道通航制区域的航行规定，掌握分道通航制区域内关于不应妨碍的规定，掌握沿岸通航带的使用规定，掌握分道通航制内免责条款的规定。

能力目标：能根据《避碰规则》对分道通航制的要求在分道通航制区域内安全航行。

素质目标：提高学生执行计划的能力。

《避碰规则》第十条分道通航制

分道通航区域碰撞典型案例视频

［第十条］ 分道通航制

1. 本条适用于本组织所采纳的分道通航制，但并不解除任何船舶遵守任何其他各条规定的责任。

2. 使用分道通航制的船舶应：

（1）在相应的通航分道内顺着该分道的交通总流向行驶；

（2）尽可能让开通航分隔线或分隔带；

（3）通常在通航分道的端部驶进或驶出，但从分道的任何一侧驶进或驶出时，应与分道的交通总流向形成尽可能小的角度。

3. 船舶应尽可能避免穿越通航分道，但如果不得不穿越时，应尽可能以与分道的交通总流向成直角的船首向穿越。

4.（1）当船舶可安全使用临近分道通航制区域中相应通航分道时，不应使用沿岸通航带。但长度小于 20 m 的船舶、帆船和从事捕鱼的船舶可使用沿岸通航带。

（2）尽管有本条 4（1）规定，当船舶抵离位于沿岸通航带中的港口、近岸设施或建筑物、引航站或任何其他地方或为避免紧迫危险时，可使用沿岸通航带。

5. 除穿越船或者驶进或驶出通航分道的船舶外，船舶通常不应进入分隔带或穿越分隔线，除非：

（1）在紧急情况下避免紧迫危险；

（2）在分隔带内从事捕鱼。

6. 船舶在分道通航制端部附近区域行驶时，应特别谨慎。

7. 船舶应尽可能避免在分道通航制内或其端部附近区域锚泊。

8. 不使用分道通航制的船舶，应尽可能远离该区域。

9. 从事捕鱼的船舶，不应妨碍按通航分道行驶的任何船舶的通行。

10. 帆船或长度小于 20 m 的船舶，不应妨碍按通航分道行驶的机动船的安全通行。

11. 操纵能力受到限制的船舶，当在分道通航制区域内从事维护航行安全的作业时，在执行该作业所必需的限度内，免受本条规定的约束。

12. 操纵能力受到限制的船舶，当在分道通航制区域内从事敷设、维修或起捞海底电缆时，在执行该作业所必需的限度内，免受本条规定的约束。

1. 分道通航制

“分道通航制”（traffic separation schemes）是指用分隔线、通航分隔带或分道或用其他方法，把相反或接近相反方向行驶的航行船舶分隔开的一种通航制度。

分道通航制的实施，对改善水上交通秩序，避免碰撞事故的发生业已收到显著的效果。分道通航制尤其适用于狭水道、沿岸海域、岬角，以及江河、港口的出海处等通航密度较大的海区。分道通航制对于船舶在能见度不良情况下的安全航行的效果尤为显著。目前，在国际上，分道通航制业已被普遍地运用，并成为 VTS 系统中一个重要的组成部分。

2. 专用术语的定义与分道通航制的方式

（1）专用术语的定义

①分道通航制（traffic separation schemes，TSS）

分道通航制，是指通过适当方法和建立通航分道，分隔相反的船流的一种定线措施。

②分隔带或分隔线(separation zone or line)

分隔带或分隔线,是指把相反或接近相反方向行驶的船舶分隔开的一条带或一条线。分隔带或分隔线还可用来把通航分道和相邻的沿岸通航带分隔开。

③通航分道(traffic lane)

通航分道,是指一个在规定界限内建立单向通航的区域。

④沿岸通航带(inshore traffic zone,ITZ)

沿岸通航带,是指分道通航制区域中靠岸一边的界线与相邻海岸之间用作沿岸通航的一个指定区域。

⑤环行道(roundabout)

环行道,是指由一个分隔点或圆形分隔带和一个在规定界限内的环形通道所组成的一种定线措施。在环行道内,通航船舶应环绕分隔点或分隔带沿逆时针方向运行。

⑥警戒区(precautionary area)

警戒区,是指在规定的界限内组成的一个船舶必须特别谨慎驾驶的区域,在该区域内可能有推荐通航船流的方向。

⑦避航区(area to be avoided)

避航区,是指在规定的界线内组成的一个对于航行特别危险的区域,要求所有船舶或某些等级的船舶应远离该区。

⑧船流向(direction of traffic flow)

船流向,是指众多船舶的运动方向,这里的方向通常是指明确规定的船流向。

(2)几种常见的分道通航制方式

①使用分隔带和(或)分割线分割通航分道,见图 4-6-1(a);

②使用天然障碍物及地理上明确的目标分隔通航分道,见图 4-6-1(b);

③供指定区域通航的沿岸通航带,见图 4-6-1(e);

④相邻分道通航制在汇聚点附近的扇形区,见图 4-6-1(d);

⑤在几个分道通航制交汇的汇聚点或航路连接处的通航定线方式,如:环形道[见图 4-6-1(h)]、连接处[见图 4-6-1(c)和图 4-6-1(f)]、警戒区[见图 4-6-1(g)]。

3. 条文解释

(1)第十条 1 款——适用范围

①“分道通航制”条款的适用范围

分道通航制条款(第十条)仅适用于 IMO 所采纳的分道通航制,而不适用于未经 IMO 所采纳的分道通航制。

为使国际上各海区的分道通航制趋于规范化,并使之符合 IMO 制定的《船舶定线制的一般规定》,《避碰规则》第一条 4 款明确提出“本组织(注:即 IMO)可以采纳分道通航制”。所谓“采纳”,也就是由 IMO 对某些地区建立分道通航制的方法、方式、规划、规则进行审议、评估、确认并予以推荐。凡是由 IMO 所采纳的分道通航制通常可以在 IMO 出版的《船舶定线》(*Ships Routeing*)活页资料中查阅,该资料中刊登有分道通航制的全部详细资料,并附有简明示意图。此后若有修改之处,即出版活页的更改或补充资料,并在英版航海通告周刊中公告。除此之外,还可以在英国水道测量局出版的《英版航海通告年度摘要》(*Annual Summary of Admiralty Notice to Mariners*)第 17 部分中查找。该部分资料刊列了全世界各水域的全部分道通航

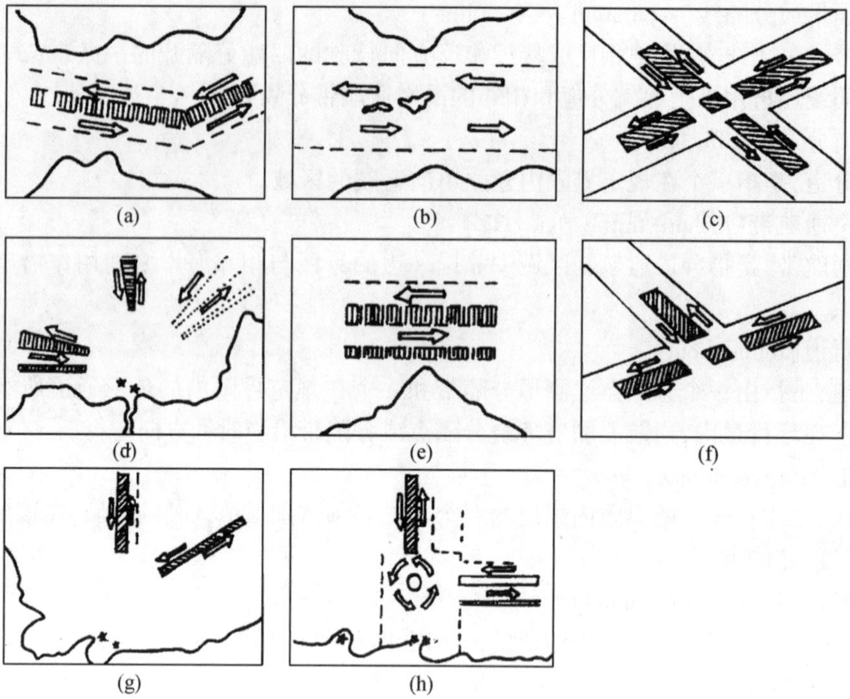

图 4-6-1　几种常见的分道通航制方式

制的名称和大概地理坐标。凡在该名称左上角标有“☆”符号者，即为 IMO 所采纳的分道通航制。根据该索引，还可以在相应的《航道指南》中查阅其详细资料。应指出的是，一国政府若在紧急情况下也可以对由 IMO 所采纳的分道通航制进行适当调整，并在 IMO 批准前即可履行这种变动。因此，航海人员对于任何新的通航制或对现行分道通航制的调整，可查阅有关的航海通告及最新出版的海图，这就要求船舶应配备最新的海图及最近期的航海通告，并注意其时效。

各国政府有权在自己管辖的水域中，根据本国的情况及需要，自行制定一些适合本地区的分道通航制，并且这些分道通航制往往在设置的方式、使用的术语、制定的原则以及其他方面有异于 IMO 所采纳的分道通航制，例如日本制定的分道通航制。这就要求航行于这些水域中的船舶，应特别注意这些地区性分道通航制的有关规定。通常情况下，这些资料均可以在《航路指南》或《航海通告》之类的航海图书及海图中获得。

②分道通航制条款与《避碰规则》其他条款的关系

本条 1 款指出：“本条适用于本组织所采纳的分道通航制，但并不解除任何船舶遵守任何其他各条规定的责任。”

显然，这一规定业已指明，航行在 IMO 所采纳的分道通航制水域中的船舶，首先就应该遵守、执行分道通航制条款的规定。同时，该船还负有遵守任何其他各条规定的责任与义务。这就意味着，《避碰规则》第十条以及其他有关的条款均适用于分道通航制区域。如果说这些条款在适用范围方面有所差异的话，那就是在条款适用的时机、前提、条件方面可能存在着先后、主次的区别。

(2)第十条2款——通航分道的航行规则

①“使用分道通航制区域的船舶”的含义

“使用分道通航制区域的船舶”通常是指在通航分道中航行的任何船舶或捕鱼的船舶。当船舶在穿越分道通航制区域,或在分隔带内捕鱼,或在分道通航制区域的外缘行驶,或在沿岸通航带中航行,均不作为正在使用分道通航制区域的船舶。因而,该船也不属于本款所指的“使用分道通航制区域的船舶”。应指出的是,在分道通航制区域内从事维护航行安全的作业或从事敷设、维修或起捞海底电缆的“操限船”,似乎应视为“使用分道通航制区域的船舶”,但在执行该作业所必需的限度内,该船可免受本款及其他本条各款规定的约束。

②航行规则

本款要求使用分道通航制区域的船舶应遵循下述三方面的航行规则:

a. 在相应的通航分道内顺着该分道的船舶总流向行驶

设置分道通航制的目的就在于分隔航向相反的船舶,因而,在两侧的通航分道中均规定有船舶总流向,并在海图上用箭头符号予以表示。但应注意该箭头仅表示船流运动的总方向,切不可将其误认为是推荐的航向。若船舶在通航分道内逆船流向行驶,则失去分道通航制存在的意义,同时也必将形成碰撞的危险。若该船的行为导致严重的后果,有关机构(如海岸警卫队或VTS机构)将给予该船严重警告或处罚,甚至还将报告其政府,并可能被起诉。海事法院还可能判处该船存在严重过失并追究其法律责任。

鉴于本条11款、12款的规定,在通航分道内从事维护航行安全作业或从事敷设、维修或起捞海底电缆的“操限船”,在执行该作业所必需的限度内,可以不顺着甚至也可对着相应分道的船舶总流向行驶。但从事捕鱼的船舶必须严格地遵守本款的规定,顺着船舶总流向行驶捕鱼,并不应妨碍他船的安全通行。

倘若一艘在通航分道内行驶的船舶,由于各种原因,需要从分道的一侧转移到该分道的另一侧,可采取如下措施:“下述情况属于谨慎驾驶的通常做法,即:一艘船舶在使用通航分道时,可以在分道内从一侧转移(transfer)到另一侧。此种转移应与分道的船舶总流向形成尽可能小的交角。”

有关本款(1)项航法正确与否,可参阅图4-6-2。

b. 尽可能让开通航分隔线或分隔带

设置分隔线或分隔带是为了分隔相反方向的船流,为使分隔线或分隔带在分隔船流上取得更大的效果,以达到切实分隔之目的。在通航分道内行驶的船舶应尽可能让开分道两侧的分隔线或分隔带,以保持在分道的中央及附近行驶。否则,很可能进入左舷侧的分隔带或过分靠近右舷侧的沿岸通航带或分道通航制的外侧海域。若是如此,则势必无法实现分隔船流之目的。

尤其是当两艘机动船过分靠近通航分道与沿岸通航带或通航分道与外侧海域的分隔线行驶以至于构成对遇或接近对遇局面时,由于《避碰规则》第十四条的规定,当时这一局面势必将迫使两船各自向右转向,使两船不得不驶离规定的航区。倘若这些船与其他船相遇再次构成这一局面,将很可能导致该两船都难以返回各自应予保持的通航分道或沿岸通航带或外侧海域,如图4-6-3所示(图中A、B、C为不当航法,D为正确航法)。

由于分道通航制区域中的分隔线或分隔带只能在海图上用线条予以标示,故很难在实际航区中设置导标加以识别。因而,为使船舶能保持在分道的中央行驶,只能依赖于精确定位予

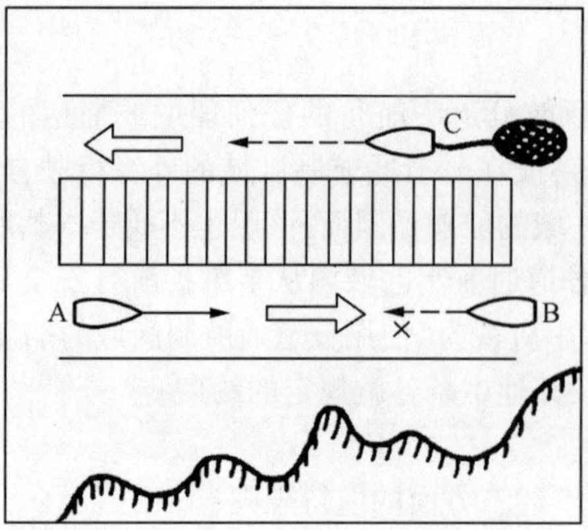

A机动船正确之航法；B机动船错误之航法；
C捕鱼船正确之航法

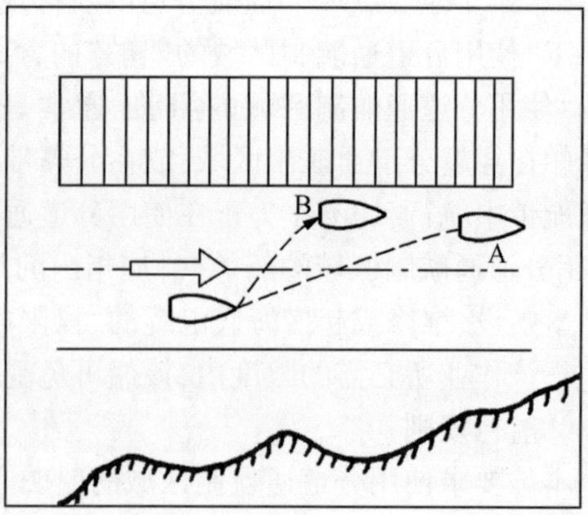

船舶在分道内做横向转移：A航法正确；B航法错误

图 4-6-2　第十条 2 款(1)项下正误航法示意图

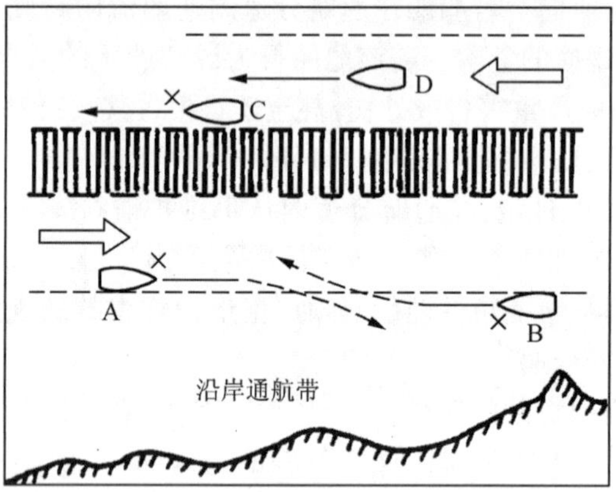

图 4-6-3　沿岸通航带正误航法示意图

以保证。这就要求船舶应勤于定位,并注意定位之精度,同时还要注意风流压的影响。倘若一船对本船之位置正确与否持有怀疑,则应谨慎驾驶,在情况允许的条件下,可征询邻近海岸雷达站或 VTS 机构,以获得可靠之情报;或者应注意守听 VHF 或无线电台的信号,有无收悉由这些机构发出的“YG”信号。该信号的含义是“你好像有不遵循通航分隔制的表现”。若有,则应迅速查核本船的航向与船位,并采取适合于当时情况所能采取的进一步措施(注:当船舶违反第十条其他各款规定时,VTS 机构也将发出“YG”信号以警告该船),或者也可比对邻近处他船的船位,或与他船取得联系,以查核本船位置的准确性。

③关于驶进或驶出通航分道

船舶若欲驶进或驶出通航分道,通常应在通航分道的端部进行。一般情况下,端部均为分道通航制区域的尽头。但在某些分道通航制区域中,由于范围较大,通航分道甚长,在其中部某处,可能又有其他分道通航制或其他推荐航路与其呈交叉态势,为能给船舶提供更多的方便,则往往又将一条较长的通航分道分隔成若干段。这些段与段的连接处,或几条通航分道的交会处,又往往被视为通航分道的端部。当船舶位于端部附近之时,若欲驶进或驶出通航分道,则应在端部进行,不得弃端部而择捷径直接从通航分道的一侧驶进或驶出。

当船舶距离端部较远,《避碰规则》允许该船从分道的任何一侧驶进或驶出。当船舶在进行这一行动时,则应与分道的船舶总流向形成尽可能小的角度。这一规定之目的在于不使已经在通航分道内的船舶受到突然的阻拦,而导致分道与整个通航船流的阻塞与混乱,甚至碰撞。采取这一与船舶总流向接近平行的交角慢慢切入的航法,不但能使驶进或驶出船留有更多的时间去估计当时的局面,同时也能给分道内的船舶提供一个戒备和观察的余地。这一航法无疑是有利于航行安全的。至于驶进或驶出时的各种航法正确与否,见图 4-6-4[注:凡标注“×”之航法均为不符合本款(3)项规定之航法]。

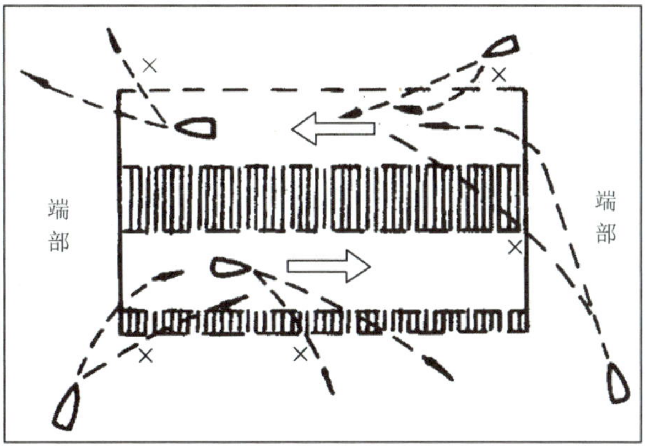

图 4-6-4　驶进或驶出时的正确与错误的航法

(3)第十条 3 款——穿越通航分道的规定

①“穿越通航分道的船舶”

“穿越通航分道的船舶”通常被理解为下述两种情况中的船舶:

a. 穿越整个分道通航制区域的船舶;

b. 穿越其中一条通航分道而进入另一条通航分道或驶离分道通航制区域的船舶(如图 4-6-5 所示)。

②尽可能避免穿越通航分道

船舶穿越通航分道,必将打乱分道内船舶流向格局,妨碍通航分道的航行秩序,甚至还可能与通航分道内的船舶构成交叉态势,酿成碰撞危险。因而,《避碰规则》要求船舶应尽可能避免穿越通航分道。这一规定,就意味着船舶应尽可能做到在端部实施穿越。在某些地区,分道通航制往往建立在江、河、港口的入口处或岬角附近,且范围甚小,通航分道较短。船舶若穿越这些通航分道,则往往被认为是一种不符合本款规定的行为,因为其穿越理由不充足。

③应尽可能以成直角的航向穿越

在某些水域,分道通航制区域范围甚大,通航分道很长,若船舶不绕相当远的圈子,往往不可能做到在端部穿越,也不可能做到避免穿越通航分道。例如在多佛尔海峡就存在相当数量的穿越。在这种情况下,船舶将不得不穿越通航分道,但《避碰规则》在允许穿越的同时也对这些船舶提出了“应尽可能用与分道的船舶总流向成直角的航向穿越”之要求。

“与分道的船舶总流向成直角的航向”中的“航向”一词,是指穿越船的船首向,因而,“直角”也被解释成“穿越船的船首向与船舶总流向的 90°夹角”。

《避碰规则》之所以提出“直角穿越”,其目的就在于“最大限度地缩短穿越船在通过分道

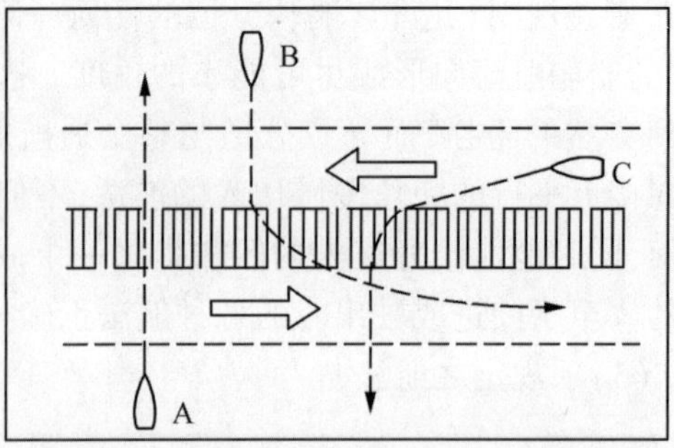

图 4-6-5　穿越和驶离通航分道的船舶

通航制区域中停留的时间”,以及“更有利于 VTS 系统实施严格的管理”。

但应指出的是,“直角穿越”是《避碰规则》基于“垂线距离最短”的这一平面几何原理而提出的要求。然而,在有风流压的情况下,一艘船舶采用船首向与船舶总流向保持直角的航法穿越通航分道,很难保证其航迹向与船舶总流向成直角,也很难达到《避碰规则》在制定本款时“应尽量缩短在分道中停留的时间”这一基本原则(如图 4-6-6 所示)。因而,当船舶在遇到风流影响时,应适当地调整船首向,以保证其航迹向与船舶总流向成直角的航法行驶,只要该偏差值不是太大,应认为该航法符合本款规定之精神,也体现了本款中应尽可能与分道的船舶总流向成直角的航向穿越之含义。

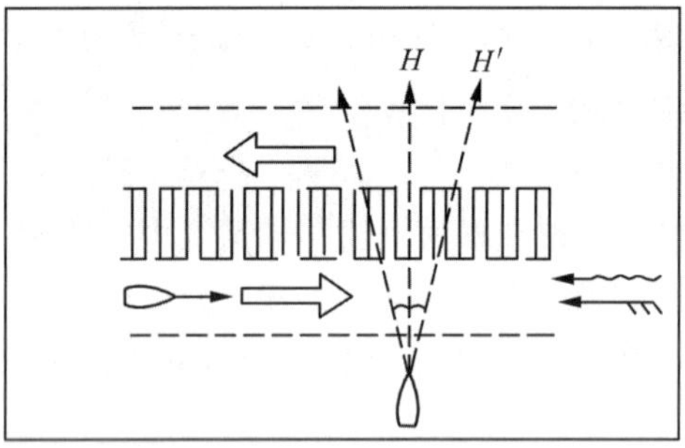

图 4-6-6　风流压下穿越通航分道

至于“穿越其中一条通航分道而进入另一条通航分道,或驶离分道通航制区域的船舶”,不但应遵守本款之规定,在驶进或驶出通航分道时,还应遵守本条 2 款(3)项之规定。

至于“一艘在分道内一侧采取与该分道船舶总流向成小角度的航法转移到该分道另一侧的船舶”,在实施这一横移的方法而穿越通航分道时,通常认为不适用本款之规定,而应遵守本条 2 款(3)项之规定。图 4-6-7 所示为一船当在多佛尔海峡穿越右侧通航分道时所采用的航法。

(4)第十条 4 款——使用沿岸通航带的规定

本款为《避碰规则》1989 年修正案中具有较大内容修正的条款之一。现条款删除了以往条款中所使用的“过境航行”(through traffic)一词,并就可以使用沿岸通航带的船舶做了新的规定。

①“沿岸通航带”(inshore traffic zone)

根据《船舶定线制的一般规定》,“沿岸通航带”是指“由一个指定区域构成的一种定线措施。该区域位于分道通航的向岸一侧边界与邻近的海岸之间,并按照《避碰规则》第十条 4 款

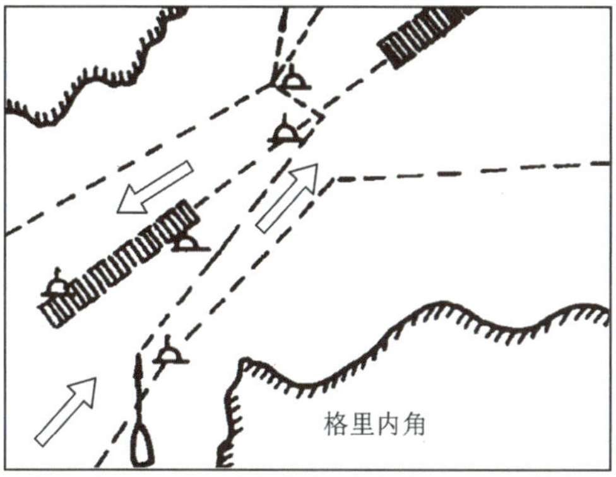

图 4-6-7 一船在多佛尔海峡穿越右侧通航分道的航法

规定来使用”。显然,沿岸通航带是一种独立的定线措施,并不属于分道通航制的一个组成部分。设立沿岸通航带的目的是使沿海运输船舶与使用通航分道的过境航行船舶分隔开来,从而保持一种良好的航行秩序。沿岸通航带区域内并无船流向的规定,各种船舶可以根据自己的需要,确定本船的航线。由于沿岸通航带往往都比较狭窄,如果船舶通航密度过大,或以相反航向行驶的船过多,则容易形成碰撞危险。虽然使用分道通航不是强制的,但也要求不使用分道通航制区域的船舶应远离该区,并允许它们在该区域以外的宽敞水域一侧朝任一方向行驶,而不得使用沿岸通航带。若在分道通航制区域的两侧均为沿岸通航带,则应严格遵守本条 4 款的规定,而不得任意选择通航分道或沿岸通航带行驶。

《避碰规则》其他各条规定同样也适用于沿岸通航带。由于沿岸通航带往往置于一国政府的管辖下,因而,这些区域也往往制定有地方特殊规定,对此应引以注意。

②使用沿岸通航带的规定

根据本款的规定,下述船舶可使用沿岸通航带:

a. $L<20$ m 的船舶;

b. 帆船;

c. 从事捕鱼的船舶;

d. 抵离港口、近岸设施或建筑物、引航站或位于沿岸通航带中的任何其他地方的船舶;

e. 为避免紧迫危险时的船舶。

应引以注意的是,由于本款(1)项规定:“当船舶可安全使用临近分道通航制区域中相应通航分道时,不应使用沿岸通航带。”因而这就要求船舶通常均应尽可能保持在通航分道内行驶,而不得随意进入沿岸通航带。“可安全使用”,就意味着当船舶在相应的通航分道中行驶时,其航行安全无法得到保障,或遭遇意外情况,继续保持在通航分道内行驶可能导致与他船碰撞的紧迫危险,则进入沿岸通航带通常被认为是合理的。例如:船舶遭遇恶劣天气,需进入沿岸通航带以寻求避风区;或船舶舵机故障、主机失控或在浓雾中雷达故障,航行安全难以保证之时,而进入沿岸通航带择地锚泊。

由于本款(1)项的规定删除了以往的“过境航行”(through traffic)一词,而冠以“船舶”二字,这就意味着这一规定的适用范围较以往规定要宽。即使是本款(2)项提及的“抵离港口……或位于沿岸通航带中的任何其他地方的船舶”,只要尚有邻近的通航分道可供其安全使用,则不宜过早地进入沿岸通航带或过迟地进入通航分道。如图 4-6-8 所示,图中 A、B、C 三船的两种航法虽然均未违反本条的规定，但①航法似乎比②航法更符合本款(1)项之规定。至于D船，由于其挂靠港均处于沿岸通航带范围之内，因而采用图中所示的航法将被认为符合本款之规定。

本款(2)项指出："当船舶在紧急情况下为避免紧迫危险时，可使用沿岸通航带。"这一新规定意味着在通航分道中行驶的船舶，当有必要采取避让行动时，只要紧迫局面尚未构成，则进入沿岸通航带将被认为有违本款之规定。鉴于在通航分道中行驶的船舶，其左侧往往为"分隔带"，其右侧若为"沿岸通航带"，这些新规定的存在必然使得这些船舶在采取避让行动之时显得左右为难，既不能大幅度左转进入分隔带，又不能大幅度右转进入沿岸通航带。因而，在通航分道中行驶的船舶，当发现与他船构成碰撞危险，又被《避碰规则》规定为一艘让路船或被《避碰规则》指定负有避让的责任与义务时，应及早地采取避让行动，但也应注意本款(2)项与本条5款之规定。

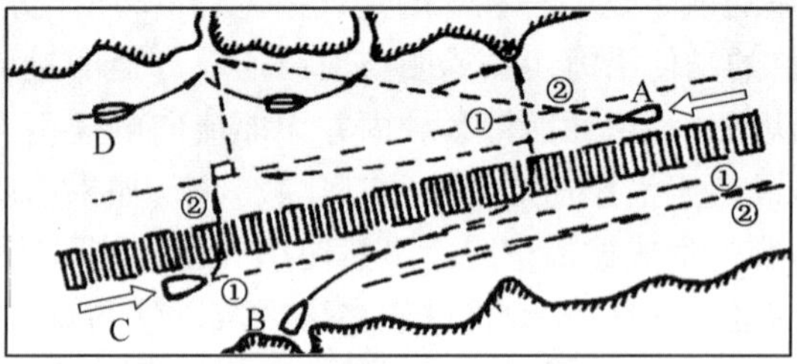

图4-6-8　进入通航分道的不同航法

(5)第十条5款——关于分隔带的规定

设置分隔带或分隔线的目的，就在于分隔相反航向的船舶。倘若船舶进入分隔带航行，则必然削弱甚至破坏分隔带分隔船流之作用。因而，船舶通常不应进入分隔带或穿越分隔线，除非：

①有必要穿越分道通航制区域时；

②驶进或驶出通航分道时；

③在紧急情况下为避免紧迫危险时；

④在分隔带内从事捕鱼作业时。

为了能最大限度发挥分隔带的作用，船舶应尽量缩短在分隔带内停留的时间，则穿越分道通航制区域的船舶以及驶进、驶出通航分道，且必须穿越分隔带的船舶，应以直角的航向穿越为妥，详细航法如图4-6-9所示。

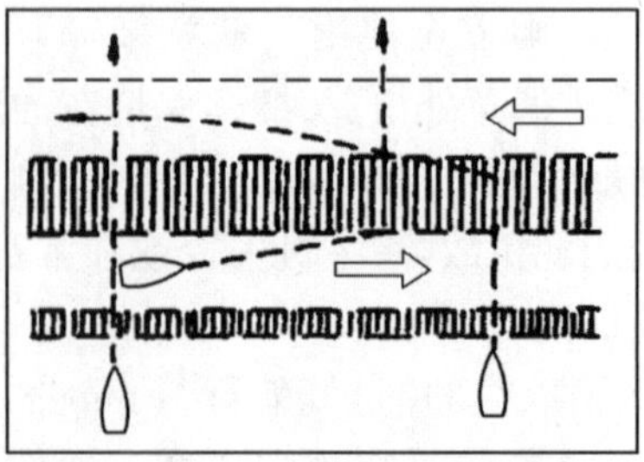

图4-6-9　以直角穿越分隔带

在通航分道中行驶的船舶突然主机失控、舵机故障，或在浓雾中雷达发生故障，以致航行安全无法保证，甚至还将危及他船，在这种情况下，进入分隔带锚泊、检修，将被视为一种合理之行为。

由于种种原因，在通航分道中行驶的船舶当与他船致有构成紧迫局面之时，为避免紧迫危险，将被允许进入分隔带。但这种危险一旦过去，该船舶应迅速地返回相应的通航分道，而不得继续停留在分隔带内行驶。

鉴于本款允许捕鱼船在分隔带内从事捕鱼作业，同时，分隔带内又不存在其他在航船舶，因而，捕鱼船在分隔带内可以向任何方向航驶，并无明确的船流向规定。但捕鱼船一旦靠近通航分道附近捕鱼，则应考虑分道通航的一般原则，避免与相邻分道内的船舶总流向成相反方向行驶，具体航法见图 4-6-10。

良好的船艺还要求船舶在分隔带内捕鱼作业时应当特别注意本船的位置及他船的动态，尤其不应使本船的网具伸入通航分道正在该分道内顺着船舶总流向行驶的船舶通行。

（6）第十条 6 款——端部行驶

分道通航制区域的端部往往是各路通航的集散处，同时又是通航分道的进出口处，因而，船舶通航密度较大，各种会遇局面均可能出现，尤其是小角度交叉局面更易形成（见图 4-6-11）。因而，当船舶在端部行驶时，应特别谨慎，保持高度的戒备，并随时做好避让操纵的准备，尤其是在能见度不良的情况下，更应格外注意当时的局面以及可能构成的碰撞危险。

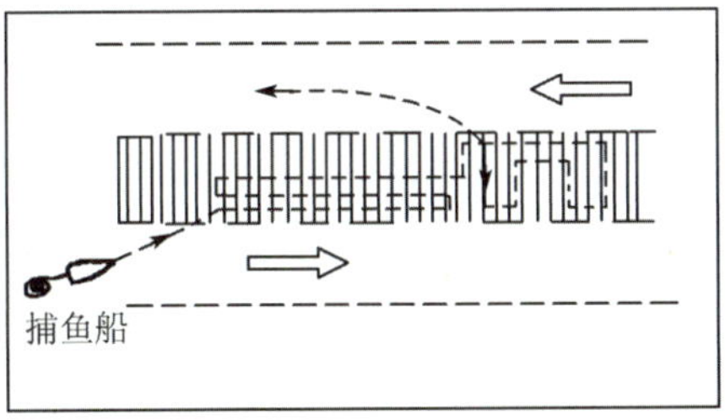

图 4-6-10　捕鱼船在分隔带内的航法

图 4-6-11　小角度交叉局面的形成

（7）第十条 7 款——避免锚泊

通航分道是专门为同一方向行驶的船舶所提供的一种航道。倘若有船在通航分道内锚泊，必将妨碍其他船舶的安全通行，尤其是当受风流的影响，导致锚泊船船体打横时，这更将成为通航分道中的一大障碍。为确保通航分道畅通无阻，为维护分道通航制区域的正常航行秩序，船舶应尽可能避免在通航分道内锚泊。同样，考虑到分隔带的作用，以及端部的特殊情况，船舶也应尽可能避免在分隔带以及端部附近锚泊，尤其是在能见度不良的情况下，更应遵守本款之规定。

（8）第十条 8 款——不使用分道通航制区域的船舶

本款规定：不使用分道通航制的船舶，应尽可能远离该区域。这一规定旨在告诫不使用分道通航制区域并且在该区域规定界限以外水域行驶的船舶，应远离该区域，以避免妨碍在通航分道中行驶的船舶安全通行，尤其是那些在通航分道界限之外，并且以与邻近通航分道船舶总流向相反的航向行驶的船舶，更应引起高度的戒备。不使用分道通航制区域的船舶远离该区域，不但能有效地维持这一区域的水上交通秩序，同时还有利于 VTS 机构对这一区域实行有效的监察。尽管《避碰规则》并未对“远离”做出明确的规定，但如果不使用分道通航制区域的船舶能保持在距离分道通航制区域界线 1 n mile 以外的水域中航行，通常可以认为该船并未违背本款之规定。至于不使用分道通航制区域的其他船舶，例如：穿越分道通航制区域的船舶、在分隔带内从事捕鱼作业的船舶，则不受本款的限制，但应严格地遵守其他条款的规定。

(9)第十条 9 款——从事捕鱼的船舶

本款规定：从事捕鱼的船舶，不应妨碍按通航分道行驶的任何船舶的通行。这一规定意味着《避碰规则》允许捕鱼船在通航分道内从事捕鱼作业，但也对捕鱼船提出“不应妨碍”之要求。所谓“不应妨碍”，除第八条 6 款各项规定之外，还要求捕鱼船在通航分道中应顺着该分道的船舶总流向航驶捕鱼。若需从分道的一侧转移到另一侧，则应采用与分道的船舶总流向成小角度的航法行驶。同时该款还要求捕鱼船应密切注意所使用的渔具是否会阻塞分道以及所采用的捕鱼方式是否会妨碍他船的安全航行。当捕鱼船在分隔带内，或在分道通航制区域界限之外的附近水域从事捕鱼作业时，也应遵守本款之规定。详细要求可参阅本条 4~8 款的规定及其解释。

(10)第十条 10 款——帆船或长度小于 20 m 的船舶

本款规定：帆船或长度小于 20 m 的船舶，不应妨碍按通航分道行驶的机动船的安全通行。

通常认为：帆船或长度小于 20 m 的船舶，在任何时候，均可使用通航分道，但不应妨碍按通航分道行驶的机动船的安全通行。当帆船或长度小于 20 m 的船舶，由于受导航定位装置及仪器的限制，无法确定本船是否能保持在通航分道内行驶，则应避免进入分道通航制区域为妥。

若帆船或长度小于 20 m 的船舶意欲使用通航分道，仍应严格遵守本条 2 款之规定。

本款仅要求帆船或长度小于 20 m 的船舶不应妨碍按通航分道行驶的机动船的安全通行，若这些船舶与其同类型的船舶或与穿越船或与该分道的船舶总流向成相反方向行驶的机动船相遇，并致有构成碰撞危险，则本款不适用。相遇各船应遵守《避碰规则》第二章“驾驶和航行规则”其他各条的规定。有关本款提及的“不应妨碍”的解释，请参阅第八条 6 款各项的规定。

(11)第十条 11 款、12 款——操限船

本条 11 款、12 两款规定：操纵能力受到限制的船舶，当在分道通航制区域内从事维护航行安全的作业时，或从事敷设、维修或起捞海底电缆时，在执行该作业所必需的限度内，可免受本条规定的约束。

“从事维护航行安全的作业”，通常是指装置、起捞或维修助航标志，从事疏浚、测量以及清除碍航物等其他水下作业，而不包括从事维护航行安全秩序、监督等工作。当船舶从事 11 款、12 款所述作业时，为确保航行安全，应尽早通知有关主管机关并获得批准，在可能的情况下，还应及时发布航海通告，要求船舶注意。根据《船舶定线制的一般规定》的要求，上述作业应尽可能避免在能见度不良的情况下进行。

任务七 按船舶定线制航行

学习目标

知识目标：掌握 IMO 关于船舶定线制的使用规定，掌握船舶定线制的种类和定义，掌握制定船舶定线制的目的。

能力目标：能根据船舶定线制的一般规定，利用船舶定线制安全航行。

素质目标：增强学生的规则意识。

船舶定线制及其目的教学视频

一、船舶定线制

增进船舶交通安全，规范船舶交通秩序，最有效的措施之一就是减少船舶会遇并减小形成碰撞危险局面的概率。以分道通航制为主要形式的船舶定线制的采用和发展对这一措施的具体实施做出了巨大贡献。IMO 于 1977 年制定的《船舶定线制的一般规定》对船舶定线制的建立和使用做出了具体的规定。

1. 船舶定线制及其目的

船舶定线制是旨在减少海难的任何单航路或多航路制和/或定线措施。船舶定线制的目的在于增进船舶汇聚区域和通航密度大的区域以及由于水域有限而使船舶的活动自由受到约束、存在碍航物、水深受限或气象条件较差水域中船舶的航行安全。其具体目的可能包括下列各项或其中的几项：

(1)分隔相反的交通流，以减少对遇局面的发生；

(2)减少穿越船与航行在已建立的通航分道内的船舶之间的碰撞危险；

(3)简化船舶汇聚区域内交通流的形式；

(4)在沿海开发或勘探集中的区域内组织安全的交通流；

(5)在对所有船舶或对某些等级的船舶航行有危险或不理想的水域中或其周围组织安全的交通流；

(6)在水深不明或水深接近吃水的区域对船舶提供特殊指导，以减少搁浅的危险；

(7)指导船舶避开渔场或组织船舶通过渔场。

2. 船舶定线制的种类及其定义

船舶定线制包括分道通航制、双向航路、推荐航线、推荐航路、避航区、沿岸通航带、环形道、警戒区、深水航路和禁锚区这十种定线措施，可根据实际需要单独或组合起来使用。

各种船舶定线制的定义如下：

(1)分道通航制：通过适当方法和建立通航分道，旨在分隔相反的交通流的一种定线措施。

(2)双向航路：在规定的界限内建立双向通航，旨在为通过航行困难或危险水域的船舶提供安全通道的一种定线措施。

(3)推荐航线:经过特别检查以尽可能保证无危险存在并建议船舶沿其航行的一种航路。

(4)推荐航路:为方便船舶通过而设置的未规定宽度的一种航路,往往以中心线浮标作为标志。

(5)避航区:由一个区域构成的一种定线措施。在该区域规定的界限内,航行特别危险,或者对于避免海难特别重要,因此所有船舶或者某些等级的船舶应避开。

(6)沿岸通航带:由一个指定区域构成的一种定线措施。该区域位于分道通航制向岸一侧边界与邻近的海岸之间,并按照《避碰规则》第十条4款的规定使用。

(7)环形道:由一个分隔点或圆形分隔带和一个规定界限的环形通航分道所组成的一种定线措施。在环形通道内,通航船舶环绕分隔点或圆形分隔带按逆时针方向航行而实现分隔。

(8)警戒区:由一个区域构成的一种定线措施。在该区域的规定界限内,可能有推荐的交通流方向,船舶在该区域中航行时必须特别谨慎地驾驶。

(9)深水航路:在规定的界限内,海底及海图上所标志的水下障碍物已经精确测量适于深吃水船舶航行的航路。

深水航路主要用来供那些因本船吃水与可用水深的相对关系而造成在航路的选择上受到限制的船舶使用。凡不受吃水限制的过境航行,如果条件允许,都应当避免使用深水航路。

深水航路可以建在通航分道内,作为通航分道的一个组成部分,用以供那些按该分道的船舶总流向行驶的深吃水船舶使用。第十条规定也适用于IMO所采纳的分道通航制区域内的深水航路,而不适用于在其他区域中所制定的深水航路。本条规定不适用的深水航路,通常在海图上采用箭头以表示单向行驶或双向行驶。若船舶在双向行驶的深水航路内航行,则应靠近本船右舷的深水航路一侧行驶。

(10)禁锚区:由一个规定界限的区域构成的一种定线措施,该区域内船舶锚泊是危险的或可能对海洋环境造成无法接受的损害。除非是在船舶或人员面临紧迫危险的情况下,所有船舶或特定类型船舶应避免在禁锚区内锚泊。

3. 定线制构成成分及其定义

(1)分隔带或分隔线:将相反或接近相反方向行驶的交通流的通航分道分隔开;或把通航分道与邻近的海区(或沿岸通航带)分隔开;或把指定为同向行驶的特殊级别船舶使用的通航分道分隔开的带或线。

(2)通航分道:在规定界限内建立单向通航的一种区域。该区域可以由分隔带或可能由自然碍航物构成其边界。

(3)交通流方向(船流向):指示分道通航制内规定的交通运行(众多船舶的运动)方向的一种交通流图式。

(4)推荐的交通流方向:在规定交通流方向不可行或不必要的地方,指示推荐交通运行方向的一种交通流图式。

4. 航道分隔方法

为了实现船舶定线制的目的,通常采用下列方法之一或其中几种方法的组合来分隔航道。

(1)使用分隔带和/或分隔线分隔相反的交通流。

在这一方法中,相反或接近相反的交通流是用分隔带或分隔线分隔的。如可能最好采用分隔带,但在狭水道或受限水域中可能有必要采用分隔线而不是分隔带,以便使通航分道中有更多的可航余地。为促使并便于穿越船采用正确的方式穿越通航分道,也可用一段分隔线来代替分隔带。这种分道航行制的外界线就是通航分道的外边界线。

(2)用天然的障碍物与地理上明确表示的物体分隔航道。

这一方法用于有明显的障碍物,诸如岛屿、浅滩或礁石的地区。这些障碍物限制了船舶的活动自由,但又为相反的交通流提供了天然的分隔。

(3)采用沿岸通航带分隔过境通航和区间通航。

在分道通航制的外界线以外,船舶是可以以任何航向航行的。位于分道通航制与海岸之间的区域可以指定为沿岸通航带,其目的在于使区间通航避开供过境通航使用的分道航行制。沿岸通航带的通航与相邻分道通航制内的通航,是用分隔带或分隔线来分隔的。

(4)对接近汇聚点的相邻分道通航制采用扇形分隔。

这种方法用于船舶从各个方向汇聚到一个汇聚点或一个狭小区域,地方港口进口处,海上引航站,近陆浮标或灯船设置处,狭水道、运河、河口等的进出口处,都可以认为是这样的汇聚点。

(5)分道通航制交会的汇聚点或航路连接处的船舶定线。

用于汇聚点、航路连接处和交叉路口的定线措施,应从下列方法中选择最合适的一种:

①环行道:如果证明确实需要,可以使用环行道以引导通航船舶围绕一个圆形分隔带或指定点做逆时针方向环行。

②航路连接:这一方法在两条航路连接或交叉处采用。交通流的方向均在相邻的分隔制的通航分道中确立。为了强调通航船舶从一个分隔制出入另一个分隔制所应采取的正确穿越方法,其分隔带可以中断或以分隔线代替分隔带。

③警戒区:当几条航路汇聚到一处时,最好在它们可能连接之前就使其完全中断。在这种情况下,可以用一个警戒区强调谨慎航行的必要性。

(6)其他定线方法。

可以使用的船舶定线方法还有深水航路、推荐交通流方向、双向航路、推荐航路、推荐航线、避航区等。

船舶定线制的使用教学视频

二、船舶定线制的使用

凡被 IMO 所采纳的船舶定线制均刊载在 IMO 出版的《船舶定线制》(*SHIP'S ROUNTEING*)一书中。IMO 制定的《船舶定线制的一般规定》第八条(定线系统的使用)对如何使用船舶定线制提出了九条具体要求。此外,有些国家根据其所管辖水域的实际情况,还建立了一些与 IMO 船舶定线标准不尽一致的船舶定线制。船舶在上述制有定线制的水域中航行时,应按有关规定驾驶船舶,并注意以下各点:

(1)除特殊情况外,船舶均应按指定的航路、规定的航行方法驾驶船舶;

(2)船舶在地方主管当局制定的定线制区域中或其附近航行时,应严格遵守地方规则的规定;

(3)在 IMO 认可的分道通航制区域中或其附近航行时,应严格遵守《避碰规则》第十条的规定;

(4)无论船舶在何种定线制中或其附近航行,在避碰上均不享有任何特权,仍有全面遵守和执行《避碰规则》的责任和义务;

(5)航道完全分隔是不可能的,在船舶汇聚处应特别谨慎地驾驶;

(6)在双向航路(包括深水航路)中,船舶应尽可能地靠右行驶;

(7)船舶在航道中行驶时,其航迹应与规定的或推荐的交通流方向大致相同;

(8)当船舶不利用警戒区或不进出附近港口时,应尽可能远离该区域。

项目五

船舶在互见中的行动规则

[项目描述]

《避碰规则》第二章第二节规范了船舶在互见中的行动规则，主要包括第十二条帆船、第十三条追越、第十四条对遇局面、第十五条交叉相遇局面、第十六条让路船的行动、第十七条直航船的行动以及第十八条船舶之间的责任。这些条款明确了两船之间的避让关系，个别条款还明确了行动要求，是《避碰规则》最核心的内容之一。本项目要求学生在航海模拟器进行情境模拟，完成追越局面、对遇局面、交叉相遇局面的判断并采取避让行动的训练，确保航行安全；模拟不同种类船舶相遇时的场景，厘清避让关系，采取避让行动。

任务一 帆船之间的避让

学习目标

知识目标:掌握两艘帆船相遇构成碰撞危险时的避让原则。
能力目标:能对两艘帆船相遇时构成碰撞危险后的避让关系做出正确判断。
素质目标:培养学生以第三方视角看待问题的习惯。

[第十二条] 帆船

《避碰规则》第十二条帆船教学视频

1. 两艘帆船相互驶近致有构成碰撞危险时,其中一船应按下列规定给他船让路:

(1)两船在不同舷受风时,左舷受风的船应给他船让路;

(2)两船在同舷受风时,上风船应给下风船让路;

(3)若左舷受风的船看到在上风的船而不能断定究竟该船是左舷受风还是右舷受风,则应给该船让路。

2. 就本条规定而言,船舶的受风舷侧应认为是主帆被吹向的一舷的对面舷侧;对于方帆船,则应认为是最大纵帆被吹向的一舷的对面舷侧。

一、适用范围

根据本条 1 款的规定,本条适用于互见中两艘帆船相遇并致有构成碰撞危险的局面。这一规定就船舶数量上来讲,仅适用于 2 艘帆船相遇,当 3 艘或 3 艘以上的帆船相遇则不适用;就船舶种类上来讲,仅适用于帆船与帆船之间,当帆船与机动船相遇或其他船舶相遇则不适用。当帆船追越另一艘帆船,本条款也不适用。若当帆船从事捕鱼作业,并符合"从事捕鱼船"的定义时,也不适用本条规定。

由于我国在接受《避碰规则》时对非机动船舶做了保留,因而我国的帆船不受《避碰规则》的约束,也不受本条的限制,而仅适用于中华人民共和国 1958 年颁布的《非机动船舶海上安全航行暂行规则》。

二、帆船间的避让责任

根据本条 1 款的规定,帆船间的避让责任关系可用图 5-1-1 和图 5-1-2 表示。

(1)两船在不同舷受风时,左舷受风的船应给他船让路,如图 5-1-1 所示;

(2)两船在同舷受风时,上风船应给下风船让路,如图 5-1-1 所示;

(3)若左舷受风的船看到在上风的船而不能断定究竟该船是左舷受风还是右舷受风,则应给该船让路,如图 5-1-2 所示。

根据《避碰规则》第十三条 1 款的规定,当一艘帆船追越另一艘帆船时,追越的帆船应给被追越的帆船让路,而不论两船的受风舷或在风中所处的位置如何(见图 5-1-3)。

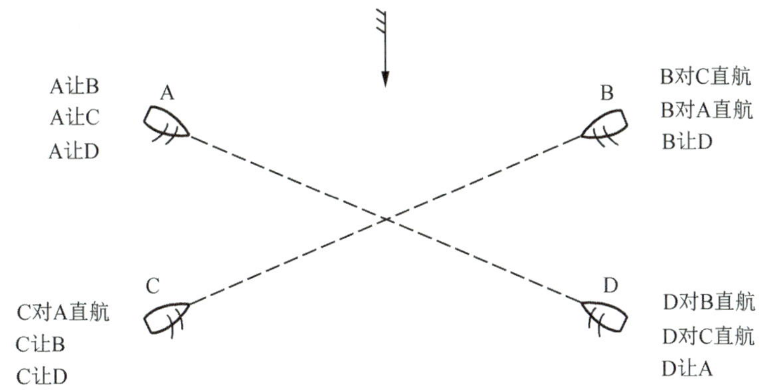

图 5-1-1　两艘帆船间的避让关系

三、受风舷侧的确定

在确定帆船间的避让责任时，首先应正确判定本船及他船的受风舷。白天可通过观察相互主帆被吹向的位置而定，即受风舷侧应认为是主帆被吹向的一舷的对面舷侧；对于方帆船，则应认为是最大纵帆被吹向的一舷的对面舷侧。但在夜间，由于驾驶人员很难直接观察到他船的受风舷，所以可根据本船的受风舷及与他船所处的相对位置，参照以上规定采取行动。例如：

(1)当左舷受风船看到上风的另一帆船显示绿色舷灯，而无法断定该船何舷受风时，则应假定本船为让路船(见图 5-1-4)；

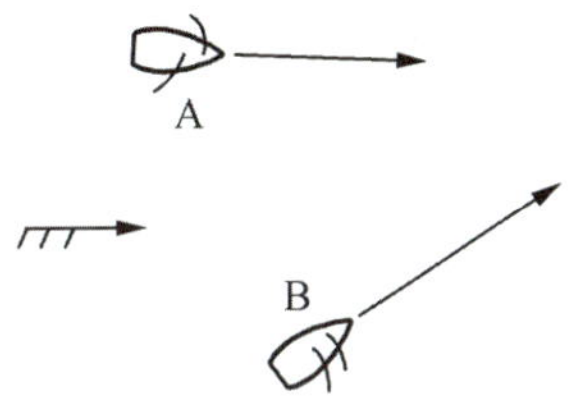

图 5-1-2　对他船何舷受风有怀疑

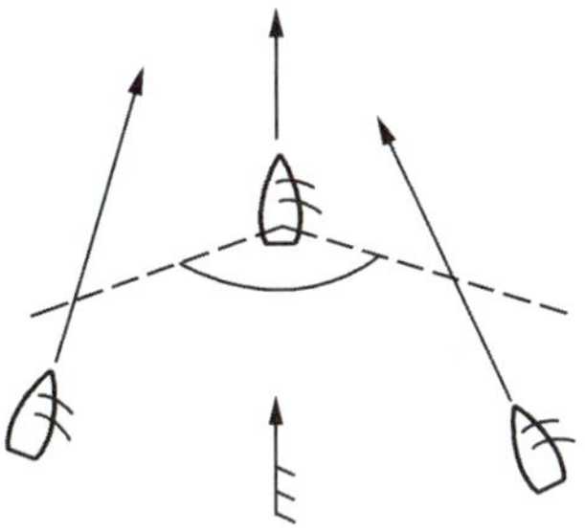

图 5-1-3　追越中两帆船的关系

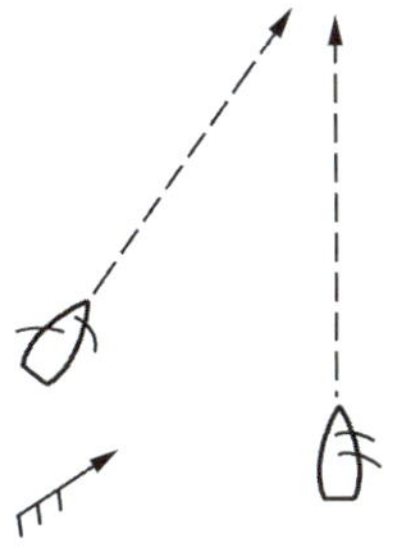

图 5-1-4　受风舷侧的确定(1)

(2)当右舷受风船看到上风的另一帆船显示红色舷灯，而无法断定该船何舷受风时，则应假定他船为让路船，而不管他船何舷受风，他船均负有让路的义务(见图 5-1-5)；

(3)左舷受风船，同时又处于上风，无论发现下风船显示红色或绿色舷灯，也不管能否断定该船何舷受风，均应假定本船为让路船(见图 5-1-6)。

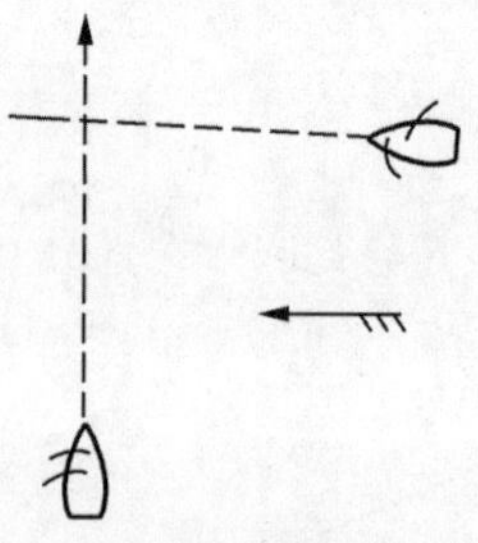

图 5-1-5　受风舷侧的确定(2)

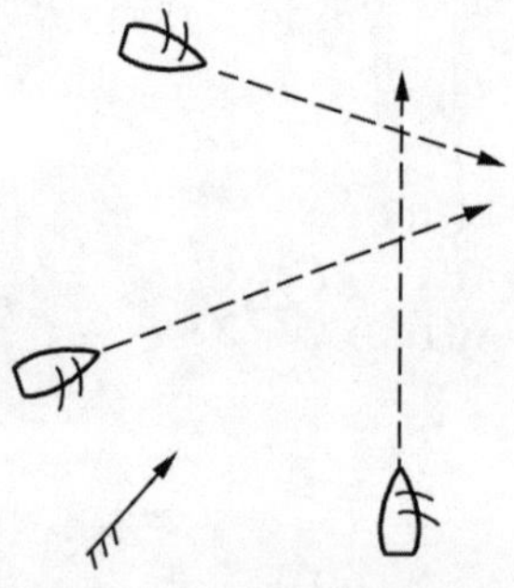

图 5-1-6　受风舷侧的确定(3)

四、机动船避让帆船

根据《避碰规则》第十八条“船舶之间的责任”的规定,在航机动船在与帆船相遇致有构成碰撞危险时,应根据当时帆船与风向的相对方位及早采取有效的避让行动。具体的方法为:

(1)追越顺风航行的帆船时,可从帆船主帆伸出的一侧通过;

(2)本船与顺风航行的帆船的航向呈交叉时,应从其艉后通过(见图 5-1-7);

(3)本船与受横风的帆船对驶时,应从其上风侧通过(见图 5-1-8);

(4)本船与逆风行驶的帆船的航向呈交叉时,应从其艉后通过(见图 5-1-9);

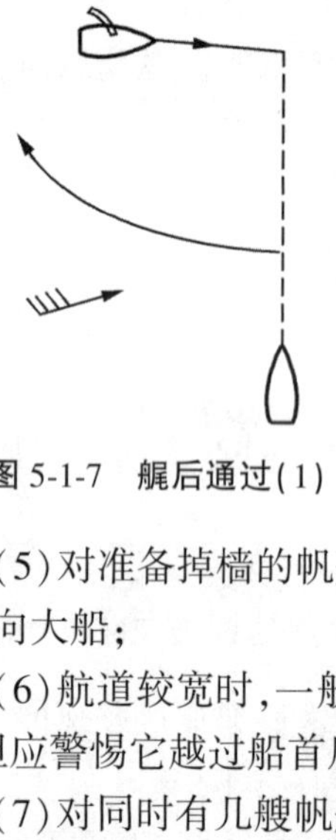

图 5-1-7　艉后通过(1)

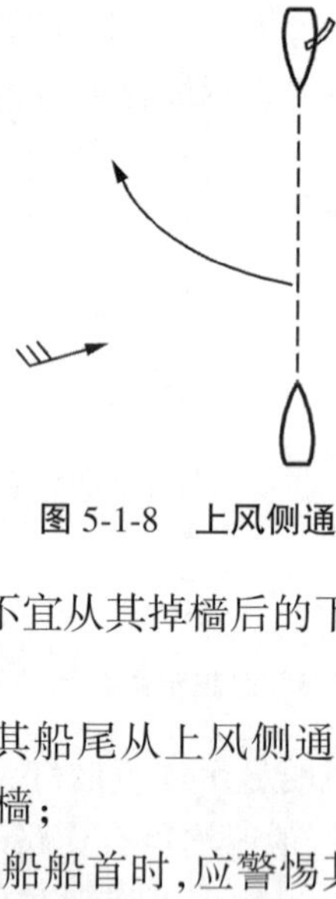

图 5-1-8　上风侧通过

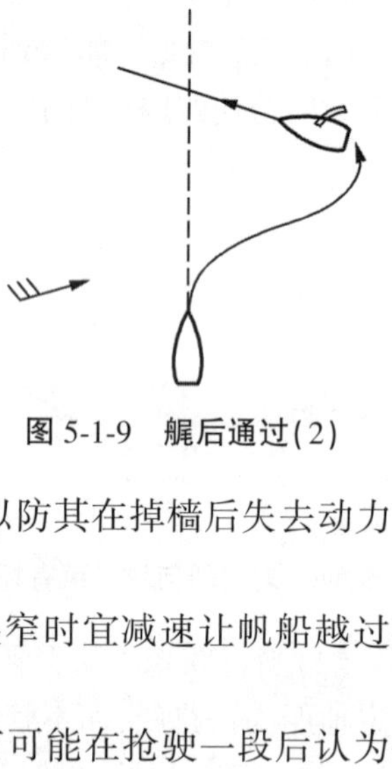

图 5-1-9　艉后通过(2)

(5)对准备掉樯的帆船,一般不宜从其掉樯后的下风舷通过,以防其在掉樯后失去动力而被压向大船;

(6)航道较宽时,一般可通过其船尾从上风侧通过,航道较狭窄时宜减速让帆船越过船首,但应警惕它越过船首后突然掉樯;

(7)对同时有几艘帆船抢越本船船首时,应警惕其中的帆船有可能在抢驶一段后认为抢不过去而突然掉樯,大船遇到这种情况时应及早停车避让;

(8)应及时、正确地鸣放操纵和警告信号。

任务二 追越的判断及避让

学习目标

知识目标：掌握追越局面构成的条件，掌握追越局面中的避让关系，掌握追越局面中两船应采取的行动。

能力目标：能正确判定追越局面，并根据相应情况确定避让关系并采取相应行动。

素质目标：培养学生主动承担责任的意识。

《避碰规则》第十三条追越教学视频　追越局面典型案例视频

[第十三条]　追越

1. 不论第二章第一节和第二节的各条规定如何，任何船舶在追越任何他船时，均应给被追越船让路。

2. 一船正从他船正横后大于22.5°的某一方向赶上他船时，即该船对其所追越的船所处位置，在夜间只能看见被追越船的艉灯而不能看见它的任一舷灯时，应认为是在追越中。

3. 当一船对其是否在追越他船有任何怀疑时，该船应假定是在追越，并应采取相应行动。

4. 随后两船间方位的任何改变，都不应把追越船作为本规则条款含义中所指的交叉相遇船，或者免除其让开被追越船的责任，直到最后驶过让清为止。

一、追越的含义和判断

1. 追越的含义

根据本条2款的规定，构成“追越”，适用追越条款，应同时具备以下三个条件：

(1)方位条件：位于他船正横后大于22.5°的任一方向上。这一条件表明两船的相互位置关系，即后船处在前船艉灯的水平光照弧度范围之内，在夜间只能看见被追越船的艉灯而不能看见它的任一舷灯，如图5-2-1所示。这是确定追越构成的基本条件。

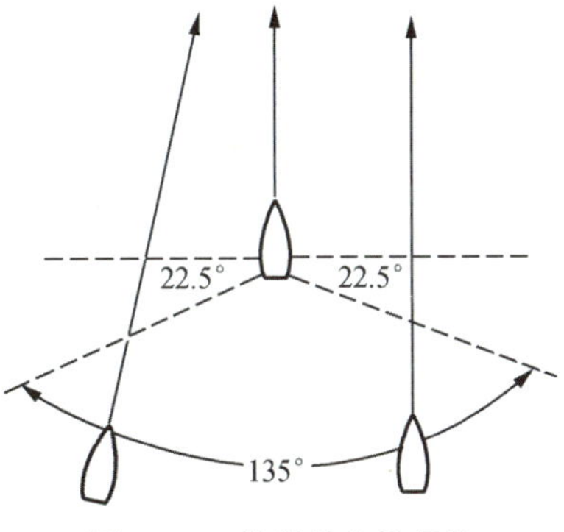

图5-2-1　追越的方位条件

(2)距离条件：后船位于前船艉灯的能见距离范围之内。这一条件表明两船的距离关系，如果后船不能以视觉发现前船艉灯，则属于非互见，即使位于前船正横后大于22.5°的某一方向上，追越仍不能成立。在白天，这一确定两船之间距离的方法同样适用。这是确定追越构成的必备条件。

(3)速度条件：后船正在赶上前船。这一条件表明追越船和被追越船之间的动态关系，即后船速度大于前船，只有这样后船才能正在赶上他(前)船，这是确定追越构成的关键条件。

2. 持有任何怀疑时的处置

《避碰规则》第十三条3款规定：“当一船对其是否在追越他船有任何怀疑时，该船应假定是在追越,并应采取相应行动。"

追越的定义是明确的,但在执行时,可能出现对是否处于追越局面持有怀疑的情况。从本款可见,对持有怀疑的船舶,应从安全角度出发,主动承担避让责任,从而保证在会遇时至少有一船,甚至是两船都能主动承担避让责任。这一规定对一船处于前船正横后 22.5°方位线附近的会遇局面具有重要的意义。如图 5-2-2 所示,图中 B 船如对是否处于追越有怀疑时,应假定是在追越,主动承担让路责任,并采取相应的行动。在 B 船不能确定是否处于追越时,认为是处于交叉相遇局面,而把自己当作直航船的做法既违反《避碰规则》的规定,也不是良好船艺的表现。在这种会遇形势下,A 船应充分考虑到 B 船把 A 船当作交叉局面中的让路船的可能性,保持高度戒备,必要时采取避免紧迫局面的行动。

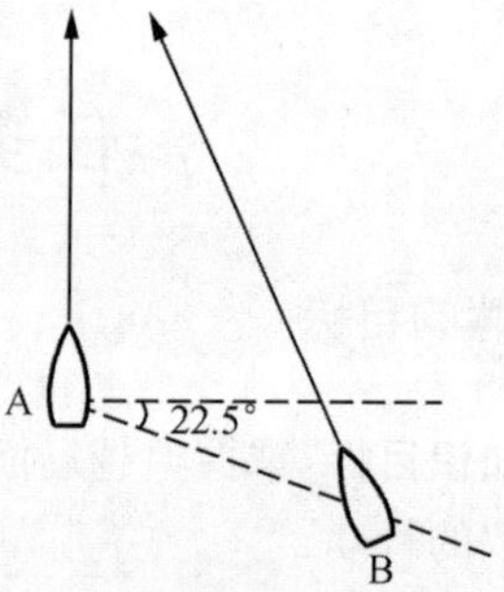

图 5-2-2　对他船追越持有怀疑时的舷法

通常情况下,追越船对是否在追越他船可能产生怀疑的情况有:

(1)为消除号灯盲区,舷灯和艉灯的水平光弧分别向后和向前延伸了 5°。因此,在前船正横后 22.5°附近,后船可能同时看到前船的舷灯和艉灯,从而对两船处于追越局面持有怀疑;

(2)当后船处于前船正横后 22.5°附近或者由于两船首向的不稳定,后船可能时而看到前船艉灯,时而看到前船舷灯,从而对两船处于追越局面持有怀疑。

3. 适用范围

追越条款适用于互见情况下任何水域中的两艘任何类型的船舶。第九条"狭水道"5 款对"追越"做了一些规定,但应指出的是,在狭水道或航道中,只有当前船鸣放"一长、一短、一长、一短"的声号,表示同意后船追越,同时采取适当的行动以使后船安全通过,并且当后船开始追越之时,第十三条条款才开始生效。

历年来,在讨论追越条款的适用条件或生效条件中是否还应考虑"碰撞危险"曾有过激烈的争议。一种观点认为,追越条款只在两船追越中构成或存在碰撞危险的情况下才适用;而另一种观点认为,追越条款适用与否不应考虑是否存在碰撞危险。就追越条款本身而论,首先,在本条任何一款中均未提及"碰撞危险"一词,这与第十二、十四、十五条具有明显的区别;其次,在确定构成追越局面的诸因素中仅涉及方位、距离、速度三要素;再则本条 1 款要求"任何船舶在追越任何他船时,均应给被追越船让路"。显然,这并无其他特殊条件之要求,因而,可以认定,追越条款适用与否并不考虑是否存在碰撞危险。

二、追越局面中的避让责任和行动

《避碰规则》第十三条 1 款规定:"不论第二章第一节和第二节的各条规定如何,任何船舶在追越任何他船时,均应给被追越船让路。"4 款规定:"随后两船间方位的任何改变,都不应把追越船作为本规则条款含义中所指的交叉相遇船,或者免除其让开被追越船的责任,直到最后驶过让清为止。"

1. 追越局面中的避让责任

(1)追越条款与其他条款的关系

由于《避碰规则》第二章第一节和第二节的各条规定包含了所有有关让路义务和不得妨碍义务的规定,因此,第十三条 1 款明确指出了追越条款优先适用于所有这些条款的原则。“优先适用”,是指当《避碰规则》多条条款同时适用于追越船时,追越船应首先遵守第十三条的规定。例如,根据《避碰规则》第十八条的规定,机动船在航时应给帆船让路,但当帆船在追越机动船时,应按本条规定由帆船来承担避让责任。

(2)追越船的避让责任

《避碰规则》规定“任何船舶在追越任何他船时,均应给被追越船让路”,即追越局面中的追越船是让路船,相应地被追越船则是直航船。由于追越船能在较早的时间发现被追越船,在观察被追越船行动的变化和采取避让行动等方面始终处于主动地位,因此,《避碰规则》将让路的义务赋予了追越船。

①应给被追越船让路。

任何船舶在追越任何他船时,不论是否存在碰撞危险,都应给被追越船让路。它与船舶的种类、大小和工作性质无关。即使是帆船、从事捕鱼船或操限船等,在追越任何他船时也必须给他船让路。

②随后两船间方位的任何改变,都不应把追越船作为《避碰规则》各条含义中所指的交叉相遇船。

随后两船间方位的任何改变可包括以下三种情况:

a. 两船以会聚的航向逐步地接近,追越船从被追越船正横后大于 22. 5°的某一方位上赶上并进入被追越船正横后 22. 5°之前的某一位置,也就是追越船从被追越船的艉灯区进入舷灯区(见图 5-2-3)。

b. 两船以平行的航向或发散的航向处于追越格局之中,当追越船进入被追越船的舷灯区之后,改变航向,以至于两船航向会聚,处于交叉态势之中(见图 5-2-4)。

c. 两船以平行的航向或发散的航向处于追越格局之中,由于被追越船临时改变航向,两船航向会聚并形成交叉态势(见图 5-2-5)。

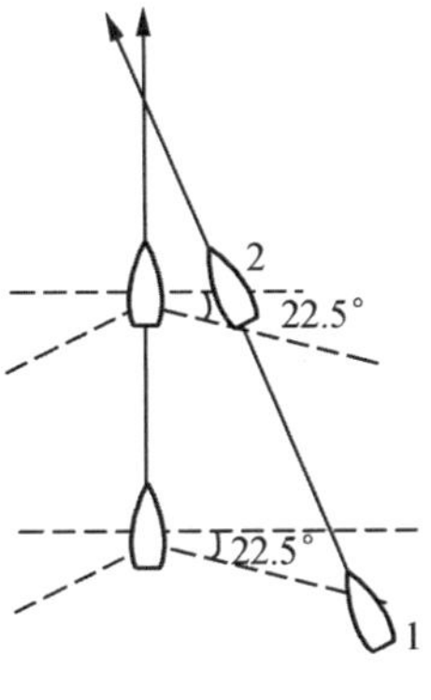

图 5-2-3 追越过程中两船逐步接近

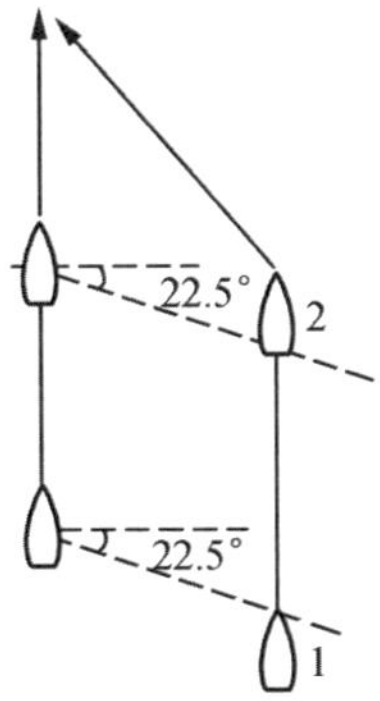

图 5-2-4 追越过程中两船航向会聚(1)

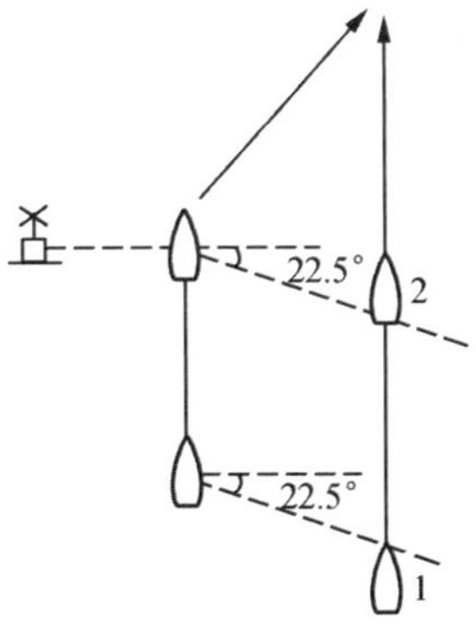

图 5-2-5 追越过程中两船航向会聚(2)

在上述三种格局中,虽然两船在阶段 2 中均处于交叉的态势,但不适用“交叉相遇局面”条款,“都不应把追越船作为本规则条款含义中所指的交叉相遇船,或者免除其让开被追越船的责任,直到最后驶过让清为止”。

③追越船的让路责任,直到最后驶过让清为止。

在追越中,两船间的责任一旦确定,不管随后发生什么变化,追越船始终负有给被追越船让路的责任,直到最后驶过让清为止。

在实践中,某些港口往往采用“前后两船应保持的尾随距离”作为追越船超前被追越船的让清距离。例如,上海港黄浦江航行规则规定:顺流时,前后两船的尾随距离不得小于 600 m。如果追越船超前被追越船 600 m 后,即可认为已经最后驶过让清了。

追越局面动画

2. 追越中的避让行动

(1)追越船的行动

①追越船应始终牢记,追越局面一旦确定,无论随后两船间的方位发生什么变化,甚至发生突然失控等意外情况,都不能免除其让路的责任和义务。

②追越的特点是:两船的相对速度小,相持时间长。若两船间的横距太近,就有可能发生船吸现象。因此,追越船在追越过程中应尽可能平行追越,并保持足够的横距,防止发生船吸现象。这样,即使在追越的过程中,由于主机或舵机突然故障而失控,仍能有余地采取紧急措施避免碰撞事故的发生。

③当与被追越船航向会聚时,追越船宜先从被追越船的船尾驶过,然后实施追越,如图 5-2-6 所示。

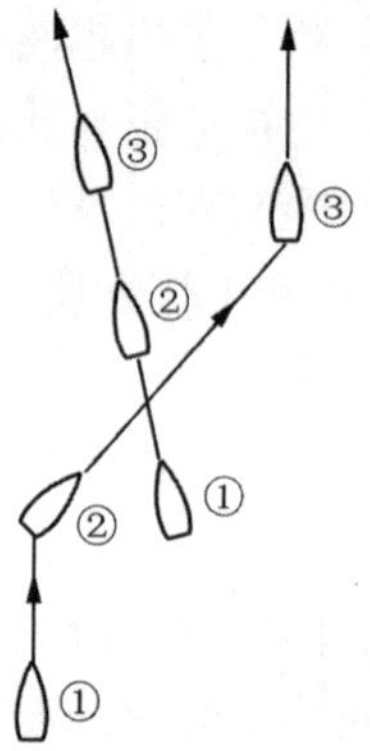

图 5-2-6　两船航向会聚时的避让行动

④追越船追过他船后,不应立即转向横越他船前方,以避免形成紧迫局面。

⑤在追越过程中密切注视被追越船的动态,对被追越船可能采取的不利行动予以高度戒备,并尽可能与被追越船保持 VHF 通信联系,协调双方的行动。

⑥追越前应充分考虑追越的可行性,在狭水道或航道内不应强行追越,注意声号和 VHF 的使用,并应避免在狭水道的弯头地段、通航密集区、习惯转向点或禁止追越的水域追越。

(2)被追越船的行动

①当发现有他船追越时,应检查本船所显示的号灯,保持正规瞭望,对两船之间的会遇形势做出正确的判断。

②被追越船作为直航船,应严格遵守《避碰规则》第十七条“直航船的行动”的各项规定。

③在狭水道或航道内,如果同意追越,则应鸣放声号明确表示,并采取让出航道或者减速的措施;如果不同意追越,则应向企图追越的船立即发出怀疑或警告声号。被追越船应密切注视追越船的行动和追越的方式,对可能发生的意外情况,例如船舶失控、船吸、岸吸、第三船出现等,做好随时操纵的准备。被追越船在采取行动协助追越船安全追越时,应考虑到所采取的行动可能对追越船带来的影响,以防止与另一船形成紧迫局面。

④被追越船对追越船的行动能否导致在安全的距离上驶过持有怀疑时,应及时发出警告并尽可能与追越船取得联系,必要时独自采取行动,以保证船舶安全。

三、追越中发生碰撞的原因

(1)一船或两船未保持正规瞭望,未能对船舶所处的危险做出正确的判断;
(2)追越过程中避让时,由于对第三船的出现无准备或估计不足,导致碰撞事故的发生;
(3)两船之间的横距太小,以致发生船吸或其他特殊情况,导致碰撞事故的发生;
(4)某些异常情况如操纵系统失灵等,导致碰撞事故的发生。

任务三 对遇局面的判断和避让

学习目标

知识目标:掌握对遇局面构成的条件,掌握对遇局面中双方的避让责任和行动要求。
能力目标:能正确判定对遇局面,能根据相应情况确定避让关系并采取相应行动。
素质目标:培养学生担当意识,提高协调能力。

《避碰规则》第十四条对遇局面视频教学

对遇局面碰撞典型案例视频

[第十四条] 对遇局面

1. 当两艘机动船在相反的或接近相反的航向上相遇致有构成碰撞危险时,各应向右转向,从而各从他船的左舷驶过。

2. 当一船看见他船在正前方与接近正前方,在夜间能看见他船的前后桅灯成一直线,或接近一直线和(或)两盏舷灯;在白天看到他船的上述相应形态时,则应认为存在这样的局面。

3. 当一船对是否存在这样的局面有任何怀疑时,该船应假定确实存在这种局面,并应采取相应的行动。

对遇局面动画

一、对遇局面的含义和判断

1. 对遇局面的含义

根据本条1款的规定可知,"对遇局面"是指两艘机动船在相反的或接近相反的航向上相遇致有构成碰撞危险的局面。构成"对遇局面",适用对遇条款,应同时满足以下三个条件:

(1)两艘机动船

考虑到《避碰规则》第三条和第十八条的规定,本条所提到的"机动船"是指除"操纵能力受到限制的船舶"、"失去控制的船舶"和"从事捕鱼的船舶"之外的用机器推进的船舶。虽然上述三种船舶很可能也用机器推进,但第十八条规定机动船在航时应给这三种船舶让路,故将"机动船"所指范围在本款重新限定。由此可以推定,当机动船与上述三种船舶构成"对遇局面"的几何态势时,是不能构成《避碰规则》定义的"对遇局面"的。同理,本条规定也不适用于上述三种同类船舶之间所构成的"对遇局面"态势。两艘不同种类的船舶相遇,应遵守《避碰规则》第十八条的有关规定。

IMO 在 1982 年发布的"第 322 号通函"第 7 款明确指出:"一艘限于吃水的船舶,当与另一艘船在交叉相遇或对遇的局面下存在碰撞危险时,应作为机动船遵守有关的驾驶和航行规则。”因而,尽管限于吃水船根本无法遵照本条 1 款的规定采取大幅度的右转行动,但根据《避碰规则》第十八条所确定的“船舶间的责任”,限于吃水船仍应作为一艘机动船来执行本条的规定。也就是说,一艘机动船和一艘限于吃水船可以构成对遇局面,两艘限于吃水船也可以构成对遇局面。

(2)航向相反或接近相反

这里所指的航向是指船首向而非航迹向,当船舶处在强风或者急流中,船首向与航迹向之间存在较大夹角时,这一点将显得更加重要,如图 5-3-1 所示。航向相反是指两船首向相差 180°,航向接近相反是指两船首向的夹角为半个罗经点或 6°左右。例如一船航向为 180°,另一船航向为 006°或者 354°,即可认为两船航向接近相反,如图 5-3-2 所示。

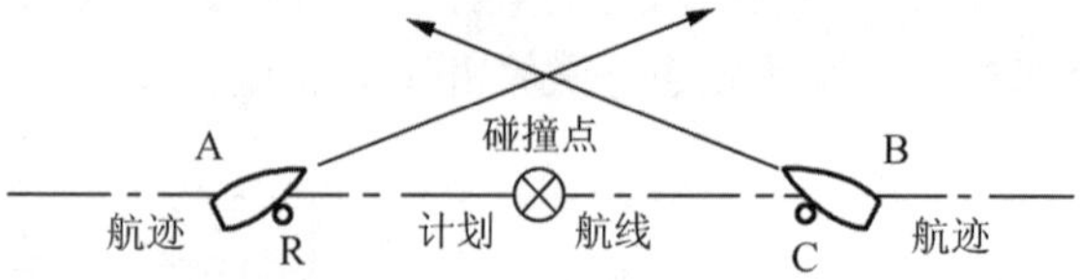

图 5-3-1　船首向与航迹向存在较大夹角

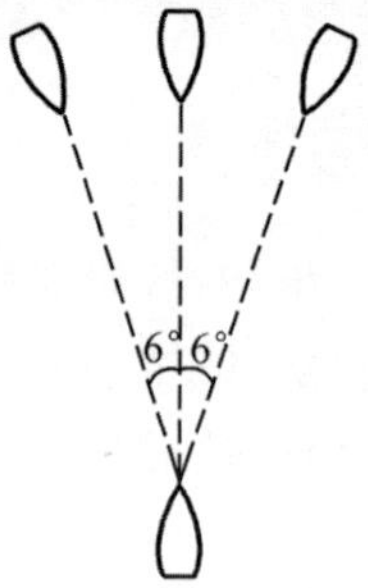

图 5-3-2　两船航向接近相反

(3)致有构成碰撞危险

“致有构成碰撞危险”是构成对遇局面一个重要条件。关于碰撞危险的含义在《避碰规则》第七条中已做了解释,在对遇局面情况下,判断碰撞危险时应侧重考虑两船之间的距离和 *DCPA*。两船之间的距离可以表明碰撞危险形成的时刻,要考虑到远距离不存在碰撞危险的习惯做法;会遇两船的 *DCPA* 表明是否构成碰撞危险。在大海上,通常认为两船接近到 6 n mile(指 $L \geqslant 50$ m),$DCPA \leqslant 0.5$ n mile 时,即可认为构成了碰撞危险,并开始适用“对遇局面”(见图 5-3-3),特别是在夜间和右舷对右舷通过的情况。

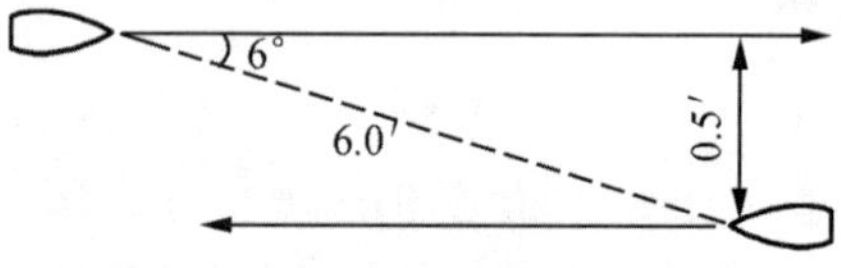

图 5-3-3　“对遇局面”致有构成碰撞危险

2. 对遇局面的判断

本条 2 款规定:“当一船看见他船在正前方或接近正前方,在夜间能看见他船的前后桅灯成一直线或接近一直线和(或)两盏舷灯;在白天能看到他船的上述相应形态时,则应认为存在这样的局面。”

根据上述规定和对遇局面的构成条件,通常可依据下列三点进行判断:

(1)两船之间的相互位置

当两机动船相互位于各自的正前方或接近正前方,以相反的航向或接近相反的航向相互逼近时,即可认为对遇局面正在形成。这样规定主要是基于两盏舷灯的水平光弧在朝船首方向上分别向另一舷侧延伸 1°~3°,因此,在船舶正前方左右各 3°的范围内,可以同时看到他船的两盏舷灯。此外，考虑到操舵不稳，风流和波浪的影响等都可能导致船首左右摇摆的现象，所以对船舶左右各 6°或各半个罗经点范围内，看到他船两盏桅灯成一直线和(或)两盏舷灯的情况，也认定为"对遇局面"(见图 5-3-4)。

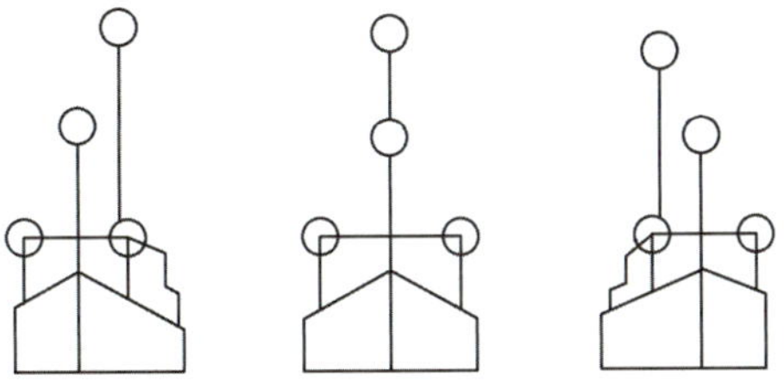

图 5-3-4 "对遇局面"悬挂的号灯

(2)船舶显示的号灯或者相应的形态

在两机动船各自位于他船正前方或者接近正前方的前提下，在夜间如果发现他船的两盏桅灯成一直线或者接近成一直线和(或)两盏舷灯，则两船构成对遇局面。当 $L<50$ m 的船舶有可能只显示一盏桅灯时，可以根据同时发现他船的两盏舷灯来判断对遇局面。在白天，两机动船相互看到他船的上述相应形态，则表明两船将形成对遇局面。

(3)两船间的距离

由于远距离不存在碰撞危险的习惯看法，必然存在本条规定适用时两船间距离的问题。考虑到船舶对遇时相对速度大，供判断和采取行动的时间短，因此，在正前方或者接近正前方，只要发现他船两盏桅灯成一直线或者接近成一直线，即可认为对遇局面已经形成，《避碰规则》第十四条开始生效，并不一定非要等到看见两盏舷灯不可。《避碰规则》中的"和(或)两盏舷灯"的条件，是考虑到存在船舶只显示一盏桅灯和不显示桅灯的情况才提出的，例如执行引航任务的引航船。所以，认为看到两盏桅灯成一直线或者接近成一直线还不够，只有再看到两盏舷灯才属于对遇局面的观点并不一定恰当。由于不同长度的船舶其号灯的能见距离不同，因此，对遇局面适用的两船距离也将随着两船长度的不同而不同。

3. 持有任何怀疑时的处置

本条 3 款规定："当一船对是否存在这样的局面有任何怀疑时，该船应假定确实存在这种局面，并应采取相应的行动。"

对是否属于对遇局面容易产生怀疑的情况，通常有以下几种：

(1)对位于正前方且航向相反或接近相反的他船是否属于机动船难以断定；

(2)对位于正前方且航向相反或接近相反的他船所显示的两盏桅灯是否属于接近一直线难以断定或仅见其一盏桅灯；

(3)对位于正前方的他船时而显示红舷灯，时而显示绿舷灯，对两船航向是否相反或者接近相反以及是否存在碰撞危险难以断定；

(4)对位于正前方小角度方向上的他船，是属于对遇局面还是交叉相遇局面难以断定；

(5)两机动船对驶，特别是右舷对右舷对驶且横距不宽裕时，对当时的局面究竟是"对遇"还是"对驶"，是否致有构成碰撞危险难以断定。

当处于上述情况时，按《避碰规则》的规定，船舶应假定两船确实处于对遇局面中，并按《避碰规则》的要求采取相应的行动。

二、对遇局面中的避让责任和行动

1. 对遇局面中的避让责任

根据本条 1 款的规定，当两船相遇形成对遇局面时，各应向右转向，从而各从他船的左舷驶过。在采取避碰行动的同时，应鸣放操纵声号“一短声”和（或）显示操纵号灯“一短闪”以使他船及时了解本船的动向。在这种会遇局面中，两船负有相同的避碰责任和义务，不存在谁给谁让路的问题，也不是互为让路船的关系。需要特别注意的是，限于吃水船应作为普通机动船来承担本条规定的避碰责任和义务。

2. 对遇局面中的避让行动

对遇局面的特点是相对速度大，可供判断及采取行动的时间短。例如：两船速度均为 15 kn，则相对速度为 30 kn，当两船接近到 6 n mile 时（$L\geqslant50$ m 的船桅灯的最小能见距离），到达碰撞点所需的时间为 12 min，若当两船接近到 3 n mile 时（$L\geqslant50$ m 的船舷灯的最小能见距离），到达碰撞点仅需 6 min。因此，要求驾驶人员对局面的判断迅速、准确，并及早地采取大幅度的行动。在采取行动时应充分注意以下各点：

（1）当对遇局面形成，《避碰规则》第十四条生效时，应严格遵守规定的行动准则，向右转向从而从他船的左舷驶过。

（2）考虑到对遇局面的特点，双方均应及早地采取大幅度的右转行动，应使两船中每一船的行动均能导致两船在安全的距离上驶过，而并非一船的行动导致在一半的距离上驶过。

（3）当发生对是否处于对遇局面有怀疑的情况时，应假定确实存在这种局面，并应采取相应的行动以避免紧迫局面的形成。

（4）当两船处于右舷对右舷通过且横距不宽裕的情况下（俗称“危险对遇”），船舶应尽早通过 VHF 协调行动，或者根据具体情况，在较早的时候采取大幅度的左转或右转的行动并鸣放操纵声号、显示操纵号灯。为防止双方行动的不协调，千万不可犹豫不决、摇摆不定，或采取对航向和（或）航速的一连串的小变动，或在最危险的时刻采取突然转向的行动。

（5）当环境和情况不允许一船采取右转行动（如右前方有碍航物或浅滩）时，更应尽早与他船建立 VHF 通信，通报情况，协调行动；另一船应予以充分注意，密切配合行动。

3. “危险对遇”

当两艘机动船各自位于他船右舷小角度时，往往两船对当时的局面究竟是对遇，还是对驶持有不同的理解，从而导致行动的不协调，以致形成碰撞的紧迫危险，甚至发生碰撞。例如：图 5-3-5 所示的这一局面，A、B 两船各自位于对方的右舷小角度，A 船认为两船处于“接近对遇”局面之中，根据《避碰规则》的规定，应向右转向，以便“左对左”通过；B 船却认为两船处于“对驶，不适用对遇局面条款”，只需保向保速即可。由于 A 船右转，B 船保向，则势必造成 A 船穿越 B 船前方而酿成碰撞的危险。又如：A 船认为当时两船业已构成对遇局面，应向右转向，B 船却认为并未构成对遇局面，无须向右转向，但又担心两船通过时的会遇距离不宽裕，为增大“右对右横距”，决定向左转向。若是如此，势必导致碰撞。因而，这一右舷对右舷横距不宽裕的局面被称为“危险对遇”。

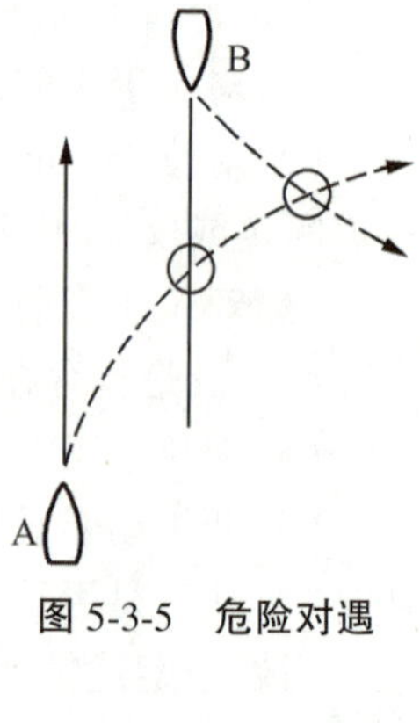

图 5-3-5　危险对遇

三、对遇局面中发生碰撞的原因

导致碰撞的原因主要有以下四点：

(1)在右舷对右舷的“危险对遇”局面下，两船在行动上犹豫不决，并在最危险的时刻采取了不协调行动；

(2)未保持正规瞭望，发现来船太晚，以致惊慌失措，采取了不协调行动；

(3)对对遇局面的特点认识不足，未能及早地采取大幅度的行动；

(4)对是否处于对遇局面持有怀疑，采取行动不及时或者两船采取了不协调行动。

任务四 交叉相遇局面的判断和避让

学习目标

知识目标：掌握交叉相遇局面构成的条件，掌握交叉相遇局面双方的避让关系及相应的行动要求。

能力目标：能正确判定交叉相遇局面，能根据相应情况确定避让关系并采取相应行动。

素质目标：培养学生分析问题、解决问题的能力。

《避碰规则》第十五条交叉相遇局面

交叉相遇局面典型案例视频

交叉相遇局面

[第十五条]　交叉相遇局面

当两艘机动船交叉相遇致有构成碰撞危险时，有他船在本船右舷的船舶应给他船让路，若当时环境许可，还应避免横越他船的前方。

一、交叉相遇局面的含义和判断

1. 交叉相遇局面的含义

“交叉相遇局面”通常是指两机动船交叉相遇致有构成碰撞危险的局面。构成“交叉相遇局面”应具备以下三个条件：

(1)两艘机动船

本条中“机动船”一词的含义与第十四条中“机动船”的含义一样，也是指除操纵能力受到限制的船舶、失去控制的船舶、从事捕鱼的船舶之外的用机器推进的船舶。也就是说以上三种船舶之间不能构成交叉相遇局面。另外，IMO 在 1982 年发布的“第 322 号通函”第 7 款明确指出：“一艘限于吃水的船舶，当与另一艘船在交叉相遇或对遇的局面下存在碰撞危险时，应作为机动船遵守有关的驾驶和航行规则。”因而，限于吃水船应作为一艘机动船来执行本条的规定。也就是说，一艘机动船和一艘限于吃水船可以构成交叉相遇局面，两艘限于吃水船也可以构成交叉相遇局面。

(2)航向交叉

“航向交叉”是指相遇两船的船首向交叉，但不包括“对遇局面”和“追越”已经涉及的两船航向交叉的情况。就“交叉范围”而论，本条中的交叉相遇之扇形区间应为大于 6°舷角，但小于 112. 5°舷角（左与右），如图 5-4-1 所示。在交叉扇形区间中，海员又根据两船所处的相对位置，把“交叉相遇局面”划分为三种不同的交叉态势，即“小角度交叉”“大角度交叉”“垂直交叉”（正交叉），见图 5-4-2。所谓“大、小角度”，通常是指一船的舷角。也就是：当一船位于另一船的小舷角方向上，即称为“小角度交叉”；若位于大舷角上，即称为“大角度交叉”；若两船航向夹角为 90°，又称为垂直交叉或“正交叉”。至于多大舷角被称为“大角度”，多大舷角被称为“小角度”，《避碰规则》并无统一的标准，实际上也无必要对此做出明确的规定。

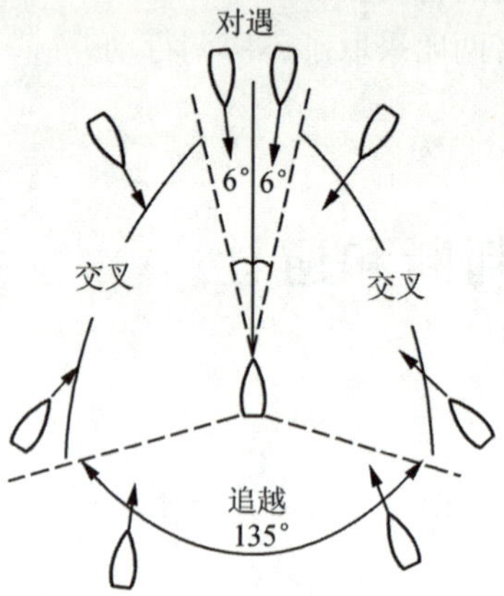

图 5-4-1 交叉相遇之扇形区间

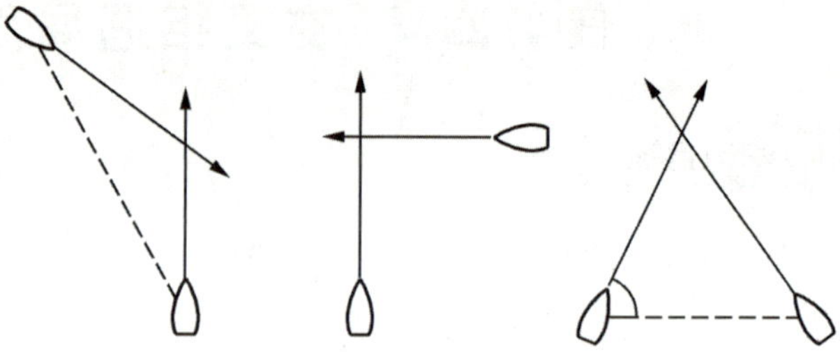

图 5-4-2 “交叉相遇局面”的三种不同交叉态势

（3）致有构成碰撞危险

致有构成碰撞危险是构成交叉相遇局面的一个重要的必备条件。对于碰撞危险的判断在《避碰规则》第七条中已有详细论述。当在海上遇到他船时，首先应判断是否存在碰撞危险，而后估计所形成的局面。

以上三条只是构成交叉相遇局面、适用交叉相遇条款的必要条件，还不是充要条件。

2. 交叉相遇局面的判断

在判断两船之间的会遇局面是否构成交叉相遇局面，是否适用交叉相遇条款时，除应考虑交叉相遇局面的三个构成条件外，还应考虑其他一些因素。因此，在判断交叉相遇局面时，应注意以下几点：

（1）两船，尤其是处于他船右舷侧的船舶所驶的航向应是相对稳定的，并能被他船所理解。比如一艘机动船从锚地驶出意欲进入附近航道，与在航道中行驶的他船构成交叉相遇态势，在其航向未稳定前，不适用本条。

（2）本条规定不适用于两机动船在沿航道弯曲地段航行时所构成的交叉相遇态势，此时，两船仍应遵守狭水道航行规则。

（3）三艘及以上机动船两两交叉构成碰撞危险不适用本条规定，应作为特殊情况处理，可遵守第二条的规定。

（4）一艘后退中的船舶与一艘前进中的船舶交叉构成碰撞危险，应作为特殊情况，不适用本条。

（5）本条规定适用于沿狭水道或航道行驶的机动船与另一艘穿越狭水道或航道的机动船交叉相遇致有构成碰撞危险的情况。

（6）当一艘机动船处于在航并且不对水移动状态，如果不是处于失控状态，则当与另一机动船交叉相遇致有构成碰撞危险时，同样适用于交叉相遇条款，该船甚至可能是让路船。

(7)从事拖带、傍拖或顶推作业的机动船，若不属于操纵能力受到限制的船舶，则当其与另一机动船交叉相遇致有构成碰撞危险时，也同样适用于交叉相遇条款。

(8)限于吃水船以及执行引航任务的机动船均应作为普通机动船来执行本条的规定。

(9)本条款开始适用时的两船间距离应以机动船桅灯的法定能见距离为依据。

二、交叉相遇局面中的避让责任和行动

1. 交叉相遇局面中的避让责任

根据《避碰规则》第十五条的规定，交叉相遇局面中两船的责任是：

(1)有他船位于本船右舷的船舶，本船应给他船让路，本船是让路船，他船是直航船；

(2)有他船位于本船左舷的船舶，他船应给本船让路，本船是直航船，他船是让路船。

在夜间，当两船交叉相遇时，让路船只可能看到直航船的红色舷灯，看不到其绿色舷灯；直航船只可能看到让路船的绿色舷灯，看不到其红色舷灯。因此，海员通常称之为"让红不让绿"，即显示(确切的含义应该是被他船看到)绿舷灯的船为让路船，显示红舷灯的船为直航船。

2. 交叉相遇局面中船舶的避让行动

(1)让路船的行动

交叉相遇局面下的让路船在给他船让路时，应根据《避碰规则》第八条、第十五条、第十六条等条款的规定采取适合当时环境和情况的避让行动：

①通常情况下应采取向右转向的行动，从他船的船尾通过，即遵守"若当时环境许可，还应避免横越他船的前方"的规定。

②为避免右舷小角度方向来船，即两船处于"小角度交叉"，则应采用向右转向并从他船艉部驶过，通常这是一种让路的最好方法。若当时环境不允许让路船大幅度向右转向，例如在其右舷有他船或其他碍航物的存在，则可采用减速，或停车等措施，直至直航船驶过之后，再逐渐地恢复原航向或原航速。在这种情况下，通常不宜向左转向避让，因为，该行动往往可能造成横越他船之前方，如图 5-4-3 所示。

③当避让右舷正横前大约 60°方向的来船，通常可采用向右转向，并通过他船船尾的方法，或也可向左转向，等待他船驶过之后，再逐渐恢复原航向，如图 5-4-4 所示。

④避让大角度交叉船时，不宜在较近距离内右转，通常可适当左转(如可行，也可左转一圈从他船船尾驶过)或者减速让他船先通过，如图 5-4-5 所示。

⑤采取行动时应鸣放相应的操纵声号或者显示操纵号灯以避免两船行动的不协调。

(2)直航船的行动

直航船在会遇的过程中，首要的责任是保持航向和航速，但在一定的条件下也有独自采取行动和采取最有助于避碰的行动的责任，详见《避碰规则》第十七条。

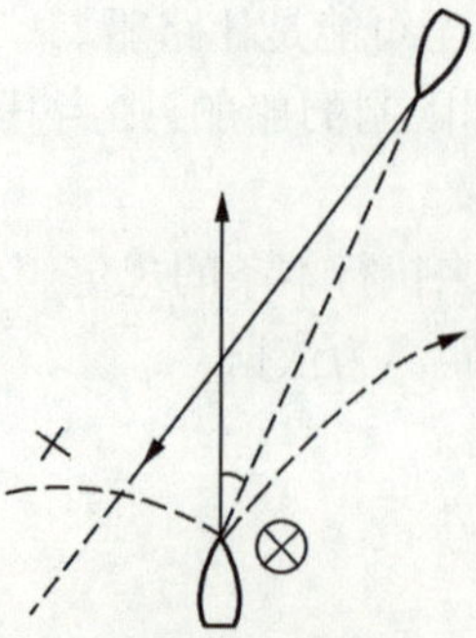

图 5-4-3　小角度交叉船避让行动

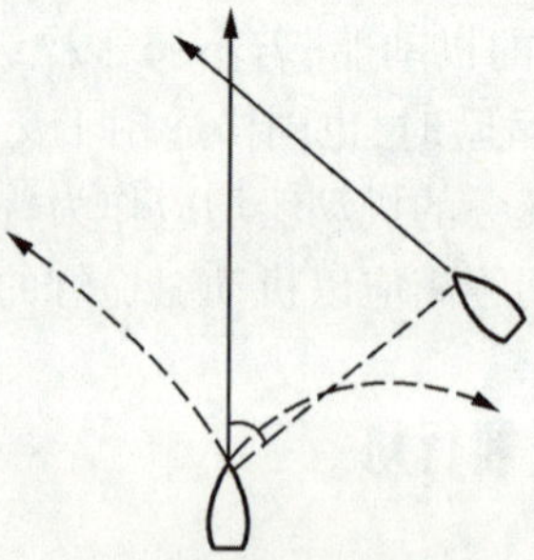

图 5-4-4　右舷正横前大约60°来船避让行动

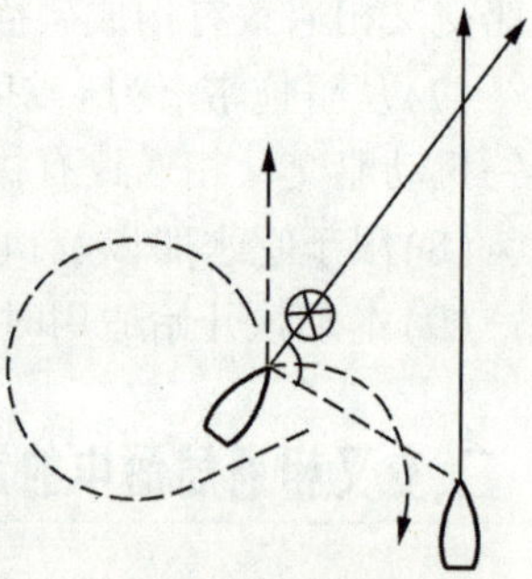

图 5-4-5　大角度交叉船避让行动

三、交叉相遇局面中发生碰撞的原因

导致碰撞的原因有以下四点：

①相遇两船未保持正规瞭望，特别是让路船疏忽瞭望，以致形成紧迫局面，最后导致碰撞事故的发生；

②让路船没有及早采取大幅度的行动，宽裕地让清他船；

③会遇双方误将小角度交叉判断为对遇，又相互观望，错过避碰良机；

④直航船一味强调直航，不顾《避碰规则》的其他要求，待紧迫局面形成时，违背《避碰规则》采取向左转向的行动，导致两船行动不协调而发生碰撞事故。

任务五　不同种类船舶之间的避让

学习目标

知识目标：掌握船舶之间责任的划分原则和责任种类，掌握不同种类船舶之间的避让关系及所承担的责任，掌握《避碰规则》未做明文规定的两船之间构成碰撞危险时的处理方法。

能力目标：能明确两艘不同种类船舶相遇构成碰撞危险时的避让关系及避让方法。

素质目标：培养学生与他人和谐相处的能力。

［第十八条］　船舶之间的责任

除第九、十和十三条另有规定外：

1. 机动船在航时应给下述船舶让路：

(1) 失去控制的船舶；

(2) 操纵能力受到限制的船舶；

(3) 从事捕鱼的船舶；

(4) 帆船。

《避碰规则》第十八条船舶之间责任教学视频

2. 帆船在航时应给下述船舶让路：

(1)失去控制的船舶；

(2)操纵能力受到限制的船舶；

(3)从事捕鱼的船舶。

3. 从事捕鱼的船舶在航时，应尽可能给下述船舶让路：

(1)失去控制的船舶；

(2)操纵能力受到限制的船舶。

4. (1)除失去控制的船舶或操纵能力受到限制的船舶外，任何船舶，若当时环境许可，应避免妨碍显示第二十八条规定信号的限于吃水的船舶的安全通行。

(2)限于吃水的船舶应全面考虑其特殊条件，特别谨慎地驾驶。

5. 在水面的水上飞机，通常应宽裕地让清所有船舶并避免妨碍其航行。然而在有碰撞危险的情况下，则应遵守本章条款的规定。

6. (1)地效船在起飞、降落和贴近水面飞行时应宽裕地让清所有其他船舶并避免妨碍它们的航行；

(2)在水面上操作的地效船应作为机动船遵守本章条款的规定。

一、船舶之间责任条款的适用范围

1. 本条适用于互见中两艘不同种类船舶相遇致有构成碰撞危险时

除了第十三条“追越”条款以外，第十二条“帆船”适用于两艘帆船相遇致有构成碰撞危险时。第十四条“对遇局面”适用于两艘机动船航向相反或接近相反致有构成碰撞危险时，第十五条“交叉相遇局面”也适用于两艘机动船航向交叉致有构成碰撞危险时，以上三条都是两艘同类船舶相遇致有构成碰撞危险的情况。当两艘不同种类船舶相遇致有构成碰撞危险时，则应遵守《避碰规则》第十八条。

2. 船舶之间责任条款的适用条件

(1)取决于当事船舶是否符合《避碰规则》第三条“一般定义”的规定；

(2)当事船舶是否确实履行《避碰规则》有关应显示的号灯或号型的要求。

若一艘船舶未能同时满足上述两个条件，则第十八条不适用。例如：一艘机动船当与他船处于交叉相遇态势中，且处于“让路船”的位置时，因其主机突然故障，失去操纵的能力，无法给他船让路，理论上当属第三条定义中的“失控船”。但由于该船未能遵章显示“失控船”的号灯或号型，以至于他船无从识别其失控，若因此导致他船避让不及，发生碰撞，该“失控船”不但不能引用第十八条“机动船应给失控船让路”的规定去指责对方，甚至还可能被法院指定“犯有严重的过失”而承担碰撞的主要责任。一艘“失控船、操限船、从事捕鱼船或限于吃水船”，若未能遵照条款显示规定的号灯或号型，实际上，业已丧失了本应享有第十八条赋予其“被让路”或“不应被妨碍”的权利。反之，若一艘机动船，在正常的情况下，错误地显示了“失控船、操限船、捕鱼船或限于吃水船”的号灯或号型，尽管在客观上，他船或许可能按照第十八条的规定，给其让路或不妨碍其通行，但这并不意味着第十八条条款适用。若由于种种原因，他船与这些错误显示号灯或号型的船舶发生碰撞，这些所谓的“行动受阻碍”的船舶就会被判定负有严重的过失，并应承担一定的碰撞责任。

二、船舶之间的责任

1. 两船相遇时所承担的责任

船舶之间的责任是指《避碰规则》规定的相遇两船在避碰中一船对另一船所承担的责任,也就是相遇两船之间的避让关系。纵观《避碰规则》各条的规定,船舶之间的责任可分为:

(1)一船不应妨碍另一船的通行或安全通行。

不应妨碍的责任既适用于互见中,也适用于能见度不良的情况。第九条、第十条和第十八条中提出的"不应妨碍"的要求,实际上就规定了两船之间的责任是一船负有不应妨碍另一船通行或安全通行的责任。

(2)一船应给另一船让路。

一船应给另一船让路的责任只适用于互见中。第十二条、第十三条、第十五条和第十八条中提出两船相遇时一船应给另一船让路,实际上就规定了两船之间的责任是一船负有给另一船让路的责任。

(3)两船负有同等的避让责任和义务。

第十四条提出处于"对遇局面"中的两艘机动船应各自右转左对左通过,第十九条提出不在互见中的两船致有构成碰撞危险时应及早采取避让行动,实际上就规定了两船负有同等的采取避让行动以避免碰撞事故发生的责任和义务。如此划分的理由在于相遇双方的对立性和对偶性,相遇双方采取避碰行动所避让对象的相互对应关系及其唯一性,缺了任何一方,另一方的避让行动就失去对象,没有采取措施的必要了。

有专家认为,上述的第三类责任不是"船舶之间的责任",即不是一船给另一船让路或一船不妨碍另一船通行的责任。但考虑到上述理由,还是列为第三类责任较妥。

2. 划分船舶之间责任的原则

《避碰规则》划分船舶之间的责任时,主要采用了等级制和几何制两个原则。

(1)等级制原则是根据船舶所能采取避让操纵能力的好坏来划分等级,要求避让操纵能力相对较好的船舶应给或应尽可能给避让操纵能力相对较差的船舶让路。第十八条采用的就是等级制原则。

(2)几何制原则是根据两船在水面上所形成的几何格局或相对位置,并援引海员通常做法或传统习惯指定一船给另一船让路。第十二条、第十三条、第十四条和第十五条采用的就是几何制原则。例如两帆船相遇在同舷受风时,要求处在上风的帆船给下风船让路,从能力上来讲处在上风的帆船不一定比下风船强;又如交叉相遇局面中要求有他船在本船右舷的船舶为让路船,就算是限于吃水船处于让路船的位置时,也应遵守第十五条。第十三条"追越"采用的是等级制和几何制并用的原则,在构成追越的条件中,方位条件是后船处于前船正横后大于22.5°的某一方向上,这属于几何制,而速度条件是后船正在赶上前船,这属于等级制原则。

第九条和第十条"不应妨碍"的规定,是考虑到通航水域的有效利用和保持受限水域中的交通畅通予以确定的。

三、船舶之间的避让关系

1. 机动船

《避碰规则》第十八条(船舶之间的责任)规定:

“除第九、十和十三条另有规定外:

机动船在航时应给下述船舶让路:

(1)失去控制的船舶;

(2)操纵能力受到限制的船舶;

(3)从事捕鱼的船舶;

(4)帆船。”

首先,应指出的是,这里的“机动船”应是指除了“失去控制的船舶”、“操纵能力受限制的船舶”和“从事捕鱼的船舶”之外的任何用机器推进的船舶。在本款中,“机动船在航时”通常包括“机动船处于在航对水移动与在航不对水移动的两种不同的运动状态”。当机动船并非由于主机故障、舵机失控等异常情况而停机漂泊于水面时,不但仍应被视为一艘普通的机动船,并且当其与上述四种类型的船舶相遇并致有构成碰撞危险时,仍然负有让路的责任。

其次,一艘从事拖带作业的机动船,当其驶离所在航向的能力并未严重地受到限制,则该机动船(包括拖船与被拖船)也同样适用本款的规定。

最后,一艘限于吃水船,尽管其驶离所在航向的能力严重地受到限制,《避碰规则》还赋予其享有“不应被妨碍”的特殊待遇。但该船当与上述四种船舶相遇并致有构成碰撞危险时,仍应作为一艘普通的机动船来执行本款的规定。

2. 帆船

“帆船在航时应给下述船舶让路:

(1)失去控制的船舶;

(2)操纵能力受到限制的船舶;

(3)从事捕鱼的船舶。”

应指出的是,装有机器而不在使用的帆船,当处于无风状态下,通常不应借口本船由于无风而无法驶帆这一事实,拒绝动车,置与上述三船构成的碰撞危险而不顾。良好的船艺要求该船在这一特定的情况下,应主动承担避让责任,及时启动主机,避免紧迫局面的形成。

当帆船在狭水道、航道或通航分道行驶时,还应充分意识到本船负有不应妨碍“只能在狭水道或航道内安全航行的船舶”(包括限于吃水船)或“在通航分道中行驶的机动船”的安全通行。尤其是那些以娱乐为目的而扬帆行驶并做经常性转向的小游艇,更应远离航道、通航分道或通航密度较大的水域,远离大型机动船,并避免妨碍它们的安全通行。

3. 从事捕鱼的船舶

“从事捕鱼的船舶在航时,应尽可能给下述船舶让路:

(1)失去控制的船舶;

(2)操纵能力受到限制的船舶。”

从事捕鱼的船舶在航时应尽可能给失去控制的船舶和操纵能力受到限制的船舶让路。考虑到从事捕鱼作业的特点以及所使用的渔具,某些从事捕鱼的船舶很难做到给失去控制的船舶和操纵能力受到限制的船舶让路。因此,本款规定使用了"尽可能"一词,对此,失去控制的船舶和操纵能力受到限制的船舶应予以充分注意。

但需指出是,作为捕鱼船,也应自觉地、严格地遵守《避碰规则》第九条3款、第十条9款以及第十八条4款赋予其"不应妨碍"他船的责任与义务。绝不能自以为《避碰规则》允许它可以在狭水道、航道、通航分道等有鱼群出没的水域进行捕鱼作业,而随意妨碍他船的航行,甚至堵塞航道,扰乱航行秩序。

4. 限于吃水船

"(1)除失去控制的船舶或操纵能力受到限制的船舶外,任何船舶,若当时环境许可,应避免妨碍显示第二十八条规定信号的限于吃水的船舶的安全通行。

(2)限于吃水的船舶应全面考虑其特殊条件,特别谨慎地驾驶。"

由于限于吃水船驶离所在航向的能力严重地受到限制,它无法做到像普通机动船那样能够很容易地采用一种避免紧迫局面的最有效的行动——"单用转向"来达到避让之目的。但也考虑到限于吃水船也并非像失控船一样完全丧失避让之能力,也不像操限船一样根本无法给他船让路,它完全可以使用"车让"(只要能及早地、大幅度地进行)以达到避让之目的。因而,《避碰规则》仍然将其排除在失控船、操限船行列之外,而仅赋予其享有"不应被妨碍"的权利。当限于吃水船一旦与其他机动船相遇致有构成碰撞危险,则仍然应视为机动船来执行第十四条、十五条的规定。当其与失控船、操限船、捕鱼船以及帆船相遇并致有构成碰撞危险,仍应遵守本条1款的规定,作为一艘让路船,来执行第十六条"让路船行动"的规定,直到驶过让清为止。

作为其他一些船舶(除失控船、操限船外),一旦发现一船悬挂有一个圆柱体或显示三盏环照红灯,则应主动地、及早地采取行动,以留出足够的水域供该船安全通过。同样,这些负有不应妨碍限于吃水船安全通过的船舶,即使处于直航船的位置,也自始至终负有这一义务,直至驶过让清为止。

本款中之所以使用"若当时环境许可"这一短语,主要考虑到某些船舶,特别是从事捕鱼作业的船舶,有可能无法遵照《避碰规则》第八条6款的规定采取有效的行动,这也要求限于吃水船应充分意识到这种特殊情况的存在,以保持高度的戒备,避免由于疏忽而导致措施无效,形成紧迫局面,甚至紧迫危险。

《避碰规则》还要求限于吃水船应充分注意到其特殊条件,特别谨慎地驾驶。

所谓"特殊条件",主要是指以下几个方面:

(1)驶离所在航向的能力严重地受到限制,致使其只能采用车让,而无法采用有效的舵让行动;

(2)车让效果不明显,操作程序复杂,需要耽搁一定时间,有些船舶在不备车的情况下,还可能无法有效、迅速地进行操纵;

(3)船舶运动惯性大、冲程长,尤其在船大、重载、顺风、顺流的情况下,影响更为严重;

(4)限于吃水船往往均处于浅水区,可航宽度受限制,因而,浅水效应、岸壁效应、斜坡效应,以及复杂的水文、地理等自然的不利因素,可能严重地影响船舶的操纵性能,不易于控制船舶的运动;

(5)限于吃水船所处的水域往往通航密度较大,各种会遇的格局均可能形成,从而使其处于更为不利的境况。

所谓"特别谨慎地驾驶",通常可理解为以下各项:

(1)应充分注意到上述各种“特殊条件”与不利的因素,只有这样,才能做到保持高度的戒备;

(2)应将主机做好随时操纵的准备,并应严格地控制船速,绝对不允许因为享有“不应被妨碍”的权利,而保持高速行驶;

(3)应将双锚备妥,以便应急使用,以弥补车让效果不佳之不足;

(4)应清醒地意识到本船并未享有类似失控船、操限船的权利,在某种情况下,本船仍然负有“让路”的责任与义务;

(5)应保持正规的瞭望,保持海员通常做法以及特殊情况可能要求的任何戒备,尤其是应对当时的局面及其碰撞危险做出充分的估计与正确的判断;

(6)必要时,应积极地、及早地采取一切有效的避让行动,并应注意运用良好的船艺。

5. 水面上的水上飞机

“在水面的水上飞机,通常应宽裕地让清所有船舶并避免妨碍其航行。然而在有碰撞危险的情况下,则应遵守本章条款的规定。”

在水面上的水上飞机(如在水面上滑行或漂浮在水面上)通常应宽裕地让清所有船舶并避免妨碍其航行,提出这一要求主要是考虑到水上飞机具有优越的机动性能。当水上飞机与其他船舶相遇致有构成碰撞危险时,则应遵守“驾驶和航行规则”的有关规定。根据这一规定,水上飞机就应被视为普通机动船遵守本章条款。

还应注意的是,当水面上的水上飞机与一普通机动船相遇并致有构成碰撞危险时,首先由水上飞机承担不得妨碍的责任,至于避让关系,则应视两船所构成的局面而定,水上飞机可能是一艘让路船,也可能是一艘直航船。

6. 地效船

“(1)地效船在起飞、降落和贴近水面飞行时应宽裕地让清所有其他船舶并避免妨碍它们的航行;

(2)在水面上操作的地效船应作为机动船遵守本章条款的规定。”

地效船是利用表面效应能贴近水面飞行的一种高速船舶,其时速甚至能达到 140 km。考虑到地效船往往较普通机动船轻巧、灵便,并具有较好的操纵性能,因而当它处于高速行驶时,应及早地采取避让行动,宽裕地让清所有船舶。《避碰规则》要求其在起飞、降落和贴近水面飞行时应显示一盏红色闪光灯,以提醒其他船舶。因其受风影响大,存在较大偏航角,因此当在海上发现显示一盏红色闪光灯的地效船时,应注意观察它的实际运动方向,切实掌握其运动状态,以免由于其显示的舷灯和运动方向的差别造成误解。

而当其在水面操纵低速行驶时,应关闭红色闪光灯,并应作为普通机动船执行《避碰规则》的有关规定。

《避碰规则》第十八条“船舶之间的责任”仅仅是《避碰规则》对互见中各种不同类型的船舶之间的避让责任做出的一些规定,其避让关系如图 5-5-1 所示。

四、相关条款之间的关系

为理顺《避碰规则》中所有责任条款的执行顺序,消除关联条款之间的法律冲突,现将责任条款关联表排列如表 5-5-1 所示。

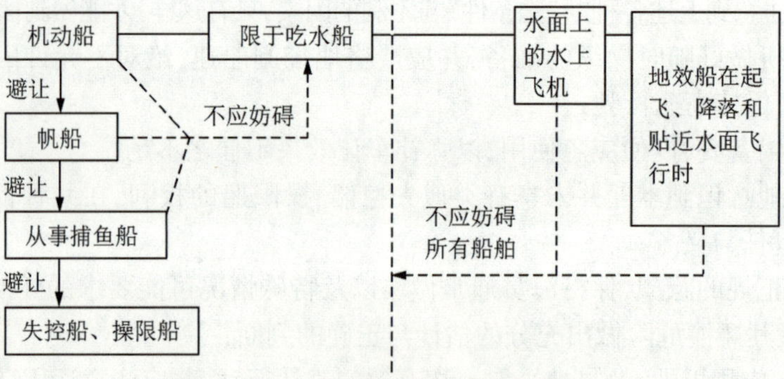

图 5-5-1　不同类型船舶间的避让关系

表 5-5-1　责任条款关联表

第十三条“追越”
第九条2、3、4款；第十条9、10款； 第十八条4、5、6款“不应妨碍条款”
第十八条1、2、3款“船舶之间责任”
第十二条“帆船”；第十四条“对遇局面”；第十五条“交叉相遇局面”

说明：

(1)该方框图表上方的条款优先于下方的条款；

(2)尽管第十三条优先于其他条款，但该款规定并不能免除负有“不得妨碍”责任的被追越船首先负有不得妨碍的责任和义务；

(3)负有不得妨碍责任和义务的船舶当与他船致有构成碰撞危险后，仍不能免除其继续履行第八条第 6 款(1)项有关“不得妨碍”的责任和义务。

五、良好船艺的运用

1. 已确定船舶之间责任的情况

在某些特殊情况下，往往会发现来船的种类不易识别，难以断定。此时，根据良好船艺的原则，通常应根据本船的实际情况采用如下做法：

(1)机动船与他船“对遇”时，应立即大幅度右转，完全不必也不应非要先判定来船的种类。

(2)机动船与他船“交叉相遇”且处于“让路船”的位置时，也应及早采取大幅度的让路行动，完全不必也不应非要先判定来船的种类。然而，当机动船处于“交叉相遇”局面中“直航船”的位置，首先按常理可以先“保向保速”，但若一旦发现处于“让路船”位置的他船还显示有其他的“信号识别灯”或“号型”，则应立即采取大幅度的避让行动，并应与他船可能已采取的“让路行动”协调一致。

(3)作为一艘行动受阻船，不管其与他船处于“对遇”还是“交叉”态势，均应及早地用 VHF 呼叫对方，协调行动；当发现来船显然未遵守《避碰规则》的规定采取适当行动时，应立即施放警告信号，必要时还可独自采取操纵行动以避免碰撞。

2. 没有确定船舶之间责任的情况

《避碰规则》并没有也不可能划定所有会遇情况下船舶之间的避让责任。例如，当两艘失去控制的船舶或两艘操纵能力受到限制的船舶相遇致有构成碰撞危险时；一艘失去控制的船舶与一艘操纵能力受到限制的船舶相遇致有构成碰撞危险时；两艘从事捕鱼船相遇致有构成碰撞危险时。其原因首先是这些船舶在《避碰规则》中几乎都被定义为"不能给他船让路的船舶"；其次是这些船舶的避让操纵能力均严重受限或已完全丧失。因此，当上述情况发生时，相遇两船应按照《避碰规则》第二条规定的精神并运用良好的船艺采取行动，以避免碰撞。在采取行动时，应遵循以下原则：

(1)相遇两船均应尽最大努力采取行动，以避免碰撞事故的发生，在避免碰撞方面两船负有同等的责任。

(2)避让操纵能力相对稍好的船舶应尽可能主动给避让操纵能力相对较差的船舶让路。例如，操纵能力受到限制的船舶应尽可能给失去控制的船舶让路，拖网渔船应尽可能给流网渔船让路等。反之，操纵能力相对更差的船舶也应积极采取实际可行的措施，切不可依赖他船，坐失良机。

(3)在采取具体行动时，在条件允许的情况下，应遵循《避碰规则》所确定的行动原则。

(4)在制定有地方规则的水域中航行时，还应特别注意地方规则中关于船舶之间避让责任的规定，并优先遵守地方规则，例如，我国制定的《中华人民共和国非机动船舶海上安全航行暂行规则》《内河避碰规则》《渔船作业避让规定》等。

任务六 让路船的行动

学习目标

知识目标：掌握让路船的种类，掌握《避碰规则》对所有让路船的总体要求。

能力目标：能在不同局面下根据《避碰规则》对让路船的行动要求采取相应的避让措施，确保相遇两船在安全距离内通过。

素质目标：培养学生的主动意识。

［第十六条］ 让路船的行动

须给他船让路的船舶，应尽可能及早地采取大幅度的行动，宽裕地让清他船。

《避碰规则》第十六条让路船的行动教学视频

一、让路船的含义

1. 让路船的含义

"让路船"是指按《避碰规则》的规定须给他船让路的船舶。《避碰规则》规定会遇两船中的一船应给另一船让路时，前者即为让路船。就《避碰规则》确定两船的避让关系而言，让路船是相对于直航船而存在的。也就是说，当会遇两船中的一船为直航船时，另一船必定是让路船。在理解"让路船"的含义时，应注意《避碰规则》规定的"不应妨碍他船的船舶"不是让路船。

2.《避碰规则》规定的让路船

就《避碰规则》规定而言，负有给他船让路的责任的船舶与负有应采取避碰行动的责任的船舶是完全不同的，两者不可混淆，因此，对遇局面中的两船、能见度不良且非互见时相遇的两船也不能被称为“互为让路船”。《避碰规则》在第十二条（帆船）、第十三条（追越）、第十五条（交叉相遇局面）和第十八条（船舶之间的责任）中规定了须给他船让路的让路船。它们包括：

（1）两艘不同舷受风帆船中左舷受风的帆船；

（2）两艘同舷受风帆船中处于上风的帆船；

（3）左舷受风帆船当不能断定上风帆船何舷受风时；

（4）追越局面中的追越船；

（5）交叉相遇局面中有他船在本船右舷的船舶；

（6）与失控船、操限船、从事捕鱼船和帆船相遇致有构成碰撞危险的在航机动船；

（7）与失控船、操限船和从事捕鱼船相遇致有构成碰撞危险的在航帆船；

（8）与失控船、操限船相遇致有构成碰撞危险的从事捕鱼船。

二、让路船的行动要求

本条规定与《避碰规则》第八条的有关要求是一致的。制定这一条规定的目的是进一步强调让路船的责任和义务。

让路船采取避让行动时，应尽可能及早地采取大幅度的行动，宽裕地让清他船。归纳起来就是“早、大、宽、清”四个字。

（1）“早”是对采取避让行动的时机提出的要求；

（2）“大”是对采取避让行动的幅度提出的要求；

（3）“宽”是对采取避让行动所应达到的安全距离的要求；

（4）“清”是对最后避让结果的要求。

交叉相遇局面中的让路船，如果当时环境许可，在采取让路行动时还应遵守“避免横越他船的前方”的规定。

任务七 直航船的行动

学习目标

知识目标：掌握直航船的种类，掌握《避碰规则》对所有直航船的行动要求。

能力目标：能根据当时局面履行直航船保向保速的义务，能合理把握中止保向保速的时机，在紧迫危险情况下能采取最有助于避碰的行动。

素质目标：培养学生协调行动的能力。

《避碰规则》第十七条直航船的行动教学视频

［第十七条］ 直航船的行动

1.（1）两船中的一船应给另一船让路时，另一船应保持航向和航速。

(2)然而,当保持航向和航速的船一经发觉规定的让路船显然没有遵照本规则条款采取适当行动时,该船即可独自采取操纵行动,以避免碰撞。

2. 当规定保持航向和航速的船,发觉本船不论由于何种原因逼近到单凭让路船的行动不能避免碰撞时,也应采取最有助于避碰的行动。

3. 在交叉相遇局面下,机动船按照本条1款(2)项采取行动以避免与另一艘机动船碰撞时,若当时环境许可,不应对在本船左舷的船采取向左转向。

4. 本条并不解除让路船的让路义务。

一、直航船的含义

1. 直航船的含义

"直航船"是会遇两船避让关系中与"让路船"相对应的一个概念,其实质还是被让路船,但不能理解为所有的被让路船都是直航船。当遵照《避碰规则》的规定,两船中的一船应给另一船让路时,则"另一船"即为直航船。直航船的名称源于《避碰规则》首先要求该类船舶履行保持航向和航速即直航的义务。

2.《避碰规则》规定的直航船

《避碰规则》规定的直航船包括下列船舶:

(1)两艘不同舷受风帆船中右舷受风的帆船;

(2)两艘同舷受风帆船中处于下风的帆船;

(3)追越局面中的被追越船;

(4)交叉相遇局面中有他船在本船左舷的船舶;

(5)与在航机动船相遇致有构成碰撞危险时的失控船、操限船、从事捕鱼船和帆船;

(6)与在航帆船相遇致有构成碰撞危险时的失控船、操限船和从事捕鱼船;

(7)与从事捕鱼船相遇致有构成碰撞危险时的失控船、操限船。

二、直航船的行动要求

1. 保持航向和航速

(1)保持航向和航速的意义

保持航向和航速是《避碰规则》对直航船提出的一项基本要求。其目的在于使让路船准确地掌握其运动状态,正确判断会遇局面,果断采取避让行动并最大限度地防止不协调行动。

保持航向和航速通常是指保持初始的罗经航向和主机转速,在某些情况下,也应理解为保持一船在当时从事航海操作所遵循的并为他船所理解的航向和航速。例如,直航船驶入船舶密集水域时适当减速;直航船为接送引航员而变向变速;等等。直航船在无正当理由的情况下,未能履行保持航向和航速的义务,将被认为是一种违反《避碰规则》的行为。

(2)保持航向和航速的适用时间

保持航向和航速的适用时间是指直航船自应开始履行至应该或可以终止履行保持航向和航速义务的时间。当《避碰规则》中有关一船应给另一船让路的规定生效时,其中的直航船就应开始履行保持航向和航速的义务。通常直航船应该或可以终止保持航向和航速的时间为:

①当直航船发觉规定的让路船显然没有遵照《避碰规则》各条采取适当行动时;

②当直航船发觉不论因何种原因逼近到单凭让路船的行动已不能避免碰撞时；

③让路船已经驶过让清时。

2. 可独自采取操纵行动

本条1款(2)项规定："然而，当保持航向和航速的船一经发觉规定的让路船显然没有遵照本规则条款采取适当行动时，该船即可独自采取操纵行动，以避免碰撞。"

(1)直航船可独自采取操纵行动的时机

直航船可独自采取行动的时机为直航船一经发觉规定的让路船显然没有遵照《避碰规则》第八条和第十六条的规定采取适当的让路行动之时。在避碰实践中，由于环境和情况的不同，船舶驾驶员对《避碰规则》条款以及"早、大、宽、清"的要求有不同的理解和认识，很难做出直航船独自采取行动时机的统一的定量规定，这也往往给直航船在这一时机的把握上造成困难。行动晚了，错过了避碰的有利时机，导致紧迫局面，甚至发生碰撞事故；行动早了，违背保持航向和航速的规定，还有可能导致与他船行动的不协调。因此，直航船应在保持航向和航速的同时，密切注视让路船的行动，当发觉两船接近到单凭让路船采取大幅度的行动已不能导致两船在安全的距离上驶过时，就可以独自采取操纵行动，而此时往往紧迫局面正在形成或已经形成。这一时刻通常又可以理解为下述三种情况：

①让路船违背《避碰规则》的规定采取行动，例如，交叉相遇局面中的让路船采取增速、左转的措施，企图强行横越直航船的前方。

②让路船采取了一连串的小变动。不但难以使直航船很容易地察觉，同时也难以保证在安全的距离上驶过。例如，让路船转向角度太小，减速幅度不大，并一直对直航船显示绿舷灯，则很容易造成直航船对其所采取的行动估计不足，甚至对其意图产生怀疑。

③让路船拒不采取让路行动，两船逐步逼近，以至于碰撞局面的危险度不断地增大。

(2)直航船可独自采取的操纵行动

①在采取行动之前，根据《避碰规则》第三十四条4款的规定应鸣放至少五短声和(或)显示五次短而急的闪光信号，以表示无法理解他船的意图和行动或对他船采取的避让行动存有怀疑，向他船发出警告，并使用VHF与他船建立通信联系。

②在采取行动时，应采取大幅度的行动，尽可能迅速地完成，机动船还应鸣放相应的操纵声号和(或)显示操纵号灯，同时应严密注视他船的动态，并做好随时应急操纵的准备。

③直航船在决定独自采取操纵行动以避免碰撞时，应充分估计到让路船也会在同时或随后采取避让行动的可能性。为了确保避让行动的效果，直航船的行动绝不能与让路船可能采取的行动相抵触。根据本条3款的规定：在交叉相遇的局面下，若当时环境许可，不应对在本船左舷的船采取向左转向。考虑到交叉相遇局面中的让路船按照海员通常习惯所采取的避让行动多数为向右转向的情况，该项规定强制性地要求直航船在独自采取行动时，不应向左转向。

④通常情况下，直航船采取背着他船转向的行动，往往是一种最安全的操纵。但这一转向的行动必须在充分的时间内进行。在交叉相遇局面中，若让路船从直航船左舷不大于60°的方向上驶来，直航船采取的最佳行动往往是向右转向，直至把让路船置于其左舷正横附近为止。此后，再观测让路船的动态，酌情采取进一步的行动(见图5-7-1)。

如果让路船位于直航船正横附近，或正在追越直航船，则直航船转向至两船成平行或接近平行的航向，也可能是一种较安全的行动(见图5-7-2)。

(5)当一艘行动受阻碍的船舶，例如操限船、捕鱼船等，发现位于其右前方小角度方向的

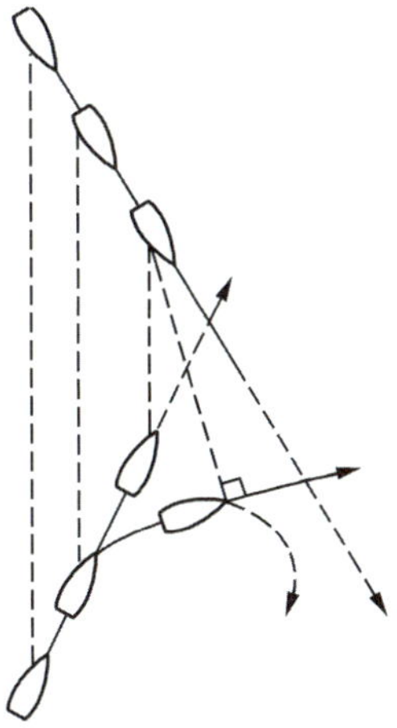

图 5-7-1 避让左舷小角度方向上的他船

让路船向其驶来并未采取适当的避让行动,则往往采取大幅度向右转向的行动,可能是比较安全的。因为在这种情况下,《避碰规则》并未要求让路船应避免穿越他船的前方,因而,让路船若采取让路行动,其最大的可能性就是向右转向(见图 5-7-3)。

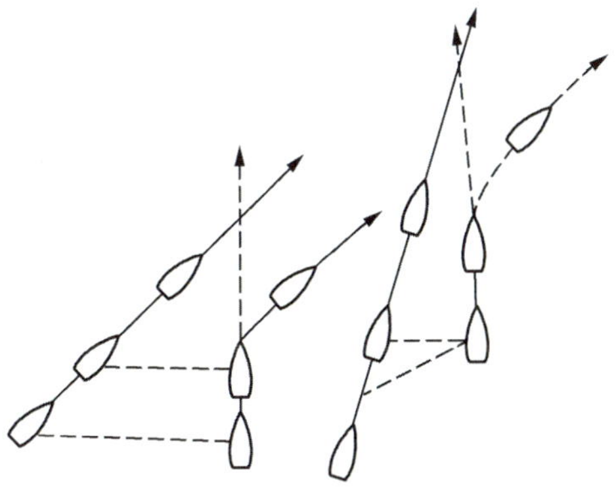

图 5-7-2 避让左舷大角度方向上的他船

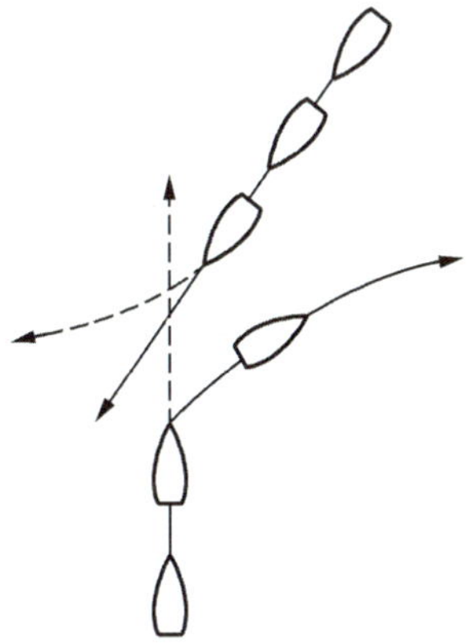

图 5-7-3 避让右舷大角度方向上的他船

3. 应采取最有助于避碰的行动

本条 2 款规定:“当规定保持航向和航速的船,发觉本船不论由于何种原因逼近到单凭让路船的行动不能避免碰撞时,也应采取最有助于避碰的行动。”

(1)应采取最有助于避碰行动的时机

直航船采取最有助于避碰行动的时机是“两船接近到单凭一船的行动已不能避免碰撞时”。其通常是指两船间的紧迫局面已经存在,紧迫危险即将形成时。若以两船间的距离作为衡量这一时刻的依据,则通常以让路船的转向避让临界距离(即最晚施舵点距离)作为其估算的基础。而这一距离又与两船所构成的会遇局面、相对的速度、船舶的操纵性能以及两船的大小、长短等因素有关。在开阔的海面上,若以两艘万吨级的船舶构成的交叉相遇局面为例,通常认为这一距离不宜小于 12 倍本船船长,也就是大约为 1 n mile。若为 VLCC,则不宜小于 1.5 n mile。

(2)应采取的最有助于避碰的行动

“最有助于避碰的行动”通常可理解为在下述两种不同的情况下，两种不同的行动：

①若当时环境许可，应尽可能按照《避碰规则》有关条款的要求去采取相应的避碰行动；

②若当时环境不许可，遵守《避碰规则》的规定反而导致碰撞的不可避免，则应根据良好船艺的原则，可背离《避碰规则》的有关规定去采取相应的避碰行动。

例如，交叉相遇局面中的直航船，当发现两船已逼近到单凭让路船的行动已难以避免碰撞时，若采取向右转向或减速、停车甚至倒车的行动尚可避免碰撞的发生，则不宜向左转向；若右转、变速已无法挽回碰撞危局，而向左转向尚能避免碰撞的发生，则直航船即可向左转向，而不受本条 3 款的约束。实际上，在两船接近这一紧迫危险的情况下，如果将出现一船可能撞击另一船正横后某一部位时，则该船朝着他船转向往往是一种有效的行动，当然这就要求该船的船长或驾驶员能熟练地掌握本船的操纵性能，并具有敏锐的观察力、临危不惧的应变能力以及优良的操船技艺(见图 5-7-4)。

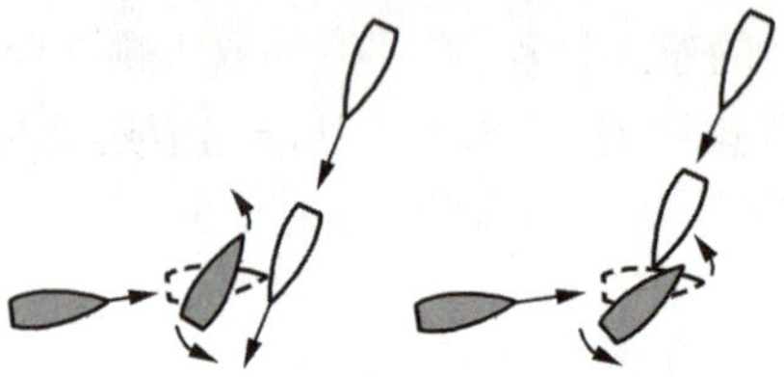

图 5-7-4　紧迫危险下转向以避碰

三、让路船的责任

本条 4 款规定：“本条并不解除让路船的让路义务。”

《避碰规则》要求直航船采取的避碰行动完全是一种协调性、弥补性的行动。因此，不论直航船是否正确履行其责任和义务，始终不能免除让路船负有的“应尽可能及早地采取大幅度的行动，宽裕地让清他船”的责任和义务。

四、碰撞局面中的四个阶段

根据上述对让路船和直航船的航行行动的讨论，以交叉相遇局面为例，从两艘机动船以不变的方位相互接近致有构成碰撞危险时起，至发生碰撞事故通常有一个渐进的过程，大致经历四个阶段(见图 5-7-5)。

(1)远距离不存在碰撞危险，此时《避碰规则》条款还不适用，两船可以自由采取行动。

(2)两船相互驶近致有构成碰撞危险时，让路船应及早采取大幅度的行动，该行动应能保证两船在安全的距离驶过；此时，直航船应保持航向和航速。

(3)让路船显然没有遵守《避碰规则》条款采取适当行动时，直航船应鸣放警告声号及闪光信号，即可独自采取行动以避免碰撞，但在交叉相遇局面中，直航船不应对在其左舷的船采取向左转向的行动，此时《避碰规则》并不解除让路船给直航船让路的责任和义务。

(4)不论由于何种原因，当两船逼近到单凭一船的行动已经不能避免碰撞时，直航船也应该采取最有助于避碰的行动。

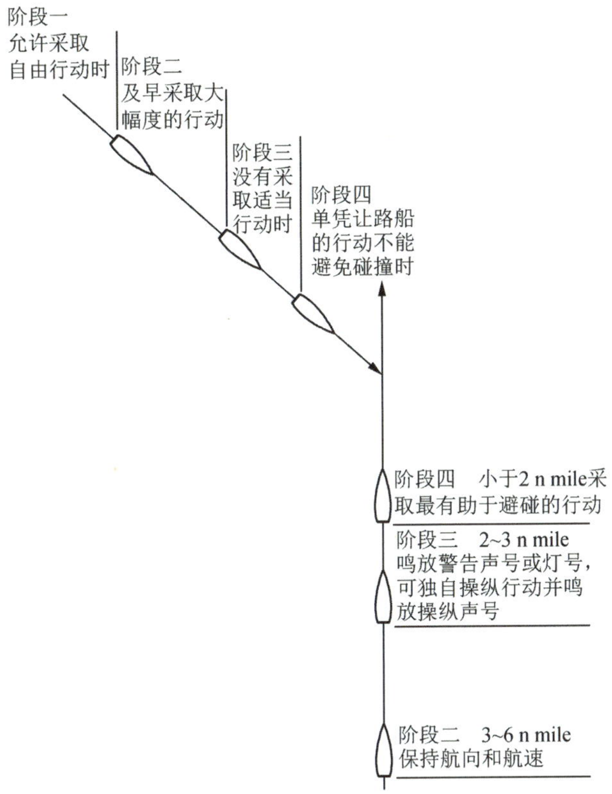

图 5-7-5　碰撞局面中的四个阶段

各阶段开始时两船间的距离没有固定的标准，它与两船的航向交角、相对速度、船舶的操纵性能、通航密度、天气海况、水域限制等因素有关。图 5-7-5 给出了船舶交叉相遇局面下，各阶段开始时两船之间距离的推荐数据，可供参考。

《避碰规则》针对两船在会遇中所形成的各种格局，以及在会遇过程中的每一阶段，根据两船的“互见与否”，分别对相遇两船提出不同的行动及要求（见表 5-7-1、表 5-7-2、表 5-7-3）。

表 5-7-1　让路船行动（除追越船之外）

	自由行动阶段	及早行动阶段	应采取行动阶段	应采取最有助于避碰的行动
适用距离	6′~8′以外	3′~6′	2′~3′	2′以下
行动要求	适用良好船艺	积极地、及早地采取行动，并应运用良好的船艺；交叉相遇局面中的让路船应避免穿越他船的前方	应立即采取避让行动；交叉相遇局面中的让路船应避免穿越他船的前方	应采取最有助于避碰的行动，必要时，也可背离《避碰规则》采取行动
行动目的	消除碰撞危险	避免紧迫局面	避免紧迫局面	避免紧迫危险或避免碰撞

表 5-7-2　直航船行动

	自由行动阶段	及早行动阶段	可采取行动阶段	应采取最有助于避碰的行动
适用距离	6′~8′以外	3′~6′	2′~3′	2′以下
行动要求	适用良好船艺	保持航向和航速	保持航向和航速，发现让路船显然未遵守规定采取行动，应鸣放“五短声”，可独自采取操纵行动；交叉相遇局面中的直航船不应对左舷来船向左转向	应采取最有助于避碰的行动，必要时，也可背离《避碰规则》采取行动
行动目的	消除碰撞危险	配合让路船行动，为让路船提供避让之依据	避免紧迫局面；若让路船同时也采取行动，则有可能避免形成紧迫局面	避免紧迫危险或避免碰撞

表 5-7-3　互见中负有同等避让责任与义务的船舶的行动

	自由行动阶段	及早行动阶段	应采取行动阶段	应采取最有助于避碰的行动
适用距离	6′~8′以外	3′~6′	2′~3′	2′以下
行动要求	适用良好船艺	积极地、及早地采取行动，应运用良好的船艺；对遇局面中的两船均应大幅度右转，以“左对左”驶过	应立即采取避让行动	应采取最有助于避碰的行动，必要时，也可背离《避碰规则》采取行动
行动目的	消除碰撞危险	避免紧迫局面	避免紧迫局面	避免紧迫危险或避免碰撞

项目六

船舶在能见度不良时的行动规则

☞ [项目描述]

《避碰规则》第二章第三节是船舶在能见度不良时的行动规则，主要规定了在能见度不良水域及其附近非互见情况下的船舶航行及避碰要求。本项目要求学生在航海模拟器上进行情境模拟，完成不同能见度等级水域中的航行任务，完成能见度不良情况下碰撞危险的判断，并按《避碰规则》要求进行避让行动的训练。

《避碰规则》第十九条能见度不良时的行动规则教学视频

[第十九条]　船舶在能见度不良时的行动规则

1. 本条适用于在能见度不良的水域中或在其附近航行时不在互见中的船舶。

2. 每一船应以适合当时能见度不良的环境和情况的安全航速行驶，机动船应将机器做好随时操纵的准备。

3. 在遵守本章第一节各条时，每一船应充分考虑到当时能见度不良的环境和情况。

4. 一般仅凭雷达测到他船时，应判定是否正在形成紧迫局面和(或)存在着碰撞危险。若是如此，应及早地采取避碰行动，如果这种行动包括转向，则应尽可能避免如下各点：

(1) 除对被追越船外，对正横前的船舶采取向左转向；

(2) 对正横或正横后的船舶采取朝着它转向。

5. 除已断定不存在碰撞危险外，每一船当听到他船的雾号显似在本船正横以前，或者与正横以前的他船不能避免紧迫局面时，应将航速减到能维持其航向的最小速度。必要时，应把船完全停住，而且，无论如何，应极其谨慎地驾驶，直到碰撞危险过去为止。

任务一 适用范围的确定

学习目标

知识目标:掌握船舶在能见度不良情况下行动规则的适用水域和船舶。
能力目标:能根据当时能见度情况准确判断是否适用《避碰规则》第十九条。
素质目标:培养学生保护环境的意识。

本条1款规定:"本条适用于在能见度不良的水域中或在其附近航行时不在互见中的船舶。"

一、适用的水域

能见度不良的水域可能使得相遇中的两船航行在两种不互见的状态之中:

(1)两船都在能见度不良的水域中;

(2)一船在能见度不良的水域中,而另一船在该水域附近(能见度良好的水域中)。

因此本条规定适用的水域范围是"在能见度不良的水域中或在其附近"。

《避碰规则》没有给出"附近"一词的定量规定,通常认为接近到能见度不良的水域2 n mile左右($L \geqslant 200$ m船舶汽笛的可听距离)时即应适用本条规定。

二、适用的船舶

本条规定适用于任何航行中的船舶,不适用于锚泊或搁浅的船舶。

航行中的船舶即通常所指的在航船舶,在航又包括对水移动和不对水移动两种状态。

三、适用的能见度

《避碰规则》没有对"能见度不良"一词做出明确的定量规定。通常认为,当能见度下降到5 n mile,且能见度仍在逐步地降低,即应认为《避碰规则》第十九条开始生效。

就能见度不良时的戒备行动原则(本条2款、3款)而言,上述的生效条件是符合《避碰规则》的"戒备""谨慎"等精神的,是具有积极意义的。因为,一船的戒备行动所面对的是其周围能见度不良水域中可能存在的所有的其他船舶,而非某一特定的船舶。当与某一来船互见后,既不会排斥也不能中断其戒备行动,因为周围仍可能存在其他船舶。

四、适用的条件

就能见度不良时的避让原则(本条4款、5款)而言,本条适用的充分条件是因能见度不良引起的"不在互见中"且存在碰撞危险。避让原则针对的是不在互见中但存在碰撞可能性的两船。能见度不良时两船接近到当时视距以内时，就已进入互见中，原则上本条就不再适用。两船进入互见，尚未形成紧迫局面，应遵守互见中的行动规则；若在进入互见时，已经形成紧迫局面，甚至已经构成紧迫危险，则这时的局面只能作为一种特殊情况来处理——两船均应根据良好船艺的原则，采取最有助于避碰的行动。

任务二 船舶在能见度不良时的航行

学习目标

知识目标：掌握《避碰规则》关于在能见度不良时的航行要求。

能力目标：能考虑当时能见度不良情况下对安全航速的影响，能采取备车航行，能在保持正规瞭望、判断碰撞危险、采取避碰行动以及在狭水道或分道通航制区域航行时充分考虑当时能见不良所带来的任何限制。

素质目标：培养学生审慎的求学态度。

一、使用安全航速和备车航行

本条2款规定："每一船应以适合当时能见度不良的环境和情况的安全航速行驶，机动船应将机器做好随时操纵的准备。"

为保证船舶在能见度不良时的航行安全，适当降低船速可以留有更多时间来获得必要的信息，以便对局面和碰撞危险做出充分的估计，并能在必要时迅速采取避碰行动或把船停住，这是安全航速的要求。有些航海人员由于受到保证船期的压力或过分依赖雷达或心存侥幸等，在能见度不良的情况下往往不减速或象征性地减一点，而在VHF的雾航船位通报中谎报一个较小的航速值，这是严重违反安全航速规定的行为。船舶所有人明知所属船舶在雾中以过高速度航行而不闻不问、听之任之，则在船舶发生碰撞事故时不能要求责任限制。

本条2款明确要求"机动船应将机器做好随时操纵的准备"，即备车航行，这是对安全航速提出的更高的要求。备车是为能够随时操纵船舶所做的准备工作，也是随时减速、停车或倒车的前提和基础。一般认为，能见度小于5 n mile就应备车航行。对于很多船舶来说，备车可能会增加燃料上的费用，但从安全利益考虑，这是应该承受的。

STCW 78/95公约对能见度不良时航行值班应遵循的原则做出了详细的规定，各国水上安全主管机关和各船公司也都根据本国和本公司的具体情况制定了有关雾航的规定，按这些雾航的规定行驶是船舶在能见度不良时航行的避碰戒备。

二、对能见度不良的环境和情况的考虑

本条3款规定："在遵守本章第一节各条时，每一船应充分考虑到当时能见度不良的环境和情况。"这说明在能见度不良时每一船舶应更加严格地遵守瞭望、安全航速、碰撞危险、避免

碰撞的行动、狭水道、分道通航制等条款的规定，并在运用这些条款时充分考虑到当时能见度不良的环境和情况，保持与之相适应的高度戒备，以便采取与之相适应的行动。

在能见度不良的水域中，加强瞭望以便及时发现来船对航行安全更为重要。此时的瞭望手段应由能见度良好时的以视觉瞭望为主改为以雷达观测为主。

为了及早发现来船和密切注意近距离船舶的动态，应经常交替变换使用雷达的距离标尺，正确调整海浪及雨雪干扰控钮，并充分注意到雷达的局限性对观测带来的影响。

除了正确使用雷达进行瞭望外，视觉和听觉瞭望也不能放松。比如一些小物标不一定被雷达探测到，所以能见度不良时也应保持良好的视觉瞭望，并打开驾驶台门窗，以便及早听到他船的雾号。同时，船舶还应正确鸣放雾号和守听 VHF，必要时还可以通过 VHF 发布航行安全通报等。

还应注意《避碰规则》第二章第一节有关“不得妨碍”的规定仍然有效。一旦与其他船舶致有构成碰撞危险，则相遇两船将根据是否处于互见中确定应遵守的规则。但不管怎样，负有“不得妨碍”责任的船舶仍不能解除继续履行“不得妨碍”的责任与义务。从良好船艺的角度出发，机动船在雾中当听到“—··”“— —”的笛声以及急敲的号钟、号锣声等，便应更主动、更早地采取行动，以消除碰撞危险或避免形成紧迫局面。

三、船舶在能见度趋于不良时应采取的具体措施

1. 能见度低于 5 n mile 且正在逐步下降时

当在航船舶所在水域能见度低于 5 n mile，且正在逐步下降时，即相当于有些航运公司认定船舶已进入“二级雾航戒备”状态时，船舶就开始处于能见度不良的环境和情况之中，并应开始执行雾航规则和做好一切雾航准备。这些措施包括：

（1）报告船长能见度不良的情况；

（2）通知机舱备车，采用适合当时环境和情况的安全航速行驶；

（3）开启雷达，并进行雷达标绘或与其相当的系统观察；

（4）白天应开启航行灯；

（5）开启 VHF，并在 16 频道上守听。

2. 能见度已低于 2 n mile 时

若能见度已低于 2 n mile，有些航运公司将认定船舶已进入“一级雾航戒备”状态，应全面执行各项雾航规则。这些措施包括：

（1）请船长上驾驶台，由船长亲自操纵；

（2）按规定鸣放雾号；

（3）将自动舵改为人工舵；

（4）保持驾驶台肃静，并开窗加强听觉瞭望；

（5）在近岸航行或在复杂航区应派人瞭头；

（6）在靠岸、港口或狭水道航行时应勤测船位和备双锚；

（7）必要时可择地锚泊（避开航道）。

另外，应及时将能见度的变化情况及在能见度不良环境和情况下的航行情况详细填入航海日志。

任务三 能见度不良时的避碰

能见度不良时船舶碰撞案例分析视频

学习目标

知识目标：掌握在能见度不良情况下的避让关系的确定，掌握雷达避碰的原则，掌握减速行动的要求。

能力目标：能在构成碰撞危险时按要求采取正确的避让方法，能利用雷达避碰示意图采取转向避让。

素质目标：培养学生全方位考虑问题的能力，让其学会换位思考。

一、避让责任

当船舶在能见度不良的水域中或在其附近航行不在互见中相遇并致有构成碰撞危险时，不论两船构成的“几何”态势如何，两船均负有同等的避让责任与义务。因为相互看不见，互见中的几何制原则和等级制原则在这里均不适用，行动受阻船也不能享受任何“特权”，也就是说相遇两船具有同等的避让责任。

雷达避碰动画

二、仅凭雷达测到他船时的行动

本条 4 款规定：“一船仅凭雷达测到他船时，应判定是否正在形成紧迫局面和(或)存在着碰撞危险。若是如此，应及早地采取避碰行动。”

在能见度不良时，为确保安全，两船间的安全会遇距离应比能见度良好时更大。通常认为，在能见度不良的开阔水域中，船舶间的安全会遇距离一般应保持在 2 n mile 左右，大型船舶间则应达到 3 n mile 左右。由此可以推算出会遇时构成碰撞危险的两船距离和形成紧迫局面的两船距离，显然也要比能见度良好时大一些。“及早”采取避碰行动的时机，显然也要比能见度良好时早一些。在能见度不良的开阔水域中，一般认为，对正横及正横以前的来船应在相距 4~6 n mile 时采取行动，对正横以后的来船宜在相距 3 n mile 左右时采取行动。

1. 转向避让

在有足够水域的情况下，单凭转向通常是最有效的避碰行动，其优点是耗时短、见效快、效果明显、操作简单，也不依赖于备车。因此，转向避让是最常用的一种避让方法。

(1)转向避让正横前的来船

本条 4 款(1)项规定：“除对被追越船外，应尽可能避免对正横前的船舶采取向左转向。”因此，无论来船在本船的右正横以前还是左正横以前以及在正前方，本船均应大幅度向右转向避让。

本条 4 款禁止向左转向的规定保证了双方转向行动的协调一致。这一要求与互见中相同方位内来船时的转向避让方法基本一致：对遇局面中的两船（第十四条），以及如当时环境许可时交叉相遇局面中的让路船（第十五条）和交叉相遇局面中独自行动的直航船（第十七条 3 款）均应向右转向。

此处所指的“被追越船”不属于第十三条规定的追越局面中具有法定含义的“被追越船”，而仅仅是指在相对位置上逐渐被本船赶上的船，即避碰技术分析中的被追越船。对于正横以前的被追越船，可视当时具体环境和情况恰当选择向左或向右转向避让。

（2）转向避让正横及正横后的来船

对于从正横及正横后驶近的来船，如果朝着它转向，势必会使两船加快相互逼近的速度，使两船处于不协调的境地。为此，本条 4 款（2）项规定：“对正横或正横后的船舶采取朝着它转向。”因此，对右正横或右正横以后的来船应向左转向，对左正横或左正横以后的来船应向右转向。

本条 4 款对于转向避让的规定如图 6-1-1 所示。对于右正横或右正横以后的来船，本船应向左转向避让；若来船位于左、右正横以前或左正横及左正横后，则本船应向右转向避让；对于船尾附近的来船，《避碰规则》未予明确规定，但建议采取向左转向约 30° 的措施，因为此时应考虑后船按本条规定往往采取向右转向的措施，所以前船不宜采取右转的行动。

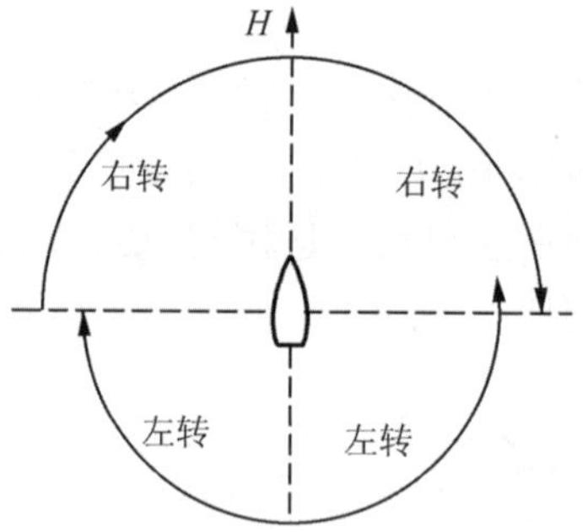

图 6-1-1　转向避让的规定

2. 减速避让

在没有足够水域或存在第三船致使无法采取大幅度转向避让的情况下，船舶应果断地考虑采用大幅度减速避让的措施，以消除碰撞危险，或避免紧迫局面。对右正横前的来船，减速行动和来船可能采取的向右转向措施的效果一致，通常减速是可行的；但对于左正横前的来船，本船的减速行动有可能会与来船的右转和（或）减速措施的效果相互抵消，在这种情况下，应根据来船回波的变化趋势慎重考虑减速方案是否可行，必要时可考虑采取把船停住的措施；对于正横附近的来船，大幅度减速或停船的行动可以改变两船“齐头并进”的局面，让来船从本船前方通过，避让效果比较明显。由于减速措施短时间内效果不明显，不易被来船察觉，因此更应及早地、大幅度地进行。

3. 转向结合变速避让

在转向结合变速同时进行时，转向的方向仍应遵守本条对转向避让的要求。在采取转向结合变速避让措施时，应当注意：

（1）在避让本船右正横前来船时，本船宜采取右转结合减速的措施，本船右转和减速的效果是一致的。

(2)在避让左正横前来船时，在安全航速许可的范围内，可以采取右转结合增速的措施。一般而言，本船向右转向与增速效果一致，并且与来船可能采取的右转和(或)减速行动效果一致。但应注意，如他船的相对运动线与转向不变线平行或者重合，则转向不一定有效果。

(3)在避让左正横后的来船时，本船通常应当以右转为主，同时也可以结合增速。

(4)在避让右正横后的来船时，本船宜采取左转并结合增速的措施。

4. 雷达避让操纵图介绍

英国航海学会的一个工作小组运用雷达标绘方法和数学方法研究雷达避碰问题，并根据第十九条4款及良好船艺的要求设计了一种推荐的雷达避让操纵图，如图6-1-2所示。该操纵图适用于一船仅凭雷达探测到他船，并业已判断存在碰撞危险或正在形成紧迫局面的情况。值得注意的是：

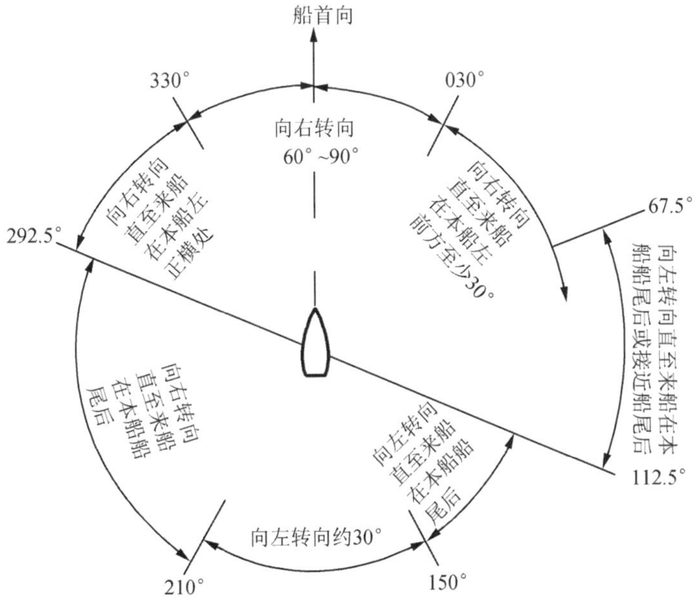

图6-1-2　雷达避让操纵图

(1)该图中的“来船方位”均指“来船回波的相对运动方位”；

(2)在避让正横附近的来船时，以减速、停车，必要时把船停住更为有利。

该操纵图长期以来在国际航海界颇有影响，可以把它作为理解第十九条4款关于转向避让要求的一个指导性建议。

三、听到他船的雾号显似在正横以前或与正横以前的他船不能避免紧迫局面时的行动

本条5款规定：“除已断定不存在碰撞危险外，每一船当听到他船的雾号显似在本船正横以前，或者与正横以前的他船不能避免紧迫局面时，应将航速减到能维持其航向的最小速度。必要时，应把船完全停住，而且，无论如何，应极其谨慎地驾驶，直到碰撞危险过去为止。”

1. 已断定不存在碰撞危险

所谓“已断定不存在碰撞危险”通常是指下述几种情况：

(1)通过雷达标绘或与之相当的系统观察，业已判断两船能在安全的距离上驶过；

(2)虽然两船均能听到对方鸣放的雾号,但两船均各自行驶在狭水道的正确一侧水域,或两船均按分道通航制的规定各自行驶在两侧的航道分道之内;

(3)当一船听到他船鸣放锚泊船的雾号,并且在雷达上业已确定本船可在安全的距离上驶过该船;

(4)当一船听到他船鸣放的雾号正在逐步地远去,并且在VHF上业已获悉该船正在以与本船发散的航向驶离;

(5)在雷达上发现追越船正在从本船船尾后驶过。

如上所述,若一船业已断定不存在任何碰撞危险,则本条规定将不适用。

由于雾号的法定可听距离通常只有2 n mile或2 n mile以下,因此听到来船的雾号显示在正横以前时,往往两船已不能避免紧迫局面的形成,可供判断和采取措施的时间已极为有限。另外,雾笛声在雾中也不一定是直线传播,不能简单地将雾号传来的方向(不充分的、含有较大误差的资料)作为来船的方位。因此,把正横附近传来的雾号假定为来自正横以前也是一种谨慎的考虑。

2. 将航速减到能维持其航向的最小速度

实践证明,在与正横以前的来船不能避免紧迫局面时,盲目转向往往会使局面更加恶化。此时,谨慎的做法是将航速减到能维持其航向的最小速度,以便留有更多的时间来估计局面并使本船保持操纵能力,在必要时能采取紧急避碰行动。对于万吨级船舶而言,此最小速度一般为2~3 kn。

3. 必要时把船完全停住

"必要时"通常是指面临紧迫危险的以下几种情况:

(1)对不备有雷达的船舶

在近处初次听到他船的雾号;听到有雾号显示在正前方;看到一船从雾中隐隐出现,但其航向还未马上清楚时;听到帆船的雾号显示在本船的正横以前;听到前面有锚泊船的雾号。

(2)对备有可使用雷达的船舶

当与正横前的他船不能避免紧迫局面时,尤其是他船从正前方或船首前30°左右的舷角以内驶来时;当遇到有任何船舶用较高速度径直驶来,若对来船究竟从本船哪一侧驶过存在怀疑时。

除此之外,凡对已与本船构成紧迫局面的来船的动态无法确定时,均应立即果断地把船完全停住,如听到他船鸣放的雾号但在雷达的众多回波中无法确定鸣放雾号的船舶,或发现位于正横以前的回波消失在雨雪或海浪的干扰波之中,无法确定其动态,但又听到他船鸣放的雾号显示在正横以前等。

停车后迅速开出倒车可以较快地把船完全停住。但也应注意,单车船倒车的螺旋桨横向力会导致船身发生偏转,倒车时的机器噪声还会给守听雾号带来困难等。

4. 谨慎驾驶

当听到他船的雾号显示在本船正横以前,或者与正横以前的他船不能避免紧迫局面时,无论如何应极其谨慎地驾驶,直至碰撞危险过去为止。谨慎驾驶的内容非常广泛,从加强瞭望、保持戒备到采取行动,从《避碰规则》的要求到良好的船艺。然而在本款的特定条件下,最重要的含义是不盲目地转向,不轻举妄动。

项目七

遵守规则的疏忽和背离规则

☞[项目描述]

《避碰规则》第二条是责任条款，主要介绍了三种疏忽及为避免紧迫危险而需背离规则采取行动。责任条款是对《避碰规则》其他条款的有力补充和解释，其目的是防止海上事故的发生，保证船舶的航行安全。本项目要求学生在航海模拟器上进行情境模拟，判断他船有无违背《避碰规则》的规定、违反海员通常做法，完成在紧迫危险情况下背离规则采取行动的训练。

《避碰规则》第二条责任教学视频

[第二条]　责任

1. 本规则条款不免除任何船舶或其所有人、船长或船员由于遵守本规则条款的任何疏忽，或者按海员通常做法或当时特殊情况所要求的任何戒备上的疏忽而产生的各种后果的责任。

2. 在解释和遵行本规则条款时，应充分考虑一切航行和碰撞的危险以及包括当事船舶条件限制在内的任何特殊情况，这些危险和特殊情况可能需要背离规则条款以避免紧迫危险。

任务一 不能免除责任的疏忽

学习目标

知识目标：掌握由于遵守《避碰规则》各条款的任何疏忽或海员通常做法或当时特殊情况所要求的任何戒备上的疏忽而产生的各种后果的责任。

能力目标：能区分三种疏忽并能分析三种疏忽对船舶安全造成的潜在危险。

素质目标：培养学生勇于承担责任的意识。

一、条款的适用对象

本款规定适用于任何船舶或其所有人、船长或船员。

1. 船舶

追究船舶的责任，实际上是将船舶作为民事诉讼法律关系的主体。尽管船舶的行为受操纵者的支配，但其表现形式是船舶之间的冲突或相互侵权，即一船的不当行为侵害了另一船受《避碰规则》保护的航路权，甚至遭受损害，受损方可提出海事请求权，这也是英、美海事中独特的对物诉讼制度的理论基础。追究船舶的责任，实际上也是一种把船舶视为“模拟人”的做法，直接的好处是方便受损人向法院申请扣押当事船舶。

2. 船舶所有人（包括船舶经营人）

船舶所有人在船舶管理方面如犯有故意或重大过失，并被证实该过失与碰撞的发生有因果关系，则不能免除其责任。如果触犯刑法，甚至还可能被追究刑事责任。例如，船舶所有人在船舶开航前或开航时，知道或应该知道船舶处于不适航状态，不符合《避碰规则》的要求，或无法按《避碰规则》的要求进行操纵，但仍要求船舶开航，事后被证实由于该状态而导致船舶碰撞的不可避免或造成船舶的损害，《避碰规则》不能免除其责任，保险公司也将拒绝赔偿。

3. 船长或船员

一般情况下，船舶碰撞事故的发生大多是由于船长或船员在管理和驾驶船舶的过程中的疏忽或过失所致。根据本条1款的规定，在船舶碰撞中，若证实船长或船员犯有疏忽或过失，同样不能免责。即使事故完全是由意外或不可抗力所致，船长或船员仍负有举证义务，证实在事故过程中，船长或船员已尽了最大努力，且未犯有任何过失，方能免责。由于船长或船员均是船舶所有人雇用的人员，故对其疏忽所承担的仅为一般行政责任；例如，罚款、警告、吊销执照或解雇等，但若触犯刑法，也可能追究其刑事责任，船舶碰撞而造成的民事赔偿责任仍由船舶所有人承担。

二、遵守本规则各条的疏忽的含义

“疏忽”一词，在民法中又可解释为“过失”，通常是指行为人并不存在希望损害发生的意图，但对损害的发生应该或能够预见却没有或没能预见，致使损害发生。由于“疏忽”指的是行为人的过失行为，而非过失心态，因此又被解释为“应为而不为，不应为而为之”的行为，包括：应当戒备而未戒备或戒备不足；应当预见而未预见或预见不足；应当判断而未判断或判断有误。

本条1款所提的疏忽，系指一些与船舶碰撞有直接或间接的因果关系的行为或不为，而并非泛指一切。在追究因疏忽而产生的各种后果的责任时，一般不考虑行为人的主观愿望，而着重考虑该行为或不为所造成的客观后果，即该行为或不为是否使碰撞危险形成，或导致碰撞的发生不可避免。

遵守本规则条款的任何疏忽是海员在海上避碰实践中最常见的疏忽，也是导致海上船舶碰撞事故发生的主要原因，本条款不免除该项疏忽而产生的各种后果的责任，意图在于要求海员全面、正确、严格、认真地遵守《避碰规则》各条。

关于遵守本规则各条的任何疏忽，对照《避碰规则》条文便可判明，但其表现形式是多种多样的，主要有以下几种：

(1)玩忽职守或麻痹大意，不执行甚至违反《避碰规则》的规定；

(2)错误地解释和运用《避碰规则》的条文；

(3)片面强调《避碰规则》的某一规定，而忽视了条款间的关系和系统性；

(4)只要求对方执行《避碰规则》的规定，而放弃本身的责任和义务等。

在本款中，《避碰规则》将疏忽分为三种类型：遵守本规则各条的疏忽；对海员通常做法可能要求的任何戒备上的疏忽；以及特殊情况可能要求的任何戒备上的疏忽。然而，要十分明确地区分三种不同疏忽是比较困难的，实际上，在许多情况下，三种疏忽可能是相互交叉的，或者是某一个行为可能同时构成两个，甚至三个疏忽。通常情况下认为：若某一行为明显地违反《避碰规则》的某一条规定，则不管该行为是否也同时违反海员通常做法或良好的船艺，则均归于“遵守本规则条款的任何疏忽”，如下列行为明显属于“对遵守本规则条款的任何疏忽”：

(1)船舶所有人不顾当时环境及情况，向船长施压并指定某一速度行驶，忽视“安全航速”的要求。

(2)船舶所有人在开航之前收到关于船舶号灯、号型以及声响设备损坏而要求修复的报告时，不予理睬，甚至强令起航。

(3)忙于定位以致发现来船太晚。

(4)未能正确使用雷达，以致发生碰撞。

(5)直航船在独自采取行动时，由于没有鸣放五短声的声号以致发生碰撞。

三、海员通常做法所要求的任何戒备上的疏忽的含义

“海员通常做法”一词，在《避碰规则》中沿用了100多年，但《避碰规则》并未对该词做出解释。一般认为其应是海员在长期的驾驶和管理船舶的实践中所形成的一种习惯的、经常性的，并为实践证明，对确保航行安全、避免碰撞是行之有效的，为广大海员所接受并广泛采用的做法。基本的、共性的和明显的海员通常做法已在不断修订《避碰规则》的过程中纳入了《避碰规则》的正式条文，成为《避碰规则》的各项具体规定。然而作为一项法律文件的《避碰规则》，并不能包罗万象地、烦琐地罗列每一具体的措施，因此《避碰规则》在修订过程中一直保

留着不免除按海员通常做法或当时特殊情况所要求的任何戒备上的疏忽而产生的各种后果的责任的规定。在海上航行时和避让过程中，除应严格遵守《避碰规则》各条规定外，当在字面上遵守《避碰规则》不足以避免碰撞时，须如同一个具有通常技艺和知识的海员会做的那样去让清他船。从这一宗旨可以看出，对海员的要求是掌握通常的技艺和知识，而不是指望他们去预见并防止每一种后果。但毕竟“对海员通常做法可能要求的任何戒备上的疏忽”一词的内容是相当广泛的，船长或船员对此可能产生疏忽的情况主要有：

(1)不熟悉本船的操纵性能及本船的条件限制而盲目地动车和施舵；

(2)对风流及外界自然条件可能对船舶操纵产生的影响估计不足；

(3)对浅水效应、斜坡效应、岸壁效应及船吸效应缺乏应有的戒备；

(4)对车、舵令不复诵，不核对；

(5)夜间在没有适应夜视和不了解周围环境的情况下进行交接班；

(6)在狭水道或其他复杂水域中航行时没有备车、备锚和增派瞭头人员；

(7)在不应追越的水域、地段或其他情况下盲目追越；

(8)在应使用手操舵时，仍用自动舵航行或避让；

(9)夜间航行发现他船时，没发现本船号灯没有正常显示，导致他船判断失误而发生碰撞；

(10)在不适当的水域锚泊，或锚泊方法不当，以及在锚泊中，对本船及他船可能走锚缺乏戒备；

(11)不了解地方特殊规定及所处水域船舶间的避让习惯等。

四、特殊情况可能要求的任何戒备上的疏忽的含义

“当时特殊情况所要求的任何戒备上的疏忽”包括：事先预见到而未预见到会出现的特殊情况出现时，未采取该特殊情况所要求的任何戒备措施；事先预见到可能会出现特殊情况而没有任何戒备或虽有戒备但采取的戒备措施不充分；出现特殊情况后未采取任何戒备措施或戒备措施不当等。

“当时特殊情况所要求的任何戒备”实质上是对海员运用良好船艺的一种表达。其宗旨与“按海员通常做法所要求的任何戒备”是一致的。

构成特殊情况的原因很多，归纳起来主要有：自然条件的突变、复杂的交通条件、相遇的船舶出现故障、出现《避碰规则》条款没有提及的情况和格局等。例如：

(1)突遇浓雾或暴风雨等严重影响视距或船舶操纵性能的天气；

(2)与两艘以上的船舶同时构成碰撞危险；

(3)夜间临近处突然发现不点灯的小船或突然显示灯光的小船；

(4)他船突然采取具有危险性的背离《避碰规则》的行动；

(5)本船出现可能被预见，且会影响船舶能力的故障；

(6)由于环境和条件的限制，本船或他船无法按照《避碰规则》的规定采取避碰行动等。

诸如此类的情况还有很多，在此难以一一列举。如前面所述，本条1款的本意并非要求预见并防止每一次事故，而是应像一个具有通常技艺和常识的海员会做的那样去让清他船。但对于哪一类特殊情况不能免责，哪一类可以免责，没有也不可能有明确的规定。这就要求航海

人员在各方面不断提高自身的素质，在情况未发生之前，应尽可能地做出准确判断；对已发生的情况，则应采取谨慎、合理的措施，以避免碰撞事故的发生；在碰撞不可避免时，应尽可能减少碰撞的损失。

任务二 背离规则的行动

学习目标

知识目标：掌握背离规则的条件，掌握允许背离的情况，掌握背离规则的目的，掌握允许背离的条款。

能力目标：能在为避免紧迫危险的情况下合理地背离规则采取行动，以避免碰撞事故的发生或减少损失。

素质目标：培养学生灵活应变的能力。

海上避碰会遇到各种复杂情况，在强调所有船舶都应遵守规则的同时，也应考虑到例外情况，即在“当时情况达到如此程度，以至于为避免紧迫危险而背离规则是必要的”的条件下，应允许船舶背离规则条款。因此本条 2 款给予了船舶在某些情况下采取背离规则规定的行动的空间。但是背离规则是有着极其严格的条件限制的，当需要背离规则采取行动而没有背离，将被视为一种过失；当遵守《避碰规则》的规定能够避免碰撞，却违背之，则亦将被视为严重违反《避碰规则》，若导致碰撞，两种行为均须为此而承担责任。因此，背离条款绝非《避碰规则》的灵活体现，而是对《避碰规则》的一种完善。由于背离规则的条件和背景相当复杂，在哪些情况下可以背离，在哪些情况下不可以背离，需要海员根据当时的环境和情况，以及当时的会遇局面及潜在碰撞危险程度，对照《避碰规则》的规定，确定应遵守的规则或可以背离的条款。

一、背离规则的条件

（1）除非必要，绝不允许背离，背离规则的必要性是检验背离规则是否正当的根本点，其必要性是指遵守《避碰规则》不能避免碰撞，或可能导致碰撞，且此时不背离反而不利于避碰。倘若不是如此，《避碰规则》便无任何权威可言，势必导致避碰的混乱。因此，当遵守《避碰规则》的规定能够避免碰撞时，绝不允许背离。如果一船采取了背离的行动，必须能够举证说明该行动是必要的，但是下列原因不能作为背离的理由：

①担心他船可能不遵守《避碰规则》；

②他船如不违背《避碰规则》，仅是本船采取背离的行动，不会发生碰撞；

③为了方便驾驶。例如，高速船雾航时，减速航行较为困难等。

（2）具体条件有：

①危险必须确实存在；

②危险是紧迫的；

③背离是合理的。

二、导致背离规则的情况

下列三种例外情况可能使得背离规则的局面出现:

(1)航行危险;

(2)碰撞危险;

(3)特殊情况。

应当注意,若在上述三种情况下背离规则,其目的都是避免紧迫危险。“方便”不能成为背离规则的借口。

使得可能有必要背离规则的“航行方面危险”(danger of navigation),主要是指由于自然条件的限制而妨碍遵守规则,例如由于浅滩、暗礁等碍航物的存在而使当事船舶如按照《避碰规则》进行避碰很可能导致搁浅或触礁。

使得可能有必要背离规则的“碰撞方面危险”(danger of collision),主要是指在海上船舶会遇和避碰的发展过程中,当事船舶已进入“极端情况”(in extremis),按照《避碰规则》采取行动不可能避免碰撞反而很可能导致碰撞。

使得可能有必要背离规则的“特殊情况下的危险”(danger special circumstance),主要是指多船会遇(如三艘船同时相遇而致有构成碰撞危险,与舰队或护航下的船队相遇)、当事船舶条件的限制(如吃水受到限制、操纵能力受到限制)等无法按照《避碰规则》进行避碰的例外情况。

三、背离规则的目的

背离规则的目的是避免紧迫危险。背离规则仅仅是在全面实现《避碰规则》的根本目的即避免碰撞危险和避免碰撞的基础上对遵守规则的补充。正当地背离规则是《避碰规则》所允许的,也是《避碰规则》所期望和要求的。但是,允许背离规则并不是《避碰规则》灵活性的体现,而是对《避碰规则》的完善。背离规则是有严格的条件限制的,只有满足背离的条件,才能背离规则采取行动。“协议背离规则”并不是背离规则允许的行为,应当禁止。

四、采取背离规则行动应注意的其他事项

背离规则并不是指《避碰规则》所有条款的规定都可以背离,而仅是指背离《避碰规则》所适用的某些或某一条款的具体规定;在背离某些或某一条款的具体规定时,对其他规则条款的规定仍必须严格遵守。一般说来,保持正规的瞭望,以安全航速行驶,判断碰撞危险,显示号灯、号型和鸣放避碰声号等条款,在任何情况下都不允许背离。可以背离的条款通常仅仅是《避碰规则》中有关船舶航行规则和采取避碰行动规则的具体规定,例如《避碰规则》第九条1款规定的“狭水道右行规则”和第十四条1款规定的“对遇局面右转规则”等条款。

从海上船舶避碰的目的来说,背离规则在符合其条件的情况下是被允许的,从海上避碰的具体要求来说,在这种情况下,采取背离规则,不但是良好船艺的表现,同时也是一种极为严肃的法律行为,也就是说,在有必要背离规则时,背离规则是当事船舶的责任,不这样做,也会构成不能免责的疏忽或过失。

在背离规则时,所采取的避碰行动应符合良好船艺的要求。如果采取背离规则的行动也不能避免碰撞,则该行动应能减轻碰撞或减少碰撞损失。鉴于背离规则采取行动,不但受条件的严格约束,同时也必须接受行动效果的实践检验,因而判断某一背离行为正确与否,良好的船艺将是其衡量的标准。

项目八

特殊水域的避碰

[项目描述]

根据《避碰规则》第十八条的规定，机动船、帆船在航时应当给从事捕鱼的船舶让路。在避让捕鱼船时，除了避让船舶以外，还须让清其渔具，这就要求我们对渔船的作业方式和作业特点做深入的了解，认真识别其显示的号灯和号型，及时辨别出其捕鱼作业的方式，正确判明其动向，并按《避碰规则》的规定及早采取避让行动。另外，在我国内河水域航行的船舶还应遵守《中华人民共和国内河避碰规则》(以下简称《内河避碰规则》)，其与《避碰规则》有多处不同的规定，了解我国《内河避碰规则》还是很有必要的。本项目要求学生在航海模拟器上进行情境模拟，完成在渔区水域的航行与避让，注意渔船所指示的渔具方向；在内河水域中进行航行训练，按《内河避碰规则》采取避让行动。

任务一 渔区的避让

渔区的避让教学视频

学习目标

知识目标:掌握渔船作业的特点及渔具延伸的方向,掌握对不同捕鱼作业方式的避让方法。

能力目标:能根据避让渔船的方法安全通过渔场。

素质目标:培养学生深入探究问题、透过现象看本质的思维习惯。

一、渔船作业特点和作业方式

根据《避碰规则》第十八条1、2款的规定,在航机动船和帆船应给从事捕鱼的船舶让路。因此,驾驶人员必须全面了解从事捕鱼船舶的作业特点,正确识别其显示的号灯和号型,判明其作业方式和动向,按《避碰规则》和其他有关规定采取避让行动。

1. 从事捕鱼的船舶的特点

渔船大多结队从事捕鱼作业,在鱼汛期间,拖网渔船集结的范围有时可达几十平方海里。从事捕鱼的船舶除按《避碰规则》的规定显示相应的号灯、号型外,当它们集结在一起捕鱼时,还将显示额外的信号或者它们内部相互联系的信号。因此,在渔船群集的渔场内,各种灯光交替闪烁,令人眼花缭乱。捕鱼的方式不同,使用的渔具也不一样,渔具伸出的长度自然也有较大差异。目前在沿海海域仍然存在使用非机动船进行捕鱼作业的船舶,这些船舶设备简陋,号灯、号型的显示和声号的鸣放也不够规范。

2. 渔船的作业方式

(1)拖网捕鱼

拖网的方式通常有双船拖网(对拖)和单船拖网两种。

①双船拖网(对拖)

双船拖网是指对拖时两渔船之间保持一定的距离合拖一个渔具进行捕捞作业。在对拖的两艘渔船中,一艘为主船或头船,另一艘为副船或二船,主船的船长负责指挥。双船拖网作业方式如图8-1-1所示。

②单船拖网

单船拖网是由一艘渔船单独拖曳网具捕捞鱼类的作业方法。拖网在船两舷的称尾拖,是单船拖网作业的主要形式;拖网在船一舷的称舷拖,我国通常不采用。

(2)流网(流刺网)捕鱼

流网由若干长方形网片连接而成,网片长10~15 m、高1~6 m。网具依靠浮、沉子的作用将网衣直立于水中。流网船收、放网操作通常在早晨或傍晚进行。放网多数采用偏顺风或偏顺流时进行,放网结束后,使网列方向与主流成75°~90°角。大型流网网长可伸出2 n mile以上,在白天可以看到泡沫塑料或玻璃的浮子和许多小浮标,并在一定间隔插有小旗,夜间在网端部的杆子上挂有闪光电池灯或煤油灯。流网船放网结束后,纲绳固定在船首端,船和网随风流漂移,网在船首方向,如图 8-1-2 所示。

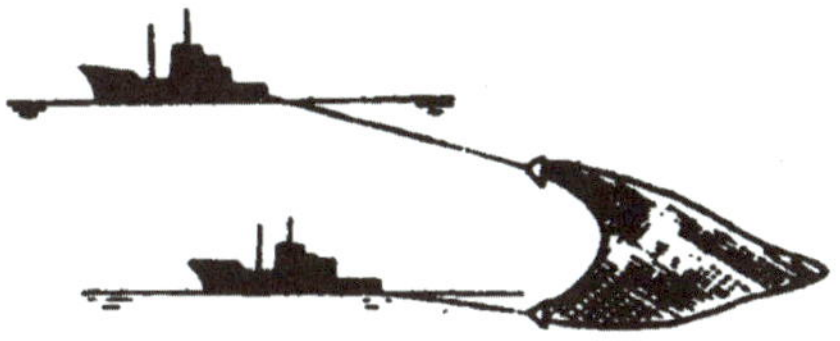

图 8-1-1 双船拖网

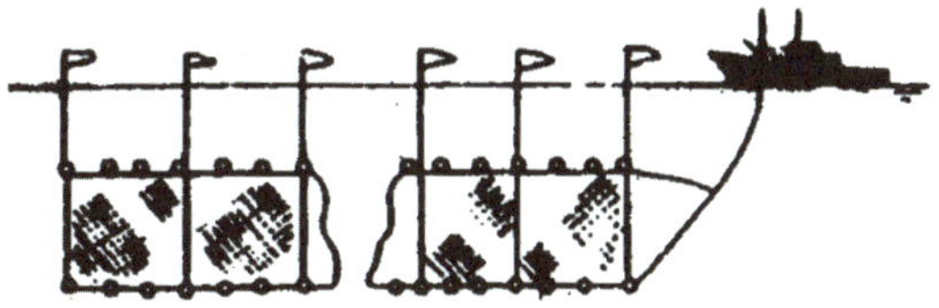

图 8-1-2 流网捕鱼

(3)围网捕鱼

围网捕鱼是利用巨大的长带形网具围捕中上层鱼群的捕鱼方式,通常用灯光诱捕。围网捕鱼方式有大型围网捕鱼(长 800~1 000 m)、风网捕鱼(长约 300 m,纲绳长 150 m)和围缯网捕鱼(长约 400 m,纲绳长 150 m)等。围网捕鱼作业方式如图 8-1-3 所示。

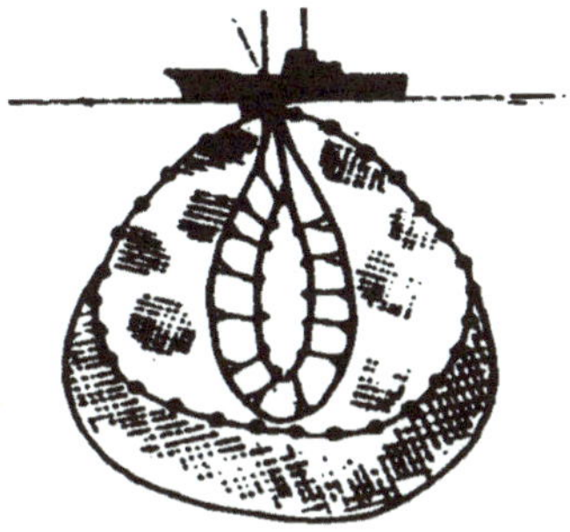

图 8-1-3 围网捕鱼

(4)张网捕鱼

张网捕鱼属于定置渔具的捕鱼方式,在近岸浅水急流区域作业。网架用桩或以渔船抛锚来固定,利用潮汐急流使网张开,鱼虾随急流冲入网内,水流速度转缓时收网,如图 8-1-4 所示。

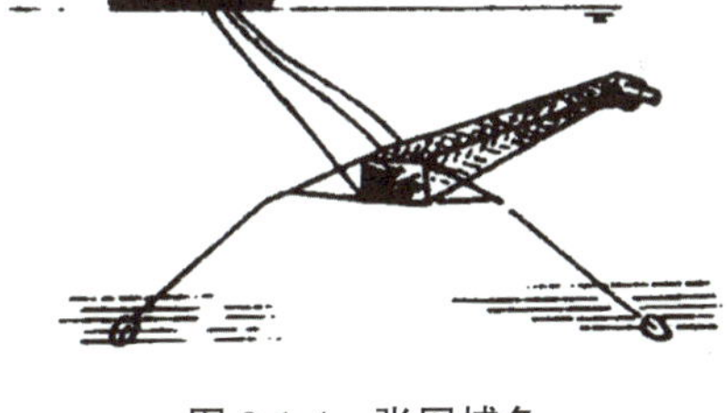

图 8-1-4 张网捕鱼

(5)延绳钓捕鱼

延绳钓渔具由干线、支线和钩组成,每一干线上结附一定数量等距离的支线,每一支线末端系有带饵的钓钩,利用浮、沉子装置将其敷设于一定水层。干线的长度一般为 100~500 m,支线的长度和间距一般为 0.5~4 m。捕鱼作业时用舢板将延绳钓渔具由渔船船尾放出并用锚或沉石加以固定。延绳钓捕鱼作业方式如图 8-1-5 所示。

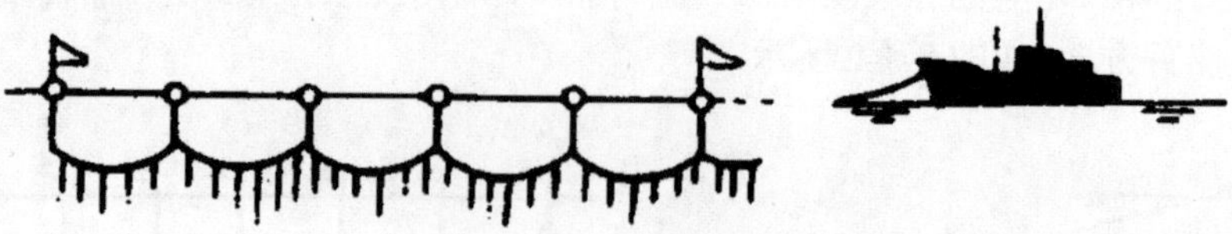

图 8-1-5 延绳钓捕鱼

(6)捕鲸船

捕鲸船的船首特别高,装有捕鱼炮,炮座前盘有随炮发射的曳绳把鲸鱼挂连。被击中的鲸鱼将带着捕鲸船在海上随意行驶直至鲸鱼无力游动而被捕获。捕鲸船速度较快,在它的桅杆上设有瞭望台以便搜寻鲸鱼。有时为了避免机器噪声惊跑鲸鱼,采用停车靠近并伺机发炮射击的方式作业。捕鲸船作业方式如图 8-1-6 所示。

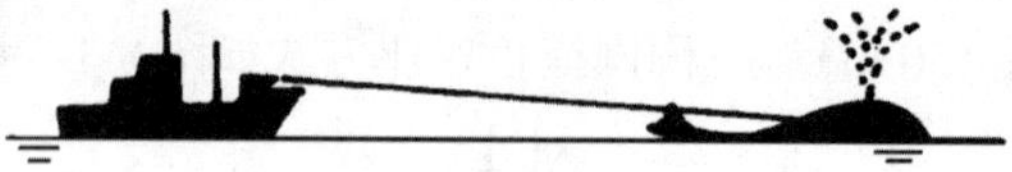

图 8-1-6 捕鲸船

二、避让方法和注意事项

根据《避碰规则》第十八条的规定,机动船在航时应给从事捕鱼的船舶让路。在让清渔船的同时,按照良好船艺的要求还应让清渔船所使用的渔具。在避让从事捕鱼的船舶以及在其附近航行时,应根据它们的捕鱼方式和特点,采用谨慎、正确、有效的避让和航行方法。

1. 避让方法

(1)避让对拖渔船,应在其船尾或两船外舷不小于 0.5 n mile 处驶过,切不可从两船之间驶过。如已驶入两船之间,则应停车淌航,以免桨叶绞网。当发现两渔船背向行驶准备放网时,应从两船上风流一侧绕过。

(2)避让单船拖网渔船,应从其船尾 1 n mile 外通过。

(3)流网渔船带网漂流时,网在其船首方向,避让时应从其船尾通过,绝不应从其船首和网具之间通过。如果想从其船首网的端部通过,应在认清网端标杆后再绕行。当流网船正在放网时,不要在其船首或船尾处通过,最好与之保持一定的距离,从其船侧平行通过。

(4)避让各种围网渔船,均应从围网渔船上风流一侧 0.5 n mile 外通过。

(5)避让延绳钓渔船时,因其钓具从船尾放出,故应从其船尾 1 n mile 外通过。

(6)避让捕鲸船,应密切注意其动态,尽可能保持较大距离驶过,至少是在安全距离上驶过,必要时采取减速的行动。

2. 注意事项

(1)驶入渔区之前,应了解渔区周围的情况,认真观测渔区内渔船的范围和分布情况,避免驶入渔船密集的地方,一旦进入渔船密集区,即应减速、备车航行。

(2)在渔区航行时应特别注意渔船的动向和其网具的伸展方向,在避让渔船的同时也让过其渔具,以免渔船为保护渔具突然朝大船冲来,大船躲避不及而造成碰撞。

(3)机动渔船的汽笛多采用压缩空气,在能见度不良时为保存压缩空气以便必要时启动主机,故往往不按规定鸣放雾号。因此,在雾中应加强雷达瞭望,即使雷达上没有发现渔船,也应按章鸣放雾号。

(4)拖网渔船在进行拖网作业时,不能立即停车、倒车。

(5)渔船在鱼汛季节常不遵守分道通航制的规定。

(6)一旦误入渔网或穿过渔网时,应立即停车淌航,以免渔网缠上螺旋桨。

(7)沿岸航行时应特别注意夜间不点灯或者所显示的号灯不符合规定的渔船。

(8)不属于"从事捕鱼作业的船舶"的机动渔船,不享受直航的权利,但此类渔船上的驾驶员对此并不一定有清楚的认识,故机动船在必要时应主动避让。

(9)渔船在使用国际信号简语时,单字母旗的意义如下:

G——"我正在收网"。

Z——"我正在放网"。

P——"我的网已紧紧地挂在障碍物上"。

T——"我正在从事成对底拖捕鱼作业,避开我",或者用一长声表示。

商渔船碰撞案例:

一、"浙兴航 87"轮与"浙嵊渔冷 80002"轮碰撞事故(资料来源:浙江海事局)

(一)事故概况

2019 年 4 月 9 日 0323 时左右,台州籍散货船"浙兴航 87"轮装载约 3 300 t 石子从福建宁德驶往嘉兴,航经舟山桃花岛以东约 9 n mile 处水域(概位 29°44′.5N,122°29′.1E)时与舟山嵊泗籍捕捞辅助船"浙嵊渔冷 80002"轮在浓雾中发生碰撞。事故造成"浙嵊渔冷 80002"轮沉没,该轮船上共 10 人,5 人获救、1 人死亡,其余 4 人下落不明,构成较大等级水上交通事故。

(二)船舶船员状况

(1)"浙兴航 87"轮持有的"船舶所有权登记证书""船舶国籍证书""船舶最低安全配员证书"均有效;"海上船舶检验证书簿""海上货船适航证书""海上船舶吨位证书""海上船舶载重线证书""海上船舶防止油污证书"等证书均有效。

该轮主要导助航设备和通信设备,船舶主机、辅机及舵等主要操纵设备均处于正常工作状态。该轮于 2019 年 4 月 7 日在福建宁德港务局码头装载石子约 3 300 t,装载完毕后船舶艏吃水 4.8 m,艉吃水 5.0 m,装载后船舶状态正常。

(2)"浙兴航 87"轮船上人员情况:

本航次,该轮在船人员 11 人,船员配备及持证情况满足该轮"船舶最低安全配员证书"的要求。事发期间,大副李××在驾驶台负责船舶操纵指挥,值班水手吴××负责操舵并协助瞭望,大管轮林××负责机舱值班。

(3)"浙嵊渔冷 80002"轮的"船舶所有权登记证书"有效。

(4)"浙嵊渔冷 80002"轮船上人员情况:

根据《中华人民共和国渔业船员管理办法》"海洋渔业船舶职务船员最低配员标准"的要求,"浙嵊渔冷 80002"轮需配备职务船员的最低标准为二级船长、二级船副、助理船副、二级轮机长、二级管轮和助理管轮各 1 名。事发时该船处于在航状态。

在船人员共 10 人,其中船长徐××持有二级船长证书,朱××持有三级轮机长证书,费××持有三级大管轮证书,三人的证书均在有效期内,其他在船人员均未持有有效的渔船船员职务证书,该轮实际持证职务船员配备不满足"海洋渔业船舶职务船员最低配员标准"的要求。另外,该轮在船人数10人,超过了该轮船舶检验证书中所载的核定乘员数。

事发时段,船长徐××在驾驶台负责操纵指挥,乐××在驾驶台协助瞭望,袁××与费××在驾驶台打地铺睡觉,其余6人在生活区休息。

(三)气象海况及通航环境情况

(1)事发时海面上有浓雾,能见距离小于200 m。事发时段事发水域偏南风6级;落潮流,流向东南,流速约1.5 kn;能见度不良,能见距离小于200 m。

(2)通航环境情况

事发水域位于虾峙门口外,该水域是浙江沿海东航路(南北走向)和渔船进出舟山渔港习惯航线(东西走向)的交叉水域。该水域交通流量大、航行及锚泊船众多、航线交错,通航环境极为复杂。

(四)事故情况及损失

(1)碰撞发生后,两轮瞬间短暂并靠(左舷与左舷并靠后脱离),并靠期间"浙嵊渔冷80002"轮船员吉×与俞××第一时间逃生至"浙兴航87"轮主甲板。"浙嵊渔冷80002"轮其他船员或跳海逃生,或随船沉没。

(2)碰撞发生后,"浙兴航87"轮船长赶到驾驶台,看到"浙兴航87"轮与"浙嵊渔冷80002"轮左舷对左舷并靠(随后脱离),随即采取倒车措施把船停住,并命令大副前往船首抛锚。之后,安排大副、二管轮及"浙嵊渔冷80002"轮获救船员俞××释放救生艇下水在事发海域进行搜救,但因海面浓雾,能见度不良,未搜寻到遇险人员。

(3)"浙嵊渔冷80002"轮沉没,船上人员1人死亡、4人失踪。

(五)事故原因分析

事发时事发海域能见度不良,能见距离不足200 m,双方船舶均为在航机动船,适用于《1972年国际海上避碰规则》第十九条等相关条款的规定。

1."浙兴航87"轮过失

(1)未保持正规瞭望、未能对当时局面和碰撞危险做出充分估计。事发时事发海域能见度不良,"浙兴航87"轮大副在碰撞前约15 min与"浙兴航87"轮相距3 n mile左右时通过雷达首次发现来船,虽然在雷达上标绘了电子方位线,并凭回波所处电子方位线位置变化判断他船过本船船首或船尾,但大副未能使用适合当时环境和情况下的一切有效手段保持连续、不间断的系统观察,便对当时的局面和碰撞危险做出充分的估计,因而未能及时、正确地判明本船与"浙嵊渔冷80002"轮形成的碰撞危险。其行为违反了《1972年国际海上避碰规则》第五条和第七条的规定。

(2)未采取正确有效的避让措施。"浙兴航87"轮在能见度不良水域航行,大副凭借来船回波位于初始标绘的电子方位线上方判断来船过本船船首,为避免碰撞,采取向右调整航向5°的避让措施。1 min后,又凭借来船回波位于电子方位线下方判断来船过本船船尾,采取左转措施进行避让,短时间内对航向进行连续变动,且转向幅度不足以让来船通过视觉或雷达觉察到。同时,该轮仅凭雷达观测到他船,对位于本船右正横前的来船采取向左转向的措施,且行动期间该轮航速维持在8 kn以上。该轮以上行为违反了《1972年国际海上避碰规则》第八条1、2、5款以及第十九条2、4(1)款的规定。

(3)未采取有效的雾航措施。"浙兴航87"轮在能见度不良水域航行,未采取使用号笛、号钟等设备鸣放相应声号等雾航安全措施,在雾中航行未尽到应有的谨慎。其行为违反了

《1972年国际海上避碰规则》第十九条2款及第三十五条1款的规定。

2. "浙嵊渔冷80002"轮过失

(1)瞭望疏忽、未能及早发现来船。"浙嵊渔冷80002"轮在航行期间雷达始终保持在1.5 n mile量程挡,直到船舶临近碰撞前才惊呼有船。没有迹象显示船长及早发现来船并采取相应的避让行动。该轮未使用适合当时环境和情况的一切可用手段保持正规瞭望,未对当时的局面和碰撞危险做出充分的估计,违反了《1972年国际海上避碰规则》第五条、第七条的规定。

(2)未采取有效的雾航措施。"浙嵊渔冷80002"轮在能见度不良水域航行,未采取使用号笛、号钟等设备鸣放相应声号等雾航安全措施,在雾中航行未尽到应有的谨慎。其行为违反了《1972年国际海上避碰规则》第十九条2款及第三十五条1款的规定。

(六)船员管理及船公司管理建议

(1)船员认真学习《1972年国际海上避碰规则》中的条款。

(2)严格执行能见度不良时的措施。

(3)船公司严格履行船员管理主体责任,在岸基登轮检查时严格认真检查,不要走过场。

任务二 内河船舶的避碰

学习目标

内河船舶的避碰教学视频

知识目标:掌握《内河避碰规则》的航行原则和避让规定。

能力目标:能根据《内河避碰规则》在相应的水域内安全航行。

素质目标:培养学生处理复杂问题的能力。

《内河避碰规则》是全国内河交通的主要规章,是适用于全国内河通航水域的航行规则,其避让原则符合我国内河船舶航行实际情况,为维护水上交通秩序、防止船舶碰撞、保障人民生命财产安全发挥着积极作用;同时为内河水上交通事故调查处理提供主要的法律依据,对内河航运事业的发展将起到促进作用。

现行《内河避碰规则》是1991年、2003年修订后的新《内河避碰规则》,共有五章、四十九条、三个附录。

《内河避碰规则》结构如下:

第一章　总则(共五条)

　第一条　宗旨

　第二条　使用范围

　第三条　责任

　第四条　特别规定

　第五条　定义

第二章　航行和避让(共二十二条)

第一节　行动通则
　第六条　瞭望
　第七条　安全航速
　第八条　航行原则
　第九条　避让原则
第二节　机动船相遇,存在碰撞危险时的避让行动(共十一条)
　第十条　机动船对驶相遇
　第十一条　机动船追越
　第十二条　机动船横越和交叉相遇
　第十三条　机动船尾随行驶
　第十四条　在长江干线航行的客渡船与其他顺航道或河道行驶的机动船相遇
　第十五条　机动船在干、支流交汇水域相遇
　第十六条　机动船在叉河口相遇
　第十七条　机动船与在航施工的工程船相遇
　第十八条　限于吃水的海船相遇
　第十九条　快速船相遇
　第二十条　机动船掉头
第三节　机动船、人力船、帆船、排筏相遇,存在碰撞危险时的避让行动(共两条)
　第二十一条　机动船与人力船、帆船、排筏相遇
　第二十二条　帆船、人力船、排筏相遇
第四节　船舶在能见度不良时的行动及其他(共五条)
　第二十三条　船舶在能见度不良时的行动
　第二十四条　靠泊、离泊
　第二十五条　停泊
　第二十六条　渔船捕鱼
　第二十七条　失去控制的船舶
第三章　号灯和号型(共十四条)
　第二十八条　一般规定
　第二十九条　在航的机动船
　第三十条　在航的船队
　第三十一条　在航的人力船、帆船、排筏
　第三十二条　工程船
　第三十三条　掉头
　第三十四条　停泊
　第三十五条　搁浅
　第三十六条　装运危险货物
　第三十七条　要求减速
　第三十八条　渔船
　第三十九条　失去控制的船舶

第四十条　船舶眠桅
第四十一条　监督艇和航标艇
第四章　声响信号(共五条)
第四十二条　声响信号设备
第四十三条　声号的含义
第四十四条　船舶相遇时声号的应用
第四十五条　能见度不良时的声响信号
第四十六条　甚高频无线电话
第五章　附则
第四十七条　附录
第四十八条　解释机关
第四十九条　生效
附录一　号灯和号型的技术要求
附录二　声响信号设备的技术要求
附录三　遇险信号

一、《内河避碰规则》的主要内容

1. 总则

《内河避碰规则》第一条说明其立法宗旨是“维护水上交通秩序,防止碰撞事故,保障人民生命、财产的安全”。《内河避碰规则》第二条规定其适用于在我国“境内江河、湖泊、水库、运河等通航水域及其港口航行、停泊和作业的一切船舶、排筏”;在国境河流、湖泊中则按照我国政府同相邻国家政府签有的协议或协定执行;在与中俄国境河流相通的水域不适用《内河避碰规则》。《内河避碰规则》第四条说明其不妨碍有关港航监督机关为实施《内河避碰规则》而根据辖区具体情况制定规则,但这些特别规定应当尽可能符合《内河避碰规则》的规定,并报交通运输部批准后生效。最新的特别规定包括 1996 年正式实施的《长江下游分道航行规则》和 1997 年正式实施的《长江上游南津关至羊角滩控制河段安全管理规定》等。《内河避碰规则》第五条对其条文中所使用的 19 个用语下了定义。《内河避碰规则》第三条(责任)参照《避碰规则》第二条(责任)做出如下规定:船舶、排筏及其所有人、经营人以及船员应当对遵守本规则的疏忽而产生的后果以及对船员通常做法所要求的或者当时特殊情况要求的任何戒备上的疏忽而产生的后果负责。不论由于何种原因,两船已逼近或者已处于紧迫局面时,任何一船都应当果断地采取最有助于避碰的行动,包括在紧迫危险时背离规则,以挽救危局。

2. 行动通则

《内河避碰规则》第二章(航行和避让)第一节(行动通则)是内河航行和避让的总原则、基本条件和预防措施,也是第二章其他三节的基础。第六条(瞭望)参照《避碰规则》第五条(瞭望)的规定,要求船舶在任何时候均应当保持正规瞭望并以安全航速行驶,在决定安全航速时考虑各种有关因素。针对内河航行以及避碰的特点,规定机动船航经一些特殊水域时应当及早控制航速,尽可能保持较大距离驶过以避免浪损,各船同时要注意本船的防浪能力和防浪措施。

(1)航行原则

第八条(航行原则)规定:机动船航行时,上行船应当沿缓流或者航道一侧行驶,下行船应当沿主流或者航道中间行驶。但在潮流河段(指受潮汐影响而人为划定的河流某一特定河段,如长江江阴以下划为潮流河段)、湖泊、水库、平流区域(指水流较平缓的运河及水网地带),任何船舶应当尽可能沿本船右舷一侧航道行驶。这一内河航行原则考虑到适合内河水文地形条件而形成的航行与操纵习惯,又考虑到分隔船舶交通流以尽可能减少船舶会遇机会,因此又是预防发生碰撞事故的重要船舶交通管理措施。

(2)避让原则

第九条(避让原则)是有关内河避碰的良好船艺的总结,也是内河船员避碰经验和教训的总结。“船舶在航行中要保持高度警惕,当对来船动态不明产生怀疑,或者声号不统一时,应当立即减速、停车、必要时倒车,防止碰撞。采取任何防止碰撞的行动,应当明确、有效、及早进行,并运用良好驾驶技术,直至驶过让清为止。在任何情况下,在长江干线航行的客渡船都必须避让顺航道或河道行驶的船舶。船舶在避让过程中,让路船应当主动避让被让路船;被让路船也应当注意让路船的行动,并按当时情况采取行动协助避让。两机动船相遇,双方避让意图经声号统一后,避让行动不得改变。”

3. 机动船之间的避让行动

《内河避碰规则》第二章第二节(机动船相遇,存在碰撞危险时的避让行动)主要是对机动船之间的避让关系或避让责任做出规定,同时对避让行动提出了具体要求。

(1)对驶相遇

第十条(机动船对驶相遇)规定:两机动船对驶相遇(指顺航道行驶的两船来往相遇,包括对遇或者接近对遇,互从左舷或者右舷相遇,在弯曲航道相遇,但不包括两横船相遇),除第二节另有规定外:①上行船应当避让下行船,但在潮流河段,逆流船应当避让顺流船;在湖泊、水库、平流区域,单船应当避让船队;②在潮流河段、湖泊、水库、平流区域,两船对遇或者接近对遇,除特殊情况外,应当互以左舷会船;③机动船驶近弯曲航段、不能会船的狭窄航段,应当按规定鸣放声号以引起他船注意。遇到来船时按本条①、②项的规定避让,必要时上行船(逆流船)还应当在该航段下方等候下行船(顺流船)驶过。

(2)追越

第十一条(机动船追越)规定:一机动船正从另一机动船正横后大于22.5°的某一方向赶上、超过该船,可能构成碰撞危险时,应当认定为追越;并应注意在某些特殊水域禁止追越或并列行驶;追越要征得被追越船同意,被追越船同意追越后要协助避让。

(3)横越和交叉相遇

第十二条(机动船横越交叉相遇)规定:机动船在横越(指船舶由航道一侧横向或接近横向驶向另一侧,或者横向驶过顺航道行驶船舶的船首方向)前应当注意航道情况和周围环境,在确认无碍他船行驶时,按规定鸣放声号后,方可以横越。该条还规定:①横越船应当避让顺航道行驶的船,不得在其前方突然和强行横越。②同流向的两横越船交叉相遇,有他船在本船右舷者,应当给他船让路。③不同流向的两横越船相遇,上行船应当避让下行船,但在潮流河段逆流船应当避让顺流船。④在平流区域两横越船相遇,上行船应当避让下行船;同为上行或下行横越船时,有他船在本船右舷者,应当给他船让路。⑤在湖泊、水库两船交叉相遇,有他船在本船右舷者,应当给他船让路。

(4)尾随行驶

第十三条规定:机动船尾随行驶时,后船应当与前船保持适当距离,以便前船突然发生意外时,能有充分的余地采取避免碰撞的措施。

(5)在干、支流交汇水域相遇

第十五条(机动船在干、支流交汇水域相遇)规定:机动船驶经支流河口,在不违背第八条规定的情况下,应当尽可能地绕开行驶。除在平流区域外,两机动船在干、支流交汇水域(指不与本河同出一源的支流与本河的汇合处)相遇时,应当按下列规定避让:①从干流驶进支流的船,应当避让从支流驶出的船。②干流船同从支流驶出的船同一流向行驶,干流船应当避让从支流驶出的船。③干流船同从支流驶出的船不同流向行驶,上行船应当避让下行船,但在潮流河段逆流船应当避让顺流船。两机动船在平流区域进出干、支流交汇水域相遇时,有他船在本船右舷者,应当给他船让路。

(6)在叉河口相遇

第十六条(机动船在叉河口相遇)规定:两机动船在叉河口(指与本河同出一源的叉河道与本河的分合处)相遇,同一流向行驶时,有他船在本船右舷者,应当给他船让路;不同流向行驶时,上行船应当避让下行船,但在潮流河段逆流船应当避让顺流船。

(7)其他规定

第十七条规定:不论本节有何规定,机动船与在航施工的工程船相遇,机动船应当避让在航施工的工程船。第十八条规定:限于吃水的海船(该类船舶的实际吃水在长江定为7 m以上,珠江定为4 m以上)遇有来船时,应当及早发出会船声号。除第十六条外,不论本节有何规定,来船都必须避让限于吃水的船舶产为其让出深水航道。两艘限于吃水的船舶相遇时,应当按本节各条规定避让。第十九条规定:快速船(指静水速度35 km/h以上的船舶)在航时,应当宽裕地让清所有船舶。两快速船相遇时,应当按本节各条规定避让。第二十条规定:机动船或者船队(指由拖船和被吊拖、顶推的船舶、排筏或者其他物体编成的组合体)在掉头前,应当注意航道情况和周围环境,在无碍他船行驶时,按规定鸣放声号后,方可以掉头。过往船舶应当减速或者绕开正在掉头的船舶行驶。

4. 机动船、非机动船的避让行动

《内河避碰规则》第二章第三节规定了机动船、人力船、帆船、排筏相遇,存在碰撞危险时的避让行动。第二十一条(机动船与人力船、帆船、排筏相遇)主要规定:除快速船外,机动船与人力船、帆船、排筏相遇时,船舶、排筏均应当遵守下列规定:(1)机动船发现人力船、帆船有碍本船航行时,应当鸣放引起注意和表示本船动向的声号。人力船、帆船听到声号或者见到机动船驶来时,应当迅速离开机动船航路或者尽量靠边行驶。机动船发现与人力船、帆船距离逼近,情况紧急时,也应当采取避让行动。(2)人力船、帆船除按当地主管部门规定的航线航行外,不得占用机动船航道或航路。(3)人力船、帆船不得抢越机动船船头或者在航道上停桨流放,不得驶进机动船刚刚驶过的余浪中去,不得在狭窄、弯曲、滩险航段、桥梁水域和船闸引航道妨碍机动船安全行驶。(4)人工流放的排筏见到机动船驶来,应当及早调顺排身,以便于机动船避让。

第二十二条(帆船、人力船、排筏相遇)规定了帆船、人力船、排筏相遇时的避让关系。

5. 船舶在能见度不良时的行动

《内河避碰规则》第二章第四节第二十三条(船舶在能见度不良时的行动)规定:船舶在能

见度不良的情况下航行,应当以适合当时环境和情况的安全航速行驶,加强瞭望,并按规定发出声响信号。装有雷达设备的船舶测到他船时,应当判定是否存在着碰撞危险。若是如此,应当及早地与对方联系并采取协调一致的避让行动。除已判定不存在碰撞危险外,每一船舶当听到他船雾号不能避免紧迫局面时,应当将航速减到能维持其航向操纵的最低速度。无论如何,每一船舶都应当极其谨慎地驾驶,直到碰撞危险过去为止,必要时应当及早选择安全地点锚泊。

6. 其他行动规定

《内河避碰规则》第二章第四节第二十四条至第二十七条对靠泊、离泊、停泊、渔船捕鱼、失去控制的船舶的行动做出了规定。第二十四条要求机动船靠、离泊位前,应当注意航道情况和周围环境,在无碍他船行驶时,按规定鸣放声号后,方可以行动。正在上述水域附近行驶的船舶,听到声号后,应当绕开行驶或者减速等候,不得抢档。第二十五条要求船舶、排筏在锚地锚泊不得超出锚地范围,系靠不得超出规定的尺度。停泊不得遮蔽助航标志、信号。船舶、排筏在狭窄、弯曲航道或者其他有碍他船航行的水域锚泊、系靠。除因工作需要外,过往船舶不得在锚地穿行。第二十六条要求渔船捕鱼时,不得阻碍其他船舶航行,在航道上不得设置固定渔具。第二十七条要求失去控制的船舶、非自航船(指驳船、趸船等本身没有动力推动的船舶)应当及早选择安全地点锚泊,严禁非自航船自行流放。

7. 号灯、号型与声响信号

《内河避碰规则》第三章(号灯和号型)和第四章(声响信号)以及附录一(号灯和号型的技术要求)和附录二(声响信号设备的技术要求),与《避碰规则》的相应规定和附录在基本原则和基本原理上相同和类似。内河船舶号灯、号型、灯光信号和声号的种类要多于海船,但其信号设备技术要求略低于海船。但是,《内河避碰规则》第四十六条对使用甚高频无线电话协助避碰做出了明确规定,这是《避碰规则》所没有的。总的来说,《内河避碰规则》作为一种特殊的避碰规定,在避碰信号上基本符合《避碰规则》第一条中所提出的“尽可能符合本规则条款”和“尽可能不致被误认”的要求。了解和掌握了《避碰规则》有关避碰信号的规定,就比较容易了解和掌握《内河避碰规则》有关避碰信号的规定,反之亦然。

项目九

航行值班

☞ [项目描述]

为了规范海船船员值班，保障海上人命与财产安全，保护海洋环境，加强船舶保安管理，根据《中华人民共和国海上交通安全法》《中华人民共和国海洋环境保护法》《中华人民共和国船员条例》，以及我国缔结或加入的有关国际公约要求，制定《中华人民共和国海船船员值班规则》（以下简称《值班规则》）。本项目参照2012年12月17日交通运输部发布、根据2020年7月6日交通运输部《关于修改〈中华人民共和国海船船员值班规则〉的决定》修正的新版《值班规则》而编写。为了能使学生更好地遵守《值班规则》，要求学生在航海模拟器上完成各种环境和情况下的值班，完成值班安排、交接班、执行航次计划、引航员在船时的值班、遭遇危险情况下的处理等情境训练。

STCW 规则适用于在有权悬挂缔约国国旗的海船上工作的船员，《中华人民共和国海船船员值班规则》（2020年修订）（以下简称《值班规则》）适用于100总吨及以上中国籍海船上工作的船员，但不包括在军用船舶、渔业船舶、游艇和构造简单的木质船上工作的船员。

《中华人民共和国海船船员值班规则》（2020版）

任务一 遵循航行值班中的原则

航行值班教学视频1

学习目标

知识目标：掌握STCW规则关于适于值班的目的和强制性标准，掌握疲劳对安全值班的影响，掌握安全值班的措施，掌握值班安排的总体要求和应考虑的因素。

能力目标：能根据《值班规则》的要求合理安排值班以保证安全值班。

素质目标：培养学生的安全意识与服从意识。

一、适于值班的条件

1. 保持安全值班的目的

（1）避免船舶发生海难

在船舶装备不断现代化的今天，海难仍然接连不断，主要是人为因素、人的过失造成的。只有在提高值班人员的技术水准的同时，加强船舶安全值班，提高值班人员的责任意识，在各种情况下严格按照驾驶台工作程序所确立的原则操作船舶，才能使船舶更安全，海上人命、财产和海洋环境更有保障。

（2）保证船舶随时处于适航状态

保持驾驶台有效的值班，及时发现船舶的不正常情况并立即处理解决，使船舶随时处于良好的适航状态。只有这样才能使船舶先进的装备与优良的操船技艺完美地结合在一起，才能有效地防止船舶发生碰撞、搁浅、触礁等事故。

（3）保证船舶所装货物得到妥善保管

妥善保管货物是保持船舶安全值班的又一项重要任务。特别是在装有危险货物时，货物完好和船舶安全两者相互制约、相互依赖。通过保持安全值班，对货物进行必需的照料，必将使船舶的安全更有保证。

（4）保护海洋环境

船长、高级船员和普通船员应了解操作性或事故性的海洋环境污染的严重后果，并应采取一切可行的预防措施防止这类污染事故发生，特别是有关国际规则和港口规章规定范围内的污染。

（5）履行船舶保安职责

每一个被指定履行包括防海盗和防武装抢劫相关活动的保安职责的海员应表明承担STCW规则中所列的任务、职责和责任的适任能力，并足以使每个证书申请人能够履行船上指定的保安职责，能使船舶在不同的内外部环境下实施各类保安等级。

良好的值班制度，应使值班人员不致因身体疲劳、心理倦怠以及其他外来因素的影响而降低其效率。

STCW规则附则第Ⅷ章规则Ⅷ/1做了如下规定：

各主管机关为了防止疲劳应：

（1）制定和实施值班人员休息时间；

（2）要求值班制度的安排能使所有值班人员的效率不致因疲劳而削弱，并且班次的组织能使航行开始的第一个班次及其后各班次人员均已充分休息，或者用其他办法使其适于值班。

第一条规定要求主管机关为了保证值班人员得到充分的休息，应制定和实施值班人员的休息时间以防止疲劳。

第二条规定要求船长在安排值班制度时要考虑周全，使值班安排合理，连续值班时间不宜过长，以确保值班人员的效率。

2. 值班人员值班时间的强制性标准

为了能切实做到值班人员适于值班，在 STCW 规则 A 部分第Ⅷ章第 A-Ⅷ/1 节中，对值班人员的休息时间做了详细的规定：

航运公司及船长应当采取有效措施防止船员疲劳操作。除紧急或者超常工作情况外，负责值班的船员以及被指定承担安全、防污染和保安职责的船员休息时间应当满足以下要求：

（1）任何 24 h 内不少于 10 h；

（2）任何 7 天内不少于 77 h；

（3）任何 24 h 内的休息时间可以分为数量不超过 2 个时间段，其中 1 个时间段至少要有 6 h，连续休息时间段之间的间隔不应当超过 14 h。

船长按照规定安排休息时间时可以有例外，但是任何 7 天内的休息时间不得少于 70 h。规定的每周休息时间的例外不应当超过连续 2 周。在船上连续 2 次例外时间的间隔不应当少于该例外持续时间的 2 倍。规定的例外可以分成为数量不超过 3 个的时间段，其中 1 个时间段至少要有 6 h，另外 2 个时间段不应当少于 1 h。连续休息时间间隔不得超过 14 h。另外，在任何 7 天时间内不得超过 2 个 24 h 时间段。

船舶应当对船员每天休息时间进行记录，并制作由船长或者船长授权的人员和船员本人签注的休息时间记录表发放给船员本人。船上工作安排表和休息时间记录表应当参照《国际劳工组织（ILO）和国际海事组织（IMO）编制船员船上工作安排表和船员工作时间或休息时间记录格式指南》，并使用船上工作语言和英语制定。

船长在安排船员值班时，应当充分考虑女性船员的生理特点和国家的有关规定。

船员不得酗酒。值班人员在值班前 4 h 内禁止饮酒，且值班期间血液酒精浓度（BAC）不高于 0.05%或呼吸中酒精浓度不高于 0.25 mg/L。

3. STCW 规则为防止疲劳做出的指导性意见

在 STCW 规则 B 部分第Ⅷ/1 节中对防止疲劳做出了如下指导建议：

（1）在遵守休息时间的要求时，“超常工作情况”需解释为仅指由于安全或防止污染原因不能延误的或在航次开始时不能合理预料的重要的船上工作。

（2）虽然疲劳尚没有普遍接受的技术性定义，但每一个参与船舶操作的人需警惕能导致疲劳的因素，其中包括但不限于那些本组织已明确的因素，并应在决定船舶工作时加以考虑。

（3）在运用规则 A-Ⅷ/1 时，应考虑以下各项：

①所制定的防止疲劳的规定需保证不采取过多的和不合理的整段工作时间，特别是第 A-Ⅷ/1 节规定的最少休息时间不应解释为暗示所有其他时间可用于值班或履行其他职责；

②休息时段的次数和长短以及准予的补休是一段时间内防止疲劳的关键因素；

③对短航次的船舶，只要做出特殊的安全方面的安排可以有不同的规定。

(4)第 A-Ⅷ/1 节第 9 段所列的例外规定应解释为系指国际劳工组织 1996 年(第 180 号)《船上工作时间和船舶配员公约》或生效后的《2006 年海事劳工公约》所列的例外规定。适用该例外规定的情况需由缔约国确定。

(5)主管机关需以海事调查结果所获得的资料为基础,对其防止疲劳的规定进行审查。

4. 疲劳产生的原因及影响因素

疲劳是人们在经过体力或脑力劳动后,全身机能下降的一种现象。疲劳的发生,除身体有劳累的感觉外,还将在不同程度上表现出工作能力降低,注意力和记忆力减退,听觉和视觉及思维变得迟钝,动作不灵活,对外界事态的变化和发展判断不准确等。此时,工作人员不但工作效率下降,而且容易导致事故发生。

(1)疲劳产生的原因及其影响因素

①疲劳产生的原因

引起疲劳的原因很多,主要有以下几个方面:

a. 睡眠不足引起大脑疲劳;

b. 过分的体力消耗引起体力疲劳;

c. 人体内潜伏着某种疾病而产生病态疲劳;

d. 由于情绪不佳、精神抑郁、忧虑等心理因素而引起的心理疲劳。

②影响疲劳的因素

a. 脑力和体力劳动的速度、强度和持续时间;

b. 心理紧张、情绪不良时易引起疲劳;

c. 身体较弱、技术不熟练的人易引起疲劳;

d. 工作环境对引起疲劳有直接影响,例如噪声大、振动大、温度高、船舶摇摆剧烈等情况下,易引起疲劳。

5. 为保证安全值班应采取的措施

(1)船长和大副应合理组织、安排值班人员的工作和休息,避免值班人员在未得到足够休息的情况下,继续值下一个班,造成连续疲劳,以保证值班人员在值班时具有充足的体力和精力。

(2)当值班与正常工作规律由于某些原因被破坏时,船长应对值班人员的疲劳程度进行观察和判定,以确定是否影响安全值班。

(3)当发现负责值班的高级船员有疲劳的症状,但仍能担任其职责时,在值班的组成上应考虑配备精力充沛的其他人员配合其值班。

(4)当发现负责值班的高级船员因疲劳的影响难以保证安全值班时,应毫不犹豫地进行调整,使之得到适当的休息,以利于下一个班次时能够胜任职责的要求。

(5)负责值班的高级船员如在航行值班时,由于工作强度过大,感到疲劳以至于难以保证安全值班的情况下,应毫不犹豫地通知船长。

(6)为保证安全值班,必要时船长应亲自到驾驶台值班。

二、值班安排和应遵循的原则

1. 值班安排的总体要求

航行值班的安排可分为三个阶段:其一为船员配备或补充,其二为值班编组,其三为编组的运用。三者首尾相接互为因果,并随船舶营运时间的持续循环不已,在时间上,每一程序都各有限制,责任划分也很明确。如第一项,根据船舶整体操纵需要所做的船员配备或补充,必须在船舶开航之前靠港口时才可实施,也就是说要在陆上完成,船长因置身海上,对此业务除要求、建议外无能为力,因此实际上要船舶所有人或经营人两者之一负主要责任。事实上,这项原则在国际上早有相当周密的规定,在我国的有关法律中也有大同小异的条文。《1974 年国际海上人命安全公约》在第五章第十三条对船员配备有如下规定:"从海上人命安全观点出发,各缔约国政府承担义务,对其本国的每艘船舶应经常保持或在必要时采取措施来保证所有船舶配备足够数量和胜任的船员。"《中华人民共和国海上交通安全法》第三十三条规定:"船舶应当满足最低安全配员要求,配备持有合格有效证书的船员。"《中华人民共和国海商法》第四十七条规定:"承运人在船舶开航前和开航当时,应当谨慎处理,使船舶处于适航状态,妥善配备船员……",也就是说,船舶所有人配备船员不合格,将构成船舶不适航,船舶所有人将丧失海事赔偿责任限制的权利。但第二项值班编组与第三项编组的运用,通常在开航前完成编组并于海上航行时进行运用,船舶所有人与经营人本身并未直接参与航行,所配船员出发后,对其能力的发挥、工作的表现不能遥控,一切有赖于船长的统一指挥,也就是说上述二、三项均由船长负责。

STCW 规则附则在规则Ⅷ/2 中对值班安排和应遵循的原则做了总体要求:

(1)主管机关应使公司、船长、轮机长和全体值班人员注意到 STCW 规则中应遵守的要求、原则和指南,以确保在所有海船上始终保持安全、连续并适合当时环境和条件的值班。

(2)主管机关应要求每船船长在考虑船舶当时环境和条件的情况下,确保其值班安排足以保持安全值班,并且在船长全面领导与监督下。

(3)负责航行值班的高级船员在值班时间内始终身在驾驶台或与之直接相连的场所,如海图室或驾驶台控制室,对船舶航行安全负责。

(4)当船舶锚泊或系泊时,为始终安全应保持适当和有效的值班。如果船上载有有害货物,值班安排应充分考虑到有害货物的性质、数量、包装、积载,以及当时船上、水上或岸上的任何特殊情况。

在要求中,将公司(公司包括船舶所有人和经营人)置于第一条首位,将船长置于第二条首位,其意义是非常明显的。航行值班的原则应由公司、船长与航行值班人员共同遵守。也就是说,值班人员的能力需要船长灵活运用编组得以发挥;要达到灵活运用,必须具备适当的值班编组,而编组是否适当,应以船员的配备为基础。如果因人员不足,或素质低劣,或两者兼有而不幸发生意外却只责怪船长指挥不当,或责任值班人员未尽职责,似乎都有失公允。

2. 值班安排和应遵循的原则的基本规定

STCW 规则和《值班规则》中对值班安排和应遵循的原则有如下基本规定:

(1)人员适任

①每一艘海船,不得以低于主管机关颁布的船舶最低安全配员证书所列数目和级别的数额配备船员。

②负责航行或甲板值班的高级船员的资格应完全符合 STCW 规则中所规定的强制性最低要求或可供选择的发证标准,使负责航行和甲板值班的高级船员的资格与其担任的职责相适应。

(2)航次计划

要达到航行的两大要求——安全与效率,就必须要事先做出周密的航次计划。航次计划的一般要求:

①船长应根据航次任务及时通知各部门有关负责人做好各项开航准备工作。

②对预定的航次,应在研究所有有关资料后先做出计划,并应在航次开始前对制定的任何航线进行核实。

③大副、轮机长应与船长协商,预先确定计划航次的需要,并考虑对燃料、淡水、润滑油、化学品、消耗品和其他条件、工具、供应品的需求以及任何其他需求。

④船长应检查各种船舶证书和船员证件是否齐全,有无逾期,检查运输单证及港口文件是否齐全,保证船舶处于适航状态。

每一航次前,船长应保证充分并恰当地运用本航次所必需的海图和其他航海出版物,对自出发港至第一停靠港的预定航线做出计划,所述海图和航海出版物应包含航行限制和涉及船舶航行安全的永久性或可预测到危险物在内的准确、完整和最新的资料。

制订航行计划应至少包括以下内容:

①航线的总里程和预计航行的总时间;

②预计航线上的气象情况和海况;

③各转向点的经纬度;

④各段航线的航程和预计到达各转向点的时间;

⑤复杂航段的航法以及对航线附近的危险物的避险手段;

⑥特殊航区的注意事项。

在考虑了所有有关信息并核实了航线计划后,计划航线应清晰地标绘在有关海图上,并在航行期间供值班高级船员随时使用,但他应在使用之前核实将采取的每一航向。

如果在航行期间决定改变计划航线的下一停靠港,或者因其他原因船舶需要大幅度地偏离计划航线,那么,应在大幅度地偏离原计划航线前设计修正航线。

(3)适用于值班的一般原则

①船长和值班人员注意遵守航行和在港值班中应遵循的原则,以确保在任何时候均能保持安全值班。

②船长必须确保值班的安排足以保持安全航行值班。在船长的统一指挥下,值班的高级船员在值班期间,特别是在涉及避免碰撞和搁浅时,负责船舶安全航行。

③轮机长必须与船长协商,确保值班的安排足以保持轮机安全值班。

(4)保护海洋环境

船长、高级船员和普通船员应了解操作性或事故性的海洋环境污染的严重后果,并应采取一切可能的预防措施防止这类污染,特别是有关国际规则和港口规章规定范围内的污染。

3. 值班安排应考虑的因素

影响值班安排是否适当的因素很多,此处仅就 STCW 规则的规定加以分析。STCW 规则规定:在决定可能包括合格的普通船员在内的驾驶台值班组成时,应特别考虑下列因素:条文中已说明值班编组的两项宗旨,其一,值班时将有若干普通船员,不必要完全由高级船员担任工作;其二,编组需考虑的因素范围广泛,这里仅指出应特别考虑的因素。

(1)在任何时候,驾驶台不许无人值守。

本条实际上是将值班人数限制为最少 2 人,因船舶航行时,即使情况正常,值班人员也可有暂时离开驾驶台的必要的任务,如仅有一人值班,则离开时间无论长短,都足以影响航行安全。

(2)天气情况、能见度以及是否白天或黑夜。

本条说明天气恶劣或能见度降低时,值班安排必须适应当时情况,且不得因白天有阳光,或黑夜需要休息而有所疏忽,天气与能见度的突变是航行经常遇到的自然现象,而由于未能适应这种变化所造成的海难比例也相当高,因此在决定值班安排时必须慎重处理。

(3)邻近航行危险物的程度因通过航行危险物时可能需要负责航行值班的高级船员执行额外的航行职责。

本条是指值班期间,接近陆地、暗礁或沉船,航行于或接近于船只来往频繁的水域,或预料将遭遇任何航行危险时,值班驾驶员的工作量必然增加,如未备有足够人手立即支援,恐难免遇事惊慌失措,无法回避危险。

(4)助航仪器如雷达或电子定位仪器以及任何其他影响船舶安全航行的设备的使用和工作状态。

(5)船上是否装有自动操舵装置。

上述两条内容,可涉及船舶助航仪器种类的多少、性能的优劣、操作现状以及值班人员的操作技能等多个方面,对值班安排的影响最为显著,如雷达影响到瞭望人员的设置,电子定位仪可减轻驾驶员的负担,等等。

(6)是否需要履行无线电职责。

(7)装备在驾驶台上的无人机舱控制装置、警报和指示器及其使用程序和局限性。

上述两条内容均增加了值班人员的职责,因此值班安排要适应这种改变。

(8)特别的操作环境可能会对航行值班提出出乎寻常的要求。

本条与第(3)条大致相同,但其特别需要的原因在于船舶本身及其装备、货载等。

任务二 履行驾驶台协调工作程序

学习目标

航行值班教学视频2　航行值班教学视频3

知识目标:掌握值班驾驶员在驾驶台值班时应承担的责任和要求,掌握驾驶台瞭望的要求,掌握交接班的规定,掌握引航员在船时驾驶员的责任,掌握船舶在航行、操纵和避让时对驾驶员的要求,掌握停泊值班时的工作要求。

能力目标:能根据《避碰规则》对驾驶员的要求在不同环境和情况下保持安全值班。

素质目标:培养学生综合素养,提升学生与其他岗位人员良好沟通的能力。

一、驾驶台值班驾驶员承担的责任及要求

负责航行值班的高级船员的是船长的代表,是航行中保证船舶安全航行、防污染及保证货物安全的主要负责人,船舶安全航行应遵照《避碰规则》、STCW 规则及《值班规则》的规定。履行航行值班的驾驶员要充分考虑并承担下列责任:

(1)负责航行值班的高级船员应做到:

①在驾驶台保持值班;

②在正式交接班之前,任何情况下不得离开驾驶台;

③即使船长在驾驶台,继续对船舶的安全航行负责,直至被明确告知,船长已承担此责任并彼此领会;

④在对为了安全而采取地某种行为产生疑问时通知船长。

(2)在值班期间,应使用所有可用的必要的助航仪器,以足够频繁的时间间隔对所驶的航向、船位和航速进行核对,以确保船舶沿着计划航线行驶。航行只要条件许可,应用多种方式、多种仪器及其多种功能定位,掌握各种定位方法的优势、局限性和误差范围,分析比较,剔除粗差,保证航行安全。如需避让来船,应先让清再定位。在狭水道或危险航段航行,应勤定位,并与目测、雷达船位相比较,以目测和雷达船位为重,一般 1 h 定位一次;沿岸航行时,20 min 定位一次;在狭水道、接近危险地区或航速大于 15 kn 时还应适当缩短定位时间间隔。接近浅滩、礁石或水深变化显著的水域,应连续等间距测深,与观测船位相比较。

(3)负责航行值班的高级船员应充分了解船上所有安全和航行设备的放置地点和操作方法,并应知道和考虑这些设备在操作上的局限性。

(4)负责航行值班的高级船员,不应被分派或担负任何妨碍船舶安全航行的职责。

(5)负责航行值班的高级船员应最有效地使用在其支配下的所有助航设备。

(6)在使用雷达时,负责航行值班的高级船员应切记,在任何时候均应遵守适用的《避碰规则》中有关使用雷达的规定。

(7)在需要时,负责航行值班的高级船员应毫不犹豫地使用舵、主机和声响信号装置,如有可能,应及时通知主机拟进行变速,或者按照适用的程序有效地使用装配在驾驶台的无人机舱主机控制器。

(8)航行值班的高级船员应知晓包括冲程在内的船舶操纵性能,并应意识到其他船舶可能具有不同的操纵性能。

(9)值班期间应保持与航行有关的动态和活动的正规记录。按“航海日志记载规则”认真填写航海日志,并应每班记录气象一次,台风来袭时每小时记录一次,每班记录一次主机转速,对可变螺距桨每 4 h(天气不良时每隔 1 h)记录一次桨叶角,记录航经重要物标的正横时间、距离、方位及计程仪读数。

(10)特别重要的是负责航行值班的高级船员要随时保持正规的瞭望。在具有单独海图室的船上,为了履行必要的航行职责,该负责航行值班的高级船员在必要时可以短时间进入海图室,但是他必须首先确信这么做是安全的,并确保保持正规的瞭望。

(11)在可行和条件允许的情况下,特别是在危险状况预计影响航行安全之前,应对船上的航行设备在海上进行频繁的操作性测试。适当时应对这些测试做记录,这种测试还应在到港前和出港前进行。

(12)负责航行值班的高级船员应做定期检查,以确保:

①舵工或自动舵操作在正确的航向上。

②标准罗位的误差每班至少测定一次,如可能,在任何大幅度改向后均进行测定;标准罗经和陀螺罗经应经常进行核对,罗经复示仪应与主罗经同步;每天日出日没时必须校测一次罗经(自)差。每小时核对陀螺罗经航向、磁罗经的航向是否正确,督促舵工经常核对,改变航向

后应将陀螺罗经航向、磁罗经航向记入航海日志左页并计算自差，每班核对一次复示器与主罗经的同步情况。

③自动舵应至少每班手动测试一次。

④航行灯和信号灯及其他航行设备正常工作。

⑤无线电设备按照 STCW 规则中“履行无线电值班”的规定正常工作。

⑥无人机舱控制装置、报警装置和指示器工作正常。

(13)负责航行值班的高级船员应切记，始终遵守《1974 年国际海上人命安全公约》中适用规定的必要性，并应考虑到：

①使舵工就位并及时改为手动舵，以使潜在的危险局面转危为安。

②使用自动舵的船舶，如局面发展到使负责航行值班的高级船员得不到帮助以致不得不中断瞭望而采取紧急措施，那是非常危险的。

③值班驾驶员根据船长指示或航道、海面、气象等条件决定是否使用自动舵，出港时使用自动舵的时机由船长决定。进出港口，航经狭水道、分道通航区、交通繁忙区、锚地、渔区、危险航段、能见度小于 5 n mile 区域，以及避让、改变航向、追越时，不得使用自动舵。需要机动操纵时，应距他船 5 n mile 外即改为手操舵。

(14)航行值班的高级船员应完全熟悉所装备的所有电子助航仪器的使用方法，其中包括其性能及局限性。必要时，应使用每一种助航仪器，并应切记回声测深仪是一种很有价值的助航仪器。

(15)遇到或预料到能见度不良时，以及在拥挤水域航行的全部时间里，负责航行值班的高级船员应使用雷达，并应注意其局限性。

(16)负责航行值班的高级船员应确保所使用的量程以足够频率的时间间隔进行转换，以便能及早地发现回波。应切记小的或微弱的回波有可能探测不到。

(17)每当使用雷达时，负责航行值班的高级船员应选择合适的量程，仔细观察显示器，并应确保有充分的时间进行标绘或进行系统的分析。

(18)在下列情况下，负责航行值班的高级船员应立即通知船长：

①遇到或预料到能见度不良时；

②对通航状况或他船的动态产生疑虑时；

③对保持航向感到困难时；

④到预定时间未能看到陆地、航标或水深突然发生变化时；

⑤意外地看到陆地、航标或水深突然发生变化时；

⑥主机、推进机械的遥控装置、舵机或者任何重要的航行设备、报警或指示仪发生故障时；

⑦无线电设备发生故障时；

⑧在恶劣天气中，怀疑可能有天气危害时；

⑨船舶遇到任何航行危险时，诸如冰或海上弃船；

⑩其他紧急情况或感到疑虑时。

(19)尽管在上述情况下要求立即通知船长，但当情况需要时，负责航行值班的高级船员为了船舶的安全，应毫不犹豫地采取行动。

(20)负责航行值班的高级船员应给予全体值班人员一切适当的指示和信息，以确保包括正规瞭望在内的安全值班得以保持。

(21)按大副布置处理好货舱通风。大风浪来袭时,及早通知各部门做好预防工作。有冷藏集装箱的船舶应正确使用驾驶台的监测、监控、报警装置。夜间航行时空舵水手应每两小时巡查全船一周,并将情况记入航海日志。

(22)每天大副晚餐时,由三副接替值班,时间不超过半小时。

(23)严格遵守国际和国内船舶防污法规,禁止船舶违章排放,及时发现并处理本船的意外排放。发现他船有违章行为或发现海面污染时应速报船长。

(24)航行中出现火情、人落水、船舶进水等紧急情况时,应立即采取必要措施,同时发出相应警报、报告船长、做详细记录。在由驾驶台遥控主机的船上,如发现报警或设备故障时,应立即通知值班轮机员。

二、驾驶台瞭望的要求

1. 瞭望的目的

STCW规则指出:应遵照《避碰规则》第五条的规定随时保持正规的瞭望,并应达到下列目的:

(1)针对操作环境中发生的重大变化,利用视觉和听觉以及所有其他可用的手段保持连续戒备状态;

(2)全面判断碰撞、搁浅和其他危害航行安全的局面和危险;

(3)探明遇险的船舶及飞机、船舶遇难人员、沉船、残骸和其他碍航物。

2. 瞭望人员

瞭望人员必须全神贯注地保持正规瞭望,不得从事或被分派会影响瞭望的其他任务。

值班驾驶员要随时确保有效的瞭望,在驾驶台和海图室分开的船上,为了履行其必要的职责,可以短时间内进入海图室,但是必须事先确信这样是安全的,并确保有效的瞭望仍维持着。

瞭望人员和舵工的职责是有分工的,舵工在操舵时不应视为瞭望人员,除非在某些小船上,操舵位置具有四周无遮挡的视野并且没有夜视障碍或其他影响保持正规瞭望的妨碍。在下列情况下,负责航行值班的高级船员在白天可以是唯一的瞭望人员。

(1)对局面做了充分估计,确信这样做是安全的。

(2)充分考虑了包括但不限于下列因素的一切有关因素:

——天气情况;

——能见度;

——通航密度;

——邻近的航行危险物;

——航行在分航道通航制内或附近时必要的注意。

(3)当局面变化有需要时,能立即召集人员到驾驶台协助。

3. 为保证正规瞭望值班安排应考虑的因素

在判定航行值班的组成是否足以保证能连续保持正规瞭望时,船长应考虑所有的因素,其中包括值班安排、值班时应遵循的基本原则中所述的因素,以及以下因素:

(1)能见度、天气情况和海况;

(2)通航密度和发生在船舶航行区域内的其他活动;

(3)当航行在分道通航制或其他定线制水域内或附近时应有必要的注意；

(4)由船舶功能的性质、即时操纵要求和预期操纵所引起的额外工作量；

(5)应召并被指定为值班人员的任何船员适于值班的情况；

(6)船舶高级船员和普通船员的专业适任知识和自信心；

(7)每个负责航行值班的高级船员的经验和对船舶设备、程序和操纵能力的熟悉程度；

(8)任何特定时刻船上发生的活动,包括无线电通信活动和必要时召唤人员立即到驾驶台给予协助的可能性；

(9)驾驶台的仪器和控制器,其中包括报警系统的工作状况；

(10)舵和推进器的控制以及船舶操纵性；

(11)船舶尺度和指挥位置的视野；

(12)驾驶台的结构,以及这种结构可能对值班人员利用视觉和听觉探测外部情况时所造成的妨碍程度；

(13)IMO 通过的涉及值班安排和适于值班的任何其他标准、程序和指南。

三、驾驶台交接班的有关要求

根据海损事故的统计,在交接班时船舶发生海难的频率最高。这主要是交接班时交班人员忙于各种记录,接班人员对局面未完全掌握或不适应值班环境。为了规范交接班工作,STCW 规则及《值班规则》均对交接班工作做出了规定,对交接班人员提出了具体要求。交接班工作是非常重要的,应该以严肃认真的态度对待,按照规定交好班、接好班,接班驾驶员应提前 15 min(至少 5 min)到达驾驶台。航行交接班工作必须在驾驶台现场进行,经双方同意后才算交接完毕。

STCW 规则规定:值班驾驶员如果有理由认为接班驾驶员显然不能有效地履行其职责时,不应向接班驾驶员交班,并立即向船长报告。

接班驾驶员应确信本班人员完全能履行各自的职责,特别是夜视力的适应性。接班驾驶员在其视力未完全调节到适应光线条件以前不应接班。

如果值班驾驶员在交班前正在进行船舶特殊操纵或其他避免危险的行动,接班驾驶员应在这种操作完成之后再接班。

通常情况,在交接班前 30 min,值班水手叫醒接班人员,交班的副班水手应会同接班的副班水手于交接班前巡视全船。

1. 交班驾驶员的工作

(1)正式交班前不得离开驾驶台。

(2)罗经均已核对完毕并已交班后,应将车钟记录簿上各有关事项记录于航海日志中,并签名,同时注明“罗经已校对”。

(3)将所有有关资料都交接给接班驾驶员。

(4)在航向记录纸上签名,并注明下列事项：

①简要说明改向原因；

②风力及海况；

③如用自动舵,说明天气及舵角所做的调整；

④航速；
⑤更换手动操舵或自动舵的时间；
⑥其他重要资料，如经过岬角或灯塔的时间；等等。

2. 接班驾驶员的接班工作

接班的高级船员在接班前，应彻底搞清本船的推算船位，并核实本船的预定航线、航向和速度以及无人机舱控制装置（如果有的话），还应注意在他们值班期间预计可能遇到的任何航行危险。接班的高级船员应亲自搞清以下有关情况：

（1）船长对船舶航行有关的常规命令和其他特别指示。
（2）船位、航向、航速和船舶吃水。
（3）当时和预报的潮汐、潮流、气象情况和能见度以及这些因素对航向和航速的影响。
（4）当主机在驾驶台控制时操纵主机的程序。
（5）甲板上工作人员的安全防范。
（6）航行局面，包括但不限于：
①正在使用或正在值班期间有可能使用的所有航行和安全设备的工作状态；
②陀螺罗经和磁罗经的误差；
③看到或知道附近船舶的位置及动态；
④在值班期间可能会遇到的有关情况和危险；
⑤船舶横倾、纵倾、水的密度以及船体下坐而可能对龙骨下富余水深的影响。

四、引航员在船时驾驶员应承担的责任及要求

1. 基本规定

引航员有其职责和义务，他们在船上引航并不能解除船长或负责航行值班的高级船员对船舶安全所负的职责和义务。船长和引航员应交换有关航行程序、当地情况和船舶性能等情况。船长和负责航行值班的高级船员应与引航员密切合作，并保持对船舶的位置和动态进行精确的核对。如果负责航行值班的高级船员对引航员的行动或意图有所怀疑，应要求引航员予以澄清，如仍有怀疑，应立即报告船长，并在船长到达之前采取必要的行动。

以上规定表明，引航员并不享有独立的船舶指挥权，引航员在引航船舶时，对船舶安全承担义务的人员还应包括船长、引航员和值班驾驶员。

2. 船长在引航过程中的职责

（1）船长应当负责采取安全措施，安放好合乎《1974年国际海上人命安全公约》要求的软梯，保证引航员能够安全、迅速地登船或离船；同时，还应注意接送引航员的船舶的安全。

（2）船长和引航员应交换有关航行程序、当地情况和船舶性能等内容。

（3）船长和值班驾驶员应与引航员紧密合作，并保持正确的船位和动态。

船长应认真研究引航区内《航路指南》及港图，尤其是对危险地段和注意事项必须心中有数，设计出安全的航线。

（4）在引航过程中，不解除船长对航行安全管理和驾驶船舶应负的全部责任，应认真监督引航员的引领操作，如操作不当，应立即纠正，必要时可以终止他的引领工作及由自己操作或要求更换引航员。

(5)船长暂离驾驶台应告知引航员,并且指定代替负责的驾驶员。

3. 引航时驾驶员的职责

(1)检查引航软梯扶手柱系固情况以及照明、救生圈、行李绳准备情况,亲自接送引航员安全登离船。

(2)在引航过程中,并不解除值班驾驶员的职责,仍应认真瞭望、勤测船位、监车监舵,注意摇车钟及传达命令的正确性,正确记录船舶动态(车钟及过浮标时间等)。

(3)按引航员要求布置水手悬挂信号。

(4)若对引航员行动意图有所怀疑,应请求引航员予以澄清。如仍有怀疑,应立即报告船长,并在船长到达之前采取必要的行动。

(5)值班驾驶员应注意引航员口令及水手操舵的正确性。

五、对船舶正常航行、操纵和避让行动的有关要求

1. 基本规定

(1)在不同的条件下和不同水域内的值班

①负责航行值班的高级船员应频繁地测定驶近船舶的罗经方位作为及早发现碰撞危险的方法,并应切记有时虽然方位变化明显但碰撞危险依然存在,特别是当驶近大型船舶或拖带船队时或是在近距离接近他船时,负责航行值班的高级船员还应使用《避碰规则》及早地采取积极的行动,随后还应检查此种避碰行动是否取得预期的效果。

②天气良好时,只要可能,负责航行值班的高级船员应进行雷达操作。

(2)能见度不良时值班

①航行中遇到或预料到能见度不良时,负责航行值班的高级船员应严格遵守《船舶雾航安全制度》《避碰规则》,优先遵从地区性管理规则。特别是有关鸣放雾号、以安全航速行驶并使主机处于立即可操纵的准备状态的条款。

②一般认为,能见度为 3~5 n mile 时,应处于雾航戒备状态,做下述雾航准备:报告船长,通知机舱,开启雷达,按规定施放雾号,注意守听 VHF,加强瞭望等。能见度小于 3 n mile 时,即处于雾航状态,负责航行值班的高级船员还应:

a. 通知机舱备车航行;

b. 通知船长上驾驶台指挥雾航(违者以失职论处);

c. 加强瞭望,打开驾驶台前后左右可供瞭望的门窗,保持安静,守听雾号(方向仅供参考),必要时派遣瞭头(经船长同意,由水手长编排名单并经大副批准);

d. 改用手操舵,必须有 2 名舵工轮流操舵,绝对禁止使用自动舵;

e. 不论白天或黑夜,应开启航行灯;

f. 开启和使用雷达,进行雷达标绘或与其相当的系统观察,遵守有关使用雷达的规定,若轮流使用雷达,应开启好备用雷达再关闭现用雷达;

g. 如可能,在能见度变化时抢测陆标或天测船位。

③守听 VHF16 频道和当地规定的频道,并开启同步录音装置。

④使用 VHF16 频道在通话空隙中英文交替简要发布船航警报:船名、时间、船位、航向、航速、意图。

⑤重视《避碰规则》中关于能见度不良时的行动规则，但应优先遵从地方规则，积极使用VHF16频道与对本船有碰撞危险的来船及早沟通联系，并约定通话频道协调避让事宜。

⑥勤测船位，并保证其准确，注意雾号施放是否正常，必要时开启测控仪，并按船长指示通知备双锚，记录计程仪读数。

⑦详细记载航海日志，雾航起讫时间、船位及上述各项雾航安全措施。

(3)夜间值班

①在夜间航行，船长和值班驾驶员在安排瞭望时应充分考虑到驾驶台设备和可供使用的助航仪器的局限性，当时航区的环境和情况以及所实施的程序和安全措施。

②船长应将航行指标和注意事项或者其他重要布置明确记入船长夜航命令簿，值班驾驶员必须仔细阅读，充分了解船长夜航命令簿内各项内容、要求，阅后签字并严格执行。如有不明之处，应立即请示船长。船长临时增改夜航指示内容时，应通知当班驾驶员，并在更改处签字。

③夜间航行应布置空舵水手每2 h依照“安全防火巡回路线图”规定的路线巡回检查全船一周，在只有一名水手当值的班次，可在其交班后巡查，并将检查情况报告值班驾驶员并记入航海日志。值班驾驶员应督促水手在检查时注意下述事项：有无火灾隐患；水密门窗关闭是否正常；甲板货物绑扎是否牢固，舱内货物绑扎和移位情况；舱面设备有无移位、浪损；有无封锁偷渡或海盗迹象；有无其他异常情况。

(4)沿海和拥挤水域内值班

在沿岸和拥挤的水域内航行时，应使用船上适合于该地区并依据最新资料改正过的最大比例的海图。在确认没有碰撞危险的情况下，应勤测船位，环境许可时还应使用多种方法定位。值班驾驶员应确切地辨认沿岸陆标及所有有关航行标志。

2. 驾驶、轮机联系制度

《值班规则》中对驾驶、轮机联系制度做出如下规定：

(1)开航前

船长应提前24 h将预计开航时间通知轮机长。如停港不足24 h，应在抵港后立即将预计离港时间通知轮机长，如开航时间变更，须及时更正；轮机长应向船长报告主要机电设备情况、燃油和炉水存量。

开航前1 h，值班驾驶员应会同值班轮机员核对船钟、车钟、试舵等，并分别将情况记入航海日志、轮机日志及车钟记录簿内。

当确定开船时间后，应根据主机类型，提前4~6 h通知机舱备车，并以书面形式签字确认。主机试车前，值班轮机员应征得值班驾驶员同意。待主机备妥后，机舱应通知驾驶台。

(2)航行中

①每天下班前，值班轮机员应将主机平均转数和海水温度告知值班驾驶员，值班驾驶员应回告本班平均航速和风向风力，双方分别记入航海日志和轮机日志；每天中午，驾驶台和机舱校对时钟并互换正午报告。

②船舶进出港口，通过狭水道、浅滩、危险水域或抛锚等需备车航行时，驾驶台应提前通知机舱准备。如遇雾或暴风雨等突发情况，值班轮机员接到通知后应尽快备妥主机。

③判断将有风雨来临时，船长应及时通知轮机长做好各种准备。

④如因等引航员、候潮、等泊等原因需短时间抛锚时，值班驾驶员应将情况及时通知值班

轮机员。

⑤因机械故障不能执行航行命令时，轮机长应组织抢修并通知驾驶台速报船长，并将故障发生和排除时间及情况记入航海日志和轮机日志。停车应先征得船长同意，但若情况危急，不立刻停车就会威胁主机或人身安全时，轮机长可立即停车并通知驾驶员。

⑥轮机部如调整发电机、并车或暂时停车，应事先通知驾驶台。

⑦在应变情况下，值班轮机员应立即执行驾驶台发出的信号，及时提供所要求的水、汽、电。

⑧船长和轮机长共同商定的主机各种车速，除非另有指示，值班驾驶员和值班轮机员都应严格执行。

⑨船舶在到港前，应对主机进行停、倒车实验，当无人值守的机舱因情况需要改为有人值守时，驾驶台应及时通知轮机员。

⑩抵港前，轮机长应将本船存油情况告知船长。

3. 关于保持航行值班的指导

STCW 规则第 B-V3/2 节对保持航行值班提供了建议和指导：

(1)对特殊类型的船舶以及载运有害、危险、有毒或高度易燃性货物的船舶可能需要有特别的指导。船长需根据情况提供操作性指导。

(2)重要的是，负责航行值班的高级船员要认识到，有效地履行其职责对海上人命和财产安全以及防止海上环境污染的必要性。

(3)公司要发布关于正规的驾驶台程序的指导，并结合考虑国内和国际的指南，促进适合于每一艘船的检查单的使用。

(4)公司还需向各船的船长和负责航行值班的高级船员发布以下述驾驶台资源管理原则为基础的，关于驾驶台值班人员如何配置和使用的持续评估的必要性的指导：

①要有足够的合格人员值班，以保证有效地履行各种职责；

②所有参与航行值班的人员都需具有相应的资格并适合于充分有效地履行其职责，或负责航行值班的高级船员在做出航行或操作决定时需考虑到每个当班人员的资格或适任的局限性；

③分派给每个人的职责需正确无误，他们需证实已明白自己的责任；

④工作任务必须按明确的先后次序完成；

⑤不要给任何航行值班人员分派其不能有效完成的、过多或过难的工作任务；

⑥任何时候对每个人都需分派其最能充分有效履行其职责的岗位，当情况需要时，需要另行分派其岗位；

⑦对航行值班人员，不要分派不同的职责、任务或岗位，除非负责航行值班的高级船员肯定这种调整能充分、有效地完成；

⑧履行职责所必需的仪表和设备需要备妥，使负责航行值班的相关人员随时可用；

⑨航行值班人员之间的通话必须清楚、迅速、可靠，并与所从事的业务有关；

⑩非紧要的活动和使人分心的活动必须避免、禁止或取消；

⑪所有驾驶台设备必须工作正常，否则航行值班的高级船员在做出决定时需要考虑到可能存在的任何故障；

⑫需收集、处理和解释一切重要的信息，并使之便于为履行其职责而需要这种信息的人员

使用;

⑬驾驶台或任何工作面上不得放置无关的东西;

⑭航行值班人员在任何时候均须做好准备以便充分、有效地对环境改变做出反应。

六、船舶在锚泊时驾驶台人员应承担的工作

1. 基本规定

《值班规则》规定,正常情况下在港内系泊或锚泊的所有船上,为了安全,船长必须安排适当而有效的值班。对于具有特种形式的推进系统或辅助设备以及对装载有危害的、危险的、有毒的、易燃物品或其他特殊物的船舶,还应按有关规定的特殊要求值班。

船长应根据系泊情况、船舶类型和值班特点,配备足够的且具有熟练操作能力能够保持相关设备安全有效运转的值班船员。为了有效地值班,还应安排好必要的设备。

中远海运规定,在环抱式港内留船值班人员不得少于全船船员的1/3,在开敞式港内及锚地则不得少于2/3,遇有特殊情况,船长有权临时规定留船值班人员,甲板部由二副编制驾驶员值班表报大副批准。通常由大副、二副、三副轮值,经船长同意,也可由驾驶员助理代值大副班,但大副仍需在船上负责;未配备驾驶员助理的船舶,大副值白班,二副、三副轮值夜班,每班不超过12 h。

停泊值班人员应包括1名值班驾驶员和至少1名水手。中远海运规定每班的水手中至少1名一级水手。一般情况下,船长和大副、轮机长和大管轮、水手长和木匠不能同时离船,配备2名以上无线电人员的船,必须留1名无线电人员值班,不得擅自离开工作岗位,也不得做与值班无关的事。值班人员如因故不能值班时,必须得到本部门领导的同意,并指定适当的人代替。

船舶在港内停泊期间的甲板值班安排应始终:

(1)确保人命、船舶、货物、港口和环境的安全,确保所有与货物作业有关的机械的安全作业。

(2)遵守国际的、船旗国的及港口国的规定。

(3)保持船上秩序和日常工作。

2. 锚泊值班

锚泊时,船长可根据情况决定是值航行班还是值停泊安全班。值班驾驶员在锚泊中应做到:

(1)锚抛下时应立即测定船位,并在海图上标出锚位和回旋范围,对锚地的潮汐、流向、水深、底质、周围情况及当地气象,做到心中有数,并记入航海日志。

(2)如情况许可,要经常利用固定航标或岸上容易辨认的物标,校核船舶是否保持在锚位上。

(3)确保维持有效的瞭望,并注意:

①周围锚泊船的情况,尤其是位于上风(或上流)方向锚泊船的动态,以防他船走锚危及本船安全。

②来泊船的锚位是否与本船有足够的安全距离,如若过近,应设法通知对方,并报告船长。

③如过往船舶或邻近锚泊船起锚离泊时距本船过近,应严密注视其动态,若判断对本船有

威胁时，应以各种信号警告对方。

（4）以适当的时间间隔巡视全船，注意吃水、龙骨下富余水深以及船舶的状态。

（5）注意观测气象、潮汐和海况变化，注意锚位、锚链受力，船首偏荡，特别在转流时，注意船身回转及周围船舶动向，必要时采取紧急措施，防止因本船或他船走锚酿成危险或事故。

（6）本船或他船走锚，或者过往船舶距离过近而出现危险局面时，应果断地采取一切有效措施，以避免或减少损失，并立即通知船长。

（7）在急流区锚泊或遇大风浪天气，除执行船长指示外，还应勤测锚位，定时巡视甲板，检查锚链和制链器是否正常，并应认真督促值班水手每小时检查锚链、制链器和锚设备各一次。

（8）督促值班水手按时升降旗及锚球，开关锚灯、甲板照明，按规定显示或悬挂相应的号灯、号型，鸣放相应的声号。

（9）遇能见度不良时，必须认真执行经修订的《避碰规则》的有关规定，加强瞭望，鸣放雾号，开亮锚灯和各层甲板的照明灯，并通知船长。

（10）锚泊中发生碰撞时，应将对方的动态和碰撞时间以及本船所采取的措施和受损情况等详细记录在航海日志上，并画出示意图。

（11）锚泊中进行装卸作业，除应履行靠泊值班中有关装卸业务方面的职责外，还应注意旁靠船的系缆、碰垫和绳梯以及其他各种安全措施。

（12）根据锚地情况及水上安全管理机关的规定，用甚高频无线电话在规定的频道上按时守听。

（13）严格遵守防污染规定，采取有效措施，防止船舶对水域环境造成污染。

3. 靠泊中值班驾驶员的职责

值班驾驶员在靠泊中应做到：

（1）掌握全船人员动态，经常巡查船的四周、装卸现场及工作场所，关心从事高空、舷外及封闭舱室内工作的人员安全。督促值班人员坚守岗位，保持部门间联系畅通。

（2）督促值班水手按时升降国旗、开关灯，显示或悬挂有关号灯、号型；经常检查舷梯、锚链、跳板及安全网，及时调整系泊缆绳，特别是在有较大潮差的泊位上，应加强巡查，必要时，应采取措施以确保系泊设备处于安全工作状态。

（3）注意吃水、龙骨下的富余水深和船舶的一般状态。

（4）根据各船舶种类特点，按大副积载计划的要求，负责船港联系和协作，监督装卸操作安全和质量，掌握装卸进度，解决装卸中发生的问题，制止违章作业，注意天气变化及海况，及时开关舱；装卸一级危险品、重大件、贵重货时到现场监督指导。

（5）注意及时收听天气预报，当收到恶劣气象警报时，采取必要的措施以保护人员、船舶和货物的安全。

（6）按船长或大副指示或情况需要，通知机舱注入、排出或调整压舱水，并注意船体平衡。注意检查污水沟、压载舱及淡水舱的测量记录。监收加装淡水和物料，加油船来时通知机舱并注意防火安全。

（7）严格遵守有关安全及防火规定，遇火警、人落水或船进水时，应立即发警报，船长、大副不在船时，要负责指挥在船人员全力抢救，以避免船舶、货物受到损失和船上人员受到伤害，必要时请求水上安全管理机关或附近船只给予援助。

（8）掌握船舶稳性情况，以便在失火时能向港口消防部门提供船上可喷洒水的大致数量，并不至于危及本船。

(9)船上进行明火作业及修理工作时，要严格按规定报批，并注意查看和采取必要的预防措施。

(10)采取各种有效预防措施，严禁在系泊区域内排放油污水、垃圾及杂物，防止本船对周围环境的污染。

(11)注意过往船舶，当有他船系靠本船或前后泊位时，应在现场守望，并采取相应安全措施，一旦发生事故，应立即记下该船船名、国籍、船籍港及事故经过，并向船长报告。

(12)为遇险船舶和人员提供援助。

(13)主机试车前，应确认推进器附近无障碍物，不至碍及他船，不至损坏舷梯、跳板、缆绳、装卸属具及港口设施等方可进行，并注意查看和采取必要的预防措施。

(14)将靠泊期间船舶的工作事项记入航海日志。

4. 停泊甲板值班的交接班

值班驾驶员如有任何理由，认为接班的高级船员不能有效地履行职责，则不应交班，并报告船长。接班高级船员应确保本班人员完全有能力并能够有效地履行他们的职责。

交接班时若正在进行重要操作，除非船长或轮机长另有指令，该操作应由交班的高级船员完成。

交班和接班的驾驶员都应在交接前巡视检查全船和周围，认真做好交接工作。

(1)交班驾驶员应告知接班驾驶员下列事项：

①航海日志和停泊值班记录簿所记载的有关内容、公司指示和船长的命令，有关人员来船联系及对外联系事项。

②气象、潮汐、泊位水深、船舶吃水、系缆情况、锚位和所出锚链的情况、转流时船舶回转等安全注意事项，主机状态和应急使用的可能性，以及与船舶安全有关的其他情况。

③船上应完成的所有工作，积载计划，大副的要求，装卸进度，开工舱口及工班数，货物的分隔衬垫，装卸质量，装卸属具情况，危险品和重大件及应采取的预防及应急措施，贵重货，水手监舱情况及与港方联系事项。

④污水沟、压舱水、淡水的水位情况，及加装燃油、淡水情况。

⑤消防设备的情况。

⑥港口及本船悬挂的信号，显示的号灯、号型和鸣放的声号，港口特殊规定，当发生紧急情况或需要援助时船方与港口的联系方法。

⑦全船人员的动态情况。

⑧厂修、自修、检修工作的项目、质量、进度和采取的安全措施。

⑨旁靠船情况，周围锚泊船的动态，发生事故的经过、原因、责任和取得的签证文件。

⑩有关船舶、船员、货物的安全和防止水域污染的其他重要情况，以及由于船舶行为造成环境污染时向水上安全管理机关报告的程序。

(2)接班驾驶员在负责甲板值班之前应核实：

①系泊缆绳或锚链状况是恰当的。

②了解正在装卸的有害或危险货物的性质，并知道万一发生溢漏或失火时应采取的相应措施。

③本船悬挂的信号，显示的号灯、号型以及鸣放的声号是合适的。

④各项安全措施和防火规定都在严格遵守之中。

⑤外界的条件或环境没有危及本船,也不危及其他船舶。

(3)停泊值班交接中或对交接事项有怀疑,应及时请示大副或船长。

任务三 使用驾驶台航行值班报警系统(BNWAS)

学习目标

知识目标:掌握 BNWAS 的性能标准,了解 BNWAS 的组成,掌握 BNWAS 的功能与作用,掌握 BNWAS 的报警方式。

能力目标:能在 BNWAS 触发报警时及时到岗复位消除报警。

素质目标:培养学生在工作时时刻保持警惕的良好习惯。

海上航行中,危及船舶和人命安全的紧急事件,多数是由人为失误造成的,因此保持驾驶台航行值班显得尤为重要。驾驶台航行值班报警系统(Bridge Navigational Watch Alarm System,BNWAS)用于监视值班驾驶员的警觉性,并具有为值班驾驶员提供紧急支援呼叫的功能。

一、配备驾驶台航行值班报警系统(BNWAS)的时间要求

根据现行有效的相关要求,对于从事国际航行的船舶,应当依据如下要求配备和安装 BNWAS。船舶在海上航行途中的任何时候,BNWAS 均应保持运行。在 2011 年 7 月 1 日以前安装的 BNWAS,主管机关可自行决定此后让其免于完全符合国际海事组织通过的标准。

1. 2002 年 7 月 1 日以前建造的船舶

(1)对客船,不论其尺度大小,不迟于 2016 年 1 月 1 日以后进行第一次检验;

(2)对 3 000 总吨及以上的货船,不迟于 2016 年 1 月 1 日以后进行第一次检验;

(3)对 500 总吨及以上但小于 3 000 总吨的货船,不迟于 2017 年 1 月 1 日以后进行第一次检验;

(4)对 150 总吨及以上但小于 500 总吨的货船,不迟于 2018 年 1 月 1 日以后进行第一次检验。

2. 2011 年 7 月 1 日以前建造的船舶

(1)对客船,不论尺度大小,不迟于 2012 年 7 月 1 日以后进行第一次检验;

(2)对 3 000 总吨及以上的货船,不迟于 2012 年 7 月 1 日以后进行第一次检验;

(3)对 500 总吨及以上但小于 3 000 总吨的货船,不迟于 2013 年 7 月 1 日以后进行第一次检验;

(4)对 150 总吨及以上但小于 500 总吨的货船,不迟于 2014 年 7 月 1 日以后进行第一次检验。

3. 2011 年 7 月 1 日或以后建造的船舶

在 2011 年 7 月 1 日或以后建造的 150 总吨及以上的货船和不论尺度大小的客船,必须在建造时配备和安装 BNWAS。

二、驾驶台航行值班报警系统(BNWAS)的性能标准

2002 年 5 月 20 日,“驾驶台航行值班报警系统(BNWAS)的性能标准”经海安会 MSC. 128(75)决议通过,主要性能标准如下:

1. 适用

BNWAS 旨在监视驾驶台活动并发现由于操作者失去工作能力而可能导致的海上事故。该系统监视值班驾驶员(OOW)的意识,如由于任何原因而使 OOW 失去履行其职责的能力,该系统将自动向船长或其他有能力的 OOW 报警。该系统是通过一系列标示和报警来达到这一目的的,首先是向 OOW 提出警告,如果没有得到应答,则将向船长或另一位有能力的 OOW 报警。此外,BNWAS 还可向 OOW 提供即时求助的呼叫措施。无论何时,只要船首航向或航迹控制系统处于运行状态,BNWAS 就应处于工作状态,但船长禁止时除外。

2. 功能

(1)操作模式:

BNWAS 应包括以下操作模式:

①自动(当此系统没有启动时,只要船首航向或航迹控制系统启动和禁止时,就自动进入运行状态);

②手动接通(持续运行);

③手动关闭(任何情况下不再运行)。

(2)操作顺序:

指示器和报警器的操作顺序:

①一旦运行,报警系统应保持在休眠状态 3~12 min(T)。

②休眠期结束时,报警系统应启动设在驾驶台的视觉指示器。

③如果不复位,BNWAS 应在视觉指示器启动 15 s 后,在驾驶台加发第 1 级听觉报警。

④如果不复位,BNWAS 应在第 1 级听觉报警 15 s 后,在替补驾驶员和/或船长处所加发第 2 级远距离听觉报警。

⑤如果不复位,BNWAS 应在第 2 级远距离听觉报警 90 s 后,在能够采取纠正措施的其他船员处所加发第 3 级听觉报警。

⑥在除客船以外的船上,可同时在上述处所发出第 2 级远距离听觉报警或第 3 级声听觉报警。如以这种方式发出第 2 级远距离听觉报警,则第 3 级听觉报警可予免除。

⑦在更大些的船上,第 2 级远距离听觉报警和第 3 级听觉报警间隔时间可以在安装时设定为最长 3 min,以使替补驾驶员和/或船长有足够的时间抵达驾驶台。

(3)复位功能:

①应确保无法在驾驶台瞭望区域以外的地方,通过任何器具、设备或系统启动复位功能或取消任何听觉报警。

②复位功能应通过单一的操作行动取消视觉指示和所有听觉报警,并开始新的休眠期。

如在休眠期尚未结束时实施复位功能,该休眠期应重新开始,以包括自实施复位时刻开始的整个期限。

③为实施复位功能,OOW 需输入单次操作行动指令。可以通过构成 BNWAS 一个组成部分的复位器具进行这种输入,也可以通过其他能够记录 OOW 活动和警觉意识的设备在外部输入。

④任何复位器具的持续实施不应延长休眠期或导致指示和报警的中断。

(4)应急呼叫设备:

驾驶台可设有“应急呼叫”按钮或类似器具,可立即激活第 2 级远距离听觉报警和随后的第 3 级听觉报警。

3. 精确度

报警系统应能在所有环境条件下保证达到指示器和报警器的规定报警时间。精确度误差为 5%或 5 s,取较小者。

4. 保安

选择操作模式和休眠期的器具应予安全保护,以确保只有船长才能使用这些控制器具。

三、驾驶台航行值班报警系统(BNWAS)的组成

驾驶台航行值班报警系统由驾驶台控制单元、主处理器单元、计时器复位单元、驾驶员房间报警指示单元、公众舱室报警指示单元及电源部分等组成。

(1)驾驶台控制单元:主要作用是设置系统报警的参数,对报警进行复位以及对其监视的驾驶台其他设备进行报警并显示。

(2)主处理器单元:主要作用是处理来自各按钮或传感器的信号,并把相关信号输出给相应的设备。

(3)计时器复位单元/水密计时器复位单元:主要作用是让系统的计时器复位,部分船舶在驾驶台两翼装有水密的计时器复位单元。

(4)驾驶员房间报警指示单元:主要作用是在驾驶台报警无人处理时,系统把报警信号进一步传送到设定的驾驶员房间并发出声光报警。

(5)公众舱室报警指示单元:主要作用是如果驾驶员房间的报警仍然没有得到及时处理,警报将进一步传送到公共舱室并发出声光报警。

四、驾驶台航行值班报警系统(BNWAS)的功能与作用

驾驶台航行值班报警系统主要有两方面的功能:一是防止驾驶员在航行值班时不能履行值班职责而使船舶处于无人操纵的危险局面;二是为值班驾驶员提供紧急支援呼叫。

该系统可以检测驾驶室的活动,当发觉操作人员能力丧失、值班驾驶员意识状态降低或当该值班人员因某种因素未履行值班员职责而可能导致航海事故发生时,系统可自动通过指示灯和警报声,及时提醒船长或其他胜任的值班人员,如大副、二副或三副,避免驾驶台出现长时间无人值守的情况,能明显增强驾驶员的警觉意识而避免其失职。此外,驾驶台航行值班报警系统还配备让值班人员通过应急呼叫得到及时援助的设施。

五、驾驶台航行值班报警系统(BNWAS)报警方式

驾驶台航行值班报警系统通常会产生两种性质的报警：一种是航行值班报警，另一种是驾驶台设备报警。

1. 航行值班报警

航行值班报警通过设定时间传递间隔的报警提醒值班驾驶员进行复位操作，如果没有及时复位或者驾驶员不在岗，则警报会传递到其他位置，比如船长室或者其他驾驶员的位置，从而避免驾驶室出现长期无人值守的情况。BNWAS 的报警通常分为三级，各级报警如下：

(1)一级报警

BNWAS 的休眠期时间设定通常为 3~12 min。如果在休眠期内按下复位按钮，则复位按钮将重新开始倒计时。如果到达休眠期设定时间而没有复位，就会发出警报。驾驶室值班员须按下复位按钮，休眠期才会重新开始倒计时。如果驾驶室值班员没有按下复位按钮，15 s 视觉报警结束后，会触发声光报警。复位按钮通常安装在驾驶台左右、海图室、驾驶台台翼等区域。复位按钮不允许安装在驾驶室或瞭望区域以外的任何场所。

(2)二级报警

在一级报警状态下，如果 15 s 内报警没有复位，将发出二级声光警报。二级声光警报将传至各个房间。二级报警单元通常安装在船长室、轮机长室、大副室、二副室、三副室、餐厅、办公室、娱乐室等区域。

(3)三级报警

在二级报警状态下，如果 90 s(90~180 s，可调)内报警没有复位，将发出三级声光警报。发出三级警报时，BNWAS 的所有报警单元将全部发出声光警报。

航行值班报警的作用是监视驾驶台值班，即在驾驶台控制单元设置一定的时间间隔(3~12 min)，系统开始倒计时，在设置好的时间间隔内，值班驾驶员必须按一下驾驶台里面的复位开关或者操作一下驾驶台内特定的设备，则系统将重新开始倒计时，在设定的时间间隔内如此反复操作，则系统不断被复位，报警部分也不会被触发，系统更不会发出声光报警。

如果值班驾驶员没有在规定的时间间隔内对该系统进行复位，系统就会在驾驶台内进行声光报警(一级报警)，警报会持续一段时间，例如 30 s。如果 30 s 内没有得到响应，该系统就会把警报转发到设定的值班驾驶员房间(二级报警)；如果在设定的时间内还没有得到响应，系统就会把警报转发到安装报警单元的公共舱室(三级报警)，提醒所有人员注意。在驾驶员房间或公共舱室内，不能取消报警，要想取消报警使系统复位，必须按下驾驶台主控面板的按钮才行。

2. 驾驶台设备报警

驾驶台设备报警主要是指驾驶台航行值班报警系统所监视的驾驶台上的设备出现异常情况而产生的报警。部分设备不具备这种功能，也无强制性要求。驾驶台设备报警的过程与航行值班报警相同，在驾驶台主控单元显示报警发生的具体设备，当问题解决后，系统才能恢复到正常状态。

项目十

驾驶台资源管理

[项目描述]

船舶驾驶台资源管理的目的在于通过进一步加强对安全工作理念的学习与教育,使船舶驾驶人员能提高思想认识,转变思想理念,端正工作态度,熟悉与掌握实用的船舶驾驶台资源管理的相关知识与方法,进而提高自己在船舶安全管理方面的水平,确保船舶的航行安全。本项目要求学生在航海模拟器上进行情境模拟,完成航行值班过程中与其他团队成员的沟通与协调训练,完成在各种情境下与外界的沟通训练,对各种偶发事件及应急事件按程序进行处理,重点训练团队合作。

任务一 认识驾驶台资源管理基础知识

驾驶台资源管理1基础知识教学视频

学习目标

知识目标：掌握驾驶台资源的概念和构成，掌握学习驾驶台资源的目的，掌握驾驶台资源管理的内容。

能力目标：能对驾驶台资源进行分类，能充分利用、协调资源。

素质目标：提高学生沟通协调的能力。

一、资源与管理的定义与内涵

1.“资源”的定义

广义的“资源”是指一切可被人类开发和利用的客观存在。从管理的角度，狭义的“资源”是指可被管理者利用的人、财、物、时间、信息等。

船舶在海上航行或进行靠、离泊位等作业的过程中，船舶驾驶人员必须通过本身的智慧，在充分利用船舶各种设备，综合考虑外界自然环境对船舶的作用与影响的基础上，驾驭和控制船舶按照预定的计划和其他相关的要求，安全地完成货物的运输或人员的转运工作。实际上，船舶的所有安全运输环节就是一种对以上多种不同资源合理应用和配置的过程。

2.“管理”的定义

“管理”是指管理者或管理机构在一定范围内，通过由计划、组织、指挥、协调及控制等要素组成的活动，对组织所拥有的资源进行合理配置和有效使用，以实现组织预定目标的过程。

3.“管理”的内涵

根据管理的定义，我们认为管理具有以下内涵：管理是一个过程；管理的核心是达到目标；管理的手段是运用组织拥有的各种资源；管理的本质是协调。

也可以从多个角度来解释管理：管理是通过计划工作、组织工作、控制工作、领导工作和协调工作来有效使用所拥有的资源，以便达到既定的目标；管理是在某一组织中，为达到目标所从事的对人力和物质资源的协调过程；管理就是有一个或多个人来协调他人的行动，以便收到个人单独活动所不能收到的效果而进行的各种活动；管理就是协调人际关系，激发人的积极性，以达到共同目标的一种活动；管理是一种以绩效责任为基础的专业职能；管理就是决策；管理就是根据一个系统所固有的客观规律，施加影响于这个系统，从而使这个系统呈现一种新状态的过程。

4. 驾驶台资源管理的定义与作用

驾驶台资源管理（BRM），是指通过协调和利用驾驶台所有人员的技能、知识、经验和驾驶台内外的相关资源，实现保障船舶安全生产和提高船舶营运效益的目标。这种资源既包括在船工作船员的技能与经验等，也包括船舶设备、仪器、物品、备件等硬件，还包括公司在船上的命令簿、手册、指导书、海图、地理信息、气象信息、船舶应急预案等软件，以及港口指令、公司计划、VTS 指令等。

驾驶台资源管理的对象是船舶驾驶台团队和驾驶台团队可利用的资源，其主要目的是保证安全和提高效率。驾驶台资源管理训练的内容围绕着人、船舶、环境中的各种因素，其中以人的因素最为重要，主要考虑以下关键性因素：

(1) B——Bridge(驾驶台)

驾驶台是船舶驾驶员、舵工、引航员的工作场所。

(2) R——Resource(资源)

资源包括人力资源、物质资源、信息资源和其他资源。

(3) M——Management(管理)

协调运用人、船舶、环境中可能利用的一切资源，并对其进行适当分配和排序，以达到管理的目标。

通过船舶资源管理这一手段，充分发挥船舶的团队成员对驾驶台、机舱等船舶工作场所及工作环境内各种可供利用的资源的控制、协调和组织的管理艺术这项技能，以实现船舶团队工作的预期目标——保障船舶安全、人命安全、货物安全、海洋环境安全，以及船舶营运生产的效益最大化。

5. 船舶资源的构成、特点、分配与排序

船舶资源包括驾驶台资源、机舱资源以及其他可以利用的船上和岸基资源。需要进行管理的船舶资源包括：人力资源(船长、引航员、驾驶台和机舱值班人员)；物质资源(为保证船舶正常航行和操作所需的设备、仪器、工具、备件、物品等)；信息资源(电子海图、AIS、命令簿、手册、指导书、指南、海图、规范、航次计划、航海出版物等提供的信息)；其他资源(为保证船舶正常航行和操作所需的时间、空间、技能、经验，以及与有关部门的合作和可获得的支持等)。

船员资源属于人力资源，是船舶资源中最为重要的资源，在分配与排序船舶资源时应放在首位考虑；硬件资源属于物质资源，是确保船舶正常航行和操作的基本资源，在分配与排序船舶资源时应予以重点考虑；软件资源属于信息资源，是确保船舶正常航行和操作的必要资源，在分配与排序船舶资源时应予以特别考虑；其他资源有助于船舶资源管理的组织目标实现，在分配与排序船舶资源时不能忽视。

6. 船舶资源的利用与协调

(1)为了合理利用船舶资源，负责船舶航行和机舱管理的人员应该掌握现代化管理的基本知识与技能，通过对管理的计划、组织、控制、指挥和协调五大功能的运用，实现周密计划、现场组织和实施有效的控制，正确的操纵与指挥，并合理协调相关各方之间的关系及工作，保证各项活动不发生矛盾、重叠和冲突，从而顺利地完成船舶资源管理的组织目标——船舶安全、货物安全、人员(包括旅客)安全和海洋环境安全。

(2)为了充分利用和协调船舶资源，在进行船舶资源管理时，应充分考虑以下界面的关系：

①人-人界面(L-L)：人-人界面是船舶安全管理系统中最为关键的界面，协调沟通能力是人-人界面关系的核心。系统中人与人之间的活动，包括领导、组织、管理、交流与协作等，如船长对船员的管理、船员给予船长的配合、船员间的合作、船长与引航员的交流和船长和船员与有关部门之间的沟通与协作等都属于人-人界面活动，管理者应重视人-人界面活动。团队的管理、人-人之间的有效交流和协调都依赖于人-人界面活动，人-人界面活动也是提高管理绩效、降低风险的工具。

②人-硬件界面(L-H):人-硬件界面是船舶安全管理系统中最基本的界面,人-硬件界面是否相互适应是人-硬件界面关系的核心。船舶硬件设备的设计、安装、放置应便于船员对其进行管理、维护、使用和操作,并考虑使用者的便利、高效和安全;船员则要尽可能了解并适应船舶硬件设备,并能安全和有效地管理、使用和操作它们。

③人-环境界面(L-E):人-环境界面是船舶安全管理系统中重要的界面,人必须了解环境和适应环境是人-环境界面关系的核心。船员必须了解和适应自然环境和社会环境,避免因对自然环境发生感知上的差错和受到社会环境的负面影响而导致事故的发生。

④人-软件界面(L-S):人-软件界面是船舶安全管理系统中最容易出现问题的界面,保证软件的完备、充足、可靠和操作是人-软件界面关系的核心。船舶应重视设备,保持更新各种航海图书资料、航海指导文件、船舶与设备操作文件,同时应重视从软件中获得的信息,避免由于软件方面存在的问题和忽视从软件中获得的信息而导致事故的发生。

7. 学习驾驶台资源管理的目的

对船舶驾驶台资源的合理管理和充分利用是保证船舶航行安全的关键,驾驶台资源中人力资源是第一资源,是至关重要的资源。船舶安全需要全体船员和岸基人员共同的努力。驾驶台值班人员应十分明确自己肩负着维护人、船、货物的安全和保护环境的使命,船长、驾驶台所有值班人员必须熟悉驾驶台资源的内容,合理地使用、管理驾驶台资源,依靠团队的努力,圆满完成航行安全的任务。学习驾驶台资源管理的目的是:

①转变思想理念,端正工作态度;

②提高情境意识,及时发现与终止失误链和事故链;

③注重文化意识与背景,保持良好的通信与交流;

④改进管理作风,提高操纵决策水平和应变能力;

⑤执行规章制度与操作程序,确保船舶各项作业的安全。

二、船舶驾驶台资源管理的内容

根据国际海事组织和我国交通运输部海事局有关海员培训、发证和值班标准,海上防污染,海上人命安全和安全管理等公约与规定的内容与要求,结合船舶航行安全工作的实际情况与需要,船舶驾驶台资源管理主要包括以下内容。

1. 分析人为失误和船舶事故的发生与预防之间的关系

绝大多数船舶事故与船舶驾驶人员或船员的人为失误有关。为了减少和预防船舶事故的发生,必须明确人的因素在船舶航行中的失误链与最终事故发生之间的关系,并根据这些特定的关系采取相应的措施,减少或破断失误链的产生与发展,从而达到减少和预防船舶事故发生的目的。

2. 注意多元文化意识对船舶安全工作的影响

船舶驾驶人员的实际工作涉及不同国家、不同地域、不同公司的船舶与人员。来自不同国家、不同地域的船员在他们各自的工作中经常表现出多元文化意识的特点,并对船舶安全工作的实际操作产生一定的影响。为此,船舶驾驶人员之间应理解与尊重彼此的文化,从而保证船舶航行的正常进行和安全。

3. 阐述情景意识对船舶航行安全的作用

船舶航行时经常会面临紧张而复杂的通航或作业局面。船舶驾驶人员必须随时保持高度的情景意识，只有全面了解和掌握当时的通航或作业局面与相关的信息，才能积极地采取合理的措施与行动避免船舶事故的发生。为了能保持高度的情景意识，船舶驾驶人员首先必须具有正确的工作态度。

4. 强调船舶通信和人员交流沟通在船舶航行安全中的重要性

船舶之间的通信和人员之间的交流沟通是船舶安全航行的基本保证之一。由于通信设备与外界条件的局限性和人员之间在不同语言等方面的限制，船舶在航行的过程中常因这些局限性与限制而引发紧迫局面或事故的发生，所以船舶驾驶人员应注重船舶通信与人员交流沟通的重要性，并通过采取必要的措施防止类似情况与事故发生。

5. 明确团队与团队工作在船舶航行中的必要性

船舶在海上、沿海或港内航行时，在驾驶台上工作的所有成员都是团队成员之一。这意味着当引航员登船后，他也成为驾驶台团队的重要成员。为了确保引航作业的顺利和安全进行，他必须得到船长和驾驶员在工作中的积极配合和协调。因此，船长、驾驶员和引航员都应充分认识驾驶台团队工作的必要性，并在明确自己职责义务的基础上，协调好相互的关系，共同做好航行工作。

6. 探讨船舶航行中决策与领导工作的改进

鉴于船舶航行工作的特点，船舶驾驶人员在船舶航行与靠离泊等作业的过程中必须根据船舶操纵与安全的需要做出一些决策，并客观地在驾驶台团队工作中发挥领导作用。他们所做的决策和自己所处的指挥地位，在船舶的实际引航工作中具有非常重要的作用。改进和提高自己的决策能力，更好地发挥驾驶台团队工作领导的作用，对船舶安全航行具有非常积极的意义。

7. 掌握正确处理船舶航行中的工作压力和消除疲劳的方法

由于通航或作业局面的复杂性和一些港口自然航道的实际情况，船舶航行作业在特定的条件下是一项高难度和高强度的工作，再加上有时工作繁忙、船期周转快，而船员编制又有限等因素，船舶驾驶人员极易产生很大的工作压力且过于疲劳，许多船舶事故都是在这些情况下发生的。为此，船舶驾驶人员在实际工作中有必要掌握自我正确处理工作压力和消除疲劳的方法。

8. 规范化执行规章制度和操作规程

船舶航行时必须严格执行国际海上避碰、防污等相关公约与安全规则，并遵守我国政府和主管部门制定的涉及特定水域安全的规章制度。同时，船舶驾驶人员还必须根据航行与作业的需要，认真地按照规定的各类操作规程来控制和操纵船舶。为了提高船舶安全航行的水平，必须进一步规范船舶驾驶人员执行规章制度和操作规程的行为。

9. 提高船舶应急处理的技能

船舶航行时经常面临一些由于自然因素、船舶因素或人的因素而突然发生的异常情况与紧迫局面。因为航行水域的限制与复杂性，如果驾驶人员的处理稍有不当，即可引起严重的后果。为此，船舶驾驶人员必须在工作中熟悉和掌握各种不同紧急情况与局面下的应急处理方法，并不断提高自己处理和应对这些不同紧急情况与局面的能力。

“船舶驾驶台资源管理”是当今国内一项较为新型的航海类专业技术与管理技术相结合的研究内容。随着国内主管机关、航海院校与研究单位、航运管理单位和船舶驾驶人员对“船舶驾驶台资源管理”研究的逐步深化，船舶安全管理水平一定会得到更大的提高。

任务二 保持情境意识

驾驶台资源管理2保持情境意识教学视频

学习目标

知识目标：掌握人为事故中人为失误与工作态度之间关系，掌握情境意识与船舶安全之间的关系。

能力目标：能用失误链理论分析事故原因，能保持良好的情境意识。

素质目标：培养学生的安全意识及责任意识。

在船舶上工作的人员往往能深刻地理解到对海员而言的三条真理：

大海是危险的。(The sea is dangerous.)

你改变不了自然规律。(You can not change the law of nature.)

我们都会犯错误。(We make mistakes.)

由于从事船舶运输工作具有较高的风险，人为失误(human error)也极易产生，船舶搁浅、碰撞、船舶沉没、油污、火灾等事故屡有发生。根据国内一些航运公司对近年来船舶事故的统计，有 50%以上的船舶海事发生在港内航行过程之中，有的航运公司近期在港内引航期间发生的船舶事故占了该公司全部事故的 80%。为了有效地控制和预防船舶事故的发生，船长、驾驶员和引航员都应高度重视这一因素，并积极采取措施减少和避免船舶在航行过程中产生的人为失误，以确保船舶航行的安全。海上交通事故调查处理结果证明，造成事故的直接原因不外乎人的不安全行为和物的不安全状态两种因素。在现代社会的生产生活中，物的不安全状态因素具有一定的稳定性，而人的不安全因素由于其自身及社会的影响，具有相当大的随意性和偶然性，是激发事故发生的主要因素。研究表明，80%以上的事故是由人为失误造成的。人为失误是事故发生的首要原因，研究人为失误规律，对减少事故的发生具有重要意义。

一、人为失误

实践证明，世界上所有事故的发生都具有共性与特性，其中最为突出的共性就是绝大部分事故的主要原因与人为因素(human factor)有密切的关系。人为因素对安全的影响最终是由人为失误体现出来的。人为失误是指在某一特定系统中的操作人员在完成任务的工程中因意识、判断或行为等出现疏忽，从而不能根据当时环境和情况进行适当的操作，最终致使其无法正确处理面临的情况而发生系统运行的失常。

1. 失误链

实践证明，海上事故或灾难很少是由单一事件引起的，它们几乎都是由一系列看上去不严重的、小的失误或事件相互叠加、互为因果导致的。也就是说，这些事故或灾难都是失误链或事件链发展的最终结果。换言之，一系列失误链或事件链的连续发展，它们之间可能有联系，也可能没有联系；它们之间的联系可能是明显的，也可能是不明显的。无数事故证明，在事故发生前，实际上已经存在正在不断发展的失误链。这种失误链客观上也就形成了事件链。在常规情况下，由潜在因素形成的失误链通过一定时间与条件的发展进入增长期，在特定条件下，不安全行为发生后，又发展进入临界期，直至最后的工作差错而导致事故的最终发生。失误链发展过程如图 10-2-1 所示。

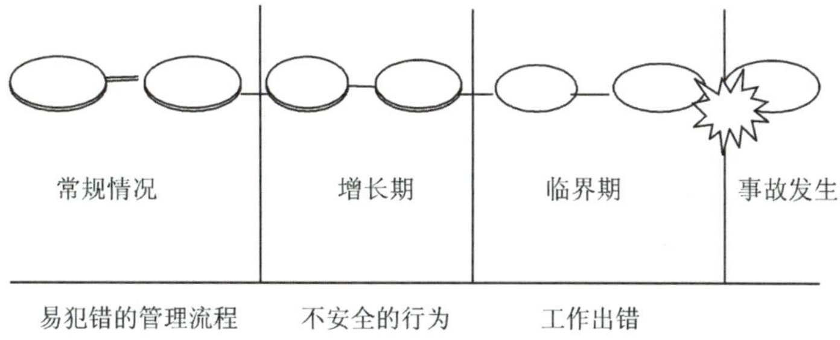

图 10-2-1　失误链发展过程图

2. 失误链形成的征兆

失误链形成的征兆与失去情境意识的征兆是一样的，对于船舶驾驶人员和机舱管理人员来说，失去了情景意识，表明失误链正在形成。

失误链形成的具体征兆包括但不限以下几条：

(1) 含糊不清或不确定性。当事人对所获取的信息感到困惑、不确定，以致无法做出正确判断。

(2) 注意力分散。当事人的注意力集中在一件与当前工作无关的事情上，而无视或漠视当前的现状。

(3) 感觉不充分或困惑。当事人无法全面感受当时的局面，或对局面感到困惑，缺乏了解，不知道下一步将发生什么。

(4) 沟通中断。由于噪声、缺少共通语言、不同的程序或误解，当事人与团队内部以及外部的沟通出现障碍或中断。

(5) 指挥或瞭望不当以及偏离计划航线。由于指挥不当、监控不力或瞭望不正规，当事人失去情境意识，或造成船舶偏离计划航线。

(6) 违反已建立的规则和程序。没有正当理由而“背离”明确规定的规则、标准、操作程序。

3. 人为失误的原因

80%以上的海事是人为失误造成的，这已成为海运业的共识。作为船舶管理人员必须对人为失误产生的原因和特点保持清醒的认识。

人类不同于机器，人类擅长的是利用自己的知识和经验对所处的局面进行评估，并灵活解决工作过程中所遇到的问题。人类不擅长的是长时间从事重复性的工作，或精力高度集中，长时间得不到休息，这种情况下，人为失误最易发生。

人为失误产生的主要原因有以下几个方面：

(1) 疏忽和差错

由于疏忽或差错而导致的失误是最为常见的。它们的产生往往与人本身对待工作的态度和在工作环境中的实际情况密切相关。例如由于自己对工作掉以轻心而引起注意力分散，或是对船舶的安全工作重视不够而未能保持高度警惕，或是在实际工作中因工作压力太大和过度的疲劳等而对正常可预见的环境变化不能采取适当而有效的行动。

另外,心理上注意力的不稳定也会造成疏忽和差错。注意是一种常见的心理现象,它是指一个人的心理活动对一定对象的指向和集中。注意力受到很多主观、客观因素的影响,如需求、兴趣和爱好、知识和经验、情绪状态、人的精神状态以及受到的训练。注意力的稳定性指注意长时间保持在某种事务或活动上的特性。心理学家们通过很多实验和调查,得出了一个基本结论:任何人的注意力不能以同样强度维持在30分钟以上,超过30分钟,作业效率将明显下降,错误率上升,此为"三十分钟效应"。注意的分配是指在同时进行两种或两种以上活动时,把注意指向不同对象的特征。严格地说,在同一时刻,注意不能分配,即所谓"一心不能二用"。当同时在进行智力和运动活动时,智力活动的效率会降低得多。因此,当一位驾驶员在数个小时的值班中,要同时进行多种智力和运动活动,如要避让、瞭望、用车、用舵、记录、看雷达、计算、观察等,"走神"或发生差错的概率就会增大。

(2)基于知识的失误

基于知识的失误主要是指因本身的无知而犯错,即由于缺乏足够的相关知识或错误理解了船舶航行或作业中的一些关键性原则,而无法或不能正确应对或处理的局面或情况而导致失误。这种失误在当今受过良好教育的船舶驾驶员中并不多见,但客观上因自己对工作的理解不深和运用不当引发的错误还是存在的。

(3)基于法规的失误

基于法规的失误主要是指没有正确或充分考虑相应的法规,就快速、草率地做出决定;没有注意到某些法规已失效而仍去使用;由于简单地认为完全按法规的规定做太麻烦,想走捷径和省力,而简化或偏离法规规定的做法。

(4)基于技能的失误

基于技能的失误主要是指因本身缺乏从事本职工作的操作技能而导致在实际工作中发生的错误。它往往是由于缺乏足够的培训或缺少实际工作的实践经验,当然这也和船员本身与同事相互交流经验过少有关。这类失误在一些担任船舶驾驶与轮机管理工作时间不长或工作经历不够多的船舶驾驶和轮机管理人员中屡有发生。

(5)基于文化背景差异造成的失误

基于文化背景差异造成的失误是指因本身工作环境中的团队人员文化意识与背景的不同所引发的失误。许多在陆地上用于保障社会稳定的文化背景方面的习惯,在船舶这样一个命令性的操作氛围中并不适用。西方传统的航海文化往往过分强调等级观念和下级对上级的服从意识,下级不愿意指出上级所犯的错误,也易导致失误的发生和升级。多国船员组成的船舶团队,常常由于文化背景的差异,造成因沟通上的障碍或中断和毫无疑问的服从等具体原因而产生的失误。船舶团队在国外港口与引航员,拖船、带缆工人,装卸工人,理货人员的合作也存在着文化背景差异造成的沟通问题,而沟通不畅常常造成各种失误。

(6)基于违反安全惯例的失误

基于违反安全惯例的失误是指本身因为不能严格遵守实际工作中形成的安全习惯做法而引发的错误。这类失误的发生与自己的过于自信或自满,对工作中良好的通常习惯做法与安全之间的关系不够重视,喜欢凭个人经验办事,不注重团队工作的作用,忽视别人的建议,查阅的书或出版物有误以及背离原定的计划航线有关。

人为失误的预防措施:

①全面认识人的因素与船舶事故的关系

为了预防船舶事故的发生,船舶领导和团队成员必须充分考虑和结合自己行为模型中的错觉和在实际工作中对信息处理、决策和操作过程中可能产生的失误及其本职工作的影响,从思想上全面认识人为失误与船舶事故之间的密切关系。

②认真分析船舶事故中涉及人的综合影响因素

为了降低航行风险,保证航行安全,船舶领导和团队成员除了应全面认识人的因素与船舶事故的关系外,还应对船舶事故的综合影响因素加以认真分析,以有利于制定有效的措施来消除或减少人为失误。

③注意调节生理与心理状态

首先,保持良好的生理状态。船员在生病的情况下持续工作,往往会因为自身生理问题而产生对外界的观测不全面或因反应不灵敏而产生误判断、误运作或者是操作不到位,从而发生事故。

其次,避免不正常的心理状态。心理状态是人的心理活动在某一段时间内的特征,如分心、疲劳、激情、镇定、紧张、松弛、克制、欲望等。为了确保船舶航行的安全,不但需要保持良好的生理状态,也必须避免侥幸心理、盲目自信与麻痹心理、逞能好强心理、捷径心理、胆怯心理、逆反心理等不正常的心理状态。

④及时识别和破断安全工作中的失误链和事故链

在及时识别失误链与事故链和果断采取措施将其破断的过程中,必须做好一些细节性工作。实际上,在船舶航行中只要注意好一些细节问题,就能做好失误链与事故链的识别与破断。船舶驾驶人员在实际工作中虽然难以避免失误链或事故链的产生,但是可以通过自己的努力及时发现失误链与事故链的形成,并采取果断有效的措施来中断它们的发展,达到避免事故的目的。在采取破断失误链与事故链行动后,还应注意到这些失误链与事故链可能会再次产生。因此,船舶驾驶人员必须在随时密切注意失误链与事故链的是否存在的基础上,在采取破断和终止其发展的措施后,继续保持高度的警惕,认真观测和判断所采取措施或行动的效果,在必要时,可采取进一步的措施以确保船舶航行工作的最终安全。

二、工作态度

1. 概念

(1)态度是个体在一定环境中对事物或对象做出积极或消极反应的心理倾向。

(2)工作态度是个体在一定环境中对工作做出积极或消极反应的心理倾向。

2. 工作态度与责任心

工作态度与责任心密切相关。一个人的责任心如何,决定着他在工作中的态度,如果一个人没有责任心,即使很有才能,也不一定能做好工作。只有有了责任心,才会认真地对待工作;才会在责任心的驱使下,主动地、积极地、勤奋地工作;才会以工作为重,主动承担责任,努力克服困难;才会缜密考虑,努力避开失误和差错,主动寻找方法,为实现既定目标做好自己的工作。反之,没有责任心,就不可能认真地对待工作,在工作中就极易出现疏忽、过失和差错。

3. 工作态度和人为失误

疏忽是导致人为失误的主要原因之一,而疏忽的产生往往与人的责任心有关。责任心不强导致工作态度不认真,在工作中马马虎虎、掉以轻心,注意力不集中、心不在焉;对工作、劳动、作业中的危险不能保持应有的警觉;或明知有危险,却存在侥幸心理,明知是违章,却觉得可以试一试,总认为采取安全行为要付出的代价高,而采取不安全行为也不一定每次都出事故,在这样一种心理下,疏忽、大意、过失在所难免。不认真的工作态度,必然有不负责任的行为表现。事不关己、敷衍了事、玩忽职守、漫不经心、投机取巧、争强好胜、消极退缩、得过且过、行为随意、操作随意,这样的一些工作态度和行为表现均是引起人为失误的因素,而人为失误是导致事故和灾难的主要原因。

三、情境意识

1. 概念

情境意识是指对当前情况和环境的认识和感知,就驾驶台资源管理而言,情境意识是指在特定的时间段内对影响船舶的因素和条件的准确感知,是人们对于事故发生的一种预知和警惕。情境意识不是一种特定的行为,而是工作态度的产物,属于思维和思想活动的范畴,它决定着人的行为与动作。

船舶运动充满了复杂性和偶然性,这就要求我们对船舶所处环境和条件的复杂性与偶然性有更加全面的、综合的和动态的了解。为保证船舶的航行安全,保持对船舶运动的情境意识是十分必要的。

2. 情境意识的构成

(1)经验与训练

情境意识最基本的影响因素是经验与训练。经验和训练是获取知识的重要途径。知识越丰富,理解力、判断力和适应性越强,情境意识自然越高。

尽管不同的船舶和不同的职务要求船员知识的深度和广度会有差别,但使船舶安全营运所必需的知识是不可缺少的。而且船舶越复杂,自动化程度越高,所要求的知识水平就越高。船舶驾驶和机舱管理人员日常工作中的传统习惯和经常性的做法,即运用船舶作业人员所对应职责应具有的知识、经验、技能和在各种情况下所要求的戒备以避免危险的习惯做法,都可以作为成功应对不同条件和局面的经验,而这些经验可以认为是情境意识的基本内容之一。

(2)操纵与操作技能

技能是构成情境意识的重要因素。操纵与操作技能越强,理解力和适应性也越强,情境意识越高。

技能与知识虽有密切关系,但在本质上各有其特殊的内容与要求。技能是通过实际技术培训才能获得的能力,特别是船舶实际操纵技术,必须能够适应不断变化的外界条件的要求,又必须能够及时跟上不断更新的技术与设备的发展,因此除了积累一定数量的切身体验来掌握实际技术技能之外,难有其他捷径。

(3)身体与心理状态

情境意识非常重要的构成因素是健康状态,它是充分运用知识和技能的基本条件。不良的身体状态会影响各感官的功能,容易出现疲劳,甚至无精打采。航海中许多错误操作引发海事的重要原因之一正在于此。

情境意识的构成因素也包括心理状态。极高的政治责任心、极强的安全意识、极高的道德水准、顽强的战胜困难的意志与毅力、忠于职守的热忱与执着、规范的工作习惯以及临危不惧与应变的能力等,都是应有的心理状态。在这种心理状态下,船舶驾驶和机舱管理人员的注意力非常集中,情境意识高。若缺乏上述心理状态,丰富的技术知识、熟练的技能和健康的体魄便失去了发挥的基础,情境意识更是无从谈起。

(4)对情况的适应与熟悉程度

对情况的熟悉程度越高,对局面和条件的感知便越容易,在思考、分析和判断上就越容易达成与实际情况相一致的结论,情境意识自然也越高。从某种意义上来讲,船员不断地改变服务船舶种类,不断地改变服务船舶航线,对团队情境意识是一个负面影响,所以船长对本船的团队情境意识和综合能力时刻要有一个清醒的认识。

(5)领导与管理技能

船舶作业是一个多部门、多人员协同的工作。单凭个人的力量是不可能保持高水准的情境意识的。保持良好的情境意识并充分发挥每一位成员的作用与功能和相互之间的支持和监督对船舶管理是十分必要的。

安全管理工作的具体目的就是要消除“物”的不安全状态和人的不安全行为。任何一艘船舶,要做到绝对安全,消除“物”的不安全状态是很困难的,也是很难办到的。但无论“物”的不安全状态怎样,只要能发挥好人的主观能动性,主动地认真检查,“物”的不安全状态就可消除,而人的行为是受思想所支配的,要密切注意人的不安全行为。正因为如此,领导与管理技能的高低与船舶团队成员所形成的情境意识有着密切的联系。

(6)良好的情境意识

良好的情境意识表现为:

①能迅速地感知工作现场的实际情况和变化趋势;

②能敏捷地察觉现场周围的实际情况与变化趋势;

③能正确地判断现场周围情况变化对安全的影响;

④能准确地预测船舶即将面临的局面和安全状况。

3. 情境意识的丧失

情境意识的丧失表明失误链正在形成。

情境意识丧失的迹象包括:

(1)不确定性

不确定性表现为两个或多个独立来源的信息不一致,例如,两个不同的定位系统、测深仪与海图水深不一致,或两个成员观点不一致。不确定性本身也许不危险,不确定性也可能是经验不足或缺乏训练的结果,但它意味着差异,有差异就需要证实。

(2)精神涣散

发生精神涣散的原因主要有:超负荷工作、压力、疲劳、紧急情况、注意力不集中、经验不足等;或者,尽管不危险,但意外事件(例如 VHF 呼叫)吸引了其全部注意力,从而忽视了对其他更紧迫的事件的处理。

(3)感知不全面或混乱

感知不全面或混乱如对局面难以确定、产生混乱的感觉、认识不统一、对面临的即将发生的情况无法判断以及缺乏经验或训练等。

(4)驾驶台通信或沟通的中断

内部沟通可能被物理因素(如噪声)等干扰,也可能因缺乏共同语言而中断;外部通信可能由于语言障碍或误解而中断。不正确或不良的沟通与通信将导致指令不能被正确执行、要求重复指示、信息丢失、信息不能完整地被接受和理解等。因此,驾驶台通信或沟通中断,为过失链形成的迹象,同时也是丧失情境意识的迹象。

(5)指挥或瞭望不当

指挥或瞭望不当包括未能进行正确的控制和指挥、未能安排好瞭望人员等。

(6)偏离计划航线

由于在船舶航行中的指挥或监控不当而造成偏离计划航线,如没有及时修正风流压差而偏航,又如因避让其他船舶而偏航而又未及时定位加以纠正等,这些既是过失链形成的迹象,也是丧失情境意识的迹象。

(7)违反已建立的规则和程序

违反已建立的规则和程序包括违背避碰规则、地方航行规定、公司政策、明确规定的操作规程等。

(8)自满

自满包括过度自信、自认为对从事的工作与业务很熟悉等。

4. 驾驶台情境意识的保持

为了保持良好的情境意识,及时发现事故链形成的迹象和中止事故链,以达到船舶航行安全的目的,驾驶台团队成员应当:

(1)培养和提高个人的情境意识;

(2)做好周密、详尽的计划和准备;

(3)在平时工作中养成安全做法和习惯;

(4)灵活地把握注意力的转移和集中;

(5)避免由于个人的错觉以及主观臆断造成的失误;

(6)充分认识和发挥其他驾驶台团队成员的作用;

(7)重视通信、交流与沟通;

(8)进行有效的相互检查和监督;

(9)对航行风险等级进行预见性评估,并制定与风险等级对应的戒备措施。

情境意识与风险的关系如图 10-2-2 所示。

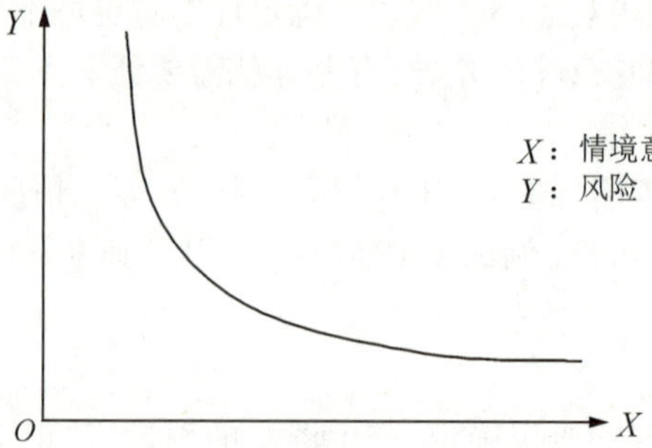

图 10-2-2　情境意识与风险的关系

5. 情境意识与船舶安全

船舶团队成员如果丧失情境意识,表明事故链在形成,事故在逼近。因此,船舶团队成员的情境意识越好,发生事故的概率就越小;反之,情境意识越差,发生事故的概率就越大。为了保持船舶的航行安全,船舶团队成员应具有和保持良好的情境意识。船舶在航行时,驾引人员总结出良好的情境意识的基本内容有:

(1)在航船让锚泊船;

(2)操纵能力良好的船主动避让操作困难的船;

(3)通常不穿越他船船首前方;

(4)尾随他船应保持适当距离;

(5)熟悉本船操纵性,注意浅水影响及船吸、浪损等效应;

(6)避免在弯曲水道相遇等;

(7)避免在通航密度大的水域或航道附近锚泊;

(8)强风时应远离他船,备车松长锚链;

(9)发现他船走锚危及本船时应及时备车、备好碰垫和松链等。

任务三 保持有效的通信与沟通

驾驶台资源管理3保持有效的通信与沟通教学视频

学习目标

知识目标:掌握船舶通信的实现方法,掌握船舶内外部的沟通方法。

能力目标:能保持内外部的有效通信与沟通。

素质目标:提高学生沟通协调的能力。

一、通信

有效通信意味着有效交流。对发送者来说,必须清楚地认识到通信的目的、传递路线及接收者可能做出的反应。对接收者来说,则必须学会如何听,不但能懂得信息的内容,而且能听出发送者在信息传递中表达出来的情绪。

1. 建立通信

在建立通信前,发送方首先应明确或确定5个“W”:

(1)Why:为什么要发送信息?即发送信息的原因。

(2)Who:向谁发信?即需要确定信息的受体是谁,明确通信的对象。

(3)What:发送什么样的信息?即需要发送的信息内容是什么,应当考虑采用接收者易于理解的方式来安排信息的内容。

(4)When:在什么时间发送信息?应当选择适宜的时机,不要在充满压力的时候发送信息。

(5)Where:在哪里发送信息?应当选择适宜的发送信息的地点,尽量避开环境干扰。

2. 完整的通信课程

完整的通信应该是一个封闭式的通信过程，包括以下闭环通信过程：

(1)需求：发送方希望向接收方发送信息。

(2)发送：选择适合的方式和手段，有效传送信息。

(3)接收：接收方接收并准确理解信息，如有任何疑问应当要求发送方做进一步澄清。

(4)反馈：接收方确认收到的信息，并根据情况及时向发送方反馈。

(5)完成：通信完成并终止。

以上过程可以在船舶无线电通信工作中得到充分体现，比如VHF无线电话通信信息交换程序包括六个步骤：初始呼叫，回答呼叫，确定工作频道，发送信文，回答信文和终止发送。初始呼叫是由呼叫台为开始建立信息交换而进行的信号发送；回答呼叫是呼叫台或呼叫船对初始呼叫的回答，由于呼叫频道往往不是工作频道，在不知道工作频道的情况下，一般使用70或16频道进行呼叫，但不能在该频道占用较长的时间，因此要进行一般信息的交换，必须确定另一频道作为工作频道。及时和正确建立联系的主要目的是发送信文，根据需要，每一信文的内容有长有短，但应当尽量做到既表达清楚，又言简意赅。针对信文内容的回答，如果信文内容较长，发信台应当将信文内容分为若干段落，多次发送；收信台也应当多次回答信文。若表示相互间信息交换已经完结，终止发送一般由呼叫台执行。

3. 船舶通信的实现

为了保证驾驶台团队高效率运作，保证船舶航行和操纵的安全，驾驶台团队成员应该进行有效的内部沟通与外部通信。内部沟通包括航前会，驾驶台与机舱的联系制度，驾驶台与船首、船尾的沟通，船长与驾驶员的信息交换，联系船长，引航员在船时船长与引航员之间的信息交换和沟通，驾驶员交接班等。外部通信主要包括与他船、VTS、引航站、代理、船公司的联系等。

任何干扰船上沟通或者影响船舶通信有效性的现象都属于船舶的通信与沟通障碍。应采取相应措施防止这些现象的发生，否则船舶将面临危险的局面。

为了实现有效的驾驶台通信与沟通，必须明确通信与沟通的目的，选择有效的沟通方式，准确、清晰地使用标准词语或短语，并使用标准的通信与通信程序。

(1)船上信息的发送

船上信息的发送必须目的明确、思路清晰、注意表达方式。在信息交流之前，信息发送者应当考虑好自己将要表达的意思，抓住中心思想。在通信过程中要使用双方都理解的用语和示意动作，并恰当地运用语气和表达方式，措辞不仅要清晰、明确，还要注意情感上的细微差别，力求准确，使对方能有效接收所传递的信息。信息发送者有必要对所传递信息的背景、依据、理由等做出适当的理解，使对方对信息有明确、全面的了解：假如你要分配一项任务，就要对任务进行全面分析，这样你才能正确地对任务进行说明；假如你面临的是纪律问题，那么在批评和处罚之前，应当对情况进行全面了解，取得真凭实据，这样处理才会取得显著的效果。

(2)船上信息的接收

船上接收信息时必须注意力集中，认真理解信息内容。在信息交流时，信息接收者应当听或读，仔细理解内容，抓住中心思想。在通信过程中要借取双方都理解的对象，必要时，为了澄清而进行询问或质疑。应答时，除非特别告知不这样做，否则，即使仅仅是确认收到信息也要应答。必要时，信息接收者应该给出反馈。

4. 准确的通信

想要准确地实现通信,除了做到以上要求外,还必须注意通信中信息的表达。一个好的信息要符合“4C”原则,即完整性(Complete)、连贯性(Coherence)、简洁性(Conciseness)、准确性(Correction)。为简易有效地达到以上目标,应使用标准词语、短语。

5. 通信障碍

通信障碍指任何干扰、阻碍或影响通信的因素,如通信中断。障碍可能是物理的或人为的。

物理障碍在船舶通信中通常表现有通信设备的噪声、船舶设备工作的干扰、船舶振动、风浪声响、驾驶台设备同频道干扰等。因此,想要保障船舶通信正常进行,应当尽力减少或排除物理障碍。

人为障碍指信息的传递者和接收者个人的障碍。主要表现在所使用的语言不同(母语与外语、标准语与地方语等)而存在的障碍。语音通信中,还有语气、语调、清晰度、速度、节奏等问题。当然,通信中的人为障碍还会表现为工作负荷过大、注意力分散、压力、疲劳等问题引起的通信障碍。

二、沟通

沟通是人与人之间、人与群体之间或群体与群体之间思想、感情、信息、指令的传递和反馈,是信息传与收的行为。发送者凭借一定的渠道,将信息传递给接收者并寻求反馈,以达到相互理解的目的。

1. 沟通的方式及特点

在团队中,沟通的形式是多样化的,按照不同的分类标准,沟通可分为不同的类别,并具有不同的特征。

(1)按照沟通的表现形式来分

按照沟通的表现形式来分,沟通可分为口头沟通、书面沟通和非语言沟通。

①口头沟通

传递信息最主要的是口头沟通,它是指运用口头语言进行的沟通,如演讲、集体讨论、报告等都是口头沟通最普遍的形式。

②书面沟通

书面沟通是运用书面文字符号进行的沟通,包括备忘录、书信、电子邮件、传真,以及通过文字或符号形式沟通信息的方式。

③非语言沟通

除口头、书面表达形式以外,实现生活中的非语言沟通也是客观存在的,如表情、手势、语气、眼神等。非语言沟通是语言沟通的重要补充形式。

(2)按照沟通的方向来分

按照沟通的方向来分,沟通可分为上行沟通、下行沟通和平行沟通。

①上行沟通

上行沟通主要是指团队成员通过一定的渠道与团队领导者所进行的信息交流。上行沟通可以一层层传递,如水手长向大副反映近一段时间甲板的保养情况,大副再向船长反映近期的船体的维修保养情况。上行沟通也可以越级反映，这指的是减少中间层次，团队成员直接与团队领导者进行信息交流，如二副直接向船长汇报本航次的航行计划。

②下行沟通

下行沟通即高职务者向低职务者进行的自上而下的沟通。一般而言，决策、计划、指挥、协调、控制等管理职能的信息传递都是通过下行沟通的方式达成的。自上而下沟通通常出现在团队领导者向团队成员分配工作目标，做出工作指示，向团队成员说明工作程序时。

③平行沟通

当沟通发生于同一层级同一工作群体的团队成员之间，或同一层级不同工作群体的成员之间，或同一层级不同工作群体的团队领导者之间，或任何具有相同地位的同一团队成员之间时，这种沟通就称为平行沟通。平行沟通是团队中最普遍的沟通形式，如船上水手之间的交流、二副和三副之间的沟通等。平行沟通有利于节省时间和协调成员的关系。

(3)按照组织的结构特征来分

从组织的结构特征来分，沟通可以分为正式沟通和非正式沟通。

①正式沟通

正式沟通是指在团队内，依据一定的组织原则所进行的信息传递与交流。正式沟通的优点是沟通效果好，比较严肃，约束力强，易于保密，可以使信息沟通保持权威性；缺点是由于依靠组织系统层层传递，所以较刻板，沟通速度慢。

②非正式沟通

在正式沟通渠道之外进行的所有信息的传递和交流都属于非正式沟通。例如团队之间私下交换意见等属于非正式沟通。非正式沟通的优点是沟通形式不拘，直接明了，速度快，并且常常能提供大量的通过正式渠道难以获得的信息，反映员工的思想、态度和动机；缺点是难以控制，传递的信息有的不确切，易于失真、曲解，而且它可能导致小集团、小圈子的形成，影响人心稳定和团队的凝聚力。

2. 沟通障碍

(1)造成沟通障碍的原因

沟通障碍指任何干扰、阻碍或影响沟通有效进行的因素。沟通障碍可能是物理的，也可能是人为的。船舶沟通中的物理障碍主要有：各种噪声、设备所处的场所和位置造成的障碍、环境因素及船舶设备工作的干扰等。如船舶抛起锚时，锚机的轰鸣声会影响船舶与驾驶台的沟通；起货设备的操作人员可能看不到甲板上指挥者的手势等。人为障碍主要包括：缺少共同语言、不用专业术语、对传递的信息没有很好地组织、没有遵循标准的沟通程序等。另外，文化背景和宗教信仰等方面的差异、工作负荷太大、注意力分散、压力过大、疲劳等都会造成人为的沟通障碍。团队的管理者应该有针对性地采取措施，来减少或消除这些障碍。

(2)克服沟通障碍的方法

沟通障碍不可能完全避免，但是应尽量克服，改进信息沟通方式，进而达到组织成员之间的有效沟通。

以下原则可以帮助克服沟通中的障碍，增强沟通效果。

①信息发送者必须对他要传递的信息有清晰的想法。

②不能脱离实际制订信息沟通的计划。

③要考虑信息接收者的需要。无论何时，信息都要有用，或在短期内，或在较远的未来，沟

通内容对于接收者来说都要有价值。

④要注意多种沟通方式协调使用。

⑤要注意反馈。

⑥要注意沟通中的情感运用。

⑦要强调沟通双方的责任。有效的信息沟通,不仅是发送者的职责,也是接收者的职责。

3. 船上重要的沟通

船舶日常工作中有许多重要的沟通,这些沟通如果出现障碍或中断将直接影响船舶的安全,应当引起船舶驾驶人员的高度重视。如:

(1)船舶安全工作会议中的沟通;

(2)船舶驾驶台与机舱的沟通;

(3)船舶驾驶台与船首尾部的沟通(靠离码头、抛起锚、狭水道航行等);

(4)船长航行(夜航)命令;

(5)船长及驾驶台团队与引航员的沟通等。

4. 船上沟通的技巧

良好的沟通可以消除误解,增加团队的凝聚力,提高船舶指挥人员的情境意识和工作效率,保证船舶的命令型的结构系统正常运作,减少人为事故的发生。因此,作为船舶的指挥人员,管理级船员应当掌握一定的沟通技巧。

(1)沟通途径与工具的选择

信息传送的方式有很多。船舶内部的口头沟通方式有:各种会议、工作前的安排说明、工作后的情况小结、电话沟通、对讲机和广播系统的沟通等;书面沟通方式有:值班命令(船长命令、夜航命令)、船舶操作手册、布告或公告等。船舶与外部的口头沟通工具主要有:电话、VHF、MF/HF 等;船舶与外部的书面沟通工具有:信函、电子邮件、传真、电传等。应当根据需要选择最佳的沟通途径和工具,以期达到最佳的沟通效果。

(2)沟通注意事项

①应当遵守标准的沟通程序,比如:舵令、车钟令必须遵守发出指令、重复指令、执行指令和反馈的程序。

②保证信息交流准确、清晰、简洁并切中要点。

③发送者尽量减少、限制发送那些多余的、没必要的信息。

④接收者要学会耐心聆听,以准确理解发送者的意图。如有任何疑问应及时要求澄清。

⑤应当使用标准的专业术语和 IMO 标准航海通信用语。

⑥对有些复杂的口头沟通最好先做书面准备。

(3)质询与回应是重要且必要的

①如果发现背离原计划、标准程序、操作规程,或认为有违规行为、不良船艺、错误指令的情况发生,应表示疑问,提出质询,要求立即澄清。被质询对象经核对后应做出回应,如果有失误行为应立即纠正。

②船长和轮机长应营造质询的氛围,船舶团队成员应积极支持和参与质询和回应,在设定的界限内有疑问必须提出质询,有质询必须给予回应。

③领导者应注意在质询和回应方面可能存在的障碍,这些障碍有可能属于质询方的原因(内向、缺乏信心、不自信、等级观念、缺乏责任感、人际关系紧张、不良经历等),也有可能属于

被质询方的原因(感觉权威受到威胁、缺乏信心、情绪性回应、不擅长沟通、管理能力较差等)。

5. 在船人员的沟通

(1)船长和驾驶员的沟通

①为了和驾驶员建立有效的沟通,船长应组织航前准备会。在航前准备会上,船长应:向驾驶员介绍航线计划;与驾驶人员进行交流;对驾驶人员提出相关要求;向驾驶人员指出航线中可能存在的控制薄弱的航区。

②船长应:告知驾驶人员有责任通报各自情况以及协调其中的具体操作;在驾驶台建立一种开放的、互动的、闭环的交流与沟通方式;航行中向驾驶人员传达遇到的具有重要意义的情报;鼓励所有驾驶人员勇于质询和相应地回应;航行中或航次结束后尽快会同驾驶人员总结航行中遇到的重要情况。

③在航次结束后召开总结会,在总结会上船长应带领驾驶员总结正、反两方面的情况。在总结会上不要对个人进行指责,应通过积极地总结学习经验,制订一个可及早发现并改正错误的改进计划。

(2)驾驶员与引航员的沟通

①引航员上驾驶台后应与驾驶员进行充分的沟通和交流,引航员应尽可能多地让驾驶员清楚自己的操作(纵)计划。

②引航员应向驾驶员简述当地的环境和交通规则。对航向或航速所做的任何改变,除了告诉船长外,还应告知驾驶员。对于任何天气、能见度、海流的改变或预期改变的情况,应告知驾驶员。

③驾驶员应将自己通过正规瞭望获得的信息及时告知引航员。对引航员的指令或行为或意图有任何疑问,应向引航员求证或要求澄清,必要时应立即报告船长。

④如果引航员没有遵守做详尽情况介绍以及充分交流的原则,在不影响权威的前提下值班驾驶员应该用恰当的方式加以指出。

(3)驾驶员之间的沟通

值班驾驶员应该积极支持和参与所有的情况介绍和工作总结活动。在值班交接的时候应确保已经进行了详尽的情况介绍和妥善的交流。积极地参与支持有效交流原则的工作环境中去。

(4)驾驶台与机舱之间的沟通

①驾驶台与机舱之间的通信要简短、准确,把多余的通信降到最少。

②驾驶台与机舱应保持密切的联系和及时沟通,尤其是发生特殊情况时,更应及时通报,并协调对策。

③《中华人民共和国海船船员值班规则》规定:船长应当提前24 h将预计开航时间通知轮机长,如停港不足24 h,应当在抵港后立即将预计离港时间通知轮机长;轮机长应当向船长报告主要机电设备情况,燃油、润滑油和炉水存量,如开航时间变更,应当及时更正。开航前1 h,值班驾驶员应当会同值班轮机员核对船钟、车钟、试舵等,并分别将情况记入航海日志、轮机日志及车钟记录簿。主机试车前,值班轮机员应当征得值班驾驶员同意,待主机备妥后,机舱人员应当通知驾驶台。

(5)与船舶交管站和港口当局的沟通

按有关国际公约和国内的规定,船舶进出港口时应使用通信设备,按照规定向VTS报告。

在报告中,需注意以下方面:保持交流内容简短准确,把多余的交流内容降到最少。如航次报告,将有关船舶的主要信息(包括:进港、出港、过境;船名、国籍、总长度、总吨位、吃水、最大高度;始发港、目的港、预靠泊位或锚位、预抵时间;载货种类与数量和旅客人数)给予报告,尽量减少多余的情况。

在报告前先写好要报告信息对缩短报告时间是有帮助的。

任务四　培养团队意识

驾驶台资源管理4团队与团队管理教学视频

学习目标

知识目标:掌握船舶团队的概念和团队管理的知识。

能力目标:能建立高效的船舶团队。

素质目标:培养学生的团队意识和集体荣誉感。

一、团队形成基本要素

团队(Team)是由一起工作以完成共同任务的多个个体组成的一个群体。许多个体联合成一个团队,为了共同的目标而工作。团队是由两个或两个以上的人组成的,通过人们彼此之间的相互影响、相互作用,在行为上有共同规范的一种介于组织与个人之间的组织形态。其重要特点是,团队内成员间在情感上有一定联系,彼此之间产生相互影响。团队形成的基本要素如下:

(1)各成员有着共同的目标;

(2)各成员之间相互依赖;

(3)各成员具有团队意识;

(4)各成员具有责任心。

一个完整的团队是由众多的角色组成的,包括实干者、协调者、推进者、创新者、信息者、监督者、凝聚者、完美者以及技术专家。

二、驾驶台团队构成

驾驶台团队由组成或协助驾驶台值班的所有成员构成,通常驾驶台团队由船长、引航员、值班驾驶员、值班水手、值班轮机员和值班机工组成。

STCW 规则 B-Ⅷ/2 部分中强调了船舶驾驶人员团队工作的重要性,并指出:“参加驾驶台团队工作的人员必须由足够的、称职的和不同职级的航海人员组成,他们必须分工明确、任务到人,各人员之间的对话与联系应明确无误,集中精力工作,能随时对环境与局面的变化做出及时反应和采取有效的措施。”

三、优秀的驾驶台团队应当具备的特征

与其他团队一样,一个成熟的、优秀的驾驶台团队应具有下列特征:

1. 明确的目标

团队对于要达到的目标有清楚的了解,并坚信这一目标包含着重大的意义和价值。这种目标的重要性还激励着团队成员把个人目标升华到团队目标中去。驾驶台人员的共同目的就是通过安全操纵和控制船舶,把货物或旅客从一个港口安全、高效地运抵另一个港口,大家都为了这一共同目的而努力工作,从而形成了一个特定的团队。

2. 相关的技能

团队是由一群有特定能力的成员组成的。他们具备实现理想目标所必需的技术和能力,而且相互之间有能够良好合作的个性品质,从而能够出色地完成任务。

3. 良好的沟通,一致的承诺

团队成员通过畅通的渠道交换信息,同时与外界保持畅通的联系与合作。一致的承诺表现为对团队目标的奉献精神,愿意为实现这个目标而调动和发挥自己的最大潜能。对于良好的驾驶台团队而言,每个成员不仅需要充分利用自己的才能和技巧来完成既定的共同目标,防止任何人孤立地工作,而且要能够与包括轮机员、引航员、拖船、带缆工等在内的第三方良好协作。

4. 有效的领导

有效的领导能够让团队跟随自己共同度过最艰难的时期,因为他能为团队指明前途所在。他向成员阐明变革的可能性,鼓舞团队成员的自信心,帮助他们更充分地了解自己的潜力。优秀的领导者不一定非得指示或控制,高效团队领导者往往担任的是教练和后盾的角色,他们对团队提供指导和支持,但并不试图去控制它。作为驾驶台团队工作第一负责人的船长,有义务和权利根据公司的目标与要求来确定自己团队的工作目标。但在确定这些工作目标的具体内容时,应安排相关的团队成员加以充分的讨论,并制订出详细的实施计划,以确保工作目标的顺利实现。

5. 相互信任

成员间相互信任是优秀团队的显著特征,也就是说,每个成员对其他成员的行为和能力都深信不疑。为了真正做好船舶的各项工作,每个驾驶台团队成员应体现出自己组员的归属感,在工作中,特别是涉及船舶安全工作相关问题时或在关键时刻,团队成员能主动提出自己的观点,并发表有益于船舶团队工作的意见与评论。

四、驾驶台团队的作用

驾驶台团队的作用主要包括:

(1)消除由于个人失误而可能造成灾难性局面的危险性;

(2)强调保持良好视觉瞭望的必要性和执行避碰规则的必要性;

(3)鼓励利用所有方法确定船位,以便在一种方法失效的情况下其他方法立即可用;

(4)促使驾驶台团队的每位成员充分发挥自己的能力,竭尽全力履行其职责;

(5)保持驾驶台团队具有良好的情境意识。

任务五 提升决策与领导能力

驾驶台资源管理5提升决策与领导力教学视频

学习目标

知识目标：掌握决策的方法和过程，掌握领导力的培养方法。

能力目标：能利用领导力做出正确的决策。

素质目标：培养学生的服从意识和参与意识。

一、决策

决策就是为了实现某一特定目标，借助于一定的科学决策程序，在分析、评价、比较的基础上，从两个或两个以上的可行方案中选择一个最优方案的全部过程。决策具有四个特点，即目标性、超前性、选择性和可行性。

1. 决策的内涵

(1)决策的主体是人

在决策活动中，人是处于主动状态下的主体。这体现在两个方面：一是决策的设想是由人提出的；二是所涉及的决策的客观条件的取舍也是由人做出的。

(2)决策有明确的目标性

决策有明确的目标性表现在：一方面，决策具有针对性，即决策总是针对特定的对象进行；另一方面，决策是为了推动事物向预定的方向发展，以实现决策者的预期目标而制定的。

(3)决策是人心理活动的反应

在进行决策时，尤其是在做出重大决策时，人的心理活动将涉及很多方面，其内在的潜力也会最大限度地得到实现性的发挥。

(4)决策是人思维活动的成果

在决策过程中，人的思维活动起着关键性作用。它是对所有与决策有关信息的高度加工和处理，然后分门别类地形成若干个备选方案以供选用。

(5)决策是对方案分析、比较和选择的过程

作为决策的主体，人们在决策过程中将对若干个备选方案进行分析、比较，最终选择一个与预期目标一致性程度最高的可实行的行动方案。

2. 决策的类型

决策的分类有多种，根据决策的工作内容及时间上的要求，可以分成以下三种类型：

(1)紧急情况下的决策

当发生意外或出现紧迫局面或问题时，为了能及时处置和应对，没有经过太多的时间做审慎的考虑而做出的决策，称为紧急情况下的决策。

(2)一般情况下的决策

在原定的计划或安排因为生产和工作的变化而无法继续实施，或是遇到一些新的问题，必须做出新的调整，且这种情况并不紧急，可以有一定的时间来考虑的情况下所做的决策，称为

一般情况下的决策。

(3)日常工作中的决策

在平时工作中，根据计划、任务、进度或操作规程，做出的常规决定，称为日常工作中的决策。

3. 决策方式

决策的方式包括个体决策和群体决策。

(1)个体决策

个体决策是指管理者根据自己所掌握的知识做出决策，然后向群体解释并使其接受。

个体决策是否有效，不仅同科学的决策程序、方法有关，而且很大程度上取决于管理者的决策风格。所谓风格，就是指人们做事的习性、方式或手段。所谓决策风格，就是指人们决策的习惯和方式。决策风格对于决策效果和效率有着非常明显的影响。决策过程与结果往往与决策者的年龄、心理素质、知识、经验、阅历、性格、习惯等有着直接关系，同时还受到所处社会环境和时代风尚的影响。诸多不同的因素，使决策者对待决策的态度、方法也各有不同，久而久之，就形成不同的决策习惯，进而形成各有所长的决策风格。

个体决策的优点之一就是快速。个体决策不需要召集会议并花费大量时间来讨论各种方案，因此需要迅速做出决策时，个体决策有着自身的优势。个体决策的另一个优点是职责清晰，谁制定了决策，谁就应当对后果负责。

(2)群体决策

群体决策是指针对组织中的重大问题，在领导的主持下集体讨论出合理决定的过程。

群体决策的优点在于通过群体的集思广益，能够提供更加丰富的信息和知识，能够给决策过程带来异质性，还可增加观点的多样性，因而就会有更多的方法和选择。群体决策能增加个体决策的认可程度，因为这个决策不是个人做出的。群体决策的缺点是浪费时间，有从众压力，责任不清。

个体决策与群体决策孰优孰劣要视情况而定，关键是看效率与效果孰轻孰重。就效果而言，群体决策能提供更多选择，更富有创造性、更准确。但是，个体决策比群体决策更有效率。

4. 决策的过程

决策过程包括以下步骤：

(1)明确决策的必要性

决策的目的是实现和达到一定的目标，所以制定决策首先要做好分析，确定完成决策所必需的工作。

(2)明确决策的目的

在分析了决策的必要性后，还要有针对性地研究将要采取的措施必须达到什么样的效果，也就是说要明确决策的目的。

(3)收集决策所需资料

明确决策的目的后，就必须根据决策的要求，详尽地收集相关的资料与信息，以便能在全面了解和掌握真实情况的基础上，有针对性地进行分析研究，做好制定对策的准备工作。

(4)拟定决策的方案

在全面了解和掌握真实情况的基础上，可以为实现目标来研究和制定可采取的各种对策及其相应的具体措施和主要步骤。

(5)选择最终的决策方案

决策的本质和最终的工作是选择决策方案。而要进行正确的选择,就必须对所拟定的多种备选方案进行分析、比较和排列。在这个过程中,决策者必须从多种备选方案中选择出最佳应对方案。

(6)实施应对方案

决策者选择出最佳应对方案后,应根据需要加以实施。选择的对策在具体实施的过程中,还需要不断地跟踪和查核它们的实际效果并做好评估工作。

5. 决策的要点

为了保证决策的正确性和可行性,决策者在决策的过程中应当注意以下几点:

(1)决策前

①首先明确自己所需要解决的问题和决策的最终目的,以保证所做的决策能有的放矢。

②积极调动团队成员的工作积极性,让他们共同参与决策工作,集思广益。

③认真做好资料收集工作,有针对性地、最大可能地获取更多的信息。

(2)决策时

①决策者应当根据所需要解决问题的轻重缓急来进行相应的决策。在紧急情况下,必须在最短的时间内沉着、果断地做出正确决策。

②对收集到的各种资料和信息加以充分的分析与研究,以确保这些资料和信息的真实性。

③在做出相应决策的同时,应当认真考虑采用该决策后可能发生的情况,做好最坏的打算,并制定好一旦发生其他特定情况时的替代性方案。

(3)决策后

①决策一旦付诸实施就应当及时和连续地监督其实际进展情况,并不断核实所采取的决策和方法能否发挥预期的效果。

②在监督决策的实施和核查其有效性的过程中,还应当对其进行评估。如果发现新的情况与所做决策有冲突,不要急于假设决策或情况有误,而要再次认真地考虑与分析局面,重新全面地考虑问题。

③通过对决策方案的核查与评估,结合所积累的经验与教训,在必要时对决策方案加以改进和完善,以便能真正充分利用好所有资源。

6. 驾驶台团队决策

(1)在船舶航行过程中,需要做出决策的驾驶台团队成员包括船长、驾驶员和引航员。驾驶台团队成员所做的决策必须是明确的。这些决策的最终目的是在船舶安全的前提下,确保船舶航行的正常与顺利进行。由于船舶航行具有一定的复杂性和可变性,驾驶台团队成员在航行过程中的决策应是他们根据自己的经验与技能,并在高度综合的心理活动中做出的。

(2)驾驶台团队成员在决策前应当利用一切可获得的时间收集、了解和分析相关的资料和情况,仔细考虑所收集到的信息和所有可能发生的情况(包括最不可能的情况),并充分利用所有可利用的船舶驾驶台资源,绝不能根据自己不完全的判断与意愿随意行事;决策做出后,则应当把握正确时机,及时加以实施并监督其进展情况、查核效果;必要时对采取的措施加以调整,最终实现保证船舶安全航行的目的。

(3)驾驶台团队成员应当在自己的工作中充分考虑针对不同问题所做不同决策的优先度,注意对不同风险程度的评估和应当优先考虑的因素,以保证决策的应变性、适应性和有效性。

(4)驾驶台团队成员在进行决策时，必须尊重驾驶台团队的全体人员，加强与驾驶台团队其他成员之间的交流；了解自己的决策风格与驾驶台团队其他人员决策风格的异同，通过取长补短来提高决策的有效性。

(5)驾驶台团队成员在时间许可的情况下，应当协助船长工作，积极提供信息，参与决策的制定。在认真落实和实施相关决策的过程中，应当及时发现和处理好因工作条件与外界因素发生变化对所做决策的影响，必要时应当立即向船长汇报，尽可能地提出自己的修改意见，以便船长能进一步改进和完善原定的决策。

二、领导力

1. 团队领导者

广义的团队领导者是指在正式的社会组织中经合法途径担任一定领导职务、履行特定领导职能、掌握一定权力、肩负某种领导责任的个人和集体。狭义的团队领导者是指在某个特定的团队中被指定推选担任一定领导职务、肩负领导责任并履行特定职能的个人或集体。以下提及的领导均是指狭义的团队领导者。

2. 领导者的作用

一般认为领导者的作用有三点：

(1)指挥作用

领导在团队活动中要有清晰的思路、运筹帷幄，为下属指明方法和方向，指引团队共同前进。

(2)协调作用

在团队实际工作中，每个人的世界观、价值观、工作作风、方法、思路等都不相同，这就需要领导起到协调作用，引导团队共同前进。

(3)激励作用

在工作中不可避免地会出现挫折、困难，这需要领导不断地激励团队成员，并且为他们排除困难，带领团队成员共同前进。

3. 领导者的基本条件

作为一名领导者，要想带领下级去完成本部门的既定任务，首先必须建立起自己的领导权威。权威就是权力与威信的统一，是由领导者的素质及其行为所形成的。一个优秀的领导者能团结与其共同工作的同事和下属，充分调动他们的工作积极性，并通过自己的良好素质与魅力来建立威信。这些良好的素质包括：高尚的品德；高深的专业知识；丰富的工作经验；敏锐的观察能力；冷静的思维判断；巧妙的沟通技巧；充沛的精神活力；坚定的意志目标；公正的立场和判断。

4. 对领导的要求

一名优秀的领导者应当具备进取心、领导愿望、诚实与正直、自信、智慧、与工作有关的知识，同时也应具备良好的政治素质、思想素质、道德素质、文化素质、业务素质、身体素质和心理素质，以及领导和管理能力等。

5. 领导的类型

领导者在实际工作中都会根据具体的要求，结合自己领导工作的经验和风格来从事具体的领导工作，他们也会因工作要求和具体的实施方式的不同而产生以下多种领导的类型。

(1)民主型

民主型的领导在工作中常采用民主协商的方式，听取下属的意见，并鼓励他们积极发表改进工作的意见，从而提升自己组织管理上的灵活性和下属本身的责任感。

(2)激励型

激励型的领导往往注重下属的个人感情，运用物质激励的管理方式，创造下属积极向上的氛围，不轻易对下属完成工作的方式进行不必要的责难，以最有效地调动下属的积极性。

(3)制度型

制度型的领导要求下属一切按制度做，即要求下属以任务为中心工作，通过制度来约束自己的行动。

(4)教育型

教育型的领导会给予下属大量的指导与反馈，促使下属自觉采取符合领导意图的行为。

(5)榜样型

榜样型的领导通过以身作则、率先示范的行动来树立自己的权威，依靠个人的人格魅力和职位上的优势来领导和带动下属，引导他们仿而效之。

(6)专制型

专制型的领导独断独行，通过下达命令来要求下属绝对服从。这种类型的领导可能具有一定的工作能力与魄力，敢于承担责任。在面临困境或者危急关头往往非常果断，速战速决。

(7)放任型

放任型的领导一般都会将工作任务与问题交付下属来处理，自己不愿多加过问，也不想多担负工作责任。

6. 领导的风格

鉴于以上不同类型的领导在实际工作中的特点，他们各自的领导风格也会各有不同。这些不同的领导风格主要包括：

(1)命令型

具有命令型领导风格的领导往往采用下达命令的方式来要求下属必须完成。他们会给出明确的指令，包括要求他们做什么、如何做、在何时与何地做等细节。

(2)指示型

具有指示型领导风格的领导往往采用发出指示的方式来布置具体的工作任务。他们会向下属提供框架性的指示要求，并要求下属通过自己的努力去完成相关任务。

(3)参与型

具有参与型领导风格的领导往往在向下属发出指示和布置具体工作任务的同时，自己也会主动地和下属共同讨论和决定完成工作任务与解决问题的最佳方案。

(4)委托型

具有委托型领导风格的领导往往只是向下属发出指示和布置具体工作任务，他们很少向下属提供如何完成工作任务或解决问题的具体指导和人员支持，也不愿多承担责任。

7. 领导者的影响力

影响力一般指人在人际交往中影响和改变他人心理与行为的能力。领导影响力就是领导者在领导过程中，有效改变和影响他人心理和行为的一种能力或力量。在领导过程中，领导者如果不能有效影响或改变被领导者的心理或行为，那他就很难实现领导的功能，团队目标也就无法实现。

构成领导影响力（或者说权力）的基础有两大方面：一是权力性影响力；二是非权力性影响力。

权力性影响力又称为强制性影响力，它主要源于法律、职位、习惯和武力等。权力性影响力对人的影响带有强迫性、不可抗拒性，它是通过外推力的方式发挥其作用。在这种方式的作用下，权力性影响力对人的心理和行为的激励是有限的。

与权力性影响力相反的另一种影响力是非权力性影响力，非权力性影响力也称非强制性影响力，它主要来源于领导者个人的人格魅力，来源于领导者与被领导者之间的相互召唤和相互信赖。构成非权力性影响力的因素主要有品格、才能、知识、情感等因素。

品格是指反映在人的一切言行中的道德、品行、人格、作风等的总和。优良的品格会给领导者带来巨大的感召力，使群体成员对其产生敬爱感。

才能是指能够胜任某项工作的主观条件。如果一个领导能够在安排下属的工作中，避其所短，扬其所长，使下属的专长得到充分的发挥，使团队的各项工作任务更加井然有序，就说明领导者拥有识人、用人的本领和能力。

知识是指人们在改造客观世界的实践活动中所获得的直接经验和间接经验的总和。知识是一个人的宝贵财富，是领导者领导团队成员实现团队目标的重要依据。丰富的知识会给领导者带来良好的感召力，会使下属对其产生依赖感。

感情是人对客观事物（包括人）主观态度的一种反应。领导者平易近人，时时体贴关心下属，与下属建立良好的感情，就容易使下属对其产生亲切感，下属的意见也容易反映到领导处，从而领导可以根据团队成员的工作情况和思想状况做出更科学、更合理的决策。

三、权威与自信

1. 权威

权威是权力在人的头脑中的主观反映，是对权力的一种自愿的服从和支持。对权力安排的服从可能有被迫的成分，但是对权威安排的服从属于认同。

2. 自信

（1）自信就是相信自己，相信自己的判断和能力，相信自己所追求的目标，自己对自己的能力予以正面的肯定。

（2）自信的人：外向，好交际，易亲近，人际关系好；勇敢，坚定，敢说敢做；有目标，相信自己是对的，坚持自己的看法，想做的事一定去做，不屈不挠；控制力好，主动，不迷信，遇事镇静不乱。不自信的人：不合群，人际关系差，与人交流有障碍；没有主见，易从众，易动摇，无原则，不能坚持自己的观点；目标不明确，瞻前顾后，畏首畏尾，犹豫不决，不主动积极；恐惧权威，怕独立做事，怕承担责任，害怕失败；遇到挫折立即掉头，受到质疑容易改变。

（3）自信的人认为自己一定行；不自信的人认为自己不一定行；自卑的人认为自己一定不行；自傲的人认为只有自己行；自负的人认为自己毫无疑问绝对行。

（4）自信的人在面临困难时能想方设法去克服，在面临危险时能临危不惧去决策，在面临挑战时能毫不犹豫去接受。不自信或自卑的人，怀疑自己的能力，在遇到问题时不敢面对，遇到危险时不知所措，面临挑战时立马回避，需要决策时犹豫不定。

3. 权威和自信

(1)权威和自信的不平衡

①过高的权威和过低的自信

拥有过高权威的领导者个性张扬，而过低自信的下属对这样的领导唯唯诺诺，什么事都是领导者一个人说了算，没有质疑，缺乏质询，有可能导致决策的错误。

②过低的权威和过高的自信

除了职务高低外，下属在各方面明显优于领导者，虽然领导者有疑惑，没有完全按自己的想法行事，但因具体工作由下属完成，下属也自信有能力完成，风险不大。

③过高的权威和过高的自信

这是一种危险的组合，在紧急情况下会出现技术上的分歧，对决策意见不一，都想指挥和控制，因自尊心高而各持己见，导致争吵，延缓行动和行动不力。

④过低的权威和过低的自信

这是一种最危险的组合，都意识不到问题，不做决定或决定不及时，由于缺乏质询而使决策不正确。

(2)导致过高权威和过低自信的原因

①导致过高权威的主要原因为：权力欲过高，希望全面控制；缺乏与团队成员的沟通；不善于将工作和任务委派给适当的团队成员；只注重结果，希望通过职务权威来获得结果；想证明自己等。

②导致过低自信的主要原因为：因对领导者的职务权力产生畏惧，而对自己的能力产生怀疑，对结果无预见，缺乏与领导者的沟通技巧；人际关系紧张等。

4. 自信的培养

一个人由于缺乏成功的经验，缺乏客观的期望和评价，消极的自我暗示抑制了他的自信心，加上心理上的缺陷、不良的成长环境等原因导致了自卑心理的产生。因此自信心的培养要从以下几方面入手。

(1)缺乏自信心的人应：

①有意识地选择与那些性格开朗、乐观、热情、善良、尊重和关心别人的人进行交往。在交际过程中，通过有意识的比较，正确认识自己，调整自我评价，增强自信心。

②不断提高自我评价，对自己做全面正确的分析，多看看自己的长处，多想想成功的经历，并且不断进行自我暗示、自我激励。

③想办法不断增加自己成功的体验，寻找一些力所能及的事情作为试点，努力获取成功。如果第一次行动成功，增强了自信心，随着成功体验的积累，自卑心理就会被自信所取代。

④不断提高自己各方面的能力，拥有丰富的知识、技能、经验，具备良好的身体素质和心理素质，才能让自己充满自信。

(2)领导者应：

①为缺乏自信心的人营造一个宽松的氛围，多给他话语权。

②鼓励自信心较低的人敢于质询，鼓励他与人交流，鼓励他坚持自己的观点，鼓励他承担一定的责任。

③鼓励对自己能力有怀疑的人通过更多的实践来获得相应的知识、技能和经验，从而提高

自己的能力。

④正确评价缺乏自信心的人的实际能力，安排他去做适当的甚至是稍稍超出他的能力的工作，让缺乏自信心的人在成功面前感到喜悦和对自我的肯定。

⑤对缺乏自信心的人适时地给予切合实际的表扬与称赞，以及公正的评价，不要轻易地批评。

⑥鼓励自信心较低的人借鉴他人成功的经验，利用想象力提升自信，逐步建立真实可靠的自信。

任务六 缓解疲劳与压力

驾驶台资源管理6缓解疲劳与压力教学视频

学习目标

知识目标：掌握缓解疲劳与压力的方法。

能力目标：能遵守 STCW 规则减轻疲劳，能根据压力产生的原因采取合适的措施减轻压力。

素质目标：提高学生的责任心与抗压能力。

研究与统计表明，很多事故是由疲劳与压力对人体技能所产生的影响所致。

一、疲劳

疲劳又称疲乏，是主观上一种疲乏无力的不适感觉，是一种人的保护性生理反应。疲劳是由于工作时间过长、劳动强度过大、心理压力过重以及得不到足够的休息和睡眠而导致精疲力竭、学习或工作效率下降的一种现象。

1. 疲劳的分类

疲劳分很多种类，常见的疲劳分为生理疲劳和心理疲劳两类。

(1) 生理疲劳

生理疲劳，即肌肉疲劳。人在连续从事体力活动一定时间以后就会产生生理疲劳，这时在人体内发生了生理活动变化，分解代谢和合成代谢难以维持，肌肉收缩变弱，中枢神经系统产生抑制作用，全身感到精疲力竭，渴望休息或睡眠。

(2) 心理疲劳

心理疲劳，即精神疲劳。引起心理疲劳的主要原因有：工作单调，缺乏兴趣；困难较多；技能不熟练；劳动条件较差；人际关系紧张，精神负担重；不愉快；工作压力过大等。

2. 疲劳产生的原因

疲劳产生的原因有很多，易受到生理、心理及社会等因素的影响。对于船员来说，引起疲劳的主要原因是缺少睡眠，休息质量差，压力和工作量大。

3. 人对疲劳的反应

人对疲劳的主要反应在于：身体和头脑反应迟钝，缺少必要的警觉，健忘，不能很好地做出判断,难于决策;变得脾气暴躁、喜怒无常;注意力分散,意志薄弱,积极性降低,对身边的事无动于衷;处理事情缓慢,动作缺乏准确性甚至出现失误。

4. 疲劳可导致的后果

疲劳可导致以下后果:

(1)注意力不能集中,不能组织有效的活动。

(2)记忆力下降,遗忘某一项任务或任务的某一个部分,忽略连贯性工作程序中的一些步骤。

(3)决策能力降低,判断错误,为了节省精力常会选择一些具有高风险的工作策略。

(4)对非正常或紧急情况的反应迟钝,需要更长的时间对变化进行感知和反应。

(5)活动失去控制,不能保持清醒和自制,语言发生障碍。

(6)态度和行为发生改变,沉默寡语,沮丧,易发怒。

5. 疲劳对船员的影响

疲劳会对船员的工作产生不利的影响,干扰船员的注意力,降低船员身体和大脑的反应能力,影响船员做出各种合理决定的能力。

6. 减少船员疲劳的措施

(1)减少船员疲劳的最有效的方法是保证船员获得高质量、足够和有效的睡眠。

(2)睡眠是解决疲劳的最有效的策略。一个有效的睡眠必须同时具有以下三个条件:

①适当的持续时间。

每个人所需睡眠时间不尽相同,通常认为平均 7~8 h 是合适的。

②高质量的睡眠。

高质量的睡眠表现在保持睡眠处于深睡的状态中。

③较好的连续性,睡眠不应被打断。

实践证明,一个持续 7 h 的睡眠其效果胜于 7 个持续 1 h 的打盹。

(3)避免船员疲劳的另一有效方法是设法让船员得到足够的休息。除了睡眠以外,对于维持人体机能来说,休息或小睡也是必需的。研究证明,短暂的小睡作为短时间的缓解措施可以帮助人体在较长时间的清醒中保持身体机能。小睡最有效的时间是 20 min。也就是说,如果有机会就应该小睡。但是小睡也有某些缺点,一个潜在的危险是小睡如果长于 30 min,将会导致睡眠的惯性,而情境意识将会受到影响,醒来之后的 20 min 内将容易头昏眼花或迷失方向。小睡也可能会干扰后来的睡眠,导致应该睡眠时没有困意。

(4)根据人体生理节奏,人类正常的睡眠周期受体温节奏的控制。这种节奏在夜间会积极促进睡眠,在白天则会使人保持清醒。因此,夜间工作可能会使人更加疲劳,一个人较难在白天休息的时间里获得深度的睡眠,所以在同样长的时间里,人们在白天将会比在晚上获得更少的睡眠。此外,人在白天睡觉不踏实,容易受到嘈杂声、温度等因素的影响。显然,在管理过程中必须对这一因素予以考虑,从而缓解在特殊情况下因夜间作业而给船员带来的疲劳。

(5)强制性的规定。STCW 规则要求,为了防止疲劳,各主管机关应要求值班制度的安排能使所有人员的效率不致因疲劳而被削弱,并且班次的组织能使航次开始的第一班次及其后各班次均已休息,或者用其他办法使其适于值班。主管机关使公司、船长、轮机长和全体值班人员注意到 STCW 规则中应遵循的要求、原则和指南,以确保在所有海船上始终保持安全、连续并适合当时环境和条件的值班。

二、压力

压力是一种主观上的感受。压力是心理压力源和心理压力反应共同构成的一种认知和行为体验过程。

1. 压力源

压力的产生原因是复杂的,压力源就是指带来压力感受的事件或环境,包括:

(1)生物性压力源

生物性压力源指那些直接对人的身躯发生刺激作用而造成身心紧张状态的事件或环境,包括躯体疾病、创伤饥饿、睡眠剥夺、噪声、气温变化等。

(2)精神性压力源

精神性压力源指那些直接阻碍和破坏个体正常精神需求的内在事件和外在事件,包括心理冲突与挫折、不切实际的期望、不祥的预感、与工作责任有关的压力和紧张等。

(3)社会环境性压力源

社会环境性压力源指那些直接造成个人生活方式上的变化,并要求人们对其做出调整和适应的情境与事件,如重大社会变革、重大家庭变故、家庭长期矛盾、船上人际关系不适应问题等。

2. 压力过大带来的危害

适度的压力可以激励人进步,但如果压力过大,时间过长,就会给个人和团队带来危害。

(1)对个人的危害

①情绪:出现恐惧、焦虑、抑郁、烦躁、疲倦、消沉、紧张、缺乏兴趣等反应。

②身体:出现心跳加快、血压升高、肌肉紧张、大量出汗、口干、呼吸困难、胃肠功能紊乱、尿频等反应。

③健康:出现人体免疫力下降、头痛、偏头痛、睡眠紊乱以及胆固醇及肾上腺素增加等反应。

④精神:出现失去自信、忧虑、无助感、绝望感,甚至认知功能失调、思考困难、对工作不满、沮丧、易怒、失落等反应。

⑤行为:出现人际关系紧张、酗酒、吸毒、过度吸烟、语无伦次、工作失误频繁等反应。

⑥思维:出现难以做出决定、解决问题缺乏创造性、记忆力下降、反应迟钝、对批评过于敏感等反应。

(2)对团队的危害

①工作积极性明显降低;

②失误和事故明显增多;

③工作表现不稳定;

④人际关系紧张,团队成员之间或部门之间交流、沟通不畅;

⑤工作效率明显下降。

3. 压力与事故

压力与事故的发生是密切相关的,而且彼此互为因果。压力可以诱发事故,而事故的发生又会增加人的压力。

4. 船员减压措施

压力产生的原因不同，应对的措施也不尽相同。压力的产生不外乎生理的、心理的、认知的、人际关系的、社会的、文化的和制度上的原因等，只有找准产生的原因，采取适当的应对或减压措施才能做到有的放矢、对症下药。

为减轻船员来自生理、心理以及工作上的压力，可以采取以下应对措施：

(1)通过采取多种方法与措施引导船员正确对待工作压力，包括：学习和掌握心理学基础知识；在需要时寻求心理咨询和进行心理调适；展开文体娱乐性活动等。

(2)船员无论是在工作还是在生活上遇到什么困难和压力，都要加强与船舶领导和同事之间的沟通与交流，尤其是在遇到困难和情绪低落的时候，沟通与交流是排解压抑情绪，减轻心理压力的最好方式。

(3)船上人员应定期进行相应的专业技术培训，熟练地掌握相关知识和技能，减轻因不熟悉自己的工作和欠缺相关的知识和技能而带来的工作压力。

(4)公司应为每艘船舶配备足够的能够胜任其工作的合格船员，避免船员因在船上超期工作而导致的身体疲惫和精神懈怠。

(5)公司应尽可能为船员提供符合相关国际公约要求的舒适的生活和工作环境，以减轻船员在船工作期间因不良的生活和工作环境带来的身体不适或负面情绪。

(6)船员应学会管理好个人的时间，保证充足有效的睡眠，减轻因疲劳而产生的生理不适。

(7)船上的工作程序应尽可能个性化，每一项工作都应按照标准的程序进行。船员个人即使在紧张的工作中也要注意用积极和愉悦的心态来减轻自己的压力。

(8)船员应对船上存在的潜在的压力局面有充分的了解并做好必要的心理准备。复杂的操作一定要采取团队协作的方式，不要把所有的责任和担子加于一人身上。

(9)船舶管理人员要对船员进行有关压力知识的培训，并能够进行适当的心理咨询。

任务七 执行船舶计划

驾驶台资源管理7执行船舶计划教学视频

学习目标

知识目标：掌握制订船舶计划的具体步骤，掌握船舶计划的执行要求。

能力目标：能制订并执行有效的船舶计划。

素质目标：培养学生规则意识，提高执行力。

计划可以使工作有明确的目标和具体的步骤，可以协调大家的行动，增强员工的主动性，减少盲目性，使工作有条不紊地进行。同时，计划本身又是对工作进度和质量的考核标准，对工作有较强的约束和督促作用。所以计划对工作既有指导作用，又有推动作用。

一、计划的制订

1. 计划的定义

计划是为进行某事或制作某物而事先制订的一些详细的方法。合理的计划可以确保组织按照行动的需要分配资源,组织成员按照规定的程序开展自己的工作,检测工作进程是否实现组织目标,以便在未能达到上述要求时及时采取改进措施。

从时间的角度而言,计划可分为短期计划和长期计划。短期计划常用于确定如何分配组织资源来帮助组织实现战略目标;长期计划常作为战略计划来确定整个组织的主要远景目标以及促进这些远景目标实现所需要的方针。计划从形式上可分为单项计划和标准计划。标准计划的常见形式是方针、程序和规章制度。

2. 计划的特点

(1)预见性

预见性是计划最明显的特点之一。计划不是对已有状况的描述,而是在行动之前对任务、目标、方法、措施所做出的预见性确认。但这种预想不是盲目的、空想的,而是以有关规定和指示为指导,以实际条件为基础,以过去的成绩和问题为依据,在对今后的发展做出科学预测之后做出的。可以说,预见是否准确决定了计划的成败。

(2)针对性

计划是根据有关方针政策、工作安排和指示精神而制订,针对各种任务、主观条件和相应能力而制订的。总之,从实际出发制订出来的计划,才是有意义、有价值的计划。

(3)可行性

可行性是和预见性、针对性紧密联系在一起的。预见准确、针对性强的计划,在现实中才真正可行。如果目标定得过高,措施无力实施,这个计划就是空中楼阁;反之,目标定得过低,措施方法都没有创建性,虽然容易实现,但不能取得有价值的成就,也算不上有可行性。

(4)约束性

计划一经通过、批准或认定,在其所指向的范围内就具有了约束作用,在这一范围内无论是集体还是个人都必须按计划的内容开展工作和活动,不得违背和拖延。

3. 计划的制订

计划的基本过程可分为四个阶段:确立远景目标、分析当前形势、分析影响远景目标实现的有利和不利因素,以及制定实现远景目标的方案。

远景目标为组织的行为规定了基本方向,由组织的目的、任务、目标和战略四部分组成。

组织的目的是在其行为过程中要达到的成果。组织的任务是指能使其与同类组织区分开来的主要的和特有的目标,是组织为自己确定的最基本的目标。组织的目标是指完成任务所必须达到的各种指标。组织的战略是达到组织目标和完成组织任务的基本原则。

以驾驶台团队为例:团队的目的是保证船舶安全和高效营运;任务是按照计划航线操纵船舶;基本目标是航线上的每一航段有各自应达到的目标,包括既定航速、最大许可偏航距离和预计到达转向点的时间;战略是开航前应该搜集哪些信息、应使用哪种定位方式、怎样改善船舶的操纵性能。

4. 船舶计划

船舶计划包括船舶航行计划、船舶应急计划、偶发事件计划、船舶维护保养计划、船上船员培训计划等。船舶航行计划(引航站到引航站)也称航次计划,是指船舶在航行前,根据起始港到目的港的路程、所经海域、航道、沿途天气状况、航路指南和航行警告等信息制定的最合适航路。船舶应急计划是为了保证航行安全,船舶进入或临近进入某种事故或紧急状况时所采取的应对措施和行动。偶发事件计划是为了在某种过程中遇到的事先难以预料、出现频率较低,但必须迅速做出处理的事件,比如联系不上引航员、临时更改锚地、变更泊位等事件而采取的应对措施和行动。船舶维护保养计划是指为了船舶正常航行和装卸货,对船舶设备进行定期的维护保养行动。船上船员培训计划是对在船实习生和新到船的交接船员进行船舶设备使用的说明和航海经验的讲解。

下文以船舶航行计划为例,介绍计划的准备、制订的步骤。

(1)航行计划的准备

图书资料的准备:航用海图(总图、航行图、港湾图)以及参考用图(罗兰、航路设计图、大圆海图、空白图);世界大洋航路、航路设计图和引航图;航路指南;灯标和雾号表、航标表、潮汐表;船舶定线;航海图书目录;无线电信号表;气候资料;载重线图;电子导航系统手册;无线电和区域性航行警告;船舶吃水;航海通告、航海通告年度摘要;进港指南、世界港口资料;航海天文历、天体高度方位表;航海员手册;海里表;港口里程表;国际信号规则;船东和其他资料。

船长对航行计划负全面责任,并充分考虑气象条件和洋流、潮汐的影响,亲自制订航行计划并责成一名驾驶员(通常为二副)来设计航线;轮机长应确保船舶有充足的燃料油、润滑油;大副应确保食品、淡水可以完成整个航次,并确保货物在运输途中的安全;二副应确保航海仪器在开航前完好,航海图书资料齐全有效;三副应确保救生、消防设备在开航前完好,并处于随时可用状态。

(2)航行计划的制订

制订航行计划考虑的因素有:

①航行环境;

②航线附近海图资料的充分性和可靠性;

③助航设施的可用性和有效性,包括沿线可供船舶定位的陆标、灯塔和显著物标;

④由船舶自身造成的对航线的限制,例如吃水和货物的积载;

⑤密集通航区;

⑥天气预报及对流、潮汐、风、涌浪和能见度的情况的估算;

⑦向岸流可能发生的水域;

⑧需额外工作的船舶操纵,如洗舱或引航员登船;

⑨船舶定线制度和报告制度的各种规定;

⑩使用船舶推进系统和操舵系统的可能性。

5. 航行计划制订的注意事项

无论航行计划设计得多么严密,还是有可能由于环境的变化而不得不放弃原来的航行计划的情形出现。在制订航行计划时应考虑出现应急情况和由于环境条件的变化而出现的中断计划、应急计划的相关内容。

(1)中断计划

航行计划决定中断的理由随环境的变化而变化,中断计划的理由包括下列情况:

①偏离进港航线;

②主机失灵或故障；

③仪器失灵或故障；

④无可用拖船或泊位；

⑤沿岸或港口有危险情况存在；

⑥任何表明不能安全航行的情形；

⑦其他偶发事件等。

(2)应急计划

船舶在中断航行计划后，还有可能需采取应急行动，在计划阶段就应做出应急计划并清晰地标示在海图上，以使驾驶员不必花时间去谋划要采取的行动。应急计划应包括：

①可选择的航线；

②安全锚地；

③等待区域；

④应急泊位。

二、计划的执行

1. 用于执行计划的策略

①预计潮水时间；

②预计抵达时间；

③交通状况；

④潮流；

⑤计划修正。

2. 航行计划的监控

航行计划的监控就是确保船舶沿计划航线行驶，这也是值班驾驶员的主要职责。监控方法包括：

①定位；

②横向偏航误差；

③瞭望；

④观测。

任务八 船舶应急

驾驶台资源管理8船舶应急教学视频

学习目标

知识目标：掌握船舶应变的基本原则，掌握应急反应的程序，掌握偶发事件的应变原则。

能力目标：能根据程序实施应变。

素质目标：提高学生随机应变的能力。

IMO 制定了《船上紧急情况应急计划整体系统构成指南》并于 1997 年 11 月 27 日通过，该指南为船上紧急情况下的应变计划整体系统的采用提供了指导，其主要目的为：

(1)利用整体系统的构成帮助公司将规则要求转化成行动要求；

(2)将有关船上的紧急情况融进这一系统中；

(3)帮助编制协调的应急计划，使船上人员接受，并在紧急情况下使计划得到正确实施；

(4)为取得一致，鼓励各国政府采用整体系统的结构制订各种船上应变计划。

一、船舶应变的基本原则

船舶应变是指船舶进入或临近进入某种事故或紧急状态时所采取的应对措施和行动的活动过程。船舶应变的目的是使海上人命、财产及海洋环境摆脱或远离事故危险，尽快恢复安全状态。

1. 立即行动

任何事故的最初时刻都是决定性的。发现事故的船员如果能及时采取适当而有效的行动，可以在很大程度上减少事故的损失。

2. 报警

发出遇险警报是重新控制局面的重要前提。绝不能等到局面变得极端危险时才通知他人，要及早请求帮助，哪怕事后证明是没必要的，也要报警。

3. 应变部署

按照 ISM 规则的有关规定，对船上可能出现的紧急情况，船公司应当建立标明、阐述和反应的程序，在制定船舶应变部署时应当考虑下列内容：

①船上的职责分工；

②为重新控制局面应采取的行动；

③船上使用的通信方法；

④向第三方请求援助的程序；

⑤通知公司及向有关当局报告的程序；

⑥保持船岸的通信畅通；

⑦处理与媒体或其他外部单位关系的程序。

船公司应根据不同船舶种类、结构、设备和航行性质制订包括但不限于下列紧急情况的应急计划：结构损坏、主机失灵、舵机失灵、断电、碰撞、搁浅、货物移位、货物泄漏或污染、火灾、货物抛弃、大量进水、弃船、人员落水/搜救、进入封闭空间、严重受伤、暴力或海盗行为、直升机操作及恶劣天气损害。

如果船上所发生的险情未被上述已列明的情况包括，船长应及时召集驾驶台团队成员针对当时情况的特点，制订应变计划，其中包括：

①确认险情；

②制订相应的应变计划；

③向驾驶台团队成员通报应变计划并征求意见；

④就经商讨后的最终计划达成一致意见；

⑤监督最终计划的实施。

4. 培训和演习

所有船员在上船任职前应接受有关个人求生技能方面的熟悉培训并获得充分的相关资料和信息。上船后，船员应及时熟悉工作环境、操作程序和设备分布。船长还应该按照船舶年度演习计划和年度培训计划完成符合规定的培训和演习。成功的船舶应变措施必须具备四个基本条件：

①训练有素的人员；

②完备的应急设施和器材，符合规范的船体结构；

③高效率的应急预案；

④正确果断的指挥和组织，良好的团队协同和配合。

通常，船舶应急按性质可分为消防、救生、堵漏和防污。根据 ISM 规则的强制性规定，航运公司和船舶应对船上可能发生的各种紧急情况做好应急准备，建立应急反应程序，制定应急行动的训练和演习规定，以确保在船舶发生各种紧急情况时相关人员能迅速、有效地采取各种应急措施，最大限度地控制险情，减少损失。

二、应急反应程序

公司建立的应急程序通常通过 SMS 体系中的“船上应急手册”体现出来，“船上应急手册”是船上应急程序的集合，是船上应急反应的依据。

1. 火灾/爆炸反应程序（fire/exploding response procedure）

（1）船员发现火灾，应立即发出消防警报（警铃或汽笛短声，连续 1 min），并报告驾驶台值班驾驶员、船长，船长立即上驾驶台指挥；一水按《避碰规则》的规定显示号灯、号型。

（2）全体船员（除固定值班人员外）听到警报信号后，应按“应变部署表”的分工，携带规定的消防器材迅速赶到现场，按分编四队（消防队、救护队、隔离队和机动队）集合待命，并做好灭火的一切准备工作。

（3）现场指挥大副应率领消防和隔离队长，迅速弄清火情部位、火种性质、火情和趋势，以及火情部位周围的有关物品等，立即报告船长并确定施救方案，指挥各队人员投入扑救；船长和大副还应根据火情发展，及时组织力量和调整部署。

（4）消防队应在队长、三副和水手长的领导下，直接赶赴现场灭火，该队可根据不同性质的器材划分若干小组，如负责 CO_2 站和蒸汽灭火系统小组、负责水灭火系统小组、负责手提灭火系统小组等；在灭火中若某类器材不适用，可将该组人员充实到其他各组执行任务。

（5）隔离队应在队长和机工长的领导下，根据火情关闭门窗、舱口、风斗、孔道等；并截断局部电路和油路以及隔离燃烧物质；冷却火区边界和检查相毗连的舱室是否有危险货物或易燃、易爆物质。隔离队应从速隔离，防止火势蔓延。

（6）救护队应在队长、事务长的领导下，维持现场秩序，负责传令通信和救护伤员。

（7）机舱值班人员在轮机长的领导下，应尽快启动甲板水泵等及时供水，并提供其他应急服务，确保主机、辅机和电机设备等完好运行；当机舱失火时，其风险程度很大，轮机长应现场指挥，应率领机舱船员确定施救方案，在大副和消防队的积极配合下，首先使用有效灭火设备或消防水灭火；若无法扑灭，使用固定的 CO_2 系统或蒸汽灭火系统灭火，因为用固定灭火系统将会导致船舶失去机动性能。

(8)若甲板失火时,其潜在危险性很大,在航行中船长应操纵船舶,使火区处于下风方向;若必要的话应停止前进,以减少甲板上的气流和防止火势的蔓延,以保护居住舱室和机舱间的安全;在停泊中还应将所有货舱口关闭妥当,以防止进水,影响船舶的稳性和安全;若有可能,应转移邻近区域的易燃、易爆物质和危险货物,以免引起火势蔓延和爆炸。

(9)若居住舱室失火,可通过烟雾探测器探测失火舱室的部位,并及时了解防火舱壁的位置和关闭自动防火门,以遏制火势和防止火势蔓延;同时使用有效灭火试剂或消防水龙扑灭火灾。

(10)若货舱失火时,由于货物的影响,可能难以进入货舱内的失火点,唯一可选择的灭火手段是使用固定灭火系统;应立即停止通风,撤离舱内人员,并及时关闭货舱口,尽量隔绝或减少空气流通;按现场指挥的命令,正确地启闭各路阀门,合理地施放 CO_2 灭火系统或蒸汽灭火系统,扑灭火灾。

(11)船舶在港发生火灾,应立即通知当地消防部门,当有外援灭火时应向外援人员详细介绍火场情况,并予以积极配合,共同扑灭火灾;还应立即停止装卸作业,视情做好拖带出港准备,并令机舱备妥主机待命。

(12)灭火工作一经完成,即应进行常规检查,尤其应核查着火点,防止"死灰复燃",只有当确认无复燃可能后,施救人员才可撤离现场。

(13)火灾中若遇人员伤亡或造成环境污染,应按相应程序处理。

(14)若火灾引起爆炸,经抢救确属无效时,可宣布弃船,应按弃船程序处理。

(15)二副和大副应将起火时间、部位、原因、灭火经过、火势受控、扑灭时间、货物受损程度、船体及机器设备损伤情况,谨慎、详细地记入航海日志。

(16)船长应按相关报告程序,向公司和有关当局报告。

2. 船舶碰撞反应程序(collision response procedure)

(1)当船舶处于紧迫局面时,为了保证人命安全、减小损害风险和可能的环境污染,值班驾驶员应采取下列有效行动,并立即报告船长。

①应立即采取正确行动操纵船舶,尽量利用主机、舵机、侧推器和锚设备等减轻碰撞的后果;

②密切守听 VHF(16 频道)和其他适用的工作频道;

③必须立即通知船长和机舱,并发出紧急警报信号;

④关闭所有的水密门窗和自动防火门;

⑤召集全体船员准备,控制损害。

(2)若在船舶碰撞中发生火灾或进水,应按火灾或进水程序有效控制局势。

(3)船长和政委应督促现场指挥大副,领导船员进行损害检验,立即派木匠测量各污水沟、压载舱和淡水舱位,并通知机舱测量油舱油位,迅速测定被损部位的情况,并应随时将损害和污染的程度报告船长。

(4)轮机长应负责机舱内的损害,对主机、辅机、舵机等机舱设备的损害做出估计和抢修,并报告船长;按指示在舱柜之间转移燃油和压舱水等工作,并提供船舶有关电力和辅助机械等方面的各项服务。

(5)船长应根据大副和轮机长的报告,采取行动维持船舶安全状况,减小损害和污染的程度;若发生人员受伤,应按急救程序,进行有效抢救。

(6)当一船撞入他船船体时,船长应视情采取慢车顶推或倒车退出等措施;若被撞船处于危急状态,则在不严重危及本船安全的情况下,应尽力提供合理的援助,包括救助对方船员或协助被撞船舶抢滩等。

(7)被撞船则应采取减速或停船措施,以利两船保持撞击咬合状态,并尽力操纵船舶使破损位置处于下风侧,以减少波浪冲击和进水量,利于实施堵漏作业。

(8)船舶碰撞双方应完成交换有关船名、呼号、船籍港、船舶登记编号和出发港/目的港等情况;船长还应交给对方船长一份"碰撞责任确认书",要求对方船长签字并盖船舶公章。

(9)对方船长要求本公司船长签署"碰撞责任确认书"时,船长应当详细地斟酌其内容,并明确地批注"仅限收讫"或"此签字并不表明承认我方的责任"。

(10)船长应指示值班驾驶员做好详细记录,并保存好原来的海图作业和相关海图,酌情记好航海日志,以便于海事的调查处理;船长还应尽力收集证据、证词,并应在取证中对另一方所受损害,做出一份详细报告。

(11)若情况紧急,船长有权请求第三方的救助,并按请求第三方救助程序处理。若碰撞损害严重,且确属无力抢救时,船长可决定弃船,应按弃船程序处理。

(12)船长应按相关报告程序向公司和有关当局报告。

3. 搁浅/触礁反应程序(grounding/stranding response procedure)

(1)当船舶即将搁浅/触礁时,值班驾驶员应立即采取主机停车措施,并在搁浅/触礁前抛下左、右双锚,双锚不仅能起锚泊装置的作用,还可帮助自力脱浅。

(2)船舶搁浅/触礁后,应立即报告船长,并上驾驶台指挥,一水应按《国际信号规则》《避碰规则》的规定及时悬挂号灯、号型;并同时发出紧急警报信号。

(3)大副和抢险队应指挥木匠测量船舶内部舱柜(淡水舱、油舱、压载舱、污水沟等液面高度),进行损害的估计和控制损害工作,并应随时将损害形势和油污染情况告知船长。

(4)二副应在驾驶台协助船长测定船位和检查船舶搁浅/触礁的位置,并估计船舶的吃水和计算潮水情况等,以对将采取的脱浅行动做判定,同时维持船舶的安全状况。

(5)三副应负责记录船舶六面水尺,测量船边四周水深,尤其是船尾方向水深。

(6)轮机长应负责检查机舱内的主机、舵机和辅助机械的损害,并做出估计告知船长;同时根据需要换接上海水吸收阀,以防被搅起的淤泥和沙子吸入机械设备里;必要时应备妥主机。

(7)船长应根据各方反馈的信息,并结合外界的风流和潮汐情况,进行综合分析和估算自力脱浅所需拉力,最后决定应采取的应急行动,使船重新起浮或保证安全状况。

(8)若船舶在低潮时搁浅/触礁,船长应指挥全船积极采取调整前后吃水、减少压载水或淡水、转移燃油或压载水、转移部分货物或物料等起浮措施,在下一高潮到来前做好一切起浮准备,并运用本船主机和锚设备进行自力脱浅。必要时还可视情抛弃或卸载部分货物和物料等进行脱浅。

(9)船舶发生搁浅/触礁后,当船舶或人员遭受严重威胁,只有采取抛货才能控制损失时,船长应立即报告公司,听取公司的指示;当情况紧急来不及请示时,可先采取抛货的措施,然后将抛货情况报告公司,并通过代理及时宣布共同海损,还应通知货主或代理人。

(10)值班驾驶员应详细记录船舶搁浅/触礁的下列情况:

①船位(纬度/经度);

②搁浅地点(概况)和时间;

③搁浅底质;

④搁浅时的潮水情况;

⑤涨潮和落潮;

⑥风和浪的情况;

⑦搁浅前的船舶吃水;

⑧搁浅时的艏、舯、艉吃水和当时潮水水位情况;

⑨测量艏、舯、艉及其左、右舷的水深和当时的潮水和水位情况;

⑩船舶压载水舱、淡水舱、机舱、货舱、空舱间的漏水情况,并说明船上的水泵是否正在控制水的进入。

4. 船体破损、进水反应程序(structural failure/flooding response procedure)

(1)碰撞、触礁、搁浅或武器攻击等原因,都可能造成船舶破损进水;当发现船舶漏损进水时,应立即发出堵漏警报(警铃或汽笛二长一短声,连放 1 min)并报告船长上驾驶台指挥,一水应按《国际信号规则》《避碰规则》的规定显示号灯、号型。

(2)全体船员(除固定值班人员外)听到警报信号后,应按“货船应变部署表”的分工,携带规定堵漏器材,迅速赶赴现场,按分编四队(堵漏队、排水队、隔离队和救护队)集合待命,并做好堵漏的一切准备工作。

(3)现场指挥大副应率领堵漏队和隔离队的队长,迅速查明漏损部位、损坏情况和进水量等,立即报告船长并确定施救方案,指挥各队人员投入扑救;船长和大副还应根据漏损情况的发展,及时组织力量和调整部署。

(4)船舶发生漏损后,船长应通知机舱备车,立即采取停车或减速措施,以减少水流和波浪对船体冲击;若已知漏损部分,应用车舵配合将漏损部位置于下风侧,减少进水量。

(5)迅速派木匠测量各污水沟、压载水舱和淡水舱的水位,通知机舱测量油舱油位,迅速测定破洞的位置、大小及进水情况;寻找漏损部位的方法除测量水位外,还可倾听各空气管内的水声、观察船旁水面有无气泡(记下冒泡的肋骨编号)、在舱内听声或目测漏损部位。

(6)堵漏队应在队长和三管轮的领导下,直接担负堵漏和抢修任务,采取并实施行之有效的堵漏措施。

(7)隔离队应在队长和轮助的领导下,负责关闭水密门、导门、隔舱门、门窗等,必要时加固邻近舱壁。

(8)排水队应在轮机长的领导下,由机舱固定值班人员进行,接到通知后应利用所有水泵(包括便携式救助水泵)组织全力排水;另外,根据情况需要,可用注入、排水和移驳压载水的办法,保持船体平衡。

(9)救护队应在队长的领导下,负责维持现场秩序、传令通信和救护伤员。

(10)指派木匠定时量水,并派专人不断观察和记录前后吃水和干舷高度变化,正确计算进水量和排水量之差,充分估计险情的发展和大量进水对船舶稳性的影响;若进水严重,必要时可选择适当的浅滩进行抢滩。

(11)若情况紧急,船长有权请求第三方的援助,按请求第三方援助程序处理;若漏损严重,堵漏无效且确属无力抢救时,船长可决定弃船,按弃船程序处理。

(12)船长应指示值班驾驶员做好详细记录,酌情填写航海日记;船长还应按相关报告程序向公司和有关当局报告。

5. 恶劣天气损害反应程序(heavy weather damage response procedure)

(1)每艘船舶的船长若遇有下列情况之一时,均有责任自行采取一切措施,将此情报通知附近各船,及能与之通信的最近岸上主管当局(这种电文应冠以安全信号 TTT):

①遇到危险的冰、漂浮物或其他任何影响航行的直接危险;

②热带风暴(即飓风、台风、旋风及其他风等);

③遇到伴随强风的低于冰点的气流,致使上层建筑严重积聚冰块;

④未曾收到风暴而遇到蒲氏风级10级或10级以上风力时。

(2)船舶遭遇自然灾害和恶劣天气,应及时收听当地及附近气象台发布的天气预报和海浪预报。

(3)船长应综合分析天气情况做出判断,及时调整航向、航速,以减轻恶劣天气对船舶的损害,并果断采取措施驶离自然灾害中心;必要时可改变航线,采取斜顶风或滞航方法或驶入避风港锚泊。在大风浪中调头应谨慎进行。

(4)轮机长应在机舱指挥,确保主辅机和舵机的正常运转。还应安排轮机员根据船长的指示,将各水舱及燃油舱尽可能地注满或抽空,以减少自由液面,确保稳性要求。

(5)大副应安排水手检查并关闭所有水密门窗,以保证水密和排水畅通,并安排人员绑扎加固活动物体和重大货物。

(6)航行在台风区的船舶,首先应根据台风预报判断台风中心的位置及其移动方向,并根据风向变化确定本船所处台风区的部位(危险半圆、可航半圆或台风进路上),以便在不同情况下采取最合适的避离措施。

(7)恶劣天气造成的搁浅、碰撞、火灾等事故,应按上述各节相应的程序处理。若遇货损,船长应及时填写航海日志和写妥“海事声明”。

(8)在恶劣天气下,发生操纵能力丧失的紧急情况时,应立即采取漂滞措施,船舶在漂滞中,受波浪的冲击力大为减小,甲板上浪不多,但因船体向下风有一定的漂移速度,故在下风侧必须留有较为宽阔水域,同时还应采取措施,避免陷入横风浪,尽可能保持船首顶浪。

(9)在恶劣天气下于狭水道、进出港航行时,若船舶丧失操纵能力,船长应立即要求港口指派拖船协作,使船舶驶抵安全水域抛锚;值班驾驶员和水手应加强瞭望,并应使用 VHF 发布通告,提醒来往船舶注意,还应及时按《国际信号规则》《避碰规则》的规定,显示号灯、号型。

(10)在恶劣天气下,船舶在海上或狭水道航行发生丧失操纵能力的情况时,应组织船员奋力抢修,并按相关报告程序向公司和有关当局报告和联系。

6. 弃船反应程序(abandon ship response procedure)

(1)当船舶发生海上事故,经积极抢救无效,事态恶化,确已无法保全船舶,并迅速危及船上人员的生命安全时,船长经周密和慎重考虑后,可做出弃船决定;若情况允许,船长应电告公司请示。

(2)船长应立即发出弃船警报(警铃或汽笛七短一长,鸣放1 min),全体船员听到弃船警报信号后,除“途中固定值班人员”外,都应立即穿着救生衣,按“货船应变部署表”规定的职责,赶赴甲板做好放艇准备工作,待命放艇。

(3)无线电报务员在弃船警报发出后,仍应在电台坚持通信,直至发出船舶遇险电文,同时做好弃船准备工作;当接到船长通知后,携带电台日志和执照以及艇用应急电台等撤离大船。

(4)机舱固定值班人员在弃船警报发出后,在轮机长的领导下仍应坚守岗位,按令操作,在得到完车通知后,抓紧做好锅炉熄火放气,关停主机、辅机、发电机等一切运转中的机械设备,关闭所有油舱(柜)管系的阀门,关闭海底阀和各应急遥控装置等弃船安全防护工作,当接到船长通知或两次完车信号后,携带轮机日志等规定物品撤离机舱。

(5)驾驶台值班人员在弃船警报发出后,应降下国旗并携带下艇、投放卫星应急无线电示位标和堵塞油舱(柜)通气孔,防止溢油;并携带航海日志、车钟记录簿、出事地点及附近有关海图、船舶证书、机密文件、雷达应答器、救生圈、望远镜、手持式无线电对讲器、货运单证和船具目录等撤离大船。

(6)事务部在事务长的率领下,携带现金、账册、保暖大衣、毛毯和食品撤离大船。

(7)当船长下达放艇命令后,放艇人员将艇迅速放至水面,在登艇前船长应向艇筏负责人布置下列事项:

①本船遇险地点;

②发出的遇险求救信号是否有回答;

③可能遇救的时间和地点;

④驶往最近陆地或交通线的航向、距离;

⑤其他有关指示。

(8)全体船员应在船长、政委的统一指挥下登上救生工具,船长检查全船无人员后,最后离船;离船后船长对全体人员仍有指挥责任。

(9)救生艇筏放置水面后,应迅速离开遇险船,在约 200 m 外集合,观察遇险船是否沉没。若遇险船未沉没,船员可以再次登船抢救受损船舶。

(10)为了增加成功获救的可能性,还可将所有的救生艇筏停靠在一起,并接近船舶最后一次发出的遇险信号的位置,应急无线电示位标应发射信号,并保持与救生艇筏在一起。

(11)船长应指示值班驾驶员做好详细的弃船记录,酌情填写航海日志;船长还应按相关报告程序,向公司和有关当局报告。

(12)弃船决定应在合理的时间内做出,若情况许可,弃船的时间应安排在最有利的情况之时,例如白天或有其他可以援救的船舶经过时。

7. 人员落水反应程序(man over board response procedure)

(1)发现船员落水时,在船员落水一舷,抛出驾驶台侧翼处带有自亮灯和烟雾信号的救生圈,并派出配备有望远镜的瞭望人员,密切注意以救生圈为搜寻基点周围的情况。

(2)应立即确定出人员落水概位和发出有人落水警报(警铃或汽笛三长声,鸣放 1 min),必要时可重复发出,以通知全体船员和附近船舶采取"有人落水应变部署",营救落水人员;通知船长上驾驶台指挥和机舱备车。

(3)航行中值班驾驶员应立即停车,并向人落水一舷操满舵,摆开船尾,防止车叶触及落水者;采取适合当时情况的恰当操纵方法接近落水者:

①若发现有人落水,即应立即行动,可采用"单旋回操纵方法";

②若经过一定延迟后开始行动,即称"延迟行动",可采用"威廉逊旋回操纵方法";

③若发现人员失踪后再报告驾驶台采取行动,即称"人员失踪",可采用"史乔那旋回操纵方法"。

(4)按“货船应变部署表”分工，集合营救艇船员（由大副、大管轮、水手长和两名普通船员组成）；所有船员都必须熟悉发动机操作和实际操艇技术，并且都应穿上浸没式救生衣和为落水者带上一件备用救生衣；按分工施放艇筏救助。

(5)在有盛行风天气情况下放/收营救艇时，应操纵船舶接近落水者上风侧，放下本船下风舷救生艇，操纵救生艇至落水者下风处，接近并救起落水者。

(6)医生应做好急救准备，根据具体情况进行急救。

(7)当发现人员失踪，并确定该人员已不在船上，船长必须准确无误地判定该人员落水的时间，计算出落水者的位置，并以此为搜寻基点，随后船舶应开往搜寻基点，按“商船搜寻救助手册”的搜寻方式进行搜救；还应用无线电向该地区救助协调中心和所有其他合适的电台发出“人员落水”警报；还应按相关报告程序向公司和有关当局报告。

此外，还有船舶走锚、搜寻与救助、主机失灵、舵机失灵、电源损坏、机舱事故、船上油污、货物移动、抛货、危险货物、战区遇险、暴力或海盗行为、医疗急救、进入封闭场所、直升机操作、请求第三方援助、向公司和有关当局报告等应急程序，不在此处一一列举。

三、船舶偶发事件

1. 偶发事件的定义

偶发事件是指在某一过程中遇到的事先难以预料、出现频率较低，但必须迅速做出处理的事件。

2. 偶发事件的主要成因

偶发事件的主要成因包括天灾、外来干扰、人际关系冲突、恶作剧、违法行为、感情障碍、性格异常等。

3. 偶发事件的特点

偶发事件的特点为偶然性、突发性和紧迫性。

4. 船舶的偶发事件

船舶的偶发事件种类繁多，如果处理不当，将演变成船舶事故，给航行安全和生命、财产安全带来危害。其主要表现为：

(1)港口拥挤，联系不上引航员、拖船而造成延误，或引航员改变上船地点；

(2)通航拥挤；

(3)船舶设备故障；

(4)改驶新的目的地，改变锚地或泊位等；

(5)因能见度下降而减速，导致不能及时到达；

(6)恶劣天气需寻找庇护地；

(7)船舶因岸上紧急情况需立即驶离等。

5. 船舶偶发事件的应变原则

(1)建立处理这些偶发事件的计划和程序；

(2)考虑船上可利用的资源；

(3)建立确保计划和程序得以执行的核对表；

(4)熟悉偶发事件的处理计划和程序，并对船舶相关人员进行培训、演习和训练，以保证人员做好准备。

任务九 驾驶台资源管理案例分析

学习目标

知识目标：掌握驾驶台资源管理案例分析的方法。
能力目标：能对驾驶台资源管理案例进行初步分析。
素质目标：提高学生的逻辑思维能力。

一、驾驶台资源管理案例分析概述

案例分析是专业技术学习和业务培训中的重要内容。在现代管理原理与知识的学习过程中，对一些典型案例进行分析是促进学习和提高教学质量的有效方法。

1. 目的

驾驶台资源管理案例分析的目的在于更好地学习、理解驾驶台资源管理的原理、知识与方法，进一步树立自己在驾驶资源管理方面的正确理念，掌握现代管理知识在驾驶台资源管理方面的应用方法。

2. 方法

(1)船舶资源案例分析与其他类型的事故分析有很大的不同，主要是从船舶资源的控制、管理、协调和组织的角度，查找事故发生的原因，而不是从船舶操纵的技术性层面去分析存在的问题和原因。

(2)在进行初步资源管理案例分析时，应认真利用比对分析方法分析案例中相关人员的下列方面：

①工作态度和情境意识；
②文化意识与文化差异；
③相互之间的沟通方式；
④质询与回应情况；
⑤个人权威与自信以及适度平衡情况；
⑥与团队其他成员的协作；
⑦对船舶各种资源的管理、利用与协调；
⑧决策与领导力；
⑨对压力与疲劳的处理；
⑩对船舶应急情况的掌握以及危机管理技巧等。

(3)在全面了解案例情况的基础上，将事故原因中涉及人的因素与失误的内容逐项与上面列出的内容加以对照分析，从而得到案例中所存在的相关船舶资源方面的问题以及产生的原因。

(4)在找出的相关驾驶资源管理方面的问题与原因的基础上，通过进一步的分析与研究，探讨如何防止类似案例发生的具体方法与措施。

3. 在分析时应注意的事项

驾驶台资源管理案例分析是一项综合性分析工作，在进行分析时应注意以下各点：

(1)首先应寻找和分析在事故发生和发展过程中与人有关的因素(重点是人的失误)，以及这些因素(失误)与后果之间的关系。

(2)在事故发生过程中，从人的有关因素中找到失误链存在和形成的原因，包括相关人员中所具有的任何对安全产生危害影响的想法和行为。

(3)在案例分析过程中，可分析案例中是否存在以下问题：

①未能布置好任务和落实责任；

②未能处理好工作的先后顺序；

③未能对过程加以有效的监督；

④未能充分利用已有的数据、资料和设备；

⑤未能认真地进行有效的交流和沟通；

⑥未能及时地发现和质疑存在的问题；

⑦未能认真做好计划和执行计划；

⑧未能严格执行和遵守操作程序；

⑨未能切实保证船员的基本休息时间；

⑩未能调节船员的工作压力等。

(4)应尽可能地对案例进行较为系统的分析，不要过于注意细小的技术性问题，而要着重分析和查找驾驶台资源管理中存在的具体问题。

(5)在案例分析的基础上，结合自己所学的驾驶台资源管理原理与知识，总结出日后防止类似事故发生的方法与措施。

项目十一

用视觉信号发出和接收信息

☞[项目描述]

STCW 规则明确要求船舶负责航行值班的驾驶员应能用视觉发出和接收信息,具备用莫尔斯灯光收发信息的能力及使用《国际信号规则》的能力。视觉信号通信是在视距范围内的通信,包括灯光通信、旗号通信、手臂或手旗通信。本项目要求学生在模拟器上进行情境模拟,完成利用莫尔斯灯光收发信息训练,完成旗号通信训练;现场完成手旗通信训练。

任务一 认识信号设备及国际信号规则组成

视觉信号收发1 国际信号规则 教学视频

学习目标

知识目标：掌握船舶视觉信号设备的配备和保养要求，掌握《国际信号规则》的制定目的和内容。

能力目标：能根据船舶大小配备相应的信号设备，能正确保养信号设备。

素质目标：提高学生的沟通技巧，提高其在非母语环境下的适应能力。

一、船舶信号设备及配备

1. 手旗

一种是字母“O”手旗，一种是字母“P”手旗。这两种不同颜色的手旗可依据通信时的不同背景选用。能见距离为 1～3 n mile。

2. 信号旗

信号旗用红、黄、白、黑、蓝五种不同颜色的旗纱制成，有字母旗 26 面、数字旗 10 面、代用旗 3 面、回答旗 1 面，1 套共有 40 面。信号旗类型如表 11-1-1 所示，信号旗规格如表 11-1-1 所示，信息旗配备数量如表 11-1-2 所示。

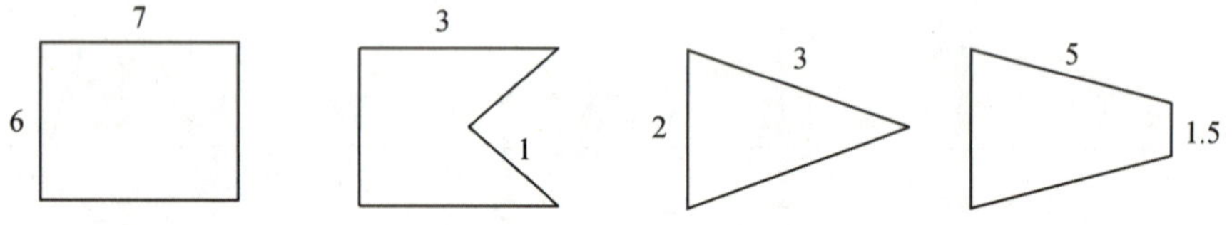

(a)长方旗　(b)燕尾旗　(c)三角旗　(d)梯形旗

图 11-1-1　信号旗类型

表 11-1-1　信号旗规格表

号数	长方旗		燕尾旗		三角旗		梯形旗		
	长 (cm)	宽 (cm)	长 (cm)	宽 (cm)	长 (cm)	宽 (cm)	长 (cm)	宽(cm) 大	宽(cm) 小
1	210	180	240	180	270	180	450	130	30
2	135	115	160	115	180	115	250	90	20
小 2	103	90	120	90	135	90	190	60	15
3	70	60	80	60	90	60	120	38	10
4	50	35	63	35	70	35	75	25	6

表 11-1-2　信号旗配备数量表

名称	船长			
	L≥150 m	100 m≤L<150 m	50 m≤L<100 m	20 m≤L<50 m
本国国旗 1 号	1 面			
本国国旗 2 号	2 面			
本国国旗 3 号	4 面	2 面	1 面	
本国国旗 4 号		4 面	2 面	1 面
本国国旗 5 号				2 面
国际信号旗 2 号	2 套			
国际信号旗小 2 号		2 套		
国际信号旗 3 号			1 套	
国际信号旗 4 号				1 套
手旗	1 副	1 副	1 副	1 副
相关国旗和区旗	各 1 面	各 1 面	各 1 面	各 1 面

3. 灯光通信设备

每一机动船都应配备闪光信号灯 1 盏。通信闪光灯配备数量如表 11-1-3 所示。

闪光信号灯有 2 种：

(1) 桅顶信号灯(电键式信号灯)；

(2) 有百叶遮板的闪光信号灯，能见距离至少为 10 n mile。

表 11-1-3　通信闪光灯配备数量表

型式		船长				
		L≥150 m	100 m≤L<150 m	50 m≤L<100 m	20 m≤L<50 m	L<20 m
手提式	白天≥2	1	建议(1)			手电筒或任何形式闪光灯 1 具
手提式	夜间≥2			1(2)	建议(2)	
旋转座架式	夜间≥15	2	2		1(3)	
旋转座架式	夜间≥10			1		
桅顶式(避让用)	夜间≥5	1	1			
桅顶式	夜间≥2			1	1	

注：(1) 国际航行船舶必须配备此灯。若此灯白昼能见距离为 5 n mile 以上者，可以代替 1 台旋转座驾式闪光灯。

(2) 150 总吨以上的国际航行船舶应改为手提式白昼闪光灯。

(3) 对于船长小于 30 m 的船舶，此灯仅建议配备。

4. 声响通信设备

声响信号器具配备数量如表11-1-4所示。

表11-1-4　声响信号器具配备数量表

名称		船长			
		$L\geq200$ m	100 m$\leq L<200$ m	75 m$\leq L<100$ m	20 m$\leq L<75$ m
超大型号笛/个	2	1			
大型号笛/个	1.5		1	1	
中型号笛/个	1				1
小型号笛/个		1	1	1	1
号锣/个		1	1		

二、船舶信号设备的保养

1. 旗绳

新的旗绳要放在干燥的地方，以免受潮。桅上的各挂旗绳在日落后都要放松，防止由于其伸缩性而断掉。靠近烟囱的绳子要保持清洁。一船旗绳应每年换一次，换下来的绳子还可以挑选一部分用作间索。

2. 旗帜

各种旗帜使用完毕后，应按规定卷好放入旗柜，但若受潮，则必须阴干后才能卷起来，防止腐烂。旗帜经过久雨或阴天之后，遇有太阳时必须拿出来晒一下。一般在暴晒之后还要晾干，防止发生虫蛀。

3. 灯光

各种灯光通信设备应经常清洁，使玻璃外罩保持良好的透明度。每天在天黑前应该测试一次，检查电源是否接好，保险丝是否断裂。对遮板的转轴要经常清洁灰尘和加润滑油。对弹簧也要经常检查磨损情况，防止在通信中途折断，使用完毕后应用盒盖好，避免碰坏。

4. 音响通信设备

每次在船舶停靠之后应该对音响器具包括汽笛、电力音响装置等进行清洁检查保养。

三、制定《国际信号规则》的目的

（1）使各国的船舶、岸台、飞机等在各种情况下相互通信时有一个便于共同遵守的原则。

（2）在出现各种危及航行安全和人命安全的情况时，尤其是相互间存在语言障碍时，能提供合适的通信方法和手段。

（3）即使不存在语言障碍，也能提供简便而有效的明语通信方法。

四、《国际信号规则》的主要内容

《国际信号规则》第一部分是正文，共有14章，包括各种信号通信的方法、程序、定义及规则等，供所有通信者共同遵守执行和使用。

第二部分是通信时可能用到的信号码及其所代表的实际意义，分别用中、英文列出，供通信者选用。这部分是《国际信号规则》的主体。

第三部分为附录，包括遇险信号、救生信号、呼救发信程序及安全电信的收听等，供紧急情况下参考使用。

通信中应尽可能使用明语，即互相听得懂的语言。

任务二 掌握常用字母旗及其意义

视觉信号收发2掌握常用字母旗及其意义教学视频

学习目标

知识目标：掌握单字母信号的含义，了解双字母信号和三字母信号的编排和译码方法。

能力目标：能识别单字母信号旗并解释其意义。

素质目标：提高学生在紧急情况下选择最合适通信手段的能力。

一、单字母信号

(1)除了 R 没有意义外，其他 25 个字母都有其完整意义。单字母信号用于最紧急、最重要或最常用的内容，并适用于任何通信方法。

A：我下面有潜水员，请慢速远离我。

B：我正在装卸或载运危险货物。

C：是(肯定或“前组信号的意义应理解为肯定的”)。

D：请让开我，我操纵困难。

E：我正向右转向。

F：我操纵失灵，请与我通信。

G：我需要引航员。(在渔场附近由正在作业的渔船使用时，它的意思是“我正在收网”。)

H：我船上有引航员。

I：我正向左转向。

J：我船失火，并且船上有危险货物，请远离我。

K：我希望与你通信。

L：你应立即停船。

M：我船已停，并且已没有对水速度。

N：不。(否定或“前组信号的意义应理解为否定的”。这个信号仅可用视觉或用音响信号发出。在用话音或无线电发送这个信号时应该用“NO”。)

O：有人落水。

P：在港内：本船将要出海，所有人员应立即回船。在海上当渔船使用时，意为“我的网缠在障碍物上”。

Q:我船没有染疫,请发给我船进口检疫证。

S:我的机器正在开倒车。

T:请让开我,我正在对拖作业。

U:你正在临近危险中。

V:我需要援助。

W:我需要医疗援助。

X:中止你的意图,并注意我发送的信号。

Y:我正在走锚。

Z:我需要一艘拖船。(在渔场附近由正在作业的渔船使用时,客观存在的意思是“我正在放网”。)

(2)破冰船与被援助船之间的单字母信号(见表11-2-1)。

表11-2-1　破冰船与被援助船之间的单字母信号

字母或数字信号码组	破冰船	被援助船
A·—	前进(沿破冰航道前进)	我正在前进(我正沿冰间航道前进)
G——·	我正在前进,跟着我	我正在前进,我正跟着你
J·———	不要跟我	我不跟你(我将沿冰间航道前进)
P·——·	慢速	我正在慢速
N—·	请你停车	我正在停车
H····	我正在倒车	请你倒车
L·—··	你应该立即停船	我正在停船
4····—	停止,我被冰困住	停止,我被冰困住
Q——·—	请缩短船与船之间的距离	我正在缩短距离
B—···	请增加船与船之间的距离	我正在增加距离
5·····	注意	注意
Y—·——	请准备接(或解)拖缆	我已准备好接(或解)拖缆

二、双字母信号

双字母信号编排在“通用部分”,是《国际信号规则》中的主要组成部分。双字母信号码语是AA~ZZ1。

1. 信号码组的编排

由两个字母组成的双字母码语作为基本信号码语,在每页的左侧按AA~AZ,BA~BZ等排列下去,码语的右侧为信号意义。根据某些信号内容的需要,在某些基本信号码语后边加上数字(0~9),称为补充信号码语。补充信号码语有如下几种表示:

(1)变更原信号的意义。

例如:“LA”:我船艏柱受损。

“LA1”:我船艉柱受损。

(2)对原主题或原信号的提问。

例如:“MD”:我的航向是……。

“MD1”:你的航向是多少?

(3)回答原信号的问题或要求。

例如:“HX”:你船在碰撞中受到什么损坏吗?

“HX1”:我船水线以上部分受到严重损坏。

(4)充实、明确或详细说明情况。

例如:“IN”:我需要一名潜水员。

“IN1”:我需要一名潜水员清理螺旋桨。

2. 译码方法

当收到信号码语后,即可按信号码语的字首,从码语书上角标有按英文字母顺序排列的信号码语中找到相应的码语,即可读到明语意义。

例如:

CP1:

搜索各救助飞机正前来援助你。

DY4:

船舶沉没处的水深是多少?

MD025:

我的航向是 025°。

OM　BPCA　A008　R10:

用雷达测得 BPCA 轮的方位是 008°,距离 10 n mile。

XF L2130N G12230E:

北纬 21°30′,东经 122°30′周围地区涌情预报如何?

GR C240 S18:

前来救助你的船舶的操舵航向是 240°,航速是 18 kn。

3. 信文编码

平时应熟悉《国际信号规则》目录中“通用部分”内八个部分的总标题及各个小标题的意义及排列,便于在编码时迅速地按信文的主题意义找出相接近的合适码语。

例如:信文主意为“我搁浅,情况危险”。

从目录小标题中查到“搁浅—抢滩—起浮”是属于“第二部分伤亡事故—损坏”内容的。从“JE”开始,找到“JG”码语符合信文主意,即可使用。

我需要立即援助;我船已出现漏水。

找到“援助”标题中的“需要援助”,即可知编码为“CB7”。

引航船大概在你船的方位是 120°处。

找到第五部分“杂项”中的“领航”,编码应为“UK120”。

我现在的北纬 36°36′,东经 123°30′,航速 14 kn。

找到“遇险”标题下的“联络或判定位置”,编码应为“EV L3636N G12330E S14”。

三、三字母信号

三字母信号是由以“M”字母为首的三个字母组成，MAA～MVU，按顺序排列，全部是医疗部分的信号码语。

1. 三字母信号的组成

第一部分：请求医疗援助部分，MAA～MPR。

第二部分：医疗指导部分，MQB～MVU。

补充码表：医学术语表。

表 1 是躯体各部位名称，代号 01～92；

表 2 是常见疾病名单，代号 01～94；

表 3 是药物名单，代号 01～38。

例如，MAK25：

我有一个女性病人，年龄 25 岁。

MBG09：

胸部右侧感染。

2. 使用三字母信号的几点说明

（1）在使用医疗部分通信时，只要有可能，请求者和指导者都应使用明语。即使是应用明语，也应尽可能依照信号码组的说明文字述出。

（2）如遇语言障碍，可使用信号码语。

（3）在报告病况时，应仔细检查病人，并尽可能搜集情况，按下列顺序发信：

病人的现状、病史、症状，疾病或受伤的部位、特殊症状、已进行的初步治疗。

任务三 掌握挂旗常识

视觉信号收发3掌握挂旗常识教学视频

学习目标

知识目标：掌握船舶挂旗类别及其升降时间和操作方法。

能力目标：能正确升降国旗，能正确识读船舶旗帜。

素质目标：培养学生的爱国主义情怀及主人翁精神。

一、船舶挂旗类别

（1）船头公司旗：停泊时，悬挂于船首最前端的旗杆上，航行时不挂。

（2）公司旗（该船所属公司的标志旗）：悬挂于后桅顶。

（3）国旗：国旗代表国家主权和尊严。各国对国旗的悬挂均有各自的要求。中国籍船舶及进入中国内水、港口、港外锚地的外国籍船舶都应遵守我国的《船舶升挂国旗管理办法》。

其规定：

①悬挂时间：每日早升、晚降，恶劣天气除外。船舶在航行、锚泊时，由4—8时值班的水手负责升旗。

②悬挂位置：中国籍船悬挂于船尾旗杆上。无船尾旗杆的挂于驾驶台信号顶部或右横桁。外国籍船悬挂中国国旗时，应悬挂于前桅或驾驶台信号桅顶部或右横桁。当中国国旗与其他旗帜同时悬挂于右横桁时，中国国旗应在最外侧。

③船舶所悬挂的中国国旗，应当整洁，不得破损、污损、褪色和不合规格。

(4)抵达国外港口国旗(该港所属国家的国旗)：悬挂在前桅桅顶或横桁，出港后即降下。

二、各旗升降时间

(1)不论在航行或停泊时，悬挂的各类旗帜通常应日出时升起，日落时降下。

(2)在升旗时，应首先升起国旗，随后升起其他各类旗；降旗时，先降其他各类旗，最后降下国旗。

(3)在极地航行时，冬天应在能看得见的情况下悬挂相关旗帜。

(4)船舶在进出港或其他必要显示国籍的情况下，国旗及各旗的升降时间视需要提早或延迟。

三、升降旗的正确操作法

1. 国旗

国旗代表一个国家的尊严。保护国旗是所有海员的光荣职责，应时刻注意国旗的悬挂状况。升国旗时应注意缓缓升起，并应在升到顶后系牢旗绳，防止松弛而滑下。国旗应保持飘扬，不应卷叠。收下后平整叠好，放在旗箱内。如有破损应及时缝补。

2. 船舶间致敬

航行中在较近距离与本国及友好国家的海军舰艇和商船相遇时，应用国旗敬礼，以示敬意。敬礼的方法是驶近对方船的正横方向前，将国旗降到一半的高度；对方船亦应同样将国旗降至一半高度，随即再升到顶表示回礼。我船亦同时将国旗升到顶。敬礼全过程结束。

在下半旗期间敬礼时，应先将国旗升到顶后再降到一半的高度处。礼毕后还应将国旗升到顶，然后降至半旗位置。

3. 下半旗

凡遇哀悼日，应按国务院指示、规定下半旗志哀。在挂半旗时，应先将国旗升到顶随后再降到一半高度。在日落后降旗时，仍应先将国旗升到顶后再降下。

在国外港口是否需要降半旗，都应根据我国驻外领事馆的正式通知执行。

4. 挂满旗

凡遇国庆及重大节日，停泊中的船舶应挂满旗致庆。主要方式是，在主桅顶升挂国旗，从船首、尾到前、后桅以及桅间用绳索以滑车固定穿引，将国际信号旗连接并绕缠于张索上，然后升起装饰全船。但应注意下列各点：

(1)将全部国际信号旗在形状(方旗与尖旗)与色泽上做好搭配。

(2)升降索以及主旗绳应采用白棕绳，信号旗应与主旗绳牢固连接。

(3)航行中不挂满旗,但中、前、后桅顶分别悬挂国旗。船首公司旗、船尾国旗等仍应悬挂。

(4)按照船舶的大小及类型,悬挂满旗亦可采取不同的形式。

(5)在国外港口遇该国国庆及重大节日是否挂满旗,需按驻在国使领馆指示执行。

5. 船舶进出港时应悬挂的旗号

(1)不同的港口国或不同的抵达港对船舶应悬挂的信号旗有不同的要求。航船在进入这些水域之前或当时,应设法了解这方面的有关规定以便正确悬挂。例如,船舶进出我国港口时一般应悬挂船名旗,进靠上海港时还应悬挂泊位旗。通过日本关门海峡的报告线时应悬挂信号旗"KPU"或"KPM"等。

(2)需要引航员时,先挂出"G"旗(我需要引航员)。当引航员登船后应降下"G"旗,升上"H"旗(我船上有引航员)。当引航员离船后应立即降下"H"旗。

(3)航抵国外港口或返航抵达国内第一港时,到检疫锚地锚泊应悬出"Q"旗(我船没有染疫,请发给进口检疫证)。待检疫结束,领到进口检疫证后,可降下"Q"旗。

(4)抵达泊位系泊结束后,即可降下船舶呼号旗、泊位旗和引航旗等。例如,船舶进行油类作业时,应及时悬挂"B"旗,表示本船正在装卸或载运危险货物。作业结束时立即降下。

(5)船舶在预计开航前12 h,应在明显位置悬挂"P"旗(我船即将开航,所有人员应立即回船)。当引航员抵达,船舶呼号旗、引航旗升起。解掉第一根缆绳时,即降下"P"旗。

任务四 认识通信要素的表示方法、呼号的组成

学习目标

知识目标:掌握通信要素的表示方法,掌握船舶呼号的组成及作用。

能力目标:能正确表示各通信要素,能正确使用船舶呼号。

素质目标:培养学生主动沟通的意识。

一、定义

台(station):可以有效地使用任何一种工具进行通信的船舶、飞机、脱险艇筏或任何场所。

呼号(identity):包括船舶呼号,是有关当局指定给某个台的一组字母和数字。

程序(procedure):为通信行动而订立的规则。

程序信号(procedure):为便于通信行动而设计的一套信号。

组(group,码组):一个或几个连续的字母或数字,或综合字母和数字组成的一个信号码组。

数字组(a numeral group):一个或几个数字组成的码组。

收信人(transmitting ship):信号接收的当事人。

收报人(receiving ship):实际收到信号的人。

发信时间(time of transmission):命令发出信号的时间。

发信台(station of transmission):实际发送过信号的台。

视觉通信法:可用眼睛看到的以任何通信方法发送的信号。

明码:可以在《国际信号规则》内找到的码组。

二、通则

1. 船舶的名称

在我国,船名为拼音。

2. 船舶呼号

(1)呼号的组成

船舶呼号是船舶所有国政府指定该船的一组字母和数字,常由四个或四个以上的英文字母或数字混合构成。起始的一个或两个字母通常代表船舶所属国籍。

中国:BAA~BIZ,3HA~3UZ

英国:GAA~GZZ,2AA~2ZZ

日本:JAA~JSZ,8JA~8NZ

巴拿马:HOA~HPZ,3EA~3FZ

利比里亚:ELA~ELZ,5LA~5MZ

(2)呼号的用途

①用于通信呼叫。

例:BOCK NE1,表示呼叫 BOCK 船(中国船)。

信文内容:NE1“你应十分小心地行驶,沿岸有危险”。

因为 BOCK 是直接被呼叫并要求其收信的船,所以发信船应首先发出该船呼号,列在码语信号之前。

②在通信中述及另一船时收信船呼号应列在第一位。

信文中述及船的呼号应在信号码语后表示。

例:BOCK SF JBPD,表示呼叫 BOCK 船。

信文内容:SF JBPD 询问 JBPD 轮(日籍船)是在航吗?

日籍 JBPD 轮是被问及的船舶,所以船名呼号应在信号码语 SF 之后。

3. 船舶或地方的名称

船舶或地方名称应直接拼出。

例:RV Shanghai,表示你应驶往上海。

HY1 Yulong,表示同我碰撞的 Yulong 轮已恢复航行。

4. 数字的发送

(1)数字和小数点的发送

①手旗通信:拼出。

②旗号通信:数字用数字旗表示;小数点用回答旗插在数字旗当中表示。

③灯光通信:用莫尔斯符号数字码表示;亦可直接用莫尔斯字母符号拼出;小数点则可用莫尔斯符号 AAA 插在数字之间表示。

④无线电话或扬声器:可用数字拼读表中的代号;小数点则用“Decimal”。

⑤组成原信号部分的数字应和原信号组一起发送。

例:DI20,表示我需要供20人乘坐的小艇。

FJ2,表示出事地点已设置海标。

⑥在发送信号时,如果以英尺或米表示水深等,在数字后面用“F”表示英尺或者用“M”表示米。

5. 方位、航向的表示

(1)方位表示法

方位用三位数字来表示,从000°到360°;如有任何发生混淆的可能时,可在数字前面加字母“A”,除另有说明外,通常表示真方位。

例1:OX 090,表示布雷区的大概方向是在我方位090°。

例2:OV A90 R10,表示据信在我方位090°距离10 n mile外有水雷。

(2)航向表示法

航向也以三位数字来表示,从000°到360°;如有任何发生混淆的可能时,可在数字前面加字母“C”,除另有说明外,通常表示真航向。

例1:MD120,表示我的航向是120°。

例2:GR C270 S18,表示前往救助你的船舶的操舵航向是270°,航速18 kn。

6. 日期和时间表示法

(1)日期表示法

日期是以字母“D”为首,其后的两位数字表示日,第三、四位数字表示月份,第五、六位数字表示年份。

如:D19,表示本月19号;

D1910,表示10月19日;

D191014,表示2014年10月19日。

(2)时间表示法

时间用四位数字表示,前两位数字为时(00~23),后两位数字为分(00~59)。在数字之间还应显示以下两种时间标志:

字母“T”表示地方时:“UN T0800”,你可以在地方时0800进港。

字母“Z”表示世界时:“BH Z1300 C120”,我在世界时1300看到一架飞机在飞行,航向120°。

7. 纬度和经度表示法

(1)纬度表示法

在字母“L”后加四位数字,前两位表示度数,后两位表示分数。为明确表示南、北纬时,可在数字后加N或S。

如:L3030N,表示北纬30°30′。

(2)经度表示法

经度是在字母“G”后加四位或五位数字来表示的。前两位或前三位数字表示度数,后两位数字表示分数。为明确表示东、西经时,可在数字后加E或W。

如:G7432W,表示西经74°32′;

G12025E,表示东经120°25′。

8. 距离和速度表示法

(1)距离表示法

在字母“R”后加以数字表示距离,单位为海里。

例:OJ A90 R10,表示我已用雷达测定你船的方位是 090°,距离 10 n mile。

(2)速度表示法

字母“S”后加数字表示以节为计量单位;

字母“V”后加数字表示以千米/小时为计量单位。

例:SG S18,表示我现在的速度是 18 kn;

BQ V300,表示我的地面相对速度为 300 km/h。

9. 水深

(1)数字加 M 表示以米为单位的水深;

(2)数字加 F 表示以英尺为单位的水深。

例:OC 6M,表示我前吃水为 6 m;

OD 20F,表示我后吃水为 20 ft。

单字母附加补充数字专用信号码如表 11-4-1 所示。

表 11-4-1 单字母附加补充数字专用信号码一览表

(适用于任何通信方式)

单字母------数字	意义
A------×××	方位
C------×××	航向
D------××××××	日期
G------×××× ×××××	经度(后两位为分数,其余为度数)
K------×	我希望用×与你通信
L------××××	纬度(前两位为度数,后两位为分数)
R------××	距离(以海里为单位)
S------××	速度(以节为单位)
T------××××	地方时
V------××	速度(以千米/小时为单位)
Z------××××	世界时

附件Ⅰ

《1972年国际海上避碰规则》(2013年修正案)

(经1981年、1987年、1989年、1993年、2001年、2007年和2013年修正案修正后的综合文本)

第一章　总则

第一条

适用范围

1. 本规则条款适用于公海和连接公海可供海船航行的一切水域中的一切船舶。

2. 本规则条款不妨碍有关主管机关为连接公海而可供海船航行的任何港外锚地、港口、江河、湖泊或内陆水道所制定的特殊规定的实施。这种特殊规定,应尽可能符合本规则条款。

3. 本规则条款不妨碍各国政府为军舰及护航下的船舶所制定的关于额外的队形灯、信号灯、号型或笛号,或者为结队从事捕鱼的渔船所制定的关于额外的队形灯、信号灯或号型的任何特殊规定的实施。这些额外的队形灯、信号灯、号型或笛号,应尽可能不致被误认为本规则其他条文所规定的任何信号灯、号型或信号。

4. 为实施本规则,本组织可以采纳分道通航制。

5. 凡经有关政府确定,某种特殊构造或用途的船舶,若不能完全遵守本规则任何一条关于号灯或号型的数量、位置、能见距离或弧度以及声号设备的配置和特性的规定,则应遵守其政府在号灯或号型的数量、位置、能见距离或弧度以及声号设备的配置和特性方面为之另行确定的、尽可能符合本规则所要求的规定。

第二条

责任

1. 本规则条款不免除任何船舶或其所有人、船长或船员由于遵守本规则条款的任何疏忽,或者按海员通常做法或当时特殊情况所要求的任何戒备上的疏忽而产生的各种后果的责任。

2. 在解释和遵行本规则条款时,应充分考虑一切航行和碰撞的危险以及包括当事船舶条件限制在内的任何特殊情况,这些危险和特殊情况可能需要背离规则条款以避免紧迫危险。

第三条

一般定义

除条文另有解释外,在本规则中:

1. "船舶"一词,指用作或者能够用作水上运输工具的各类水上船筏,包括非排水船筏、地效船和水上飞机。

2. "机动船"一词,指用机器推进的任何船舶。

3. "帆船"一词,指任何驶帆的船舶,包括装有推进器但不在使用。

4. "从事捕鱼的船舶"一词,指使用网具、绳钓、拖网或其他使其操纵性能受到限制的渔具捕鱼的任何船舶,但不包括使用曳绳钓或其他并不使其操纵性能受到限制的渔具捕鱼的船舶。

5. "水上飞机"一词,包括能在水面操纵而设计的任何航空器。

6. "失去控制的船舶"一词,指由于某种异常的情况,不能按本规则条款的要求进行操纵,因而不能给他船让路的船舶。

7.“操纵能力受到限制的船舶”一词,指由于工作性质,使其按本规则条款要求进行操纵的能力受到限制,因而不能给他船让路的船舶。“操纵能力受到限制的船舶”一词应包括,但不限于下列船舶:

(1)从事敷设、维修或起捞助航标志、海底电缆或管道的船舶;

(2)从事疏浚、测量或水下作业的船舶;

(3)在航中从事补给或转运人员、食品或货物的船舶;

(4)从事发射或回收航空器的船舶;

(5)从事清除水雷作业的船舶;

(6)从事拖带作业的船舶,而该项拖带作业使该拖船及其拖带物驶离其航向的能力严重受到限制者。

8.“限于吃水的船舶”一词,指由于吃水与可航水域的可用水深和宽度的关系,致使其驶离航向的能力严重地受到限制的机动船。

9.“在航”一词,指船舶不在锚泊、系岸或搁浅。

10. 船舶的“长度”和“宽度”是指其总长度和最大宽度。

11. 只有当两船中的一船能自他船以视觉看到时,才应认为两船是在互见中。

12.“能见度不良”一词,指任何由于雾、霾、下雪、暴风雨、沙暴或任何其他类似原因而使能见度受到限制的情况。

13.“地效船”一词,系指多式船艇,其主要操作方式是利用表面效应贴近水面飞行。

第二章 驾驶和航行规则

第一节 船舶在任何能见度情况下的行动规则

第四条

适用范围

本节条款适用于任何能见度的情况。

第五条

瞭望

每一船舶在任何时候用视觉、听觉以及适合当时环境和情况的一切可用手段保持正规的瞭望,以便对局面和碰撞危险做出充分的估计。

第六条

安全航速

每一船舶在任何时候都应以安全航速行驶,以便能采取适当而有效的避碰行动,并能在适合当时环境和情况的距离以内把船停住。

在决定安全航速时,考虑的因素中应包括下列各点:

1. 对所有船舶:

(1)能见度情况;

(2)通航密度,包括渔船或者任何其他船舶的密集程度;

(3)船舶的操纵性能,特别是在当时情况下的冲程和旋回性能;

(4)夜间出现的背景亮光，诸如来自岸上的灯光或本船灯光的反向散射；

(5)风、浪和流的状况以及靠近航海危险物的情况；

(6)吃水与可用水深的关系。

2. 对备有可使用的雷达的船舶，还应考虑：

(1)雷达设备的特性、效率和局限性；

(2)所选用的雷达距离标尺带来的任何限制；

(3)海况、天气和其他干扰源对雷达探测的影响；

(4)在适当距离内，雷达对小船、浮冰和其他漂浮物有探测不到的可能性；

(5)雷达探测到的船舶数目、位置和动态；

(6)当用雷达测定附近船舶或其他物体的距离时，可能对能见度做出更确切的估计。

第七条

碰撞危险

1. 每一船舶都应使用适合当时环境和情况的一切可用手段判断是否存在碰撞危险，若有任何怀疑，则应认为存在这种危险。

2. 若装有雷达设备并可使用，则应正确予以使用，包括远距离扫描，以便获得碰撞危险的早期警报，并对探测到的物标进行雷达标绘或与其相当的系统观察。

3. 不应当根据不充分的信息，特别是不充分的雷达观测信息做出推断。

4. 在判断是否存在碰撞危险时，考虑的因素中应包括下列各点：

(1)若来船的罗经方位没有明显的变化，则应认为存在这种危险；

(2)即使有明显的方位变化，有时也可能存在这种危险，特别是在驶近一艘很大的船或拖带船组时，或是在近距离驶近他船时。

第八条

避免碰撞的行动

1. 为避免碰撞所采取的任何行动必须遵循本章各条规定，若当时环境许可，应是积极地、及早地进行和充分注意运用良好的船艺。

2. 为避免碰撞而做的航向和(或)航速的任何变动，若当时环境许可，应大得足以使他船用视觉或雷达观测时容易察觉到；应避免对航向和(或)航速做一连串的小变动。

3. 若有足够的水域，则单用转向可能是避免紧迫局面的最有效行动，只要这种行动是及时的、大幅度的并且不致造成另一紧迫局面的。

4. 为避免与他船碰撞而采取的行动，应能导致在安全的距离驶过。应细心查核避让行动的有效性，直到最后驶过让清他船为止。

5. 若需为避免碰撞或需留有更多时间来估计局面，船舶应当减速或者停止或倒转推进器把船停住。

6. (1)根据本规则任何规定，要求不得妨碍另一船通行或安全通行的船舶应根据当时环境的需要及早地采取行动以留出足够的水域供他船安全通行。

(2)如果在接近他船致有碰撞危险时，被要求不得妨碍另一船通行或安全通行的船舶并不解除这一责任，且当采取行动时，应充分考虑到本章各条可能要求的行动。

(3)当两船相互接近致有碰撞危险时，其通行不得被妨碍的船舶仍有完全遵守本章各条规定的责任。

第九条

狭水道

1. 沿狭水道或航道行驶的船舶,只要安全可行,应尽量靠近其右舷的该水道或航道的外缘行驶。

2. 帆船或者长度小于 20 m 的船舶,不应妨碍只能在狭水道或航道以内安全航行的船舶通行。

3. 从事捕鱼的船舶,不应妨碍任何其他在狭水道或航道以内航行的船舶通行。

4. 船舶不应穿越狭水道或航道,如果这种穿越会妨碍只能在这种水道或航道以内安全航行的船舶通行。后者若对穿越船的意图有怀疑,可以使用第三十四条 4 款规定的声号。

5. (1)在狭水道或航道内,若只有在被追越船必须采取行动以允许安全通过才能追越时,则企图追越的船,应鸣放第三十四条 3 款(1)项所规定的相应声号,以表示其意图。被追越船如果同意,应鸣放第三十四条 3 款(2)项所规定的相应声号,并采取使之能安全通过的措施;若有怀疑,则可以鸣放第三十四条 4 款所规定的声号。

(2)本条并不解除追越船根据第十三条所负的义务。

6. 船舶在驶近可能有其他船舶被居间障碍物遮蔽的狭水道或航道的弯头或地段时,应特别机警和谨慎地驾驶,并鸣放第三十四条 5 款规定的相应声号。

7. 任何船舶,若当时环境许可,都应避免在狭水道内锚泊。

第十条

分道通航制

1. 本条适用于本组织所采纳的分道通航制,但并不解除任何船舶遵守任何其他各条规定的责任。

2. 使用分道通航制的船舶应:

(1)在相应的通航分道内顺着该分道的交通总流向行驶;

(2)尽可能让开通航分隔线或分隔带;

(3)通常在通航分道的端部驶进或驶出,但从分道的任何一侧驶进或驶出时,应与分道的交通总流向形成尽可能小的角度。

3. 船舶应尽可能避免穿越通航分道,但如果不得不穿越时,应尽可能以与分道的交通总流向成直角的船首向穿越。

4. (1)当船舶可安全使用临近分道通航制区域中相应通航分道时,不应使用沿岸通航带。但长度小于 20 m 的船舶、帆船和从事捕鱼的船舶可使用沿岸通航带。

(2)尽管有本条 4(1)规定,当船舶抵离位于沿岸通航带中的港口、近岸设施或建筑物、引航站或任何其他地方或为避免紧迫危险时,可使用沿岸通航带。

5. 除穿越船或者驶进或驶出通航分道的船舶外,船舶通常不应进入分隔带或穿越分隔线,除非:

(1)在紧急情况下避免紧迫危险;

(2)在分隔带内从事捕鱼。

6. 船舶在分道通航制端部附近区域行驶时,应特别谨慎。

7. 船舶应尽可能避免在分道通航制内或其端部附近区域锚泊。

8. 不使用分道通航制的船舶,应尽可能远离该区域。

9. 从事捕鱼的船舶,不应妨碍按通航分道行驶的任何船舶的通行。

10. 帆船或长度小于20 m的船舶,不应妨碍按通航分道行驶的机动船的安全通行。

11. 操纵能力受到限制的船舶,当在分道通航制区域内从事维护航行安全的作业时,在执行该作业所必需的限度内,可免受本条规定的约束。

12. 操纵能力受到限制的船舶,当在分道通航制区域内从事敷设、维修或起捞海底电缆时,在执行该作业所必需的限度内,免受本条规定的约束。

第二节　船舶在互见中的行动规则

第十一条

适用范围

本节条款适用于互见中的船舶。

第十二条

帆船

1. 两艘帆船相互驶近致有构成碰撞危险时,其中一船应按下列规定给他船让路:

(1)两船在不同舷受风时,左舷受风的船应给他船让路;

(2)两船在同舷受风时,上风船应给下风船让路;

(3)若左舷受风的船看到在上风的船而不能断定究竟该船是左舷受风还是右舷受风,则应给该船让路。

2. 就本条规定而言,船舶的受风舷侧应认为是主帆被吹向的一舷的对面舷侧;对于方帆船,则应认为是最大纵帆被吹向的一舷的对面舷侧。

第十三条

追越

1. 不论第二章第一节和第二节的各条规定如何,任何船舶在追越任何他船时,均应给被追越船让路。

2. 一船正从他船正横后大于22.5°的某一方向赶上他船时,即该船对其所追越的船所处位置,在夜间只能看见被追越船的艉灯而不能看见它的任一舷灯时,应认为是在追越中。

3. 当一船对其是否在追越他船有任何怀疑时,该船应假定是在追越,并应采取相应行动。

4. 随后两船间方位的任何改变,都不应把追越船作为本规则条款含义中所指的交叉相遇船,或者免除其让开被追越船的责任,直到最后驶过让清为止。

第十四条

对遇局面

1. 当两艘机动船在相反的或接近相反的航向上相遇致有构成碰撞危险时,各应向右转向,从而各从他船的左舷驶过。

2. 当一船看见他船在正前方或接近正前方,在夜间能看见他船的前后桅灯成一直线或接近一直线和(或)两盏舷灯;在白天能看到他船的上述相应形态时,则应认为存在这样的局面。

3. 当一船对是否存在这样的局面有任何怀疑时,该船应假定确实存在这种局面,并应采取相应的行动。

第十五条

交叉相遇局面

当两艘机动船交叉相遇致有构成碰撞危险时,有他船在本船右舷的船舶应给他船让路,若当时环境许可,还应避免横越他船的前方。

第十六条

让路船的行动

须给他船让路的船舶,应尽可能及早地采取大幅度的行动,宽裕地让清他船。

第十七条

直航船的行动

1. (1)两船中的一船应给另一船让路时,另一船应保持航向和航速。

(2)然而,当保持航向和航速的船一经发觉规定的让路船显然没有遵照本规则条款采取适当行动时,该船即可独自采取操纵行动,以避免碰撞。

2. 当规定保持航向和航速的船,发觉本船不论由于何种原因逼近到单凭让路船的行动不能避免碰撞时,也应采取最有助于避碰的行动。

3. 在交叉相遇局面下,机动船按照本条1款(2)项采取行动以避免与另一艘机动船碰撞时,若当时环境许可,不应对在本船左舷的船采取向左转向。

4. 本条并不解除让路船的让路义务。

第十八条

船舶之间的责任

除第九、十和十三条另有规定外:

1. 机动船在航时应给下述船舶让路:

(1)失去控制的船舶;

(2)操纵能力受到限制的船舶;

(3)从事捕鱼的船舶;

(4)帆船。

2. 帆船在航时应给下述船舶让路:

(1)失去控制的船舶;

(2)操纵能力受到限制的船舶;

(3)从事捕鱼的船舶。

3. 从事捕鱼的船舶在航时,应尽可能给下述船舶让路:

(1)失去控制的船舶;

(2)操纵能力受到限制的船舶。

4. (1)除失去控制的船舶或操纵能力受到限制的船舶外,任何船舶,若当时环境许可,应避免妨碍显示第二十八条规定信号的限于吃水的船舶的安全通行。

(2)限于吃水的船舶应全面考虑其特殊条件,特别谨慎地驾驶。

5. 在水面的水上飞机,通常应宽裕地让清所有船舶并避免妨碍其航行。然而在有碰撞危险的情况下,则应遵守本章条款的规定。

6. (1)地效船在起飞、降落和贴近水面飞行时应宽裕地让清所有其他船舶并避免妨碍它们的航行;

(2)在水面上操作的地效船应作为机动船遵守本章条款的规定。

第三节　船舶在能见度不良时的行动规则

第十九条

船舶在能见度不良时的行动规则

1. 本条适用于在能见度不良的水域中或在其附近航行时不在互见中的船舶。

2. 每一船应以适合当时能见度不良的环境和情况的安全航速行驶,机动船应将机器做好随时操纵的准备。

3. 在遵守本章第一节各条时,每一船应充分考虑到当时能见度不良的环境和情况。

4. 一船仅凭雷达测到他船时,应判定是否正在形成紧迫局面和(或)存在着碰撞危险。若是如此,应及早地采取避碰行动,如果这种行动包括转向,则应尽可能避免如下各点:

(1)除对被追越船外,对正横前的船舶采取向左转向;

(2)对正横或正横后的船舶采取朝着它转向。

5. 除已断定不存在碰撞危险外,每一船当听到他船的雾号显似在本船正横以前,或者与正横以前的他船不能避免紧迫局面时,应将航速减到能维持其航向的最小速度。必要时,应把船完全停住,而且,无论如何,应极其谨慎地驾驶,直到碰撞危险过去为止。

第三章　号灯和号型

第二十条

适用范围

1. 本章条款在各种天气中都应遵守。

2. 有关号灯的各条规定,从日没到日出时都应遵守。在此期间不应显示别的灯光,但那些不会被误认为本规则各条款订明的号灯,或者不会削弱号灯的能见距离或显著特性,或者不会妨碍正规瞭望的灯光除外。

3. 本规则条款所规定的号灯,若已设置,也应在能见度不良的情况下从日出到日没时显示,并可在一切其他认为必要的情况下显示。

4. 有关号型的各条规定,在白天都应遵守。

5. 本规则条款订明的号灯和号型,应符合本规则附录一的规定。

第二十一条

定义

1. "桅灯"是指安置在艏艉中心线上方的白灯,在225°的水平弧内显示不间断的灯光,其安装要使灯光从船的正前方到每一舷正横后22.5°内显示。

2. "舷灯"是指右舷的绿灯和左舷的红灯,各在112.5°的水平弧内显示不间断的灯光,其装置要使灯光从船的正前方到各自一舷的正横后22.5°内分别显示。长度小于20 m的船舶,其舷灯可以合并成一盏,装设于艏艉中心线上。

3. "艉灯"是指安置在尽可能接近船尾的白灯,在135°的水平弧内显示不间断的灯光,其装置要使灯光从船的正后方到每一舷67.5°内显示。

4. "拖带灯"是指具有与本条3款所述"艉灯"相同特性的黄灯。

5. “环照灯”是指在 360°的水平弧内显示不间断灯光的号灯。

6. “闪光灯”是指每隔一定时间以频率为每分钟闪 120 次或 120 次以上的号灯。

第二十二条

号灯的能见距离

本规则条款规定的号灯,应具有本规则附录一第 8 款订明的发光强度,以便在下列最小距离上能被看到:

1. 长度为 50 m 或 50 m 以上的船舶:

——桅灯,6 n mile;

——舷灯,3 n mile;

——艉灯,3 n mile;

——拖带灯,3 n mile;

——白、红、绿或黄色环照灯,3 n mile。

2. 长度为 12 m 或 12 m 以上但小于 50 m 的船舶:

——桅灯,5 n mile;但长度小于 20 m 的船舶,3 n mile;

——舷灯,2 n mile;

——艉灯,2 n mile;

——拖带灯,2 n mile;

——白、红、绿或黄色环照灯,2 n mile。

3. 长度小于 12 m 的船舶:

——桅灯,2 n mile;

——舷灯,1 n mile;

——艉灯,2 n mile;

——拖带灯,2 n mile;

——白、红、绿或黄色环照灯,2 n mile。

4. 不易察觉的、部分淹没的被拖带船舶或物体:

——白色环照灯,3 n mile。

第二十三条

在航机动船

1. 在航机动船应显示:

(1)在前部一盏桅灯;

(2)第二盏桅灯,后于并高于前桅灯,长度小于 50 m 的船舶,不要求显示该桅灯,但可以这样做;

(3)两盏舷灯;

(4)一盏艉灯。

2. 气垫船在非排水状态下航行时,除本条 1 款规定的号灯外,还应显示一盏环照黄色闪光灯。

3. 除本条 1 款规定的号灯外,地效船只有在起飞、降落和贴近水面飞行时,才应显示高亮度的环照红色闪光灯。

4. (1)长度小于 12 m 的机动船,可以显示一盏环照白灯和舷灯以代替本条 1 款规定的号灯；

(2)长度小于 7 m 且其最高速度不超过 7 kn 的机动船，可以显示一盏环照白灯以代替本条 1 款规定的号灯，若可行，也应显示舷灯；

(3)长度小于 12 m 的机动船的桅灯或环照白灯，如果不可能装设在艏艉中心线上，可以离开中心线显示，条件是其舷灯合并成一盏，并应装设在艏艉中心线上或尽可能地装设在接近该桅灯或环照白灯所在的艏艉线处。

第二十四条

拖带和顶推

1. 机动船当拖带时应显示：

(1)垂直两盏桅灯，以取代第二十三条 1 款(1)项或 1 款(2)项规定的号灯，当从拖船船尾至被拖物体后端的拖带长度超过 200 m 时，垂直显示三盏这样的号灯；

(2)两盏舷灯；

(3)一盏艉灯；

(4)一盏拖带灯位于艉灯垂直上方；

(5)当拖带长度超过 200 m 时，在最易见处显示一个菱形体号型。

2. 当一顶推船和一被顶推船牢固地连接成为一组合体时，则应作为一艘机动船，显示第二十三条规定的号灯。

3. 机动船当顶推或傍拖时，除组合体外，应显示：

(1)垂直两盏桅灯，以取代第二十三条 1 款(1)项或 1 款(2)项规定的号灯；

(2)两盏舷灯；

(3)一盏艉灯。

4. 适用本条 1 或 3 款的机动船，还应遵守第二十三条 1 款(2)项的规定。

5. 除本条 7 款所述外，一被拖船或被拖物体应显示：

(1)两盏舷灯；

(2)一盏艉灯；

(3)当拖带长度超过 200 m 时，在最易见处显示一个菱形体号型。

6. 任何数目的船舶若作为一组被傍拖或顶推时，应作为一艘船来显示号灯：

(1)一艘被顶推船，但不是组合体的组成部分，应在前端显示两盏舷灯；

(2)一艘被傍拖的船应显示一盏艉灯，并在前端显示两盏舷灯。

7. 一不易觉察的、部分淹没的被拖船或物体或者这类船舶或物体的组合体应显示：

(1)除弹性拖曳体不需要在前端或接近前端处显示灯光外，若宽度小于 25 m，在前后两端或接近前后两端处各显示一盏环照白灯；

(2)若宽度为 25 m 或 25 m 以上，在两侧最宽处或接近最宽处，另加两盏环照白灯；

(3)若长度超过 100 m，在(1)和(2)项规定的号灯之间，另加若干环照白灯，使得这些灯之间的距离不超过 100 m；

(4)在最后的被拖船或物体的末端或接近末端处，显示一个菱形体号型，如果拖带长度超过 200 m 时，在尽可能前部的最易见处另加一个菱形体号型。

8. 凡由于任何充分理由，被拖船舶或物体不可能显示本条 5 款或 7 款规定的号灯或号型时，应采取一切可能的措施使被拖船舶或物体上有灯光，或至少能表明这种船舶或物体的存在。

9. 凡由于任何充分理由,使得一艘通常不从事拖带作业的船舶不可能按本条 1 或 3 款的规定显示号灯,这种船在从事拖带另一遇险或需要救助的船时,就不要求显示这些号灯。但应采取如第三十六条所准许的一切可能措施来表明拖带船与被拖船之间关系的性质,尤其应将拖缆照亮。

第二十五条

在航帆船和划桨船

1. 在航帆船应显示:

(1)两盏舷灯;

(2)一盏艉灯。

2. 在长度小于 20 m 的帆船上,本条 1 款规定的号灯可以合并成一盏,装设在桅顶或接近桅顶的最易见处。

3. 在航帆船,除本条 1 款规定的号灯外,还可在桅顶或接近桅顶的最易见处,垂直显示两盏环照灯,上红下绿。但这些环照灯不应和本条 2 款所允许的合色灯同时显示。

4. (1)长度小于 7 m 的帆船,若可行,应显示本条 1 或 2 款规定的号灯。但如果不这样做,则应在手边备妥白光的电筒一个或点着的白灯一盏,及早显示,以防碰撞。

(2)划桨船可以显示本条为帆船规定的号灯,但如果不这样做,则应在手边备妥白光的电筒一个或点着的白灯一盏,及早显示,以防碰撞。

5. 用帆行驶同时也用机器推进的船舶,应在前部最易见处显示一个圆锥体号型,尖端向下。

第二十六条

渔船

1. 从事捕鱼的船舶,不论在航还是锚泊,只应显示本条规定的号灯和号型。

2. 船舶从事拖网作业,即在水中拖曳爬网或其他用作渔具的装置时,应显示:

(1)垂直两盏环照灯,上绿下白,或一个由上下垂直、尖端对接的两个圆锥体所组成的号型;

(2)一盏桅灯,后于并高于那盏环照绿灯;长度小于 50 m 的船舶,则不要求显示该桅灯,但可以这样做;

(3)当对水移动时,除本款规定的号灯外,还应显示两盏舷灯和一盏艉灯。

3. 从事捕鱼作业的船舶,除拖网作业者外,应显示:

(1)垂直两盏环照灯,上红下白,或一个由上下垂直、尖端对接的两个圆锥体所组成的号型;

(2)当有外伸渔具,其从船边伸出的水平距离大于 150 m 时,应朝着渔具的方向显示一盏环照白灯或一个尖端向上的圆锥体号型;

(3)当对水移动时,除本款规定的号灯外,还应显示两盏舷灯和一盏艉灯。

4. 本规定附录二所述的额外信号,适用于在其他捕鱼船舶附近从事捕鱼的船舶。

5. 船舶不从事捕鱼时,不应显示本条规定的号灯或号型,而只应显示为其同样长度的船舶所规定的号灯或号型。

第二十七条

失去控制或操纵能力受到限制的船舶

1. 失去控制的船舶应显示：

(1)在最易见处，垂直两盏环照红灯；

(2)在最易见处，垂直两个球体或类似的号型；

(3)当对水移动时，除本款规定的号灯外，还应显示两盏舷灯和一盏艉灯。

2. 操纵能力受到限制的船舶，除从事清除水雷作业的船舶外，应显示：

(1)在最易见处，垂直三盏环照灯，最上和最下者应是红色，中间一盏应是白色；

(2)在最易见处，垂直三个号型，最上和最下者应是球体，中间一个应是菱形体；

(3)当对水移动时，除本款(1)项规定的号灯外，还应显示桅灯、舷灯和艉灯；

(4)当锚泊时，除本款(1)和(2)项规定的号灯或号型外，还应显示第三十条规定的号灯和号型。

3. 从事一项使拖船和被拖物体双方在驶离其航向的能力上受到严重限制的拖带作业的机动船，除显示第二十四条 1 款规定的号灯或号型外，还应显示本条 2 款(1)和(2)项规定的号灯和号型。

4. 从事疏浚或水下作业的船舶，当其操纵能力受到限制时，应显示本条 2 款(1)、(2)和(3)项规定的号灯和号型。此外，当存在障碍物时，还应显示：

(1)在障碍物存在的一舷，垂直两盏环照红灯或两个球体；

(2)在他船可以通过的一舷，垂直两盏环照绿灯或两个菱形体；

(3)当锚泊时，应显示本款规定的号灯或号型以取代第三十条规定的号灯或号型。

5. 当从事潜水作业的船舶其尺度使之不可能显示本条 4 款规定的号灯和号型时，则应显示：

(1)在最易见处垂直三盏环照灯，最上和最下者应是红色，中间一盏应是白色；

(2)一个国际信号旗“A”的硬质复制品，其高度不小于 1 m，并应采取措施以保证周围都能见到。

6. 从事清除水雷作业的船舶，除显示第二十三条为机动船规定的号灯或第三十条为锚泊船规定的号灯或号型外，还应显示三盏环照绿灯或三个球体。这些号灯或号型之一应在接近前桅桅顶处显示，其余应在前桅桁两端各显示一个。这些号灯或号型表示他船驶近至清除水雷船 1 000 m 以内是危险的。

7. 除从事潜水作业的船舶外，长度小于 12 m 的船舶，不要求显示本条规定的号灯和号型。

8. 本条规定的信号不是船舶遇险求救的信号。船舶遇险求救的信号载于本规则附录四内。

第二十八条

限于吃水的船舶

限于吃水的船舶，除第二十三条为机动船规定的号灯外，还可在最易见处垂直显示三盏环照红灯，或者一个圆柱体。

第二十九条

引航船舶

1. 执行引航任务的船舶应显示：

(1)在桅顶或接近桅顶处,垂直两盏环照灯,上白下红;

(2)当在航时,外加舷灯和艉灯;

(3)当锚泊时,除本款(1)项规定的号灯外,还应显示第三十条对锚泊船规定的号灯或号型。

2. 引航船当不执行引航任务时,应显示为其同样长度的同类船舶规定的号灯或号型。

第三十条

锚泊船舶和搁浅船舶

1. 锚泊中的船舶应在最易见处显示:

(1)在船的前部,一盏环照白灯或一个球体;

(2)在船尾或接近船尾并低于本款(1)项规定的号灯处,一盏环照白灯。

2. 长度小于 50 m 的船舶,可以在最易见处显示一盏环照白灯,以取代本条 1 款规定的号灯。

3. 锚泊中的船舶,还可以使用现有的工作灯或同等的灯照明甲板,而长度为 100 m 及 100 m 以上的船舶应当使用这类灯。

4. 搁浅的船舶应显示本条 1 或 2 款规定的号灯,并在最易见处外加:

(1)垂直两盏环照红灯;

(2)垂直三个球体。

5. 长度小于 7 m 的船舶,不在狭水道、航道、锚地或其他船舶通常航行的水域中或其附近锚泊时,不要求显示本条 1 和 2 款规定的号灯或号型。

6. 长度小于 12 m 的船舶搁浅时,不要求显示本条 4 款(1)项和(2)项规定的号灯或号型。

第三十一条

水上飞机

当水上飞机或地效船不可能显示按本章各条规定的各种特性或位置的号灯和号型时,则应显示尽可能近似于这种特性和位置的号灯和号型。

第四章　声响和灯光信号

第三十二条

定义

1. "号笛"一词,指能够发出规定笛声并符合本规则附录三所载规格的任何声响信号器具。

2. "短声"一词,指历时约 1 s 的笛声。

3. "长声"一词,指历时 4~6 s 的笛声。

第三十三条

声号设备

1. 长度为 12 m 或 12 m 以上的船舶,应配备一个号笛;长度为 20 m 或 20 m 以上的船舶,除了号笛以外还应配备一个号钟;长度为 100 m 或 100 m 以上的船舶,除了号笛和号钟以外,还应配备一面号锣。号锣的音调和声音不可与号钟相混淆。号笛、号钟和号锣应符合本规则附录三所载规格。号钟、号锣或二者可用与其各自声音特性相同的其他设备代替,只要这些设备随时能以手动鸣放规定的声号。

2. 长度小于 12 m 的船舶，不要求备有本条 1 款规定的声响信号器具。若不备有，则应配置能够鸣放有效声号的其他设备。

第三十四条

操纵和警告信号

1. 当船舶在互见中，在航机动船按本规则准许或要求进行操纵时，应用号笛发出下列声号表明之：

——一短声 表示“我船正在向右转向”；

——二短声 表示“我船正在向左转向”；

——三短声 表示“我船正在向后推进”。

2. 在操纵过程中，任何船舶均可用灯号补充本条 1 款规定的笛号，这种灯号可根据情况予以重复：

(1)这些灯号应具有以下意义：

——一闪 表示“我船正在向右转向”；

——二闪 表示“我船正在向左转向”；

——三闪 表示“我船正在向后推进”。

(2)每闪历时应约 1 s，各闪应间隔约 1 s，前后信号的间隔应不少于 10 s。

(3)若设有用作本信号的号灯，则应是一盏环照白灯，其能见距离至少为 5 n mile，并应符合本规则附录一所载规定。

3. 在狭水道或航道内互见时：

(1)一艘企图追越他船的船应遵照第九条 5 款(1)项的规定，以号笛发出下列声号表示其意图：

——二长声继以一短声 表示“我船企图从你船的右舷追越”；

——二长声继以二短声 表示“我船企图从你船的左舷追越”。

(2)将要被追越的船舶，当按照第九条 5 款(1)项行动时，应以号笛依次发出下列声号表示同意：

——一长、一短、一长、一短声。

4. 当互见中的船舶正在互相驶近，并且不论由于任何原因，任何一船无法了解他船的意图或行动，或者怀疑他船是否正在采取足够的行动以避免碰撞时，存在怀疑的船应立即用号笛鸣放至少五声短而急的声号以表示这种怀疑。该声号可以用至少五次短而急的闪光来补充。

5. 船舶在驶近可能被居间障碍物遮蔽他船的水道或航道的弯头或地段时，应鸣放一长声。该声号应由弯头另一面或居间障碍物后方可能听到它的任何来船回答一长声。

6. 若船上所装几个号笛，其间距大于 100 m，则只应使用一个号笛鸣放操纵和警告声号。

第三十五条

能见度不良时使用的声号

在能见度不良的水域中或其附近时，不论白天还是夜间，本条规定的声号应使用如下：

1. 机动船对水移动时，应以每次不超过 2 min 的间隔鸣放一长声。

2. 机动船在航但已停车，并且不对水移动时，应以每次不超过 2 min 的间隔连续鸣放二长声，二长声间的间隔约 2 s。

3. 失去控制的船舶、操纵能力受到限制的船舶、限于吃水的船舶、帆船、从事捕鱼的船舶，以及从事拖带或顶推他船的船舶,应以每次不超过 2 min 的间隔连续鸣放三声,即一长声继以二短声,以取代本条 1 或 2 款规定的声号。

4. 从事捕鱼的船舶锚泊时,以及操纵能力受到限制的船舶在锚泊中执行任务时,应当鸣放本条 3 款规定的声号以取代本条 7 款规定的声号。

5. 一艘被拖船或者多艘被拖船的最后一艘,若配有船员,应以每次不超过 2 min 的间隔连续鸣放四声,即一长声继以三短声。当可行时,这种声号应在拖船鸣放声号之后立即鸣放。

6. 当一顶推船和一被顶推船牢固地连接成为一个组合体时,应作为一艘机动船,鸣放本条 1 或 2 款规定的声号。

7. 锚泊中的船舶,应以每次不超过 1 min 的间隔急敲号钟约 5 s。长度为 100 m 或 100 m 以上的船舶,应在船的前部敲打号钟,并应在紧接钟声之后,在船的后部急敲号锣约 5 s。此外,锚泊中的船舶,还可以连续鸣放三声,即一短、一长和一短声,以警告驶近的船舶注意本船位置和碰撞的可能性。

8. 搁浅的船舶应鸣放本条 7 款规定的钟号,若有要求,应加发该款规定的锣号。此外,还应在紧急敲号钟之前和之后各分隔而清楚地敲打号钟三下。搁浅的船舶还可以鸣放合适的笛号。

9. 长度为 12 m 或 12 m 以上但小于 20 m 的船舶,不要求鸣放本条 7 款和 8 款规定的声号。但如果不鸣放上述声号,则应鸣放他种有效的声号,每次间隔不超过 2 min。

10. 长度小于 12 m 的船舶,不要求鸣放上述声号,但如果不鸣放上述声号,则应以每次不超过 2 min 的间隔鸣放其他有效的声号。

11. 引航船当执行引航任务时,除本条 1、2 或 7 款规定的声号外,还可以鸣放由四短声组成的识别声号。

第三十六条

招引注意的信号

如需招引他船注意,任何船舶可以发出灯光或声响信号,但这种信号应不致被误认为本规则其他条款所准许的任何信号,或者可用不致妨碍任何船舶的方式把探照灯的光束朝着危险的方向。任何招引他船注意的灯光,应不致被误认为是任何助航标志的灯光。为此目的,应避免使用诸如频闪灯这样高亮度的间歇灯或旋转灯。

第三十七条

遇险信号

船舶遇险并需要救助时,应使用或显示本规则附录四所述的信号。

第五章 豁免

第三十八条

豁免

在本规则生效之前安放龙骨或处于相应建造阶段的任何船舶(或任何一类船舶)只要符合《1960 年国际海上避碰规则》的要求,则可:

1. 在本规则生效之日后 4 年内,免除安装达到第二十二条规定能见距离的号灯。

2. 在本规则生效之日后 4 年内,免除安装符合本规则附录一第 7 款规定的颜色规格的号灯。

3. 永远免除由于从英制单位变换为米制单位以及丈量数字凑整而产生的号灯位置的调整。

4. (1)永远免除长度小于 150 m 的船舶由于本规则附录一第 3 款(1)项规定而产生的桅灯位置的调整。

(2)在本规则生效之日后 9 年内,免除长度为 150 m 或 150 m 以上的船舶由于本规则附录一第 3 款(1)规定而产生的桅灯位置的调整。

5. 在本规则生效之日后 9 年内,免除由于本规则附录一第 2 款(2)项规定而产生的桅灯位置的调整。

6. 在本规则生效之日后 9 年内,免除由于本规则附录一第 2 款(7)项和第 3 款(2)项规定而产生的舷灯位置的调整。

7. 在本规则生效之日后 9 年内,免除本规则附录三对声号器具所规定的要求。

8. 永远免除由于本规则附录一第 9 款(2)项规定而产生的环照灯位置的调整。

第六章　对符合本公约规定的验证

第三十九条

定义

1. 审核系指为确定达到审核标准的程度而获取审核证据和客观地对其评价的一套系统的、独立的和有文件记录的程序。

2. 审核机制系指本组织制定的国际海事组织成员国审核机制,其中考虑到本组织制定的导则。

3. 文书实施规则系指本组织以第 A. 1070(28)号决议通过的《国际海事组织文书实施规则》(简称《文书实施规则》)。

4. 审核标准系指《文书实施规则》。

第四十条

适用范围

各缔约国在按本附则履行其责任和义务时,须使用《文书实施规则》的规定。

第四十一条

符合性验证

1. 每一缔约国均须接受本组织按照审核标准进行的定期审核,以验证其是否符合并实施了本公约的要求。

2. 本组织秘书长须基于本组织制订的导则,负责对审核机制实施管理。

3. 每一缔约国均须基于本组织制订的导则,负责为开展审核提供便利并实施为处理审核结果的行动计划。

4. 对所有缔约国的审核均须:

(1)基于本组织秘书长制订的总体计划,并考虑到本组织制订的导则;和

(2)定期进行,并考虑到本组织制订的导则。

附录一
号灯和号型的位置和技术细节

1. 定义

“船体以上的高度”一词,指最上层连续甲板以上的高度。这一高度应从灯的位置垂直下方处量起。

2. 号灯的垂向位置和间距

(1)长度为20 m或20 m以上的机动船,桅灯应安置如下:

①前桅灯,或如只装设一盏桅灯,则该桅灯在船体以上的高度应不小于6 m,如果船的宽度超过6 m,则在船体以上的高度应不小于该宽度,但是该灯安置在船体以上的高度不必大于12 m;

②当装设两盏桅灯时,后灯高于前灯的垂向距离应至少为4.5 m。

(2)机动船的两盏桅灯的垂向距离应是这样:即在一切正常纵倾的情况下,当从距离船首1 000 m的海面观看时,应能看出后灯在前灯的上方并且分开。

(3)长度为12 m或12 m以上但小于20 m的机动船,其桅灯安置在舷边以上的高度应不小于2.5 m。

(4)长度小于12 m的机动船,可以把最上面的一盏号灯装在舷边以上小于2.5 m的高度,但当除舷灯和艉灯之外还设有一盏桅灯或者除舷灯之外还设有第二十三条4款(1)项所规定的环照白灯时,则该桅灯或该环照白灯的设置至少应高于舷灯1 m。

(5)为从事拖带或顶推他船的机动船所规定的两盏或三盏桅灯中的一盏,应安置在前桅灯或后桅灯相同的位置。如果该灯装在后桅上,则该最低的后桅灯高于前桅灯的垂向距离应不少于4.5 m。

(6)①第二十三条1款规定的桅灯,除本款②项所述外,应安置在高于并离开其他一切灯光和遮蔽物的位置上。

②当在低于桅灯的位置上不可能装设第二十七条2款(1)项或第二十八条规定的环照灯时,这些环照灯可以装设在后桅灯上方或悬挂于前桅灯和后桅灯垂向之间,如果属后一种情况,则应符合本附录第3节(3)的要求。

(7)机动船的舷灯安置在船体以上的高度,应不超过前桅灯高度的四分之三。这些舷灯不应低到受甲板灯光的干扰。

(8)长度小于20 m的机动船的舷灯,若并为一盏,则应安置在低于桅灯不小于1 m处。

(9)当本规则规定垂直装设两盏或三盏号灯时,这些号灯的间距如下:

①长度为20 m或20 m以上的船舶,这些号灯的间距应不小于2 m,而且除需要拖带号灯的情况外,这些号灯的最低一盏,应装设在船体以上高度不小于4 m处。

②长度小于20 m的船舶,这些号灯的间距应不小于1 m,而且除需要拖带号灯的情况外,

这些号灯的最低一盏,应装设在舷边以上高度不小于2 m处。

③当装设三盏号灯时,其间距应相等。

(10)为从事捕鱼的船所规定的两盏环照灯的较低一盏,在舷灯以上的高度应不小于这两盏号灯垂向间距的两倍。

(11)当装设两盏锚灯时,第三十条1款(1)项规定的前锚灯应高于后锚灯不小于4.5 m。长度为50 m或50 m以上的船舶,前锚灯应装设在船体以上高度不小于6 m处。

3. 号灯的水平位置和间距

(1)当机动船按规定有两盏桅灯时,两灯之间的水平距离应不小于船长的一半,但不必大于100 m。前桅灯应安置在离船首不大于船长的四分之一处。

(2)长度为20 m或20 m以上的机动船,舷灯不应安置在前桅灯的前面。这些舷灯应安置在舷侧或接近舷侧处。

(3)当第二十七条2款(1)项或第二十八条规定的号灯设置在前桅灯和后桅灯垂向之间时,这些环照灯应安置在与该艏艉中心线正交的横向水平距离不小于2 m处。

(4)当机动船按规定仅有一盏桅灯时,该灯应在船中之前显示;长度小于20 m的船舶不必在船中之前显示该灯,但应在尽可能靠前的位置上显示。

4. 渔船、疏浚船及从事水下作业船舶的示向号灯的位置细节

(1)从事捕鱼的船舶,按照第二十六条3款(2)项规定用以指示船边外伸渔具的方向的号灯,应安置在离开那两盏环照红和白灯不小于2 m但不大于6 m的水平距离处。该号灯的安置应不高于第二十六条3款(1)项规定的环照白灯但也不低于舷灯。

(2)从事疏浚或水下作业的船舶,按照第二十七条4款(1)和(2)项规定用以指示有障碍物的一舷和(或)能安全通过的一舷的号灯和号型,应安置在离开第二十七条2款处,但决不应小于2 m。这些号灯或号型的上面一个的安置高度决不高于第二十七条2款(1)和(2)项规定的三个号灯或号型中的下面一个。

5. 舷灯遮板

长度在20 m或20 m以上的船舶的舷灯,应装有无光黑色的内侧遮板,并符合本附录第9节的要求。长度小于20 m的船舶的舷灯,如需为符合本附录第9节的要求,应装设无光黑色的内侧遮板。用单一直立灯丝并在绿色和红色两部分之间有一条很窄分界线的合座灯,可不必装配外部遮板。

6. 号型

(1)号型应是黑色并具有以下尺度:

①球体的直径应不小于0.6 m;

②圆锥体的底部直径应不小于0.6 m,其高度应与直径相等;

③圆柱体的直径至少为0.6 m,其高度应两倍于直径;

④菱形体应由两个本款②所述的圆锥体以底相合组成。

(2)号型间的垂直距离应至少为1.5 m。

(3)长度小于 20 m 的船舶,可用与船舶尺度相称的较小尺度的号型,号型间距亦可相应减少。

7. 号灯的颜色规格

所有航海号灯的色度应符合下列标准,这些标准是包括在国际照明委员会(CIE)为每种颜色所规定的图解区域界限以内的。

每种颜色的区域界限是用折角点的坐标表示的。这些坐标如下:

(1)白色

x	0.525	0.525	0.452	0.310	0.310	0.443
y	0.382	0.440	0.440	0.348	0.283	0.382

(2)绿色

x	0.028	0.009	0.300	0.203
y	0.385	0.723	0.511	0.356

(3)红色

x	0.680	0.660	0.735	0.721
y	0.320	0.320	0.265	0.259

(4)黄色

x	0.612	0.618	0.575	0.575
y	0.382	0.382	0.425	0.406

8. 号灯的发光强度

(1)号灯的最低发光强度应用下述公式计算:

$$I = 3.43 \times 10^6 \times T \times D^2 \times K^{-D}$$

式中:I——在使用情况下,以坎(德拉)(Candela)为单位计算的发光强度;

T——临阈系数 2×10^{-7} 勒克斯;

D——号灯的能见距离(照明距离),以海里计算;

K——大气透射率。用于规定的号灯,K 值应是 0.8,相当于约 13 n mile 的气象能见度。

(2)从上述公式导出的数值选例如下:

以海里为单位的号灯能见距离(照明距离) D	以坎为单位的号灯发光强度 $K=0.8$ I
1	0.9
2	4.3
3	12
4	27
5	52
6	94

注:航海号灯的最大发光强度应予限制,以防止过度的眩光,但不应该使用发光强度可变控制的办法。

9. 水平光弧

（1）①船上所装的舷灯，在朝前的方向上，应显示最低要求的发光强度，发光强度在规定光弧外的1°至3°之间，应减弱以达到切实断光。

②艉灯和桅灯，以及舷灯在正横后22.5°处，应在水平弧内保持最低要求的发光强度，直到第二十一条规定的光弧界限内5°。从规定的光弧内5°起，发光强度可减弱50%，直到规定的界限；然后，发光强度应不断减弱，以达到在规定光弧外至多5°处切实断光。

（2）①环照灯应安置在不被桅、顶桅或建筑物遮蔽大于6°角光弧的位置上，但第三十条规定的锚灯除外，锚灯不必安置在船体以上不切实际的高度。

②如果仅显示一盏环照灯无法符合本段第（2）①小段的要求，则应使用两盏环照灯，固定于适当位置或用挡板遮挡，使其在一海里距离上尽可能像是一盏灯。

10. 垂向光弧

（1）所装电气号灯的垂向光弧，除在航帆船的号灯外，应保证：

①从水平上方5°到水平下方5°的所有角度内，至少保持所要求的最低发光强度；

②从水平上方7.5°到水平下方7.5°，至少保持所要求的最低发光强度的60%。

（2）在航帆船所装电气号灯的垂向光弧，应保证：

①从水平上方5°到水平下方5°的所有角度内，至少保持所要求的最低发光强度；

②从水平上方25°到水平下方25°，至少保持所要求的最低发光强度的50%。

（3）电气号灯以外的灯应尽可能符合这些规格。

11. 非电气号灯的发光强度

非电气号灯应尽可能符合本附录第8节表中规定的最低发光强度。

12. 操纵号灯

尽管有本附录第2节（6）规定，第三十四条2款所述的操纵号灯应安置在一盏或多盏桅灯的同一首尾垂直面上，若可行，并且操纵号灯高于或低于后桅灯的距离不小于2 m，则操纵号灯应高于前桅灯的垂向距离至少为2 m。只装设一盏桅灯的船舶，如果装有操纵号灯，则应将其装设在与桅灯的垂向距离不小于2 m的最易见处。

13. 高速船[①]

（1）高速船的桅灯可装设在相应于船的宽度、低于本附录2（1）①款规定的高度上，其条件是由两盏舷灯和一盏桅灯形成的等腰三角形的底角，在正视时不应小于27°。

（2）长度为50 m或50 m以上的高速船上，本附录2（1）②款规定的前桅灯和主桅灯之间4.5 m的垂向距离可以修改，但此距离应不少于下列公式规定的数值：

$$y = \frac{(a + 17\Psi)C}{1\ 000} + 2$$

① 参照《1994年国际高速客船安全规则》和《2000年国际高速客船安全规则》。

式中:y 为主桅灯高于前桅灯的高度(m);
a 为航行状态下前桅灯高于水面的高度(m);
Ψ 为航行状态下的纵倾(°);
C 为桅灯之间的水平距离(m)。

14. 认可

号灯和号型的构造以及号灯在船上的安装,应符合船旗国的有关主管机关的要求。

附录二
在相互邻近处捕鱼的渔船的额外信号

1. 通则

本附录中所述的号灯,如果为履行第二十六条 4 款而显示时,应安置在最易见处。这些号灯的间距至少应为 0.9 m,但要低于第二十六条 2 款(1)项和 3 款(1)项规定的号灯。这些号灯,应能在水平四周至少 1 n mile 的距离上被见到,但应小于本规则为渔船规定的号灯的能见距离。

2. 拖网渔船的信号

(1)长度等于或大于 20 m 的船舶在从事拖网作业时,不论使用海底还是深海渔具,应显示:

①放网时:垂直两盏白灯;
②起网时:垂直两盏灯,上白下红灯;
③网挂住障碍物时:垂直两盏红灯。

(2)长度等于或大于 20 m、从事对拖网作业的每一船应显示:

①在夜间,朝着前方并向本对拖网中另一船的方向照射的探照灯;
②当放网或起网或网挂住障碍物时,按附录第 2 节(1)项规定的号灯。

(3)长度小于 20 m、从事拖网作业的船舶,不论使用海底或深海渔具还是从事对拖网作业,可视情显示本段(1)项或(2)项中规定的号灯。

3. 围网船的信号

从事围网捕鱼的船舶,可垂直显示两盏黄色号灯。这些号灯应每秒钟交替闪光一次,而且明暗历时相等。这些号灯仅在船舶的行动为其渔具所妨碍时才可显示。

附录三
声号器具的技术细节

1. 号笛

(1)频率和可听距离

笛号的基频应在70~700 Hz的范围内。

笛号的可听距离应通过其频率来确定,这些频率可包括基频和(或)一种或多种较高的频率,并具下文第1(3)款规定的声压级。对于长度为20 m或20 m以上的船舶,频率范围为180~700 Hz(±1%);对于长度为20 m以下的船舶,频率范围为180~2 100 Hz(±1%)。

(2)基频的界限

为保证号笛的多样特性,号笛的基频应介于下列界限以内:

①70~200 Hz,用于长度200 m或200 m以上的船舶;

②130~350 Hz,用于长度75 m或75 m以上但小于200 m的船舶;

③250~700 Hz,用于长度小于75 m的船舶。

(3)笛号的声强和可听距离

船上所装的号笛,在其最大声强方向上,距离1 m处,在频率为180~700 Hz(±1%)(长度20 m或20 m以上的船舶)或180~2 100 Hz(±1%)(长度20 m以下的船舶)范围内的至少每个1/3倍频程带宽中,应具有不小于下表所定相应数值的声压。

船舶长度	1/3倍频程带宽声压相对值,距离1 m,相对于 2×10^{-5} N/(m^2·dB)	可听距离(n mile)
200 m或200 m以上	143	2
75 m或75 m以上但小于200 m	138	1.5
20 m或20 m以上但小于75 m	130	1
小于20 m	120① 115② 111③	0.5

上表中的可听距离是参考性的而且是在号笛的前方轴线上,于无风条件下,有90%的概率可在有一般背景噪声(用中心频率为250 Hz的倍频程带宽时取68 dB,用中心频率为500 Hz的倍频程带宽时取63 dB)的船上收听点听到的大约距离。

实际上,号笛的可听距离极易变化。而且主要取决于天气情况,所定数值可作为典型值,但在强风或在收听点周围有高背景噪声的情况下,可听距离可大大减小。

(4)方向性

方向性号笛的声压值,在轴线±45°内的任何水平方向上,比轴线上的规定声压级至多只

① 当量测频率在180~450 Hz时。

② 当量测频率在450~800 Hz时。

③ 当量测频率在800~2 100 Hz时。

应低 4 dB,在任何其他水平方向上的声压相对值,比轴线上的规定声压值至多只应低 10 dB,以使任何方向上的可听距离至少是轴线前方上可听距离的一半。声压值应在决定可听距离的那个 1/3 倍频带中测定。

(5)号笛的安装

当方向性号笛作为船上唯一的号笛使用时。其安装应使最大声强朝着正前方。

号笛应安置在船上尽可能高的地方。使发出的声音少受遮蔽物的阻截,并使人员听觉受损害的危险降到最低程度。在船上收听点听到本船声号的声压值不应超过 110 dB(A),并应尽可能不超过 100 dB(A)。

(6)一个以上号笛的安装

如果各号笛配置的间距大于 100 m,则应做出安排使其不致同时鸣放。

(7)组合号笛系统

如果由于遮蔽物的存在,以致单一号笛或本节(6)项所指号笛之一的声场可能有一个声压值大为降低的区域时,建议用一组合号笛系统以克服这种减低。就本规则而言,组合号笛系统作为单一号笛论。组合系统中各号笛的间距应不大于 100 m,并应做出安排使其同时鸣放。任一号笛的频率应与其他号笛频率至少相差 10 Hz。

2. 号钟和号锣

(1)声号的强度

号钟、号锣或其他具有类似声音特性的器具所发出的声压值,在距它 1 m 处,应不少于 110 dB。

(2)构造

号钟和号锣应用抗蚀材料制成,其设计应能使之发出清晰的音调。长度为 20 m 或 20 m 以上的船舶,号钟口的直径应不小于 300 mm。若可行,建议用一个机动钟锤,以保证敲力稳定,但仍应可能用手操作,钟锤的质量应不小于号钟质量的 3%。

3. 认可

声号器具的构造性能及其在船上的安装,应符合船旗国的有关主管机关的要求。

附录四
遇险信号

1. 下列信号,不论是一起或分别使用或显示,均表示遇险需要救助:

(1)每隔约 1 min 鸣枪或燃放其他爆炸信号一次;

(2)以任何雾号器具连续发声;

(3)以短的间隔,每次放一个抛射红星的火箭或信号弹;

(4)任何通信方法发出莫尔斯码组 · · · — — — · · ·(SOS)的信号;

(5)无线电话发出“梅代”(MAYDAY)语言的信号;

(6)《国际信号规则》中表示遇险的信号N.C.；

(7)由一面方旗放在一个球体或任何类似球形物体的上方或下方所组成的信号；

(8)船上的火焰(如从燃着的柏油桶、油桶等发出的火焰)；

(9)火箭降落伞式或手持式的红色突耀火光；

(10)发出橙色烟雾的烟雾信号；

(11)两臂侧伸,缓慢而重复地上下摆动；

(12)通过在下列频道或频率上发出的数字选择性呼叫(DSC)遇险报警：

①甚高频第70频道,或

②2 187.5 kHz、8 414.5 kHz、4 207.5 kHz、6 312 kHz、12 577 kHz或16 804.5 kHz频率上的中频/高频；

(13)船舶的INMARSAT或其他移动卫星业务提供商的船舶地球站发出的船到岸遇险报警；

(14)紧急无线电示位标发出的信号；

(15)无线电通信系统发出的经认可的信号,包括救生筏雷达应答器。

2.除为表示遇险需要救助外,禁止使用或显示上述任何信号以及可能与上述任何信号相混淆的其他信号。

3.应注意《国际信号规则》《国际空中、海上搜救手册》第Ⅲ卷的有关章节和下列信号：

(1)带有一个黑色正方形和圆圈或其他适当符号的一块橙色帆布(供从空中识别)；

(2)海水染色标志。

附件Ⅱ

中华人民共和国非机动船舶海上安全航行暂行规则

1957 年 12 月 23 日，全国人民代表大会常务委员会第 88 次会议决定接受《1948 年国际海上避碰规则》，但做了如下保留：属于中华人民共和国的非机动船不受海上避碰规则的约束。为了保障中国非机动船舶在海上航行的安全，制定了《中华人民共和国非机动船舶海上安全航行暂行规则》，于 1958 年 8 月 16 日由中国交通部和水产部联合颁布。1975 年和 1980 年中国先后接受《1960 年国际海上避碰规则》《1972 年国际海上避碰规则》，但仍做上述保留，继续执行本暂行规则。暂行规则共 10 条，主要内容为：在两帆船相遇时顺风船应避让逆风掉抢的船，船尾受风的船应避让其他船舷受风的船；在航的非机动船仅显示白光环照灯一盏；非机动船在海上遇难时应将衣服张开挂上桅顶以示求救等。

第一条　凡使用人力、风力、拖力的非机动船，在海上从事运输、捕鱼或者其他工作，都应当遵守本规则。

在港区内航行的时候，应当遵守各该港港章的规定。

第二条　非机动船在夜间航行、锚泊的时候，应当在容易被看见地方，悬挂明亮的白光环照灯一盏。如果因为天气恶劣或者受设备的限制，不能固定悬挂白光环照灯，必须将灯点好放在手边，以备应用；在与他船接近的时候，应当及早显示灯光或者手电筒的白色闪光或者火光，以防碰撞。

非机动船已经设置红绿舷灯、艉灯或者使用合色灯的，仍应继续使用。

第三条　非机动渔船，在白昼捕鱼的时候，应当在容易被看见的地方，悬挂竹篮一只，当发现他船驶近的时候，应当用适当信号指示渔具延伸方向；使用流网的渔船，还要在流网延伸末端的浮子上，系小红旗一面；在夜间捕鱼的时候，应当在容易被看见的地方，悬挂明亮的白光环照灯一盏，当发现他船驶近的时候，向渔具延伸方向，显示另一白光。

第四条　非机动船在有雾、下雪、暴风雨或者其他任何视线不清楚的情况下，不论白昼或者夜间，都应当执行下列规定：

(1)在航行的时候，应当每隔约 1 min，连续发放雾号响声（如敲锣、敲梆、敲煤油桶、吹螺、吹雾角、吹喇叭等）约 5 s；

(2)在锚泊的时候，如果听到来船雾号响声，应当有间隔地、急促地发放响声，以引起来船注意，直到驶过为止；

(3)在捕鱼的时候，也应当依照前两项的规定执行。

第五条　两艘帆船相互驶近，若有碰撞的危险，应当依照下列规定避让：

(1)顺风船应当避让逆风打抢、掉抢的船；

(2)左舷受风打抢的船应当避让右舷受风打抢的船；

(3)两船都是顺风，而在不同的船舷受风的时候，左舷受风的船应当避让右舷受风的船；

(4)两船都是顺风，而在同一船舷受风的时候，上风船应当避让下风船；

(5)船尾受风的船应当避让其他船舷受风的船。

第六条　在航行中的非机动船，应当避让用网、曳绳钓或者拖网进行捕鱼作业的非机动渔船。

第七条　非机动船应当避让下列的机动船：

(1)从事起捞、安放海底电线或者航行标志的机动船；

(2)从事测量或者水下工作的机动船；

(3)操纵失灵的机动船；

(4)用拖网捕鱼的机动船；

(5)被追越的机动船。

第八条　非机动船与机动船相互驶近，若有碰撞危险，机动船应当避让非机动船。

第九条　非机动船在海上遇难，需要他船或者岸上援救的时候，应当显示下列信号：

(1)用任何雾号器具连续不断发放响声；

(2)连续不断燃放火光；

(3)将衣服张开，挂上桅顶。

第十条　本规则经国务院批准后，由交通部、水产部联合发布施行。

附件Ⅲ

国际信号旗

A

我船下面有潜水员，请慢速远离我

B

我船正在装卸危险货物

C

是（表示许可）

D

我船操纵不灵，请避开我

E

我船正在向右转向

F

我船操纵失灵，请与我联络

G

我船需要引航员

H

我船上有引航员

I

我船正在向左转向

J

我船失火，并且船上有危险货物。请远离我

K

我希望与你通信

L

你应立即停船

M

我船已停，并已没有对水速度

N

不是（表示不同意）

O

有人落水

P

在港内挂“P”旗表示我船即将开航出海，所有船员应返船（“P”旗必须挂在前桅顶上）。在海上由渔船使用时，意为“我的网缠在障碍物上”

Q

我船没有染疫，请免予检疫

R

我船已停止前进，你要小心经过我船

S

我船正在向后推进

T

（渔船）正在进行双船拖网作业中，请让开我

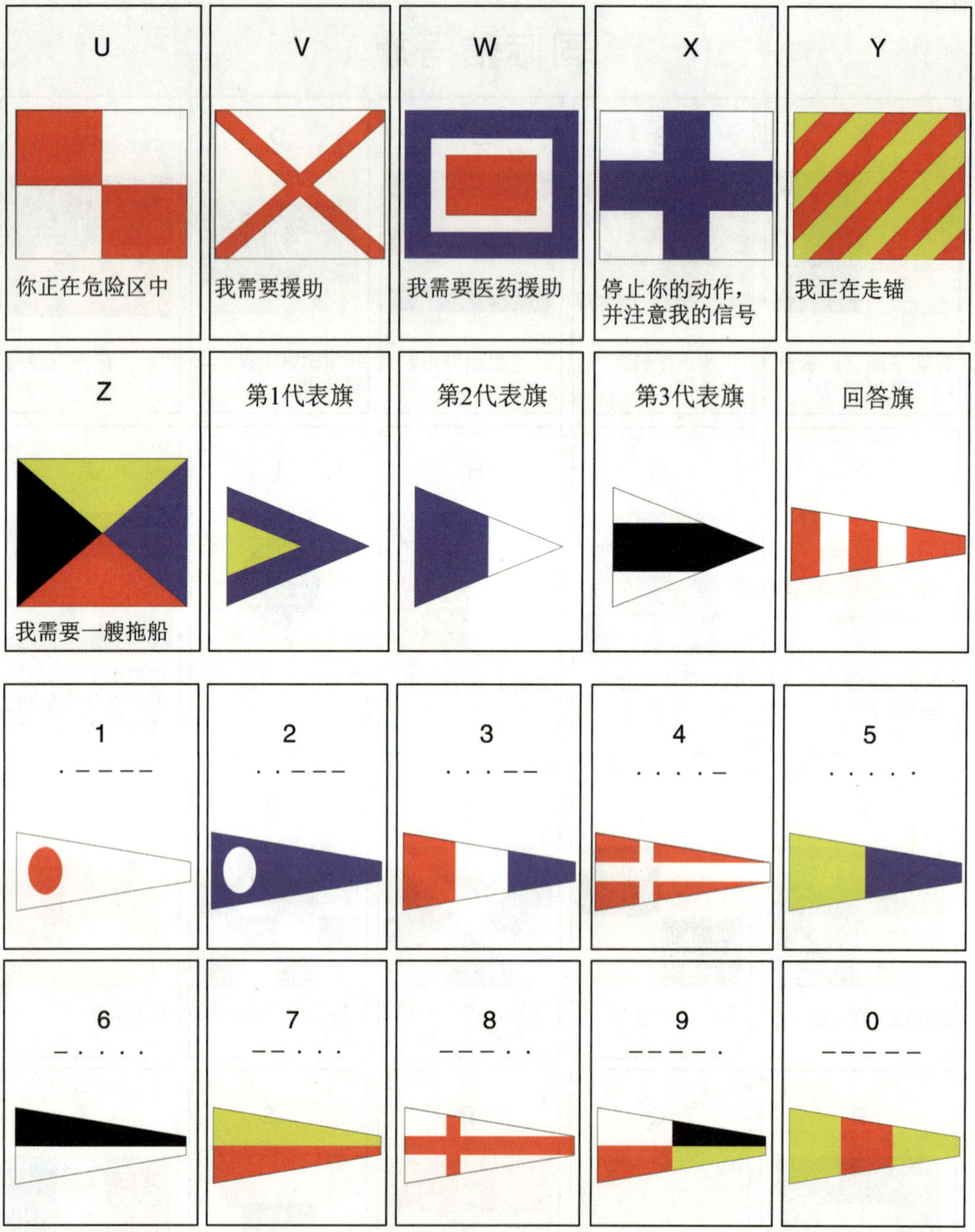
U
你正在危险区中
V
我需要援助
W
我需要医药援助
X
停止你的动作，并注意我的信号
Y
我正在走锚
Z
我需要一艘拖船
第1代表旗
第2代表旗
第3代表旗
回答旗
1
.----
2
..---
3
...--
4
....-
5
.....
6
-....
7
--...
8
---..
9
----.
0

参考文献

[1] 赵月林,赵越,黎冬楼.船舶操纵与避碰:船舶避碰与值班(二/三副)[M].大连:大连海事大学出版社,2022.

[2] 交通运输部海事局.船舶值班与避碰[M].北京:人民交通出版社,2022.

[3] 中国海事服务中心.船舶操纵与避碰(船舶避碰)[M].北京:人民交通出版社,2012.

[4] 赵邦良.船舶值班与避碰[M].大连:大连海事大学出版社,2014.

[5] 蔡存强.船舶值班与避碰[M].北京:人民交通出版社,2002.

[6] 吴兆麟.船舶避碰与值班[M].大连:大连海事大学出版社,1998.

[7] 赵劲松.碰撞与避碰规则[M].大连:大连海事大学出版社,1997.

[8] 赵邦良.船舶信号[M].大连:大连海事大学出版社,1995.

[9] 蔡存强.国际海上避碰规则释义[M].北京:人民交通出版社,1995.

[10] 何欣.船舶避碰[M].北京:人民交通出版社,1996.

船舶操纵与避碰

（第2版）

（上册：船舶操纵）

实训报告

__________学年　　第___学期

班级：______________________________

姓名：______________________________

学号：______________________________

项目一　认识船舶操纵性能

在模拟器上训练，核对船舶操纵性能资料，完成下列表格的填写。

一、船舶基本资料

船舶总吨位（t）	
船舶满载排水量（t）	
船长（m）	
船宽（m）	
艏吃水（m）	
艉吃水（m）	
主机额定功率（kW）	
主机额定转速（r/min）	

二、船舶旋回运动训练

在模拟器上按试验速度使船做左右满舵旋回运动，测定旋回圈，求出旋回圈各要素。

（1）在下图中画出左、右满舵旋回圈。

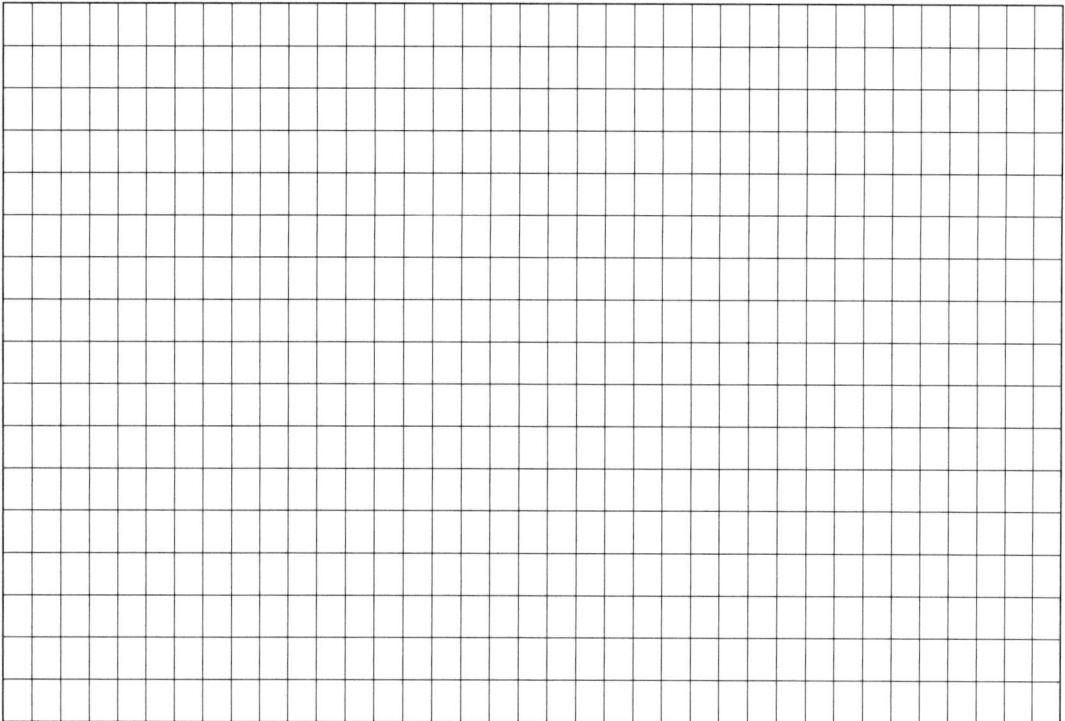

（2）填写定常旋回圈要素。

反移量（m）	纵距（m）	横距（m）	旋回初径（m）	旋回直径（m）	滞距（m）	漂角（°）	转心在艏柱后（m）	横倾角（°）	旋回时间（s）

三、Z 形试验训练（10°/10°法）

按试验速度做 Z 形操纵，并填写下表。

	初始航向（°）	操到右舵 10°	航向右转 10°	航向右转至最大	操到左舵 10°	航向左转 10°	航向左转至最大	操到右舵 10°	航向右转 10°	航向右转至最大
时间（s）										
航向（°）										
惯性超越角（°）										

四、螺旋试验训练

按试验速度做螺旋试验，并填写下表。

舵角 δ（°）	右舵 5°	右舵 10°	右舵 15°	右舵 20°	右满舵	左舵 5°	左舵 10°	左舵 15°	左舵 20°	左满舵
定常旋回角速度 r（rad/s）										

根据上表中的数据画图。

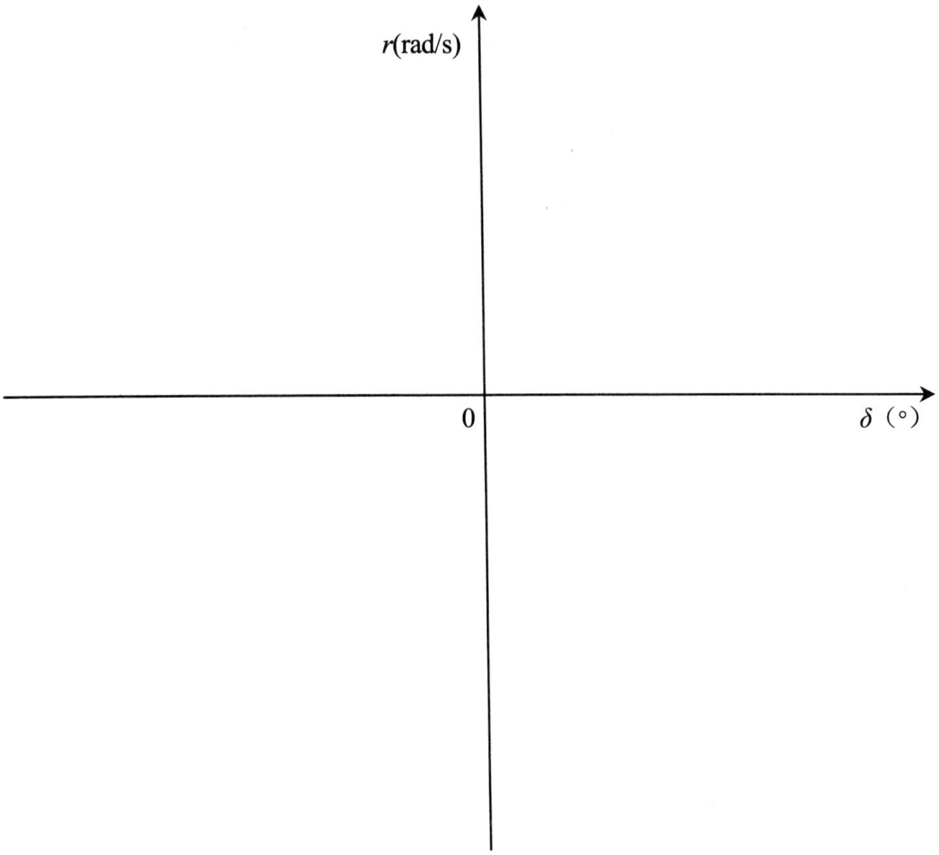

项目二　使用船舶操纵设备

一、车的操纵训练

1．船舶启动时长与冲程的测定。

	转速（r/min）	船速（kn）	用时（s）	冲程（m）
微速进				
前进一				
前进二				
前进三				

2．船舶停车减速过程。

本船排水量：_____t

前进三：船速_____kn，下停车令时间：_____h_____min_____s

船位（可用经纬度表示）：_____

速度每减一半的时间：_____

船速为 2 kn 时的船位（可用经纬度表示）：

船速为 2 kn 时的时间：_____h_____min_____s

停车所需时间：_____min_____s

停车冲程：_____m

3．倒车停船过程。

本船排水量：_____t

前进三：初始船速_____kn，初始航向：_____°

下倒车令时间：_____h_____min_____s

船位（可用经纬度表示 ）：

倒车完成时间：_____h_____min_____s

倒车完成船位（可用经纬度表示）：

船速为零时的时间：_____h_____min_____s

船速为零时的船位（可用经纬度表示）：

船速为零时的航向：_____°

停车停船所需时间：_____min_____s

停车冲程：_____

倒车偏航角：_____°

倒车偏航横距：_____m

倒车偏航纵距：_____m

4．绘制倒车偏航航迹草图。

二、舵的操纵训练

1．记录船舶从一舷 35°操舵到另一舷 30°的时间。

下 令 时 间：_____h_____min_____s

舵角到位时间：_____h_____min_____s

计　　　时：_____

是否符合不超过 28 s 的标准。

2．在模拟器上完成随动操舵、自动操舵、应急操舵之间的转换。

3．在模拟器上分别进行按舵角操舵、按航向操舵、按导标操舵的训练，航向把定要求误差控制在±1°，并描述这三种操舵方式的区别。

三、锚的操纵训练

1．单锚泊作业训练。

（1）简要说明选择临时锚地的基本要求。

（2）在模拟器上进行单锚泊抛锚训练，描述锚抓底的判断方法，绘制抛锚过程草图。

（3）在模拟器上进行起锚操纵训练，描述锚离底的判断方法，记录绞锚速度。

2．双锚泊作业训练。

（1）在模拟器上进行八字锚操纵训练，绘制八字锚锚泊过程草图。

（2）在模拟器上进行一字锚操纵训练，绘制一字锚锚泊过程草图。

（3）在模拟器上进行平行锚操纵训练，绘制平行锚锚泊过程草图。

3．在模拟器上进行走锚事故应急训练，描述走锚应急程序。

四、系泊设备的操纵训练

1．描述船舶系缆的名称和作用，并绘制草图。

2．描述靠离泊用缆的先后顺序。

五、拖船的操纵训练

在模拟器上进行吊拖、顶推、傍拖、作舵船用和组合拖曳等拖船作业方式训练，并描述各种拖带方式的应用场景和用缆情况。

项目三　外界因素下的船舶操纵

一、风对操船的影响

在模拟器上进行风中操船训练，观察船首偏转情况，完成压舵保向操纵，并填写下表。

	载态	初始航向（°）	风舷角（°）	船首偏转方向	采用的压舵角（°）	压舵是否有效
静止中受风						
前进中受风						
后退中受风						

二、流对操船的影响

在模拟器上进行流中操船训练，观测并描述流对航速、冲程的影响，以及流压对操纵的影响。

三、受限水域对操船的影响

在模拟器上进行浅窄水域操船训练，描述浅水效应和岸壁效应的具体现象及应对措施。

四、船间效应

在模拟器上分别进行两船在追越和对遇过程中近距离接近的航行训练，体验船间效应，描述船间效应的具体现象及应对措施。

项目四　港内操船

一、港内掉头操纵训练

在模拟器上进行顺流抛锚掉头训练，记录风、流要素，本船载态、航向、航速等资料，简述掉头过程，并绘制掉头轨迹草图。

二、靠离码头操纵训练

1．在模拟器上进行自力靠泊训练，记录风、流要素，本船载态、航向、航速等资料，简述靠泊过程，并绘制靠泊轨迹草图。

2．在模拟器上进行自力离泊训练，记录风、流要素，本船载态、航向、航速等资料，简述离泊过程，并绘制离泊轨迹草图。

三、系离浮筒操纵训练

在模拟器上进行系离浮筒操纵训练，简述操纵过程并绘制草图。

四、进港操纵及接送引航员时的操纵训练

1．在模拟器上进行进港操纵训练，根据本船基本资料填写以下表格。

船舶总吨位（t）	
船舶满载排水量（t）	
船长（m）	
船宽（m）	
艏吃水（m）	
艉吃水（m）	
主机额定功率（kW）	
主机额定转速（r/min）	

距离泊位的距离（n mile）					
车钟令	备车	前进二	前进一	停车	后退一
减车时的船速(kn)					

2．简述接送引航员时船舶操纵的注意事项。

项目五　特殊水域的船舶操纵

一、狭水道中的船舶操纵训练

在模拟器上进行狭水道航行操纵训练，尤其注意弯曲水道的操纵，简述过弯操纵的注意事项。

二、桥区水域通行操纵训练

在模拟器上进行通过桥区水域训练，简述操纵要领并绘制草图。

三、岛礁区的船舶操纵训练

在模拟器上进行岛礁区的操纵训练，简述岛礁区船舶操纵要领。

四、冰区的船舶操纵训练

在模拟器上进行破冰船护航操纵训练，简述接近冰区水域的征兆及进入冰区水域的原则和方法。

项目六　大风浪中操船

一、在模拟器上进行大风浪中 Z 字航行操纵训练，记录浪向角和波浪遭遇周期以及本船航向、航速的改变，并绘制草图。

二、在模拟器上进行大风浪中滞航操纵训练，记录浪向角和波浪遭遇周期以及本船航向、航速、船位的改变，并绘制草图。

三、在模拟器上进行大风浪中掉头操纵训练，记录浪向角和波浪遭遇周期以及本船航向、航速的改变，并绘制草图。

四、在模拟器上进行避台操纵训练，记录本船航向、航速的改变，并绘制草图。

项目七　应急操船

一、碰撞前后的应急处置

在模拟器上进行碰撞应急训练，总结碰撞应急流程。

二、搁浅前后的应急处置

在模拟器上进行搁浅应急训练，总结搁浅应急流程。

三、火灾后的应急处置

在模拟器上进行火灾应急训练，总结火灾应急流程。

四、救生与弃船

在模拟器上进行弃船放艇模拟训练，总结弃船放艇流程。

五、海上搜寻与救助

1．在模拟器上进行确定搜寻基点、搜寻区域的训练，进行对被搜寻物标分别采用扩展正方形、扇形、平行航线搜寻模式的训练，并绘制搜寻航线草图。

2．在模拟器上分别进行单旋回、双旋回、威廉逊旋回、斯恰诺旋回四种接近落水者的操纵方法的训练，并绘制相应的操纵草图。

六、海上拖带

在模拟器上进行拖带操纵训练，模拟起拖加速过程以及大幅度转向过程。简述拖带过程中的注意事项。

船舶操纵与避碰

（第2版）

（下册：船舶避碰）

实训报告

__________学年　　第___学期

班级：______________________________

姓名：______________________________

学号：______________________________

项目一 《避碰规则》适用范围的确定

一、在模拟器上训练不同水域航行，简述船舶在不同水域中的适用要求。

二、深入理解《避碰规则》第一条，并完善下表。

款别	制定机构	适用水域或船舶	要求
第 2 款 特殊规定			尽可能符合《避碰规则》条款
第 3 款 额外信号		军舰及护航下的船舶、结队从事捕鱼的船舶	
第 5 款 特殊要求	有关政府		

项目二　一般定义的解释

一、在模拟器上展示不同的船舶种类，简述机动船、帆船、从事捕鱼的船舶、水上飞机、失控船、操限船、限于吃水船和地效船八种船舶的定义。

二、在模拟器上分别进行互见中和能见度不良场景下的操纵训练，简述互见与能见度不良的关系。

项目三　信号识别

一、根据号灯、号型的显示时间，简述同时显示号灯与号型的情况。

二、根据号灯的光弧范围，列式计算下列各题，并绘制草图。

1．本船朝西航行，在西南方向发现一船显示绿灯，试判断该船的航向区间。

2．本船真航向 040°，在前方发现一船一盏绿灯消失，其真方位为 350°，试判断该船的航向区间。

3．本船真航向 060°，在相对方位 045°处发现一船的尾灯，试判断该船的航向区间。

4．本船朝正东方向航行，在右前方 2 个罗经点处发现一红色舷灯，试判断该船的航向区间。

5．见来船的红舷灯在东北方向消失，来船当时的船首向大约是多少？

6．本船航向 010°，在右舷 45°处发现来船红灯消失而见到绿灯，则来船的航向大约是多少？

三、请根据号灯能见距离的要求，完善下表。

号灯能见距离表

号灯种类	船长			
	$L \geqslant 50$ m	20 m$\leqslant L<$50 m	12 m$\leqslant L<$20 m	$L<$12 m
	能见距离（n mile）			
桅灯				2
舷灯			2	
艉灯		2		
拖带灯	3			
环照灯		2		
操纵号灯				

四、船舶应显示的号灯与号型练习。

1．L=180 m 的在航机动船对水移动应显示的号灯有哪些？请在模拟器上操作完成。

2．L=11 m 的在航机动船不对水移动可显示的号灯有哪些？请在模拟器上操作完成。

3．L=20 m 的在航帆船对水移动可显示的号灯有哪些？请在模拟器上操作完成。

4．L=50 m 的在航机动船从事拖带作业，拖带长度超过 200 m，应显示的号灯号型有哪些？请在模拟器上操作完成。

5．L=60 m 的在航围网渔船不对水移动应显示的号灯号型有哪些？请在模拟器上操作完成。

6．L=50 m 的在航拖网渔船对水移动应显示的号灯号型有哪些？请在模拟器上操作完成。

7. L=120 m 的在航机动船突然主机故障，应显示的号灯号型有哪些？请在模拟器上操作完成。

8．L=50 m 的机动船从事敷设海底电缆作业，在航对水移动应显示的号灯有哪些？请在模拟器上操作完成。

9．L=70 m 的机动船锚泊中从事疏浚作业，左舷存在障碍物，应显示的号灯号型有哪些？请在模拟器上操作完成。

10．L=135 m 的在航限于吃水船不对水移动可显示的号灯号型有哪些？请在模拟器上操作完成。

11．L=45 m 的机动船执行引航任务，在航不对水移动应显示的号灯有哪些，请在模拟器上操作完成。

12．L=110 m 的机动船主机故障抛锚修理，应显示的号灯号型有哪些？请在模拟器上操作完成。

13．L=120 m 的机动船搁浅，应显示的号灯号型有哪些？请在模拟器上操作完成。

五、根据你所见的他船的号灯或号型判断他船的船舶种类、船舶大小、船舶动态、工作性质。

1．船舶种类：

船舶大小：

船舶动态：

工作性质：

2．船舶种类：

船舶大小：

船舶动态：

工作性质：

3．船舶种类：

船舶大小：

船舶动态：

工作性质：

4．船舶种类：

船舶大小：

船舶动态：

工作性质：

5．船舶种类：

船舶大小：

船舶动态：

工作性质：

6．船舶种类：

船舶大小：

船舶动态：

工作性质：

7．船舶种类：

船舶大小：

船舶动态：

工作性质：

8．船舶种类：

船舶大小：

船舶动态：

工作性质：

六、根据你所听到的他船的声号，解释声号的含义。

序号	互见或能见度不良	听到的声号	声号的含义
1			
2			
3			
4			
5			
6			
7			
8			
9			
10			
11			
12			
13			
14			
15			
16			
17			
18			

七、在模拟器上使用操纵号灯显示 SOS 信号，或用手机手电筒功能发出 SOS 信号。

项目四　船舶在任何能见度情况下的行动规则

一、保持正规瞭望训练

1．在模拟器上使用不同的瞭望手段保持正规瞭望，并填写下表。

能见度情况	是否检测到他船	视觉	听觉	雷达	VHF	AIS	ECDIS

2．用罗经方位判断法（或舷角判断法）判断是否存在碰撞危险，并完成下表。

<table>
<tr><td></td><td colspan="2">本船</td><td colspan="2">他船</td></tr>
<tr><td>船舶种类</td><td colspan="2"></td><td colspan="2"></td></tr>
<tr><td>航向</td><td colspan="2"></td><td colspan="2"></td></tr>
<tr><td>航速</td><td colspan="2"></td><td colspan="2"></td></tr>
<tr><td>观测时间</td><td></td><td colspan="2"></td><td></td></tr>
<tr><td>他船方位</td><td></td><td colspan="2"></td><td></td></tr>
<tr><td>他船距离</td><td></td><td colspan="2"></td><td></td></tr>
<tr><td>DCPA</td><td colspan="4"></td></tr>
<tr><td>TCPA</td><td colspan="4"></td></tr>
<tr><td>是否存在碰撞危险</td><td colspan="4"></td></tr>
<tr><td>判断依据</td><td colspan="4">DCPA<</td></tr>
</table>

3. 用雷达标绘法（或系统观测）对物标进行跟踪，判断是否存在碰撞危险，并完成下表。

<table>
<tr><td></td><td colspan="2">本船</td><td colspan="2">他船</td></tr>
<tr><td>船舶种类</td><td colspan="2"></td><td colspan="2"></td></tr>
<tr><td>航向</td><td colspan="2"></td><td colspan="2"></td></tr>
<tr><td>航速</td><td colspan="2"></td><td colspan="2"></td></tr>
<tr><td>观测时间</td><td></td><td colspan="2"></td><td></td></tr>
<tr><td>他船方位</td><td></td><td colspan="2"></td><td></td></tr>
<tr><td>他船距离</td><td></td><td colspan="2"></td><td></td></tr>
<tr><td>DCPA</td><td colspan="4"></td></tr>
<tr><td>TCPA</td><td colspan="4"></td></tr>
<tr><td>是否存在碰撞危险</td><td colspan="4"></td></tr>
<tr><td>判断依据</td><td colspan="4">DCPA<</td></tr>
</table>

二、保持安全航速训练

在模拟器上进行不同环境与情况下的航行训练，简述保持安全航速应考虑的因素。

三、采取避碰行动训练

在模拟器上进行避碰训练，并完成下表。

	本船		他船
船舶种类			
航向			
航速			
观测时间			
他船方位			
他船距离			
DCPA			
TCPA			

（续表）

是否存在碰撞危险		
判断依据	*DCPA*<	
避让关系		
行动措施		
是否让清		

四、在狭水道航行训练

1．在模拟器上按《避碰规则》的要求在狭水道中靠右行驶，并记录重点物标（船舶、航标、主要参照物）。

序号	物标的方位	物标的距离	所见物标的种类	对本船航行是否有影响
1				
2				
3				
4				
5				
6				
7				
8				

2．在模拟器上训练狭水道内追越，并完成下表。

<table>
<tr><td colspan="4">本船作为追越船</td><td colspan="4">本船作为被追越船</td></tr>
<tr><td>右舷追越声号</td><td></td><td rowspan="2">相应行动</td><td rowspan="2"></td><td>同意追越声号</td><td></td><td rowspan="2">相应行动</td><td rowspan="2"></td></tr>
<tr><td>左舷追越声号</td><td></td><td>不同意追越声号</td><td></td></tr>
</table>

3．在模拟器上进行过弯操纵模拟训练，简述遇来船时应采取的措施，以及过弯操纵的注意事项。

五、在分道通航制区域航行训练

1．在模拟器上进行分道通航制区域航行训练，并完成下表。

时间	船舶总流向	本船航迹向	本船船首向	从一侧进出船首向	穿越时的船首向

2.比较第九条与第十条关于不应妨碍条款的内容，并完成下表。

	狭水道中不应被妨碍的船舶	分道通航制水域中不应被妨碍的船舶
帆船和长度小于 20 m 的船舶		
从事捕鱼的船舶		
穿越船		

项目五　船舶在互见中的行动规则

一、帆船之间的避让训练

1.在模拟器上进行帆船之间相遇避让操纵训练，并完成下表。

<table>
<tr><td></td><td colspan="2">本船</td><td colspan="2">他船</td></tr>
<tr><td>受风舷</td><td colspan="2"></td><td colspan="2"></td></tr>
<tr><td>航向</td><td colspan="2"></td><td colspan="2"></td></tr>
<tr><td>航速</td><td colspan="2"></td><td colspan="2"></td></tr>
<tr><td>观测时间</td><td></td><td colspan="2"></td><td></td></tr>
<tr><td>他船方位</td><td></td><td colspan="2"></td><td></td></tr>
<tr><td>他船距离</td><td></td><td colspan="2"></td><td></td></tr>
<tr><td>DCPA</td><td colspan="4"></td></tr>
<tr><td>TCPA</td><td colspan="4"></td></tr>
<tr><td>是否存在碰撞危险</td><td colspan="4"></td></tr>
<tr><td>判断依据</td><td colspan="4">DCPA<</td></tr>
<tr><td>避让关系</td><td colspan="2"></td><td colspan="2"></td></tr>
<tr><td>行动措施</td><td colspan="2"></td><td colspan="2"></td></tr>
<tr><td>是否让清</td><td colspan="4"></td></tr>
</table>

2．简述帆船受风舷侧的认定原则，详述两帆船相遇的避让原则。

二、追越局面的避让训练

1．在模拟器上进行追越局面避让训练，并完成下表。

<table>
<tr><td></td><td colspan="2">本船</td><td colspan="2">他船</td></tr>
<tr><td>船舶种类</td><td colspan="2"></td><td colspan="2"></td></tr>
<tr><td>航向</td><td colspan="2"></td><td colspan="2"></td></tr>
<tr><td>航速</td><td colspan="2"></td><td colspan="2"></td></tr>
<tr><td>观测时间</td><td></td><td colspan="2"></td><td></td></tr>
<tr><td>他船方位</td><td></td><td colspan="2"></td><td></td></tr>
<tr><td>他船距离</td><td></td><td colspan="2"></td><td></td></tr>
<tr><td>DCPA</td><td colspan="4"></td></tr>
<tr><td>TCPA</td><td colspan="4"></td></tr>
<tr><td>是否存在碰撞危险</td><td colspan="4"></td></tr>
<tr><td>判断依据</td><td colspan="4">DCPA<</td></tr>
<tr><td>避让关系</td><td colspan="2"></td><td colspan="2"></td></tr>
<tr><td>行动措施</td><td colspan="2"></td><td colspan="2"></td></tr>
<tr><td>是否让清</td><td colspan="4"></td></tr>
</table>

2．简述构成追越局面的条件以及追越过程中的注意事项。

三、对遇局面的避让训练

1.在模拟器上进行对遇局面避让训练，并完成下表。

<table>
<tr><td></td><td colspan="3">本船</td><td colspan="3">他船</td></tr>
<tr><td>船舶种类</td><td colspan="3"></td><td colspan="3"></td></tr>
<tr><td>航向</td><td colspan="3"></td><td colspan="3"></td></tr>
<tr><td>航速</td><td colspan="3"></td><td colspan="3"></td></tr>
<tr><td>观测时间</td><td colspan="2"></td><td colspan="2"></td><td colspan="2"></td></tr>
<tr><td>他船方位</td><td colspan="2"></td><td colspan="2"></td><td colspan="2"></td></tr>
<tr><td>他船距离</td><td colspan="2"></td><td colspan="2"></td><td colspan="2"></td></tr>
<tr><td>DCPA</td><td colspan="6"></td></tr>
<tr><td>TCPA</td><td colspan="6"></td></tr>
<tr><td>是否存在碰撞危险</td><td colspan="6"></td></tr>
<tr><td>判断依据</td><td colspan="6">DCPA<</td></tr>
<tr><td>避让关系</td><td colspan="3"></td><td colspan="3"></td></tr>
<tr><td>行动措施</td><td colspan="3"></td><td colspan="3"></td></tr>
<tr><td>是否让清</td><td colspan="6"></td></tr>
</table>

2．简述构成对遇局面的条件，在对遇局面中的注意事项以及对危险对遇情况的处理。

四、交叉相遇局面避让训练

1．在模拟器上进行交叉相遇局面的避让训练，并完成下表。

<table>
<tr><td></td><td colspan="2">本船</td><td colspan="2">他船</td></tr>
<tr><td>船舶种类</td><td colspan="2"></td><td colspan="2"></td></tr>
<tr><td>航向</td><td colspan="2"></td><td colspan="2"></td></tr>
<tr><td>航速</td><td colspan="2"></td><td colspan="2"></td></tr>
<tr><td>观测时间</td><td></td><td colspan="2"></td><td></td></tr>
<tr><td>他船方位</td><td></td><td colspan="2"></td><td></td></tr>
<tr><td>他船距离</td><td></td><td colspan="2"></td><td></td></tr>
<tr><td>DCPA</td><td colspan="4"></td></tr>
<tr><td>TCPA</td><td colspan="4"></td></tr>
<tr><td>是否存在碰撞危险</td><td colspan="4"></td></tr>
<tr><td>判断依据</td><td colspan="4">DCPA<</td></tr>
<tr><td>避让关系</td><td colspan="2"></td><td colspan="2"></td></tr>
<tr><td>行动措施</td><td colspan="2"></td><td colspan="2"></td></tr>
<tr><td>是否让清</td><td colspan="4"></td></tr>
</table>

2．简述构成交叉相遇局面的条件以及避让行动要求和注意事项。

五、不同种类船舶的避让训练

1．在模拟器上进行两艘不同种类船舶之间的避让训练，并完成下表。

	本船		他船
船舶种类			
航向			
航速			
观测时间			
他船方位			
他船距离			
DCPA			
TCPA			
是否存在碰撞危险			
判断依据	*DCPA*<		
避让关系			
行动措施			
是否让清			

2．简述并画图说明《避碰规则》第十八条“船舶之间的责任”中规定的避让关系以及不应妨碍关系。

六、让路船与直航船的行动训练

1．在模拟器上进行让路船和直航船的行动训练，并完成下表。

	本船		他船
船舶种类			
航向			
航速			
观测时间			
他船方位			
他船距离			
DCPA			
TCPA			
是否存在碰撞危险			
判断依据	*DCPA*<		
避让关系			
行动措施			
是否让清			

2．分别简述让路船和直航船的行动要求。

项目六　船舶在能见度不良时的行动规则

一、在模拟器上进行船舶在能见度不良时的航行训练

本船情况		当时能见距离	受限水域或开阔水域	观测到附近船舶数量（12 n mile 内）	有效的瞭望手段	最有效的瞭望手段
航向	航速					

二、在模拟器上进行能见度不良时的避碰训练（雷达避碰）

	本船		他船
船舶种类			
航向			
航速			
观测时间			
他船方位			
他船距离			
DCPA			
TCPA			
是否存在碰撞危险			
判断依据	*DCPA*<		
避让关系			
雷达试操船结果			
行动措施			
是否让清			

项目七　遵守规则的疏忽和背离规则

一、举例说明三种疏忽的具体表现。

二、在模拟器上进行为避免构成紧迫危险而背离《避碰规则》采取行动的训练，并完成下表。

<table>
<tr><td></td><td colspan="2">本船</td><td colspan="2">他船</td></tr>
<tr><td>船舶种类</td><td colspan="2"></td><td colspan="2"></td></tr>
<tr><td>航向</td><td colspan="2"></td><td colspan="2"></td></tr>
<tr><td>航速</td><td colspan="2"></td><td colspan="2"></td></tr>
<tr><td>观测时间</td><td></td><td colspan="2"></td><td></td></tr>
<tr><td>他船方位</td><td></td><td colspan="2"></td><td></td></tr>
<tr><td>他船距离</td><td></td><td colspan="2"></td><td></td></tr>
<tr><td>DCPA</td><td colspan="4"></td></tr>
<tr><td>TCPA</td><td colspan="4"></td></tr>
<tr><td>是否构成紧迫危险</td><td colspan="4"></td></tr>
<tr><td>判断依据</td><td colspan="4"></td></tr>
<tr><td>避让关系</td><td colspan="2"></td><td colspan="2"></td></tr>
<tr><td>行动措施</td><td colspan="2"></td><td colspan="2"></td></tr>
<tr><td>背离《避碰规则》情况</td><td colspan="4"></td></tr>
<tr><td>是否让清</td><td colspan="4"></td></tr>
</table>

项目八　特殊水域的避碰

一、在模拟器上进行渔区航行训练，并叙述渔船的作业特点以及避让渔船的主要原则。

二、在模拟器上进行在内河水域航行的训练，总结两机动船相遇时的避让原则，并完成下表。

相遇情况	相同流向	不同流向
对驶相遇		
追越		
横越和交叉		
尾随行驶		
干支流交汇水域相遇		
叉河口相遇		

项目九　航行值班

一、在模拟器上进行航行值班训练，记录相关内容。

____年____月____日　星期____第___航次　　自_______　讫________　停泊港名______

记事栏	重大记事栏

大副：__________　船长：___________

二、简述值班驾驶员在驾驶台履行航行值班期间的主要职责。

项目十　驾驶台资源管理

一、船舶应急

1．制订船体破损、进水应急反应计划，在模拟器上按应急程序进行应急训练。

2．制订恶劣天气损害应急反应计划，在模拟器上按应急程序进行应急训练。

二、船舶偶发事件

1．在模拟器上进行船舶设备故障应急训练，总结应变程序。

2．在模拟器上进行更改锚地或泊位模拟训练，总结应变程序。

项目十一　用视觉信号发出和接收信息

一、在模拟器上进行单字母信号识读训练，并完成下表。

所见单字母信号	信号含义

二、在模拟器上进行船舶信号旗识读训练，并完成下表。

所见信号旗	信号含义